Avant-propos

Conçu à partir de notre expérience en classe, cet ouvrage est avant tout **un outil pratique d'entraînement et de révision**.

Toutes les notions grammaticales essentielles du collège y figurent, mais l'accent est plus particulièrement mis sur les points qui demeurent souvent sujets d'erreurs ou d'hésitations.

Plus de **200 exercices** sont regroupés autour de ces notions, permettant à l'élève d'apprendre ou de réviser **en pratiquant**. Les « indices » qui accompagnent certains exercices attirent son attention sur les pièges qu'il faudra déjouer en faisant l'exercice.

Le niveau de chaque exercice est marqué par des astérisques :

* = niveau 6e - 5e LV1/4e LV2

** = niveau 4e LV1/3e LV2

*** = niveau 3e LV1 – LV2

Nous conseillons cependant à l'élève de quatrième ou de troisième de refaire les exercices du premier niveau, car il reste toujours des notions mal assimilées ou oubliées qu'il est bon de revoir !

Chaque batterie d'exercices est suivie par **un tableau ou un résumé de grammaire**, conçus comme des repères pratiques dans lesquels toutes les questions posées par les exercices trouvent leurs réponses.

On apprend toujours mieux en faisant : c'est pourquoi nous espérons que cette **Grammaire par les exercices** sera une aide active et efficace pour tous les collégiens qui souhaitent améliorer leur allemand.

Sommaire

1 les différents types de phrases

1 Compléter les phrases suivantes : *

1 Ich .... Stefan.
2 Hier .... Agnes.
3 Da .... Petra.
4 .... Tag ! Ich .... Boris.
5 Boris .... groß.
6 Er .... Tennis.
7 Boris und Steffi .... gut.
8 Ich .... in Berlin.
9 Er .... in München.
10 Christoph .... Hunger.

2 Reconstituer les phrases : *

1 Das Foto – super – ist.
2 Er – Thomas – heißt.
3 Deutsch – lernt – Axel.
4 Sein Name – Tobias – ist.
5 Susanne – in Berlin – wohnt.
6 spielt – Tennis – sie.
7 Frau Sold – eine Katze – hat.
8 Sonia – das – ist.

3 Commencer par l'élément souligné : *

1 Katja – ist – hier.
2 Sonntag – heute – ist.
3 jetzt – wir – essen.
4 Axel und Florian – hier – wohnen.
5 Fritzi – da – kommt.
6 Volley-Ball – ich – morgen – spiele.
7 ist – kalt – es – am Abend.
8 Stefan – sagt – „Grüß Gott".
9 das Wetter – im Süden – schön – ist.
10 wir – mit dem Computer – am Mittwoch – spielen.

indice *Dans la phrase énonciative, le verbe conjugué est en .... position, soit après le sujet, soit après le complément.*

4 Mettre les phrases suivantes à la tournure interrogative : *

1 Er ist jung.
2 Sie heißt Julia.
3 Du hast Geld.
4 Es kostet eine Mark.
5 Berlin ist groß.
6 Sie spricht deutsch.
7. Du zählst bis 10.
8 Der Fotograf ist gut.
9 Du bist doof.
10 Wir müssen nach Hause.

indice *Les questions auxquelles on peut répondre par* ja *ou par* nein *commencent par* ....

5 Compléter par le pronom interrogatif : *

1 .... heißt du ?
2 .... ist los ?
3 .... wohnst du ?
4 .... kauft Susanne ?
5 .... geht in die Disco ?
6 .... alt ist er ?
7 .... kommst du nicht ?
8 .... fotografiert die Giraffe ?
9 .... ist das Wetter ?
10 .... Kinder hat Familie Carsten ?

indice *Quand la phrase commence par un pronom interrogatif, le verbe est en* .... *position, sauf après* wieviel.

6 Poser les questions entraînant les réponses suivantes : *

1 .... ? – Ich bin 11 Jahre alt.
2 .... ? – Sie heißt Anne.
3 .... ? – Das ist der Ball.
4 .... ? – Es ist 3.00 Uhr.
5 .... ? – Wir wohnen in Hamburg.
6 .... ? – Da kommt Onkel Hans.
7 .... ? – Das Wetter ist schön.
8 .... ? – Mein Name ist Paul.
9 .... ? – Das ist die Kassette.
10 .... ? – Ich komme morgen.

7 Comment demander à un(e) ami(e) : *

1 son âge.
2 comment il/elle s'appelle.
3 qu'est-ce qui se passe.
4 ce que ça coûte.
5 où il/elle habite.
6 quelle heure il est.
7 quand il/elle vient.
8 ce qu'il/elle veut.
9 qui téléphone.
10 s'il/elle parle allemand.

8 Former une phrase à partir des mots suivants : *

1 Tobias – krank – sein – und – nicht – kommen – können.
2 Ingrid – intelligent – sein – aber – sie – nicht genug – arbeiten.
3 Ich – jetzt – weggehen müssen – denn – ich – wenig – Zeit – haben.
4 Du – hier – bleiben – oder – du – mitkommen.
5 Axel – das Abitur – schaffen – werden – denn – er – fleißig – sein.

indice *Les mots und, aber, oder, denn n'ont aucune influence sur la place du verbe conjugué.*

9 Commencer la phrase par l'élément souligné : **

1 Ich habe die Postleitzahl von Hamburg leider nicht.
2 Deutschland wurde am 3. Oktober 1990 vereinigt.
3 Ein junger Mann erschien eines Tages in der Stadt.
4 Das Mädchen wurde Rotkäppchen genannt, weil es eine rote Kappe trug.
5 Er hat am Anfang nichts gesagt.
6 Wir haben am ersten Tag die Altstadt besichtigt.
7 Es wurde ganz plötzlich in der Klasse ruhiger.
8 Es regnete, als wir in Frankfurt ankamen.
9 Die Jungen wollten schon am Anfang nicht mitspielen.
10 Ich gehe gern ins Schwimmbad, wenn das Wetter schön ist.

indice *Si la phrase commence par un complément, le verbe vient immédiatement après.*

10 Comment dites-vous ? **

1 Bonjour, je m'appelle Karin.
2 Voici Agnes et Tobias.
3 Aujourd'hui nous jouons au tennis.
4 Thomas habite à Berlin.
5 Où habites-tu ?
6 Maintenant nous parlons allemand.
7 Le soir il fait froid.
8 Où vas-tu ?
9 Il voudrait une glace.
10 Qu'est-ce qu'elle achète ?

11 Indiquez J (juste) ou F (faux) en face de chaque phrase et réécrivez si nécessaire la phrase correcte : **

1 Er will eine Katze haben, aber will seine Mutter nicht. ☐
2 Tobias spielt Gitarre, und er macht auch Judo. ☐
3 Julia bleibt im Bett, denn ist sie krank. ☐
4 Du kommst mit, oder wir bleiben zu Hause. ☐
5 Sie kauft den Walkmann nicht, denn ist er zu teuer. ☐
6 Heute wir gehen ins Schwimmbad. ☐
7 Alexander will Fußball spielen. ☐
8 Ja, habe ich einen Hund. ☐
9 Ich muß jetzt nach Hause, aber ich komme morgen wieder. ☐
10 Nächsten Monat wir machen eine Klassenfahrt. ☐

12 Répondre par la tournure négative : **

1 Ist das ein Füller ? Nein, das ist ...
2 Ist das Limonade ?
3 Magst du Katzen ?
4 Läuft er schnell ?
5 Willst du den Walkman ?
6 Ist es ein Film mit Silvester Stallone ?
7 Fliegt er nach Frankfurt ?
8 Arbeitet er bei Volkswagen ?
9 Ist das ein Buch für Kinder ?
10 Findest du die Panne ?

13 Répondre par la tournure négative : **

1. Sind Sie Student ?
2. Geht Alexander auf die Universität ?
3. Hast du deinen Vater zum Bahnhof begleitet ?
4. Kennst du diese Leute ?
5. Hat der Zug aus Berlin Verspätung ?
6. Haben Sie den Scheck unterschrieben ?
7. Gibt sich die neue Sekretärin Mühe ?
8. Hast du Lust auf eine Radtour ?
9. Habt ihr Theaterkarten bekommen ?
10. Kannst du mir einen Rat geben ?

indice *Quelles sont les deux façons de former une phrase négative ?*

LES PRINCIPAUX TYPES DE PHRASES

1. LA PHRASE DÉCLARATIVE :

Le verbe conjugué est toujours en 2e position, soit après le sujet, soit après le complément.

Tobias	***kommt***	*morgen.*	Sujet + Verbe + Complément
Morgen	***kommt***	*Tobias.*	Complément + Verbe + Sujet
1	2	3	

☛ Le complément en tête de phrase n'est jamais suivi d'une virgule.

Remarque : Le complément peut être une proposition subordonnée :

Morgen *Weil er krank ist,*	muß	er zu Hause bleiben.
C	V	S

2. LA PHRASE INTERROGATIVE :

– verbe en 1re position dans l'interrogation globale, à laquelle on répond par ***ja*** ou ***nein*** :
__Kommt__ Tobias morgen ?

– verbe en 2e position dans l'interrogation partielle, qui commence par un pronom interrogatif en **w-** :
__Wann kommt__ Tobias ? – Morgen.

3. LA PHRASE NÉGATIVE :

– lorsque la phrase comporte un indéfini ou un nom sans article, on emploie l'article négatif ***kein***. ***Kein*** se décline comme ***ein*** au singulier et comme ***die*** au pluriel :
Hast du Geld/einen Mercedes ?
Nein, ich habe __kein__ Geld/__keinen__ Mercedes.

– dans tous les autres cas, on emploie ***nicht***. ***Nicht*** se place après le verbe conjugué et
- après un complément sans préposition : *Ich kenne diese Frau __nicht__*
- avant tous les autres éléments auxquels il se rapporte :
Er geht __nicht__ ins Kino. *Sie ist __nicht__ krank.*

4. LA PHRASE IMPÉRATIVE :

le verbe en première position
__Mach__ schnell ! *Tobias, __komm__ doch !*

Remarque :

Ja, ***nein***, les conjonctions de coordination ***aber*** (mais), ***denn*** (car), ***oder*** (ou) et ***und*** (et) ainsi que le nom de la personne dans la phrase impérative n'influent pas sur la position du verbe. On pourrait dire qu'ils occupent la position 0 :

Er kommt nicht, denn er __ist__ krank.
0 1 2

Tobias, __komm__ doch !
0 1 2

2 place du verbe dans les subordonnées

1 Rapporter les phrases de Thomas : *

Thomas sagt, daß...
(attention il faut parfois changer de sujet selon le sens) :

1 Ich heiße Thomas.
2 Ich wohne in Berlin.
3 Ich bin 12 Jahre alt.
4 Ich habe zwei Brüder.
5 Ich spiele gern Volley-Ball.
6 Die Schule ist supermodern.
7 Die Lehrer sind nett.
8 Die Klassenkameraden sind super.
9 Berlin ist eine schöne Stadt.
10 Ich möchte nach Paris fahren.

indice *Quelle est la place du verbe dans les subordonnées ?*

2 Rapporter les questions de Steffi : *

Steffi fragt, ...

1 Ist das Foto interessant ?
2 Hat er Hunger ?
3 Wohnt Arnold in München ?
4 Hat Monika einen Job ?
5 Möchte Alex ein Eis essen ?
6 Will Omi ein Foto machen ?
7 Ist Petra blond ?
8 Gehen die Kinder in die Schule ?
9 Macht Cola dick ?
10 Kann Sven surfen ?

indice *N'oubliez pas la virgule entre la principale et la subordonnée.*

3 Compléter par *daß* ou *ob* : *

1 Frau Gerk fragt, ... das Wetter schön ist.
2 Martin weiß nicht, ... der Walkmann im Zimmer ist.
3 Claudia findet, ... die Musik toll ist.
4 Opa fragt Sabine, ... sie einen Keks will.
5 Herr Seehof sagt, ... das Tennisspiel um 14.00 Uhr beginnt.

6 Frau Reuter fragt, ... Jürgen am Telefon ist.
7 Ich möchte wissen, ... Post da ist.
8 Ich frage dich, ... du ein Glas Limo willst.
9 Christine sagt, ... der Film phantastisch ist.
10 Er will wissen, ... Karl morgen in die Schule geht.

4 Associer les questions avec les réponses : *

1 Warum gehst du nicht ins Kino ?
2 Warum bleibst du im Bett ?
3 Warum fotografierst du die Stadt nicht ?
4 Warum willst du nicht essen ?
5 Warum kaufst du die Kassette nicht ?

a) Weil sie zu teuer ist.
b) Weil ich nicht hungrig bin.
c) Weil der Film doof ist.
d) Weil ich müde bin.
e) Weil sie nicht schön ist.

5 Relier les phrases par *weil* *

1 Ich kann nicht kommen. Ich habe Schule.
2 Er will Kartoffelsalat. Er ist hungrig.
3 Stefan hört das Telefon nicht. Er hat seinen Walkman.
4 Die Eltern kommen mit. Sie haben Zeit.
5 Sie finden den Hund nicht. Er ist im Garten.

6 Sous-entendre *daß* dans les subordonnées suivantes : **

1 Stefanie sagt, daß sie gern Federball spielt.
2 Die Eltern meinen, daß wir zu viel fernsehen.
3 Sie finden , daß das Foto klasse ist.
4 Ich denke, daß wir sofort in die Schule gehen müssen.
5 Die Lehrerin weiß, daß das Mädchen noch nicht lesen kann.

7 Rétablir *daß* dans les phrases suivantes : **

1 Er sagt, er ist ein guter Tennisspieler.
2 Steffi hofft, sie darf Computerspiele machen.
3 Die Verkäuferin findet, der Mantel ist zu kurz.
4 Der Lehrer meint, sie kann besser arbeiten.
5 Sein Freund denkt, er ist schon weggegangen.

indice *Lorsque* daß *est sous-entendu, le verbe de la complétive est en deuxième position.*

8 Rapporter les questions suivantes au discours indirect : **

Der Vater fragt, ...

1 Wer macht Computerspiele ?
2 Wo wohnt Oliver ?
3 Wann kommt Max nach Hause zurück ?
4 Wen ruft Hilke an ?
5 Wohin gehen die Kinder heute abend ?
6 Wie lange ist Katherina in Deutschland geblieben ?
7 Wie hoch ist der Eifelturm ?
8 Wem hat Martina die Aufgabe gegeben ?
9 Welchen Tag haben wir heute ?
10 Ist das Wetter schön ?

9 Comment dites-vous en allemand ? **

1 Tobias dit que la photo est super.
2 Je sais qu'il habite à Bonn.
3 Axel demande si tu parles allemand.
4 Il reste au lit parce qu'il est malade.
5 Max trouve que le gâteau est trop petit.
6 Il ne sait pas que Steffi a de l'argent.
7 Andreas demande si nous restons à la maison.
8 Isabel ne peut pas venir parce qu'elle a école.
9 Sais-tu s'il joue de la guitare ?

10 Introduire la phrase suivante à l'endroit indiqué : **

Er ist krank.

1 Er arbeitet nicht, denn ....
2 Er arbeitet nicht, weil ....
3 Heute .... und arbeitet nicht.
4 Weil .... , arbeitet er nicht.
5 Er arbeitet nicht, weil ....
6 Ich möchte wissen, ob ....
7 Seit wann .... ?
8 Im Winter ....
9 Er geht in die Disco, aber ....
10 Weil er sich nicht warm genug angezogen hat, ...

PLACE DU VERBE DANS LES SUBORDONNÉES

*Er sagt, **daß** Christian im Garten **arbeitet**.*
*Er fragt, **ob** Katrin morgen kommen **kann**.*
*Herr Albrecht arbeitet nicht, **weil** er krank **ist**.*

Dans la proposition subordonnée, le verbe conjugué est en dernière position. La subordonnée est séparée de la principale par une virgule.

- La conjonction ***daß*** introduit une subordonnée complétive :

  *Er sagt, **daß** Christian im Garten arbeitet.*
  Il dit que Christian travaille dans le jardin.

  *Ich glaube, **daß** er recht hat.*
  Je crois qu'il a raison.

☛ Après des verbes exprimant le sentiment ou l'opinion, comme *sagen, denken, hoffen, meinen*, ***daß*** peut être sous-entendu. Dans ce cas, le verbe reste en deuxième position :

*Er sagt, Christian **arbeitet** im Garten.*
*Ich denke, du **hast** recht.*

- La conjonction ***ob*** introduit une subordonnée interrogative. L'interrogation porte sur toute la subordonnée :

  *Er fragt, **ob** Katrin morgen kommen **kann**.*
  Il demande si Katrin peut venir demain.

  *Ich weiß nicht, **ob** er in Berlin wohnt.*
  Je ne sais pas s'il habite à Berlin.

- La conjonction ***weil*** introduit une subordonnée de cause. Elle répond à la question ***warum*** :

  *Herr Albrecht arbeitet nicht, **weil** er krank **ist**.*
  M. Albrecht ne travaille pas parce qu'il est malade.

Pour les autres types de subordonnées, voir **Conjonctions de subordination**, p. 120 et 124.

3 les W-Fragen

1 *wer, was, wo, woher* *

Poser la question qui a comme réponse l'élément en italique :

1 *Raphael* wohnt in Bonn.
2 Thomas kauft *eine Kassette*.
3 Melanie arbeitet *in Berlin*.
4 Fräulein Kioko kommt *aus Tokio*.
5 Katja ist *in Klasse 7b*.
6 Frau Streuber ist *Deutschlehrerin*.
7 Patricia ist *im Garten*.
8 *Axel* spielt Volley-Ball.
9 Christine kommt *aus der Schule*.
10 *Rainer* will einen Walkman kaufen.

indice **Wer** *ou* **was** *? Lequel s'utilise pour les choses et lequel pour les personnes ?*

2 *wie, wieviel, wie alt, wohin* *

Poser la question qui a comme réponse l'élément en italique :

1 Muttis Mantel ist *rot*.
2 Agnes ist *12 Jahre alt*.
3 Frau Hartmann hat *drei* Kinder.
4 Fraulein Keller ist *sehr nett*.
5 Es ist *12 Uhr*.
6 Um eins gehen die Schüler *nach Hause*.
7 Morgen fährt Stefanie *nach Wien*.
8 2 + 2 ist *4*.
9 Ich möchte *eine Pizza* essen.
10 Mein Zimmer ist *supermodern*.

indice **Wohin** *porte sur le lieu où l'on va.*

3 *welcher, welche, welches...* *

Compléter :

1 Welch... Stadt ist das ? Mainz oder Wiesbaden ?
2 Welch... Buch ist das ? Dein Deutschbuch oder dein Englischbuch ?

3 Welch... Land ist das ? — Luxemburg oder Belgien ?
4 Welch... T-Shirt willst du ? — Das weiße oder das schwarze ?
5 Welch... Musik magst du ? — Pop-Musik oder klassische Musik ?
6 Gib mir die Hose ! — – Welch... Hose ?
7 Gib mir den Schlüssel ! — – Welch... Schlüssel ?
8 Gib mir die Comics ! — – Welch... Comics ?
9 Gib mir die Karte ! — – Welch... Karte ?
10 Gib mir den Pulli ! — – Welch... Pulli ?

indice *L'adjectif interrogatif* welch... *sert à identifier une personne ou une chose parmi un ensemble. On est placé devant un choix.*
Il se décline comme de**r**, di**e**, da**s**.

4 *wo, wohin, woher* *

Poser la question sur l'élément en italique :

1 Nadine wohnt *in Holland.*
2 Agnes bleibt *in der Schule.*
3 Herr Tonini kommt *aus Italien.*
4 Mutti arbeitet *im Garten.*
5 Jan geht *in die Küche.*
6 Die Katze schläft *auf dem Sofa.*
7 Hamburg liegt *in Norddeutschland.*
8 Frau Maier fährt *nach Madrid.*
9 Christiane kommt *aus Weimar.*
10 Frankfurt liegt *am Main.*

indice **W**... *porte sur le lieu où l'on est.*
W... *porte sur le lieu où l'on va.*
W... *porte sur le lieu d'où l'on vient.*
Donc : *faire attention au sens du verbe !*

5 *wer, wen, wem* *

Poser la question sur l'élément en italique :

1 *Katja* spielt Tennis.
2 Der Moderator interviewt *einen Rocksänger.*
3 Jan möchte *Carola* fotografieren.
4 Helene bringt *ihrer Freundin* ein Kätzchen.
5 Bring *der Dame* ein Glas Orangensaft !
6 Mutti will *den Arzt* rufen.
7 *Florian* arbeitet bei einem Freund.
8 *Meinen Eltern* gefallen meine neuen Schuhe nicht.
9 Der Walkman gehört *mir.*
10 Sie möchte *einen Füller* kaufen.

6 *wann, wie lange, wie oft* **

Poser la question sur l'élément en italique :

1 *Morgen* möchte Steffi ins Kino gehen.
2 Bernd hat *zwei Monate* in Berlin gearbeitet.
3 Die Züge fahren *alle 20 Minuten*.
4 *Gestern* haben wir einen guten Film gesehen.
5 Thomas besucht seine Großeltern *jedes Wochenende*.
6 Astrid hat *eine Viertelstunde* auf den Bus gewartet.
7 Michael will Nadine *bald* besuchen.
8 Jan hat *dreimal in der Woche* Deutsch.
9 *Jeden Abend* bringt Tobias den Mülleimer raus.
10 *In einer Stunde* kommen die Gäste.

7 *woran, womit, wofür...* ***

a) Compléter :

1 .... denkst du ? – An die Ferien.
2 .... freust du dich ? – Über meine gute Note.
3 .... schreibst du ? – Mit meinem Füller.
4 .... sprechen Sie ? – Von einer Reportage über Alaska.
5 .... erzählt der Text ? – Von der modernen Technik.

b) Comment dire :

6 A quoi t'intéresses-tu ?
7 De quoi s'agit-il ?
8 Par quoi commençons-nous ?
9 De quoi parlent-ils ?
10 Qu'est-ce que tu attends ?

indice *Le pronom interrogatif adverbial ne s'utilise que pour les choses.* *(Voir p. 139)*

LES « W-FRAGEN »

1. L'INTERROGATIVE DIRECTE

WER	qui	Wer arbeitet im Garten ? – **Frau Sold.**

On utilise **wer** quand on veut connaître l'identité du sujet. **Wer** est au nominatif.

WEN	qui (accusatif)	**Wen** fotografierst du ? – Ich fotografiere **Agnes**.
WEM	qui, à qui (datif)	**Wem** schenkst du diese Kassette ? – **Meinem Freund.**
WAS	quoi	**Was** kaufst du ? – **Ein T-Shirt.** On utilise **was** pour les choses.
WO	où (locatif)	**Wo** wohnst du ? – **In Berlin.**
WOHIN	où (directif)	**Wohin** fährt dein Vater ? – **Nach Hamburg.**
WOHER	d'où (provenance)	**Woher** kommt sie ? – **Aus München.**
WIE	comment	**Wie** ist das Wetter heute ? – **Schön.**
WIE	+ adjectif	
	âge	**Wie alt** bist du ? – **14.**
	taille	**Wie groß** bist du ? – **1m60.**
	hauteur	**Wie hoch** ist der Fernsehturm ? – **160 m hoch.**
	profondeur	**Wie tief** ist der Fluß hier ? – **4m** tief.
	heure	**Wie spät** ist es ? – **10 Uhr.**
WIEVIEL	quantité	**Wieviel** Kinder hat sie ? – **3.**
WARUM, WESHALB	cause	**Warum** arbeitest du nicht ? – **Weil ich müde bin.**
WELCH (E, ER, ES)	quel, lequel	**Welchen** Mantel willst du ? – **Den roten.**

On utilise **welch-** lorsqu'on est placé devant un choix. Il se décline comme **der, die, das**.

WANN	quand	**Wann** kommst du zu uns ? – **Nächsten Sonntag.**
WIE LANGE	combien de temps	**Wie lange** bleibt sie in Paris ? – **4 Tage.**
WIE OFT	tous les combien	**Wie oft** fahren die Züge ? – **Alle 10 Minuten.**
WO(R)	+ préposition (voir p. 139)	**Woran** denkst du ? – **An die Ferien.**

2. L'INTERROGATION INDIRECTE

Wo spielt Max Tennis ? Ich möchte wissen, **wo** Max Tennis **spielt**.
Dans l'interrogative indirecte le verbe se place à la fin de la proposition. Le mot interrogatif joue le rôle de subordonnant.

4 les éléments du groupe verbal

1 Retrouver l'ordre des mots. *

1 wir/hungrig/sind/immer
2 ist/die Sekretärin/müde
3 nicht/die Katze/ist/krank
4 nett/meine Oma/immer/ist
5 Axel/sportlich/nicht/ist

2 Reconstituer les phrases en commençant par l'élément souligné. *

1 Birgit/<u>Sonja</u>/bei/ist
2 gehen/<u>Wir</u>/zu/Frau/Wagner/nicht
3 <u>Ich</u>/nicht/arbeite/zu/Hause
4 jetzt/sind/Oma/<u>Die Kinder</u>/bei
5 nicht/geht/<u>Tante Gerda</u>/nach/Hause

indice *Dans une proposition indépendante, le verbe conjugué se trouve en deuxième position.*
L'attribut ou le complément est en dernière position.

3 Compléter (l'infinitif est donné entre parenthèses) : *

a) 1 Ich .... Martina ab. (*abholen*)
2 Der Vogel .... fort. (*fortfliegen*)
3 Mutti geht ins Kino. Ich .... mit. (*mitkommen*)
4 Heute abend .... wir aus. (*ausgehen*)
5 Jan .... Onkel Franz an. (*anrufen*)

b) 1 Agnes .... morgen .... (*zurückkommen*)
2 Die Kinder .... den Tisch .... (*abdecken*)
3 Im Juli .... wir .... (*umziehen*)
4 Hilke .... den Koffer .... (*auspacken*)
5 Frau Gasser .... sich .... (*vorstellen*)

4 Compléter selon le modèle : *

Geht er ins Kino ? → Ja, er will ins Kino gehen

1 Geht sie in die Disco ? Ja, sie will ....
2 Geht Katrin nach Hause ? Ja, sie will ....
3 Essen wir um 12.30 Uhr ? Ja, wir wollen ....
4 Decken die Kinder den Tisch ab ? Ja, sie müssen ....
5 Nehmen wir Oliver mit ? Ja, wir können ....

indice *Dans une proposition indépendante, l'infinitif se trouve ....*

5 Compléter selon le modèle : *

a) *Sonia, kannst du bitte zuhören ? Ja, ich höre zu.*

1 Fritzi, kannst du bitte mitkommen ?
2 Jens, kannst du bitte die Tür aufmachen ?
3 Moritz, kannst du bitte das Zimmer aufräumen ?
4 Agnes, kannst du bitte das Licht ausmachen ?
5 Steffi, kannst du bitte den Hund mitnehmen ?

b) *Isabel kommt nicht mit. Sie will nicht mitkommen.*

6 Simon steht nicht auf.
7 Carolin fängt nicht an.
8 Tobias zieht sich nicht um.
9 Anne denkt nicht nach.
10 Viola stellt sich nicht vor.

6 Faire précéder les phrases suivantes de : *ich glaube, daß...* **

1 Adelin ist krank.
2 Sie ist jetzt fertig.
3 Frau Spitz ist heute krank.
4 Tobias ist sehr nett.
5 Mein Onkel ist immer froh.

indice *Où se trouve l'attribut ou le complément par rapport au verbe dans une subordonnée ?*

7 Reprendre les phrases de l'exercice 2, en les faisant précéder de : **

Er sagt, daß...

8 Faire précéder les phrases suivantes de :

a) *Er sagt, daß...*

1 Rainers ziehen um.
2 Christof ruft Jens an.
3 Die Kinder sehen zu viel fern.
4 Der Winter kommt bald zurück.
5 Sie holt Frauke am Bahnhof ab.

b) *Ich weiß nicht, ob...*

6 Er kommt morgen zurück.
7 Patricia paßt auf.
8 Sie steht um 7. 00 Uhr auf.
9 Die Schule fängt nächste Woche an.
10 Das Taxi kommt jetzt an.

9 Mettre les phrases au discours direct : ***

Agnes sagt, daß Deutsch klasse ist. → Ja, Deutsch ist klasse.

1 Jens sagt, daß Boris super ist. Ja, ...
2 Arnold meint, daß Alkohol nervös macht. Ja, ...
3 Die Eltern sagen , daß die Kinder zu viel fernsehen. Ja, ...
4 Sie meint, daß das Taxi bald ankommt. Ja, ...
5 Er sagt, daß Christian Agnes anrufen will. Ja, ...

10 Faire précéder chaque phrase de *er sagt, daß* ou de *er fragt, ob* : ***

1 Christine will ins Kino gehen.
2 Frau Klein arbeitet bei der Lufthansa.
3 Fängt die Schule nächste Woche an ?
4 Katrin sieht zu oft fern.
5 Ist der Film interessant ?

11 Compléter par la particule qui manque ***

1 Wir holen Katrin am Bahnhof ....
2 Ich gehe in den Tennisclub. Kommst du .... ?
3 Die Oma will Sonja .... rufen.
4 Morgen stehe ich um 7.00 Uhr ....
5 Das Fußballspiel fängt bald ....
6 Wir sehen immer um 20.00 Uhr ....
7 Katrin, gehst du nächsten Samstag .... ?
8 Der Bus kommt ....
9 Du gehst ins Kino, aber du nimmst Laura ....
10 Kannst du mir die Tür .... machen ?

ÉLÉMENTS DU GROUPE VERBAL

1. LES PROPOSITIONS INDÉPENDANTES :

Le verbe conjugué se trouve en 2ᵉ position (**voir p. 10**) et **les autres éléments du groupe verbal en dernière position** :

- **attribut du sujet** (avec l'auxiliaire ***sein***) :

  Max ***ist*** *heute* ***krank.***
  Max est malade aujourd'hui.

- **complément circonstanciel** :

  Petra ***ist*** *heute* ***bei Ingrid.***
  Petra est chez Ingrid aujourd'hui.

  Oliver ***geht*** *auch* ***zu Ingrid.***
  Oliver va aussi chez Ingrid.

Le complément introduit par ***bei*** répond à la question ***wo***. Le complément introduit par ***zu*** répond à la question ***wohin***. (**voir p. 71**)
Attention ! On dit ***zu Hause sein*** (être chez soi) et ***nach Hause gehen*** (aller chez soi, rentrer). **Voir p. 71.**

- **infinitif** (après un verbe de modalité) :

  Jan ***will*** *ein T-Shirt* ***kaufen.***
  Jan veut acheter un T-shirt.

2. LES PROPOSITIONS SUBORDONNÉES :

Le verbe conjugué se trouve en dernière position (**voir p. 15**) et **les autres éléments du groupe verbal sont placés immédiatement avant lui** :

Max sagt, daß er heute ***krank ist.***
Er sagt, daß Petra heute ***bei Ingrid ist.***
Er sagt, daß Oliver auch ***zu Ingrid geht.***
Er sagt, daß Jan ein T-Shirt ***kaufen will.***

3. VERBES À PARTICULE SÉPARABLE :

- dans les propositions indépendantes, la particule se trouve en dernière position :

  anrufen → *Petra* ***ruft*** *Alexander* ***an.***
  Petra appelle Alexander.

- dans les propositions subordonnées, la particule reste soudée au verbe :

  abholen → *Ich möchte, daß du Petra* ***abholst.***
  Je voudrais que tu ailles chercher Petra.

5 le présent de l'indicatif

1 Compléter par *haben, sein* ou *werden* *

1 Ich .... Durst.
2 Wie groß .... du ?
3 .... ihr müde ?
4 Axel und Anne .... im Garten.
5 „Birgit, Holger, ... ihr Hunger ?"
6 Reicherts .... Besuch.
7 Die Kinder .... schnell groß.
8 Salat und Tomaten .... gesund.
9 „Jens, Christian, wo .... ihr denn ?"
10 Petra ist 11 Jahre alt, sie .... bald 12.

2 Compléter par les formes voulues du verbe donné dans la parenthèse : *

1 Ich .... das Essen. (*machen*)
2 Steffi .... Tennis. (*spielen*)
3 Die Kinder .... den Hund. (*rufen*)
4 .... du Deutsch ? (*lernen*)
5 Wir .... eine Kassette. (*suchen*)
6 „Frau Schubert, ... Sie die Zeitung ?" (*kaufen*)
7 Der Hund .... Bello. (*heißen*)
8 Er .... zu Hause. (*bleiben*)
9 Ihr .... gut. (*singen*)
10 .... du mit ins Kino ? (*kommen*)

indice *Ces verbes sont des verbes faibles (réguliers). Ils forment le présent à partir du radical + les terminaisons spécifiques à chaque personne.*

3 Verbes forts en « a ». Compléter :

1 Sven .... nach Bonn. (*fahren*)
2 Wir .... nicht bis 11 Uhr. (*schlafen*)
3 Nadja .... eine schöne Bluse. (*tragen*)
4 Heute .... viel Schnee. (*fallen*)
5 .... ihr .... ? (*anfangen*)
6 Ein Grillfest .... den Kindern immer. (*gefallen*)
7 Das Kind .... schon gut. (*laufen*)
8 Er .... mich nicht in Ruhe. (*lassen*)
9 Herr und Frau Vogeler ....
uns .... (*einladen*)
10 Mutti .... einen guten Kuchen. (*backen*)

4 Verbes forts en « e ». Compléter : *

1 Herr Schweiger .... den Hund
.... (*mitnehmen*)
2 .... du mir Geld ? (*geben*)
3 Tobias .... ein Eis. (*essen*)
4 Heute .... wir einen Roman. (*lesen*)
5 Arne .... sich einen Film .... (*ansehen*)
6 Christine .... mir nicht. (*helfen*)
7 Alexander .... Deutsch und Französisch. (*sprechen*)
8 Carina .... dem Hund einen Ball. (*werfen*)
9 Es .... kalt. (*werden*)
10 Der Hund .... im Garten. (*fressen*)

indice *Quelle modification subissent les verbes forts en* **-a-** *et en* **-e-** *au présent ? Cette modification apparaît-elle à toutes les personnes ?*

5 Mettre le verbe entre parenthèses à la forme voulue : *

1 Arnold .... eine Party. (*geben*)
2 .... du schon ? (*schlafen*)
3 .... er den Hund mit ? (*nehmen*)
4 Du .... zu viel. (*essen*)
5 Martina .... immer Jeans. (*tragen*)

6 Er .... immer alles. (*vergessen*)
7 Der Tiger .... eine Gazelle. (*fressen*)
8 Christine .... schon gut. (*lesen*)
9 Was, ihr .... schon wieder fern ! (*sehen*)
10 Du .... mir nie. (*helfen*)

6 Compléter : *

1 Die Katze .... draußen. (*warten*)
2 Jetzt .... er nicht. (*antworten*)
3 .... du deinen Blouson ? (*finden*)
4 Herr Schwarz .... bei Opel. (*arbeiten*)
5 Isabel .... eine Blume. (*zeichnen : dessiner*)

Comment dire ?

6 Nadine et Patricia, vous attendez dehors !
7 Max ne trouve pas son livre.
8 Sven travaille à Berlin.
9 L'architecte (*der Architekt*) dessine une maison.
10 Je ne trouve pas mon cahier d'allemand.

indice *Les verbes dont le radical se termine par* **-d**, **-t** *ou* **-n** *intercalent un ...... aux 2e et 3e personnes du singulier et à la ...... personne du pluriel.*

7 Mettre : **

a) *à la 1re personne du singulier*
1 Er freut sich sehr.
2 Sie hält vor der Tür.
3 Er tritt ins Zimmer.
4 Ihr laßt euch nicht stören.
5 Wir setzen uns in den Park.

b) *à la 3e personne du singulier* (er)
6 Jetzt lege ich mich auf das Sofa.
7 Ich erschrecke vor dem Dieb.
8 Ich greife nach dem Hut.
9 Ich biege in die nächste Straße links.
10 Ich empfehle Steffi eine gute Pizzeria.

LE PRÉSENT DE L'INDICATIF

1. LES AUXILIAIRES HABEN, SEIN, WERDEN :

haben	sein	werden
ich habe du **hast** er, sie, es **hat** wir haben ihr habt sie, Sie haben	ich bin du bist er, sie, es ist wir sind ihr seid sie, Sie sind	ich werde du **wirst** er, sie, es wird wir werden ihr werdet sie, Sie werden

☛ Remarques :

- ***haben*** perd son **b** aux 2ᵉ et 3ᵉ personnes du singulier.
- ***sein*** a une conjugaison très irrégulière; il faut l'apprendre par cœur.
- ***werden*** perd son **d** à la 2ᵉ personne du singulier.

2. LES VERBES FAIBLES :

radical verbal (infinitif sans **-en**) + **-e, -st, -t, -en, -t, -en**

mach en					
ich	mach	**e**	wir	mach	**en**
du	mach	**st**	ihr	mach	**t**
er, sie, es	mach	**t**	sie, Sie	mach	**en**

Les verbes dont le radical se termine par **d** (*find en*) ou **t** (*wart en*) intercalent un **-e-** entre le radical et les terminaisons **-st** et **-t** :
du findest, er findet, ihr findet   *du wartest, er wartet, ihr wartet*

3. LES VERBES FORTS EN -a- ET EN -e- :

la voyelle change aux 2ᵉ et 3ᵉ personnes du singulier : **a > ä**   **e > i** ou **ie** :

geben	*ich gebe, du gi**bst**, er gi**bt***
schlafen	*ich schlafe, du schl**äfst**, er schl**äft***

Liste des verbes forts en -a- et -e- :

anfangen	*er fängt ... an*	(commencer)
backen	*er bäckt*	(faire cuire)
blasen	*er bläst*	(souffler)
brechen	*er bricht*	(casser)
einladen	*er lädt ... an*	(inviter)
empfangen	*er empfängt*	(recevoir)
erfahren	*er erfährt*	(apprendre, par expérience)
erraten	*er errät*	(deviner)
essen	*er ißt*	(manger)
fahren	*er fährt*	(aller, en véhicule)
fallen	*er fällt*	(tomber)
fressen	*er frißt*	(manger, pour les animaux)
geben	*er gibt*	(donner)
gefallen	*er gefällt*	(plaire)
geschehen	*es geschieht*	(arriver)
halten	*er hält*	(tenir)
helfen	*er hilft*	(aider)
lassen	*er läßt*	(laisser)
laufen	*er läuft*	(courir)
lesen	*er liest*	(lire)
nehmen	*er nimmt*	(prendre)
raten	*er rät*	(conseiller, deviner)
schlafen	*er schläft*	(dormir)
schlagen	*er schlägt*	(battre)
sehen	*er sieht*	(voir)
sprechen	*er spricht*	(parler)
sterben	*er stirbt*	(mourir)
tragen	*er trägt*	(porter)
treffen	*er trifft*	(rencontrer)
vergessen	*vergißt*	(oublier)
verlassen	*verläßt*	(abandonner)
wachsen	*er wächst*	(pousser)
waschen	*er wäscht*	laver
werden	*er wird*	(devenir)
werfen	*er wirft*	(jeter)

4. LES VERBES RÉFLÉCHIS

sich freuen

ich freue **mich**
du freust **dich**
er, sie, es freut **sich**
wir freuen **uns**
ihr freut **euch**
sie, Sie freuen **sich**

5. LES VERBES DE MODALITÉ ET LE VERBE WISSEN :

les 1ère et 3e personnes du singulier n'ont pas de terminaison au présent de l'indicatif ;

können

ich **kann** □
du kannst
er, sie, es **kann** □
wir können
ihr könnt
sie, Sie können

dürfen

ich **darf** □
du darfst
er, sie, es **darf** □
wir dürfen
ihr dürft
sie, Sie dürfen

müssen

ich muß □
du mußt
er, sie, es muß □
wir müssen
ihr müßt
sie, Sie müssen

sollen

ich soll □
du sollst
er, sie, es soll □
wir sollen
ihr sollt
sie, Sie sollen

wollen

ich will □
du willst
er, sie, es will □
wir wollen
ihr wollt
sie, Sie wollen

mögen

ich mag □
du magst
er, sie, es mag □
wir mögen
ihr mögt
sie, Sie mögen

wissen

ich **weiß** □
du weißt
er, sie, es **weiß** □
wir wissen
ihr wißt
sie, Sie wissen

6 l'impératif

1 Donner un ordre à un(e) ami(e) à partir des infinitifs suivants : *

1 kommen **2** gehen **3** schlafen **4** bringen **5** trinken
6 schauen **7** spielen **8** hören **9** lernen **10** springen

2 Reprendre les infinitifs ci-dessus pour donner un ordre à deux ou plusieurs ami(e)s. *

3 À partir des infinitifs de l'exercice 1, donnez des ordres à une personne ou plusieurs personnes que vous vouvoyez. *

4 Mettre le verbe indiqué dans la parenthèse à l'impératif : **

1. Katja, ... bitte ! (kommen)
2. Frau Schön, ... Platz ! (nehmen)
3. .... mal, Florian ! (schauen)
4. Thomas, Ingrid, ... den Tisch ! (decken)
5. Herr Laszlo, ... rein ! (kommen)
6. Agnes, ... bitte den Hund mit ! (nehmen)
7. Michael, Bernd, ... den Ball ! (bringen)
8. Kinder, ... bitte Brot ! (holen)
9. Steffi, ... mir die Butter ! (geben)
10. .... bitte den Brief, Fräulein Kelly ! (schreiben)

5 Mettre le verbe à l'impératif : **

1. Christof, ... bitte ! (kommen)
2. Nadine, Martina, ... mir 2 Kilo Kartoffeln ! (kaufen)
3. Bitte Oliver. .... mir ! (helfen)
4. .... den Hund mit, Katrin ! (nehmen)
5. Frau Handke, ... Sie morgen bitte ! (kommen)
6. Vati, ... mir 5DM bitte ! (geben)
7. Kinder, ... die Tür zu ! (machen)

8 Erik, ... mir ein Glas Bier bitte ! (bringen)

9 Herr Petzold, ... Sie Platz ! (nehmen)

10 .... Sie mir bitte das Foto, Frau Schwaiger ! (holen)

L'IMPÉRATIF

On l'utilise pour donner un ordre.
Mach schnell ! Dépêche-toi !

Il est formé sur le radical de l'infinitif et a trois personnes :

gehen
2e pers. sing. → ***Geh*** **!** Va !
(on s'adresse à une personne tutoyée)
2e pers. plur. → ***Geht*** **!** Allez !
(on s'adresse à plusieurs personnes tutoyées)
3e pers. plur. → ***Gehen*** *Sie* Allez !
(on s'adresse à une ou à plusieurs personnes vouvoyées)

Remarques :

• Les verbes faibles intercalant un **e** au présent de l'indicatif ajoutent un **e** à la 2e personne du singulier de l'impératif :
*Arbeit**e** !* Travaille !
*Antwort**e** !* Réponds !

• Les verbes forts en **e** (sauf *gehen*) prennent un **i** ou **ie** à la 2e personne du singulier de l'impératif :
Nimm ! Prends ! ***Lies !*** Lis ! ***Sprich !*** Parle !

Impératif de *sein* :
Sei ! Seid ! Seien Sie !

Autres façons d'exprimer un ordre :
• avec l'infinitif
*Nicht **hinauslehnen** !* Ne pas se pencher au dehors !
• avec le participe II
*Rauchen **verboten**.* Défense de fumer.
• avec une particule
Herein ! Entrez !

7 les verbes de modalité

1 Compléter par le pronom qui convient. *

1 … kann
2 … darfst
3 … wollt
4 … müßt
5 … mag
6 … möchte
7 … soll
8 … wollen
9 … muß
10 … kannst

2 Compléter par le verbe indiqué dans la parenthèse : *

1 Oma .... nicht kommen. *(können)*
2 .... du in die Disco gehen ? *(dürfen)*
3 Wir .... jetzt nach Hause. *(müssen)*
4 Ihr .... eine Klassenarbeit schreiben. *(sollen)*
5 .... Sie eine Tasse Tee, Frau Kirchner ? *(wollen)*
6 Ursula .... keinen Kuchen. *(mögen)*
7 Ich .... nicht lange bleiben. *(dürfen)*
8 Jens .... nach London fahren. *(wollen)*
9 .... du den Englischlehrer ? *(mögen)*
10 Hier .... man nicht rauchen. *(dürfen)*

3 Mettre le verbe *wissen* à la forme voulue : *

1 Wo ist die Katze ? Ich … es nicht.
2 Du … doch, daß Petra krank ist.
3 Wir …, daß das Fernsehen doof macht.
4 … ihr, wo er wohnt ?
5 Das … wir noch nicht.
6 Das … doch jedes Kind !
7 Wer …, wo er wohnt !
8 Kerstin … nicht, was sie machen soll.
9 Das mußt du doch … !
10 Wir … nur, daß wir nichts…

4 Compléter par *können* ou *dürfen*. **

1 Im Auto ... ich nicht schlafen.
2 Heute ist Samstag, Tobias ... bis 22. 00 Uhr fernsehen.
3 Vati, ... ich dein T-Shirt nehmen ?
4 Du ... mich heute abend anrufen.
5 Christian ist 4 Jahre alt und er ... schon schwimmen.

Compléter par *müssen* ou *sollen*.

6 Mein Rad ist kaputt, ich ... es reparieren.
7 Der Lehrer sagt, ich ... den Text nochmal lesen.
8 Bei Rot ... die Autos halten.
9 Mutti, ... ich den Tisch decken ?
10 Der Bus ist nicht da, ich ... noch warten.

indice *Quelle est la différence de sens entre* können *et* dürfen ?
Et entre müssen *et* sollen ?

5 Introduire le verbe indiqué dans la parenthèse : **

1 Ich komme nicht. (*können*)
2 Agnes bäckt einen Kuchen. (*wollen*)
3 Gehst du auf die Party ? (*dürfen*)
4 Du wäschst dir die Hände. (*müssen*)
5 Der Hund geht nicht in den Tennisclub. (*dürfen*)
6 Mache ich das Fenster auf ? (*sollen*)
7 Er geht nicht früh ins Bett. (*mögen*)
8 Ich lade Jürgen ein. (*wollen*)
9 Sie fährt mit dem Bus. (*müssen*)
10 Er zieht einen Pullover an. (*wollen*)

6 Compléter par *müssen, dürfen* ou *sollen* selon le sens. **

1 Mama, ... ich zu Bettina gehen ? Nein, du bist nicht fertig.
2 Die Kinder .... in die Schule gehen.
3 Er ist kein Brot mehr da. Ich .... noch schnell zum Bäcker.
4 Vati, ... ich dir Bier holen ? Ja, ich habe Durst.
5 Heinz ist krank. Wir .... den Arzt rufen.

6 Frau Bichsel, ... ich die Mathe-Aufgabe machen ? Ja, schnell !
7 Arnold .... nicht draußen spielen, es ist zu spät.
8 Es ist kalt, ich .... einen Pullover anziehen.
9 Mama, ... ich Samstag ins Kino gehen ?
10 Peter, die Waschmaschine ist kaputt, wir .... eine neue kaufen.

7 Compléter par l'un des six auxiliaires de mode. **

1 Birgit ist krank. Sie .... im Bett bleiben.
2 Ich .... den Film nicht sehen. Ich bin zu jung.
3 Jan ist 4 Jahre alt und er .... schon lesen.
4 Mutti, ... ich den Tisch decken ? Ja, bitte !
5 .... Sie noch eine Tasse Kaffee ?
6 Frau Spitz, ich .... ein Kilo Orangen, bitte !
7 Alle Schüler .... den Lehrer, er ist sehr nett.
8 Ich habe jetzt keine Zeit, ich .... ins Büro.
9 Opa .... klassische Musik.
10 Kinder .... keinen Alkohol trinken.

8 Comment dites-vous que... **

1 Vous avez la permission de regarder la télévision.
2 Vous aimez la limonade.
3 Vous devez aller chercher du pain (on vous l'a demandé).
4 L'enfant sait écrire.
5 Il faut que vous alliez à l'école.
6 Vous aimeriez une glace.
7 Vous n'avez pas le droit d'aller au cinéma.
8 Vous êtes malade et il faut que vous restiez au lit.
9 Votre grand-père veut acheter une voiture.
10 Vous aimeriez manger des frites.

VERBES DE MODALITÉ ET LE VERBE *WISSEN*

1. LES VERBES DE MODALITÉ

– les 1re et 3e personnes du singulier n'ont pas de terminaison au présent de l'indicatif (**voir p. 29**) ;
– ces verbes sont souvent suivis d'un **infinitif**, qui n'est jamais précédé de **zu**.

- **KÖNNEN** = pouvoir ; savoir (par apprentissage) :
  *Er **kann** Tennis spielen.* Il sait jouer au tennis.
- **DÜRFEN** = pouvoir, dans le sens d'« avoir la permission » :
  ***Darf** ich ins Kino gehen ?*
  Puis-je aller au cinéma ?

Nicht dürfen exprime l'interdiction.

- **MÜSSEN** = devoir dans le sens d'obligation, de nécessité (il faut que) :
  *In der Stadt **muß** man langsam fahren.*
  En ville, on doit conduire lentement.
- **SOLLEN** = devoir dans le sens d'obligation imposée par quelqu'un :
  *Mutti, was **soll** ich tun ? – Du **sollst** Brot holen.*
  Maman, qu'est-ce que je dois faire ?
  – Tu dois acheter du pain.
- **WOLLEN** exprime la volonté :
  *Ich **will** nach Hause (gehen).*
  Je veux rentrer.
- **MÖGEN** a le sens de « bien aimer quelque chose ou quelqu'un ». Il est souvent employé au conditionnel (*ich möchte*). Il correspond alors à « je voudrais », « j'aimerais » :
  *Er **mag** Katzen.*
  Il aime bien les chats.
  *Ich **möchte** ein Eis essen.*
  J'aimerais manger une glace.

2. WISSEN

WISSEN a le sens de « savoir » (parce qu'on a été informé) :
*Ich **weiß**, daß sie krank ist.* Je sais qu'elle est malade.

8 le prétérit

1 Mettre au prétérit : *

1 Thomas ist müde.
2 Sie hat Fieber.
3 Das Wetter wird kalt.
4 Sind Sie zu Hause ?
5 Wo bist du denn ?
6 Seid ihr in Hamburg ?
7 Katja wird ganz rot.
8 Du hast doch die Telefonnummer.
9 Ich habe keine Zeit.
10 Die Polizei ist schon da.

2 Compléter par les verbes donnés : *

a) *waren – wurde – war – wart – hatte*

1 Es ... einmal ein kleines Mädchen.
2 Gestern ... Jens Geburtstag.
3 Mozart ... schnell ein phantastischer Pianist.
4 ... ihr im Juli in Berlin ?
5 Meine Eltern ... gestern im Kino.

b) *waren – hattet – wurde – warst – war*

6 Im September ... es sehr kalt.
7 Der Himmel ... schnell ganz dunkel.
8 Ihr ... doch Geld !
9 ... du gestern auch krank ?
10 Die Kinder ... zu laut.

3 Mettre au prétérit : *

1 Ich spiele Handball.
2 Kerstin macht das Essen.
3 Jens hört Musik.
4 Die Kinder kaufen ein Eis.
5 Wir fotografieren das Rathaus.
6 Sie zeigt mir die Stadt.
7 Wohnt ihr in München ?
8 Was reparierst du ?
9 1989 öffnet man die Mauer.
10 Herr Sold raucht zu viel.

indice *La 1re personne et la 3e personne du singulier sont identiques.*

4 Mettre au prétérit : *

1 Ich muß zurückgehen.
2 Er darf nicht rauchen.
3 Herr Wagner kann nicht kommen.
4 Wir sollen immer schön schreiben.
5 Er mag keinen Fisch.
6 Der Autofahrer will zurückfahren.
7 Müßt ihr umsteigen ?
8 Soll ich alles erzählen ?
9 Mit vier kann er schon lesen.
10 Wollt ihr eine Cola ?

indice *Les verbes de modalité se conjuguent au prétérit comme les verbes faibles, mais ils perdent leur Umlaut.*

5 Même exercice : *

1 Er kommt zu früh.
2 Wir gehen ins Kino.
3 Sie steht um 7.00 Uhr auf.
4 Das Mädchen schreibt einen langen Brief.
5 Sie fliegt nach Tokio.
6 Es beginnt zu regnen.
7 Die Mutter ruft den Arzt.
8 Was bekommt sie zum Geburtstag ?
9 Sie schläft gegen 22.00 Uhr ein.
10 Er sitzt den ganzen Tag am Computer.

indice *Au prétérit, les verbes forts n'ont pas de terminaison aux 1re et 3e personnes du singulier.*

6 Même exercice : **

1 Er tritt langsam ins Zimmer.
2 Die Schüler schweigen jedesmal, wenn der Lehrer leise spricht.
3 Was tut er ?
4 Im Juli ziehen wir nach München.
5 Die Uhr schlägt zwölf.
6 Max verliert immer viel Zeit.
7 Ich gehe jeden Tag mit meinem Hund spazieren.
8 Wann fängst du mit dem Artikel an ?
9 Das Kind erschrickt vor dem Hund.
10 Das Baby kriecht auf allen vieren.
11 Der Dieb greift schnell nach der Halskette.

7 Rayer la réponse fausse. **

1 Er *lag*/~~*legte*~~ ruhig im Bett.
2 Sie ~~*setzten*~~/*saßen* um das Feuer.
3 Das Kind *hängte*/~~*hing*~~ das Poster an die Wand.
4 Eine Flasche Kognak *stand*/~~*stellte*~~ auf dem Tisch.
5 Sie *legte*/~~*lag*~~ alles auf den Tisch.
6 Wir *setzten*/~~*saßen*~~ uns oft auf die Caféterrasse.
7 Ein leichter Nebel *hing*/~~*hängte*~~ über dem Berg.
8 Sie ~~*setzte*~~/*saß* ruhig vor dem Bildschirm.
9 Er *stellte*/~~*stand*~~ sich vor den Spiegel.
10 Die Stadt ~~*legte*~~/*lag* damals am Meer.

8 Mettre au prétérit. ***

1 Er liest gern Krimis.
2 Er läßt seinen Hund draußen.
3 Max denkt nur ans Essen.
4 Er dankt ihm für das schöne Geschenk.
5 Wir fahren schnell nach Hause.
6 Sie führt uns bis zur Altstadt.
7 Ich kann nicht kommen.
8 Wir kennen seine Adresse nicht.
9 Er bittet mich um Feuer.
10 Der Supermarkt bietet eine reiche Auswahl.

indice ***Attention aux verbes qui se ressemblent !***
Retrouvez les infinitifs et apprenez-les par cœur.

9 Mettre le texte suivant au prétérit. ***

Eines Tages *kommt* eine kleine, hübsche Person ins Dorf. Sie *trägt* eine weiße Bluse und einen roten Rock. Mit beiden Händen *schleppt* sie Taschen und Koffer, und auf dem Rücken *hat* sie einen Rucksack.

Weil sie so nett und hübsch *aussieht*, *erlauben* ihr die Dorfbewohner, in ein kleines Haus am Dorfrand zu ziehen. Sie *räumt* zuerst ihre Sachen ein, dann *sieht* sie sich um. Sie *lächelt* die Leute an, *streichelt* den Hund, *hilft* überall und *streicht* den Kindern übers Haar. Das Mädchen *fühlt* sich glücklich. Sie *richtet* ihr kleines Haus ein, *hängt* weiße Gardinen auf, *stellt* Blumen in eine Vase, *nagelt* schöne Bilder an die Wände. Sie *ißt* ein kleines Butterbrot und *schläft* bald ein.

10 Mettre au prétérit : ***

1 Müßt ihr zu Hause bleiben ?
2 Du fällst durch deine komische Frisur auf.
3 Sie unterhalten sich vor dem Gymnasium.
4 Er bittet mich um Hilfe.
5 Dieser kranke Mann tut mir leid.
6 Plötzlich reißt er sich los. (sich losreißen : *se dégager*)
7 Der Junge spaziert einfach hin und her.
8 Was sie redet, verstehe ich nicht.
9 Kennt ihr seinen Namen ?
10 Er entschließt sich wegzugehen.

11 Compléter par un des verbes de la liste, au prétérit : ***

klingen – einladen – schieben – geschehen – auflegen

1 Seine Freundin ... ihn voriges Jahr nach Rom ...
2 Nachdem sie am Telefon lange gesprochen hatte, ... sie schnell ...
3 Ein Mann ... Holz in das Feuer.
4 „Hände hoch !" ... es aus dem Dunkel.
5 Es ... jeden Tag um diese Zeit.

12 Commencer chacune des phrases suivantes par *früher* (autrefois).

1 Es ist viel schöner.
2 Es gibt keinen Streß.
3 Das Wasser ist nicht verschmutzt.
4 Die Leute haben Zeit.
5 Man kann leicht ein Ferienjob finden.
6 Die Leute haben ihre Ruhe.
7 Nach dem Abendessen unterhalten sich Eltern und Kinder zusammen.
8 Die Frauen führen ein häusliches Leben.
9 Man verdient Geld genug.
10 Geld ist nicht so wichtig.

13 Relier les débuts (1-5) et les fins de ces phrases :

1 Er legte sich ins Bett,
2 Bettina war traurig,
3 Das Foto war nicht super,
4 Wir waren im November,
5 Wenn die Kinder ins Bett gingen,

a denn Anne hatte einen alten Fotoapparat.
b und es wurde schnell kalt.
c erzählte ihnen die Mutter eine Gute-Nacht-Geschicht.
d weil ihre Freundin nicht da war.
e und schlief bald ein.

LE PRÉTÉRIT

Ce temps correspond au passé simple ou à l'imparfait en français.

☛ Pour tous les verbes, la 1re et la 3e personne du singulier sont identiques.

1. VERBES FAIBLES

On ajoute au radical les terminaisons :
-te, -test, -te, -ten, -tet, -ten.

mach en
ich mach **te**
du mach **test**
er, sie, es mach **te**
wir mach **ten**
ihr mach **tet**
sie, Sie mach **ten**

☛ Les verbes dont le radical se termine par **-d**, **-t**, **-gn**, ou **-chn** intercalent un **e** avant la terminaison :

*re**d** en → er red-**e**-**te***
*re**gn** en → es regn-**e**-**te***
*antwor**t** en → er antwort-**e**-**te***
*re**chn** en → er rechn-**e**-**te***

2. VERBES DE MODALITÉ

Ils ont les mêmes terminaisons que les verbes faibles. Attention : ils perdent l'inflexion (le Umlaut) :

*können → er k**o**nn**te***
*sollen → er s**o**ll**te***
*wollen → er woll**te***
*dürfen → er d**u**rf**te***
*müssen → er m**u**ß**te***
*mögen → er m**o**ch**te***

3. LES AUXILIAIRES

haben	sein	werden
ich hatte du hattest er, sie, es hatte wir hatten ihr hattet sie, Sie hatten	ich war du warst er, sie, es war wir waren ihr wart sie, Sie waren	ich wurde du wurdest er, sie, es wurde wir wurden ihr wurdet sie, Sie wurden

4. VERBES FORTS

Le prétérit est caractérisé par le changement du radical et l'absence de terminaison aux 1re et 3e personnes du singulier. Il faut apprendre ces prétérits par cœur.

gehen	kommen
ich ging □	ich kam □
du ging st	du kam st
er, sie, es ging □	er, sie, es kam □
wir ging en	wir kam en
ihr ging t	ihr kam t
sie, Sie ging en	sie, Sie kam en

5. VERBES FAIBLES IRRÉGULIERS ET VERBE WISSEN

Ces verbes changent la voyelle du radical et prennent les terminaisons des verbes faibles :

*brennen : ich br**a**nn **te***
*denken : ich d**a**ch **te***
*wissen : ich w**u**ß **te***

9 le parfait (1)

1 Former le participe II des verbes faibles suivants : *

1 lernen
2 machen
3 kaufen
4 zeigen
5 sagen
6 antworten
7 hören
8 lachen
9 spielen
10 arbeiten

indice *Les verbes faibles sont les verbes réguliers. Comment forment-ils le participe II ?*

2 Compléter par le participe II du verbe indiqué. *

1 (*machen*) Sabine hat das Essen ...
2 (*decken*) Margot hat den Tisch ...
3 (*zeigen*) Sie hat mir das Foto ...
4 (*sagen*) Er hat mir nichts ...
5 (*fragen*) Hast du den Lehrer ... ?
6 (*wohnen*) Jens hat in Frankreich ...
7 (*arbeiten*) Sein Vater hat bei BMW ...
8 (*lernen*) Habt ihr die Lektion ... ?
9 (*spielen*) Steffi hat gut ...
10 (*antworten*) Ich habe schon ...

3 Compléter par la forme voulue de *haben* (1-5) et de *sein* (6-10). *

1 Christine .... ein T-Shirt gekauft.
2 Arnold und Jens .... gut geantwortet.
3 Silvia .... viel gelacht.
4 Wir .... eine Fete gemacht.
5 .... ihr den Tisch gedeckt ?
6 Wir .... ins Kino gegangen.
7 Tobias und Steffi .... nach Berlin gefahren.

8 Ich .... zu Hause geblieben.
9 Das Kind .... rot geworden.
10 .... Sie schnell gelaufen ?

4 Quel est le participe II des verbes forts suivants ? *

1	kommen	**6**	sprechen	**11**	bleiben	**16**	fallen
2	gehen	**7**	springen	**12**	essen	**17**	fahren
3	sehen	**8**	finden	**13**	tragen	**18**	sein
4	nehmen	**9**	geben	**14**	singen	**19**	fliegen
5	helfen	**10**	lesen	**15**	schreiben	**20**	werden

5 Compléter par le participe II qui convient : *

a) *gewesen – gefrühstückt – gegangen – geblieben – gespielt*

1 Gestern ist Gregor in die Disco ...
2 Der Lehrer hat mit Max Fußball ...
3 Um 8.00 Uhr haben wir ...
4 Er war krank und ist den ganzen Tag zu Hause ...
5 Samstagabend sind wir im Theater ...

b) *gegessen – gekommen – gemacht – gefeiert – geworden*

1 Gestern haben wir die Einkäufe ...
2 Was ist aus meinem Deutschbuch ... ? Ich finde es nicht mehr.
3 Sie glaubt, daß Moritz alle Kekse ... hat.
4 Um 12 Uhr ist Otto nach Hause ...
5 Wir haben Annas Geburtstag ...

6 Quel est le participe II des verbes faibles et forts suivants ? **

1	stellen	**6**	fahren	**11**	starten	**16**	antworten
2	rufen	**7**	lachen	**12**	kaufen	**17**	rechnen
3	liegen	**8**	warten	**13**	meinen	**18**	sitzen
4	leben	**9**	wissen	**14**	halten	**19**	üben
5	werden	**10**	glauben	**15**	schreiben	**20**	laufen

indice *Le participe II des verbes faibles se termine par : ...*
Le participe II des verbes forts se termine par : ...

7 *Haben* ou *sein* ? **

Mettre les phrases suivantes au parfait :

1. Gegen 12 Uhr gehen wir in ein Café.
2. Wir essen im Stadtzentrum zu Mittag.
3. Diese Stadt gefällt mir sehr.
4. Der Himmel wird grau.
5. Ich weiß es nicht.
6. Dann wendet sie sich an eine Verkäuferin.
7. Viele fliehen in den Westen.
8. Wie oft fährst du nach Deutschland ?
9. Jens läuft 2 Kilometer weit.
10. Er steht eine Stunde vor der Tür.

indice *Quand utilise-t-on l'auxiliaire* sein ?

8 Mettre au parfait (attention aux confusions) : ***

1. Patrizia denkt oft an die Ferien.
2. Dankst du ihm für seinen Brief ?
3. Er läßt seinen Hund draußen im Garten.
4. Im Deutschunterricht lesen wir einen Krimi.
5. Nach dem Essen wäscht er sich die Hände.
6. In der Sonne wachsen die Pflanzen schneller.
7. Das bricht mir das Herz.
8. Wer bringt die Teller in die Küche ?
9. Die Sekretärin legt die Briefe auf den Tisch.
10. Sie liegt bis Mittag im Bett.

9 Même exercice : ***

1. Es gelingt ihm, sein Rad zu reparieren.
2. Sie begegnet oft ihrem Mathelehrer an der Haltestelle.
3. Er reitet jeden Tag zwei Stunden.
4. Die Mutter weckt ihn früh.
5. Das Auto landet im Straßengraben.
6. Im Winter gleiten die Kinder auf dem Eis.
7. Er schweigt über das Telegramm.
8. Der Vater brät einen leckeren Braten.
9. Der Plan scheitert bestimmt.
10. Der Wanderer stößt mit dem Fuß gegen einen Baumwurzel.

LE PARFAIT

Le parfait correspond en général au passé composé français. Il exprime une action achevée.

Formation : auxiliaire ***haben*** ou ***sein*** + participe passé appelé participe II :
*Ich **habe** das Foto **gemacht**.*

1. CHOIX DE L'AUXILIAIRE

On emploie ***sein*** pour

• les verbes ***bleiben*** — *Er **ist** hier **geblieben**.*
sein — *Ich **bin** im Kino **gewesen**.*
werden — *Es **ist** kalt **geworden**.*

• les verbes intransitifs (qui ne peuvent pas avoir de C.O.D.) exprimant un mouvement ou un changement d'état :
gehen → *Er **ist** nach Hause **gegangen**.* — Il est rentré.
aufwachen → *Er **ist aufgewacht**.* — Il s'est réveillé.

Tous les autres verbes se conjuguent avec ***haben***.

2. FORMATION DU PARTICIPE II

• Pour les verbes faibles (réguliers) :
ge + radical + **t**
machen → ***gemacht*** — *Er hat die Arbeit **gemacht**.*

☛ **Remarque** : pour les verbes dont le radical se termine par **-t, -d, chn...**, on intercale **e** entre le radical et le **t** :
arbeiten → ***gearbeitet*** — *Er hat gut **gearbeitet**.*

• Pour les verbes forts (irréguliers) :
ge + radical verbal parfois variable + **en**
gehen ***gegangen*** — *Er ist in die Schule **gegangen**.*
schlafen ***geschlafen*** — *Ich habe gut **geschlafen**.*

☛ Il faut apprendre ces verbes par cœur.

3. PLACE DU PARTICIPE II

• à la fin de la proposition indépendante ou principale :
*Sie **ist** heute nicht **gekommen**.*

• avant l'auxiliaire dans la subordonnée :
*Sie sagt, daß sie heute nicht **gekommen ist**.*

10 le parfait (2)

1 Quel est le participe II des verbes suivants : **

1 ankommen
2 eintreten
3 einladen
4 nachsehen
5 abfahren
6 auflegen
7 aufräumen
8 wegfahren
9 aufpassen
10 vorlesen
11 mitsingen
12 ablegen
13 ausgehen
14 vorschlagen
15 mitkriegen
16 zurückzahlen
17 vorwerfen
18 abdecken
19 auftragen
20 abfallen

2 Mettre les phrases suivantes au parfait : **

1 Du paßt nicht auf.
2 Sie holt Andreas im Theaterclub ab.
3 Das Kind hört gut zu.
4 Wir spielen nicht mit.
5 Arnold räumt sein Zimmer nicht auf.
6 Das Fußballspiel fängt um 15.00 Uhr an.
7 Der Elefant nimmt den Hut weg.
8 Onkel Hans kommt mit.
9 Um 9.00 Uhr rufe ich Oma an.
10 Wir stehen um 7.00 Uhr auf.

indice *Comment forme-t-on le participe II des verbes à particule séparable ?*

3 Répondre selon le modèle : **

„Jens, bitte leg auf !" – Aber ich habe schon aufgelegt.

1 Fritzi, räum das Zimmer auf !
2 Sabine, deck den Tisch ab !
3 Florian, mach das Fenster zu !
4 Petra, zieh einen Pullover an !
5 Verena, schließ die Tür ab !
6 Franz, nimm den Hund mit !
7 Sven, steh auf !
8 Gregor, lade Richard ein !
9 Jens, lies den Text vor !
10 Christiane, schau in deinem Zimmer nach !

4 Mettre au parfait : **

1 Angelika telefoniert mit Petra.
2 Die Lehrerin diktiert den Text.
3 Die Zuschauer applaudieren heftig.
4 Doktor Gaertner operiert viele Verletzte.
5 Tapezieren Sie Ihre Wohnung selbst ?
6 Er rasiert sich immer schnell.
7 Sie interessiert sich für arme Kinder.
8 Er dirigiert ein berühmtes Orchester.
9 Wir zitieren den Autor.
10 Wir fotografieren das Neue Museum.

indice *Attention ! Le participe II de ces verbes se forme-t-il avec* **ge-** *?*

5 Mettre au parfait : **

1 Er verkauft seinen Computer.
2 Heute beginnen wir mit einer Reportage.
3 Der Gymnasiast empfängt die Besucher.
4 Das T-Shirt gefällt mir nicht.
5 Frau Huber vermietet die Wohnung nicht.
6 Leider mißversteht er meine Worte.
7 Sein Vater verbietet ihm, Freunde nach Hause mitzubringen.
8 Er erzählt immer lustige Geschichten.
9 Nina verspricht ihren Eltern, besser zu arbeiten.
10 Herr Griesbach begleitet uns zum Bahnhof.

6 Transformer les phrases selon le modèle : **

a) *Steffi sagt, daß sie einen schönen Pulli gekauft hat.*
→ Sie hat einen schönen Pulli gekauft.

1 Erik glaubt, daß Jan zu Freunden gegangen ist.
2 Der Lehrer meint, daß sie nicht genug gearbeitet hat.
3 Die Kinder sagen, daß sie nicht ferngesehen haben.
4 Sebastian denkt, daß Oliver krank gewesen ist.
5 Herr Holger behauptet, daß der Direktor viel Geld verdient hat.

b) *Tobias hat gut gespielt.*
→ Er sagt, daß Tobias gut gespielt hat.

6 Gregor hat das Foto selbst gemacht. Er sagt, daß …
7 Ihre Eltern haben ihr Geld geschickt. Sie sagt, …
8 Sie hat das Interview allein machen müssen. Sie sagt, …
9 Er hat zehn Mark Eintritt bezahlt. Er sagt, …
10 Das Mädchen hat kein Wort verstehen können. Es sagt, …

7 Quel est le participe II des verbes suivants ? ***

1 bekommen	**6** aufstehen	**11** mitspielen	**16** abfliegen
2 mitgehen	**7** fortfliegen	**12** ankommen	**17** erfinden
3 vergehen	**8** radfahren	**13** empfinden	**18** teilnehmen
4 erzählen	**9** fernsehen	**14** zerbrechen	**19** einladen
5 abholen	**10** beenden	**15** verstehen	**20** anfragen

indice *Il y a, parmi ces 20 verbes, des verbes à particule séparable et des verbes à particule inséparable. Comment forment-ils le participe II ?*

8 Remplacer le prétérit par le parfait : ***

1 Er konnte nicht kommen.
2 Auf dem Flughafen mußten wir unsere Koffer öffnen.
3 Ich mußte eine Stunde lang auf ihn warten.
4 Die Mutter ließ ihn bis zehn Uhr schlafen.
5 Gestern ließ sie sich die Haare schneiden.
6 Wir durften nicht eintreten.
7 Ließen Sie Ihre Wohnung tapezieren ?
8 Ich wollte es nicht.
9 Er ließ sein Auto in der Reparatur-Werkstatt.
10 Als Kind durfte ich solche Bücher nicht lesen.

9 Traduire : ***

1 J'ai tout fait.
2 Hier soir il est allé se coucher à 10 h.
3 Anna n'a pas eu la permission de venir. (utiliser «*dürfen*»).
4 Il a fait réparer sa voiture la semaine dernière.
5 Nous avons beaucoup parlé et nous nous sommes endormis tard.
6 Elle a laissé son vélo devant la maison.

7 Il a entrepris un long travail.
8 Le journaliste n'a pas voulu répéter sa question.
9 Elle est allée chercher son frère à la gare.
10 Peux-tu me dire où il a passé la soirée ?

FORMATION DU PARTICIPE II CAS PARTICULIERS

1. VERBES À PARTICULE SÉPARABLE

ge est intercalé entre la particule et le radical.

ab/holen → *abgeholt*
fort/fahren → *fortgefahren*

2. VERBES À PARTICULE INSÉPARABLE

Pas de *ge* au participe II.

beginnen → *begonnen*
erzählen → *erzählt*

Particules inséparables : **be-, emp-, ent-, er-, ge- miß-, ver-, zer-**

Attention !
Certaines particules sont tantôt séparables, tantôt inséparables :

unternehmen → *Er hat eine Reise* ***unternommen****.*
unter/gehen → *Die Sonne ist* ***untergegangen****.*

3. VERBES SE TERMINANT PAR -IEREN

Pas de *ge* au participe II.

fotografieren → *fotografiert*
telefonieren → *telefoniert*

4. VERBES DE MODALITÉ ET LE VERBE LASSEN

Le participe peut avoir deux formes :
– forme faible

Ich kann nicht. → *Ich habe nicht* ***gekonnt***
Ich lasse ihn nicht. → *Ich habe ihn nicht* ***gelassen****.*

– forme infinitive quand il suit un infinitif

Ich kann nicht kommen. → *Ich habe nicht* ***kommen können****.*
Ich lasse ihn gehen. → *Ich habe ihn* ***gehen lassen****.*

11 le futur
le plus-que-parfait

1 Mettre au futur : *

1 Ich kaufe einen Wagen.
2 Er arbeitet bald bei Volkswagen.
3 Sie fährt nach Bonn.
4 Wir verkaufen unser Haus.
5 Du verstehst alles.
6 Ich bin am Montag wieder zurück.
7 Sie holen Petra ab.
8 Bekommst du bald einen Walkman ?
9 Nächstes Jahr studiert er in München.
10 Ich besuche im Juli eine Theaterschule.

indice *Dans l'indépendante, l'infinitif est à la fin.*

2 Répondre par l'affirmative au futur. **

1 Wann kaufst du einen Computer ? Nächste Woche ? – Ja, ich …
2 Wann rufst du Sonia an ? Heute abend ? – Ja, ich …
3 Wann fliegst du nach Italien ? Im August ? – Ja, ich …
4 Wann machen sie einen Ausflug ? Nächsten Sonntag ? – Ja, sie …
5 Wann sind wir in Stuttgart ? Um 6 Uhr ? – Ja, wir …

3 Compléter en reprenant la question au discours indirect. **

1 Was wird er später machen ? Ich weiß nicht, was er …
2 Wo wird er wohnen ? Ich weiß nicht, wo …
3 Wann wird er in Köln arbeiten ? …
4 Was wird sie kaufen ? …
5 Bei wem werden sie übernachten ? …

4 Mettre au plus-que-parfait. **

1 Ich bin krank gewesen.
2 Sie hat Angst gehabt.
3 Er ist groß geworden.
4 Katia hat alles gemacht.

5 Wir sind ins Kino gegangen.
6 Ich habe eine 2 bekommen.
7 Es hat geregnet.
8 Sie hat zwei Mädchen großgezogen.
9 Seid ihr nach Berlin gefahren ?
10 Ich habe es nicht gewußt.

5 Mettre le verbe entre parenthèses au plus-que-parfait. **

1 Nachdem er (zahlen) ..., ging er nach Hause.
2 Als er (verschwinden) ..., weinten seine Eltern viel.
3 Nachdem sie Abitur (machen) ..., studierte sie Biologie.
4 Solange der Vater bei Siemens (arbeiten) ... ; (machen) ... sie sich keine Sorgen ...
5 Es (schneien) ..., die Häuser waren ganz weiß.

LE FUTUR
LE PLUS-QUE-PARFAIT

LE FUTUR

Formation : ***werden*** (présent) + infinitif

ich ***werde kommen*** — *wir* ***werden kommen***
du ***wirst kommen*** — *ihr* ***werdet kommen***
er, sie, es ***wird kommen*** — *sie, Sie* ***werden kommen***

Er ***wird*** *in Berlin arbeiten.* Il **travaillera** à Berlin.

☛ Lorsqu'il y a un complément de temps qui exprime le futur, on peut utiliser le verbe au présent :
Morgen ***gehen*** *wir ins Kino.* Demain nous **allons** au cinéma.

LE PLUS-QUE-PARFAIT

Formation : prétérit de ***haben*** ou ***sein*** + participe passé

ich ***hatte gearbeitet*** — *ich* ***war gekommen***
du ***hattest gearbeitet*** — *du* ***warst gekommen***
er, sie, es ***hatte gearbeitet***... — *er, sie, es* ***war gekommen***...

Le plus-que-parfait décrit un événement qui s'est produit avant un autre dans le passé :
Es ***hatte geregnet****, die Straße war naß.*
Il avait plu, la rue était mouillée.

12 le nominatif : déterminants et pronoms

1 Compléter par l'article défini et encadrer la marque : *

1 .... Mutter heißt Helga.
2 .... Vater heißt Rainer.
3 .... Mädchen heißt Agnes.
4 .... Bruder heißt Tobias.
5 .... Schwester heißt Sabine.
6 .... Oma heißt Marlene.
7 .... Opa heißt Karl.
8 .... Hund heißt Karo.
9 .... Katze heißt Mieze.
10 .... Hamster heißt Mecki.

indice *La marque du masculin est* **r**, *celle du féminin est..., celle du neutre est...*

2 Faire précéder chacun des noms communs de son article défini : *

1 ... Bild **2** ... Eis **3** ... Ball **4** ... Brot **5** ... Küche
6 ... Uhr **7** ... Haus **8** ... Familie **9** ... Zimmer **10** ... Lampe.

3 Faire précéder les noms de l'exercice 2 de l'article indéfini. *

4 Classer les noms ci-dessus par genre. *

5 Mettre les phrases suivantes au pluriel : *

1 Das Foto ist super.
2 Das Mädchen ist nett.
3 Die Uhr ist billig.
4 Die Dame ist elegant.
5 Der Videorecorder ist teuer.
6 Das Kind ist krank.
7 Die Aufgabe ist schwer.
8 Das Computerspiel ist super.
9 Der Lehrer ist nett.
10 Das Auto macht Lärm.

indice *Attention ! Il faut apprendre les noms avec leur pluriel. Beaucoup de noms féminins font leur pluriel en* –n *ou* –en. *Beaucoup de noms masculins en* –er *sont invariables.*

6 Même exercice : *

1 Eine Waschmaschine ist praktisch.
2 Ein Mobil-Telefon ist auch praktisch.
3 Ein Wagen ist teuer.
4 Ein Kind ist gescheit.
5 Eine Banane schmeckt gut.
6 Ein Arbeiter hat nicht viel Geld.
7 Eine Blume ist schön.
8 Ein Bild von Picasso ist teuer.
9 Ein Plüschtier ist süß.
10 Ein Tierbuch ist interessant.

indice **Q***ue devient l'article indéfini* ein *au pluriel ?*

7 Compléter : **

1 Dies... Hund heißt Wuff.
2 Dies... Kleid gefällt mir nicht.
3 Jen... Rock gefällt mir gut.
4 Dies... Kinder wohnen in Lübeck.
5 Jen... Kinder wohnen in Frankfurt.
6 Dies... Bier schmeckt gut.
7 Dies... Häuser sind sehr alt.
8 Jen... Brief kommt aus Deutschland.
9 Dies... Lektion ist schwer.
10 Jen... ist leicht.

indice **L'***adjectif démonstratif prend la marque de l'article défini* (der, die, das, die). Dieser = *ce ... ci* ; jener = *ce ... là.*

8 Compléter par le pronom personnel : *

1 Wo ist die Schokolade ? .... ist da.
2 Und das Brot ? .... ist hier.
3 Und die Limonade ? .... ist im Schrank.
4 Und das Eis ? .... ist auf dem Tisch.
5 Und die Milch ? .... ist da.
6 Und das Ei ? .... ist hier.
7 Und die Butter ? .... ist auf dem Tisch.

8 Und das Wasser ? .... ist hier.
9 Und der Wein ? .... ist im Schrank.
10 Und die Marmelade ? .... ist auf dem Tisch.

indice *À la 3e personne du singulier et du pluriel, le pronom personnel prend la marque de...*

9 Compléter par le pronom personnel : *

1 Marianne, kommst ... ?
2 ... habe Hunger.
3 Der Junge heißt Axel. ... wohnt in Köln.
4 Das Mädchen heißt Agnes. ... wohnt in Bonn.
5 Die Frau heißt Inge. ... wohnt in Hamburg.
6 Die Kinder sagen : „... wollen Federball spielen."
7 ... bin hungrig.
8 Möchtest ... ein Eis ?
9 Herr Schneider, gehen ... ins Kino ?
10 Anne, Petra, kommt ... ?

Sujet ou attribut du sujet

LE NOMINATIF : DÉTERMINANTS ET PRONOMS

1. LE GROUPE NOMINAL SUJET AVEC ARTICLE DÉFINI :

	masculin	féminin	neutre
sing.	*de[r] Mann*	*di[e] Frau*	*da[s] Mädchen*
plur.	*di[e] Männer*	*di[e] Frauen*	*di[e] Mädchen*

L'article défini ***der, die, das*** et le nom forment un groupe nominal. Le groupe nominal sujet est au nominatif.
Il n'existe qu'un seul article défini au pluriel : ***die***.

☛ Prennent la marque de l'article défini : les démonstratifs (*dieser*/*jener*...), les indéfinis ***jeder/mancher*** au singulier et ***viele/wenige, alle***... au pluriel.

2. LE GROUPE NOMINAL SUJET AVEC ARTICLE INDÉFINI :

masculin	féminin	neutre
ein ☐ Mann	*ein[e] Frau*	*ein ☐ Mädchen*

Ein ne porte pas de marque au masculin et au neutre.
Attention : il n'y a pas de pluriel correspondant à ***ein*** :
ein Mädchen → ☐ Mädchen.

☛ Prennent la marque de l'article indéfini : ***kein*** et les adjectifs possessifs. Au pluriel, ces déterminants suivent le modèle du pluriel ***die***.

3. LES PRONOMS PERSONNELS

ich du er, sie, es wir ihr sie, Sie

☛ Remarques :

- Les pronoms de 3e personne prennent la même marque que l'article défini :
de[r] Mann → e[r] *di[e] Frau → si[e]* *da[s] Mädchen → e[s]*
di[e] Kinder → si[e]
- On utilise ***Sie*** avec une majuscule pour la forme de politesse (en français « vous »).

13 l'accusatif : déterminants et pronoms

1 Inscrire N (nominatif) ou A (accusatif) sous le GN. *

1 Das Foto ist klasse.
2 Wir nehmen den Bus.
3 Das Zimmer ist groß.
4 Thomas trinkt Bier.
5 Ich kaufe das T-Shirt.
6 Wir hören Musik.
7 Ich nehme den Hund mit.
8 Ein Mädchen spielt im Garten.
9 Willst du ein Ei ?
10 Kann er die Aufgabe machen ?

indice *Le nominatif est le cas du sujet. L'accusatif est le cas du COD.*

2 Compléter par l'article défini : *

1 Holger nimmt .... Foto.
2 Sepp holt .... Ball.
3 Ich brauche .... Heft.
4 Mutti ruft .... Hund.
5 Katrin fotografiert .... Kind.
6 Jens schreibt .... Brief.
7 Mutti will .... Lehrer fragen.
8 Nimmst du .... Tasche mit ?
9 Er interviewt .... Politikerin.
10 Gregor liest .... Schülerzeitung.

indice *L'article défini à l'accusatif est identique à l'article défini au nominatif sauf au masculin singulier, où la marque devient : ...*

3 Recopier l'exercice précédent en remplaçant l'article défini par l'article indéfini. *

indice *L'article indéfini à l'accusatif n'est pas marqué au neutre.*

4 Remplacer l'article défini par l'adjectif démonstratif. *

1 Nimmst du den Bus ?
2 Ich kaufe das Buch.
3 Er lernt den Text.
4 Ich will die Bilder.
5 Wir hören die Kassette.

Comment dire ?

6 Veux-tu ce walkman ?
7 Prends ces chaussures !
8 Je ne connais pas ce médecin.
9 Sais-tu faire ces exercices ?
10 Apporte-moi ce sac !

5 Mettre au pluriel : *

1 Kaufst du ein T-Shirt ?
2 Sie hat einen Freund.
3 Ich lese ein Buch.
4 Christine hat eine Platte.
5 Tobias hat eine Katze.
6 Willst du eine Orange ?
7 Hat er eine Idee ?
8 Fritzi braucht ein Foto.
9 Anna holt ein Bild.
10 Frau Albrecht kauft eine Theaterkarte.

6 Préposition + accusatif. Compléter par la préposition qui convient. *

1 Wir fahren ... die Stadt.
2 Boris Becker spielt ... Agassi.
3 ... Computer kann sie nicht arbeiten.
4 Dieses Parfum ist ... dich.
5 Sie sitzen ... das Feuer und spielen Gitarre.

7 Compléter par la désinence. *

1 Das Geschenk ist für d... Direktor.
2 Die Schüler spielen heute gegen d... Lehrer.
3 Wir spazieren durch d... Park.

4 Der Hund läuft um d... Garten herum.
5 Sie fährt in Urlaub ohne d... Eltern.

8 Encadrer la marque de l'article défini dans la question et compléter par le pronom personnel : *

1 Hörst du die Musik ? Ja, ich höre ...
2 Kauft Petra den Mantel ? Ja, sie kauft ...
3 Trinkst du den Kaffee ? Nein, ich trinke ... nicht.
4 Will Mutti den Arzt rufen ? Ja, sie will ... rufen.
5 Magst du den Braten ? Nein, ich mag ... nicht.
6 Fotografierst du die Kirche ? Ja, ich fotografiere ...
7 Ißt du das Ei ? Nein, ich esse ... nicht.
8 Nimmt Vati die Kinder mit ? Ja, er nimmt ... mit.
9 Will Steffi den Brief schreiben ? Nein, sie will ... nicht schreiben.
10 Willst du den Walkman ? Ja, ich will ...

indice *Le pronom personnel aux 3e personnes du singulier et du pluriel prend les mêmes marques que celles de ...*

9 Compléter par le pronom personnel : *

1 „Vati, rufst du mich ?" – „Ja, ich rufe..."
2 „Mami, fotografierst du mich ?" – „Ja, ich fotografiere ... gern".
3 „Oma, nimmst du uns mit ?" – „Ich nehme ... gern mit."
4 „Katrin, holst du mich ab ?" – „Nein, ich hole ... nicht ab."
5 „Verstehst du mich, Jürgen ?" – „Ja, ich verstehe ..."
6 „Brauchst du uns, Mutti ?" – „Ja, ich brauche ..."
7 „Martina, hörst du mich ?" – „Nein, ich höre ... nicht."
8 „Willst du uns interviewen ?" – „Ja, ich möchte ... interviewen."
9 „Tante Helga, vergißt du mich ?" – „Nein, ich vergesse ... nicht."
10 „Nervt der Lehrer euch ?" – „Ja, er nervt ..."

10 Compléter par le pronom qui convient : **

1 Fritzi freut ..., nach Deutschland zu fahren.
2 Er interessiert ... für Fußball.
3 Wo ist der Braten ? Ich finde ... nicht.
4 Nach dem Essen setzen ... die Eltern in den Garten.
5 Das ist eine gute Platte, ich habe ... für Julia gekauft.

6 Kinder, ich rufe ... schon seit zehn Minuten !
7 Ich möchte ... was fragen, Frau Reuter.
8 Komm und setz ... hier hin !
9 Moritz, reg ... doch nicht so auf !
10 Da kommt der Bus, beeile ... doch !

11 Comment dites-vous en allemand ? **

1 Christine fait une photo.
2 Maman appelle le médecin.
3 Où est le chien ?
4 Je prends le bus à 6 h.
5 Veux-tu un pullover ou un manteau ?
6 As-tu le walkman ?
7 Oliver joue de la guitare, l'entends-tu ?
8 Achètes-tu le journal ?
9 Viens Steffi, assieds-toi !
10 Catherine est au téléphone, veux-tu lui demander quelque chose ?

12 Compléter le cas échéant : **

1 Katja hat ein... Freund in Hamburg.
2 Wir nehmen d... Zug bis Stuttgart.
3 Wir erwarten d... Gäste gegen 20.00 Uhr.
4 Tobias hat ein... Geschenk gekauft.
5 Aschenputtel wollte d... Prinzen heiraten.
6 Hatte Jakob ein... Bruder ?
7 Hast du d... letzten Film von Spielberg gesehen ?
8 Willst du d... Kinder mitnehmen ?
9 Da ist ein... Ansichtskarte aus München.
10 Familie Jacobi hat ein... Ferienhaus an der Nordsee.

13 Pronom personnel ou pronom réfléchi ? Compléter : ***

1 Freust du ... ?
2 Die Milch ist sauer. Ich trinke ... nicht.
3 Kinder, kommt, ich möchte ... in die Stadt mitnehmen.
4 Frau Gruber, setzen Sie ..., bitte !
5 Mach schnell, Alexandra wartet auf ...
6 Im Supermarkt muß man ... selbst bedienen.

7 Agnes, Telefon, Opa möchte ... sprechen.
8 Ihr müßt ... beeilen, wir fahren in 5 Minuten.
9 Frank, setz ... hin, und hör gut zu !
10 Münchner Bier schmeckt prima, willst du ... nicht mal probieren ?

14 Compléter par le pronom qui convient : ***

1 Diana will Damenschneiderin werden. Sie bereitet ... auf die Prüfung vor.
2 Er hat viel Arbeit, aber er beklagt ... nicht.
3 Interessiert ihr ... für Musik ?
4 Habt ihr ... mit den Jugendlichen unterhalten ?
5 Wir haben ein schönes Projekt, wir müssen ... aber jetzt verwirklichen.
6 Anja arbeitet zum ersten Mal hier, die Situation ist für ... ganz neu.
7 Warum ärgert ihr ... ? Man muß immer ruhig bleiben.
8 Der Alltag ist langweilig. Daran muß man ... gewöhnen.
9 „Ich muß keine Angst haben", sagte ... die junge Schauspielerin.
10 Wenn ein Freund sie provoziert, lacht sie ... an.

L'ACCUSATIF : DÉTERMINANTS ET PRONOMS

L'accusatif est le cas du complément d'objet direct :

Der *Pullover ist schon.*	*Ich kaufe* ***den*** *Pullover.*
sujet (N)	C.O.D. (Acc)

1. LE GROUPE NOMINAL AVEC ARTICLE DÉFINI

		masculin	féminin	neutre
sing.	*Ich sehe*	***den** Mann*	***die** Frau*	***das** Mädchen*
plur.		***die** Männer*	***die** Frauen*	***die** Mädchen*

Les marques de l'accusatif sont identiques à celles du nominatif sauf au masculin où la marque devient **n**.

Prennent la marque de l'article défini : les démonstratifs (***dieser**...*), les indéfinis ***jeder, mancher*** au singulier et ***viele, wenige, alle**...* au pluriel.

2. LE GROUPE NOMINAL AVEC ARTICLE INDÉFINI

		masculin	féminin	neutre
sing.	*Ich sehe*	***einen** Mann*	***eine** Frau*	***ein** Mädchen*
plur.		*Männer*	*Frauen*	*Mädchen*

Prennent la marque de l'article indéfini : ***kein*** et les adjectifs possessifs. Au pluriel, ces déterminants suivent le modèle du pluriel ***die***.

3. LES PRONOMS PERSONNELS

mich ***dich*** ***ihn, sie, es*** ***uns*** ***euch*** ***sie, Sie***

Remarques :

• Les pronoms de 3e personne prennent la même marque que l'article défini :

den** Mann* → ***ihn ***die** Frau* → ***sie***
das** Mädchen* → ***es ***die** Kinder* → ***sie***

4. LES PRONOMS RÉFLÉCHIS

et verbes pronominaux ou verbes réfléchis

Le pronom réfléchi se rapporte au sujet.
Il a les mêmes formes que le pronom personnel à l'accusatif, sauf pour la 3e personne :

ich freue ***mich***	*du freust* ***dich***	*er freut* ***sich***
wir freuen ***uns***	*ihr freut* ***euch***	*sie, Sie freuen* ***sich***

Prépositions toujours suivies de l'accusatif :
durch (à travers) ***für*** (pour) ***gegen*** (contre)
ohne (sans) ***um*** (autour)

14 le datif : déterminants et pronoms

1 Indiquer si le GN en italique est à l'accusatif (A) ou au datif (D) : *

1. Ich nehme *den Bus*.
2. Der Walkman gehört *dem Mädchen*.
3. Die Lehrerin gibt *Astrid* eine gute Note.
4. Susanne sagt *den Eltern* auf Wiedersehen.
5. Sie liest *die Zeitung*.
6. Er zeigt *der Französin* die Stadt.
7. Willst du *die Karten* kaufen ?
8. Andreas gibt *dem Italiener* seine Adresse.
9. Er macht *dem Chef* die Tür auf.
10. Agnes holt *die Brötchen*.

indice *Le datif est le cas du COI ou du COS.*

2 Compléter et encadrer la marque : *

1. Das Rad gehört d... Mädchen.
2. Frank gibt d... Katze Milch.
3. Die Mutter kauft d... Kind ein Plüschtier.
4. Herr Storm zeigt d... Sekretärin einen Brief.
5. Er sagt d... Kindern guten Tag.
6. Sie gibt d... Vater eine Tasse Kaffee.
7. Die Kamera gehört d... Journalistin.
8. Peter macht d... Lehrer die Tür auf.
9. Gregor bringt d... Eltern Mineralwasser.
10. Der Fotograf zeigt d... Redakteur das Foto.

indice *Les marques du datif sont : ... pour le masculin et le neutre, ... pour le féminin et ... pour le pluriel. Le nom commun au datif pluriel est toujours terminé par un ...*

3 Compléter les adjectifs démonstratifs : **

1 Der Koffer gehört dies... Mädchen.
2 Gib dies... Kind ein Glass Wasser !
3 Ich muß dies... Frau die Stadt zeigen.
4 Willst du dies... Kindern den Ball geben ?
5 Kauf dies... Jungen (*sing.*) ein Eis !

4 Compléter par l'article indéfini : *

1 Die Tasche gehört .... Mädchen.
2 Er zeigt .... Engländer den Dom.
3 Mutti bringt .... Freundin Blumen.
4 Steffi gibt .... Kind Schokolade.
5 Das Rad gehört .... Frau.
6 Sie bezahlt .... Freundin eine Cola.
7 Der Ball gehört .... Kind.
8 Er macht .... Frau die Tür auf.
9 Tobias erzählt .... Freund das Märchen.
10 Ich gebe .... Italiener meinen Stadtplan.

indice *Les marques de l'article indéfini au datif sont les mêmes que celles de l'article défini au datif.*

5 Compléter : *

1 Die Kinder fahren mit d... Rad nach Rottweil.
2 Julia kommt aus d... Pizzeria (fém.)
3 Nach d... Film gehst du ins Bett.
4 Frau Holger arbeitet bei ein... Arzt.
5 Julitta geht zu ein... Freundin.
6 Nadine spielt mit d... Computerspiel.
7 Seit ein... Woche ist es kalt.
8 Christine ist bei d... Bäcker.
9 Morgen fahren wir zu d... Großeltern.
10 Das ist die Tasche von ein... Mädchen.

6 Encadrer la préposition qui convient : **

1 Bernd spielt .... dem Hund. aus – von – zu – mit
2 Roland ist .... einem Freund. bei – von – aus – zu

3	Heute gehen wir .... dem Tierarzt.	bei – nach – seit – zu
4	Sie kommt .... einer amerikanischen Schule.	nach – aus – mit – zu
5	.... der Schule gehen wir ins Kino.	aus – seit – nach – bei
6	Das Telefon klingelt .... einer Minute.	nach – seit – von – zu
7	Frau Sold ist eine Freundin .... den Eltern.	mit – zu – aus – von
8	.... dem Bus geht es schnell.	mit – bei – aus – von
9	.... dem Fleischer findest du auch Eier.	zu – aus – nach – bei
10	Thomas geht .... Moritz.	zu – bei – nach – seit

7 Compléter par le pronom personnel et encadrer sa marque : **

1 Gehört die Tasche dem Mädchen ? Ja, sie gehört ...
2 Gehört die Kamera der Journalistin ? Ja, sie gehört ...
3 Gibt er dem Hund ein Stück Fleisch ? Ja, er gibt ... ein Stück.
4 Zeigt er den Touristen die Stadt ? Ja, er zeigt ... die Stadt.
5 Kauft er den Kindern ein Eis ? Ja, er kauft ... ein Eis.
6 Bringt er Julitta den Ball ? Ja, er bringt ... den Ball.
7 Zeigt er den Eltern sein Heft ? Ja, er zeigt ... sein Heft.
8 Kauft er Gregor ein Rad ? Ja, er kauft ... ein Rad.
9 Singt sie dem Baby ein Lied ? Ja, sie singt ... ein Lied.
10 Sagt er den Eltern gute Nacht ? Ja, er sagt ... gute Nacht.

indice *Le pronom personnel au datif de la 3e personne du singulier et du pluriel prend les mêmes marques que l'article défini au datif, c'est-à-dire ...*

8 Compléter par le pronom personnel : **

1 Katja : „Das ist mein Buch, es gehört ... ".
2 Mutti : „Ich hätte gern ein Brötchen, gib ... eins, bitte !"
3 Die Eltern : „Oliver, bring ... ein Stück Torte !"
4 Katja, Anne, ich habe ... schon alles gesagt !
5 Frau Vogeler, darf ich ... eine Frage stellen ?
6 Herr Schwann, darf ich ... meine Frau vorstellen ?
7 Nadine : „Papa, was hast du ... aus Singapur mitgebracht ?"
8 Die Oma liegt im Krankenhaus. Sonja schreibt ... einen Brief.
9 Opa mag Krimis. Andreas schenkt ... einen.
10 Die Eltern sind gespannt. Diana erzählt ..., was passiert ist.

9 Comment dites-vous en allemand ? **

1 Donne-moi un morceau de gâteau.
2 Monsieur Korn s'en va (weg/gehen), apporte-lui son manteau.
3 Ce stylo appartient à une élève.
4 Les ordinateurs plaisent aux enfants.
5 Ingrid, je voudrais te poser une question.
6 Va nous chercher de la bière. (aller chercher : holen)
7 Les enfants sont là, peux-tu leur apporter de la limonade ?
8 Achète-moi le journal.
9 Veux-tu nous acheter des patins à roulettes ?
10 Est-ce que le livre vous appartient, madame Kaminski ?

10 Datif ou accusatif ? Compléter : ***

1 Das macht d... Vater große Sorgen.
2 D... Eltern geht es gut !
3 Sie hat d... Kindern befohlen, das Zimmer aufzuräumen.
4 Frag mal d... Lehrer, ob du eine gute Note hast !
5 Ich möchte d... Direktor sprechen, bitte.
6 Ich habe gestern d... Motor reparieren lassen.
7 Es ist d... Großeltern immer eine Freude, ihre Enkelkinder zu sehen.
8 Er hat ein... Studienplatz an einer Hochschule bekommen.
9 Ich möchte es ein... Arzt zeigen.
10 Das hat d... Kindern gut geschmeckt.

indice *On dit :* wie geht es **dir** ? *(comment vas-tu ?)*
De même : es schmeckt **mir** gut *(c'est bon).*

11 Encadrer la réponse correcte : ***

1 Das ist .... völlig egal, hat Martina gesagt.
a. ihn **b.** dich **c.** mich **d.** mir

2 Das Mädchen setzte .... zu ihrem Freund ins Auto.
a. ihm **b.** sich **c.** euch **d.** sie

3 Sie hat zwei Katzen und mag .... sehr.
a. sich **b.** sie **c.** ihnen **d.** ihn

4 Ralf, hier ist Opas Brief, ich möchte ihn .... vorlesen.
a. dir **b.** ihm **c.** sie **d.** ihm

5 Andreas : „Eine Uhr aus Gold ! Nein, das ist .... zu teuer !"
a. euch **b.** ihn **c.** ihnen **d.** mir

6 Das Mädchen wunderte .... sehr über die schönen Kleider.

a. ihn **b.** es **c.** sich **d.** sie

7 Der Betriebschef ist da. Sie können .... jetzt anrufen.

a. ihm **b.** uns **c.** ihnen **d.** ihn

8 Er hat endlich eine Stelle. Er hat .... durch eine Annonce bekommen.

a. sie **b.** es **c.** ihn **d.** sich

9 Du gehst .... langsam auf die Nerven, sagte er seiner Freundin.

a. dir **b.** mich **c.** sich **d.** mir

10 Christoph, sieh .... das an ! Es ist sehr interessant.

a. uns **b.** dir **c.** dich **d.** euch

12 Compléter par le pronom qui convient : ***

1 Mutti, ich bitte ...., Vati nichts zu sagen.
2 Heute ist Sonntag, wir kümmern .... um das Essen.
3 Wasch .... schnell, und komm frühstücken !
4 Vor dem Essen mußt du .... die Hände waschen.
5 Gestern habe ich .... einen guten Film angeschaut.
6 Die Jungendlichen verstehen .... nicht immer gut mit ihren Eltern.
7 Es tut .... leid, wenn ich von unglücklichen Kindern höre.
8 Jeder soll für .... arbeiten, hat der Lehrer gesagt.
9 Wenn du deine Eltern siehst, richte .... meine besten Grüße aus.
10 Kann ich .... einen Rat geben, Frau Gripp ?

LE DATIF : DÉTERMINANTS ET PRONOMS

Le datif est le cas du complément d'objet indirect (C.O.I.) ou du complément d'objet second (C.O.S.) :

Das Buch gehört ***dem*** *Mädchen.* (C.O.I.) *Er gibt* ***seinem*** *Bruder Schokolade.* (C.O.D.) S

1. LE GROUPE NOMINAL AVEC ARTICLE DÉFINI

Das Buch gehört

	masculin	féminin	neutre
sing.	***dem*** *Mann*	***der*** *Frau*	***dem*** *Mädchen*
plur.	***den*** *Kinder**n***		

Prennent la marque de l'article défini : les démonstratifs (***dieser***...), les indéfinis ***jeder, mancher*** au singulier et ***viele, wenige, alle***... au pluriel.

2. LE GROUPE NOMINAL AVEC ARTICLE INDÉFINI

Das Buch gehört

	masculin	féminin	neutre
sing.	***einem*** *Mann*	***einer*** *Frau*	***einem*** *Mädchen*
plur.	*Kinder**n***		

Prennent la marque de l'article indéfini : ***kein*** et les adjectifs possessifs. Au pluriel, ces déterminants suivent le modèle du pluriel ***die***.

3. LES PRONOMS PERSONNELS

mir ***dir*** ***ihm, ihr, ihm*** ***uns*** ***euch*** ***ihnen, Ihnen***

Remarques :

- Les pronoms de 3e personne prennent la même marque que l'article défini :

dem *Mann* → ***ihm*** ***der*** *Frau* → ***ihr*** ***dem*** *Mädchen* → ***ihm***
den *Kinder**n*** → ***ihnen***

4. LES PRONOMS RÉFLÉCHIS

Pas verbe pronominal (au datif)

Il a les mêmes formes que le pronom personnel ~~à l'accusatif~~, sauf pour la 3e personne : je m'achète (un livre) = j'achète pour moi

ich kaufe ***mir*** *du kaufst* ***dir*** *er kauft* ***sich***
wir kaufen ***uns*** *ihr kauft* ***euch*** *sie,Sie kaufen* ***sich*** *einen Walkman*

Prépositions toujours suivies du datif :
aus (provenance) ***bei*** (chez – locatif) ***mit*** (avec) ***nach*** (après, vers)
seit (depuis) ***von*** (de – appartenance) ***zu*** (chez – directif)

er kauft sich = il achète pour lui-même
er kauft ihm = il achète pour un garçon

15 le complément de lieu

1 *Wohin* ou *wo* ? *

Relier les questions avec les réponses correspondantes :

1 Wohin geht Florian ?
2 Wo ist Frau Berg ?
3 Wo liegt das Foto ?
4 Wo arbeitet Herr Schneider ?
5 Wohin läuft der Hund ?

a Sie ist im Kino.
b Er läuft in den Garten.
c Er arbeitet im Büro.
d Es liegt auf dem Tisch.
e Er geht in den Tennisclub.

indice **O***n utilise* **wohin** *pour demander « où ? » quand il y a un changement de lieu. On utilise* **wo** *quand le complément de lieu est ...*

2 *Wohin* ou *wo* ? *

Compléter :

1 W.... gehst du ?
2 W.... ist die Mutter ?
3 W.... spielt Julitta ?
4 W.... läuft die Katze ?
5 W.... arbeitet die Sekretärin ?
6 W.... ist der Ball ?
7 W.... springt die Maus ?
8 W.... ist die Zeitung ?
9 W.... fährst du ?
10 W.... schläft Steffi ?

3 Compléter par *in*, *an* ou *auf*. *

1 Tobias geht ... die Küche.
2 Sabine ist ... der Schule.
3 Das Foto liegt ... dem Tisch.
4 Der Hund ist ... der Tür.
5 Petra läuft ... den Garten.
6 Anne schreibt ... die Tafel.
7 Das T-Shirt liegt ... dem Bett.
8 Onkel Franz wohnt ... Frankfurt.
9 Die Katze liegt ... dem Sofa.
10 Gregor geht ... die Disco.

4 Compléter. *

1 Wohin geht Holger ? In d... Schule.
2 Wohin geht Thomas ? In d... Disco. (*fém.*)

3 Wohin läuft die Katze ? In d... Garten.
4 Wohin geht Kristen ? In d... Tennisclub. (*masc.*)
5 Wohin springt die Maus ? Auf d... Schrank.
6 Wohin gehen die Eltern ? In d... Supermarkt. (*masc.*)
7 Wohin gehst du ? ... Kino
8 Wohin springt die Katze ? Auf d... Baum.
9 Wohin fahren die Eltern ? ... Theater.
10 Wohin geht der Hamster ? In ... Küche.

indice *Attention ! La préposition + l'article peuvent donner une forme contractée. Par exemple* in + das = ...

5 Compléter ces phrases. *

1 Wo ist der Kuchen ? Auf d... Tablett. (*neutre*)
2 Wo steht die Flasche Limonade ? Auf d... Tisch.
3 Wo ist Frau Gruß ? ... Supermarkt.
4 Wo sind Kollers ? In d... Stadt.
5 Wo ist Herr Kern ? In d... Küche.
6 Wo steht Christine ? An d... Tür.
7 Wo liegt Alexander ? ... Bett.
8 Wo bleibt Frau Gerk ? ... Büro.
9 Wo arbeitet Patricia ? ... Wohnzimmer.
10 Wo spielt Oli ? ... Garten.

indice *Après les 9 prépositions mixtes, on utilise ... quand il y a un changement de lieu et ... quand il n'y en a pas. Attention aux contractions !*

6 Compléter ces phrases. **

1 Stell d... Gläser ... d... Tisch !
2 Geh schnell ... Bett !
3 Häng das Poster ... d... Wand !
4 Die Kinder spielen ... d... Straße.
5 Geh ... Telefon !
6 Gregor spielt ... Computer.
7 Der Wagen steht ... d... Garagentür.
8 Er stellte sein Rad ... d... Baum.
9 Der Main fließt ... d... Rhein.
10 Im Sommer bleibt sie ... d... Land.

7 Compléter. **

1 Tanja ißt ... d... Küche.
2 Meine Freunde sind ... Kino.

3 Morgen gehe ich ... d... Disco.
4 Der Wagen steht ... Straßenrand.
5 Sie segeln ... d... Starnbergersee. (*masc.*)
6 Um 5.00 Uhr fahren wir ... Hause.
7 Ich verbringe meine Ferien ... d... Land.
8 Sie bleibt gern bis 5.00 Uhr ... Strand.
9 Im Februar fahren sie ... Gebirge.
10 Cuxhaven liegt ... d... Nordsee. (*fém.*)

8 Souligner la préposition qui convient et compléter : **

1 Ein kleines Flugzeug fliegt (*über – unter – in – auf*) d... Berg hinüber.
2 Der Text steht (*hinter – vor – an – auf*) d... Tafel.
3 (*in – über – unter – an*) d... Grenze mußten wir eine Stunde warten.
4 Kleine Kinder dürfen nicht (*hinter – zwischen – auf – in*) d... Straße spielen.
5 Sie geht dreimal in der Woche (*an – über – auf – in*) d... Kirche.
6 Der Soldat stand draußen (*vor – in – auf – unter*) d... Tür.
7 Rotkäppchen ging (*über – an – neben – in*) d... Wald hinein.
8 Ich muß jetzt schnell (*in – an – vor – auf*) d... Markt.
9 Sie setzte sich (*zwischen – an – auf – unter*) ein... Freund und ihr... Bruder.
10 (*vor – in – am – über*) Alexanderplatz steht die berühmte Weltuhr.

LE COMPLÉMENT DE LIEU

1. LES PRÉPOSITIONS MIXTES

Les 9 prépositions qui servent à localiser dans l'espace :

an (à, au, contre)	***hinter*** (derrière)	***über*** (au dessus de)
auf (sur)	***neben*** (à côté de)	***vor*** (devant)
in (sans)	***unter*** (sous, en-dessous)	***zwischen*** (entre)

peuvent être suivies

- de **l'accusatif**, si le verbe indique un déplacement ou une direction,
- du **datif**, si le verbe indique un séjour dans un lieu (pas de déplacement) :

__Wohin__ geht er ? – Er geht __in die__ Schule.
__Wo__ ist er ? – Er ist __in der__ Schule.

☛ Contractions :
in + dem = im ; an + dem = am ; in + das = ins ;
auf + das = aufs ; über + das = übers.

☛ D'autres prépositions **sont obligatoirement suivies du datif** ou **de l'accusatif** (voir p. 138 et 142).

2. ZU, BEI, NACH + DATIF

• ***Zu*** : chez, avec un verbe de mouvement :
Ich __gehe zu Frank/zum Bäcker__.
Je vais chez Frank/chez le boulanger.

• ***Bei*** : chez, avec un verbe d'état :
Ich bin __bei Frank/beim Bäcker__.
Je suis chez Frank/chez le boulanger.

• ***Nach*** est employé avec des noms de villes ou de pays, après un verbe de mouvement :
Ich __fahre nach Berlin__. Je vais à Berlin.

• Avec ***Hause***, on emploie ***nach*** après des verbes de mouvement et ***zu*** après des verbes d'état :

Er __geht nach Hause__.	*Er __ist zu Hause__.*
Il rentre chez lui.	Il est chez lui.

☛ Contractions :
zu + dem = zum ; zu + der = zur ; bei + dem = beim.

16 verbes d'état et de mouvement

1 Compléter par *liegen, sitzen, hängen, stehen.* *

Das ist Katrins Zimmer.

1 Das Bett ... links neben dem Fenster.
2 Der Schreibtisch ... rechts.
3 Ein kleiner Teppich ... vor dem Bett.
4 Rechts neben der Tür ... eine Kommode.
5 In der Kommode ... meine Kassetten und mein Walkman.
6 Meine Stereoanlage ... auf der Kommode.
7 Auf meinem Schreibtisch ... immer viele Hefte und Bücher.
8 An der Wand ... Poster von klassischen Musikern.
9 Ich ... oft auf dem Sofa links neben der Tür.
10 Aber ich ... lieber auf meinem Bett, um Musik zu hören.

2 Compléter par *legen, setzen, hängen, stellen.* *

Catherine réinstalle sa chambre.

1 Sie ... den Schreibtisch links neben das Fenster.
2 Sie ... den Teppich vor die Kommode.
3 Sie ... tolle Poster an die Wand.
4 Sie ... die Stereoanlage in eine Ecke.
5 Auf die Stereoanlage ... sie eine kleine Vase.
6 Sie ... die Hefte auf ein Regal.
7 Sie ... eine Halogenlampe neben den Schreibtisch.
8 Sie ... einen alten Tennisschläger über das Bett.
9 Neben das Bett rechts ... sie einen Nachttisch.
10 Dann ... sie sich aufs Bett und hört Musik.

3 Compléter par le verbe qui convient et la désinence de l'article. **

1 Die Kinder ... schon wieder vor d... Fernseher.
2 Wohin hast du deinen Mantel ... ? In d... Garderobe ?
3 Die Straßenbahn ... an d... Haltestelle.

4 Wo sind meine Handschuhe ? Ich hatte sie auf d... Stuhl ...
5 Eine große Lampe ... an d... Decke.
6 Hier ist ein Stuhl, ... dich hin und hör gut zu !
7 ... Sie bitte die Briefe auf d... Kommode !
8 Die Gläser ... schon auf d... Tisch.
9 Am Nachmittag ... er gern auf d... Bank vor dem Haus.
10 Oma ist krank, sie ... zur Zeit ... Krankenhaus.

4 Compléter : ***

1 Er hat zehn Jahre lang ... d... Schweiz gelebt.
2 Ich muß jetzt schnell ... Post.
3 Fräulein Westhof begleitet eine Schülergruppe ... Berlin.
4 Nach der Wende ist Julitta ... d... BRD gezogen.
5 Um 16.00 Uhr hatte sie einen Termin ... Zahnarzt.
6 Herr Hueber arbeitet ... Volkswagen.
7 Frau Weidert hat ihre Kinder ... Deutschland geschickt.
8 Sie hat diese alte Lampe ... d... Trödelmarkt gekauft.
9 ... d... Ex-DDR wird viel renoviert.
10 Frau Mingshan möchte gern ... Westeuropa leben.

VERBES D'ÉTAT ET DE MOUVEMENT

Aux 4 verbes faibles exprimant l'action de placer (+ Acc.) correspondent 4 verbes forts indiquant une position (+ Dat.)

• ***legen***	*Er **legt** das Buch **auf den** Tisch.*	*(Acc.)*
***liegen** (a-e)*	*Das Buch **liegt auf dem** Tisch.*	*(Dat.)*
• *(sich) **setzen***	*Er **setzt sich auf das** Sofa.*	*(Acc.)*
***sitzen** (a-e)*	*Er **sitzt auf dem** Sofa.*	*(Dat.)*
• ***hängen***	*Er **hängt** ein Poster **an die** Wand.*	*(Acc.)*
***hängen** (i-a)*	*Das Poster **hängt an der** Wand.*	*(Dat.)*
• ***stellen***	*Er **stellt** eine Vase **auf die** Kommode.*	*(Acc.)*
***stehen** (a-a)*	*Die Vase **steht auf der** Kommode.*	*(Dat.)*

17 le génitif

1 Compléter les terminaisons qui manquent. *

1 Das ist die Mutter d… Mädchen… (*sing.*) —
2 Das die Tasche d… Lehrer…
3 Hast du den Ball d… Hund… ?
4 Da wohnt die Lehrerin d… Kinder.
5 Das ist der Wagen d… Eltern.
6 Das ist das T-Shirt d… Dame.
7 Wo ist das Büro d… Chef… ?
8 Hier ist der Mantel d… Vater…
9 Das ist das Kleid d… Mutter.
10 Wo ist die Adresse d… Sekretärin ?

indice *Le génitif est le cas du …*
Ne pas oublier d'ajouter s aux noms masculins et neutres au singulier.

2 Compléter. *

1 Ist das dein Walkman ?
– Nein, das ist der Walkman mein… Schwester.
2 Ist das dein Zimmer ?
– Nein, das ist das Zimmer mein… Schwester.
3 Ist das dein Hund ?
– Nein, das ist der Hund mein… Freund…
4 Ist das deine Zeitung ?
– Nein, das ist die Zeitung mein… Vater…
5 Ist das dein Haus ?
– Nein, das ist das Haus mein… Großeltern.

3 Le génitif saxon. Compléter. *

1 Ist das die Bluse von Anna ? Ja, das ist Anna… Bluse.
2 Ist das der Pullover von Peter ? Ja, das ist …

3 Ist das die Party von Arnold ? Ja, ...
4 Ist das der Wagen von Opa ? Ja, ...
5 Ist das der Hut von Frau Werner ? Ja, ...

4 Comment dites-vous ? *

1 L'école de Patricia.
2 Le professeur de Mélanie.
3 L'armoire de Mamie.
4 L'ordinateur de Papa.
5 Le numéro de téléphone de Franz.
6 La balle de Bello.
7 Le bureau de Madame Schuster.
8 La mère d'Anna.
9 L'oncle d'Alexandra.
10 La chambre de Markus.

5 Vous jouez une pièce de théâtre et vous vous distribuez les rôles : **

1 Thomas nimmt die Rolle d... König...
2 Anja nimmt die Rolle d... Königin.
3 Patricia nimmt die Rolle d... Prinzessin.
4 Sabine und Jennifer nehmen die Rolle d... Kinder.
5 Fritzi und Julia nehmen die Rolle d... Elfen (*pluriel*).

6 Compléter : **

1 Hier ist der Plan d... Schule.
2 Heute ist der Tag d... offenen Tür. (journée porte ouverte)
3 Es beginnt mit der Besichtigung d... Bibliothek. (*fém.*)
4 Dann kommt die Besichtigung d... Computerraum... (*masc.*)
5 Hier ist das Büro d... Direktor...
6 Dort ist die Bibliothek d... Schüler.
7 Und da ist der Saal d... Musiklehrer... (*sing.*)
8 Im Juli ist der Tag d... Schulfest...
9 Die Eltern d... Schüler sind eingeladen.
10 Die Freunde d... Familien können auch mitkommen.

7 Génitif ou génitif saxon ? Comment dites-vous ? ***

1 Le cousin de Laura.
2 Le fils de mon amie.

3 Une poésie de Goethe.
4 Un ami de mes parents.
5 La grand-mère de Tobias.
6 Le bureau de Madame Tominaga.
7 Un frère de Patricia.
8 La maison des grand-parents.
9 Le numéro de téléphone de ma mère.
10 La capitale de l'Italie.

indice *Le génitif saxon ne peut s'utiliser que lorsque le nom complété est précédé de l'article défini. Sinon il faut utiliser la tournure avec* **von**.

8 Compléter : ***

a) par les terminaisons.

1 Während d... Essen... gucken sie oft Fernsehen.
2 Trotz d... Kälte wollte er keinen Pullover anziehen.
3 Was hast du während d... Ferien gemacht ?
4 Statt ein... Jacke hat sie einen Mantel gekauft.
5 Wegen d... Regen... muß man langsamer fahren.

b) par la préposition et les terminaisons.

6 ...... d... Vorstellung ist Fotographieren verboten.
7 ...... sein... langen Krankheit konnte er keine Arbeit wiederfinden.
8 ...... d... Motorrad... hat er sein Rad genommen.
9 ...... d... Arbeitslosigkeit bleiben viele Leute optimistisch.
10 ...... d... Deutschstunde wird viel gearbeitet.

indice *Toutes ces prépositions sont suivies du ...*
Trotz *et* **wegen** *peuvent également être suivis du datif, surtout dans la langue courante. Lorsque* **wegen** *est suivi d'un pronom personnel, le datif est obligatoire :* **wegen mir** *(à cause de moi).*

LE GÉNITIF

Le génitif est le cas du complément du nom :
Hier ist das Büro ***des Direktors****.* Ici c'est le bureau **du directeur**.

1. LE GROUPE NOMINAL AU GÉNITIF

masculin : *der Name de****s*** *Schüler****s*** → s + s (au nom)
féminin : *der Name de****r*** *Schülerin* → r
neutre : *der Name de****s*** *Mädchen****s*** → s + s (au nom)
pluriel : *der Name de****r*** *Eltern* → r

L'article indéfini, l'adjectif possessif et l'adjectif démonstratif portent les mêmes marques :

masculin :	*ein****es***	*mein****es***	*dies****es***
féminin :	*ein****er***	*mein****er***	*dies****er***
neutre :	*ein****es***	*mein****es***	*dies****es***
pluriel :		*mein****er***	*dies****er***

2. LE GÉNITIF SAXON

Quand le complément du nom est un nom propre, il se place avant le nom, n'est précédé d'aucun article et prend la terminaison **s** :
Hier ist Sabines Vater. Voici le père de Sabine.

☛ Les diminutifs ***Mutti, Vati, Oma, Opa*** se comportent comme des noms propres :
*Vati****s*** *Hund.* Le chien de papa.
Quand le nom propre se termine par **s**, **ß**, **x** ou **z**, on ajoute une apostrophe : *Tobias' Hund.*

☛ Le génitif saxon est souvent remplacé par ***von*** + ***datif*** :
Die Hauptstadt von Spanien. La capitale de l'Espagne.
Der Vater von Sabine. Le père de Sabine.

Les prépositions suivies du génitif :
wegen (à cause de), ***trotz*** (malgré), ***während*** (pendant), **statt** (au lieu de), ***innerhalb*** (à l'intérieur de), ***außerhalb*** (hors de)...

18 genre et nombre

1 Former le pluriel de ces noms masculins et traduire. *

1 der Vater
2 der Lehrer
3 der Fernseher
4 der Garten
5 der Computer
6 der Mantel
7 der Italiener
8 der Wagen
9 der Sessel
10 der Kuchen
11 der Bruder
12 der Bäcker
13 der Füller
14 der Vogel
15 der Braten
16 der Apotheker
17 der Engländer
18 der Apfel
19 der Löffel
20 der Babysitter

indice *Beaucoup de noms masculins terminés par* **-el**, **-en**, **-er** *sont invariables ou prennent un Umlaut.*

2 Former le pluriel de ces noms féminins et traduire. *

1 die Dame
2 die Familie
3 die Katze
4 die Straße
5 die Hand
6 die Uhr
7 die Lektion
8 die Karte
9 die Stunde
10 die Kartoffel
11 die Jacke
12 die Kassette
13 die Schülerin
14 die Puppe
15 die Tür
16 die Tafel
17 die Lehrerin
18 die Socke
19 die Übung
20 die Wurst

indice *La plupart des féminins forment leur pluriel en ajoutant* **-n** *ou* **-en**.
Dans l'exercice ci-dessus 2 féminins ne forment pas leur pluriel ainsi, lesquels sont-ils ?
Attention ! Les féminins terminées en **-in** *forment leur pluriel en ....*

3 Former le pluriel de ces noms neutres et traduire. *

1 das Heft
2 das Jahr
3 das Bild
4 das Kind
5 das Brot
6 das Glas
7 das Ei
8 das Programm
9 das Kleid
10 das Spiel
11 das Tier
12 das Bad

13 das Pferd
14 das Haus
15 das Geschenk
16 das Problem
17 das Flugzeug
18 das Dach
19 das Buch
20 das Fahrrad

indice *La plupart des neutres font leur pluriel en ajoutant* **-e**, **¨er** *ou* **-er**.

4 Former le pluriel des noms communs neutres suivants. *

1 das Zimmer
2 das Brötchen
3 das Plätzchen
4 das Theater
5 das Feuer
6 das Radio
7 das Märchen
8 das Bonbon
9 das Taxi
10 das Essen
11 das Fenster
12 das Messer
13 das Mädchen
14 das Meerschweinchen
15 das Monster
16 das Café
17 das Foto
18 das Kino
19 das T-Shirt
20 das Auto

indice *Les neutres terminés par* **-el**, **-en**, **-er** *sont invariables. Quelques neutres d'origine étrangère ajoutent* **–s** *au pluriel.*

5 Former le pluriel de ces noms et traduire. *

1 der Mantel
2 ein Haus
3 eine Frau
4 ein Schüler
5 ein Auto
6 der Teller
7 der Vater
8 ein Bleistift
9 eine Jacke
10 die Kusine
11 die Bluse
12 ein Kind
13 die Katze
14 das Mädchen
15 die Straße
16 der Garten
17 ein Löffel
18 das Lineal
19 die Uhr
20 eine Dame

6 Donner le pluriel des noms suivants. **

1 der Junge
2 der Direktor
3 das Buch
4 die Gruppe
5 die Tochter
6 das Bad
7 der Motor
8 der Osterhase
9 der Polizist
10 der Vetter
11 der Schuldirektor
12 das Bilderbuch
13 die Mutter
14 der See
15 das Auge
16 das Freibad
17 der Rektor
18 der Hase
19 der Deutsche
20 die Landschaft

indice *Certains masculins désignant des êtres animés sont faibles c'est-à-dire qu'ils forment leur pluriel en ajoutant ...*

7 Mettre les phrases suivantes au pluriel. **

1 Sie kauft einen Löffel.
2 Man sieht hier eine Autobahn.
3 Sie gibt dem Elefanten ein Brötchen.
4 Dieses Comicheft ist lustig.
5 Der Apfel fällt nicht weit vom Baum.
6 Ein Hund mag keine Katze.
7 Der Journalist interviewt einen Politiker.
8 Er singt ein Volkslied.
9 Dort ist ein Segelboot.
10 Der Jugendliche liest oft eine Zeitung.

8 Donner le genre des noms suivants. **

1 ... Bäcker
2 ... Onkel
3 ... Winter
4 ... Fotografieren
5 ... Köpfchen
6 ... Übung
7 ... Wohnung
8 ... Essen
9 ... Mäppchen
10 ... Verkäuferin

indice *Les noms de métier exercés par des hommes sont masculins. Les noms en* **-in** *et* **-ung** *sont féminins.*

9 Compléter les articles et les noms. ***

1 Sie ist die Tochter d... Präsident...
2 Das ist das Werk ein... großen Komponist...
3 Anna ist die Schwester d... kleinen Junge... (*sing.*)
4 Der Name d... Student... ist Raphael Kehler.
5 Siegfried badete im Blut d... Drachen.
6 Der Vater d... Prinz... organisierte einen fantastischen Ball.
7 Die Schulen d... größten Bundesland...
8 Das ist das Werk ein... berühmten Franzose...
9 Das ist eine Studie d... Institut... von Allensbach.
10 Jens ist der Sohn ein... großen Fotograf...

indice *Attention ! S'agit-il toujours de masculins faibles ?*

10 Compléter par le pluriel du nom indiqué. ***

1 (der Staat) Er ist in die Vereinigten .... gefahren.
2 (der Motor) Diese Wagen haben sehr gute ....
3 (der See) Die bayrischen .... sind eine Reise wert.
4 (das Hemd) Wo hast du diese schönen .... gekauft ?
5 (das Hotel) Man findet schon preiswerte .... in Berlin.
6 (der Polizist) Die deutschen .... haben BMW-Motorräder.
7 (das Blouson) Wir haben leider keine ....
8 (das Museum) Die bedeutendsten .... befinden sich in Berlin und München.
9 (das Büro) Um wieviel Uhr schließen die .... ?
10 (die Tochter) Hoffmanns haben zwei .... in Köln.

11 Remplacer l'article indéfini par **zwei**. ***

1 Ich möchte ein Pfund Tomaten.
2 Tobias hat eine Flasche Bier gekauft.
3 Ich hätte gern ein Paar Socken.
4 Gib mir ein Blatt Papier !
5 Der Kranke muß täglich eine Tablette einnehmen.
6 Die Schülerzeitung kostet eine Mark.
7 Er hat eine Tafel Schokolade gegessen.
8 Kauf mir ein Kilo Orangen, bitte !
9 Ich hätte gern ein Dutzend Eier.

indice *Les noms de mesure, de quantité ne se mettent généralement pas au pluriel, sauf les féminins en « e ».*

GENRE ET NOMBRE

LE GENRE DES NOMS

Sont du masculin :

- les êtres de sexe masculin :
  der Arzt, der Vater, der Onkel...
- les noms de jours, de mois, de saisons :
  der Montag, der Frühling... **sauf** ***die*** *Woche,* ***das*** *Jahr*
- beaucoup de mots en *-**er*** désignant des noms de métiers ou d'instruments :
  *der Lehr**er*** (l'enseignant), *der Apothek**er*** (le pharmacien),
  *der Hamm**er*** (le marteau) ...

Sont du féminin :

- les êtres de sexe féminin :
  die Frau, die Tante ... **sauf** ***das*** *Mädchen,* ***das*** *Fräulein* (diminutifs en *-**chen*** ou *-**lein***)
- les noms terminés en *-**ei**, -**heit**, -**keit**, -**schaft**, -**ung*** :
  *die Konditor**ei*** (la pâtisserie), *die Freund**schaft*** (l'amitié), *die Üb**ung*** (l'exercice) ...
- beaucoup de noms terminés en *-**e*** : *die Vas**e**, die Jack**e*** ...

Sont du neutre :

- les infinitifs substantivés : *das Fotografieren, das Essen* ...
- les diminutifs en *-**chen*** et *-**lein*** : *das Mäd**chen**, das Blüm**lein*** ...

LE PLURIEL DES NOMS

Le pluriel de l'article défini ***der, die, das*** est ***die*** :
das *Kind* → ***die*** *Kinder* (les enfants).
Le pluriel de l'article indéfini ***ein*** est ∅ : ***ein*** *Kind* > ∅ *Kinder* (des enfants).

Pluriel des noms masculins

- la majorité : *-**e*** ou *¨-**e***
  der Tag (le jour), *die Tag**e***
  der Ball (le ballon), *die Bäll**e***
- la plupart des noms terminés en *-**el**, -**en**, -**er*** sont invariables ou prennent l'inflexion :
  *der Fernseh**er*** (la télé), *die Fernseh**er***
  *der Vat**er*** (le père), *die Vät**er***

- les masculins faibles : -**n** ou -**en**
  der Junge (le garçon), *die Junge**n***
  der Polizist (le policier), *die Polizist**en***

☛ Les masculins faibles prennent -**n** ou -**en** à tous les cas, sauf au nominatif singulier. Sont faibles tous les noms masculins en -**e** qui désignent des êtres vivants ainsi que ***der Herr, der Mensch, der Student, der Polizist***, etc.

- les noms terminés par -**or** inaccentué : -**en**
  *der Profess**or**, die Professor**en***
  *der Mot**or**, die Motor**en***

Pluriel des noms neutres

- la majorité : ¨-**er** ou -**e**
  *das Buch, die B**ü**ch**er***
  *das Heft, die Heft**e***
- les noms en -**el**, -**en**, -**er** sont invariables
  *das Fenst**er*** (la fenêtre), *die Fenst**er***
  *das Mädch**en*** (la fille), *die Mädch**en***
  *das Möb**el*** (le meuble), *die Möb**el***
- quelques noms ajoutent -**s** :
  *das Auto, die Auto**s***
  *das Büro, die Büro**s***
- quelques noms ajoutent -**n** ou -**en**
  das Auge (l'oeil), *die Auge**n***
  das Bett (le lit), *die Bett**en***
  das Hemd (la chemise), *die Hemd**en***
  das Ohr (l'oreille), *die Ohr**en***

☛ Les noms masculins ou neutres désignant des unités de mesure, de poids ou des quantités sont invariables :
*drei **Glas** Wein* (trois verres de vin)
*vier **Kilo*** (quatre kilos)
*zwei **Blatt** Papier* (deux feuilles de papier)

Pluriel des noms féminins

- la majorité : -**n** / -**en** ou ¨-**e**
  die Vase (le vase), *die Vas**en***
  die Gabel (la fourchette), *die Gabel**n***
  die Hand (la main), *die H**ä**nd**e***
  die Bank (le banc), *die B**ä**nk**e***
- deux exceptions : *die Mutt**er**, die M**ü**tt**er***   *die Tocht**er**, die T**ö**cht**er***
- les noms en -**in** : -**nen**
  *die Lehrer**in*** (l'enseignante), *die Lehrerin**nen***

19 les possessifs

1 Répondre selon le modèle : *

a) Hier ist ein Buch.
→ Ja, das ist mein Buch.

b) Hier ist ein Ball.
→ Ja, das ist unser Ball.

1 Hier ist ein Heft.
2 Hier ist eine Tasche.
3 Hier ist ein Füller.
4 Hier ist eine CD.
5 Hier ist ein T-Shirt.
6 Hier ist ein Walkman.
7 Hier ist ein Lineal.
8 Hier sind Bonbons.
9 Hier ist eine Kassette.
10 Hier sind Fotos.

indice *L'adjectif possessif se décline comme ... au singulier et il prend la marque de l'article ... au pluriel.*

2 Répondre selon le modèle. *

a) Kennst du meine Mutter ? → Ja, ich kenne deine Mutter.

1 Kennst du meine Schwester ?
2 Willst du mein Heft ?
3 Hast du meinen Füller ?
4 Brauchst du meine Schere ?
5 Kennst du meine Eltern ?

b) Hast du unser Heft ? → Nein, ich habe euer Heft nicht.

6 Hast du unser Buch ?
7 Brauchst du unsere Farbstifte ?
8 Kennst du unseren Cousin ?
9 Nimmst du unser Rad ?
10 Machst du unsere Arbeit ?

indice *Euer perd son 2ᵉ **e** quand il a une terminaison.*

3 Compléter par *dein* ou *euer*. *

1 Tobias, wo ist ... Walkman ?
2 Manuela, brauchst du ... Rad ?
3 Nina, hast du ... Deutschbuch ?
4 Christian, Holger, nehmt ihr ... Skateboard ?
5 Kinder, findet ihr ... Ball ?
6 Steffi, suchst du ... Mantel ?
7 Vati, nimmst du ... Wagen ?
8 Opa, Oma, habt ihr ... Fotoalbum ?
9 Wolfgang hast du ... Brille ? (*féminin* : die Brille)
10 Alexandra, Irina, macht ihr ... Übungen ?

4 Compléter, si nécessaire, par la terminaison voulue : *

1 Wem gehört der Füller ? Mein... Vater.
2 Wem kaufst du ein Eis ? Mein... Schwester.
3 Wem schenkst du einen Pulli ? Dein... Bruder.
4 Wem bringst du die Blumen ? Dein... Eltern.
5 Wem zeigt ihr die Fotos ? Unser... Großeltern.

5 Compléter par l'adjectif possessif : *

a)

1 Wo ist Jans Gitarre ? ... Gitarre ist hier.
2 Wo ist Muttis Uhr ? ... Uhr ist hier.
3 Wo ist Katjas Anorak ? ... Anorak ist hier.
4 Wo ist Axels Hose ? ... Hose ist hier.
5 Wo ist Opas Fahrrad ? ... Fahrrad ist hier.

b)

6 Christiane und ... Mutter gehen in den Supermarkt.
7 Thomas und ... Bruder spielen im Garten.
8 Frau Strauß und ... Mann gehen ins Theater.
9 Herr Schwaiger und ... Frau bleiben zu Hause.
10 Die Sekretärin und ... Chef sind im Büro.

indice *Quand le possesseur est féminin, l'adjectif possessif est ...*
Quand le possesseur est masculin ou neutre, l'adjectif possessif est ...

6 Comment dites-vous en allemand ? *

1 Ma sœur s'appelle Sabine et mon frère Thomas.
2 As-tu ma cassette ?
3 Appelle Christine, son professeur est au téléphone.
4 Alexandra cherche son stylo.
5 Monsieur Hausmann, j'ai votre journal.
6 Notre directeur est malade.
7 (Les) enfants, où sont vos vélos ?
8 Cette radio appartient à mon frère.
9 Notre numéro de téléphone est ici.
10 Je cherche Christiane et son amie Susanne.

7 Construire des phrases sur le modèle : **

Christian/Mantel → Christian sucht seinen Mantel.

1 Jan/Fotoapparat.
2 Christine/Anorak.
3 Flora/Turnschuhe.
4 Gregor/Gitarre.
5 Herr Stark/Notizbuch.
6 Oma/Uhr.
7 Karl-Heinz/Rollschuhe.
8 Barbara/Tube Kleber.
9 Der Direktor/Füller.
10 Frau Soltmann/Brille.

8 Compléter par l'adjectif possessif : **

1 Wie heißt du ? ... Name ist Nina.
2 Ist das dein Matheheft ? Nein, ... Matheheft ist hier.
3 Petra, ist Englisch dein Lieblingsfach ? Nein, ... Lieblingsfach ist Deutsch.
4 Wie heißt Mariannes Mutter ? ... Mutter heißt Hannelore.
5 Wie heißt Floras Vater ? ... Vater heißt Peter.
6 Frau Wilms, ist das ... Mantel ?
7 Agnes, Sabine, ist ... Vater zu Hause ?
8 Wir wohnen in Hamburg. ... Stadt hat 1,7 Millionen Einwohner.
9 Ihr wohnt in Deutschland, wie heißt ... Bundeskanzler ?
10 Meine Damen und Herren, geben Sie mir jetzt ... Meinung darüber.

LES POSSESSIFS

L'ADJECTIF POSSESSIF

	Masculin	Féminin	Neutre	Pluriel
ich	mein	meine	mein	meine
du	dein	deine	dein	deine
er	sein	seine	sein	seine
sie	ihr	ihre	ihr	ihre
es	sein	seine	sein	seine
wir	unser	unsere	unser	unsere
ihr	euer	eure	euer	eure
sie, Sie	ihr, Ihr	ihre, Ihre	ihr, Ihr	ihre, Ihre

mein *Bruder*	***meine*** *Mutter*	***mein*** *Buch*	***meine*** *Eltern*
mon frère	ma mère	mon livre	mes parents

Au singulier, l'adjectif possessif se décline comme **ein**.
Au pluriel, il prend la marque de l'article défini (**die**).

Oliver sucht ***sein*** *T-shirt.* Oliver cherche **son** T-shirt (à lui).
Steffi sucht ***ihr*** *T-shirt.* Steffi cherche **son** T-shirt (à elle).

Ihr (avec majuscule) : on s'adresse à quelqu'un que l'on vouvoie ; **euer** : on s'adresse à plusieurs personnes que l'on tutoie.

Hier ist ***Ihr*** *Mantel, Frau Sold.* Voici **votre** manteau, madame Sold.
Kinder, hier ist ***euer*** *Ball.* Les enfants, voici **votre** balle.

Attention : ***euer*** perd le deuxième ***e*** lorsqu'on ajoute une terminaison :

euer *Buch* **eure** *Bücher*

LE PRONOM POSSESSIF

Les formes du pronom possessif sont les mêmes que celles de l'adjectif possessif. Il se décline comme l'article défini *der, die, das, die* :

Hier ist ***mein*** *Ball.* *Wo ist* ***deiner****?*
Hier ist ***meine*** *Uhr.* *Wo ist* ***deine****?*
Hier ist ***mein*** *Buch.* *Wo ist* ***deines****?*

20 l'adjectif épithète

1 Encadrer la marque du genre et poser une question selon le modèle : *

a) (rot) Di[e] Jacke gehört mir. → Di[e] rote Jacke ?

1 (blau) Der Pullover gehört mir.
2 (schwarz) Der Füller gehört mir.
3 (dick) Das Buch gehört mir.
4 (schön) Das Foto gehört mir.
5 (klein) Die Tasche gehört mir.

b) Ist da[s] Bild schön ? Ja, das ist ein schöne[s] Bild.

6 Ist der Roman interessant ?
7 Ist die Frau elegant ?
8 Ist die Stadt groß ?
9 Ist der Cassetenrecorder alt ?
10 Ist das Essen gut ?

indice *La marque du genre doit apparaître une fois, soit sur le déterminant, soit sur l'épithète. Si elle est portée par le déterminant, l'adjectif se termine par ...*

2 Compléter et encadrer la marque du genre. *

1 Der klein... Hund
ein klein... Hund
2 Das rot... Rad
Ein rot... Rad
3 Der nett... Junge
Ein nett... Junge
4 Die weiß... Bluse
Eine weiß... Bluse
5 Der neu... Anorak
Ein neu... Anorak
6 Der braun... Blouson
Ein braun... Blouson
7 Die klein... Maus
Eine klein... Maus
8 Das weiß... Hemd
Ein weiß... Hemd
9 Der schön... Mantel
Ein schön... Mantel
10 Das groß... Haus
Ein groß... Haus

indice *Au nominatif masculin et neutre « ein » ne porte pas la marque du genre donc c'est l'adjectif qui la porte.*

3 Former deux phrases sur le modèle donné. *

kalt/Tee → Da ist kalter Tee. Ich möchte kalten Tee.

1 kalt/Mineralwasser.
2 warm/Milch.
3 stark/Kaffee.
4 gut/Marmelade.
5 frisch/Brot.

indice **En** *l'absence de déterminant, c'est l'adjectif qui prend la marque du genre.*

4 Former des phrases sur le modèle donné. *

Wo ist deine Hose ? → Meine neue Hose ? Da !
Wo sind deine Farbstifte ? → Meine neuen Farbstifte ? Da !

1 Deine Jacke
2 Deine Schuhe
3 Dein Fotoapparat
4 Deine Gitarre
5 Deine Turnschuhe
6 Deine CDs
7 Dein Tennisschläger (*masc.*)
8 Deine Videocassette
9 Deine Ohrringe
10 Deine Uhr

5 Former des phrases sur le modèle donné. **

Willst du einen Mantel ? (schön)
→ Ja, ich möchte einen schönen Mantel.

1 Willst du einen Walkman ? (gut)
2 Willst du ein Kleid ? (blau)
3 Willst du einen Anorak ? (schwarz)
4 Willst du eine Hose ? (grau)
5 Willst du einen Hund ? (klein)

6 Compléter. **

1 Gut... Morgen !
2 Gut... Tag !
3 Gut... Abend !
4 Gut... Nacht !
5 Viel... Dank ! (*masculin*)
6 Froh... Weihnachten !
7 Lieb... Mutti !
8 Lieb... Opa !
9 Gut... Appetit !
10 Schön... Ferien !

7 Compléter. **

1 Ein gut... Buch. Gut... Bücher.
2 Ein klein... Kind. Klein... Kinder.
3 Ein neu... Wagen. Neu... Wagen.
4 Ein jung... Mann. Jung... Männer.
5 Ein alt... Freund. Alt... Freunde.
6 Das toll... Bild. Die toll... Bilder.
7 Der gut... Kuchen. Die gut... Kuchen.
8 Die billig... Bluse. Die billig... Blusen.
9 Das neu... Haus. Die neu... Häuser.
10 Der alt... Blouson. Die alt... Blousons.

8 Compléter. **

Das ist für ...

1 mein... klein... Bruder
2 unser... neu... Lehrerin
3 klein... Kinder
4 ihr... älter... Schwester
5 d... nächst... Stunde

Er fährt durch ...

6 d... alt... Stadt
7 d... englisch... Garten
8 d... klein... Dorf (*neutre*)
9 ein... groß... Wald
10 rheinisch... Städte.

9 Compléter. ***

Er kommt aus ...

1 ein... deutsch... Schule
2 ein... amerikanisch... Universität (*fém.*)
3 d... neu... Arbeitsamt (*neutre*)
4 dies... groß... Geschäft
5 warm... Ländern

Sie nimmt die Rolle ...

6 d... schön... Königin
7 d... gut... Königs
8 d... herzensgut... Prinzessin
9 ein... klein... Zwerges
10 ein... nett... Dienerin
11 d... jung... Mädchens

10 Compléter avec les terminaisons du nominatif ou de l'accusatif. ***

1 Markus und Flora haben ein alt... Haus und einen schön... Garten.
2 Es erinnert mich an das alt... Haus und den schön... Garten meiner Großeltern.
3 Ihr neu... Freund ist ein nett... Herr.

4 Gestern hat er ihnen schön... Blumen und ein klein... Geschenk gebracht.

5 Zum Dank haben sie ihm einen gut... Kuchen und frisch... Obst gegeben.

11 Compléter avec les terminaisons du génitif et du datif. ***

1 In den letzt... Sommerferien ist sie mit ihrer deutsch... Brieffreudin nach Dänemark gefahren.

2 Wir haben auf der romantisch... Insel Rügen Urlaub gemacht. Da haben wir Freunde unser... ehemalig... Nachbarin getroffen.

3 Zum erst... Mal haben wir an einem wunderschön... Strand gezeltet.

4 Der Campingplatz liegt in der unmittelbar... Nähe eines neugebaut... Tennisclubs.

5 Bei schön... Wetter konnten wir im kühl... Wasser schwimmen.

12 Compléter. ***

1 Während d... letzt... Ferien.

2 Trotz d... kalt... Regens.

3 Wegen mein... klein... Bruders.

4 Trotz d... schlecht... Wetters.

5 Längs d... breit... Flusses.

6 Durch kalt... Gegenden.

7 Bei alt... Freunden.

8 Ohne ein... warm... Pullover.

9 Für d... beid... Brüder.

10 Nach ein... gut... Stunde.

13 Transformer les adjectifs en adjectifs substantivés : ***

1	deutsch :	der Deutsch.....	eine Deutsch.....
2	arbeitslos :	viele	alle ....
3	blind :	für einen	mit einer ....
4	krank :	eine	mit ....
5	angestellt :	die .... (*fém. sing.*)	bei einem ....
6	schwarz :	ein	gegen ....
7	gefangen :	kein	von dem ....
8	arm :	die .... (*plur.*)	....
9	tot :	die .... (*plur.*)	zwei ....
10	verletzt :	der	mit einem ....

indice *L'adjectif substantivé prend une majuscule et il suit la déclinaison de l'adjectif ...*

13 Compléter : ***

1 D... Reisend... warten auf den Zug nach Berlin.
2 Die Zahl d... Arbeitslos... ist gestiegen.
3 Du kannst den Angestellt... fragen.
4 Gestern habe ich etwas Gut... gegessen.
5 Man kann einen Beamt... nicht entlassen.

L'ADJECTIF ÉPITHÈTE

Adjectif épithète ou adjectif attribut ?
L'adjectif épithète est placé avant le nom et se décline :
*Das ist ein **gutes** Buch.*
L'adjectif attribut est séparé du nom et est invariable :
*Das Buch ist **gut**.*

ADJECTIF ÉPITHÈTE PRÉCÉDÉ D'UN DÉTERMINANT

	Masculin	Féminin	Neutre	Pluriel
N	der kleine Wagen	die kleine Puppe	das kleine Buch	die kleinen Bücher
A	den kleinen Wagen	die kleine Puppe	das kleine Buch	die kleinen Bücher
D	dem kleinen Wagen	der kleinen Puppe	dem kleinen Buch	den kleinen Büchern
G	des kleinen Wagens	der kleinen Puppe	des kleinen Buchs	der kleinen Bücher

Se déclinent sur ce modèle les adjectifs précédés de *dieser, jener, welcher, alle.*

	Masculin	Féminin	Neutre	Pluriel
N	ein kleiner Wagen	eine kleine Puppe	ein kleines Buch	meine kleinen Bücher
A	einen kleinen Wagen	eine kleine Puppe	ein kleines Buch	meine kleinen Bücher
D	einem kleinen Wagen	einer kleinen Puppe	einem kleinen Buch	meinen kleinen Büchern
G	eines kleinen Wagens	einer kleinen Puppe	eines kleinen Buchs	meiner kleinen Bücher

Se déclinent sur ce modèle les adjectifs précédés de *kein* ou d'un adjectif possessif.

☛ Si le déterminant porte la marque du genre : **-r** (masculin), **-e** (féminin), **-s** (neutre), l'adjectif se termine par **-e** :
*de**r** klein**e** Wagen, da**s** klein**e** Kind.*

☛ Si le déterminant ne porte pas la marque du genre, elle est portée par l'adjectif :
*ein □ jung**er** Mann, ein □ klein**es** Kind.*

☛ Si le déterminant porte une autre marque que celle du genre, l'adjectif se termine par **-en** :
*de**n** klein**en** Wagen, de**m** klein**en** Kind.*

ADJECTIF ÉPITHÈTE SANS DÉTERMINANT

L'adjectif porte les marques de l'article défini, sauf au génitif masculin et neutre, où il prend **-en** (la marque **-s** étant portée par le nom).

	Masculin	**Féminin**	**Neutre**	**Pluriel**
N	klein**er** Wagen	klein**e** Puppe	klein**es** Buch	klein**e** Bücher
A	klein**en** Wagen	klein**e** Puppe	klein**es** Buch	klein**e** Bücher
D	klein**em** Wagen	klein**er** Puppe	klein**em** Buch	klein**en** Büchern
G	klein**en** Wagens	klein**er** Puppe	klein**en** Buchs	klein**er** Bücher

L'ADJECTIF SUBSTANTIVÉ

*Das ist **ein kranker** Mann.* (adjectif épithète).
*Das ist **ein Kranker**.* (adjectif substantivé)

L'adjectif substantivé se décline comme l'adjectif épithète. Il peut désigner :
– des personnes :
ein Deutscher (l'Allemand)
ein Arbeitsloser (le chômeur)
der Arme (le pauvre)
der Reiche (le riche)
– des notions abstraites (au neutre) :
das Schöne, etwas Schönes (quelque chose de beau)

21 comparatif et superlatif

1 Exprimer le comparatif de supériorité : *

1 Dieser Wagen fährt schnell, aber dieses Motorrad fährt noch ...
2 Diese Tasche ist schwer, aber dieser Koffer ist noch ...
3 Diese Jacke ist modern, aber dieser Blouson ist noch ...
4 Ist der Wein alt ? Der hier ist noch ...
5 Ist der Januar kalt ? der Februar ist noch ...

indice *La voyelle de certains adjectifs d'une syllabe (comme* alt, jung, groß*) est modifiée : a → ..., u → ..., o → ...*

2 Répondre selon le modèle. *

Wie lang ist der Rhein, 600 km ? → Nein, er ist noch länger.

1 Wie weit ist Köln, 50 km ?
2 Wie groß bist du, 1 m 45 ?
3 Wieviel Kinder hat sie, 3 ?
4 Wie alt ist er, 25 ?
5 Wie lange mußt du warten, 30 mn ?

3 Établir la comparaison à l'aide de l'adjectif donné : **

1 (*lang*) Im Mai sind die Tage ... als die Nächte.
2 (*groß*) München ist ... als Stuttgart.
3 (*kurz*) Die Weihnachtsferien sind ... als die Sommerferien.
4 (*kalt*) Im Norden ist es ... als im Süden.
5 (*langsam*) Die Frauen fahren oft ... als die Männer.
6 (*teuer*) Das Benzin ist ... in Frankreich als in Deutschland.
7 (*gut*) Eine Praline schmeckt ... als eine Aspirin-Tablette.
8 (*hoch*) Der Montblanc ist ... als die Zugspitze.
9 (*wenig*) Astrid arbeitet ... als Frauke.
10 (*gefährlich*) Autorennen sind ... als Pferderennen.

indice *Le comparatif de* teuer *est irrégulier :* teurer.

4 Répondre en utilisant le comparatif d'égalité. **

a) Ist Sigrid größer als Sonia ? → Nein, Sonia ist so groß wie Sigrid.

1 Ist Duisburg größer als Leipzig ?
2 Ist der Mai länger als der Juli ?
3 Ist Isabel klüger als Oliver ?
4 Schmeckt der Rheinwein besser als der Moselwein ?
5 Ist Mathe schwerer als Physik ?

b) Limonade schmeckt gut, und Cola ? → Cola schmeckt genau so gut wie Limonade.

6 Hannover ist groß, und Dresden ?
7 Andreas springt hoch, und Max ?
8 Frau Lenz ist jung, und Frau Hoffman ?
9 Dieses Buch ist langweilig, und dieser Film ?
10 Helga ist freundlich, und Margot ?

5 Comment dire : ***

1 Il fait de plus en plus froid.
2 Tobias travaille de mieux en mieux.
3 Les avions volent de plus en plus vite.
4 Il pleut de plus en plus.
5 Il boit de moins en moins.

indice *Le français : « de plus en plus » correspond en allemand à* immer + *comparatif.*

6 Établir des comparaisons en commençant par le mot en italique : ***

1 *Berlin* – Stuttgart (groß sein)
2 *Doris* (13) – Florian (13) (alt sein)
3 *Ein 15jähriger Schüler* – ein 6jähriger Schüler (viel arbeiten).
4 *Ein Bonbon* – ein Medikament (gut schmecken)
5 *Ein Kilo Bananen* – ein Kilo Orangen (schwer wiegen).

7 Compléter ces subordonnées : ***

1 Ist Deutsch wichtiger als Englisch ? – Sie meint, daß …
2 Ist es in Norddeutschland kälter als in Nordfrankreich ?
– Ich glaube, daß …
3 Sind die Nächte Mitte Dezember so lang wie die Tage ?
– Ja, ich weiß, daß …

4 Ist es im Studentenwohnheim billiger als im Hotel ?
– Ja, ich bin sicher, daß ...

5 Mag er Western lieber als Science-fiction-Filme ?
– Ja, ich glaube, daß ...

indice *Où se place le verbe dans la subordonnée comprenant un comparatif +* als *ou* wie *?*

8 Comment dire ? ***

1 Je crois qu'il a autant travaillé que sa sœur.
2 Nous pensons que les femmes conduisent (fahren) aussi bien que les hommes.
3 Je suis sûr qu'il préfère boire du Coca plutôt que (= als) de la bière.
4 Elle dit qu'il va mieux que la semaine dernière.
5 Je ne sais pas si Marylin Monroe était plus belle qu'Ava Gardner.

9 Mettre les adjectifs au superlatif. ***

1 Der TGV ist der ... Zug. (*schnell*)
2 Ich möchte das ... T-Shirt kaufen. (*billig*)
3 Das sind die sieben ... Länder. (*reich*)
4 Er schaut sich oft die ... Filme an. (*doof*)
5 Was ist die ... Stadt in Hessen ? (*groß*)
6 Gregor ist der ... Schüler der Klasse. (*gut*)
7 Sind wir weit von Mainz ? – Nein, es ist die ... Stadt. (*nah*)
8 Sie hat den ... Mantel gekauft. (*teuer*)
9 Das ist das ... Kind der Welt. (*lieb*)
10 Der Winter ist die ... Jahreszeit. (*kalt*)

indice *Les adjectifs qui ajoutent l'inflexion au comparatif (ä, ö, ü) la conservent au superlatif.*

10 Comparatif ou superlatif ? Compléter : ***

1 Liest du ... „Mädchen" oder „Für sie" ? (*gern*)
2 Japanische Fotoapparate sind die ..., die es gibt. (*gut*)
3 Bayern hat die ... staatliche Tradition. (*alt*)
4 Die ... Jugendlichen gehen in die Disco. (*viel*)
5 Die Nordsee ist ... als das Mittelmeer. (*kalt*)

indice *Ne pas oublier que le superlatif épithète se décline comme tout adjectif épithète.*

11 Le superlatif de l'adverbe. Compléter : ***

1 Der TGV fährt sehr schnell. – Er fährt sogar ...
2 Holger springt sehr weit. – Er springt sogar ...
3 Der Everest ist sehr hoch. – Er ist sogar ...
4 Der Gepard läuft sehr schnell. – Er läuft sogar ...
5 Der Adler fliegt sehr hoch. – Er fliegt sogar ...

12 Construire des phrases sur le modèle : ***

a) Ist der Film nicht zu lang ?
→ Doch, das ist der längste Film, den ich je gesehen habe.

1 Ist der Roman nicht interessant ? (*lesen*)
2 Ist die Frage nicht doof ? (*hören*)
3 Ist die Klassenarbeit nicht schwer ? (*machen*)
4 Ist die Torte nicht gut ? (*backen*)
5 Sind die Schuhe nicht teuer ? (*kaufen*)

b) Keiner singt so schön wie er. → Er singt am schönsten.

6 Keine ist so schön wie sie. – ...
7 Niemand schwimmt so schnell wie er. – ...
8 Keiner springt so hoch wie er. – ...
9 Niemand arbeitet so viel wie er. – ...
10 Niemand spielt so gut wie sie. – ...

13 Comment dites-vous ? ***

1 C'est lui qui court le plus vite.
2 Il fait de plus en plus froid.
3 La Zugspitze est la plus haute montagne d'Allemagne.
4 Veux-tu aller à la pizzeria ? Non, je préfère aller au cinéma.
5 C'est le plus beau livre que j'aie jamais lu.
6 Il est exactement aussi grand que moi.
7 Il travaille très bien. C'est même lui qui travaille le mieux.
8 On dit que c'est l'été le plus chaud depuis 10 ans.
9 J'aime par-dessus tout jouer au handball.
10 Il travaille de moins en moins.

indice *Après* wie *ou* als, *on a très souvent un nominatif :*
er ist größer **als** ich (= als ich bin).

14 Former le superlatif de l'adjectif ou de l'adverbe. ***

1 Steht sie früh auf ? Ja, in der Familie steht sie .... auf.
2 Schwimmt er gut ? Ja, in der Klasse schwimmt er ....
3 Dieser Garten ist sehr schön. Das ist sogar .... Garten der Gegend.
4 Das Bundesland Bremen ist sehr klein. Das ist sogar .... Bundesland Deutschlands.
5 Reitet sie gern ? Ja, sie reitet sogar ....
6 Ist der 21. Juni ein langer Tag ? Ja, das ist sogar .... Tag des Jahres.
7 Haben wir im Ruhrgebiet schlechte Luft ? Ja, das ist sogar .... Luft Deutschlands.
8 Läuft der Gepard sehr schnell? Ja, er läuft ....
9 Gibt es in Wien gute Kuchen? Ja, es gibt sogar .... Kuchen der Welt.
10 Ist der Tiger aus Asien sehr groß ? Ja, er ist sogar ....

COMPARATIF ET SUPERLATIF

LE COMPARATIF

- d'égalité : ***so ... wie*** → *Düsseldorf ist* ***so*** *groß* ***wie*** *Stuttgart.*
- d'infériorité : ***nicht so ... wie*** → *Köln ist* ***nicht so*** *groß* ***wie*** *München.*

On peut aussi employer ***weniger ... als*** → *Köln ist* ***weniger*** *groß* ***als*** *München.*

- de supériorité : ***...er als*** → *Köln ist schön****er als*** *Duisburg.*

☛ Au comparatif de supériorité, certains adjectifs d'une syllabe prennent une inflexion : *alt, älter*. En voici les plus courants : *arm, dumm, groß, hart, jung, kalt, klug, kurz, lang, schwach, stark, warm...*

☛ Dans les subordonnées, le verbe se place avant ***als du*** :
Er ist ***größer als du*** *Er sagt, daß er* ***größer*** *ist* ***als du***

☛ ***Immer*** + comparatif = de plus en plus :
Er arbeitet ***immer mehr.*** Il travaille **de plus en plus.**

LE SUPERLATIF

- de l'adjectif épithète :

der, die, das + adjectif + ...***ste***
*Der TGV ist **der** schnell**ste** Zug.*
Le TGV est le train le plus rapide.

- de l'adjectif attribut ou de l'adverbe :

am + adjectif + ...***sten*** (invariable)
*Der TGV fährt **am** schnell**sten**.*
*Im Frühling ist Berlin **am** schön**sten**.*

☛ Les adjectifs qui prennent une inflexion au comparatif la gardent au superlatif :
*alt, **ä**lter, der **ä**lteste*
*dumm, d**ü**mmer, der d**ü**mmste*
*groß, gr**ö**ßer, der gr**ö**ßte*

☛ Quand le radical se termine par *-d, -t, -s, -ß* (sauf ***groß***), *-z, -tz,* on intercale un **e** avant *-ste* (pour des raisons de prononciation) :
*alt, der ält**e**ste.*

ADJECTIFS ET ADVERBES IRRÉGULIERS

gern	***lieber***	*der **liebste**/am **liebsten***
gut	***besser***	*der **beste**/am **besten***
hoch	***höher***	*der **höchste**/am **höchsten***
viel	***mehr***	*die **meiste(n)**/am **meisten***
nah	***näher***	*der nä**ch**ste/am nä**ch**sten*

Expressions idiomatiques à retenir

*Es ist **höchste** Zeit.*	Il est grand temps.
***Besten** Dank !*	Avec tous mes remerciements!
*Er tut sein **Bestes**.*	Il fait de son mieux.
*Um so **besser** !*	Tant mieux!
***Besser** spät als nie.*	Mieux vaut tard que jamais.

22 le passif

1 Compléter par la forme de *werden* qui convient. **

1 Ich … abgeholt.
2 Der Tisch … gedeckt.
3 Wir … um 8.00 Uhr geweckt.
4 Die Geschäfte … um 18.00 Uhr geschlossen.
5 Das Auto … jetzt geprüft.
6 Wir … gut bezahlt.
7 Die Büros … um 9.00 Uhr geöffnet.
8 Es … gemacht.
9 Du … eingeladen.
10 … diese Maschinen nach Japan exportiert ?

2 Répondre avec une construction passive. **

1 Wer macht das ?	Das wird von mir …….
2 Wer lernt das ?	…… von ihm …….
3 Wer kauft das ?	…… von Jens …….
4 Wer holt das ?	…… von uns …….
5 Wer schreibt das ?	…… von Birgit …….

indice *Le passif se forme avec* werden *et le participe 2 (participe passé). Attention : pour le participe 2, demandez-vous si le verbe est faible ou fort.*

3 Compléter. **

1 Wer kocht das Essen ? Vati ? – Ja, das Essen … von … gekocht.
2 Wer holt die Post ? Agnes ? – Ja, die Post ….
3 Wer schreibt die Briefe ? Die Sekretärin ? – Ja, ….
4 Wer macht die Betten ? Die Kinder ? – Ja, ….
5 Wer ruft die Sekretärin an ? Der Direktor ? – Ja, ….

4 Mettre les phrases suivantes au passif. **

1 Man deckt den Tisch.
2 Man trinkt viel Bier.
3 Man sucht Mechaniker (pluriel).
4 Man ruft mich.
5 Man trennt Müll (les ordures).
6 Man spielt.
7 Man schläft.
8 Man arbeitet.
9 Man spricht nicht.
10 Man räumt auf.

indice *L'allemand préfère utiliser le passif plutôt que la tournure avec* man. *C'est le passif impersonnel.*

5 Mettre les phrases suivantes au passif. **

1 Alexander ruft Sonja.
2 Tobias grüßt die Nachbarin.
3 Die Journalistin interviewt deutsche Schüler.
4 Der Briefträger trägt die Post aus.
5 Ein japanischer Reporter schreibt den Artikel.

indice *Le COD de la phrase à l'actif devient ... de la phrase passive.*

6 Mettre les phrases obtenues ci-dessus au prétérit. **

7 Transformer selon le modèle. **

Man spielt.
→ **a.** Es wird gespielt. **b.** Jetzt wird gespielt.

1 Man tanzt.
a. .... **b.** Am Samstagabend ....
2 Man schläft.
a. .... **b.** Jetzt ....
3 Man redete viel.
a. .... **b.** Gestern ....
4 Man raucht nicht.
a. .... **b.** Hier ....
5 Wir musizieren.
a. .... **b.** Am Abend ....
6 Wir trinken keinen Alkohol.
a. .... **b.** Auf dem Schulfest ....

7 Man lachte viel.

a. .... **b.** Beim Karneval ....

8 Man frühstückt auf der Terrasse.

a. .... **b.** Im Sommer ....

9 Man arbeitet zuviel.

a. .... **b.** Hier ....

10 Man feierte die ganze Nacht.

a. .... **b.** Die ganze Nacht ....

indice *Le sujet es du passif impersonnel est obligatoirement supprimé quand il n'est pas en tête de phrase.*

8 Comment dites-vous en allemand ? (Utiliser le passif) ***

1 Dans ce restaurant on ne fume pas.
2 On sert le petit déjeuner à 8 heures.
3 Ici on parle allemand.
4 On cherche un mécanicien.
5 On construit une école près de chez nous.

9 Mettre au passif. Respecter les temps. ***

1 Man hat das Theaterstück in Hamburg gespielt.
2 Die Tante hatte ihn gestern erwartet.
3 Der Chef hat ihn nach München zurückgerufen.
4 Man hat viel Geld ausgegeben.
5 Man wird das Stück in Berlin spielen.
6 Die Techniker werden das Problem bald lösen.
7 Feiert man Karneval auch bei dir ?
8 Man hat den Roman ins Deutsche übersetzt.
9 Meine Eltern haben mir den Walkman geschenkt.
10 In Lüneburg kaufte man das Salz.

10 Transposer les phrases au passif. ***

1 Man muß den Tisch decken.
2 Hier darf man nicht rauchen.
3 Man konnte den Motor nicht reparieren.
4 Man muß die Arbeit beenden.

5 Kann man den Wagen leihen ?
6 Man mußte den Kranken gleich operieren.
7 Man kann die Arbeit bis heute mittag machen.
8 Bei Grün darf man die Straße nicht überqueren.
9 Wenn es schneit, muß man langsam fahren.
10 Die Sekretärin muß noch einen Brief tippen.

11 Transposer au passif (impersonnel). ***

1 Heute spielen wir Tennis.
2 Am Sonntag arbeitete man nie.
3 Gestern hat man bis spät in die Nacht getanzt.
4 Letzten Sonntag hat man ihn verhaftet.
5 Man zögerte zu lange.
6 Wann schließt man die Geschäfte ?
7 Man spricht immer mehr von Arbeitslosigkeit.
8 1949 gründete man die DDR.
9 Nächstes Jahr wird man das Gymnasium renovieren.
10 Man hat viele Betriebe privatisiert.

12 Entourer la bonne réponse et compléter. ***

1 Im Jahre 1248 .... der Kölner Dom begonnen.
war – ist – wurde – hat
2 Die Videokamera kann nicht repariert ....
worden – werden – sein – gewesen
3 Das Mädchen ist auf einem kleinen Bahnhof von seiner Mutter getrennt ....
worden – sein – gewesen – werden
4 Wann .... die Berliner Mauer geöffnet ?
ist – wird – war – wurde
5 Neue Technik ist von der Post installiert ....
sein – gewesen – gehabt – worden
6 Ich mag nicht gestört ....
sein – werden – worden – geworden
7 Eine neue Autobahn wird nächsten Monat eröffnet ....
worden – geworden – werden – sein
8 Die Stadt .... durch ein Erdbeben völlig zerstört worden.
wurde – wird – ist – kann

9 Die erste Atombombe ist von Oppenheimer gebaut ....
geworden – worden – werden – gewesen

10 In den Schlafzimmern .... Speisen nicht eingenommen werden.
sind – werden – waren – dürfen

13 Transposer au passif. ***

1 Die Bundesländer subventionieren deusche Theater.
2 Kaufleute in Norddeutschland gründeten die Hanse.
3 Die Alliierten kontrollierten Berlin.
4 Der Schweizer Henri Dunand gründete das rote Kreuz.
5 Am Anfang der 80er Jahre, vertrat Petra Kelly die Grünen.
6 Bis 1973 haben die Deutschen viele Gastarbeiter angestellt.
7 Die Engländer bombardierten Dresden.
8 Am 28. 06. 1914 ermordete Prinzip den Erzherzog Ferdinand in Sarajevo.
9 Ein Fischer hatte die Lichter im Leuchtturm angesteckt.
10 Am 15. August 1980 feierten die Kölner den Tag der Grundsteinlegung für den Dom.

LE PASSIF

On utilise le passif pour mettre en évidence l'objet de l'action.

FORMATION : *werden* + participe passé

Actif : ***Die Schüler*** *spielen* ***ein Theaterstück***
sujet — COD
Les élèves jouent une pièce.

Passif : ***Ein Theaterstück*** *wird* ***von den Schülern*** *gespielt.*
sujet — complément d'agent
Une pièce est jouée par les élèves.

Le complément d'agent est introduit par ***von*** (+ Datif).
Il peut aussi être introduit par ***durch***, quand il exprime le moyen ou la cause :
Das Haus wurde ***durch*** *den Storm zerstört.*
La maison a été détruite par la tempête.

Ne pas confondre :

Die Autobahn ***ist*** *gebaut.*
L'autoroute est construite (action finie).
Die Autobahn ***wird*** *gebaut.*
On est en train de construire l'autoroute.

LE PASSIF AVEC UN VERBE DE MODALITÉ

Das Auto ***muß*** *repariert* ***werden****.*
La voiture doit être réparée.

Attention, aux temps composés il faut employer le double infinitif :
Das Auto hat repariert ***werden müssen****.*
La voiture a dû être réparée.

LE PASSIF IMPERSONNEL

C'est un passif sans sujet ou avec le sujet impersonnel ***es***. Il est plus fréquemment utilisé que la phrase active introduite par le pronom indéfini ***man*** («on»).
Hier *wird Deutsch gesprochen.* (= *Hier spricht man Deutsch.*)
Es *wird hier Deutsch gesprochen.*
On parle allemand ici.

Es ne peut s'utiliser qu'en tête de phrase.

Les temps du passif

présent	*Ich* ***werde*** *gefragt.*	= *Man* ***fragt*** *mich.*
prétérit	*Ich* ***wurde*** *gefragt.*	= *Man* ***fragte*** *mich.*
parfait	*Ich* ***bin*** *gefragt* ***worden****.*	= *Man* ***hat*** *mich* ***gefragt***
plus-que-parfait	*Ich* ***war*** *gefragt* ***worden****.*	= *Man* ***hatte*** *mich* ***gefragt***
futur	*Ich* ***werde*** *gefragt* ***werden****.*	= *Man* ***wird*** *mich* ***fragen****.*

23 les relatifs

1 Compléter avec le pronom relatif au nominatif et à l'accusatif. **

1 Der Zug, … wir nehmen, hält nicht in Mainz.
2 Wer ist der Mann, … du eben gegrüßt hast ?
3 Die Wurst, … im Kühlschrank liegt, ist für morgen.
4 Hast du den Walkman genommen, … auf dem Tisch lag ?
5 Das ist ein Haus, … am Waldrand steht.
6 Wer sind die Freunde, … du eingeladen hast ?
7 Das sind drei Musiker, … einfach fabelhaft sind.
8 Der Kuchen, … Vati gebacken hat, ist lecker.
9 Siegfried hatte einen Mantel, … seinen Träger unsichtbar machte.
10 Ein Flugzeug, … nicht fliegen kann ! Das gibt's doch gar nicht !

indice *Le pronom relatif au nominatif et à l'accusatif a la même forme que l'article ….
La fonction du pronom relatif est celle du nom qu'il remplace dans la subordonnée.*

2 Construire des phrases sur le modèle. **

a) Wer ist dieser Junge ? Er kommt aus der Pizzeria ?
→ Wer ist dieser Junge, der aus der Pizzeria kommt ?

1 Wie heißt dieses Mädchen ? Es ißt ein Eis ?
2 Wer sind diese Leute ? Wir haben sie eben getroffen.
3 Wer ist dieser Mann ? Du hast ihn gerade gegrüßt.
4 Um wieviel Uhr kommen die Freunde ? Wir haben sie eingeladen.
5 Wem gehört der Ball ? Ich habe ihn im Garten gefunden.

b) Das Buch ist sehr interessant. Er hat es mir gegeben.
→ Das Buch, das er mir gegeben hat, ist sehr interessant.

1 Der Text ist schwer. Wir müssen ihn übersetzen.
2 Der Bus hat eine Panne. Er steht auf dem Marktplatz.
3 Die Frau ist die Schulleiterin. Sie wird gerade interviewt.
4 Der Apfelstrudel schmeckt gut. Ich habe ihn selber gebacken.
5 Der Zug fährt gerade ein. Er kommt aus Freiburg.

3 Compléter avec le pronom relatif au datif. **

1 Agnes ist das Mädchen, mit .... sie in Urlaub fährt.
2 Dort ist der Parkplatz, auf .... unser Bus steht.
3 Kennst du die Familie, bei .... er in Deutschland gewohnt hat ?
4 Gib mir das Kissen, auf .... du sitzt.
5 Das sind die Kinder, ... du helfen sollst.

indice *Quand le pronom relatif est précédé d'une préposition, il est au cas exigé par la préposition.*

4 Compléter par le pronom relatif au cas qui convient. ***

1 Du kannst den Rock kaufen, ... wir gestern gesehen haben.
2 Nimm den Bus, ... an der Schule vorbeifährt.
3 Das ist der Mann, ... du das Paket bringen sollst.
4 Wem gehört der Pullover, ... unter dem Bett liegt ?
5 Zeig mir die Frau, ... ich danken soll !
6 Hast du von dem Regisseur gehört, ... diesen Film inszeniert hat ?
7 Das ist der Direktor, ... er mich vorgestellt hat.
8 Wer sind die Leute, ... wir gerade begegnet sind ?
9 Hier ist der Junge, ... ich das Buch geschenkt habe.
10 Die Frau, ... er beim Skilaufen geholfen hat, hat ihm herzlich gedankt.

5 Compléter avec le pronom relatif au génitif. ***

1 Der Berg, ... Gipfel wir erblicken, ist die Zugspitze.
2 Die Eltern, ... Kinder in der Schule gut arbeiten, haben Glück.
3 Das ist der Junge, ... Schwester nach Australien gezogen ist.
4 Schau mal die Frau, ... Hut rosa ist !
5 Gib mir das Buch, ... Titel „Im Westen nichts Neues" ist.
6 Das sind die Leute, ... Sohn bei dem Straßenfest mitgemacht hat.
7 Wie heißen die drei Brüder, ... Eltern in Minsk arbeiten ?
8 Kennen Sie Katja Reininghaus, ... Mutter ich Ihnen vorgestellt habe ?
9 Es handelt sich um einen Film, ... Thema mich sehr interessiert.
10 Das Mädchen, ... Kleider damals so langweilig waren, trug ein schrilles Hemd und eine Lederhose.

indice *Le nom qui suit le pronom relatif prend-il un article ?*

6 Comment dites-vous en allemand ?

1 Donne-moi le livre qui est sur le bureau.
2 Où est le manteau que tu as acheté ?
3 C'est un train qui ne s'arrête qu'à Francfort.
4 C'est la maison dans laquelle nous habitions il y a (vor) 10 ans.
5 Les gens chez qui nous étions invités sont des amis de Christine.
6 Voici l'ordinateur dont le vendeur m'a parlé.
7 A qui appartient la voiture avec laquelle vous êtes allés à Berlin ?
8 La cathédrale dont tu aperçois (*erblicken*) les tours est la Frauenkirche de Munich.
9 Prends le livre sur la couverture (*der Umschlag*) duquel il y a une photo de Louis II.
10 Voici Madame Schultze avec le fils de qui il est allé en Afrique.

7 Traduction de « dont ».

1 J'ai acheté le disque dont j'ai entendu parler hier.
2 Voici le jardin dont il était si fier.
3 Achète-toi le livre dont tu as besoin.
4 Ce sont des gens dont nous ne savons rien.
5 Voici la maison dont elle rêve.
6 Madame Halm avait un chien dont j'avais très peur quand j'étais enfant.
7 Le peintre dont nous verrons les tableaux vit à Worpswede.
8 Les élèves dont les noms sont (*stehen*) sur cette feuille doivent se présenter au bureau du directeur.
9 Les enfants dont elle s'occupe le samedi sont très gentils.
10 Je ne connais pas l'écrivain dont tu me parles.

indice *Attention ! « Dont » ne se traduit pas toujours par un pronom relatif au génitif.*

LES PRONOMS RELATIFS

	Masculin	Féminin	Neutre	Pluriel
N	der	die	das	die
A	den	die	das	die
D	dem	der	dem	**denen**
G	**dessen**	**deren**	**dessen**	**deren**

Le pronom relatif **s'accorde en genre et nombre avec son antécédent**, mais **prend la marque du cas correspondant à sa fonction** dans la subordonnée. Il est **toujours précédé d'une virgule.**

Ich kenne den Jungen. ***Er*** *steht dort.*
→ *Ich kenne den Jungen,* ***der*** *dort steht. (N)*
Je connais le garçon **qui** est là.

Ich kenne den Jungen. Du hast ***ihn*** *gegrüßt.*
→ *Ich kenne den Jungen,* ***den*** *du gegrüßt hast. (A)*
Je connais le garçon **que** tu as salué.

Ich kenne den Jungen. Du hast ***ihm*** *die CDs gegeben.*
→ *Ich kenne den Jungen,* ***dem*** *du die CDs gegeben hast. (D)*
Je connais le garçon **à qui** tu as donné les CD.

Ich kenne den Jungen. Die Mutter ***des Jungen*** *arbeitet hier.*
→ *Ich kenne den Jungen,* ***dessen*** *Mutter hier arbeitet. (G)*
Je connais le garçon **dont** la mère travaille ici.

☛ Le pronom relatif au génitif est suivi immédiatement par le nom sans article :
der Junge, ***dessen*** *Mutter...* le garçon **dont la** mère...

☛ Si le pronom relatif est précédé d'une préposition, il prend le cas demandé par la préposition :
der Junge, ***mit dem*** *du spielst.*

☛ La subordonnée peut être intercalée dans la principale :
Der Junge, ***den ich gegrüßt habe****, ist Jans Bruder.*

24 la proposition infinitive

1 Répondre selon le modèle : **

a) Willst du ins Kino gehen ?

→ Nein, ich habe keine Lust, ins Kino zu gehen.

1 Willst du Musik hören ?

2 Willst du eine Cola trinken ?

3 Willst du den Koffer packen ?

4 Willst du Japanisch lernen ?

5 Willst du die Mathearbeit korrigieren ?

b) Ist es verboten, im Gasthaus zu rauchen ?

→ Ja, man darf im Gasthaus nicht rauchen.

6 Ist es verboten, hier zu baden ?

7 Ist es verboten, auf dem Schulhof Fußball zu spielen ?

8 Ist es verboten, auf der Autobahn radzufahren ?

9 Ist es verboten, den Rasen zu betreten ?

10 Ist es verboten, nach 22 Uhr Klavier zu spielen ?

indice *Quand l'infinitif est complément d'un verbe de modalité, il n'est pas précédé de zu.*

2 Utiliser au choix ces groupes verbaux pour former des phrases. **

Um 5 Uhr weggehen → Er freut sich, um 5 Uhr wegzugehen.

Ich habe vor, ...

Wir haben total vergessen, ...

Er freut sich, ...

Sie hat mir versprochen, ...

1 in München ankommen

2 Katrin vom Bahnhof abholen

3 das Zimmer aufräumen

4 der Musiklehrerin zuhören

5 den Führerschein mitbringen

3 Compléter par *zu* si nécessaire. **

1 Er freut sich sehr, nach Frankfurt .... fahren.
2 Michael hat angefangen, seine Vokabeln .... lernen.
3 Ich habe nichts .... tun.
4 Fritzi darf nicht in die Disco .... gehen.
5 Kannst du mir .... helfen ?

4 Comment dire ? **

1 Je n'ai pas le temps de regarder la télévision.
2 Il a oublié d'éteindre (ausmachen) la lumière.
3 Elle a promis de ranger sa chambre.
4 Je n'ai pas envie d'inviter Alexandra.
5 Il se réjouit d'arriver à Berlin.

5 Construire des phrases sur le modèle. **

Spielst du nicht mehr Fußball ?
→ Nein, ich habe aufgehört, Fußball zu spielen.

1 Spielst du nicht mehr Tennis ? Nein, es gefällt mir nicht mehr, ...
2 Fährst du nicht nach Madrid ? Nein, es macht mir keinen Spaß, ...
3 Arbeitet er fleißig ? Ja, er hat mir versprochen, ...
4 Lernt sie Chinesisch ? Ja, sie hat angefangen, ...
5 Studierst du Biologie ? Ja, ich habe vor, ...

6 Comment dire ? **

1 J'ai oublié de téléphoner à Stéphanie.
2 Cela ne m'amuse pas de travailler toute la journée.
3 Je te prie de venir tout de suite.
4 J'espère partir en vacances en juillet.
5 Il me conseille de me lever à 7 h.

indice

Les verbes suivants sont souvent accompagnés d'une proposition infinitive.
aufhören *(cesser)*, gefallen *(plaire)*, versprechen *(promettre)*
anfangen *(commencer)*, vergessen *(oublier)*, bitten *(prier de)*
sich freuen *(se réjouir)*, raten + *dat.* *(conseiller)*.

7 Construire des phrases sur le modèle : **

a) Ich habe sie getroffen.
→ Es freut mich, sie getroffen zu haben.

1 Ich habe Tobias kennengelernt.
2 Ich habe Nürnberg besichtigt.
3 Ich habe die Nachbarn eingeladen.

b) Er kann sie begleiten.
→ Er ist glücklich, sie begleiten zu können.

4 Das Kind kann schwimmen.
5 Sie darf mitkommen.
6 Die Schüler können das Problem lösen.

8 Compléter : **

1 Sie schlägt vor, ...	(aufs Land fahren)
2 Veronika läßt sich	(die Haare schneiden)
3 Oma geht jeden Tag	(in der Stadt spazieren)
4 Es hat aufgehört	(regnen)
5 Am Sonntag hätte ich Zeit, ...	(meine Verwandten anrufen)

indice *Quand l'infinitif est complément de* lassen, sehen, hören *et* gehen, *il n'est pas précédé de* zu.

9 Exprimer le but à l'aide de *um... zu*. **

1 Wozu nimmst du den Bus ?
(schneller ankommen)
2 Wozu gehst du in die Küche ?
(das Essen zubereiten)
3 Wozu hat Moritz das Fernsehen angestellt ?
(sich die Nachrichten ansehen)
4 Wozu gehst du in die Buchhandlung ?
(den neuen Roman von Peter Schneider kaufen)
5 Wozu baut Jean Tinguly Maschinen ?
(dem Alltag entfliehen)

10 Transformer ces phrases en utilisant *ohne... zu*. **

1. Renzi geht in die Schule und nimmt seine Schultasche nicht mit.
2. Felix geht an mir vorbei und grüßt mich nicht.
3. Gregor nimmt den Zug und entwertet seine Fahrkarte nicht.
4. Tobias geht hinaus und zieht seinen Blouson nicht an.
5. Der Babysitter sitzt vor dem Bildschirm und kümmert sich nicht um die Kinder.

11 Transformer ces phrases en utilisant *(an)statt ... zu* (au lieu de). **

1. Er geht zu Fuß ins Büro ; er will nicht mit der Straßenbahn fahren.
2. Sie hat drei Tage gewartet ; sie wollte den Arzt nicht rufen.
3. Silvia sonnt sich am Strand ; sie will nicht einkaufen gehen.
4. Er sieht fern ; er will nicht in der Küche helfen.
5. Sie nimmt Schlaftabletten ; sie will nicht Sport treiben.

12 Comment dire ? ***

1. Il part sans dire un mot.
2. Simon va se coucher sans se laver les mains.
3. On peut vivre sans sortir (*ausgehen*) tous les soirs.
4. Tu critiques (*kritisieren*) sans comprendre.
5. Ils ont quitté l'hôtel sans payer la note (*die Rechnung*).
6. Au lieu de travailler il joue au foot.
7. Il dort jusqu'à 1 h au lieu de chercher un travail.
8. Aide-moi au lieu de ne rien faire.
9. Prends un livret de caisse d'épargne (*das Sparkassenbuch*) au lieu de dépenser tout ton argent.
10. Va au lit au lieu de regarder la télé.

13 Compléter par *um... zu, ohne... zu, anstatt... zu*. ***

1. Carolin studiert Japanisch, ... in Tokio .... arbeiten.
2. Arne hört sich den ganzen Tag Bon Jovi an, ... seine Übungen .... machen.
3. Er spricht fließend Deutsch, ... es in der Schule gelernt .... haben.
4. Er braucht einen Rucksack, ... seine Schulsachen .... transportieren.
5. Verena spricht am Telefon, ... sich um ihren kleinen Bruder .... kümmern.

14 Relier par *um... zu, ohne... zu, anstatt... zu* ★★★
et faire les modifications nécessaires.

1 Petra schreibt ihrer Freundin. Sie will ihr zum Geburtstag gratulieren.
2 Er geht ins Kino, und besucht seine Oma nicht.
3 Er hat es geschafft; er hat sich nicht viel Mühe gegeben.
4 Er arbeitet auch am Samstag; er will mehr Geld verdienen.
5 Sie denkt nur an sich selbst, und kummert sich nicht um ihre Kinder.

15 À retenir et à traduire : ★★★

1 Ich habe nichts zu tun.
2 Da ist nichts zu sehen.
3 Das Haus ist zu verkaufen.
4 Dieses Fitness-Center hat viel zu bieten.
5 Es hat zu regnen begonnen.
6 Das ist leicht zu tun.
7 Garage zu vermieten.
8 Er hat fleißig zu arbeiten.
9 Es freut mich, das Spiel gewonnen zu haben.

LA PROPOSITION INFINITIVE

Le sujet de la proposition infinive est obligatoirement le même que celui de la proposition principale.

PROPOSITION INFINITIVE

L'infinitif est précédé de *zu*. Il se place à la fin de la proposition infinitive :
Ich habe keine Lust ***zu schlafen***. Je n'ai pas envie de dormir.

• Si l'infinitif est accompagné d'un complément, il y a une virgule avant la proposition infinitive :
Ich habe keine Lust, ***Fußball zu spielen***.
Je n'ai pas envie de jouer au football.

• Dans le cas d'un verbe à particule séparable, ***zu*** est intercalé entre la particule et l'infinitif et le tout s'écrit en un seul mot :
Er freut sich, im Juli ***wegzufahren***. Il se réjouit de partir en Juillet.

INFINITIF SANS ZU

L'infinitif n'est pas précédé de ***zu*** :

• quand il est complément d'un verbe de modalité :
Er ***will*** *morgen in die Stadt* ***fahren***. Il veut aller en ville demain.

• après les verbes ***lassen***, ***hören***, ***sehen*** et ***gehen*** :
Er ***läßt*** *seinen Wagen* ***reparieren***. Il fait réparer sa voiture.

PROPOSITION INFINITIVE PRÉPOSITIONNELLE

• ***um ... zu*** : pour + infinitif (expression de but)
Er fährt nach München, ***um*** *Deutsch* ***zu lernen***.
Il va à Munich pour apprendre l'allemand.

☛ Quand l'infinitif n'est pas accompagné d'un complément, on peut remplacer ***um ... zu*** par ***zum*** + infinitif substantivé :
Zum Wandern *braucht er gute Schuhe.*
Pour faire de la randonnée, il a besoin de bonnes chaussures.

• ***ohne ... zu*** : sans + infinitif
Er geht hinaus, ***ohne*** *seinen Blouson* ***zu nehmen***.
Il sort, sans prendre son blouson.

• ***anstatt ... zu*** : au lieu de
Sie hat ferngesehen, ***anstatt*** *in die Disco* ***zu gehen***.
Elle a regardé la télé, au lieu d'aller à la discothèque.

25 conjonctions de subordination (1)

1 Transformer les phrases selon le modèle : *

Tobias wohnt in Bonn, sagt Agnes.
→ Agnes sagt, daß Tobias in Bonn wohnt.

1 Julia ist müde, sagt die Mutter.
2 Steffi hat Hunger, sagt Christine.
3 Agnes wartet am Telefon, antwortet Vati.
4 Die Kinder mögen gern Musik, sagt Frau Griesbach.
5 Andrea versteht nicht, sagt die Lehrerin.

2 Transformer ces phrases en les faisant précéder de *Ich weiß, daß...* *

1 Mami will ins Kino gehen.
2 Stephanie will eine Postkarte kaufen.
3 Die Kinder wollen nicht aufstehen.
4 Gregor darf keine Bonbons nehmen.
5 Das Schwesterlein kann noch nicht laufen.

3 Récrire ces phrases sans *daß* : *

1 Christiane sagt, daß sie müde ist.
2 Mami sagt, daß Elisabeth die Grippe hat.
3 Opa sagt, daß er einkaufen geht.
4 Petra sagt, daß sie das Zimmer aufräumen muß.
5 Melanie sagt, daß sie in die Disco mitgehen möchte.

indice *Daß peut être sous-entendu après des verbes d'opinion* (sagen, hoffen, antworten, meinen...) *à l'affirmatif. Quel est l'ordre des mots dans ce cas ?*

4 Récrire ces phrases en utilisant *daß*. *

1 Katja hat draußen gewartet, sagt Herr Schneider.
2 Onkel Hans hat nichts gesagt, antwortet Paul.

3 Die Kinder sind ins Kino gegangen, sagt Silvia.
4 Papi hat Mozarts Geburtshaus fotografiert, sagt Mami.
5 Michael hat die Pizza gegessen, sagt Tobias.

5 Transformer ces questions en interrogations indirectes avec *ob*. *

1 „Hat Max Hunger ?" fragt Nadine.
2 „Will Christof ein Stück Schokolade ?" fragt Mami.
3 „Kann das Kind schon laufen ?" fragt Martina.
4 „Ist Oliver zu Oma gegangen ?" fragt Jens.
5 „Hat der Lehrer ein Foto gemacht ?" fragt Britta.

6 Compléter : *

1 Hat Sabine Hunger ? Ich weiß nicht, ...
2 Ist Katrin in den Garten gegangen ? Ich frage mich, ...
3 Will Vati sich die Kassette ansehen ? Ich weiß nicht, ...
4 Haben die Kinder den Tisch gedeckt ? Sag mir, ...
5 Hat Papi angerufen ? Ich möchte wissen, ...

7 *Ob* ou *daß* ? *

1 Mutti möchte wissen, ... die Waschmaschine repariert ist.
2 Kannst du mir sagen, ... es dir geschmeckt hat ?
3 Ich möchte wissen, ... er Französisch spricht.
4 Er ist sicher, ... das Telefon geklingelt hat.
5 Ich bin froh, ... er wieder gesund ist.

8 Répondre selon le modèle : *

Warum ist er müde ? Hat er Hunger ?
→ Ja, er ist müde, weil er Hunger hat.

1 Warum kommt er nicht ? Hat er keine Zeit ?
2 Warum bleibt sie im Bett ? Ist sie krank ?
3 Warum kommt Petra nicht mit ? Hat sie keine Lust ?
4 Warum ist Max traurig ? Hat er nicht mitgespielt ?
5 Warum hat Mami nicht eingekauft ? Sind die Geschäfte zu ?

9 Remplacer *denn* par *weil*. **

1 Stefan ist böse, denn er findet die Videokassette nicht.
2 Er ist zu spät gekommen, denn er hat den Bus verpaßt.

3 Sie will kein Ei essen, denn sie hat keinen Hunger mehr.
4 Die Eltern bleiben zu Hause, denn sie wollen sich ausruhen.
5 Der Vater ärgert sich, denn Jan hat nicht gut gearbeitet.

indice *Denn et weil ont le même sens. Mais attention à la construction de la phrase !*

10 Transformer ces phrases en utilisant *da*. ***

1 Er hat samstags keine Schule ; also kann er lange schlafen.
2 Sie hat keinen Wagen, also muß sie mit dem Bus ins Büro fahren.
3 Sie findet sich zu dick, also ißt sie kein Brot mehr.
4 Alle Zimmer waren belegt, also haben wir im Wagen übernachtet.
5 Er wohnt im Zentrum, also nimmt er selten seinen Wagen.

11 Comment dire en allemand ? ***

1 Il ne part pas à Berlin car il n'a pas assez d'argent.
2 Christine ne va pas à l'école parce qu'elle est malade.
3 Le professeur est mécontent car les élèves n'ont pas appris le texte.
4 Puisque tu vas chez le boulanger, achète-moi deux petits pains.
5 Comme elle est toujours gaie elle a beaucoup d'amis.
6 Comme je l'ai vu hier je ne lui téléphone pas aujourd'hui.

12 Répondre à la question en utilisant *damit* ou *um ... zu*. ***

1 Wozu nimmt er ein Taxi ?
(sein Vater soll am Bahnhof nicht zu lange warten)
2 Wozu geht Britta ins Theater ?
(sie will Karten besorgen)
3 Wozu heizen Sie das Haus schon im September ?
(es soll im Winter nicht zu kalt sein)
4 Wozu kauft Frau Schatz ihrem Sohn eine Uhr ?
(er soll nicht mehr zu spät kommen)
5 Wozu kamen 1970 viele Türken nach Deutschland ?
(sie wollten Arbeit finden)
6 Wozu muß er aufhören zu schreien ?
(sein Vater kann sich eine Reportage ansehen)
7 Wozu hat die Polizei die Straße gesperrt ?
(die Leute können ruhig radfahren)

8 Wozu beeilt sich Verena ?
(Sie will zum Grillfest gehen)

indice *Quand le sujet de la principale est différent de celui de la subordonnée, on ne peut pas utiliser ...*

13 Relier par *obwohl*. ***

1 Mark hockt vor dem Bildschirm ; seine Eltern haben es ihm doch verboten.
2 Er fährt schnell ; die Straße ist doch glatt.
3 Vati geht zur Arbeit ; er hat doch Grippe.
4 Die Luft ist verschmutzt ; die Pariser wollen doch immer noch mit ihrem Wagen fahren.
5 Er raucht ; er hat doch Halsschmerzen.

14 Relier les deux propositions par *so ... daß*. ***

1 Er darf nicht aufstehen. So krank ist er.
2 Sebastian geht nicht mehr in die Disco. So viel Arbeit hat er.
3 Sie weinte die ganze Zeit. So traurig war sie.
4 Viele Menschen hatten Gesundheitsprobleme. So heiß war es.
5 Sie hat den Braten im Ofen vergessen. So spannend war der Film.

15 Compléter à l'aide d'une expression de la liste au temps voulu : ***

es ist seine Muttersprache /– er hat ihn nicht gesehen / – er hat nicht gehört / – er hat 1 Million Mark gewonnen / – es ist krank.

1 Er gibt keine Antwort, als ob ...
2 Er spricht so gut Englisch, als ob ...
3 Das Kind zittert, als ob ...
4 Mark geht an dem Lehrer vorbei, als ob ...
5 Er freut sich so sehr, als ob ...

16 Comment dire ? ***

a) Utiliser *als ob*.

1 Il fait comme s'il ne m'avait pas vu.
2 Elle s'occupe de lui comme si c'était son fils.
3 Andreas est pâle comme s'il était malade.
4 Il fait (*tun*) comme si le film lui avait plu.

5 Stéphanie rougit (*rot werden*) comme si elle ne connaissait pas la réponse.

b) Reprendre chacune des phrases obtenues ci-dessus en sous-entendant *ob*.

17 Traduire en utilisant *je ... um so/desto*. ***

1 Plus il pleut plus le jardin est vert.
2 Plus ils allaient loin plus ils étaient contents.
3 Plus on roule vite plus on consomme d'essence (*Benzin verbrauchen*).
4 Plus il travaille plus son professeur est content (*sich freuen*).
5 Moins tu travailles moins tu as de chances (*die Chance(n)*) d'avoir le Bac.

indice *La proposition commençant par* je *est la subordonnée.*
Donc, attention à la place du verbe !
Pour dire « moins ... moins », on utilise ...

CONJONCTIONS DE SUBORDINATION (1)

DAß ET OB : SUBORDONNÉE COMPLÉTIVE

- ***daß*** : *Arnold sagt,* ***daß*** *er zu viel Arbeit* ***hat***
  Arnold dit **qu'**il a trop de travail.

Daß peut être sous-entendu après les verbes exprimant l'opinion : ***sagen, denken, meinen, glauben, erzählen, hoffen***... Le verbe est alors en 2ᵉ position :

Arnold sagt, er ***hat*** *zu viel Arbeit.*

- ***ob*** *Er möchte wissen,* ***ob*** *Astrid in die Disco* ***geht***
  Il voudrait savoir **si** Astrid va à la discothèque.

☛ *Ob* introduit une interrogation indirecte.

WEIL ET DA : SUBORDONNÉE DE CAUSE

- ***weil*** : *Er kauft keinen Walkman,* ***weil*** *er kein Geld* ***hat***
  Il n'achète pas de walkman **parce qu'**il n'a pas d'argent.
- ***da*** : ***Da*** *sie Ferien* ***hat****, kann sie lange schlafen.*
  Puisque/Comme elle est en vacances, elle peut faire la grasse matinée.

WENN : SUBORDONNÉE DE CAUSE

wenn + indicatif = condition réalisable
*Wenn du **willst**, kann ich dich begleiten.*
Si tu **veux**, je peux t'accompagner.

wenn + subjonctif II = condition irréalisable
*Wenn ich Zeit **hätte**, könnte ich dich begleiten.*
Si j'**avais** le temps, je pourrais t'accompagner.

SO ...DAß : SUBORDONNÉE DE CONSÉQUENCE

*Er ist **so** krank, daß er nicht aufstehen kann.*
Il est **tellement** malade **qu**'il ne peut pas se lever.

OBWOHL, OBGLEICH, OBSCHON : SUBORDONNÉE DE CONCESSION

*Mutti geht ins Büro, **obwohl** sie krank **ist**.*
Maman va travailler **bien** qu'elle soit malade;

☛ *Obwohl* est suivi de l'indicatif.

DAMIT : SUBORDONNÉE DE BUT

*Sprich lauter, **damit** Opa dich **hört**.*
Parle plus fort **pour que** grand-père t'entende.

☛ *Damit* est toujours suivi de l'indicatif.

INDEM : SUBORDONNÉE DE MOYEN

*Er verdient Geld, **indem** er samstags babysitten **geht**.*
Il gagne de l'argent **en faisant** du baby-sitting le samedi.

JE ... DESTO ET ALS OB : SUBORDONNÉE DE COMPARAISON

- *je ... desto/um so :*

*Je mehr er arbeitet, **desto** besser werden seine Noten.*
Plus il travaille **plus** il a de bonnes notes.

Je et *desto* sont suivis d'un comparatif de supériorité.

- *als ob :* *Er zittert, **als** ob er krank **wäre**.*
  Il tremble **comme** s'il était malade.

Als ob est suivi du subjonctif II.

Ob peut être sous-entendu. Dans ce cas, *als* est directement suivi du verbe :
*Er zittert, **als wäre** er krank.*

26 conjonctions de subordination (2)

1 Répondre selon le modèle : *

Wann kommst du zu uns ? *(fertig sein)*
→ Wenn ich fertig bin, komme ich zu euch.

1 Wann rufst du Steffi an ? *(nach Hause kommen)*
2 Wann fährst du nach Italien ? *(Ferien haben)*
3 Wann gehst du ins Konzert ? *(Karten bekommen)*
4 Wann kaufst du deine Schuhe ? *(in die Stadt gehen)*
5 Wann rufst du Markus an ? *(mit der Arbeit fertig sein)*

2 Relier les phrases par *als* ou *wenn* : *

1 Ich ging gestern ins Bett ; er saß noch vor dem Bildschirm.
2 Carolin war an der Haltestelle ; sie traf Britta.
3 Gregor wollte in den Zug einsteigen ; er wurde zurückgestoßen.
4 Wir schreiben eine Klassenarbeit ; wir dürfen kein Wort sagen.
5 Samuel fand endlich eine Stelle ; wir feierten die ganze Nacht.

indice On *utilise* als *lorsqu'il s'agit d'un fait unique dans le passé.*

3 Compléter avec *wenn* ou *wann*. *

1 ... Samir in der Mathe-Stunde war, hatte er immer Angst.
2 Können Sie mir sagen, ... der nächste Zug fährt ?
3 Ich weiß noch nicht, ... ich zurückkommen werde.
4 ... willst du uns besuchen ? – Nächste Woche ?
5 ... wurde die Mauer geöffnet ?

4 Compléter avec *wenn*, *wann* ou *als*. **

1 ... Herr Kaminski seinen Bungalow kaufte, hatte er noch keine Kinder.
2 ... man einen Computer kauft, bekommt man ein Jahr Garantie.
3 ... er sich umdrehte, bemerkte er nichts.
4 Ich möchte gern wissen, ... die Vorstellung beginnen wird.
5 Mein Vater war erst 10 Jahre alt, ... der Krieg ausbrach.

5 Relier ces phrases avec 1) *bevor* ; 2) *nachdem*. ***

Attention à respecter la chronologie des événements.

1 Er schloß die Garagentür ab, dann fuhr er weg.
2 Miriam schrieb ein paar Glückwunschkarten, dann fuhr sie ins Siebengebirge.
3 Clemens repariert sein Rad, dann fährt er zum Tennisclub.
4 Max ruft Katja an, nachher macht er sich an die Arbeit.
5 Das Drehbuch für den Film wird geschrieben, dann sucht der Regisseur einen Produzenten.

6 Compléter par *bevor*, *vorher* ou *vor* : ***

1 Du kannst auf den Knopf drücken, aber ... mußt du die Waschmaschine anschließen.
2 ... er ins Kino geht, kauft er das Programm.
3 ... dem Essen holte er etwas zu trinken aus dem Keller.
4 Sie muß noch ihren Mantel in die Reinigung bringen, ... sie zum Bäcker geht.
5 Sie will Kinderärztin werden, aber ... muß sie noch lange studieren.

7 Compléter par : *nachdem*, *nachher* ou *nach* : *

1 Sie geht schlafen, ... sie die ganze Hausarbeit gemacht hat.
2 ... er sich das Cover angeschaut hatte, kaufte er die CD.
3 Er lernt noch schnell ein paar Vokabeln und ... packt er seine Schultasche.
4 ... der Schule treffen sich Alexander und Sebastian im Internet Café.
5 ... sie ihren ersten Comicroman geschrieben hatte, wurde sie schnell berühmt.

8 Comment dire ? *

1 Après avoir étudié le français à Paris il retourna à Francfort.
2 Je joue au foot à 6 h mais avant je dois finir mon travail.
3 Avant l'ouverture (*die Öffnung*) du mur il était difficile de circuler entre Berlin-Ouest et Berlin-Est.
4 Le dimanche matin il va faire son jogging (*joggen gehen*) et après il prend une douche chaude.
5 Elle est allée à Berlin après avoir passé le bac (*Abitur machen*).

9 Compléter par *seit / bis / sobald / solange / während* : ***

1 Ich bleibe da ... du zurückkommst.
2 ... ich meine Prüfung bestanden habe, suche ich mir einen Job im Ausland.
3 Miriam bleibt bei der Oma, ... der Opa im Krankenhaus ist.
4 Du kannst doch nicht fernsehen, ... du deine Hausarbeit machst.
5 ... Frau Schmitter Diät macht, hat sie 5 kg abgenommen.

CONJONCTIONS DE SUBORDINATION DE TEMPS

WENN (QUAND, LORSQUE) : FAIT PRÉSENT, FUTUR OU RÉPÉTÉ DANS LE PASSÉ

Wenn er in die Stadt geht, ißt er in der Pizzeria.
Quand il va en ville, il mange à la pizzeria.

ALS (QUAND, LORSQUE) : FAIT UNIQUE DANS LE PASSÉ

Als wir in Frankfurt ankamen, regnete es.
Quand nous sommes arrivés à Francfort, il pleuvait.

BEVOR, EHE (AVANT DE)

Bevor er weggeht, schließt er die Tür.
Avant de partir, il ferme la porte.

☛ *Bevor* est toujours suivi d'un sujet + verbe conjugué.

NACHDEM (APRÈS QUE)

Nachdem sie gefrühstückt hat, geht sie weg.
Après avoir pris son petit déjeuner, elle s'en va.

☛ Le verbe de la subordonnée doit marquer l'antériorité par rapport au verbe de la principale :

principale	subordonnée
présent	parfait
parfait	plus-que-parfait

WÄHREND (PENDANT QUE)

Während Katrin arbeitet, sieht ihr Vater fern.
Pendant que Katrin travaille, son père regarde la télé.

SEIT, SEITDEM (DEPUIS)

Seitdem er in Deutschland wohnt, spricht er sehr gut Deutsch.
Depuis qu'il habite en Allemagne, il parle très bien l'allemand.

BIS (JUSQU'À CE QUE)

Bleib hier, ***bis*** *wir zurück sind.*
Reste ici **jusqu'à ce que** nous soyons de retour.

SOBALD (DÈS QUE)

Ich rufe dich an, ***sobald*** *ich in München ankomme.*
Je t'appelle **dès que** j'arrive à Munich.

SOLANGE (TANT QUE, AUSSI LONGTEMPS QUE)

Sie arbeitet nicht, ***solange*** *ihr Sohn krank ist.*
Elle ne travaille pas **tant que** son fils est malade.

27 le discours indirect le subjonctif I

1 Mettre les verbes indiqués au subjonctif I présent : ***

1 er spielt
2 er sagt
3 er hat
4 sie arbeitet
5 es beginnt
6 du bist
7 du gehst
8 du hast
9 wir sind
10 ich bin

2 Mettre au discours indirect ; utiliser le subjonctif. ***

1 Agnes sagt : „Der Film ist super."
2 Katrin sagt : „Mama hat Grippe."
3 Vati meint : „Petra will zu Hause bleiben."
4 Steffi sagte : „Der Bus fährt in 5 Minuten."
5 Der Babysitter hat gesagt : „Ich kümmere mich um die Kinder."

indice *Le temps du verbe de la principale a-t-il une influence sur le temps du verbe de la subordonnée ?*

3 Rapporter les paroles de M. Bergholz sans prendre la responsabilité des faits que vous rapportez : ***

Herr Bergholz hat mir erzählt :

1 „Ich will ein neues Haus kaufen. **2** Es liegt in der Fußgängerzone. **3** Es gehört alten Leuten. **4** Es kostet nicht viel Geld. **5** Es ist ein Zweifamilienhaus. **6** Es hat 5 Zimmer. **7** Es gefällt meiner Frau. **8** Ich will es morgen besichtigen. **9** Meine Kinder sind begeistert. **10** Im Garten steht ein schöner Brunnen."

4 Mettre au discours indirect : ***

Er fragte mich :

1 „Wie heißt du ?"
2 „Wo wohnst du ?"
3 „Wie alt bist du ?"
4 „Woher kommst du ?"
5 „Hast du viel Arbeit ?"
6 „Bist du damit fertig ?"
7 „Freust du dich auf die nächsten Ferien ?"
8 „Wohin fährst du ?"
9 „Wie lange bleibst du in Deutschland ?"
10 „Kommt deine Schwester mit ?"

indice *L'interrogative indirecte est introduite par ... ou par un mot interrogatif.*

5 Mettre au discours indirect (subjonctif I) sans *daß* : ***

Attention aux changements de personnes, pronoms personnels et adjectifs possessifs.

1 Jennifer sagte mir : „Ich bin müde.
2 Meine Mutter ist krank.
3 Ich muß ihr im Haushalt helfen.
4 Es fällt mir schwer, meine Schularbeiten zu machen.
5 Mein Vater macht gerade eine Geschäftsreise."
6 Ich antwortete ihr : „Du mußt viel Mut haben.
7 Es wird sicher bald besser gehen.
8 Ich kann dir beim Einkaufen helfen.
9 Für mich ist es kein Problem.
10 Ich habe zur Zeit wenig Arbeit."

6 Mettre au discours indirect : ***

Hilke erzählt :

1 Gestern bin ich im Eisstadion gewesen. **2** Ich bin den ganzen Nachmittag Schlittschuh gelaufen. **3** Ich war totmüde. **4** Meine Eltern haben mich abgeholt. **5** Wir haben bei Freunden zu Abend gegessen. **6** Ich bin dann spät ins Bett gegangen. **7** Heute morgen konnte ich nicht aufstehen, obwohl meine Mutter mich dreimal rief. **8** Ich mußte dann eine Viertelstunde auf den Bus warten. **9** Freundinnen von mir sind auch zu spät ins Gymnasium gekommen. **10** Bis zur Mathestunde haben wir vierzig Minuten vor der Schule gestanden.

indice *Quand les formes du subjonctif I se confondent avec celles de l'indicatif, on utilise les formes correspondantes du ...*

7 Mettre au discours direct : ***

Ich habe gelesen :

1 der französische Präsident sei gestern in Berlin angekommen. **2** Er habe den Bundeskanzler getroffen. **3** Sie hätten eine Stunde zusammen gesprochen. **4** Dann habe der Bundeskanzler eine Rede gehalten. **5** Er habe gesagt, das Eurogeld werde nicht schlechter sein als die D-Mark. **6** Die Bürger sollten keine Angst haben. **7** Kein Deutscher müsse sich Sorgen machen. **8** Die Chancen für die Zukunft seien sehr groß. **9** Er werde alles tun, um gegen die Arbeitslosigkeit zu kämpfen. **10** Er wolle jedem wieder Mut geben.

DISCOURS INDIRECT. LE SUBJONCTIF I

LE DISCOURS INDIRECT

Il sert à rapporter les paroles de quelqu'un ou une information entendue :

*Er sagt : « Deutsch ist schwer ». Er sagt, daß Deutsch schwer **ist.*** (1)
*Er sagt, daß Deutsch schwer **sei.*** (2)

• On utilise l'indicatif lorsque celui qui rapporte les paroles croit à ce qu'il dit (exemple 1) et le subjonctif I lorsqu'il reste neutre et ne prend pas la responsabilité des paroles rapportées (exemple 2).

☛ Le subjonctif I est surtout utilisé dans la langue écrite, notamment dans la presse :
*Man sagt, er **sei** heute in Tokio angekommen.*
On dit qu'il serait arrivé aujourd'hui à Tokio.
(information non confirmée)

☛ ***Daß*** est souvent omis : *Er sagt, Deutsch sei schwer.*

CONCORDANCE DES TEMPS AVEC LE SUBJONCTIF I

Discours direct	Discours indirect
– indicatif présent	– subjonctif I présent
Er sagt : « Ich komme ».	*Er sagt, daß er* ***komme****.*
– prétérit, parfait, plus-que-parfait	– subjonctif I passé
Er sagt : « Ich kam ». *Er sagt : « Ich bin gekommen ».* *Er sagt : « Ich war gekommen ».*	*Er sagt, daß er* ***gekommen sei****.*
– futur	– subjonctif I futur
Er sagt : « Ich werde kommen ».	*Er sagt, daß er* ***kommen werde****.*

FORMATION DU SUBJONCTIF I

radical de l'infinitif + ***-e*****,** ***-est*****,** ***-e*****,** ***-en*****,** ***-et*****,** ***-en*****.**

geben

Présent	Passé	Futur
ich gebe	ich habe gegeben	ich werde geben
du geb**est**	du hab**est** gegeben	du werd**est** geben
er geb**e**	er hab**e** gegeben	er werd**e** geben
wir geben	wir haben gegeben	wir werden geben
ihr geb**et**	ihr hab**et** gegeben	ihr werd**et** geben
sie geben	sie haben gegeben	sie werden geben

☛ La 1re personne du singulier et les 1re et 3e personnes du pluriel ont les mêmes formes que l'indicatif présent. On les remplace par les formes du subjonctif I pour éviter les confusions (*ich* ***gäbe****, wir/sie* ***gäben*** *; ich* ***hätte*** *gegeben, wir/sie* ***hätten*** *gegeben ; ich* ***würde*** *geben, wir/sie* ***würden*** *geben*).

Verbe irrégulier : **sein**

ich ***sei***	*wir* ***seien***
du ***sei(e)st***	*ihr* ***seiet***
er ***sei***	*sie* ***seien***

28 le subjonctif II

1 Transformer selon le modèle : *

Er hat seine Ruhe → Er hätte seine Ruhe.

1 Ich habe eine Frage.
2 Es ist nett.
3 Es kann interessant sein.
4 Geld muß man haben.
5 Sie müssen ruhig bleiben.
6 Du kannst mich anrufen.
7 Du sollst dich beeilen.
8 Ich freue mich sehr.
9 Ihr könnt öfter schreiben.
10 Wir sind zufrieden.

indice *Les verbes de modalité ainsi que* sein, haben *et* werden *ont une forme propre au subjonctif II. Les verbes faibles se conjuguent avec ... + infinitif.*

2 Formuler des questions selon le modèle : *

Kannst du mir eine Postkarte schicken ?
→ Könntest du mir eine Postkarte schicken ?

1 Können Sie mir eine Auskunft geben ?
2 Kann ich Alex sprechen ?
3 Haben Sie ein Buch über Österreich ?
4 Sind Sie so nett ?
5 Helfen Sie mir ?
6 Ist es kein Problem ?
7 Entschuldigen Sie mich ?
8 Machst du das ?
9 Kannst du anrufen ?
10 Hast du Zeit für mich ?

3 Traduire les phrases obtenues dans l'exercice ci-dessus. *

4 Exprimer un souhait. *

Ich habe keine Zeit.
→ Hätte ich doch Zeit ! → Wenn ich doch Zeit hätte !

1 Er hat keine Arbeit.
2 Ich kann nicht kommen.
3 Sie ist krank.
4 Wir haben nicht genug Geld.

5 Ich kann nicht so richtig schlafen.
6 Er hat Probleme.
7 Das Wetter ist nicht schön.
8 Ich bin immer hungrig.
9 Ich darf nicht rauchen.
10 Es ist so teuer.

indice *Attention à la négation : respecter le sens de la phrase !*

5 Exprimer le regret. **

Er ist zu spät gekommen.
→ Wäre er doch nicht zu spät gekommen !
→ Wenn er doch nicht zu spät gekommen wäre !

1 Ich habe das nicht gewußt.
2 Du bist nach Zürich gefahren.
3 Er hat uns nicht gefragt.
4 Sie ist nicht zu Hause geblieben.
5 Sie haben meinen Brief nicht bekommen.

6 Comment dire (alterner les phrases avec *wenn* et sans *wenn*). ***

1 Ah, s'il faisait beau.
2 Ah, si j'avais de l'argent.
3 Ah, si nous pouvions faire un voyage en Italie !
4 Ah, si c'était le dernier jour d'école !
5 Ah, si j'avais su !
6 Ah, si mon père n'était pas au chômage !
7 Ah, si j'avais économisé mon argent de poche !
8 Ah, si j'avais pu gagner au Loto !
9 Ah, si j'avais eu une bonne note !
10 Ah, s'il avait réservé plus tôt !

7 Compléter selon le modèle : ***

Du solltest arbeiten. (Geld haben).
→ Du solltest arbeiten, dann hättest du Geld.

1 Du solltest arbeiten. (*zufrieden sein*)
2 Du solltest fleißig sein. (*eine gute Note haben*)
3 Du solltest einen Wagen kaufen. (*uns besuchen*)
4 Du solltest den Arzt rufen. (*es besser gehen*)

5 Du solltest jeden Tag joggen. (*abnehmen*)
6 Du solltest diese Arbeit fertigmachen. (*sich ausruhen können*)
7 Du solltest Geld sparen. (*einen Kassetenrecorder kaufen können*)
8 Du solltest Japanisch lernen. (*in Tokio eine Stelle finden*)
9 Du solltest deinen Wagen reparieren lassen. (*es verkaufen können*)
10 Du solltest einen Fotoapparat kaufen. (*schönere Bilder machen*).

8 Comment dire ? ***

1 Moi à ta place, je partirais en vacances.
2 Moi à leur place, je n'irais pas en ville aujourd'hui.
3 Moi à votre (vouvoiement) place, je ne prendrais pas ma voiture.
4 Moi à la place de Christel, je mangerais tous les jours.
5 Moi à ta place, j'irais chez le médecin.

9 Transformer les phrases selon le modèle : ***

Er hat keine Zeit. Er zeichnet nicht.
→ **a)** Wenn er Zeit hätte, würde er zeichnen.
b) Hätte er Zeit, *dann* würde er zeichnen.

1 Tobias ist faul. Er lernt keine Vokabeln.
2 Ich habe kein Geld. Ich kaufe keinen Videorecorder.
3 Max ist nicht müde. Er geht nicht ins Bett.
4 Wir haben keine Ferientage. Wir fahren nicht aufs Land.
5 Ich kann nicht kommen. Ich bringe dir die Bücher nicht.

10 Répondre en utilisant les éléments entre parenthèses. ***

a) Conditions au présent :

1 Was würdest du tun, wenn dein Vater wieder Arbeit hätte ?
(*sich eine Reise nach Kanada leisten*)
2 Was würdest du tun, wenn du jeden Abend allein zu Hause wärest ?
(*viele Partys geben*)
3 Was würdest du tun, wenn du 25 Jahre alt wärest ?
(*eine Mode-Boutique aufmachen*)
4 Was würdest du tun, wenn du nicht versetzt würdest ?
(*nicht wagen, nach Hause zu kommen*)
5 Was würdest du tun, wenn du Ferien hättest ?
(*nach Rom fliegen*)

b) Conditions au passé :

6 Was hättest du gemacht, wenn du keinen Job gefunden hättest ? (*im Sommer zu Hause bleiben*)

7 Was hättest du gemacht, wenn dein Vater arbeitslos geworden wäre ? (*jedes Wochenende jobben*)

8 Was hättest du gemacht, wenn du deinen Koffer verloren hättest ? (*zur Polizei gehen*)

9 Was hättest du gemacht, wenn du dich in der Stadt verlaufen hättest ? (*einen Stadtplan kaufen*)

10 Was hättest du gemacht, wenn du mit deinen Eltern Probleme hättest ? (*mit Freunden darüber reden*)

11 Mettre les phrases suivantes au passé du subjonctif II : ***

1 Wenn er nicht tüchtig wäre, bekäme er schlechte Noten.

2 Wenn Jan nicht so aggressiv wäre, hätte er mehr Freunde.

3 Wenn Philipp nach Deutschland führe, würde er schnell Deutsch lernen.

4 Wenn er besser aufpaßte, wäre er besser in der Schule.

5 Wenn Frauke aufmerksam wäre, würde sie es schaffen.

12 Mettre au passé du subjonctif II : ***

1 Wenn Astrid zuhören wollte, würde sie alles verstehen.

2 Wenn er kommen könnte, gingen wir ins Kino.

3 Wenn die Kinder auf dem Rasen spielen dürften, würden sie sich freuen.

4 Wenn ich nicht so lange warten müßte, würde ich einkaufen gehen.

5 Wenn es länger dauern sollte, würde ich es Ihnen sagen.

13 Reprendre les cinq réponses ci-dessus en sous-entendant *wenn*. ***

indice *Dans le cas d'un double infinitif dans la subordonnée,* haben *se place avant le double infinitif.*

14 Compléter selon le modèle. ***

Sie ist nicht reich ; aber sie tut, **als ob sie reich wäre.**

1 Er ist kein Milliardär ; aber er lebt, …

2 Sie haben wenig Geld ; aber sie tun, …

3 Der Mann ist kein Deutscher ; aber er spricht, ...
4 Dieser Junge spielt Fußball wie ein Profi ; er spielt Fußball, ...
5 Sie sieht aus wie ein Mannequin ; sie sieht aus, ...

15 Comment dire ? ***

1 Elle entendit du bruit comme si quelqu'un montait l'escalier.
2 Ah, si je pouvais partir à l'étranger (*das Ausland*).
3 Pourrais-je vous poser une question ?
4 Si j'avais su, je n'aurais rien dit.
5 Ce serait agréable s'il faisait beau.
6 Si tu avais pu faire les courses (*einkaufen*) je serais allée à la piscine.
7 Sans lui elle ne pourrait pas vivre.
8 Ne fais pas comme si tu ne m'avais pas entendu.
9 Il n'a pas beaucoup d'argent sinon (*sonst*) il lui (*ihr*) aurait acheté des fleurs.
10 Tu aurais dû partir plus tôt.

LE SUBJONCTIF II

FORMATION

Formes du présent

Le subjonctif II a deux formes :

• une forme simple : radical du prétérit (avec inflexion pour les verbes forts, les trois auxiliaires ***sein, haben, werden*** et les verbes de modalité, sauf ***wollen*** et ***sollen***) + terminaisons du subjonctif I :
kaufen : ich ***kaufte*** *sehen : ich* ***sähe*** *können : ich* ***könnte***

• une forme composée : ***würden*** + infinitif :
ich ***würde kaufen*** *ich* ***würde sehen***

Pour les verbes faibles, on utilise surtout la forme avec ***würden***, pour éviter les confusions avec le prétérit (les formes étant identiques).

Pour les verbes forts on peut utiliser les deux formes – la forme avec ***würden*** est de plus en plus souvent utilisée.

Pour les verbes de modalité et les trois auxiliaires ***sein, haben, werden***, on n'utilise que la forme simple.

Formes du passé

haben ou ***sein*** au subjonctif 2 + participe passé :
lernen : ich ***hätte*** *gelernt* *gehen : ich* ***wäre*** *gegangen*

EMPLOIS

• **Expression de l'irréel, de l'hypothétique :**
Es ***wäre*** *schön.* Ce **serait** bien.
Du ***könntest*** *den Bus nehmen.* Tu **pourrais** prendre le bus.

• **Expression d'une condition irréalisable, d'un souhait, d'un regret :**
Wenn *ich Zeit* ***hätte, würde*** *ich Italienisch* ***lernen.***
Si j'avais le temps, **j'apprendrais** l'italien.
Wenn *er doch nicht krank* ***wäre*** *!*
Si seulement il n'était pas malade !
Wenn *ich Zeit* ***gehabt hätte*** *!*
Si j'avais eu le temps !

La subordonnée peut se construire sans ***wenn*** :
Hätte *ich Zeit, so / dann würde ich Italienisch lernen.*

• **Une demande polie**

Ich ***möchte*** *eine Cola.*	*Ich* ***hätte*** *gern eine Limo.*
Je *voudrais* un coca.	J'*aimerais* avoir une limonade.

29 verbes + préposition + accusatif

1 Ajouter la préposition manquante : **

1 Er denkt nur ... die Ferien.
2 Petra wartet ... den Zug.
3 Interessiert er sich ... Sport ?
4 Die Eltern erinnern sich ... ihre Jugend.
5 Gewöhnst du dich ... die englische Küche ?
6 Katrin freut sich ... den Brief.
7 Er hat sich ... ein blondes Mädchen verliebt.
8 Verena schreibt ... ihre französische Korrespondentin.
9 Der Babysitter muß sich ... die Kinder kümmern.
10 Warum lachst du ... ihn ?

2 Ajouter la préposition manquante : **

1 Hast du ... seinen Brief geantwortet ?
2 Ich kümmere mich ... das Essen.
3 Ich beneide dich ... deinen schönen Garten.
4 Agnes bereitet sich ... das Examen vor.
5 Kann ich Sie ... Feuer bitten ?
6 Es handelt sich ... ein Märchen von Grimm.
7 Die Politiker kämpfen ... die steigende Arbeitslosigkeit.
8 Wir hoffen ... bessere Zeiten.
9 Ich danke dir ... deinen netten Brief.
10 Wende dich ... eine Verkäuferin !

3 Quelle question correspond à chacune des réponses suivantes ? ***

1 Für Musik.
2 An die deutsche Küche.
3 Auf den Bus.
4 Um das Essen.
5 Auf meine Frage.
6 Gegen die Arbeitslosigkeit.

7 Über den Lärm.
8 An die letzen Ferien.
9 Über das Geschenk.
10 Über einen Witz.

indice ***On** utilise le pronom interrogatif adverbial composé dans le cas où le complément est précédé d'une préposition. Ceci n'est possible que pour les choses.*

4 Quelle question correspond à chacune des réponses suivantes ? ***

1 Um die Kinder.
2 Auf meine Freunde.
3 An den Verkäufer.
4 Über seinen faulen Sohn.
5 In ein nettes Mädchen.
6 Für klassische Musik.
7 An seinen alten Freund.
8 Um einen berühmten Maler.
9 An ihre Eltern.
10 An Gott.

5 Quelle question correspond à chacune des réponses suivantes ? ***

1 Fürs Fotografieren.
2 An den Portier.
3 Auf dem Abitur.
4 Über das wunderschöne Wetter.
5 Auf deine Gesundheit.
6 Auf die nächsten Ferien.
7 An seinen Onkel.
8 Für einen intelligenten Mann.
9 Um einen großen Politiker.
10 Über das schlechte Wetter.

6 Répondre selon le modèle : ***

a) *Denkst du an das Essen ? → Ja, ich denke* **daran**.

1 Erinnerst du dich an deine Kindheit ?
2 Interessierst du dich für Physik ?
3 Bereitest du dich aufs Examen vor ?
4 Diskutieren Sie über den letzten Film von Wim Wenders ?
5 Kämpfen Sie gegen die Umweltverschmutzung ?

b) *Kümmert er sich um die Kinder ? → Ja, er kümmert sich* **um sie**.

6 Ärgert er sich über seine Tochter ?
7 Handelt es sich um Thomas Gottschalk ?
8 Hat sie sich in Arnold verliebt ?
9 Schreibst du an deine Oma ?
10 Hast du lange auf Flora gewartet ?

7 Comment dire ? ***

1 A quoi penses-tu ?
2 Qui attends-tu ?
3 A qui s'intéresse-t-il ?
4 De qui te moques-tu ?
5 De quoi s'agit-il ?
6 Les enfants ? Oui, je m'en occupe.
7 Le Bac ? Oui, je m'y prépare.
8 Les vacances ? Oui, j'y pense.
9 Le climat ? Oui, je m'y habitue.
10 Thomas ? Oui, il s'agit de lui.

8 Comment dire ? ***

1 J'attends que tu me téléphones.
2 Est-ce que tu te rappelles que tu dois aller à la poste ?
3 Elle s'étonne que les élèves allemands n'aient (utiliser l'indicatif) pas d'école l'après-midi.
4 Je me réjouis que ce film ait (indicatif) du succès.
5 Je me rappelle qu'il m'a téléphoné la semaine dernière.

VERBES SUIVIS D'UNE PRÉPOSITION + ACCUSATIF

Certains verbes introduisent leur complément par une préposition suivie de l'accusatif :
Ich denke an die Ferien.
Sie wartet auf den Bus.

an
denken (penser à)
(sich) *erinnern* (se rappeler)
sich gewöhnen (s'habituer à)
glauben (croire à)
schreiben (écrire à)
senden (envoyer à)
sich wenden (s'adresser à)

auf
antworten (répondre à)
aufpassen (faire attention à)
sich freuen (se réjouir de, à l'avance)
hoffen (espérer en)
reagieren (réagir à)
trinken (trinquer à)
sich verlassen (se fier à)
verzichten (renoncer à)
sich vorbereiten (se préparer à)
warten (attendre)

für
sich bedanken (remercier pour)
sich begeistern (s'enthousiasmer pour)
danken (remercier)
halten (tenir pour)
sich interessieren (s'intéresser à)
sorgen (prendre soin de)

gegen
kämpfen (lutter contre)

in
übersetzen (traduire en)
sich verlieben (tomber amoureux de)

um
sich kümmern (s'occuper de)
beneiden (envier)
bitten (prier de)
sich handeln (s'agir de)

über
sich ärgern (se fâcher contre)
sich aufregen (s'irriter de)
sich beklagen (se plaindre de)
diskutieren (discuter de)
sich freuen (se réjouir de)
herrschen (régner sur)
klagen (se plaindre de)
lachen (rire de)
sich lustig machen (se moquer de)
nachdenken (réfléchir à)
sprechen (parler de)
staunen (s'étonner de)
sich wundern (s'étonner de)

INTERROGATIFS ET DÉMONSTRATIFS ADVERBIAUX WO-, DA-

Woran denkst du ? – *An* die Ferien ?

Ja, ich denke ***daran***. Oui, j'y pense

Le pronom ***was*** ne peut pas être introduit par une préposition. Il faut employer le pronom interrogatif composé.
Wo + préposition (ou ***wor-*** devant une voyelle)

Le démonstratif composé remplace le complément prépositionnel :
Da + préposition (ou ***dar-*** devant une voyelle)

Pour les personnes, on ne peut pas employer les interrogatifs et démonstratifs adverbiaux. On utilise la préposition suivie du pronom personnel.
An wen *denkst du ? –* ***An*** *deine Freundin ?*
– Ja, ich denke ***an sie****.*

Ich warte ***auf*** *dich.*
Ich warte ***darauf****, daß du zurückkommst.*

30 verbes + préposition + datif

1 Ajouter la préposition manquante : **

1. Wir sind um 7 Uhr … der Stadt angekommen.
2. Man vergleicht ihn … Beethoven.
3. Ich lade dich … meinem Geburtstag ein.
4. Sie verdient kein Geld und hängt noch … ihren Eltern ab.
5. Er träumt … einem Bungalow am Waldrand.
6. Man erkennt ihn … seiner komischen Frisur.
7. Die Wohnung besteht … drei Zimmern.
8. Alle Freunde haben … der Fete teilgenommen.
9. Er hat mir … seiner Radtour am Rhein erzählt.
10. Ich gratuliere dir … deinem Geburtstag.

2 Traduire les phrases ci-dessus. ***

3 Ajouter la préposition manquante et compléter si nécessaire par la terminaison.

1. Was ist … dein… alten Schulfreund geworden ?
2. Der Fremde fragte mich … d… Weg.
3. Wir haben gestern … dein… Unfall gehört.
4. Ich habe heute morgen … d… Direktor telefoniert.
5. Unsere Reise hängt … Wetter ab.
6. Morgen fangen wir … d… Arbeit an.
7. Die Polizei zweifelt … d… Ehrlichkeit des Mannes.
8. Dieser schwarze Rock paßt … d… weißen Pullover.
9. Er erschrak … d… Hund.
10. Das Kind zitterte … Kälte.

4 Traduire les phrases ci-dessus. ***

5 Compléter les questions et les réponses. ***

1 … schützt er sich ? … der Sonne.
2 … bist du fertig ? … meiner Arbeit.
3 … träumt sie ? … Ferien in Hawai.
4 … haben Sie gesprochen ? … deutschen Musikern.
5 … haben die Kinder teilgenommen ? … der Reportage.
6 … hat man begonnen ? … dem Bau des Stadions.
7 … wurde er verglichen ? … Shakespeare.
8 … hast du ihn erkannt ? … seiner Stimme.
9 … hat er Angst ? … dem Mathelehrer.
10 … hat sie erzählt ? … ihren Verwandten aus Leipzig.

indice *Le démonstratif adverbial ne peut s'utiliser que pour les choses.*

6 Comment dire ? ***

1 Il m'a demandé le chemin de la gare (zum Bahnhof).
2 As-tu déjà entendu parler de Worpswede ?
3 Je suis persuadé de sa bonne volonté.
4 Nous te félicitons pour ton anniversaire.
5 Par quoi commençons-nous ?
6 Il a longtemps rêvé de ce voyage.
7 Nous sommes arrivés à 4 heures dans la vieille ville.
8 Qu'est-il advenu de lui ?
9 De qui parles-tu ?
10 Ce T-Shirt va bien avec ton jean.

VERBES SUIVIS D'UNE PRÉPOSITION + DATIF

Certains verbes introduisent leur complément par une préposition suivie du datif :

an

erkennen (reconnaître à)
teilnehmen (participer à)
zweifeln (douter de)

aus

bestehen (se composer de)
schließen (conclure de)
werden (advenir de)

in

absteigen (descendre dans un hôtel)
ankommen (arriver à)

mit

anfangen (commencer par)
beginnen (commencer par)
fertig sein (avoir fini)
telefonieren (téléphoner à)
vergleichen (comparer à)

nach

fragen (demander, s'enquérir de)
schmecken (avoir le goût de)

von

abhängen (dépendre de)
erzählen (parler de)
hören (entendre parler de)
sprechen (parler de)
träumen (rêver de)
überzeugen (persuader de)

vor

Angst haben (avoir peur de)
erschrecken (avoir peur de)
sich fürchten (avoir peur de, craindre)
schützen (protéger de)
weinen (pleurer de)
zittern (trembler de)

zu

einladen (inviter à)
sich entschließen (se décider à)
gehören (appartenir à)
gratulieren (féliciter pour)
passen (bien aller avec)
zwingen (obliger à)

VERBES SUIVIS D'UN COMPLÉMENT AU DATIF

begegnen (rencontrer)
danken (remercier)
folgen (suivre)
glauben (croire)
gratulieren (féliciter)
helfen (aider)
leid tun (regretter)
sich nähern (s'approcher de)
zuhören (écouter)
zusehen (regarder faire)
zuschauen (regarder faire)

La particule ***zu*** (ainsi que ***bei-, entgegen-, nach-***) entraîne le datif.

Les listes ci-dessus regroupent les verbes les plus courants.

1 - TYPES DE PHRASES, p. 6

1

1 bin. **2** ist. **3** ist. **4** Guten/bin. **5** ist. **6** spielt. **7** spielen. **8** wohne. **9** wohnt. **10** hat.

2

1 Das Foto ist super. **2** Er heißt Thomas. **3** Axel lernt Deutsch. **4** Sein Name ist Tobias. **5** Susanne wohnt in Berlin. **6** Sie spielt Tennis. **7** Frau Sold hat eine Katze. **8** Das ist Sonia.

3

1 Hier ist Katja. **2** Heute is Sonntag. **3** Jetzt essen wir. **4** Hier wohnen Axel und Florian. **5** Da kommt Fritzi. **6** Morgen spiele ich Volley-Ball. **7** Am Abend ist es kalt. **8** « Grüß Gott », sagt Stefan. **9** Im Süden ist das Wetter schön. **10** Am Mittwoch spielen wir mit dem Computer.

4

1 Ist er jung ? **2** Heißt sie Julia ? **3** Hast du Geld ? **4** Kostet es eine Mark ? **5** Ist Berlin groß ? **6** Spricht sie Deutsch ? **7** Zählst du bis 10 ? **8** Ist der Fotograf gut ? **9** Bist du doof ? **10** Müssen wir nach Hause ?

5

1 Wie heißt du ? **2** Was ist los ? **3** Wo wohnst du ? **4** Was kauft Susanne ? **5** Wer geht in die Disco ? **6** Wie alt ist er ? **7** Warum kommst du nicht ? **8** Wer fotografiert die Giraffe ? **9** Wie ist das Wetter ? **10** Wieviel Kinder hat Familie Carsten ?

6

1 Wie alt bist du ? **2** Wie heißt sie ? **3** Was ist das ? **4** Wieviel Uhr ist es ? **5** Wo wohnt ihr ?/Wo wohnen Sie ? **6** Wer kommt da ? **7** Wie ist das Wetter ? **8** Wie ist dein Name ? **9** Was ist das ? **10** Wann kommst du ?/Wer kommt morgen ?

7

1 Wie alt bist du ? **2** Wie heißt du ? **3** Was ist los ? **4** Was kostet es ? **5** Wo wohnst du ? **6** Wieviel Uhr/Wie spät ist es ? **7** Wann kommst du ? **8** Was willst du ? **9** Wer ruft an ? **10** Sprichst du Deutsch ?

8

1 Tobias ist krank und kann nicht kommen. **2** Ingrid ist intelligent, aber sie arbeitet nicht genug. **3** Ich muß jetzt weggehen, denn ich habe wenig Zeit. **4** Du bleibst hier oder du kommst mit ? **5** Axel wird das Abitur schaffen, denn er ist fleißig.

9

1 Die Postleitzahl von Hamburg habe ich leider nicht. **2** Am 3. Oktober 1990 wurde Deutschland vereinigt. **3** Eines Tages erschien ein junger Mann in der Stadt. **4** Weil es eine rote Kappe trug, wurde das Mädchen Rotkäppchen genannt. **5** Am Anfang hat er nichts gesagt. **6** Am ersten Tag haben wir die Altstadt besichtigt. **7** Ganz plötzlich wurde es still in der Klasse. **8** Als wir in Frankfurt ankamen, regnete es. **9** Schon am Anfang wollten die Jungen nicht mitspielen. **10** Wenn das Wetter schön ist, gehe ich gern ins Schwimmbad.

10

1 Guten Tag, ich heiße Karin. **2** Da kommen Agnes und Tobias. **3** Heute spielen wir Tennis. **4** Thomas wohnt in Berlin. **5** Wo wohnst du ? **6** Jetzt sprechen wir deutsch. **7** Am Abend ist es kalt. **8** Wohin gehst du ? **9** Er möchte ein Eis. **10** Was kauft sie ?

11

1 F : Er will eine Katze, aber seine Mutter will nicht. **2** J. **3** F : Julia bleibt im Bett, denn sie ist krank. **4** J. **5** F : Sie kauft den Walkman nicht, denn er ist zu teuer. **6** F : Heute gehen wir ins Schwimmbad. **7** J. **8** F : Ja, ich habe einen Hund. **9** J. **10** F : Nächsten Monat machen wir eine Klassenfahrt.

12

1 Nein, das ist kein Füller. **2** Nein, das ist keine Limonade. **3** Nein, ich mag keine Katzen. **4** Nein, er läuft nicht schenell. **5** Nein, ich will den Walkman nicht. **6** Nein, das ist kein Film mit Silvester Stallone.

7 Nein, er fliegt nicht nach Frankfurt. **8** Nein, er arbeitet nicht bei Volkswagen. **9** Nein, das ist kein Buch für Kinder. **10** Nein, ich finde die Panne nicht.

13

1 Nein, ich bin kein Student. **2** Nein, er geht nicht auf die Universität. **3** Nein, ich habe meinen Vater nicht zum Bahnhof begleitet. **4** Nein, ich kenne diese Leute nicht. **5** Nein, der Zug aus Berlin hat keine Verspätung. **6** Nein, ich habe den Scheck nicht unterschrieben. **7** Nein, die neue Sekretärin gibt sich keine Mühe. **8** Nein, ich habe keine Lust auf eine Radtour. **9** Nein, wir haben keine Theaterkarten bekommen. **10** Nein, ich kann dir keinen Rat geben.

2 - PLACE DU VERBE..., p. 12

1

1 Thomas sagt, daß er Thomas heißt. **2** Thomas sagt, daß er in Berlin wohnt. **3** Thomas sagt, daß er 12 Jahre alt ist. **4** Thomas sagt, daß er zwei Brüder hat. **5** Thomas sagt, daß er gern Volley-Ball spielt. **6** Thomas sagt, daß die Schule supermodern ist. **7** Thomas sagt, daß die Lehrer nett sind. **8** Thomas sagt, daß die Klassenkameraden super sind. **9** Thomas sagt, daß Berlin eine schöne Stadt ist. **10** Thomas sagt, daß er nach Paris fahren möchte.

2

1 Steffi fragt, ob das Foto interessant ist. **2** Steffi fragt, ob er Hunger hat. **3** Steffi fragt, ob Arnold in München wohnt. **4** Steffi fragt, ob Monika einen Job hat. **5** Steffi fragt, ob Alex ein Eis essen möchte. **6** Steffi fragt, ob Omi ein Foto machen will. **7** Steffi fragt, ob Petra blond ist. **8** Steffi fragt, ob die Kinder in die Schule gehen. **9** Steffi fragt, ob Cola dick macht. **10** Steffi fragt, ob Sven surfen kann.

3

1 ob. **2** ob. **3** daß. **4** ob. **5** daß. **6** ob. **7** ob. **8** ob. **9** daß. **10** ob.

4

1 c **2** d **3** e **4** b **5** a

5

1 Ich kann nicht kommen, weil ich Schule habe. **2** Er will Kartoffelsalat, weil er hungrig ist. **3** Stefan hört das Telefon nicht, weil er seinen Walkman hat. **4** Die Eltern kommen mit, weil sie Zeit haben. **5** Sie finden den Hund nicht, weil er im Garten ist.

6

1 Stefanie sagt, sie spielt gern Federball. **2** Die Eltern meinen, wir sehen zu viel fern. **3** Sie finden, das Foto ist klasse. **4** Ich denke, wir müssen sofort in die Schule gehen. **5** Die Lehrerin weiß, das Mädchen kann noch nicht lesen.

7

1 Er sagt, daß er ein guter Tennisspieler ist. **2** Steffi hofft, daß sie Computerspiele machen darf. **3** Die Verkäuferin findet, daß der Mantel zu kurz ist. **5** Sein Freund denkt, daß er schon weggegangen ist.

8

1 Der Vater fragt, wer Computerspiele macht. **2** Der Vater fragt, wo Oliver wohnt. **3** Der Vater fragt, wann Max nach Hause kommt. **4** Der Vater fragt, wen Hilke anruft. **5** Der Vater fragt, wohin die Kinder heute abend gehen. **6** Der Vater fragt, wie lange Katherina in Deutschland geblieben ist. **7** Der Vater fragt, wie hoch der Eiffelturm ist. **8** Der Vater fragt, wem Martina die Aufgabe gegeben hat. **10** Der Vater fragt, ob das Wetter schön ist.

9

1 Tobias sagt, daß das Foto super ist. **2** Ich weiß, daß er in Bonn wohnt. **3** Axel fragt, ob du Deutsch sprichst. **4** Er bleibt im Bett, weil er krank ist. **5** Max findet, daß der Kuchen zu klein ist. **6** Er weiß nicht, daß Steffi Geld hat. **7** Andreas fragt, ob wir zu Hause bleiben. **8** Isabel kann nicht kommen, weil sie Schule hat. **9** Weißt du, ob er Gitarre spielt ?

10

1 denn er ist krank. **2** weil er krank ist. **3** ist er krank. **4** er krank ist. **5** er krank ist. **6** er krank ist. **7** ist er krank ? **8** ist er krank. **9** er ist krank. **10** ist er krank.

3 - LES W-FRAGEN, p. 16

1

1 Wer wohnt in Bonn ? **2** Was kauft Thomas ? **3** Wo arbeitet Melanie ? **4** Woher kommt Fräulein Kioko ? **5** Wo ist Katja ? **6** Was ist Frau Streuber ? **7** Wo ist Patricia ? **8** Wer spielt Volley-ball ? **9** Woher kommt Christine ? **10** Wer will einen Walkman kaufen ?

2

1 Wie ist Muttis Mantel ? **2** Wie alt ist Agnes ? **3** Wieviel Kinder hat Frau Hartmann ? **4** Wie ist Fräulein Keller ? **5** Wieviel Uhr ist es ? **6** Wohin gehen die Schüler um eins ? **7** Wohin fährt Stefanie morgen ? **8** Wieviel ist 2 + 2 ? **9** Was möchte ich essen ? **10** Wie ist mein/dein Zimmer ?

3

1 Welche Stadt. **2** Welches Buch. **3** Welches Land. **4** Welches T-Shirt ? **5** Welche Musik ? **6** Welche. **7** Welchen. **8** Welche. **9** Welche. **10** Welchen.

4

1 Wo wohnt Nadine ? **2** Wo bleibt Agnes ? **3** Woher kommt Herr Tonini ? **4** Wo arbeitet Mutti ? **5** Wohin geht Jan ? **6** Wo schläft die Katze ? **7** Wo liegt Hamburg ? **8** Wohin fährt Frau Maier ? **9** Woher kommt Christiane ? **10** Wo liegt Frankfurt ?

5

1 Wer spielt Tennis ? **2** Wen interviewt der Moderator ? **3** Wen möchte Jan fotografieren ? **4** Wem bringt Helene ein Kätzchen ? **5** Wem bringe ich ein Glas Orangensaft ? **6** Wen will Mutti rufen ? **7** Wer arbeitet bei einem Freund ? **8** Wem gefallen deine neuen Schuhe nicht ? **9** Wem gehört der Walkman ? **10** Was möchte sie kaufen ?

6

1 Wann möchte Steffi ins Kino gehen ? **2** Wie lange hat Bernd in Berlin gearbeitet ? **3** Wie oft fahren die Züge ? **4** Wann haben wir einen guten Film gesehen ? **5** Wie oft besucht Thomas seine Großeltern ? **6** Wie lange hat Astrid auf den Bus gewartet ? **7** Wann will Michael Nadine besuchen ? **8** Wie oft hat Jan Deutsch ? **9** Wie oft bringt Thomas den Mülleimer raus ? **10** Wann kommen die Gäste ?

7

a) 1 Woran. **2** Worüber. **3** Womit. **4** Wovon. **5** Wovon.
b) 6 Wofür interessierst du dich ? **7** Worum handelt es sich ? **8** Womit beginnen wir ? **9** Wovon sprechen sie ? **10** Worauf wartest du ?

4 - ÉLÉMENTS DU GROUPE VERBAL, p. 20

1

1 Wir sind immer hungrig. **2** Die Sekretärin ist müde. **3** Die Katze ist nicht krank. **4** Meine Oma ist immer nett. **5** Axel ist nicht sportlich.

2

1 Sonja ist bei Birgit. **2** Wir gehen nicht zu Frau Wagner. **3** Ich arbeite nicht zu Hause. **4** Die Kinder sind jetzt bei Oma. **5** Tante Gerda geht nicht nach Hause.

3

a) 1 hole. **2** fliegt. **3** komme. **4** gehen. **5** ruft.
b) 1 kommt... zurück. **2** decken... ab. **3** ziehen... um. **4** packt... aus. **5** stellt... vor.

4

1 in die Disco gehen. **2** nach Hause gehen. **3** um 12 Uhr 30 essen. **4** den Tisch abdecken. **5** Oliver mitnehmen.

5

a) 1 Ja, ich komme mit. **2** Ja, ich mache sie auf. **3** Ja, ich räume es auf. **4** Ja, ich mache es aus. **5** Ja, ich nehme ihn mit.

b) 6 Er will nicht aufstehen. **7** Sie will nicht anfangen. **8** Er will sich nicht umziehen. **9** Sie will nicht nachdenken. **10** Sie will sich nicht vorstellen.

6

1 Ich glaube, daß Adelin krank ist. **2** Ich glaube, daß sie jetzt fertig ist. **3** Ich glaube, daß Frau Spitz heute krank ist. **4** Ich glaube, daß Tobias sehr nett ist. **5** Ich glaube, daß mein Onkel immer froh ist.

8

a) 1 Er sagt, daß Rainers umziehen. **2** Er sagt, daß Christof Jens anruft. **3** Er sagt, daß die Kinder zu viel fernsehen. **4** Er sagt, daß der Winter bald zurückkommt. **5** Er sagt, daß sie Frauke am Bahnhof abholt.

b) 1 Ich weiß nicht, ob er morgen zurückkommt. **2** Ich weiß nicht, ob Patricia aufpaßt. **3** Ich weiß nicht, ob sie um 7 Uhr aufsteht. **4** Ich weiß nicht, ob die Schule nächste Woche anfängt. **5** Ich weiß nicht, ob das Taxi jetzt ankommt.

9

1 Ja, Boris ist super. **2** Ja, Alkohol macht nervös. **3** Ja, die Kinder sehen zu viel fern. **4** Ja, das Taxi kommt bald an. **5** Ja, Christian will Agnes anrufen.

10

1 Er sagt, daß Christine ins Kino gehen will. **2** Er sagt, daß Frau Klein bei der Lufthansa arbeitet. **3** Er fragt, ob die Schule nächste Woche anfängt. **4** Er sagt, daß Katrin zu oft fernsieht. **5** Er fragt, ob der Film interessant ist.

11

1 ab. **2** mit. **3** an. **4** auf. **5** an. **6** fern. **7** aus. **8** an. **9** mit. **10** auf.

5 - LE PRÉSENT DE L'INDICATIF, p. 24

1

1 habe. **2** bist. **3** seid. **4** sind. **5** habt. **6** haben. **7** werden. **8** sind. **9** seid. **10** wird.

2

1 mache. **2** spielt. **3** rufen. **4** lernst. **5** suchen. **6** kaufen. **7** heißt. **8** bleibt. **9** singt. **10** kommst.

3

1 fährt. **2** schlafen. **3** trägt. **4** fällt. **5** fangt... an. **6** gefällt. **7** läuft. **8** läßt. **9** laden... ein. **10** bäckt.

4

1 nimmt... mit. **2** gibst. **3** ißt. **4** lesen. **5** sieht an. **6** hilft. **7** spricht. **8** wirft. **9** wird. **10** frißt.

5

1 gibt. **2** schläfst. **3** nimmt. **4** ißt. **5** trägt. **6** vergißt. **7** frißt. **8** liest. **9** seht. **10** hilfst.

6

a) 1 wartet. **2** antwortet. **3** findest. **4** arbeitet. **5** zeichnet.
b) 6 Nadine und Patrizia, ihr wartet draußen ! **7** Max findet sein Buch nicht. **8** Sven arbeitet in Berlin. **9** Der Architekt zeichnet ein Haus. **10** Ich finde mein Deutschheft nicht.

7

a) 1 Ich freue mich sehr. **2** Ich halte vor der Tür. **3** Ich trete ins Zimmer. **4** Ich lasse mich nicht stören. **5** Ich setze mich in den Park.
b) 6 Jetzt legt er sich auf das Sofa. **7** Er erschrickt vor dem Dieb. **8** Er greift nach dem Hut. **9** Er biegt in die nächste Straße links. **10** Er empfiehlt Steffi eine gute Pizzeria.

6 - L'IMPÉRATIF, p. 30

1

1 Komm ! **2** Geh ! **3** Schlaf ! **4** Bring ! **5** Trink ! **6** Schau ! **7** Spiel ! **8** Hör ! **9** Lern ! **10** Spring !

2

1 Kommt ! **2** Geht ! **3** Schlaft ! **4** Bringt ! **5** Trinkt ! **6** Schaut ! **7** Spielt ! **8** Hört ! **9** Lernt ! **10** Springt !

3

1 Kommen Sie ! **2** Gehen Sie ! **3** Schlafen Sie ! **4** Bringen Sie ! **5** Trinken Sie ! **6** Schauen Sie ! **7** Spielen Sie ! **8** Hören Sie ! **9** Lernen Sie ! **10** Springen Sie !

4

1 komm. **2** nehmen Sie. **3** schau. **4** deckt. **5** kommen Sie. **6** nimm **7** bringt. **8** holt. **9** gib. **10** Schreiben Sie.

5

1 komm. **2** kauft. **3** hilf. **4** nimm. **5** kommen. **6** gib. **7** macht. **8** bring. **9** nehmen. **10** Holen.

7 - LES VERBES DE MODALITÉ, p. 32

1

1 ich/er/sie/es. **2** du. **3** ihr. **4** ihr. **5** ich/er/sie/es. **6** ich/er/sie/es. **7** ich/er/sie/es. **8** wir/sie. **9** ich/er/sie/es. **10** du.

2

1 kann. **2** darfst. **3** müssen. **4** sollst. **5** wollen. **6** mag. **7** darf. **8** will. **9** magst. **10** darf.

3

1 weiß. **2** weißt. **3** wissen. **4** wißt. **5** wissen. **6** weiß. **7** weiß. **8** weiß. **9** wissen. **10** wissen, wissen.

4

1 kann. **2** darf. **3** darf. **4** kannst. **5** kann. **6** muß. **7** soll. **8** müssen. **9** soll. **10** muß.

5

1 Ich kann nicht kommen. **2** Agnes will einen Kuchen backen. **3** Darfst du auf die Party gehen ? **4** Du mußt dir die Hände waschen. **5** Der Hund darf nicht in den Tennisclub gehen. **6** Soll ich das Fenster aufmachen ? **7** Er mag nicht früh ins Bett gehen. **8** Ich will Jürgen einladen. **9** Sie muß mit dem Bus fahren. **10** Er will einen Pullover anziehen.

6

1 darf. **2** müssen. **3** muß. **4** soll. **5** müssen. **6** soll. **7** darf. **8** muß. **9** darf. **10** müssen.

7

1 muß. **2** darf. **3** kann. **4** soll. **5** wollen. **6** möchte. **7** mögen. **8** muß. **9** mag. **10** dürfen.

8

1 Ich darf fernsehen. **2** Ich mag Limodade. **3** Ich soll Brot holen. **4** Das Kind kann schreiben. **5** Ich muß in die Schule. **6** Ich möchte ein Eis. **7** Ich darf nicht ins Kino. **8** Ich bin krank, ich muß im Bett bleiben. **9** Mein Opa will einen Wagen kaufen. **10** Ich möchte Pommes frites.

8 - LE PRÉTÉRIT, p. 36

1

1 Thomas war müde. **2** Sie hatte Fieber. **3** Das Wetter wurde kalt. **4** Waren Sie zu Hause ? **5** Wo warst du denn ? **6** Wart ihr in Hamburg ? **7** Katja wurde ganz rot. **8** Du hattest doch die Telefonnummer. **9** Ich hatte keine Zeit. **10** Die Polizei war schon da.

2

a) 1 war. **2** hatte. **3** wurde. **4** Wart. **5** waren.
b) 6 war. **7** wurde. **8** hattet. **9** warst. **10** waren.

3

1 Ich spielte Handball. **2** Kerstin machte das Essen. **3** Jens hörte Musik. **4** Die Kinder kauften ein Eis. **5** Wir fotografierten das Rathaus. **6** Sie zeigte mir die Stadt. **7** Wohntet ihr in München ? **8** Was repariertest du ? **9** 1989 öffnete man die Mauer. **10** Herr Sold rauchte zu viel.

4

1 Ich mußte zurückgehen. **2** Er durfte nicht rauchen. **3** Herr Wagner konnte nicht kommen. **4** Wir sollten immer schön schreiben. **5** Er mochte keinen Fisch. **6** Der Autofahrer wollte zurückfahren. **7** Mußtet ihr umsteigen ? **8** Sollte ich alles erzählen ? **9** Mit vier konnte er schon lesen. **10** Wolltet ihr eine Cola ?

5

1 Er kam zu früh. **2** Wir gingen ins Kino. **3** Sie stand um 7 Uhr auf. **4** Das Mädchen schrieb einen langen Brief. **5** Sie flog nach Tokio. **6** Es begann zu regnen. **7** Die Mutter rief den Arzt. **8** Was bekam sie zum Geburtstag ? **9** Sie schlief gegen 22 Uhr ein. **10** Er saß den ganzen Tag am Computer.

6

1 Er trat langsam ins Zimmer. **2** Die Kinder schwiegen jedesmal, wenn der Lehrer leise sprach. **3** Was tat er ? **4** Im Juli zogen wir nach München. **5** Die Uhr schlug zwölf. **6** Max verlor immer viel Zeit. **7** Ich ging jeden Tag mit meinem Hund spazieren. **8** Wann fingst du mit dem Artikel an ? **9** Das Kind erschrak vor dem Hund. **10** Das Baby kroch auf allen vieren. **11** Der Dieb griff schnell nach der Halskette.

7

Il faut rayer :
1 legte. **2** setzten. **3** hing. **4** stellte. **5** lag. **6** saßen. **7** hängte. **8** setzte. **9** stand. **10** legte.

8

1 Er las gern Krimis. **2** Er ließ seinen Hund draußen. **3** Max dachte nur ans Essen. **4** Er dankte ihm für das schöne Geschenk. **5** Wir fuhren schnell nach Hause. **6** Sie führte uns bis zur Altstadt. **7** Ich konnte nicht kommen. **8** Wir kannten seine Adresse nicht. **9** Er bat mich um Feuer. **10** Der Supermarkt bot eine reiche Auswahl.

9

kam, trug, schleppte, hatte, aussah, erlaubten, räumte, sah, lächelte, streichelte, half, strich, fühlte, richtete, hängte, stellte, nagelte, aß, schlief.

10

1 Mußtet ihr zu Hause bleiben ? **2** Du fielst durch deine komische Frisur auf. **3** Sie unterhielten sich vor dem Gymnasium. **4** Er bat mich um Hilfe. **5** Dieser kranke Mann tat mir leid. **6** Plötzlich riß er sich los. **7** Der Junge spazierte einfach hin und her. **8** Was sie redete, verstand ich nicht. **9** Kanntet ihr seinen Namen ? **10** Er entschloß sich wegzugehen.

11

1 lud... ein. **2** legte... auf. **3** schob. **4** klang. **5** geschah.

12

1 Früher war es viel schöner. **2** Früher gab es keinen Streß. **3** Früher war das Wasser nicht verschmutzt. **4** Früher hatten die Leute Zeit. **5** Früher konnte man leicht einen Ferienjob finden. **6** Früher hatten die Leute ihre Ruhe. **7** Früher nach dem Abendessen unterhielten sich Eltern und Kinder zusammen. **8** Früher führten die Frauen ein häusliches Leben. **9** Früher verdiente man Geld genug. **10** Früher war Geld nicht so wichtig.

13

1 e Er legte sich ins Bett und schlief bald ein.
2 d Bettina war traurig, weil ihre Freundin nicht da war.
3 a Das Foto war nicht super, denn Anne hatte einen alten Fotoapparat.
4 b Wir waren im November und es wurde schnell kalt.
5 c Wenn die Kinder ins Bett gingen, erzählte ihnen die Mutter eine Gute-Nacht-Geschichte.

9 - LE PARFAIT, p. 42

1

1 gelernt. **2** gemacht. **3** gekauft. **4** gezeigt. **5** gesagt. **6** geantwortet. **7** gehört. **8** gelacht. **9** gelernt. **10** gearbeitet.

2

1 gemacht. **2** gedeckt. **3** gezeigt. **4** gesagt. **5** gefragt. **6** gewohnt. **7** gearbeitet. **8** gelernt. **9** gespielt. **10** geantwortet.

3

1 hat. **2** haben. **3** hat. **4** haben. **5** habt. **6** sind. **7** sind. **8** bin. **9** ist. **10** sind.

4

1 gekommen. **2** gegangen. **3** gesehen. **4** genommen. **5** geholfen. **6** gesprochen. **7** gesprungen. **8** gefunden. **9** gegeben. **10** gelesen. **11** geblieben. **12** gegessen. **13** getragen. **14** gesungen. **15** geschrieben. **16** gefallen. **17** gefahren. **18** gewesen. **19** geflogen. **20** geworden.

5

a) 1 gegangen. **2** gespielt. **3** gefrühstückt. **4** geblieben. **5** gewesen.
b) 1 gemacht. **2** geworden. **3** gegessen. **4** gekommen. **5** gefeiert.

6

1 gestellt. **2** gerufen. **3** gelegen. **4** gelebt. **5** geworden. **6** gefahren. **7** gelacht. **8** gewartet. **9** gewußt. **10** geglaubt. **11** gestartet. **12** gekauft. **13** gemeint. **14** gehalten. **15** geschrieben. **16** geantwortet. **17** gerechnet. **18** gesessen. **19** geübt. **20** gelaufen.

7

1 Gegen 12 Uhr sind wir in ein Café gegangen. **2** Wir haben im Stadtzentrum zu Mittag gegessen. **3** Diese Stadt hat mir sehr gut gefallen. **4** Der Himmel ist grau geworden. **5** Ich habe es nicht gewußt. **6** Dann hat sie sich an eine Verkäuferin gewandt. **7** Viele sind in den Westen geflohen. **8** Wie oft bist du nach Deutschland gefahren ? **9** Jens ist zwei Kilometer weit gelaufen. **10** Er hat eine Stunde vor der Tür gestanden.

8

1 Patrizia hat oft an die Ferien gedacht. **2** Hast du ihm für seinen Brief gedankt ? **3** Er hat seinen Hund draußen im Garten gelassen. **4** Im Deutschunterricht haben wir einen Krimi gelesen. **5** Nach dem Essen hat er sich die Hände gewaschen. **6** In der Sonne sind die Pflanzen schneller gewachsen. **7** Das hat mir das Herz gebrochen. **8** Wer hat die Teller in die Küche gebracht ? **9** Die Sekretärin hat die Briefe auf den Tisch gelegt. **10** Sie hat bis Mittag im Bett gelegen.

9

1 Es ist ihm gelungen, sein Rad zu reparieren. **2** Sie ist oft ihrem Mathelehrer an der Haltestelle begegnet. **3** Er ist jeden Tag zwei Stunden geritten. **4** Die Mutter hat ihn früh geweckt. **5** Das Auto ist im Straßengraben gelandet. **6** Im Winter sind die Kinder auf dem Eis geglitten. **7** Er hat über das Telegramm geschwiegen. **8** Der Vater hat einen leckeren Braten gebraten. **9** Der Plan ist bestimmt gescheitert. **10** Der Wanderer ist mit dem Fuß gegen eine Baumwurzel gestoßen.

10 - LE PARFAIT (SUITE), p. 46

1

1 angekommen. **2** eingetreten. **3** eingeladen. **4** nachgesehen. **5** abgefahren. **6** aufgelegt. **7** aufgeräumt. **8** weggefahren. **9** aufgepaßt. **10** vorgelesen. **11** mitgesungen. **12** abgelegt. **13** ausgegangen. **14** vorgeschlagen. **15** mitgekriegt. **16** zurückgezahlt. **17** vorgeworfen. **18** abgedeckt. **19** aufgetragen. **20** abgefallen.

2

1 Du hast nicht aufgepaßt. **2** Sie hat Andreas im Theaterclub abgeholt. **3** Das Kind hat gut zugehört. **4** Wir haben nicht mitgespielt. **5** Arnold hat sein Zimmer nicht aufgeräumt. **6** Das Fußballspiel hat um 15 Uhr angefangen. **7** Der Elefant hat den Hut weggenommen. **8** Onkel Hans ist mitgekommen. **9** Um 9 Uhr habe ich Oma angerufen. **10** Wir sind um 7 Uhr aufgestanden.

3

1 Aber ich habe es schon aufgeräumt. **2** Aber ich habe ihn schon gedeckt. **3** Aber ich habe es schon zugemacht. **4** Aber ich habe ihn schon angezogen. **5** Aber ich habe sie schon abgeschlossen. **6** Aber ich habe ihn schon mitgenommen. **7** Aber ich bin schon aufgestanden. **8** Aber ich habe ihn schon eingeladen. **9** Aber ich habe ihn schon vorgelesen. **10** Aber ich habe schon nachgeschaut.

4

1 Angelika hat mit Petra telefoniert. **2** Die Lehrerin hat den Text diktiert. **3** Die Zuschauer haben heftig applaudiert. **4** Doktor Gaertner hat viele Verletzte operiert. **5** Haben Sie Ihre Wohnung selbst tapeziert ? **6** Er hat sich immer schnell rasiert. **7** Sie hat sich für arme Kinder interessiert. **8** Er hat ein berühmtes Orchester dirigiert. **9** Wir haben den Autor zitiert. **10** Wir haben das Neue Museum fotografiert.

5

1 Er hat seinen Computer verkauft. **2** Heute haben wir mit einer Reportage begonnen. **3** Der Gymnasiast hat die Besucher empfangen. **4** Das T-Shirt hat mir nicht gefallen. **5** Frau Huber hat die Wohnung nicht vermietet. **6** Leider hat er meine Worte mißverstanden. **7** Sein Vater hat ihm verboten, Freunde nach Hause mitzubringen. **8** Er hat immer lustige Geschichten erzählt. **9** Nina hat ihren Eltern versprochen, besser zu arbeiten. **10** Herr Griesbach hat uns zum Bahnhof begleitet.

6

a) 1 Jan ist zu Freunden gegangen. **2** Sie hat nicht genug gearbeitet. **3** Sie haben nicht ferngesehen. **4** Oliver ist krank gewesen. **5** Der Direktor hat viel Geld verdient.
b) 6 Gregor das Foto selbst gemacht hat. **7** Ihre Eltern ihr Geld geschickt haben. **8** Daß sie das Interview allein hat machen müssen. **9** Daß er zehn Mark Eintritt bezahlt hat. **10** Daß das Mädchen kein Wort hat verstehen können.

7

1 bekommen. **2** mitgegangen. **3** vergangen. **4** erzählt. **5** abgeholt. **6** aufgestanden. **7** fortgeflogen. **8** radgefahren. **9** ferngesehen.

10 beendet. **11** mitgespielt. **12** angekommen. **13** empfunden. **14** zerbrochen. **15** verstanden. **16** abgeflogen. **17** erfunden. **18** teilgenommen. **19** eingeladen. **20** angefragt.

8

1 Er hat nicht kommen können. **2** Auf dem Flughafen haben wir unsere Koffer öffnen müssen. **3** Ich habe eine Stunde lang auf ihn warten müssen. **4** Die Mutter hat ihn bis zehn Uhr schlafen lassen. **5** Gestern hat sie sich die Haare schneiden lassen. **6** Wir haben nicht eintreten dürfen. **7** Haben Sie Ihre Wohnung tapezieren lassen ? **8** Ich habe es nicht gewollt. **9** Er hat sein Auto in der Reparatur-Werkstatt gelassen. **10** Als Kind habe ich solche Bücher nicht lesen dürfen.

9

1 Ich habe alles gemacht. **2** Gestern abend ist er um 10 Uhr ins Bett gegangen. **3** Anna hat nicht kommen dürfen. **4** Er hat letzte Woche seinen Wagen reparieren lassen. **5** Wir haben viel gesprochen und wir sind spät eingeschlafen. **6** Sie hat ihr Rad vor dem Haus gelassen. **7** Er hat eine lange Arbeit unternommen. **8** Der Journalist hat seine Frage nicht wiederholen wollen. **9** Sie hat ihren Bruder am Bahnhof abgeholt. **10** Kannst du mir sagen, wo er den Abend verbracht hat ?

11 - LE FUTUR.
LE PLUS-QUE-PARFAIT, p. 50

1

1 Ich werde einen Wagen kaufen. **2** Er wird bei Volkswagen arbeiten. **3** Sie wird nach Bonn fahren. **4** Wir werden unser Haus verkaufen. **5** Du wirst alles verstehen. **6** Ich werde an Montag wieder zurück sein. **7** Sie werden Petra abholen. **8** Wirst du bald einen Walkman bekommen ? **9** Nächstes Jahr wird er in München studieren. **10** Ich werde im Juli eine Theaterschule besuchen.

2

1 Ja, ich werde nächste Woche einen Computer kaufen. **2** Ja, ich werde heute abend Sonja anrufen. **3** Ja, ich werde im August nach Italien fahren. **4** Ja, wir werden nächsten Sonntag einen Ausflug machen. **5** Ja, wie werden um 6 Uhr in Stuttgart sein.

3

1 Ich weiß nicht, was er später machen wird. **2** Ich weiß nicht, wo er wohnen wird. **3** Ich weiß nicht, wann er in Köln arbeiten wird. **4** Ich weiß nicht, was sie kaufen wird. **5** Ich weiß nicht, bei wem sie übernachten werden.

4

1 Ich war krank gewesen. **2** Sie hatte Angst gehabt. **3** Er war groß geworden. **4** Katia hatte alles gemacht. **5** Wir waren ins Kino gegangen. **6** Ich hatte eine Zwei bekommen. **7** Es hatte geregnet. **8** Sie hatte zwei Mädchen großgezogen. **9** Wart ihr nach Berlin gefahren ? **10** Ich hatte es nicht gewußt.

5

1 Gezahlt hatte. **2** Verschwunden war. **3** Gemacht hatte. **4** Gearbeitet hatte. **5** Hatte geschneit.

12 - LE NOMINATIF, p. 52

1 1 die. 2 der. 3 das. 4 der. 5 die. 6 die. 7 der. 8 der. 9 die. 10 der.

2 1 das. 2 das. 3 der. 4 das. 5 die. 6 die. 7 das. 8 die. 9 das. 10 die.

3 1 ein. 2 ein. 3 ein. 4 ein. 5 eine. 6 eine. 7 ein. 8 eine. 9 ein. 10 eine.

4 **masculin :** der Vater, der Bruder, der Opa, der Hund, der Hamster, der Ball.
féminin : die Mutter, die Schwester, die Oma, die Katze, die Küche, die Uhr, die Familie, die Lampe.
neutre : das Mädchen, das Bild, das Eis, das Brot, das Haus, das Zimmer.

5 1 Die Fotos sind super. 2 Die Mädchen sind nett. 3 Die Uhren sind billig. 4 Die Damen sind elegant. 5 Die Videorecorder sind teuer. 6 Die Kinder sind krank. 7 Die Aufgaben sind schwer. 8 Die Computerspiele sind super. 9 Die Lehrer sind nett. 10 Die Autos machen Lärm.

6 1 Waschmaschinen sind praktisch. 2 Mobil-Telefons sind auch praktisch. 3 Wagen sind teuer. 4 Kinder sind gescheit. 5 Bananen schmecken gut. 6 Arbeiter haben nicht viel Geld. 7 Blumen sind schön. 8 Bilder von Picasso sind teuer. 9 Plüschtiere sind süß. 10 Tierbücher sind interessant.

7 1 Dieser. 2 Dieses. 3 Jener. 4 Diese. 5 Jene. 6 Dieses. 7 Diese. 8 Jener. 9 Diese. 10 Jene.

8 1 sie. 2 es. 3 sie. 4 es. 5 sie. 6 es. 7 sie. 8 es. 9 er. 10 sie.

9 1 du. 2 ich. 3 er. 4 es. 5 sie. 6 wir. 7 ich. 8 du. 9 Sie. 10 ihr.

13 - L'ACCUSATIF, p. 56

1 1 N. 2 A. 3 N. 4 A. 5 A. 6 A. 7 A. 8 N. 9 A. 10 A.

2 1 das. 2 den. 3 das. 4 den. 5 das. 6 den. 7 den. 8 die. 9 die. 10 die.

3 1 Holger nimmt ein Foto. 2 Sepp holt einen Ball. 3 Ich brauche ein Heft. 4 Mutti ruft einen Hund. 5 Katrin fotografiert ein Kind. 6 Jens schreibt einen Brief. 7 Mutti will einen Lehrer fragen. 8 Nimmst du eine Tasche mit ? 9 Er interviewt eine Politikerin. 10 Gregor liest eine Schülerzeitung.

4 1 diesen. 2 dieses. 3 diesen. 4 diese. 5 diese. 6 Willst du diesen Walkman ? 7 Nimm diese Schuhe ! 8 Ich kenne diesen Arzt nicht. 9 Kannst du diese Übungen machen ? 10 Bring mir diese Tasche !

5 1 Kaufst du T-Shirts ? 2 Sie hat Freunde. 3 Ich lese Bücher. 4 Christine hat Platten. 5 Tobias hat Katzen. 6 Willst du Orangen ? 7 Hat er Ideen ? 8 Fritzi braucht Fotos. 9 Anna holt Bilder. 10 Frau Albrecht kauft Theaterkarten.

6 1 durch/in. 2 gegen. 3 ohne. 4 für. 5 um.

7 1 **den** Direktor. 2 **die** Lehrer. 3 **den** Park. 4 **den** Garten. 5 **die** Eltern.

8 1 sie. 2 ihn. 3 ihn. 4 ihn. 5 ihn. 6 sie. 7 es. 8 sie. 9 ihn. 10 ihn.

9

1 dich. **2** dich. **3** euch. **4** dich. **5** dich. **6** euch. **7** dich. **8** euch. **9** dich. **10** uns.

10

1 sich. **2** sich. **3** ihn. **4** sich. **5** sie. **6** euch. **7** Sie. **8** dich. **9** dich. **10** dich.

11

1 Christine macht ein Foto. **2** Mutti ruft den Arzt. **3** Wo ist der Hund ? **4** Ich nehme den Bus um 6 Uhr. **5** Willst du einen Pullover oder einen Mantel ? **6** Hast du den Walkman ? **7** Oliver spielt Gitarre, hörst du ihn ? **8** Kaufst du die Zeitung ? **9** Komm Steffi, setz dich ! **10** Katrin ist am Telefon, willst du sie etwas fragen ?

12

1 einen. **2** den. **3** die. **4** ein. **5** den. **6** einen. **7** den. **8** die. **9** eine. **10** ein.

13

1 dich. **2** sie. **3** euch. **4** sich. **5** dich. **6** sich. **7** dich. **8** euch. **9** dich. **10** es.

14

1 sich. **2** sich. **3** euch. **4** euch. **5** es. **6** sie. **7** euch. **8** sich. **9** sich. **10** ihn.

14 - LE DATIF, p. 62

1

1 A. **2** D. **3** D. **4** D. **5** A. **6** D. **7** A. **8** D. **9** D. **10** A.

2

1 dem. **2** der. **3** dem. **4** der. **5** den. **6** dem. **7** der. **8** dem. **9** den. **10** dem.

3

1 diesem. **2** diesem. **3** dieser. **4** diesen. **5** diesem.

4

1 einem. **2** einem. **3** einer. **4** einem. **5** einer. **6** einer. **7** einem. **8** einer. **9** einem. **10** einem.

5

1 dem. **2** der. **3** dem. **4** einem. **5** einer. **6** dem. **7** einer. **8** dem. **9** den. **10** einem.

6

1 mit. **2** bei. **3** zu. **4** aus. **5** nach. **6** seit. **7** von. **8** mit. **9** bei. **10** zu.

7

1 ihm. **2** ihr. **3** ihm. **4** ihnen. **5** ihnen. **6** ihr. **7** ihnen. **8** ihm. **9** ihm. **10** ihnen.

8

1 mir. **2** mir. **3** uns. **4** euch. **5** ihnen. **6** ihnen. **7** mir. **8** ihr. **9** ihm. **10** ihnen.

9

1 Gib mir ein Stück Kuchen ! **2** Herr Korn geht weg, bring ihm seinen Mantel ! **3** Dieser Füller gehört einer Schülerin. **4** Computer gefallen den Kindern. **5** Ingrid, ich möchte dir eine Frage stellen. **6** Hol uns Bier ! **7** Die Kinder sind da, kannst du ihnen Limonade bringen ? **8** Kauf mir die Zeitung ! **9** Willst du uns Rollschuhe kaufen ? **10** Gehört Ihnen das Buch, Frau Kaminski ?

10

1 dem. **2** den. **3** den. **4** den. **5** den. **6** den. **7** den. **8** einen. **9** einem. **10** den.

11

1 mir. **2** sich. **3** sie. **4** dir. **5** mir. **6** sich. **7** ihn. **8** sie. **9** mir. **10** dir.

12

1 dich. **2** uns. **3** dich. **4** dir. **5** mir. **6** sich. **7** mir. **8** sich. **9** ihnen. **10** ihnen.

15 - LE COMPLÉMENT DE LIEU, p. 68

1 **1** e. **2** a. **3** d. **4** c. **5** b.

2 **1** Wohin. **2** Wo. **3** Wo. **4** Wohin. **5** Wo. **6** Wo. **7** Wohin. **8** Wo. **9** Wohin. **10** Wo.

3 **1** in. **2** in. **3** auf. **4** an. **5** in. **6** an. **7** auf. **8** in. **9** auf. **10** in.

4 **1** die. **2** die. **3** den. **4** den. **5** den. **6** den. **7** ins. **8** den. **9** ins. **10** die.

5 **1** dem. **2** dem. **3** im. **4** der. **5** der. **6** der. **7** im. **8** im. **9** im. **10** im.

6 **1** die...auf den. **2** ins. **3** an die. **4** auf der. **5** ans. **6** am. **7** an der. **8** an den. **9** in den. **10** auf dem.

7 **1** in der. **2** im. **3** in die. **4** am. **5** auf dem. **6** nach. **7** auf dem. **8** am. **9** ins. **10** an der.

8 **1** über den. **2** an der. **3** an der. **4** auf der. **5** auf die. **6** vor der. **7** in den. **8** auf den. **9** zwischen einen ihren. **10** am.

16 - VERBES D'ÉTAT..., p. 72

1 **1** steht. **2** steht. **3** liegt. **4** steht. **5** liegen. **6** steht. **7** liegen. **8** hängen. **9** sitze. **10** liege.

2 **1** stellt. **2** legt. **3** hängt. **4** stellt. **5** stellt. **6** legt. **7** stellt. **8** hängt. **9** stellt. **10** legt.

3 **1** sitzen/dem. **2** gehängt/die. **3** steht/der. **4** den/gelegt. **5** hängt/der. **6** setz. **7** legen/die. **8** stehen/dem. **9** sitzt/der. **10** liegt/im.

4 **1** in der. **2** zur. **3** nach. **4** in die. **5** beim. **6** bei. **7** nach. **8** auf dem. **9** in der. **10** in.

17 - LE GÉNITIF, p. 74

1

1 des Mädchens. **2** des Lehrers. **3** des Hundes. **4** der. **5** der. **6** der. **7** des Chefs. **8** des Vaters. **9** der. **10** der.

2

1 meiner. **2** meiner. **3** meines Freundes. **4** meines Vaters. **5** meiner.

3

1 Annas. **2** Peters Pullover. **3** Arnolds Party. **4** Opas Wagen. **5** Frau Werners Hut.

4

1 Patrizias Schule. **2** Melanies Lehrer. **3** Omas Schrank. **4** Vatis Computer **5** Franz'Telefonnummer. **6** Bellos Ball. **7** Frau Schusters Büro. **8** Annas Mutter. **9** Alexandras Onkel. **10** Markus' Zimmer.

5

1 des Königs. **2** der. **3** der. **4** der. **5** der.

6

1 der. **2** der. **3** der. **4** des Computerraum. **5** des Direktors. **6** der. **7** des Musiklehrers. **8** des Schulfestes. **9** der. **10** der.

7

1 Lauras Cousin. **2** Der Sohn meiner Freundin. **3** Ein Gedicht von Goethe. **4** Ein Freund meiner Eltern. **5** Tobias' Großmutter/die Großmutter von Tobias. **6** Frau Tominagas Büro. **7** Ein Bruder von Patrizia. **8** Das Haus der Großeltern. **9** Die Telefonnummer meiner Mutter. **10** Italiens Hauptstadt.

8

a) 1 des Essens. **2** der. **3** der. **4** einer. **5** des Regens.
b) 6 Während der. **7** wegen seiner. **8** Statt des Motorrads. **9** Trotz der. **10** Während der.

18 - GENRE ET NOMBRE, p. 78

1

1 die Väter. **2** die Lehrer. **3** die Fernseher. **4** die Gärten. **5** die Computer. **6** die Mäntel. **7** die Italiener. **8** die Wagen. **9** die Sessel. **10** die Kuchen. **11** die Brüder. **12** die Bäcker. **13** die Füller. **14** die Vögel. **15** die Braten. **16** die Apotheker. **17** die Engländer. **18** die Äpfel. **19** die Löffel. **20** die Babysitter.

2

1 die Damen. **2** die Familien. **3** die Katzen. **4** die Straßen. **5** die Hände. **6** die Uhren. **7** die Lektionen. **8** die Karten. **9** die Stunden. **10** die Kartoffeln. **11** die Jacken. **12** die Kassetten. **13** die Schülerinnen. **14** die Puppen. **15** die Türen. **16** die Tafeln. **17** die Lehrerinnen. **18** die Socken. **19** die Übungen. **20** die Würste.

3

1 die Hefte. **2** die Jahre. **3** die Bilder. **4** die Kinder. **5** die Brote. **6** die Gläser. **7** die Eier. **8** die Programme. **9** die Kleider. **10** die Spiele. **11** die Tiere. **12** die Bäder. **13** die Pferde. **14** die Häuser. **15** die Geschenke. **16** die Probleme. **17** die Flugzeuge. **18** die Dächer. **19** die Bücher. **20** die Fahrräder.

4

1 die Zimmer. **2** die Brötchen. **3** die Plätzchen. **4** die Theater. **5** die Feuer. **6** die Radios. **7** die Märchen. **8** die Bonbons. **9** die Taxis. **10** die Essen. **11** die Fenster. **12** die Messer. **13** die Mädchen. **14** die Meerschweinchen. **15** die Monster. **16** die Cafés. **17** die Fotos. **18** die Kinos. **19** die T-Shirts. **20** die Autos.

5

1 die Mäntel. **2** Häuser. **3** Frauen. **4** Schüler. **5** Autos. **6** die Teller. **7** die Väter. **8** Bleistifte. **9** Jacken. **10** die Kusinen. **11** die Blusen. **12** Kinder. **13** die Katzen. **14** die Mädchen. **15** die Straßen. **16** die Gärten. **17** Löffel. **18** die Lineale. **19** die Uhren. **20** Damen.

6

1 die Jungen. **2** die Direktoren. **3** die Bücher. **4** die Gruppen. **5** die Töcher. **6** die Bäder. **7** die Motoren. **8** die Osterhasen. **9** die Polizisten. **10** die Vettern. **11** die Schuldirektoren. **12** die Bilderbücher. **13** die Mütter. **14** die Seen. **15** die Augen. **16** die Freibäder. **17** die Rektoren. **18** die Hasen. **19** die Deutschen. **20** die Landschaften.

7

1 Sie kauft Löffel. **2** Man sieht hier Autobahnen. **3** Sie gibt den Elefanten Brötchen. **4** Diese Comichefte sind lustig. **5** Die Äpfel fallen nicht weit von Bäumen. **6** Hunde mögen keine Katzen. **7** Die Journalisten interviewen Politiker. **8** Er singt Volkslieder. **9** Dort sind Segelboote. **10** Die Jugendlichen lesen oft Zeitungen.

8

1 der. **2** der. **3** der. **4** das. **5** das. **6** die. **7** die. **8** das. **9** das. **10** die.

9

a) 1 des Präsidenten. **2** eines... Komponisten. **3** des... Jungen. **4** des Studenten. **5** des Drachen.

b) 6 des Prinzen. **7** der Bundesländer. **8** eines... Franzosen. **9** des Instituts. **10** eines... Fotografen.

10

1 Staaten. **2** Motoren. **3** Seen. **4** Hemden. **5** Hotels. **6** Polizisten. **7** Blousons. **8** Museen. **9** Büros. **10** Töchter.

11

1 zwei Pfund. **2** zwei Flaschen. **3** zwei Paar. **4** zwei Blatt. **5** zwei Tabletten. **6** zwei Mark. **7** zwei Tafeln. **8** zwei Kilo. **9** zwei Dutzend.

19 - LES POSSESSIFS, p. 84

1

a) 1 Ja, das ist mein Heft. **2** Ja, das ist meine Tasche. **3** Ja, das ist mein Füller. **4** Ja, das ist meine CD. **5** Ja, das ist mein T-Shirt.
b) 6 ja, das ist unser Walkman. **7** Ja, das ist unser Lineal. **8** Ja, das sind unsere Bonbons. **9** Ja, das ist unsere Kassette. **10** Ja, das sind unsere Fotos.

2

a) 1 Ja, ich kenne deine Schwester. **2** Ja, ich will dein Heft. **3** Ja, ich habe deinen Füller. **4** Ja, ich brauche deine Schere. **5** Ja, ich kenne deine Eltern.
b) 6 Nein, ich habe euer Buch nicht. **7** Nein, ich brauche eure Farbstifte nicht. **8** Nein, ich kenne euren Cousin nicht. **9** Nein, ich nehme eurer Rad nicht. **10** Nein, ich mache eure Arbeit nicht.

3

1 dein. **2** dein. **3** dein. **4** euer. **5** euren. **6** deinen. **7** deinen. **8** euer. **9** deine. **10** eure.

4

1 meinem. **2** meiner. **3** deinem. **4** deinen. **5** unseren.

5

1 seine. **2** ihre. **3** Ihr. **4** seine. **5** sein. **6** ihre. **7** sein. **8** ihr. **9** seine. **10** ihr.

6

1 Meine Schwester heißt Sabine und mein Bruder Thomas. **2** Hast du meine Kassette ? **3** Ruf Christine, ihr Lehrer ist am Telefon. **4** Alexandra sucht ihren Füller. **5** Herr Hausmann, ich habe Ihre Zeitung. **6** Unser Direktor ist krank. **7** Kinder, wo sind eure Fahrräder ? **8** Dieses Radio gehört meinem Bruder. **9** Unsere Telefonnummer ist hier. **10** Ich suche Christiane und ihre Freundin Susanne.

7

1 Jan sucht seinen Fotoapparat. **2** Christine sucht ihren Anorak. **3** Flora sucht ihre Turnschuhe. **4** Gregor sucht seine Gitarre. **5** Herr Stark sucht sein Notizbuch. **6** Oma sucht ihre Uhr. **7** Karl-Heinz sucht seine Rollschuhe. **8** Barbara sucht ihre Tube Kleber. **9** Der Direktor sucht seine Brille. **10** Frau Soltmann sucht ihre Brille.

8

1 mein. **2** mein. **3** mein. **4** ihre. **5** ihr. **6** Ihr. **7** euer. **8** Unsere. **9** euer. **10** Ihre.

20 - L'ADJECTIF ÉPITHÈTE, p. 88

1

a) 1 Der blaue Pullover ? **2** Der schwarze Füller. **3** Das dicke Buch ? **4** Das schöne Foto ? **5** Die kleine Tasche ?

b) 6 Ja, das ist ein interessanter Roman. **7** Ja, das ist eine elegante Frau. **8** Ja, das ist eine große Stadt. **9** Ja, das ist ein alter Cassettenrecorder. **10** Ja, das ist ein gutes Essen.

2

1 der kleine/ein kleiner. **2** das rote/ein rotes. **3** der nette/ein netter. **4** die weiße/eine weiße. **5** der neue/ein neuer. **6** der braune/ein brauner. **7** die kleine/eine kleine. **8** das weiße/ein weißes. **9** der schöne/ein schöner. **10** das große/ein großes.

3

1 Da ist kaltes Mineralwasser. Ich möchte kaltes Mineralwasser. **2** Da ist warme Milch. Ich möchte warme Milch. **3** Da ist starker Kaffee. Ich möchte starken Kaffee. **4** Da ist gute Marmelade. Ich möchte gute Marmelade. **5** Da ist frisches Brot. Ich möchte frisches Brot.

4

1 Wo ist deine Jacke ? Meine neue Jacke ? Da. **2** Wo sind deine Schuhe ? Meine neuen Schuhe ? Da. **3** Wo ist dein Fotoapparat ? Mein neuer Fotoapparat ? Da. **4** Wo ist deine Gitarre ? Meine neue Gitarre ? Da. **5** Wo sind deine Turnschuhe ? Meine neuen Turnschuhe ? Da. **6** Wo sind deine CDs ? Meine neuen CDs ? Da. **7** Wo ist dein Tennisschläger ? Mein neuer Tennisschläger ? Da. **8** Wo ist deine Videokassette ? Meine neue Videokassette ? Da. **9** Wo sind deine Ohrringe ? Meine neuen Ohrringe ? Da. **10** Wo ist deine Uhr ? Meine neue Uhr ? Da.

5

1 Ja, ich möchte einen guten Walkman. **2** Ein blaues. **3** Einen schwarzen. **4** Eine graue Hose. **5** Einen kleinen.

6

1 Guten. **2** Guten. **3** Guten. **4** Gute. **5** Vielen. **6** Frohe. **7** Liebe. **8** Lieber. **9** Guten. **10** Schöne.

7

1 gutes/gute. **2** kleines/kleine. **3** neuer/neue. **4** junger/junge. **5** alter/alte. **6** tolle/tollen. **7** gute/guten. **8** billige/billigen. **9** neue/neuen. **10** alte/alten.

8

1 meinen kleinen. **2** unsere neue. **3** kleine. **4** ihre ältere. **5** die nächste. **6** die alte. **7** den englischen. **8** das kleine. **9** einen großen. **10** rheinische.

9

1 einer deutschen. **2** einer amerikanischen. **3** dem neuen. **4** diesem großen. **5** warmen. **6** der schönen. **7** des guten. **8** der herzensguten. **9** eines kleinen. **9** einer netten. **10** des jungen.

10

1 altes/schönen. **2** alte/schönen. **3** neuer/netter. **4** schöne/kleines. **5** guten/frisches.

11

1 letzten/deutschen. **2** romantischen/unserer ehemaligen. **3** ersten/wunderschönen. **4** unmittelbarer/neugebauten. **5** schönem/kühlen.

12 **1** der letzten. **2** des kalten. **3** meines kleinen. **4** des schlechten. **5** des breiten. **6** kalte. **7** alten. **8** einen warmen. **9** die beiden. **10** einer Guten.

13 **1** der Deutsche/eine Deutsche. **2** viele Arbeitslose/alle Arbeitslosen. **3** einen Blinden/mit einer Blinden. **4** eine Kranke/mit Kranken. **5** die Angestellte/bei einem Angestellten. **6** ein Schwarzer/gegen Schwarze. **7** kein Gefangener/von dem Gefangenen. **8** die Armen/Arme. **9** die Toten/zwei Tote. **10** der Verletzte/mit einem Verletzten.

14 **1** die Reisenden. **2** der Arbeitslosen. **3** Angestellten. **4** Gutes. **5** Beamten.

21 - COMPARATIF ET SUPERLATIF, p. 94

1 **1** schneller. **2** schwerer. **3** moderner. **4** älter. **5** kälter.

2 **1** Es ist noch weiter. **2** Ich bin noch größer. **3** Sie hat noch mehr. **4** Er ist noch älter. **5** Ich muß noch länger warten.

3 **1** länger. **2** größer. **3** kürzer. **4** kälter. **5** langsamer. **6** teurer. **7** besser. **8** höher. **9** weniger. **10** gefährlicher.

4 **a) 1** Leipzig ist so groß wie Duisburg. **2** Der Juli ist so lang wie der Mai. **3** Oliver ist so klug wie Isabel. **4** Der Moselwein schmeckt so gut wie der Rheinwein. **5** Physik ist so schwer wie Mathe.

b) 6 Dresden ist genauso groß wie Hannover. **7** Max springt genauso hoch wie Andreas. **8** Frau Hoffmann ist genauso jung wie Frau Lenz. **10** Margot ist genauso freundlich wie Helga.

5

1 Es wird immer kälter. **2** Tobias arbeitet immer besser. **3** Die Flugzeuge fliegen immer schneller. **4** Es regnet immer mehr. **5** Er trinkt immer weniger.

6

1 Berlin ist größer als Stuttgart. **2** Doris ist so alt wie Florian. **3** Ein 15-jähriger Schüler arbeitet mehr als ein 6-jähriger Schüler. **4** Ein Bonbon schmeckt besser als ein Medikament. **5** Ein Kilo Bananen wiegt so viel wie ein Kilo Orangen.

7

1 Deutsch wichtiger ist als Englisch. **2** Es in Norddeutschland kälter ist als in Nordfrankreich. **3** Die Nächte Mitte Dezember so lang sind wie die Tage. **4** Es im Studentenwohnheim billiger ist als im Hotel. **5** Er Western lieber mag als Science-fiction-Filme.

8

1 Ich glaube, daß er so viel gearbeitet hat wie seine Schwester. **2** Wir denken, daß die Frauen so gut fahren wie die Männer. **3** Ich bin sicher, daß er lieber Cola trinkt als Bier. **4** Sie sagt, daß es ihm besser geht als vorige Woche. **5** Ich weiß nicht, ob Marilyn schöner war als Ava Gardner.

9

1 schnellste. **2** billigste. **3** reichsten. **4** doofsten. **5** größte. **6** beste. **7** nächste. **8** teuersten. **9** liebste. **10** kälteste.

10

1 lieber. **2** besten. **3** älteste. **4** meinsten. **5** kälter.

11

1 am schnellsten. **2** am weitesten. **3** am höchsten. **4** am schnellsten. **5** am höchsten.

12

a) 1 Das ist der interessanteste Roman, den ich je gelessen habe. **2** Das ist die doofste Frage, die ich je gehört habe. **3** Das ist die schwerste Klassenarbeit, die ich je gemacht habe. **4** Das ist die beste Torte, die ich je gebacken habe. **5** Das sind die teuersten Schuhe, die ich je gekauft habe.
b) 6 Sie ist am schönsten. **7** Er schwimmt am schnellsten. **8** Er springt am höchsten. **9** Er arbeitet am meisten. **10** Sie spielt am besten.

13

1 Er läuft am schnellsten. **2** Es wird immer kälter. **3** Die Zugspitze ist der höchste Berg Deutschlands. **4** Willst du in die Pizzeria gehen ? Nein ich gehe lieber ins Kino. **5** Das ist das schönste Buch, daß ich je gelesen habe. **6** Er ist genauso groß wie ich. **7** Er arbeitet sehr gut. Er arbeitet sogar am besten. **8** Man sagt, daß es der wärmste Sommer ist seit 10 Jahren. **9** Ich spiele am liebsten Handball. **10** Er arbeitet immer weniger.

14

1 am frühesten. **2** am besten. **3** der schönste. **4** das kleinste. **5** am besten. **6** der längste. **7** die Schlechteste. **8** am schnellsten. **9** die besten. **10** der größte.

22 - LE PASSIF, p. 100

1

1 werde. **2** wird. **3** werden. **4** werden. **4** wird. **6** werden. **7** werden. **8** wird. **9** wirst. **10** werden.

2

1 gemacht. **2** das wird... gelernt. **3** Das wird... gekauft. **4** Das wird... geholt. **5** Das wird... geschrieben.

3

1 wird/Vati. **2** wird von Agnes geholt. **3** Sie werden von ihr geschrieben. **4** Sie werden von ihnen gemacht. **5** Sie wird von ihm angerufen.

4

1 Der Tisch wird gedeckt. **2** Viel Bier wird getrunken. **3** Mechaniker werden gesucht. **4** Ich werde gerufen. **5** Müll wird getrennt. **6** Es wird gespielt. **7** Es wird geschlafen. **8** Es wird gearbeitet. **9** Es wird nicht gesprochen. **10** Es wird aufgeräumt.

5

1 Sonia wird von Alexander gerufen. **2** Die Nachbarin wird von Tobias gegrüßt. **3** Deutsche Schüler werden von der Journalistin interviewt. **4** Die Post wird vom Briefträger ausgetragen. **5** Der Artikel wird von einem japanischen Reporter geschrieben.

6

1 wurde. **2** wurde. **3** wurden. **4** wurde. **5** wurde.

7

1 Es wird getanzt/wird getanzt. **2** Es wird geschlafen/wird geschlafen. **3** Es wurde viel geredet/wurde viel geredet. **4** Es wird nicht geraucht/wird nicht geraucht. **5** Es wird musiziert/wird musiziert. **6** Es wird kein Alkohol getrunken/... wird es kein Alkohol getrunken. **7** Es wurde viel gelacht/wurde viel gelacht. **8** Es wird auf der Terrasse gefrühstückt/wird auf der Terrasse gefrühstückt. **9** Es wird zuviel gearbeitet/wird zuviel gearbeitet. **10** Es wurde die ganze Nacht gefeiert/wurde gefeiert.

8

1 In diesem Restaurant wird nicht geraucht. **2** Das Frühstück wird um 8.Uhr serviert. **3** Hier wird Deutsch gesprochen. **4** Hier wird ein Mechaniker gesucht. **5** In unserer Nähe wird eine Schule gebaut.

9

1 Das Theaterstück ist in Hamburg gespielt worden. **2** Er war von der Tante gestern erwartet worden. **3** Er ist vom Chef nach München gerufen worden. **4** Viel Geld ist ausgegeben worden. **5** Das Stück wird in Berlin gespielt werden. **6** Das Problem wird von den Technikern bald gelöst werden. **7** Wird Karneval auch bei dir gefeiert ? **8** Der Roman ist ins Deutsche übersetzt worden. **9** Der Walkman ist mir von meinen Eltern geschenkt worden. **10** Das Salz wurde in Lüneburg gekauft.

10

1 Der Tisch muß gedeckt werden. **2** Hier darf nicht geraucht werden. **3** Der Motor konnte nicht repariert werden. **4** Die Arbeit muß beendet werden. **5** Kann der Wagen geliehen werden ? **6** Der Kranke mußte gleich operiert werden. **7** Die Arbeit kann bis heute mittag gemacht werden. **8** Bei Grün die Straße darf nicht überquert werden. **9** Wenn es schneit, muß langsam gefahren werden. **10** Der Brief muß noch von der Sekretärin getippt werden.

11

1 Heute wird Tennis gespielt. **2** Am Sonntag wurde nie gearbeitet. **3** Gestern ist bis spät in die Nacht getanzt worden. **4** Letzten Sonntag ist er verhaftet worden. **5** Es wurde zu lange gezögert. **6** Wann werden die Geschäfte geschlossen ? **7** Es wird immer mehr von Arbeitslosigkeit gesprochen. **8** 1949 wurde die DDR gegründet. **9** Nächstes Jahr wird das Gymnasium renoviert werden. **10** Viele Betriebe sind privatisiert worden.

12

1 wurde. **2** werden. **3** worden. **4** wurde. **5** worden. **6** werden. **7** werden. **8** ist. **9** worden. **10** dürfen.

13

1 Deutsche Theater werden von den Bundesländern subventioniert. **2** Die Hanse wurde von Kaufleuten in Norddeutschland gegründet. **3** Berlin wurde von Aliierten kontrolliert. **4** Das Rote Kreuz wurde von Schweizer Henri Dunand gegründet. **5** Am Anfang der 80er Jahre wurden die Grünen von Petra Kelly vertreten. **6** Bis 1973 sind viele Gastarbeiter von den Deutschen angestellt worden. **7** Dresden wurde von den Engländern bombardiert. **8** Am 28.06.1914 wurde der Erzherzog Franz Ferdinand von Prinzip in Sarajevo ermordet. **9** Die Lichter wurden im Leuchtturm von einem Fischer angesteckt. **10** Am 15. August 1980 wurde der Tag der Grundsteinlegung für den Dom von den Kölnern gefeiert.

23 - LES RELATIFS, p. 106

1

1 den. **2** den. **3** die. **4** der. **5** das. **6** die. **7** die. **8** den. **9** der. **10** das.

2

a) 1 Wie heißt dieses Mädchen, das ein Eis ißt ? **2** Wer sind diese Leute, die wir eben getroffen haben ? **3** Wer ist dieser Mann, den du eben gegrüßt hat ? **4** Um wieviel Uhr kommen die Freunde, die wir eingeladen haben ? **5** Wem gehört der Ball, den ich im Garten gefunden habe ?
b) 1 Der Text, den wir übersetzen müssen, ist schwer. **2** Der Bus, der steht auf dem Marktplatz steht, hat eine Panne. **3** Die Frau, die gerade interviewt wird, ist die Schulleiterin. **4** Der Apfelstrudel, den ich selber gebacken habe, schmeckt sehr gut. **5** Der Zug, der aus Freiburg kommt, fährt gerade ein.

3

1 dem. **2** dem. **3** der. **4** dem. **5** denen.

4

1 den. **2** der. **3** dem. **4** der. **5** der. **6** der. **7** dem. **8** denen. **9** dem. **10** der.

5

1 dessen. **2** deren. **3** dessen. **4** deren. **5** dessen. **6** deren. **7** deren. **8** deren. **9** dessen. **10** dessen.

6

1 Gib mir das Buch, das auf dem Schreibtisch liegt. **2** Wo ist der Mantel, den du gekauft hast ? **3** Es ist ein Zug, der nur in Frankfurt hält. **4** Es ist das Haus, in dem wir vor 10 Jahren wohnten. **5** Die Leute, bei denen wir am Wochenende eingeladen waren, sind Christines Freunde. **6** Hier ist der Computer, von dem (wovon) der

Verkäufer mir gesprochen hat. **7** Wem gehört der Wagen, mit dem (womit) ihr/Sie nach Berlin gefahren seid/sind ? **8** Der Dom, dessen Türme du erblickst, ist die Frauenkirche von München. **9** Nimm das Buch, auf dessen Umschlag ein Bild von Ludwig II. steht. **10** Hier ist Frau Schultze, mit deren Sohn er nach Afrika gefahren ist.

7

1 Ich habe die CD gekauft, von der ich gestern gehört habe. **2** Hier ist der Garten, auf den er so stolz war. **3** Kauf dir das Buch, das du brauchst. **4** Das sind Leute, von denen wir nichts wissen. **5** Hier ist das Haus, von dem sie träumt. **6** Frau Halm hatte einen großen Hund, vor dem ich große Angst hatte, als ich ein Kind war. **7** Der Mahler, dessen Gemälde wir sehen werden, lebt in Worpswede. **8** Die Schüler, deren Namen auf diesem Blatt stehen, müssen sich im Büro des Direktors melden. **9** Die Kinder, um die sie sich am Samstag kümmert/die sie am Samstag betreut sind sehr nett. **10** Ich kenne den Schriftsteller nicht, von dem du sprichst.

24 - PROPOSITION INFINITIVE, p. 110

1

a) 1 Nein, ich habe keine Lust, Musik zu hören. **2** Nein, ich habe keine Lust, eine Cola zu trinken. **3** Nein, ich habe keine Lust, den Koffer zu packen. **4** Nein, ich habe keine Lust, Japanisch zu lernen. **5** Nein, ich habe keine Lust, die Mathearbeit zu korrigieren.

b) 6 Ja, man darf hier nicht baden. **7** Ja, man darf auf dem Schulhof nicht Fußball spielen. **8** Ja, man darf auf der Autobahn nicht radfahren. **9** Ja, man darf den Rasen nicht betreten. **10** Ja, man darf nach 22 Uhr nicht Klavier spielen.

2

1 zu. **2** zu. **3** zu. **4** –. **5** –.

3

1 Er freut sich, in München anzukommen. **2** Sie hat mir versprochen, Katrin vom Bahnhof abzuholen. **3** Ich habe vor, das Zimmer aufzuräumen. **4** Er freut sich, der Musiklehrerin zuzuhören. **5** Wir haben total vergessen, den Führerschein mitzubringen.

4

1 Ich habe keine Zeit fernzusehen. **2** Er hat vergessen, das Licht auszumachen. **3** Sie hat versprochen, ihr Zimmer aufzuräumen. **4** Ich habe keine Lust, Alexandra einzuladen. **5** Er freut sich, in Berlin anzukommen.

5

1 Tennis zu spielen. **2** Nach Madrid zu fahren. **3** Fleißig zu arbeiten. **4** Chinesisch zu lernen. **5** Biologie zu studieren.

6

1 Ich habe vergessen, Stefanie anzurufen. **2** Es macht mir keinen Spaß, den ganzen Tag zu arbeiten. **3** Ich hoffe, im Juli in Urlaub zu fahren. **4** Ich bitte dich, sofort zu kommen. **5** Er rät mir, um 7 Uhr aufzustehen.

7

1 Es freut mich, Tobias kennengelernt zu haben. **2** Es freut mich, Nürnberg besichtigt zu haben. **3** Es freut mich, die Nachbarn eingeladen zu haben. **4** Das Kind ist glücklich, schwimmen zu können. **5** Sie ist glücklich, mitkommen zu dürfen. **6** Die Schüler sind glücklich, das Problem lösen zu können.

8

1 Aufs Land zu fahren. **2** Die Haare schneiden. **3** In der Stadt spazieren. **4** Zu regnen. **5** Meine Verwandten anzurufen.

9

1 Ich nehme ihn, um schneller anzukommen. **2** Ich gehe in die Küche, um das Essen zubereiten. **3** Er hat das Fernsehen angestellt, um sich die Nachrichten anzusehen. **4** Ich gehe in die Buchhandlung, um den neuen Roman von Peter Schneider zu kaufen. **5** Er baut Maschinen, um dem Alltag zu entfliehen.

10

1 Ohne seine Schultasche mitzunehmen. **2** Ohne mich zu grüßen. **3** Ohne seine Fahrkarte zu entwerten. **4** Ohne seinen Blouson anzuziehen. **5** Ohne sich um die Kinder zu kümmern.

11

1 Anstatt mit der Straßenbahn zu fahren. **2** Anstatt den Arzt zu rufen. **3** Anstatt einkaufen zu gehen. **4** Anstatt in der Küche zu helfen. **5** Anstatt Sport zu treiben.

12

1 Er geht weg, ohne ein Wort zu sagen. **2** Simon geht ins Bett, ohne sich die Hände zu waschen. **3** Man kann leben, ohne jeden Abend auszugehen. **4** Du kritisiert, ohne zu verstehen. **5** Sie haben das Hotel verlassen, ohne die Rechnung zu bezahlen. **6** Anstatt zu arbeiten, spielt er Fußball. **7** Er schläft bis eins, anstatt eine Arbeit zu suchen. **8** Hilf mir, anstatt nichts zu machen. **9** Nimm ein Sparkassenbuch, anstatt dein ganzes Geld auszugeben. **10** Geh ins Bett, anstatt fernzusehen.

13

1 um... zu. **2** anstatt... zu. **3** ohne... zu. **4** um... zu. **5** ohne... zu.

14

1 ... um ihr zum Geburtstag zu gratulieren. **2** ... anstatt seine Oma zu besuchen. **3** ... ohne sich viel Mühe zu geben. **4** ... um mehr Geld zu verdienen. **5** ... anstatt sich um ihre Kinder zu kümmern.

15

1 Je n'ai rien à faire. **2** Il n'y a rien à voir. **3** La maison est à vendre. **4** Ce centre de remise en forme offre beaucoup de possibilités. **5** Il a commencé à pleuvoir. **6** C'est facile à faire. **7** Garage à louer. **8** Il doit travailler sérieusement. **9** Je suis heureux d'avoir gagné le match.

25 - CONJONCTIONS..., p. 116

1

1 Die Mutter sagt, daß Julia müde ist. **2** Christine sagt, daß Steffi Hunger hat. **3** Vati antwortet, daß Agnes am Telefon wartet. **4** Frau Griesbach sagt, daß die Kinder gern Musik mögen. **5** Die Lehrerin sagt, daß Andrea nicht versteht.

2

1 Ich weiß, daß Mami ins Kino gehen will. **2** Ich weiß, daß Stephanie eine Postkarte kaufen will. **3** Ich weiß, daß die Kinder nicht aufstehen wollen. **4** Ich weiß, daß Gregor keine Bonbons nehmen darf. **5** Ich weiß, daß das Schwesterlein noch nicht laufen kann.

3

1 Christiane sagt, sie ist müde. **2** Mami sagt, Elisabeth hat die Grippe. **3** Opa sagt, er geht einkaufen. **4** Petra sagt, sie muß das Zimmer aufräumen. **5** Melanie sagt, sie möchte in die Disco mitgehen.

4

1 Herr Schneider sagt, daß Katia draußen gewartet hat. **2** Paul antwortet, daß Onkel Hans nichts gesagt hat. **3** Silvia sagt, daß die Kinder ins Kino gegangen sind. **4** Mami sagt, daß Papi Mozarts Geburtshaus fotografiert hat. **5** Tobias sagt, daß Michael die Pizza gegessen hat.

5

1 Nadine fragt, ob Max Hunger hat. **2** Mami fragt, ob Christof ein Stück Schokolade will. **3** Martina fragt, ob das Kind schon laufen kann. **4** Jens fragt, ob Oliver zu Oma gegangen ist. **5** Britta fragt, ob der Lehrer ein Foto gemacht hat.

6 **1** … ob Sabine Hunger hat. **2** … ob Katrin in den Garten gegangen ist. **3** … ob Vati sich die Kassette ansehen will. **4** … ob die Kinder den Tisch gedeckt haben. **5** … Ob Papi angerufen hat.

7 **1** ob. **2** ob. **3** ob. **4** daß. **5** daß.

8 **1** Ja, er kommt nicht, weil er keine Zeit hat. **2** Ja, sie bleibt im Bett, weil sie krank ist. **3** Ja, Petra kommt nicht mit, weil sie keine Lust hat. **4** Ja, Max ist traurig, weil er nicht mitgespielt hat. **5** Ja, Mami hat nicht eingekauft, weil die Geschäfte zu sind.

9 **1** Stefan ist böse, weil er die Videokassette nicht findet. **2** Er ist zu spät gekommen, weil er den Bus verpaßt hat. **3** Sie will kein Ei essen, weil sie keinen Hunger hat. **4** Die Eltern bleiben zu Hause, weil sie sich ausruhen wollen. **5** Der Vater ärgert sich, weil Jan nicht gut gearbeitet hat.

10 **1** Da er samstags keine Schule hat, kann er lange schlafen. **2** Da sie keinen Wagen hat, muß sie mit dem Bus ins Büro fahren. **3** Da sie sich zu dick findet, ißt sie kein Brot mehr. **4** Da alle Zimmer belegt waren, haben wir im Wagen übernachtet. **5** Da er im Zentrum wohnt, nimmt er selten seinen Wagen.

11 **1** Er fährt nicht nach Berlin, weil er nicht genug Geld hat. **2** Christine geht nicht in die Schule, weil sie krank ist. **3** Der Lehrer ist böse, denn die Schüler haben den Text nicht gelernt. **4** Da du zum Bäcker gehst, kauf mir zwei Brötchen. **5** Da sie immer froh ist, hat sie viele Freunde. **6** Da ich ihn gestern gesehen habe, rufe ich ihn heute nicht an.

12 **1** Damit sein Vater nicht zu lange am Bahnhof wartet. **2** Britta geht ins Theater, um Karten zu besorgen. **3** Damit es im Winter nicht zu kalt ist. **4** Damit er nicht mehr zu spät kommt. **5** Um Arbeit zu finden. **6** Damit sein Vater sich eine Reportage ansehen kann. **7** Damit die Leute ruhig radfahren können. **8** Um zum Grillfest zu gehen.

13

1 obwohl seine Eltern es ihm verboten haben. **2** obwohl er Grippe hat. **3** obwohl die Straße glatt ist. **4** obwohl die Luft verschmutzt ist. **5** obwohl er Halsschmerzen hat.

14

1 Er ist so krank, daß er nicht aufstehen darf. **2** Sebastian hat so viel Arbeit, daß er nicht mehr in die Disco geht. **3** Sie war so traurig, daß sie die ganze Zeit weinte. **4** Es war so heiß, daß viele Menschen Gesundheitsprobleme hatten. **5** Der Film war so spannend, daß sie den Braten im Ofen vergessen hat.

15

1 er ihn nicht gehört hätte. **2** es seine Muttersprache wäre. **3** als ob es krank wäre. **4** als ob er ihn nicht gesehen hätte. **5** er eine Million Mark gewonnen hätte.

16

1 Er tut, als ob er mich nicht gesehen hätte. **2** Sie kümmert sich um ihn, als ob er ihr Sohn wäre. **3** Andreas ist blaß, als ob er krank wäre. **4** Er tut, als ob der Film ihm gefallen hätte. **5** Stefanie wird rot, als ob sie die Antwort nicht wüßte.

17

1 Je mehr es regnet, desto grüner wird der Garten. **2** Je weiter sie gingen, desto froher waren sie./desto mehr freuten sie sich. **3** Je schneller man fährt, desto mehr Benzin verbraucht man. **4** Je mehr er arbeitet, desto mehr freut der Lehrer sich. **5** Je weniger du arbeitest, desto weniger Chancen hast du, das Abitur zu bestehen.

26 - CONJONCTIONS... (2), p. 122

1

1 Wenn ich nach Hause komme, rufe ich Steffi an. **2** Wenn ich Ferien habe, fahre nach Italien. **3** Wenn ich Karten bekomme, gehe ich ins Konzert. **4** Wenn ich in die Stadt gehe, kaufe ich meine Schuhe. **5** Wenn ich mit der Arbeit fertig bin, rufe ich Markus an.

2

1 Als ich gestern ins Bett ging, saß er noch vor dem Bildschirm. **2** Als Carolina an der Haltestelle war, traf sie Britta. **3** Als Gregor in den Zug einsteigen wollte, wurde er zurückgestoßen. **4** Wenn wir eine Klassenarbeit schreiben, dürfen wir kein Wort sagen. **5** Als Samuel endlich eine Stelle fand, feierten wir die ganze Nacht.

3

1 Wenn. **2** wann. **3** wann. **4** wann. **5** Wann.

4

1 als. **2** wenn. **3** als. **4** wann. **5** als.

5

1 Bevor er wegfuhr, schloß er die Garagentür ab./Nachdem er die Garagentür abgeschlossen hatte, fuhr er weg. **2** Bevor Miriam ins Siebengebirge fuhr, schrieb sie ein paar Glückwunschkarten/Nachdem sie ein paar Glückwunschkarten geschrieben hatte, fuhr sie ins Siebengebirge. **3** Bevor Clemens zum Tennisclub fährt, repariert er sein Rad./Nachdem Clemens sein Rad repariert hat, fährt er zum Tennisclub. **4** Bevor Max sich an die Arbeit macht, ruft er Katja an./Nachdem Max Katja angerufen hat, macht er sich an die Arbeit. **5** Bevor der Regisseur einen Produzenten findet, wird das Drehbuch für den Film geschrieben./Nachdem das Drehbuch für den Film geschrieben worden ist, sucht der Regisseur einen Produzenten.

6

1 vorher. **2** bevor. **3** vor. **4** bevor. **5** vorher.

7

1 nachdem. **2** nachdem. **3** nachher. **4** nach. **5** nachdem.

8

1 Nachdem er in Paris Französisch gelernt hatte, fuhr er nach Frankfurt zurück. **2** Um 6 Uhr spiele ich Fußball, aber vorher muß ich meine Arbeit fertigmachen. **3** Vor der Öffnung der Mauer war es schwer zwischen West-Berlin und Ost-Berlin hin- und her zufahren. **4** Am Sonntagmorgen geht er joggen und nachher nimmt er eine warme Dusche. **5** Nachdem sie Abitur gemacht hatte, fuhr sie nach Berlin.

9

1 bis. **2** sobald. **3** solange. **4** während. **5** seit.

27 - LE DISCOURS INDIRECT, p. 126

1

1 Er spiele. **2** Er sage. **3** Er habe. **4** Sie arbeite. **5** Es beginne. **6** Du kommest. **7** Du seist. **8** Du gehest. **9** Du habest. **10** Du lesest. **11** Ihr fraget. **12** Ihr wollet. **13** Ihr müßet. **14** Ihr seiet. **15** Ihr lernet. **16** Wir seien. **17** Du nehmest. **18** Ich sei. **19** Sie lerne. **20** Sie seien.

2

1 Agnes sagt, daß der Film super sei. **2** Katrin sagt, daß Mama die Grippe habe. **3** Vati meint, daß Petra zu Hause bleiben wolle. **4** Steffi sagte, daß der Bus in 5 Minuten fahre. **5** Der Babysitter hat gesagt, daß er sich um die Kinder kümmere.

3

1 Herr Bergholz hat mir erzählt, daß er ein neues Haus kaufen wolle. **2** Es liege in der Fußgängerzone. **3** Es gehöre alten Leuten. **4** Es koste nicht viel Geld. **5** Es sei ein Zweifamilienhaus. **6** Es habe 5 Zimmer. **7** Es gefalle seiner Frau. **8** Er wolle es morgen besichtigen. **9** Seine Kinder seien begeistert. **10** Im Garten stehe ein schöner Brunnen.

4

1 Er fragte mich, wie ich heiße. **2** Er fragte mich, wo ich wohne. **3** Er fragte mich, wie alt ich sei. **4** Er fragte mich, woher ich komme. **5** Er fragte mich weiter, ob ich viel Arbeit habe. **6** Er wollte auch wissen, ob ich damit fertig sei. **7** Er fragte mich auch, ob ich mich auf die nächsten Ferien freue. **8** Er fragte dann, wohin ich fahre. **9** Er stellte noch die Frage, wie lange ich in Deutschland bleibe. **10** Dann eine letzte Frage, ob meine Schwester mitkomme.

5

1 Jennifer sagte mir, sie sei müde. **2** Ihre Mutter sei krank. **3** Sie müsse ihr im Haushalt helfen. **4** Es falle ihr schwer, ihre Schularbeiten zu machen. **5** Ihr Vater mache gerade eine Geschäftsreise. **6** Ich antwortete ihr, sie müsse viel Mut haben. **7** Es werde sicher bald besser gehen. **8** Ich könne ihr beim Einkaufen helfen. **9** Für mich sei es kein Problem. **10** Ich hätte zur Zeit wenig Arbeit.

6

1 Gestern sei sie im Eisstadion gewesen. **2** Sie sei den ganzen Nachmittag Schlittschuh gelaufen. **3** Sie sei totmüde gewesen. **4** Ihre Eltern hätten sie abgeholt. **5** Sie hätten bei Freunden zu Abend gegessen. **6** Sie sei dann spät ins Bett gegangen. **7** Heute morgen habe sie nicht aufstehen können, obwohl ihre Mutter sie dreimal gerufen habe. **8** Sie habe dann eine Viertelstunde auf den Bus warten müssen. **9** Freundinnen von ihr seien auch zu spät ins Gymnasium gekommen. **10** Bis zur Mathestunde hätten sie vierzig Minuten vor der Schule warten müssen.

7

1 Der französische Präsident kam gestern in Berlin an/ist gestern in Berlin angekommen. **2** Er traf/hat den Bundeskanzler getroffen. **3** Sie sprachen/haben eine Stunde zusammen gesprochen. **4** Dann hielt/hat der Bundeskanzler eine Rede gehalten. **5** Er sagte/hat gesagt, das Eurogeld werde nicht schlechter sein als die D-Mark. **6** Die Bürger sollen keine Angst haben. **7** Kein Deutscher muß sich Sorgen machen. **8** Die Chancen für die Zukunft sind sehr groß. **9** Er wird alles tun, um gegen die Arbeitslosigkeit zu kämpfen. **10** Er will jedem wieder Mut geben.

28 - LE SUBJONCTIF II, p. 130

1

1 Ich hätte eine Frage. **2** Es wäre nett. **2** Es könnte interessant sein. **4** Geld müßte man haben. **5** Sie müßten ruhig bleiben. **6** Du könntest mich anrufen. **7** Du solltest dich beeilen. **8** Ich würde mich sehr freuen. **9** Ihr könntet öfter schreiben. **10** Wir wären zufrieden.

2

1 Könnten Sie mir eine Auskunft geben ? **2** Könnte ich Alex sprechen ? **3** Hätten Sie ein Buch über Österreich ? **4** Wären Sie so nett ? **5** Würden Sie mir helfen ? **6** Wäre es kein Problem ? **7** Würden Sie mich entschuldigen ? **8** Würdest du das machen ? **9** Könntest du anrufen ? **10** Hättest du Zeit für mich ?

3

1 Pourriez-vous me donner un renseignement ? **2** Pourrais-je parler à Alex ? **3** Auriez-vous un livre sur l'Autriche ? **4** Seriez-vous assez gentil ? **5** M'aideriez-vous ? **6** Ne serait-ce pas un problème ? **7** M'excuseriez-vous ? **8** Ferais-tu celà ? **9** Pourrais-tu téléphoner ? **10** Aurais-tu du temps pour moi ?

4

1 Hätte er doch Arbeit !/Wenn er doch Arbeit hätte ! **2** Könnte ich doch kommen !/Wenn ich doch kommen könnte ! **3** Wäre sie doch gesund !/Wenn sie doch gesund wäre ! **4** Hätten wir doch genug Geld !/Wenn ich doch genug Geld hätten ! **5** Könnte ich doch richtig schlafen !/Wenn ich doch richtig schlafen könnte ! **6** Hätte er doch keine Probleme !/Wenn er doch keine Probleme hätte ! **7** Wäre das Wetter doch schön !/Wenn das Wetter doch schön wäre ! **8** Wäre ich doch nicht immer hungrig !/Wenn ich doch nicht immer hungrig wäre ! **9** Dürfte ich doch rauchen !/Wenn ich doch rauchen dürfte ! **10** Wäre es doch nicht so teuer !/Wenn es doch nicht so teuer wäre !

5

1 Hätte ich das gewußt !/Wenn ich das gewußt hätte ! **2** Wärest du nicht nach Zürich gefahren !/Wenn du doch nicht nach Zürich gefahren wärest ! **3** Hätte er uns doch gefragt !/ Wenn er uns doch gefragt hätte ! **4** Wäre sie doch zu Hause geblieben !/Wenn sie doch zu Hause geblieben wäre ! **5** Hätten Sie doch meinen Brief bekommen !/Wenn Sie doch meinen Brief bekommen hätten !

6

1 Ach, wenn das Wetter doch schön wäre ! **2** Ach, hätte ich (doch) Geld ! **3** Ach, wenn wir eine Reise nach Italien machen könnten ! **4** Ach, wäre es (doch) der letzte Schultag ! **5** Ach, wenn ich das gewußt hätte !

7

1 ... dann wärest du zufrieden. **2** ... dann hättest du eine gute Note ! **3** ... dann würdest du uns besuchen ! **4** ... dann ginge es besser/dann würde es besser gehen. **5** ... dann würdest du abnehmen. **6** ... dann könntest du dich ausruhen. **7** ... dann könntest du einen Kassettenrecorder kaufen. **8** ... dann würdest du in Tokio eine Stelle finden. **9** ... dann könntest du es verkaufen. **10** ... dann würdest du schönere Bilder machen.

8

1 Ich an deiner Stelle würde in Urlaub fahren. **2** Ich an ihrer Stelle würde heute nicht in die Stadt fahren. **3** Ich an Ihrer Stelle würde meinen Wagen nicht nehmen. **4** Ich an Christels Stelle würde jeden Tag essen. **5** Ich an deiner Stelle würde zum Arzt gehen.

9

1 Wenn Tobias nicht faul wäre, würde er Vokabeln lernen. **2** Wenn ich Geld hätte, würde ich einen Videorecorder kaufen. **3** Wenn Max müde wäre, würde er ins Bett gehen. **4** Wenn wir Ferientage hätten, würden wir aufs Land fahren. **5** Wenn ich kommen könnte, würde ich dir die Bücher bringen.

10

1 Wenn mein Vater wieder Arbeit hätte, würde ich mir eine Reise nach Kanada leisten. **2** Wenn ich jeden Tag allein zu Hause wäre, gäbe ich viele Partys. **3** Wenn ich 25 Jahre alt wäre, würde ich eine Mode-Boutique aufmachen. **4** Wenn ich nicht versetzt würde, würde ich nicht wagen, nach Hause zu kommen. **5** Wenn ich Ferien hätte, flöge ich nach Rom. **6** Wenn ich keinen Job gefunden hätte, wäre ich im Sommer zu Hause geblieben. **7** Wenn mein Vater arbeitslos geworden wäre, hätte ich jedes Wochenende gejobbt. **8** Wenn ich meinen Koffer verloren hätte, wäre ich zur Polizei gegangen. **9** Wenn ich mich in der Stadt verloren hätte, hätte ich einen Stadtplan gekauft. **10** Wenn ich mit meinen Eltern Probleme gehabt hätte, hätte ich mit Freunden darüber geredet.

11

1 Wenn er nicht tüchtig gewesen wäre, hätte er schlechte Noten bekommen. **2** Wenn Jan nicht so aggressiv gewesen wäre, hätte er mehr Freunde gehabt. **3** Wenn Philipp nach Deutschland gefahren wäre, hätte er schnell Deutsch gelernt. **4** Wenn er besser aufgepaßt hätte, wäre er besser in der Schule gewesen. **5** Wenn Frauke aufmerksam gewesen wäre, hätte sie es geschafft.

12

1 Wenn Astrid hätte zuhören wollen, hätte sie alles verstanden. **2** Wenn er hätte kommen können, wären wir ins Kino gegangen. **3** Wenn die Kinder auf dem Rasen hätten spielen können, hätten sie sich gefreut. **4** Wenn ich nicht so lange hätte warten müssen, wäre ich einkaufen gegangen. **5** Wenn es länger hätte dauern sollen, hätte ich es ihnen gesagt.

13

1 Hätte Astrid zuhören wollen, so/dann hätte sie alles verstanden. **2** Hätte er kommen können, so/dann wären wir ins Kino gegangen. **3** Hätten die Kinder auf dem Rasen spielen können, so hätten sie sich gefreut. **4** Hätte ich nicht so lange warten müssen, dann/so wäre ich einkaufen gegangen. **5** Hätte es länger dauern sollen, dann/so hätte ich es Ihnen gesagt.

14

1 als ob er ein Miliardär wäre. **2** als ob sie viel Geld hätten. **3** als ob er ein Deutscher wäre. **4** als ob er ein Profi wäre. **5** als ob sie ein Mannequin wäre.

15

1 Sie hörte Lärm, als ob jemand die Treppe hinaufginge. **2** Ach, wenn ich ins Ausland fahren könnte ! **3** Könnte ich Ihnen eine Frage stellen ? **4** Wenn ich es gewußt hätte, hätte ich nichts gesagt. **5** Es wäre angenehm, wenn das Wetter schon wäre. **6** Wenn du hättest einkaufen können, wäre ich ins Schwimmbad gegangen. **7** Ohne ihn könnte sie nicht leben. **8** Tu doch nicht, als ob du mich nicht gehört hättest !/...als hättest du mich nicht gehört ! **9** Er hat nicht viel Geld, sonst hätte er ihr Blumen gekauft. **10** Du hättest früher gehen sollen.

29 - VERBES + PRÉPOSITION + ACCUSATIF, p. 136

1

1 an. **2** auf. **3** für. **4** an. **5** an. **6** über. **7** in. **8** an. **9** um. **10** über.

2

1 auf. **2** um. **3** um. **4** auf. **5** um. **6** um. **7** gegen. **8** auf. **9** für. **10** an.

3

1 Wofür interessierst du dich ? **2** Woran gewöhnst du dich ? **3** Worauf wartest du ? **4** Worum kümmerst du dich ? **5** Worauf antwortest du ? **6** Wogegen kämpfen sie ? **7** Worüber ärgerst du dich ?/ Worüber beklagst du dich ?/Worüber regst du dich auf ? **8** Woran erinnerst du dich ? **9** Worüber freust du dich ? **10** Worüber lachst du ? *(les questions précédentes peuvent être posées également à la forme de politesse)*

4

1 Um wen kümmerst du dich ? **2** Auf wen wartest du ? **3** An wen wendest du dich ? **4** Über wen beklagt er sich ? **5** In wen hat er sich verliebt ?/ In wen ist er verliebt ? **6** Wofür interessierst du dich ? **7** An wen denkt er ? **8** Um wen handelt es sich ? **9** An wen denkt sie ?/An wen erinnert sie sich ? **10** An wen glaubst du ?

5

1 Wofür interessierst du dich ? **2** An wen wendest du dich ? **3** Worauf bereitest du dich vor ? **4** Worüber wunderst du dich ?/ Worüber freust du dich ? **5** Worauf trinkst du ? **6** Worauf freust du dich ? **7** An wen schreibt er ?/An wen wendet er sich ?/An wen erinnert er sich ? **8** Für wen hältst du ihn ? **9** Um wen handelt es sich ? **10** Worüber beklagst du dich ?/Worüber ärgerst du dich ?

6

a) 1 Ja, ich erinnere mich daran. **2** Ja, ich interessiere mich dafür. **3** Ja, ich bereite mich darauf vor. **4** Ja, wir diskutieren darüber. **5** Ja, wir kämpfen dagegen.

b) 6 Ja, er ärgert sich über sie. **7** Ja, es handelt sich um ihn. **8** Ja, sie hat sich in ihn verliebt. **9** Ja, ich schreibe an sie. **10** Ja, ich habe lange auf sie gewartet.

7

1 Woran denkst du ? **2** Auf wen wartest du ? **3** Für wen interessiert er sich ? **4** Über wen machst du dich lustig ? **5** Worum handelt es sich ? **6** Die Kinder ? Ja, ich kümmere mich um sie. **7** Das Abitur ? Ja, ich bereite mich darauf vor. **8** Die Ferien ? Ja, ich denke daran. **9** Das Klima ? Ja, ich gewöhne mich daran. **10** Thomas ? Ja, es handelt sich um ihn.

8

1 Ich warte darauf, daß du mich anrufst. **2** Erinnerst du dich daran, daß du zur Post gehen mußt ? **3** Sie wundert sich darüber, daß die deutschen Schüler nachmittags schulfrei haben. **4** Ich freue mich darüber, daß dieser Film Erfolg hat. **5** Ich erinnere mich daran, daß er mich letzte Woche argerufen hat.

30 - VERBES + PRÉPOSITION + DATIF, p. 140

1

1 in. **2** mit. **3** zu. **4** von. **5** von. **6** an. **7** aus. **8** an. **9** von. **10** zu.

2

1 Nous sommes arrivés à 7 h dans la ville. **2** On le compare à Beethoven. **3** Je t'invite à mon anniversaire. **4** Elle ne gagne pas d'argent et dépend encore de ses parents. **5** Il rêve d'un bungalow en bordure de forêt. **6** On le reconnaît à sa coiffure bizarre. **7** Le logement comprend trois pièces. **8** Tous les amis ont participé à la fête. **9** Il m'a raconté sa randonnée à vélo sur les bords du Rhin. **10** Je te félicite pour ton anniversaire.

3

1 aus deinem. **2** nach dem. **3** von deinem. **4** mit dem. **5** vom. **6** mit der. **7** an der. **8** zu dem. **9** vor dem. **10** vor.

4

1 Qu'est-il advenu de ton vieil ami d'école ? **2** L'étranger me demanda son chemin. **3** Nous avons entendu parler de ton accident hier. **4** J'ai téléphoné ce matin au directeur. **5** Notre voyage dépend du temps. **6** Nous commençons le travail demain. **7** La police doute de l'honnêteté de cet homme. **8** Cette jupe noire va très bien avec ton pull blanc. **9** Il fut effrayé par le chien. **10** L'enfant tremblait de froid.

5

1 Wovor, vor. **2** Womit, mit. **3** Wovon, von. **4** Von wem, von. **5** Woran, an. **6** Womit, mit. **7** Mit wem, mit. **8** Woran, an. **9** Vor wem, vor. **10** Von wem, von.

6

1 Er hat mich nach dem Weg zum Bahnhof gefragt. **2** Hast du schon von Worpswede gehört ? **3** Ich bin von seinem guten Willen überzeugt. **4** Wir gratulieren dir zu deinem Geburtstag. **5** Womit beginnen wir ? **6** Er hat lange von dieser Reise geträumt. **7** Wir sind um 4 Uhr in der Altstadt angekommen. **8** Was ist aus ihm geworden ? **9** Von wem sprichst du ? **10** Dieses T-Shirt paßt gut zu deinen Jeans.

Aubin Imprimeur
LIGUGÉ, POITIERS

Dépôt légal : septembre 1996
N° d'impression : P 52576
Imprimé en France

ANNIKA BRYN

Die sechste Nacht

Buch

Seit vier Wochen alle sieben Tage ein Mord – Stockholm ist in Angst erstarrt. Die Polizei ermittelt hektisch und vermutet eine Verbindung zu einer rechtsradikalen, nationalistischen Organisation. Gleichzeitig verschwindet das Rechtsanwaltsehepaar Anne und John Danielsson und ihre dreizehnjährige Tochter plötzlich spurlos. Anfangs sieht die Polizei keinen Zusammenhang mit den Stockholmer Morden, denn schnell stellt sich heraus, dass Anne zusammen mit ihrer Tochter einfach nur auf einem spontanen Kurzurlaub ist. Doch wo ist ihr Mann John? Nun wird einer von Annas Mandanten ermordet aufgefunden, und von John fehlt tagelang jede Spur. Erst als es der Polizei gelingt, den Stockholmer Kriminalbeamten Kent in die rechtsradikale Szene einzuschleusen, entdeckt man, dass John ein Gefangener der Gruppe sein muss. Aber wie kann man ihn befreien? Und wer ist der Drahtzieher hinter diesen ungewöhnlichen Verbrechen? Während Kent und seine Kollegen Johns Aufenthaltsort zu ermitteln versuchen, benutzt dieser die langen schrecklichen Tage seiner Gefangenschaft dazu, ganz eigene Pläne zu machen. Denn John Danielsson ist keineswegs hilflos: Als Erstes wird er seine Familie in Sicherheit bringen, doch dann wird er schreckliche Gerechtigkeit suchen. In der sechsten Nacht gelingt John tatsächlich die Flucht – und sofort macht er sich auf die Jagd …

Autorin

Annika Bryn lebt und arbeitet in Stockholm als freischaffende Journalistin. Weitere Thriller von Annika Bryn sind bei Blanvalet bereits in Vorbereitung

Annika Bryn

Die sechste Nacht

Roman

Deutsch von
Friederike Buchinger

BLANVALET

Die Originalausgabe erschien 2003 unter dem Titel
»Den sjätte natten« bei Wahlström & Widstrand.

Umwelthinweis:
Alle bedruckten Materialien dieses Taschenbuches
sind chlorfrei und umweltschonend.

Der Blanvalet Verlag ist ein Unternehmen
der Verlagsgruppe Random House.

1. Auflage
Deutsche Erstveröffentlichung Mai 2005

Umschlaggestaltung: Design Team München
Umschlagfoto: Visum/Dashuber
Satz: Uhl + Massopust, Aalen
Druck: GGP Media GmbH, Pößneck
Titelnummer: 36233
Lektorat: Maria Dürig
Redaktion: Nike Müller
Herstellung: Heidrun Nawrot
Made in Germany
ISBN 3-442-36233-4
www.blanvalet-verlag.de

Zur Erinnerung an KG

Sonntagnacht

Eva Beldon hatte Angst.

Sie hatte gewusst, dass das hier passieren konnte. Sie hatte sich ausgemalt, wie es sein würde, zumindest hatte sie geglaubt, das getan zu haben. Aber die Wirklichkeit sah ganz anders aus.

Die Podiumsdiskussion im Haus des Arbeiterbildungsbundes in Stockholm war an diesem Abend schon gegen halb neun zu Ende gewesen, aber die anschließende Fragestunde hatte sich in die Länge gezogen. Der Saal war brechend voll gewesen, die Luft stickig. Außer Eva hatten der politisch linksgerichtete Chefredakteur einer mittelschwedischen Zeitung, eine Abgeordnete der liberalen Folkparti, ein Aktivist der Göteborger Krawalle und ein Vertreter der Polizei, der sich zweimal hatte bitten lassen, auf dem Podium gesessen. Aufgrund des Themas »Ist unsere Polizeikultur gewaltverherrlichend?« war es schwierig gewesen, einen Polizeibeamten zu finden, der sich zur Verfügung stellte. Sowohl diejenigen, die mit einem beleidigten Nein reagierten, als auch die, die die Frage mit Ja beantworteten, hatten guten Grund fernzubleiben, weil zahlreiche Beweise für das Gegenteil sprachen und weil sich die Kollegen damit nicht sonderlich beliebt machten.

Hinterher waren alle hitzig diskutierend die Straße entlanggestiefelt und aus irgendeinem Grund im Tip Top gelandet, wo das aufgeregte Gespräch fortgeführt wurde. Eva hatte sich neben den Beamten von der Polizei gesetzt. In dieser persönlichen Runde hatte er sich entspannt und mehr von sich selbst erzählt, seine widersprüchlichen Gefühle waren an die Oberfläche gedrungen, die Liebe zum Job, die Unzufriedenheit mit der Dezernatsleitung, die nie ausreichend Unterstützung gab, das Gefühl, von der Presse verfolgt und missverstanden zu werden (zum Beispiel von Eva), sowie seine Sorge über reaktionäre und rassistische Strömungen im Korps. Sie hatten sich richtig gut unterhalten.

Als Eva schließlich gegen halb zwölf zur U-Bahn an der Handelshochschule ging, war sie bester Laune, leicht beschwipst von mehreren Bieren und dem wohltuenden Gefühl, sich mit einem anderen Menschen tatsächlich ausgetauscht und sich nicht nur aus dem Schützengraben beschossen zu haben.

Ihr Mann und ihr zehnjähriger Sohn schliefen in dem kleinen Vierzimmerholzhaus, das sie vor zwölf Jahren in Alvik gekauft hatten und das nun plötzlich dank der neuen Grundsteuerveranlagung zu einer Luxushütte avanciert war. Sie freute sich darauf, nach Hause zu kommen, zu duschen, sich noch ein spätes Käsebrot in der Küche zu gönnen und zu ihrem Mann ins Bett zu kriechen. Sie sehnte sich nach ihm. Morgen würde sie einen Artikel über den Arbeiterbildungsbund schreiben, über dessen Ideale und darüber, wie man die Volksbildungsideale in die neuen Zeiten hinüberretten könnte.

Sie musterte sich selbst in dem großen Schaufenster eines Fitnessstudios. Klein und rund, mit fröhlichen Augen unter dem hellen, lockigen Haar und einem richtig schicken, weinroten Mantel mit schwarzen Paspeln. Sie zwinkerte sich zu.

Zwanzig Minuten später stieg sie in Alvik aus und begann, den Hügel hinaufzustapfen. Gut, dass es ihn gab, denn diese Steigung zu bewältigen war so gut wie ihre einzige sportliche Betätigung. Die Straßen waren leer. Es war Anfang Mai, die Nächte waren noch kalt, aber die Bäume in dem großen, dunklen Park zu ihrer Rechten hatten auszuschlagen begonnen, und der Duft von Erde, Gras und eben aufgeblühten Blumen war betörend.

Sie quälte sich mühsam bergan, als ihr Handy klingelte. Es war ihr Mann.

»Du schläfst noch nicht?«, fragte sie erstaunt und gleichzeitig froh. Sie wollte mit ihm das Käsebrot am Küchentisch gern teilen und ihm dabei berichten, was am Abend alles geschehen war. Doch darauf hatte sie nicht zu hoffen gewagt, denn er war Tischler und musste am Montagmorgen früh aufstehen.

»Nein, Lina und Mattias sind vor ein paar Stunden vorbeigekommen, und wir hatten noch Hunger. Wo bist du? Wann kommst du?«

»Ich bin gleich da, in acht Minuten bin ich zu Hause. Kannst du mir einen Kaffee aufsetzen?«

»Natürlich! Wenn du kommst, ist er fertig. Ich umarme dich, Liebling, bis gleich!«, sagte er und legte auf.

Als sie ihr Handy in die Tasche zurücksteckte, entdeckte sie einen weißen VW-Bus, der ein Stück weiter oben mitten in der Kurve parkte. Das sah seltsam aus. Sie blieb stehen, betrachtete den Wagen und fühlte, dass sich ihr Misstrauen regte. Sie hatte sich geschworen, niemals ihre innere Stimme zu ignorieren. Sie machte ohne lange zu zögern auf dem Absatz kehrt und begann, zur U-Bahn zurückzugehen. Ihr Mann würde sie abholen kommen. Lieber einmal zu oft vorsichtig sein, als einmal zu wenig.

Während sie in ihrer Tasche nach dem Handy kramte, hörte sie, wie der Lieferwagen angelassen wurde. Zu ihrem Erstaunen kam das Geräusch näher, und als sie sich umdrehte, sah sie entsetzt, wie er in voller Fahrt rückwärts auf sie zuraste.

Sie begann zu rennen. Sie war allein auf der Straße. Die Fenster der niedrigen Wohnhäuser auf der anderen Seite waren dunkel, die Geschäfte geschlossen, und sie würde es auf keinen Fall dort hinüberschaffen. Sie konnte schräg durch den Park laufen, zu den Villen auf der anderen Seite, die jedoch mehrere hundert Meter entfernt waren. Wenn der Mann aus dem Van heraussprang und sie verfolgte, würde er sie einholen.

Das Auto glitt dicht an der Bordsteinkante entlang und bremste drei Meter vor ihr ab. Sie hatte das Handy nicht gefunden. Mit klopfendem Herzen blieb sie stehen und schnappte nach Luft. Sie wollte schreien, wollte versuchen, jemanden zu wecken, der ihr helfen konnte, aber sie war völlig außer Atem.

Sie konnte dem Mann am Steuer direkt in die Augen sehen. Er war schwarz gekleidet, eine Strumpfmaske über dem Kopf, und seine hasserfüllten Augen funkelten im Licht der Straßenlaterne. Selbst aus ihrer Entfernung spürte sie, dass er viel zu fanatisch war, als dass sie mit ihm hätte reden und zu etwas Menschlichem in ihm hätte vordringen können.

Vielleicht würde er ihr Leben auslöschen und damit auch für immer sein eigenes.

Ihr fiel auf, wie still es war.

Er öffnete die Tür, sprang auf den Bürgersteig und kam auf sie zu.

1

Montag

Den Mann, der in der Stockholmer City den Bürgersteig entlangging, die Zigarette im Mundwinkel, das Gesicht furchig und verlebt, der Körper sehnig, hätte man für einen alten Junkie halten können, wenn Jacke und Jeans noch eine Spur zerschlissener gewesen wären. Andererseits war er viel zu durchtrainiert – wäre er jünger als seine vierundvierzig Jahre gewesen, hätte er aktiver Sportler sein können. Beide Eindrücke verloren sich, wenn man ihm in die Augen sah, denn sie blickten gefährlich und misstrauisch.

Er schien kein bestimmtes Ziel zu haben, sondern schlenderte die Straße entlang, aber sein Blick tastete unaufhörlich die Umgebung ab, als suche er etwas. Alle, die ihm entgegenkamen, wichen unwillkürlich ein Stück zur Seite, um ihm Platz zu machen, erleichtert, wenn seine Augen weiterwanderten und nicht an ihnen hängen blieben.

Vor einem Tabakladen blieb der Mann stehen. Sein Interesse schien geweckt. Er studierte ein paar Titelblätter am Zeitungsständer vor der Tür.

Die neuen Ausgaben der beiden Abendzeitungen zeigten groß aufgemachte Schlagzeilen und Fotos einer Frau Mitte dreißig. Auf dem einen war nur ihr lachendes Gesicht unter dem hellen, krausen Haar zu sehen, auf dem anderen befand sie sich offensichtlich auf einem Segelboot im Sommerurlaub. Es handelte sich also nicht um Passbilder, und es entstand der Eindruck, als hätte man diese Aufnahmen ganz bewusst gewählt, um die Frau glücklich und froh in einem aktiven Leben zu zeigen. Darunter prangte in schwarzen Lettern: »DER VIERTE NAZIMORD – EVA

BELDON HEUTE MORGEN TOT AUFGEFUNDEN. *Bekannte Journalistin ermordet.*«

Er nahm eine Zeitung aus dem Ständer, betrat das Geschäft und bezahlte, lehnte sich draußen an die Backsteinwand und blätterte die acht eilig redigierten Seiten durch, die sich um den Mord drehten.

Eva Beldon war eine der bekanntesten gesellschaftspolitischen Kolumnisten dieser Zeitung gewesen. Sie hatte ein gutes Stück links von den Sozialdemokraten gestanden und hatte eine Reihe von Jahren bissige Artikel über soziale Abrüstung geschrieben, über rückgratlose Politiker und verwirrte Beamte auf allen Rangebenen, über Frauendiskriminierung, die Gleichberechtigung Homosexueller, Flüchtlingsfragen, gewalttätige Polizisten, Rechtsskandale, wie etwa die politisch motivierten, hohen Haftstrafen nach den Demonstrationen in Göteborg, und über Neonazis. Da sie Humor besaß und sich als eine für gewöhnlich umgängliche und überlegte Frau erwiesen hatte, war sie ein willkommener Gast in allen Gesprächsrunden des Frühstücksfernsehens gewesen.

Es gab Bilder, die sie als Kind mit einem großen Hund zeigten, als Studentin, als Ehefrau mit einem Baby auf dem Arm. Eine halbe Seite wurde von einem unscharfen Foto eingenommen, das den mit Plastikbändern abgesperrten Fundplatz zeigte, eines dieser typischen Gebüsche in Parkecken und neben Fußwegen, in denen Mordopfer eben aufgefunden werden. Bilder von einem undeutlichen weißen Fleck im Gras, unten, neben den Füßen irgendeines Polizisten, ein Fleck, der die Leser erschauern lässt und ihre Fantasie in Gang setzt. Ist das die getötete Person, eine Art Markierung oder nur eine Plastiktüte von Konsum?

Es gab auch Bilder von dem Gerichtsverfahren gegen zwei junge Neonazis, die die Tote vor ein paar Jahren bedroht hatten. Sie hatten angerufen, SMS und E-Mails geschickt. Durch das Blitzlicht wirkte sie ernst, aber entschlossen, ein wenig mollig in ihrem roten Blazer. Es gab auch Passfotos von den jungen Männern. Sie waren ungefähr zwanzig Jahre alt. Der eine hatte geblinzelt, als das Foto geschossen wurde, und schien halb zu schlafen, der andere sah erstaunlich gewöhnlich und nichtssagend aus. Sie waren zu Geldstrafen verurteilt worden.

Die Polizei des Västerortbezirkes wollte weder etwas darüber verlauten lassen, ob sie Spuren gefunden hatten, noch ob das Opfer am Fundort ermordet worden war, aber die Zeitung zog den Schluss, dass auch dieser Mord auf dieselbe Art verübt worden war wie die drei vorherigen. Es gab keinen Tatverdächtigen. Eva Beldon hinterließ ihren Mann und ihren zehnjährigen Sohn.

Der Mann verschlang jedes Wort. Dann faltete er die Zeitung zusammen und nahm seine rastlose Wanderung wieder auf.

Einige Häuserblocks weiter bog er in eine stille Seitenstraße ein und steuerte auf einen verschlafenen Pub zu. Er schnippte seine Zigarettenkippe auf die Straße, ging hinein und blieb für einen Augenblick auf der Türschwelle stehen, bis er sich an das Dämmerlicht im Inneren gewöhnt hatte. Er blickte sich taxierend um.

Es war ruhig, und nur vereinzelt saßen Gäste an den Tischen. Am Tresen standen zwei, die der eher lautstarken Kneipenklientel zuzuordnen waren, um diese Tageszeit waren sie aber offenbar noch nicht ganz auf ihrer Höhe. Etwas verschlafen hingen sie an der Bar und murmelten leise.

Ihr Anblick ließ ihn dennoch vage hoffen, aber auch nicht zu viel. Seit zwei Wochen bewegte er sich nun im Umfeld der Rechtsnationalen und suchte nach dem Mann, der es gewagt hatte, den ersten Schritt zu tun und den nationalen Kampf zu beginnen. Er hatte herausgefunden, dass der Mann nicht unter den bekannten Nationalsozialisten zu finden war, sondern eher unter den Unbekannten am äußeren Rand des Netzwerks. Einer von der Sorte, die sich lieber im Hintergrund hielt. Vielleicht wollte er seine Einsamkeit beenden, suchte Kontakt und hatte nur noch niemanden gefunden, dem er vertraute. Dieser Jemand wollte er selbst sein.

Hinter dem Tresen stand ein kleiner, grauhaariger Mann, wahrscheinlich der Besitzer. Er hob den Blick, als der Neuankömmling auf ihn zukam, sich auf einen Barhocker neben die beiden Zechkumpanen setzte, die Zeitung auf die Holzplatte schleuderte und um ein großes Starkes bat. Der Wirt stellte ein Glas vor ihn. Er nickte und schnippte die Zeitung mit den Fingern weg, dass sie ein wenig über den Tresen hinausglitt.

»Dieser Mord da«, sagte er. Seine Stimme war heiser und rau, und sie war im ganzen Lokal zu hören, ohne dass er sie hob. Alle, die sich unterhalten hatten, verstummten. Die Atmosphäre war plötzlich gespannt, als hätte sich die Luft mit unsichtbaren Signalsubstanzen gefüllt, die die Gäste Gefahr wittern ließ.

»Diese verfluchte Kommunistenschlampe ist doch selbst schuld«, fuhr der Mann fort. »Wer mit dem Feuer spielt, muss eben verdammt nochmal damit rechnen, dass er sich die Finger verbrennt.«

Mit einem herausfordernden Lächeln betrachtete er die Burschen neben sich.

»Oder?«

Sie zogen nicht so mit, wie er gehofft hatte. Ihre Blicke flackerten, und sie stimmten mürrisch zu, ohne größeren Enthusiasmus. Die Gäste hinter ihnen wirkten ein wenig verschreckt, warteten aber gebannt auf die Fortsetzung.

Er beugte sich zu den beiden hinüber und musterte sie. Sie waren um die zwanzig, hatten Flammen und Torshämmer auf die Unterarme tätowiert, sie trugen Tarnanzughosen und schwarze T-Shirts mit grellen Heavy-Metal-Aufdrucken und abgeschnittenen Ärmeln. Die Haare des einen hingen in langen, dünnen Strähnen zu beiden Seiten seines Gesichts herunter und verliehen ihm eine verwirrende Ähnlichkeit mit einem bleichen, deprimierten Hummer, der seine langen Fühler sachte hin und her bewegte. Der andere war rasiert, seine Glatze wuchs gerade in leichtem, rotem Flaum heraus. Seine Augenbrauen waren ebenfalls hell, und auf dem einen Oberarm prangte eine tätowierte Odalrune. Er nahm seine halb gerauchte Zigarette aus dem Mund und verwandte viel Zeit darauf, sie betont lässig im Aschenbecher auszudrücken.

Der Fremde sah enttäuscht aus und starrte ihm aus einigen Zentimetern Entfernung ins Gesicht.

»Warum sagst du nichts, verdammte Scheiße. Hörst du nicht, dass ich mit dir rede?«

»Ich denke eben, was ich denke«, antwortete der hellrote Stoppelkopf mit dem Mut der Verzweiflung, den Blick fest auf den Aschenbecher geheftet. »Und darüber bin ich dir wohl kaum Rechenschaft schuldig.«

Der Mann hob die Augenbrauen. Sein Lächeln verzog sich und wurde sarkastisch, als wären Schwäche und Feigheit das Einzige, was man von der Menschheit erwarten konnte, und als hätte er bereits mehr als genug davon erlebt. Er wartete ein paar Sekunden, ehe er antwortete.

»Wirklich? Hör zu, du, ich sag dir, warum du so feige die Klappe hältst. Du sagst nichts, weil es in diesem Land zu viel von dieser verfluchten politischen Korrektheit gibt. Sie unterdrücken deine natürlichen Instinkte. Du hättest diese Schlampe gern selbst fertig gemacht, aber du traust dich nicht, es zuzugeben. Ist es nicht so?«

Er redete etwas lauter, und er wusste, wenn die Leute mehr Mumm hätten, würden sie lieber einer nach dem anderen diskret abziehen, als zusammen mit ihm hier in diesem Lokal zu bleiben. Sie saßen alle da wie stille Zuschauer in einem Kino und hofften, dass der Unruhestifter mit dem unbehaglichen Gesicht sich auf irgendeine Weise in Rauch auflösen würde. Oder dass jemand anderes etwas unternahm. Und einer würde es tun.

Der kleine Wirt hinter dem Tresen hörte mit zusammengekniffenen Lippen zu. Er wünschte sich, dass der Wortwechsel verebben würde, wie es in solchen Situationen meist der Fall war, aber die Spannung in der Luft wollte nicht nachlassen. Er rang einen Augenblick mit sich, dann brach er die Stille.

»Wie kannst du sowas sagen? Hast du kein Mitgefühl mit der armen Frau, die umgebracht worden ist?«, fragte er aufgebracht.

Sein Akzent verriet seinen zentraleuropäischen Ursprung, vielleicht deutsch oder ungarisch. Mehrere seiner Gäste griffen verstohlen zu ihren Handys, um gegebenenfalls die Polizei zu rufen. Der Wirt bemerkte dies aus den Augenwinkeln und wusste sehr gut, dass kein Beamter rechtzeitig da sein konnte, wenn dieser arrogante Faschistenstiefel vor ihm sich plötzlich zu explodieren entschloss. Und das war genau das, was passieren würde – solche Typen verloren selten wirklich die Beherrschung, sie suchten nur auf Teufel komm raus nach einem Grund, ihrer Aggression freien Lauf zu lassen, auch wenn sie das nur selten in nüchternem Zustand taten. Er hatte so etwas schon früher erlebt, und das hier waren die üblichen Präludien. Provokante Bemerkungen und erzwungene Antworten, über die man sich künstlich aufregen konnte.

Aber er musste einfach weitermachen. Er musste. Vielleicht würde es funktionieren.

»Sie hatte auch Familie, hast du daran gedacht?«, sagte er. »Ich habe ihre Artikel oft gelesen, sie ist gut, sie will, dass die Menschen glücklich sind, sie setzt sich immer für die Schwachen und Ausgestoßenen ein, aber Leute wie ihr, ihr denkt nicht, ihr zerstört nur. Das hier ist nichts, worüber man grinsen kann, das hier ist Ernst, es ist eine Tragödie!«, fuhr er lautstark fort, als er sah, wie ein Lächeln die

Lippen des Fremden umspielte. »Ich kann hier nicht stehen und dir zu hören, das geht nicht, ich muss dich auffordern, mein Lokal zu verlassen!«

Der Fremde beugte sich über den Tresen und grinste ihn triumphierend an.

»So soll das klingen!«, sagte er. »Das hier ist *dein* Lokal und *du* bist der Einzige, der bestimmt, wer hier bedient wird. Keine verfluchten Politiker oder Journalistenschlampen oder sonst jemand! Das ist die Freiheit, die wir in diesem Land brauchen!«

Der Besitzer lief rot an.

»Raus hier! Verschwinde!«, sagte er heiser.

Das Grinsen saß noch immer im Gesicht des Mannes. Während sich Totenstille um ihn herum ausbreitete, leerte er sein Glas, nahm irritierend langsam seine Zeitung an sich, rutschte vom Barhocker, hob die Hand zu einem ironischen Gruß an alle im Lokal, schlenderte, gefolgt von verstohlenen, geringschätzigen Blicken, quer durch den Raum und verschwand auf die Straße.

Die Anspannung löste sich. Die wenigen Gäste atmeten auf, sahen einander an, in der zufälligen, wohltuenden Gemeinschaft, die eine abgewendete Gefahr verursacht, und schüttelten die Köpfe. Die Biertrinker suchten den Augenkontakt mit dem Wirt und grinsten geniert. Er nickte ihnen zu, ohne zurückzulächeln.

Der Fremde stand auf der Straße und wartete, ob einer der Burschen herauskommen und Kontakt mit ihm aufnehmen würde. Aber die Tür blieb geschlossen.

Er zuckte mit den Schultern, zündete sich eine neue Zigarette an und ging weiter. Zwei Häuserblocks entfernt war die nächste Kneipe. Er las den Namen auf dem Schild über der Tür, öffnete sie und trat ein.

Weiter nördlich in der City glitten die breiten Glastüren vor dem Foyer eines großen, eleganten Bürogebäudes auf und ließen einen jungen Mann ein, der nicht hierher zu gehören schien. Er hieß Bertil, achtundzwanzig Jahre alt, blass und ein wenig füllig, er trug graue Hosen und eine marineblaue Popelinjacke. Er hatte sich speziell für den Anlass gekleidet und fühlte sich unwohl, nicht zu den anderen zugehörig, die zielstrebig über den Marmorboden zwischen den Fahrstühlen, dem Eingang und den Geschäften im Erdgeschoss hin und her eilten.

Er studierte die Tafel, auf der die Mieter aufgelistet waren, und stieg dann in den Fahrstuhl, fuhr einige Stockwerke hoch, fand die Tür mit dem Schild »Danielsson & Danielsson, Anwaltskanzlei« und öffnete sie.

Er betrat einen Empfangsraum mit einer Sofagruppe, einem unauffälligen schwarzen Fernseher und zwei Schreibtischen. An einem der Schreibtische saß eine Frau in dunkelblauer Hose und Bluse um die fünfzig, offenbar die Sekretärin. Sie hieß Lotten Bergsten, das wusste er von dem kurzen Telefonat, das er vor ein paar Stunden vom Seven-Eleven aus geführt hatte. Zwischen einer Kaskade von Grünpflanzen und dem Fenster an dem anderen Schreibtisch saß noch eine zweite Frau, die gerade telefonierte. Sie war knapp dreißig, süß und mollig, hatte einen Pagenkopf mit geradem Pony und trug ein hellgraues Kostüm mit einer hellen, gelben Hemdbluse. Das musste die jüngere, angestellte Anwältin sein. Gina Larsson.

Es gab zwei Türen, die vermutlich zu den Büros der beiden Partner führten. John und Anne Danielsson hatte in dem zerfledderten Telefonbuch gestanden, in dem er geblättert hatte. Vermutlich verheiratet. Die eine Tür stand halb offen, und er konnte lebhafte Stimmen hören, die nach draußen drangen.

Die Sekretärin blickte von ihren Unterlagen auf. Er ging zu ihrem Tisch und stellte sich vor. Sie wirkte nett, die Augen unter ihrem kurzen, grauen Haar waren wachsam, aber freundlich, und das beruhigte ihn ein wenig.

»Eigentlich muss man ein paar Tage im Voraus einen Termin vereinbaren, aber Anne Danielsson wird gleich mit Ihnen sprechen, wenn Sie es kurz machen können«, sagte sie. »Setzen Sie sich, und warten Sie bitte so lange.«

Er nickte und nahm auf einem Besucherstuhl Platz. Auf dem Tisch daneben lagen die Abendzeitungen. Er las die Schlagzeilen über eine Journalistin, die am gestrigen Abend ermordet worden war.

Die Mollige beendete das Telefongespräch. Sie ging zu dem kleinen Durchgang, der zu der Kochnische, der Garderobe und der Toilette führte. Als sie den Wartenden sah, bot sie ihm einen Kaffee an. Sie schien zu merken, wie unbehaglich ihm zu Mute war, was ihn ärgerte, weil sie ihm deshalb irgendwie überlegen vorkam.

»Okay«, entgegnete er schroff.

Das klang nicht sehr höflich, und er bereute es sofort. Aber sie schien ihm diese Antwort nicht zu verübeln. Ein paar Augenblicke später kehrte sie mit dem Kaffee zurück, schenkte ihm ein aufmunterndes Lächeln, widmete sich wieder ihrem Schreibtisch und vertiefte sich in einen dicken Wälzer.

Es war befremdlich, hier zu sitzen. Er kam sich wie ein quadratischer Klotz vor, der versuchte, sich durch ein rundes Loch zu quetschen. Er konnte die Codes nicht entschlüsseln, wusste nicht, wie diese Frauen dachten. Aber der Kaffee war stark und heiß und half ihm, die lauernde Angst in Schach zu halten.

Die Sekretärin sah auf ihre Armbanduhr, griff nach einer Fernbedienung auf ihrem Schreibtisch und warf Bertil einen kurzen, fragenden Blick zu. Als er keine Miene verzog, machte sie den Fernseher an und stellte den Ton leiser.

Es war drei Uhr nachmittags, es kam eine Sondersendung über die Pressekonferenz aus dem Polizeipräsidium drüben auf Kungsholmen. Auf dem Podium saßen zwei

Personen, ein Mann um die sechzig, mit freundlichem Gesicht und silbergrauem Haar, und eine blonde Frau, die fünfzehn, zwanzig Jahre jünger sein mochte. Beide waren in Zivil. Im Saal drängten sich aufgebrachte Journalisten, die alle durcheinander redeten. Keiner hatte Zeit, die warme Frühlingssonne zu beachten, die den Weg auch durch die Fenster des Polizeigebäudes gefunden hatte.

»Frau Davidsson, wo wurde Eva Beldon gefunden?«, rief ein Journalist.

»Wie Herr Alberg gerade in seiner Einleitung gesagt hat, in einem Park in Traneberg, dort wo sie wohnte«, antwortete die Frau auf dem Podium geduldig. »Ihr Mann und zwei Freunde waren draußen und haben nach ihr gesucht, aber sie wurde erst gegen fünf Uhr morgens von einem Jogger entdeckt. Zu dem Zeitpunkt hatte ihr Mann gerade die Polizei verständigt. Wir wissen nicht genau, wie lange sie dort schon so gelegen hat.«

»Ist es sicher, dass sie ermordet worden ist?«, fragte der Korrespondent von Sveriges Television.

»Ja«, erwiderte die Ermittlerin kurz.

»Wie?«

»Es ist zu früh, um darüber eine Aussage zu machen. Wir müssen die Resultate der Obduktion abwarten.«

»Aber es ist geschossen worden?«, fragte eine smarte, dunkelhaarige Frau, die in der einen Ecke des Bildschirms gerade noch zu sehen war.

»Es sieht so aus.«

»Ist sie sexuell missbraucht worden?«

»Auch darüber können wir noch nichts sagen, aber wir haben keine äußerlichen Hinweise darauf gefunden.«

»Das hier ist der vierte Mord in vier Wochen an einem Menschen, der aktiv gegen den Rechtsextremismus in Schweden gekämpft hat«, sagte der SVT-Reporter mit lauter Stimme, leicht verärgert darüber, dass die weitaus weniger bekannte Frau sich auf ein Terrain gedrängelt hatte, das er als das seine betrachtete. »Bei den beiden ersten hat der Mörder Propagandamaterial mit nationalsozialistischem Inhalt neben den Opfern zurückgelassen. Dieses Mal auch?«

»Kein Kommentar.«

»Haben Sie die letzten Stunden des Opfers rekonstruieren können?«, sagte die Dunkelhaarige schnell, während SVT Atem holte.

Zum ersten Mal wurde es still im Saal. Bertil blickte die Anwaltsgehilfin an. Sie hielt ihren Blick wie festgenagelt auf den Bildschirm gerichtet, und zwischen ihre Augenbrauen hatte sich eine bekümmerte Falte gegraben.

»Sie hat gestern Abend eine Podiumsdiskussion beim Arbeiterbildungsbund geleitet zum Thema »Ist unsere Polizeikultur gewaltverherrlichend?«, sagte die Polizistin in neutralem Ton. »Mit auf dem Podium waren Göran Greider, Erik Wijk, eine Abgeordnete der Folkparti und ein Vertreter der Polizei. Im Anschluss gingen alle in das Restaurant des RFSL-Hauses, dem Reichsverbund für die Gleichberechtigung der Geschlechter.«

»Warum? Ist einer von ihnen schwul?«, fragte jemand.

Die Frau auf dem Podium ignorierte die Frage.

»Gegen halb zwölf brach Eva Beldon auf, um die letzte U-Bahn nach Alvik zu nehmen«, fuhr sie fort. »Soweit wir wissen, ist sie damit auch gefahren. Die anderen Diskussionsteilnehmer blieben noch in der Bar.«

»Wirkte sie unruhig oder hat sie etwas bedrückt? In welcher Stimmung war sie?«, fragte ein Reporter von TV 4.

»Sie schien außerordentlich gut gelaunt gewesen zu sein.«

»Könnte der Mörder auf sie gewartet haben?«

»Dafür gibt es keine Indizien.«

Mehrere setzten gleichzeitig an. SVT gewann.

»Vier Morde mit einem Täter aus nationalsozialistischen Kreisen in vier Wochen, und wie es scheint, haben Sie nicht eine einzige Spur«, sagte er anklagend. »Was tun Sie eigentlich? Ist das hier die misslungenste polizeiliche Ermittlung seit dem Palmemord? Sie wussten doch seit einer ganzen Woche, dass gestern Abend vermutlich jemand sterben würde. Hätte Eva Beldon heute Morgen gesund aus dem Bett steigen können, wenn Sie Ihren Job ordentlich gemacht hätten? Ist der Täter gerade damit beschäftigt, den nächsten Mord zu planen?«

»Was ist mit der Debatte beim Arbeiterbildungsbund?«, sagte jemand. »Könnte der Mörder ein frustrierter, nationalsozialistischer Polizist sein, der findet, er wäre von Journalisten und Intellektuellen schlecht behandelt worden?«

»Ich kommentiere keine Spekulationen über den Täter«, sagte Davidsson. »Aber ich kann so viel sagen, dass der eingeladene Polizeibeamte auch anschließend in der Bar dabei war und dass das Gespräch in freundschaftlicher Atmosphäre fortgesetzt wurde.«

»Was würden Sie dem Mörder sagen?«

Sie hob die Augenbrauen und sah aus, als wolle sie antworten. Der Silberhaarige beugte sich hastig vor zum Mikrofon.

»Das führt uns jetzt nicht weiter. Ich denke, wir brechen hier ab«, sagte er und sah auf die Uhr. »Ich danke Ihnen allen. Sie erfahren mehr, wenn wir mehr zu sagen haben.«

»Haben Sie denn zum gegenwärtigen Zeitpunkt noch kein Täterprofil erstellt?«, fragte SVT. »Ist wieder ein Verrückter unterwegs, der mit seinem Laserzielgerät Leute abschießt? Ein neuer Laserman?«

Die beiden auf dem Podium standen wortlos auf. Tumult brach aus, als die Journalisten von ihren Plätzen aufflogen. Die Ermittler verschwanden durch eine Tür, gefolgt von Reportern mit Mikrofonen. Der SVT-Mann warf sich vor der Kamera in Pose, um eine knappe Zusammenfassung zu formulieren.

Die Sekretärin machte den Fernseher wieder aus. Es wurde still, als hätte sie die Tür zu einer anderen Welt geschlossen. Sie schüttelte den Kopf und wandte sich ihren Unterlagen zu. Bertil trank seinen Kaffee und schielte in das Büro mit der halb geöffneten Tür.

Einer der Anwälte, der Mann, saß an einem kleineren Konferenztisch. Ihm gegenüber saßen eine groß gewachsene grauhaarige Frau und ein lebhafter, schmächtiger Mann. Zwischen ihnen auf dem Tisch lagen Dokumente sowie ein Buch. Alle drei schienen hocherfreut über etwas zu sein.

Bertil musterte den Anwalt. Er war etwa Mitte vierzig mit einem freundlichen, humorvollen Gesicht und kurzen, aschblonden Haaren, ein bisschen kleiner als der Durchschnitt, schlank und er trug einen dunkelgrauen Anzug, das Jackett über einem weißen Hemd und einem leicht gelockerten Schlips geöffnet. Er sah recht gut aus und hatte nichts von der Autorität und Penetranz an sich, die jeder Anwalt ausstrahlen müsste, dachte Bertil. Gerade jetzt saß er in jeder Hinsicht vergnügt und zufrieden zurückgelehnt in seinem Stuhl, als könne ihn nichts auf der Welt bekümmern. Aber er vermittelte auch den Eindruck von Bescheidenheit.

Das machte Bertil nervös. Wenn diese beiden Anwälte Memmen waren, dann war er hier falsch. Aber Anwälte mittleren Alters waren sicher schon eine Weile im Geschäft, redete er sich ein. Sie mussten raffiniert und zäh sein, sie mussten wissen, was zu tun war, wenn es darauf ankam.

Er betrachtete die Frau. Sie trug eine Art Zelt mit schwarzweißem Muster und wirkte trotz ihrer beeindruckenden Erscheinung zurückhaltend, während der Schmächtige auf dem Stuhl neben ihr fast vor Selbstvertrauen platzte und mit seiner selbstsicheren Art den ganzen Raum zu füllen schien. Er konnte kaum stillsitzen.

Der Anwalt griff nach dem Buch und begann, darin zu blättern. Bertil lehnte sich vor und versuchte, den Umschlag zu erkennen. Er war dunkel und zeigte die Konturen eines unbeleuchteten Hauses, vor dem ein schickes Auto parkte.

»Wann erscheint es denn?«, fragte der Anwalt. Er schien aufrichtig interessiert, aber er sprach sehr leise und ruhig.

»Nächste Woche!«, entgegnete der Kleine stolz.

»Es ist doch schön, dass wir das hier vorher regeln konnten«, sagte die Frau. »Unglaublich, dass es funktioniert hat!«

»Klar hat das geklappt!«, antwortete der Kleine generös. »Alles, was John macht, klappt! Der kriegt kein Bein mehr auf den Boden, dieser verfluchte Trunkenbold!«

»Er heißt Trubolt«, sagte die Frau.

»Das spielt doch keine Rolle. Ob er Henry Truman heißt oder Frank Delano Roosevelt. Oder Carl Jonas Love Almqvist. Oder B. Traven. Es ist einfach phänomenal, dass es so viel geworden ist!«

»Was hätten sie tun sollen? Sie hatten ja keine Wahl«, sagte der Anwalt bescheiden.

»B. Traven«, sagte die Frau nervös, als erwarte sie nicht, dass ihr irgendjemand zuhörte, »B. Traven – niemand weiß, wer er war, aber es gibt eine Tonbandaufnahme. Von Humphrey Bogarts Beerdigung, glaube ich. Er sagt also über Bogie: ›He was a swell guy…‹, dann sieht er das Tonbandgerät: ›… please turn that thing off!‹ Das war alles, was sie kriegen konnten.«

Sie verstummte. Der Anwalt lächelte sie an. Der Kleine blickte bewundernd zu ihr auf, als wäre sie eine Göttin. Bertil fragte sich, wer B. Traven war.

Aus den Augenwinkeln bemerkte er eine Bewegung und wandte hastig den Kopf. Anne Danielsson stand in der anderen Tür. Auch sie trug einen grauen Hosenanzug. Sie hatte warme, braune Augen, war dunkelhaarig, klein und älter als die Mollige. Er stand auf und ging auf sie zu. Sie lächelte ihn leicht erschöpft an, ließ ihn in ihr Büro und schloss die Tür.

Fünf Minuten später verließ er die Kanzlei, nahm zusammen mit drei Männern in Anzügen, die ihn nicht weiter beachteten, den Aufzug nach unten, durchquerte die belebte Lobby und trat auf die Straße hinaus.

Der Verkehr lärmte, die Luft war kühl, die Sonne schien und Passanten strömten gehetzt in beide Richtungen über die Bürgersteige. Er blickte sich unsicher um, als wüsste er nicht recht, was er tun sollte. Dann entschied er sich und ging mit raschen Schritten die Straße hinunter. Er würde seine Freundin anrufen und sich mit ihr verabreden. Auch wenn sie sauer auf ihn war, weil er sich so lange nicht hatte blicken lassen. Dann würde er ja sehen, ob ihr Ärger verflogen war und wie sie weitermachen würden.

Nach zwanzig Metern schloss ein Auto zu ihm auf. In dem lebhaften Verkehr überhörte er zunächst das Motorengeräusch, und als er das Auto endlich sah, war es schon ganz nah. Er zuckte zusammen und machte einen schnellen Schritt zurück in Richtung Hauswand. Das Auto hielt am Bürgersteig und das Seitenfenster wurde heruntergelassen. Jemand sprach mit ihm aus dem Fond.

Er sah sich suchend nach einem Fluchtweg um. Nachdem er ein paar Augenblicke gezögert hatte, stieg er widerwillig hinten ein. Das Auto spurte auf die Straße ein und mischte sich mit dem übrigen Verkehr.

Es war das letzte Mal, dass irgendein Mensch die Gelegenheit hatte, den Mann lebendig zu sehen. Der Verkehr rauschte weiter, als wäre nichts geschehen, und niemand hatte die kleine Szene bemerkt.

2

Dienstag

Es war halb fünf Uhr morgens. Eine Krankenschwester, die in der Sysslomansgata in der stillen Enklave von Wohnhäusern, Bäumen und Rasenflächen zwischen Fridhemsplan und Rålambshov wohnte, stolperte atemlos den Hügel Richtung Park hinunter, eine Leine in der Hand, gezogen von einer eifrigen, schwarzen Scotchterrierhündin.

»Colette!«, rief sie.

Die kleine, dicke Hündin mit dem stolzen Namen der französischen Schriftstellerin hielt inne und warf ihrem Frauchen einen ungeduldigen und zugleich nachsichtigen Blick zu, ehe sie auf ihren kurzen Beinen weitersauste.

Die Krankenschwester, die sich nur eine Jeans und den weiten Islandpulli ihres Mannes über den Pyjama gezogen und ihre Füße in ein Paar enorme, grüne Gummistiefel gesteckt hatte, hatte nicht die Geduld, um noch bis zu der kinderwagenfreundlichen Brücke über den Norra Mälarstrand zu gehen. Zwischen Birken und Parkscheinautomaten eilte sie hügelabwärts, querte die breite Straße und begab sich in den Park.

Gemeinsam mit dem Hund folgte sie an den Büschen entlang dem Fußweg, vorbei an den großen Rasenflächen und dem Café. Es musste noch mehr Hundebesitzer hier draußen geben, aber sie konnte keinen entdecken, und ihr war ein wenig unbehaglich zu Mute. Der Park war in dem trüben Licht vor Anbruch der Morgendämmerung ebenso leer wie die Straße. Alles war nur schemenhaft zu erkennen, und der Rasen lag menschenleer bis zum Brückenfundament am anderen Ende der Bucht.

Wenn der Nazimörder hier lauerte, wäre sie chancenlos. Aber sie war ja keine Prominente. Sie hatte noch nie für eine Zeitung geschrieben, und Nazis hatte sie bislang auch nur auf Bildern gesehen. Er würde sich gar nicht für sie interessieren.

Sie ging bis zum Wasser hinunter, bevor sie abbog und am Ufer entlanglief. Es roch nach dem kühlen Wasser des Riddarfjordes. Durch die hohen Büsche mit grün sprießenden, jungen Blättern zum Wasser zu kommen, war herrlich. Sie sog die frische Luft ein und dachte, dass es eigentlich zu kalt war für nackte Füße in Gummistiefeln.

Sie bückte sich und ließ Colette von der Leine. Die Hündin schoss übermütig los, ohne auch nur zu ahnen, dass ihre Stammmütter vor einigen tausend Jahren Wölfe gewesen waren, während sie selbst nur dreißig Zentimeter über den Boden ragte. Ihr Frauchen folgte ihr auf dem Fußweg, stolperte über Wurzeln, die den Asphalt unter ihren Füßen anhoben, und blieb stehen, um die Aussicht über die große Wasserfläche zu genießen, bis nach Långholmen und den dunklen Berg von Södermalm hinüber. Auf der anderen Seite des Fjordes ragte der Turm der Högalidskirche auf, weiter ostwärts die Kirchtürme von Riddarholmen und Gamla Stan. Das Morgenlicht schimmerte wie matte Seide und kleine Wellen leckten an den runden Steinen am Strand.

Das hier ist der Park des schwedischen Sozialstaats, dachte sie. Angelegt in einer optimistischen, zukunftsgläubigen Zeit, der Zeit der runden Formen, der kugeligen Autos und der menschenfreundlichen Abmessungen. Lange vor dem tristen, kantig feudalen Postmodernismus und Neoklassizismus. Nicht wie die Gegend um den St. Eriksplan, wo eine Art grässliche Schlosstreppe zwischen steifen Türmen zum kleinen Karlbergskanal hinunterführte. Das war kein Ort für Menschen. Viel zu aufgeblasen. Nichts sah dort natürlich aus, diese stinkfeine und humorlose Architektur schien die Passanten mit ihren gewöhnlichen Macken zu stören. Nein, so wie hier sollte es aussehen. Das hier ist die wahre Seele Stockholms.

Der Hund war vorgerannt, hatte jede Parkbank, jeden Baumstamm und Mülleimer inspiziert, hatte ein paar verschlafene Enten aufgescheucht und sprang jetzt zwischen den Steinen im Wasser herum. Sie ging weiter.

Die Boote waren wieder zu Wasser gelassen worden. Am Fuß des Walls, der unter der Västerbro hindurch bis zum Bad an der Smedsudde führte, neigte sich eine große Trauerweide mit rauem Stamm ins Wasser. Ihre Zweige reichten bis zu den halb vermoderten Holzresten, die früher ein Kai gewesen waren. Die Frau erinnerte sich, dass dort unter dem Baum vor wenigen Jahren jemand vom Blitz getroffen worden war. Nun wühlte Colette dort bei einer schwarzen Tüte am Boden. Die Hündin schien zu verschwinden – was tat sie? trank sie Wasser? – und wieder aufzutauchen.

Es konnte ein alter Mantel sein, der dort lag, oder ein vergessenes Paket, dachte die Krankenschwester hoffnungsvoll. Aber natürlich war es ein Müllsack, den jemand aus einem der Behälter gezerrt hatte, die entlang des Wegs aufgestellt waren. Um diese Tageszeit war der Park voll von allem möglichen Dreck. Die Leute saßen bis in die Nacht auf dem Rasen und genossen ihr Mitternachtspicknick oder Champagnerfrühstück, oder auch Bier und Wodka ohne Frühstück, lachten, redeten und lärmten, verteilten benutzte Pappteller, Flaschen und Kippen um sich herum, ehe sie in der Morgendämmerung mit geröteten Augen und Kopfschmerzen auf wackeligen Beinen nach Hause schwankten. Aber je schrecklicher man sich fühlte, umso besser musste es gewesen sein.

So war es tatsächlich, dachte sie und erinnerte sich an schöne vergangene Frühlingsmorgen, an denen sie fröstelnd und vom Wein benebelt, umgeben von ebenso benebelten Freunden, auf dem Hügel gestanden und zugesehen hatte, wie die Sonne langsam am Horizont aufging.

Die Hündin unten am Wasser schien verwirrt zu sein. Sie witterte, wich ein Stück zurück und pirschte sich wieder an die Mülltüte heran. Jeden Augenblick würde sie anfangen, sie aufzureißen, und alte, stinkende, eklige Essensreste herausscharren. Die Krankenschwester beschleunigte ihren Schritt und sah schon vor sich, wie sie ihren Hund unter die Dusche verfrachten musste, bevor sie zur Arbeit gehen konnte. Colette verabscheute duschen. Und es konnten schließlich auch andere, gefährliche Sachen in der Tüte sein. Fixerbestecke. Glasscherben.

Als sie näher kam, erkannte sie zu ihrer Erleichterung, dass es ein Mann war, der am Boden lag und schlief. Er lag so dicht am Wasser, dass nur Kopf und Schultern zu sehen waren. Offenbar ein Obdachloser. Er bemühte sich, still zu liegen. Vielleicht hatte er Angst vor Hunden. Aber er könnte wenigstens den Arm heben und Colette einen Klaps geben, dachte die Krankenschwester mit einem Anflug von Ungeduld. Oder den Hund wegscheuchen. Aber er traute sich wohl nicht, sich zu bewegen. Sie musste Colette rufen.

Ihr Unterbewusstsein, das schneller arbeitete als ihre Gedanken, wusste, dass es schlimmer war. Obdachlose liegen nicht ohne Unterlage auf dem Boden, und sie haben ihre Habseligkeiten bei sich. Plastiktüten. Oder einen Einkaufswagen oder Kinderwagen.

Sie blieb vor dem Mann stehen. Er war leicht aufgedunsen, blond, er trug graue Hosen und eine dunkelblaue Jacke. Sie hatte den Eindruck, dass er noch jung war. Er lag halb auf der Seite, und seine Arme und Beine waren eigentümlich verdreht, als wäre er aus einem Auto geschleudert worden und zur Wasserkante hinuntergerollt. Er war tot. Seine Augen waren geöffnet, sein Gesicht war schwer misshandelt worden und die dunkle Jacke war blutdurchtränkt.

Sie sank neben ihm in die Hocke und fühlte nach seinem Puls. Nichts. Sein Körper war kalt. Er hatte schon eine Weile hier gelegen.

Colette sah sie winselnd an.

Die Krankenschwester hatte schon viele Tote gesehen. Blau geprügelte, erschossene, verstümmelte. Kinder, Frauen, Männer.

Scheiße, dachte sie, scheiße. Dass das nie aufhört. Dass die Menschen sich nicht in Ruhe leben lassen können.

Sie griff nach ihrem Handy, das sie fast nie benutzte, und wählte 112. Es dauerte einen Moment, bis sie durchkam. Sie nannte das Wichtige und beschrieb, wo sie sich befand. Dann wählte sie die Nummer ihres Mannes – sie konnte ihn davon überzeugen, im warmen Bett zu bleiben – und die des Krankenhauses, wo sie in einer Dreiviertelstunde zum Dienst erscheinen musste.

Dann wartete sie bei dem Toten, bis Polizei und Krankenwagen eintrafen. Sie kniete neben ihm und hatte gerade begonnen, ihn auf die unmittelbare Todesursache hin zu untersuchen, als ihr einfiel, dass sie das gar nicht tun musste. Das war nicht ihre Aufgabe.

Sie hatte nichts, womit sie ihn hätte zudecken können. An ihren Knien war die Feuchtigkeit des Bodens durch Jeans und Pyjamahosen gedrungen. Sie stand auf und aus Sorge um beide, den Toten und Colette, nahm sie den Hund an die Leine und zog sich ein paar Meter zurück.

Sie blickte aufs Meer hinaus, das unter der großen Weide an den Strand schwappte, auf die flachen, bemoosten Steinplatten, die zur Verstärkung des Kais senkrecht im Boden verankert worden waren, die vermoderten Holzbalken, ein paar Dezimeter über der Wasseroberfläche. Ein Balken hatte über den Winter nachgegeben und wiegte sich in den Wellen. Ein Schwan glitt vorüber. Es war ein schöner Ort. Sie fragte sich, was dem Toten wohl widerfahren war.

Nach wenigen Minuten kamen drei Streifenwagen mit lauten Sirenen vom Norra Mälarstrand herunter und blieben ein Stück vom Mordopfer entfernt stehen. Um eventuelle Reifenspuren nicht zu zerstören, dachte sie. Die Fondtüren öffneten sich und die Beamten stiegen aus. Zu ihrem Erstaunen waren es nicht nur uniformierte Beamte, sondern auch ein Paar in Zivil, ein großer, hübscher, jüngerer Mann mit schwarzem Haar und eine Frau mittleren Alters. Hinter ihnen ertönte die Sirene des Krankenwagens.

Der Krankenschwester war ein wenig übel und sie fror an den Füßen. Ihr wurde plötzlich klar, dass das hier vielleicht der fünfte Mord war und dass dann der Nazimörder erst vor ein paar Stunden hier gewesen sein musste, genau hier an diesem Platz. Sie warf einen Blick auf den Toten, um zu sehen, ob sie ihn aus den Zeitungen kannte, aber es war unmöglich seine Gesichtszüge zu erkennen.

Überall waren Polizisten. Einige von ihnen sperrten den Fundort ab. Die Frau in Zivil streckte die Hand aus.

»Davidsson, Mordkommission. Das hier ist mein Kollege Jensen. Sie haben die Leiche gefunden?«

Die Krankenschwester nickte. Davidsson warf ihr einen forschenden und zugleich mitfühlenden Blick zu, ehe sie den Toten musterte.

»Meinen Sie, dass Sie sich kurz mit uns unterhalten können?«

»Ja, natürlich«, sagte die Krankenschwester.

»Dann beginnen wir mal am Anfang. Können Sie mir ihren Namen, Adresse und Telefonnummer nennen und uns erzählen, aus welcher Richtung Sie gekommen sind?«

Ein paar Minuten später durfte sie nach Hause gehen. Sie blieb noch einen Augenblick außerhalb der Absperrung stehen und beobachtete, wie die beiden Ermittler den Boden rund um den Toten genau untersuchten. Dann sah sie ein, dass sie zur Arbeit musste und dass ihr kälter war, als sie eigentlich ertragen konnte, und wandte sich mit Colette zum Gehen.

3

Eine Stunde später stand die Sonne hoch am Himmel. Verschlafene, nach Zahncreme und Deodorant duftende Frühaufsteher blinzelten ins Licht, während die U-Bahn über die Brücken ratterte. Über dem Wasser schrien die Möwen, Lieferwagen fuhren vor den Geschäften vor und die Verkäufer bei Seven-Eleven trugen neue Bleche mit aufgebackenem Brot für die gähnenden Kunden herein, die zum Zeitunglesen und Kaffeetrinken gekommen waren.

In Johns und Annes Wohnung ging die dreizehnjährige Tochter Miriam aus ihrem Zimmer in die Küche. Sie hatte noch ihren Schlafanzug an, trug nichts an den Füßen und ihre halblangen, braunen Haare fielen lose über ihre Schultern. Mit einem Buch in der Hand querte sie die Diele, ging an dem großen, furchtbar unordentlichen Wohnzimmer mit seinen hohen Fenstern, Bücherregalen und den zwei wirklich durchgesessenen Sofas vorbei, an dem Flur, der zum Schlafzimmer ihrer Eltern führte, vorbei. In der Küche holte sie sich Saft aus dem Kühlschrank, schaltete den Fernseher auf der Anrichte an und setzte sich an den Tisch. Der Saft war ein bisschen zu kalt. Sie hätte lieber einen heißen Tee oder Kakao getrunken, aber sie war noch zu schläfrig, um sich etwas Warmes zu machen.

Es dauerte noch ein paar Stunden, bis die Schule anfing. Miriam war müde und fröstelte, aber es gefiel ihr, wach zu sein, wenn fast der ganze Rest der Stadt noch schlief. Es war ein aufregendes und geborgenes Gefühl zugleich. Außerdem war das Buch spannend. Es war ein Sachbuch über Dinosaurier, und sie hatte im Bett bis Mitternacht gelesen und das Licht erst ausgemacht, als ihr das Buch aus der Hand fiel und der Text auf mystische Weise mit ihren Träumen zusammenfloss.

Im Fernsehen hatten gerade die Frühnachrichten begonnen. Kurz hörte sie dem Nachrichtensprecher zu, der von dem gestrigen Mord an der Journalistin berichtete. Sie hatte vor einem halben Jahr angefangen, Eva Beldons Kolumnen zu lesen, und sie gut gefunden Nun wallte eine Zornesswoge in ihr auf. Dann versank sie wieder in ihrem Buch.

Warum kann man nicht in der Zeit reisen?, dachte sie. Sie hatte keine Schwierigkeiten, sich die Welt vor fünfundsiebzig Millionen Jahren vorzustellen. Sie sah die Sonne, die über Berge und Farnwälder schien, die bald durch Nadel- und Laubbäume verdrängt werden sollten, sie sah die Steppen vor sich und hörte die Laute der Tiere und das Schreien der Pterodaktylen über ihrem Kopf.

Genauso schnell konnte sie sich in eine nähere Vergangenheit vor hunderttausend Jahren versetzen, konnte den Duft von Gras und Blumen riechen, den warmen, starken Geruch von Mammuts und Säbelzahntigern, und sie fühlte, wie aufregend es war, sich lange vor dem modernen Menschen in eine freie und unberührte Welt zu begeben. Wenn sie das so intensiv erlebte – warum konnte sie sich nicht dorthin bewegen? Das musste doch gehen.

Sie blätterte um und sah einem riesigen, behäbigen, grau-grünen Brontosaurus direkt in die Augen, der mit erhobenem Kopf aus der Buchseite blickte. Er hatte einen plumpen Körper mit dicken Beinen, ledriger Haut und einem kleinen Kopf am Ende eines langen Halses.

Ohne Schwierigkeiten meinte sie zu wissen, was er fühlte und erlebte, was er sah und wonach er sich sehnte, was ihm widerfahren war. Die Freude, Nahrung zu finden. Das Wohlbehagen, wenn der Wind die Hitze der Sonne auf dem Rücken kühlte. Die Sorge für ein Nest, gefüllt mit großen Eiern. Sie ließ sich mitreißen und glitt weit fort in Zeit und Raum, fasziniert von der Freiheit, den eigenen Körper verlassen zu können.

Mittagszeit. Sie befinden sich am Rande des Dschungels. Das grelle Sonnenlicht blendet. Um sie herum Explosionsgeräusche. Der dunkelhäutige Junge, vielleicht vierzehn Jahre alt, starrt den Mann aus ängstlichen Augen an. Er hält das Mädchen vor seinen Körper, den Arm um ihren Hals, ein Messer an ihrer Kehle. Über seiner Schulter hängt eine Mini-Uzi, die im Verhältnis zu ihm grotesk groß ist. Er versucht, das Mädchen in den Dschungel zu zerren. Sie trägt ein rosa Baumwollkleid. Keiner von ihnen hat Schuhe. Beide, sie und der Junge, schreien ihn geradeheraus an, sie in Todesangst, der Junge aus Furcht, Verzweiflung und Verwirrung. Schreie und Schüsse sind zu hören und der Rauch brennender Hütten, einst errichtet aus Zweigen und Plastikbahnen mit UNHCR-Marken, beißt ihnen in der Nase.

Unbarmherzig brennt die Sonne herunter. Er schwitzt, seine Jeans und sein T-Shirt sind staubig und kleben am Körper. Der Geruch von Gras, Rauch und Pulverdampf ist unerträglich. Er schreit den Jungen an, geht auf ihn zu, versucht ihn zu überzeugen. Lass sie los, zum Teufel, lass diese verdammte MP los, lass alles los! Schluss mit diesem Wahnsinn! Schließlich nimmt er seine Pistole und richtet sie auf den Jungen, will ihn dazu bringen, das Mädchen loszulassen.

Der Traum endete abrupt, wie immer. Atemlos und erschrocken fiel er mit klopfendem Herzen aus ihm heraus, presste die Arme an seinen Oberkörper und war verwirrt, als er merkte, dass sie nicht am Bettrahmen festgebunden waren. Er starrte auf den Kopfkissenbezug. Mehrere Sekunden verstrichen, bis ihm bewusst wurde, wo er sich befand.

Er rollte auf den Rücken, die Arme über das Gesicht gelegt, und atmete tief und langsam aus. Inzwischen war es lange her, aber manchmal kam es zurück, genauso wirklich, als wäre er erst am Vorabend aus Afrika heimgekehrt und hätte es noch nicht geschafft, seine Taschen auszupacken.

Ich muss es einfach kommen lassen, dachte er. Es dorthin lassen, wohin es verdammt nochmal will, damit es sich danach wieder zurückziehen kann. Es zieht sich jedes Mal wieder zurück. Was geschehen ist, ist weit weg. In einer anderen Zeit, an einem anderen Ort. Das war damals, jetzt ist jetzt. Es tut weh. Na und? Wer bist du denn, dass gerade du dir die Hände nicht schmutzig machen darfst? Komm drüber weg! Lass es kommen, aber lass es auch wieder verschwinden.

Er betrachtete den Raum. Das war ihre gemeinsame Welt. Ein großes, gemütliches Schlafzimmer mit Lehnstuhl und einem Tisch voller Bücher und Zeitungen. Die Morgensonne drang durch Jalousien. Ruhe und Frieden. Es war ein langer und beschwerlicher Weg gewesen, seit seiner Kindheit in der Zweizimmerwohnung in Sollentuna, aber jetzt war er hier. Das hier war sein Zuhause und daran würde sich nichts ändern.

Er warf einen Blick auf die Uhr neben dem Bett. Fünf nach sechs. Wieder war er früh wach geworden.

Anne lag neben ihm. Er fühlte die Wärme ihres Körpers unter der Decke. Sie lebte hier und jetzt, heil und unversehrt, ihre Augen waren nicht dunkel vor Angst, ihr waren weder die Beine fortgesprengt, noch der Bauch mit einer Machete aufgeschlitzt worden. Das war Luxus und ein Wunder. Vorsichtig nahm er ihre Hand und küsste sie und der Albtraum verblasste und verschwand. Die gesunde Seite gewann die Oberhand, erwachte erwartungsvoll an einem neuen Tag.

Anne bewegte sich, und er legte seinen Arm um sie. Sie war weich und warm und duftete gut und vertraut.

»Guten Morgen, Querida«, flüsterte er.

Sie drehte ihm verschlafen das Gesicht zu und schlug die Augen auf.

»Hallo John«, sagte sie heiser.

Ihre Haare hatten vereinzelt silberne Strähnen, ihre Augen waren dunkelbraun. Jetzt waren sie eine Spur verschwollen, aber in ihnen lagen Wärme und ein leises Lachen. Kleine Krähenfüße zogen sich bis an die Schläfen. Sogar nach vierzehn Jahren und obwohl sie zerzaust und verschlafen aussah – vielleicht gerade jetzt –, hatte ihr Blick eine Herausforderung und Kraft, die ihn wie ein Stoß durchfuhr.

Sie sah ihn an und brummte: »Ungeheuer, was du für gute Laune hast. Liegt das an Harriet?«

»Ja, das haben wir gut hingekriegt, das war klasse«, murmelte er in ihre Haare. »Weißt du, was ich gedacht habe, als wir dort saßen? Sie und Lasse, ihr Verleger, dieser kleine Typ, du weißt schon, die sind wie Dick und Doof. Sie passen einfach zusammen. Sie sollten heiraten. Glückliche Verbindungen, das ist es, woran ich glaube.«

Er zog sie an sich. Sie lachte und sah aus, als wolle sie etwas sagen, vielleicht fragen, warum Dick und Doof heiraten sollten. Stattdessen seufzte sie vor Wohlbehagen, legte ihre Hand auf seine empfindsame nackte Haut, gerade oberhalb seiner Hüfte und küsste seine Brust. Die warme Hand auf seinem Körper weckte das wohlbekannte Gefühl der Erregung und der Vertrautheit.

»Oh. Mm. Mach das nochmal«, sagte er.

»Ich weiß nicht, ob ich das schaffe«, murmelte sie. »Ich bin so müde. Ich fühle mich, als wäre ich aus Blei. Ich kann mich kaum rühren.«

»Das brauchst du auch nicht. Willst du weiterschlafen?«

Er legte seine Hand um ihren Kopf. Er mochte es, ihre Haare zu fühlen.

»Nein... Doch... Nein, ich will das nicht...«, sagte sie zögerlich.

Sie reckte sich genüsslich und schnupperte ein wenig an der Grube an seinem Schlüsselbein. Er spürte, wie sie zwischen Müdigkeit und Lust pendelte. Er küsste sie prüfend. Sie schmeckte ein bisschen salzig und roch nach Anne und Seife und ganz leicht nach Schweiß. Sie küsste ihn zurück, drückte ihren weichen Bauch gegen seinen Ständer und legte ihre Hände um seinen Nacken. Sie zu fühlen schickte ihm heiße Schauer über Rücken und Brust.

Die Erregung flammte auf. So wie jetzt war es am schönsten, wenn es schläfrig und verschmust begann und sich dann steigerte. Ihre Hände liebkosten zärtlich die Innenseiten seiner Oberschenkel. Er drückte sein Bein gegen ihren Schritt. Sie stöhnte auf und ihre Stimme versetzte ihm lustvolle Stromschläge. Sie spreizte die Beine, und er legte sich auf sie, ihre Blicke trafen sich, und Freude wallte in ihm auf. Hier war das Zentrum seines Lebens. Anne und das Bett, Miriam in ihrem Zimmer, die Stadt, die sie umgab.

Sie drehten sich beide um, sie legte sich auf seinen verschwitzten Bauch, und er umschloss mit beiden Händen ihre Brust, hob den Kopf, nahm eine Brustwarze in den Mund und berührte sie mit seiner Zungenspitze. Er konnte sehen, wie Speere von Wollust durch ihren Unterleib schossen. Sie tastete mit ihrer Hand nach seinem Ständer und nahm ihn in sich auf. Als er in sie eindrang, durchfuhr ihn erneut eine genussvolle Woge.

Später lag sie erschöpft auf seinem Bauch. Er merkte, dass ihr Rücken überall dort, wo seine Arme sie nicht festhielten, langsam kalt wurde, und er legte sie wieder auf den Rücken und lächelte zu ihr hinunter.

Plötzlich brach sie in Tränen aus. Er stützte sich erschrocken auf seine Ellenbogen.

»Was ist? Ist etwas nicht in Ordnung?«

»Nichts! Nichts, Liebling«, schluchzte sie. »Ich bin nur so verdammt müde!«

Er blickte sie prüfend an. Sie lachte zwischen den Tränen auf und vergrub ihr Gesicht in seiner Hand, als suche sie Schutz.

»Schau mich nicht so an! Es ist nichts, Liebster, ich schwöre.«

»Es ist offensichtlich, dass etwas ist. Was ist passiert? Sprich mit mir!«

»Es ist nichts passiert. Du hast nichts getan. Ich bin nur so erledigt. Ich bin nur so ... es ist, als würde sich die ganze Anspannung lösen, wenn wir uns so nah sind wie jetzt. Alles kommt hoch. Das ist in gewisser Weise sogar schön.«

Er setzte sich auf und zog sie wieder an sich und wickelte die Decke um sie. Sie schniefte, kramte zwei Papiertaschentücher aus der Nachttischschublade, trocknete sich mit dem einen schnell zwischen den Beinen ab und schnäuzte sich in das andere. Obwohl er sich Sorgen um sie machte, lag zugleich etwas Schönes in der Alltäglichkeit und Zerknittertheit des Ganzen, wie sie neben ihm trompetete. Er legte seinen Kopf an ihren.

»Sag es mir. Warum weinst du?«

»Ich weiß nicht. Es war einfach zu viel. Vielleicht ist es dieses blöde Paar, die Mossiers. Diese Scheidung, wie sie sich um das Kind streiten. Das nimmt mich mit.«

»Vergiss sie einfach. Die sind doch nicht ganz dicht. Wenn du versuchst, dich für so jemanden zu engagieren, wird daraus nur eine Quälerei.«

»Aber ich will etwas tun! Ich arbeite doch gern!«, erwiderte sie aufgewühlt. »Es ist so dumm, John. Ich kann nicht mehr klar denken. Ich kann mich nicht mehr erinnern, was ich gestern getan habe! Ich habe vergessen, was ich heute tun soll!«

Er strich ihr die Haare aus der Stirn.

»Dann tu einfach nichts! Erhol dich. Die Welt wird deshalb nicht untergehen. Ich kann Mossier übernehmen. Wenn du so weitermachst, bist du bald ausgebrannt.«

»Aber du kannst doch nicht anfangen, meine Mandanten zu übernehmen! Wo soll das enden?«

»Ach was. Das ist doch kein Problem.«

»Das ist es schon. Gegen die Wand rennen, das ist ein verflixt guter Ausdruck«, sagte sie düster. »Genau so fühlt es sich an. Ich fühle mich hohl im Kopf. Mein IQ muss irgendwo bei fünfzig liegen.«

Sie ruhte schlaff in seinen Armen, und er überlegte, was er tun sollte. Er würde sie gern noch eine Weile einfach festhalten, was sogar sehr schön wäre, aber lange würde ihr das nicht helfen. Er entschied sich, sie zu provozieren.

»Das macht doch nichts, dass du ein bisschen dämlich bist, wo du doch so wahnsinnig sexy bist«, sagte er mit einem beschützenden Lächeln und küsste ihren Nacken.

Plötzlich kam Leben in ihre Augen. Sie drehte sich schnell wie der Blitz um und knuffte ihn fest. Er hob die Hände und lachte. Das machte sie noch ärgerlicher und sie schlug ihn wieder. Er versuchte, sich zu wehren, aber sie rang ihn nieder, halb spielerisch, halb ernst, und er leistete Widerstand, bis er merkte, dass sie sich ganz und gar verausgabt hatte. Sie schlug sich besser, als sie ahnte.

Er setzte sich auf, und sie schmiegte sich zufrieden und froh in seinen Arm.

Er hatte nicht die mindeste Lust sie loszulassen und wollte kuscheln, aber sie hatten keine Zeit mehr.

»Hungrig?«, fragte er.

»Dann ab in die Hölle«, antwortete sie.

Sie zog sich die Decke bis unters Kinn und sah ihn erwartungsvoll wie ein kleines Mädchen an. Widerwillig kletterte er aus dem Bett, schlüpfte in seine Pyjamahose, wuschelte ihr durchs Haar, machte einen Abstecher ins Bad, um zu pinkeln und sich zu waschen, und weiter in die Küche.

Miriam saß am Küchentisch und las. Sie trug keinen Morgenmantel über dem Schlafanzug, ihre nackten Füße hatte sie auf dem Stuhl neben sich unter das Sitzkissen gesteckt. Es sah unbequem aus. Er ging zu ihr und küsste sie auf den Kopf.

»Hej. Wie geht's dir, Spatz? Warum bist du schon so früh auf?«

»Wollte lesen«, gähnte sie.

Er schaute in ihr Buch.

»Worum geht es?«

»Dinosaurier.«

Sie zeigte ihm hastig den Umschlag, auf dem ein Tyrannosaurus Rex in einer prähistorischen, fantastischen Landschaft abgebildet war. Im Augenblick las sie dauernd – Geschichtsbücher, Science-Fiction, Serien, Romane. Sie wollte alles verstehen und fühlte sich für alles verantwortlich. Sie sorgte sich um Tiere, die Schmerzen hatten, um kleine Neugeborene, die auf dem Weg von einer überfüllten Entbindungsstation zur anderen im Taxi auf die Welt kommen mussten, um Alte in Pflegeheimen, wo niemand Zeit für sie hatte, um alle Abscheulichkeiten, die Menschen einander antaten. Und wenn sie sich keine Sorgen machte, interessierte sie sich für archäologische Ausgrabungen, fürs Fliegen und für die Frage, warum es Religionen gab. Und dafür, wie sich Verliebtsein anfühlt.

Er konnte nicht beurteilen, ob sie sich zu viel zumutete oder ob das ganz natürlich war. Aber ihre enorme Energie, Wissbegier und ihr Potenzial imponierten ihm. Als er in ihren Mädchenzeitschriften geblättert hatte, hatte er sich gewundert, dass sich darin so gut wie nichts von alldem spiegelte. Da ging es nur um oberflächlichen Sex und was sie tun sollte, wenn sie einen Freund hatte – dass sie so schnell wie möglich einen haben musste, verstand sich von selbst, um verschiedene Lippenstiftfarben, darum, wie sie sich die Haare zu kämmen hatte und um das Für und Wider von Stringtangas. Es war eine kleine, verkümmerte Welt und er hatte sich gefragt, woraus eigentlich die Lesediät all dieser erwachsenen Journalisten bestand. Sie schien sehr begrenzt zu sein.

Er betrachtete nachdenklich Miriams zierliche Gestalt.

In der letzten Zeit hatte er oft darüber nachgedacht, wie die Welt wohl aussehen würde, wenn sie von dreizehnjährigen Mädchen regiert würde. Vermutlich sehr viel besser.

Sie blickte zu ihm auf.

»Was bedeutet Tyrannosaurus Rex?«

»Tyrannosaurus bedeutet Herrscherechse, Rex heißt König auf Lateinisch. Warum ziehst du dir nicht einen warmen Pullover an?«

»Ich friere nicht. Und was heißt dann Königin?«

»Regina. Solltest du nicht wenigstens einen Pulli anziehen?«

»Ich *will* keinen Pulli. Also wenn das hier eine Sie wäre, dann müsste sie doch Regina heißen?«

Der Gedanke war ihm noch nie gekommen. Er hatte sich immer alle Tyrannosaurier nur vage als große, brüllende, männliche Bestien vorgestellt. Ungefähr die Hälfte von ihnen musste natürlich weiblich gewesen sein. Und vielleicht brüllten sie auch überhaupt nicht. Vielleicht zwitschern sie wie Geparden?

»Oder Tyrannosaura Regina?«, fuhr sie fort. »Meinst du es gibt ein Femininum das Saura heißt?«

»Keine Ahnung«, erwiderte er. »Latein ist nicht gerade meine starke Seite. Nenn sie Königinnenherrscherechse.«

»Nur Königinnenechse, das klingt besser«, sagte sie und wiederholte den Namen.

Er betrachtete das Bild. Es kam ihm vor, als ändere die Bestie das Aussehen, wenn er sie sich als Königinnenechse vorstellte. Er bildete sich ein, dass ihre Wimpern wuchsen und dass sie ihn ein klein wenig kokett anschaute.

Alles Vorurteile, nur Vorurteile, dachte er. Er ging zur Küchenanrichte und warf einen Blick auf den Fernseher. Die Bilder aller Mordopfer der letzten Zeit wurden ausgestrahlt – außer der Journalistin noch ein Schauspieler, der sich gegen Rassismus eingesetzt hatte, ein Staatsanwalt, ein Schriftsteller, alle als engagierte Humanisten bekannt.

Das Expertenforum im Frühstücksfernsehen hatte gerade begonnen, über den Naziidioten zu diskutieren, der offenbar in die Fälle involviert war. Ein neuer Laserman? Wie sollte man einen Mörder dieses Kalibers aufspüren und identifizieren? Wo versteckte er sich? Was veranlasste ihn, so etwas zu tun? Fühlte er sich unterlegen und ausgegrenzt? War er waffenfixiert?

»Dämlicher Mörder«, sagte Miriam hinter ihm.

»Ja«, stimmte er zu.

Er stellte eine Pfanne auf den Herd und inspizierte den Kühlschrank. Er kochte gerne.

»Wird er sich auch über dich und Mama hermachen?«, fragte sie.

Er war völlig überrumpelt. Er hatte noch nicht einmal darüber nachgedacht, aber sie sah ihn unverwandt und forschend an.

»Nein, lieber Himmel, wir haben uns nicht für seine Liste qualifiziert, bei weitem nicht. Hast du dir Sorgen gemacht? Warum hast du nichts gesagt?«

»Aber ihr steht doch auch manchmal in der Zeitung. Ihr habt Stellungnahmen zur Auslieferungspraxis und zu Amnesty und allem Möglichen abgegeben.«

»Aber doch nicht so wie die, die hier ermordet worden sind. Weit davon entfernt. Uns kennt doch fast niemand. Wenn er über uns herfällt, dann kann er genauso gut gleich die Hälfte der schwedischen Bevölkerung umbringen. Das macht keinen Sinn.«

»Aber ihr könnt doch trotzdem vorsichtig sein?«

»Natürlich«, sagte er und dachte: Wie ist man vorsichtig?

Er wünschte, dass sie das nicht hätte sehen brauchen. Aber sie versuchte, die Welt zu durchschauen, die ihr jeden Tag entgegengeschleudert wurde.

Zu seiner Erleichterung begann sie, Brot zu toasten. Sie schien zu frieren, und er wollte ihr schon sagen, sie solle sich ein Paar Wollsocken anziehen, aber er verkniff es sich. Er musste aufhören, sie wie ein Baby zu behandeln. Das hatte sie sich schon mehrmals ausdrücklich verbeten und er versuchte, sich daran zu halten. Er wollte ihr einen liebevollen Klaps auf den Po geben, so wie damals, als sie drei war, aber er entschied sich dagegen und zerzauste ihr stattdessen die Haare.

Plötzlich fiel ihm Annes Blick wieder ein. Er wünschte, er wüsste, woran sie dachte.

Wohlgerüche und Wärme breiteten sich in der Küche aus. Miriam sah fröhlicher aus, und er fühlte sich besser. Er begann, vor sich hin zu summen und dachte an den gebrauchten schwarzen, kantigen Landrover, den er letzten Herbst gekauft hatte. Er freute sich darauf, ihn richtig fahren zu können, es war einfach idiotisch, damit in der Stadt herumzugurken. Wenn das Halbjahr in ein paar Wochen um war, würden sie in die Ferien starten. Raus in die Natur. Weg von zänkischen Scheidungspaaren und ihren armen Kindern. Weg von einem geistesgestörten, unglücklichen Mörder.

Er schob den Gedanken wieder beiseite.

Anne blieb noch eine Weile im Bett. Sie hätte den ganzen Tag schlafen können, aber sie wusste, dass es doch nichts helfen würde. Sie würde trotzdem mit demselben lähmenden Gefühl aufwachen. Sie musste etwas anderes tun. Von hier abhauen, zum Beispiel. Jetzt sofort.

Sie schlug die Decke zurück, blieb nackt auf der Bettkante sitzen und wartete, bis die Nervensignale bis zu ihrem Gehirn vordrangen. Es war ungewohnt, nicht so schnell denken zu können wie sonst, ungewohnt, dass sich ihr Körper anfühlte, als gehöre er jemand anderem. Ein Fremder in ihr hatte die Steuerung übernommen und bestimmte Bahnen abgekoppelt. Es war kein unangenehmes Gefühl, aber eigentümlich. Als wäre sie in Zellophan eingehüllt. Ich bin mit dem Kopf gegen die Wand gerannt und auf der anderen Seite wieder herausgekommen, dachte sie. Ich habe Sägespäne unter der Schädeldecke und eine bröckelige Gipsscheibe um den Hals.

Sie nahm ihren Morgenmantel, ging ins Bad, leerte ihre Blase und stieg in die Dusche. Warmes Wasser rieselte über ihren nackten Körper. Sie konnte ihn in dem beschlagenen Spiegel sehen. Als sie noch jung war, war sie schmal und sehnig gewesen und hatte sich immer runde, weibliche Arme gewünscht. Ihre acht Partner vor John hatten sich ausnahmslos darüber beschwert, dass sie so mager war. Jetzt war sie fünfundvierzig und überall sanft gerundet. Sie war nicht dick, aber alles war gemütlich gepolstert, und das war ein wunderschönes Gefühl. Wenn sie mit zwanzig frisch wie eine Rosenknospe gewesen war, dann war sie jetzt verführerisch wie eine Schüssel frisch gebackener Zimtschnecken, dachte sie und kicherte über den Vergleich. Das gefiel ihr, schließlich war sie völlig versessen auf Hefegebäck. Tatsächlich würde sie eine Zimtschnecke einem Martini dry immer vorziehen.

Ich bin ein Kindskopf, dachte sie. Deshalb glaube ich wahrscheinlich, dass am Ende alles gut wird. Das hier auch.

Sie betrachtete sich, das dunkle Schamhaar, das sie nie rasierte, und den weichen Bauch, der sich leicht wölbte. Früher war sie sehr stolz auf ihre kleinen Brüste gewesen; es war bequem, nicht vollbusig zu sein. Als sie mit Miriam schwanger wurde, waren sie größer geworden und jetzt waren sie etwas schwerer, aber immer noch nicht so groß, dass sie einen BH tragen musste, es sei denn, sie trug freizügigere Kleider. BHs schnitten im Rücken ein und drückten die Brüste nach oben, so dass es wehtat. So gesehen waren Blazer praktische Kleidung, denn darunter konnte sie tragen, was sie wollte. Sie verabscheute alles, was unbequem war oder sie beengte und ihre Bewegungsfreiheit einschränkte. Sie trug auch niemals hochhackige Schuhe.

Sie fühlte sich wohl in ihrem Körper, sie war in ihn hineingewachsen und wohnte in ihm, er trug wohlige und heiße Erinnerungen an Liebe und Kind in sich und fühlte sich wie ein warmherziger, wenn auch nicht allzu begabter Freund an. Wenn er eine Erkältung bekam oder Menstruationsbeschwerden oder wenn er wie jetzt signalisierte, dass er müde und erschöpft war, dann verzieh sie ihm das, denn sie hatte immer das Gefühl, dass er sein Möglichstes gab. Ruhig Blut, alles wird gut, tröstete sie ihren Körper.

Sie zog ihren Morgenmantel über und ging in das kühle Wohnzimmer, wo ein Fenster gekippt war. Fröstelnd zog sie es zu. Sie hätte gern ein Kaminfeuer angemacht. Aber sie hatte die frischen, grünen Blätter der Bäume unten an der Straße gesehen und das löste Freiheitssehnsucht in ihr aus.

Sie musste verreisen. Miriam war auch müde, sie würden gemeinsam fahren. Sie hatte das Recht auf zehn schulfreie Tage und wenn sie diese Woche freinahm, dann war sie zur Schulabschlussfeier wieder da. Danach kamen die Schulferien.

Sie trat ans Bücherregal und begann zu suchen. Bei ihnen gab es keine Ordnung im Regal, niemals. Ungefähr alle fünf Jahre nahmen sie sich zusammen und räumten die Fächer aus, niesten im Staub und stellten alle Bücher nach Themen und alphabetisch sortiert wieder hinein und genossen einige Wochen lang Schönheit und Friede in Ordnung und Symmetrie. Dann begannen bekanntermaßen zur Hälfte gelesene, aufgeschlagene Bücher auf den anderen zu landen und Stapel von Broschüren und Notizbüchern balancierten auf Zeitschriftenbergen, die unausweichlich umzukippen drohten, wenn sie weiter wuchsen. Auf dem Couchtisch breiteten sich die Tageszeitungen aus, in drei Richtungen von den viel kleineren Taschenbüchern gerutscht, die darunter lagen. Vielleicht war ganz unten auch noch eine alte, vertrocknete Orange versteckt.

Es gehörte nicht zu Annes Jobprofil, ihrer Familie hinterherzuräumen.

Sie fand die zusammengelegte Campingkarte über Dalarna und Hälsingland und hatte sich damit gerade aufs Sofa gesetzt, als John mit einem Tablett kam. Miriam trottete hinterher, und Anne fühlte die weiche, warme Freude, die sie immer in der Magengrube verspürte, wenn sie ihre Tochter ansah. Das Gefühl, das sie zum allerersten Mal gehabt hatte, als sie ihr kleines neugeborenes Baby erblickte, und das sie seither nie wieder verlassen hatte. Jetzt tat es beinahe weh, Miriam in dem dünnen Schlafanzug zu sehen. Sie lächelte ihre Tochter an und reichte ihr eine Wolldecke. Miriam wickelte sich darin ein, kroch neben ihre Mutter auf das Sofa und legte ihren Kopf an ihre Schulter.

John stellte das Tablett ab.

»Was machst du mit der Karte?«, fragte er abwartend.

»Ich dachte, dass Miriam und ich ein paar Tage Extraferien gebrauchen könnten, wenn das für dich okay ist«, sagte sie ein bisschen zu schnell. »Wir sind so müde und so matt. Nur eine Woche, dann kommen wir zurück. Also nur, wenn du nichts dagegen hast?«

»Ja!«, sagte Miriam neben ihr.

Er setzte sich in die Sofaecke. Er war verunsichert, und sie spürte das.

»Eine gute Idee«, sagte er warm. »Wunderbar. Genau das, was ihr braucht.«

»Regelst du das Büro?«

»Natürlich! Kein Problem.«

»Du könntest zum Wochenende nachkommen? Und könntest du Miriams Schule anrufen und alles erklären? Du bist doch nicht sauer?«

»Wieso sollte ich sauer sein? Ich lasse Samstagmorgen von mir hören und komme nach. Ich nehme den Zug, dann könnt ihr mich abholen.«

Anne beugte sich über die Karte und markierte verschiedene Ort mit einem Bleistift.

»Ich dachte, wir könnten dorthin fahren, wo wir letzten Sommer waren. Da oben, am Svärdsee, Bingsee. Wir können zu dem Campingplatz in dieses Naturschutzgebiet fahren, Domarudden.«

»Wie wäre es, wenn wir richtig wie in der Wildnis leben würden?«, fragte Miriam eifrig. »Keine Handys mitnehmen, keinen Laptop, keine CDs und so? Nur um zu sehen, wie sich das anfühlt?«

Johns Lächeln verschwand, als hätte jemand einen Knopf gedrückt.

»Auf keinen Fall«, sagte er.

»Warum denn nicht? Muss man denn immer erreichbar sein? Menschen sind Millionen von Jahren ohne Handys zurechtgekommen!«

»Ja, aber vielleicht hätten sie jemanden gebrauchen können, der Hilfe ruft, wenn ein Säbelzahntiger angreift. Das ist zu gefährlich. Was passiert, wenn euch etwas zustößt, Meilen von der Zivilisation entfernt?«

»So doch nicht. Immer übertreibst du. Es wäre eben aufregend mal zu erleben, wie das ist. Genau wie vor dreißigtausend Jahren.«

»Und das Auto? Hatten die das vor dreißigtausend Jahren auch schon?«, gab er unerwartet sarkastisch zurück.

Anne sah ihn überrascht an. Etwas Verzweifeltes trat in Miriams Augen, als wäre sie kurz davor zu ersticken.

»Warum musst du immer alles so kompliziert machen?«, platzte es aus ihr heraus. »Warum kannst du nicht einfach zuhören? Ich finde, das klingt schön! Das reicht doch, oder?«

»Natürlich reicht das«, sagte Anne. »Ich will auch den Wind in den Bäumen rauschen hören und mich in Frieden mit Miriam unterhalten können. Schimpf nicht, John. Du musst dir keine Sorgen machen. Wir werden uns nicht in die Wildnis schlagen.«

Er warf ihr einen langen, zornigen Blick zu, aber sein Humor siegte. Er überlegte es sich anders, schnitt eine Grimasse und lächelte. Es war ein selbstironisches Lächeln, das Lächeln, das sie am liebsten hatte. Er beugte sich vor und tätschelte Miriam entschuldigend das Knie.

»Verzeih deinem griesgrämigen Papa«, sagte er. »Ich war nur sauer, weil ihr ohne mich fahrt. Natürlich macht ihr alles so, wie ihr wollt.«

Sie zog murrend ihre Hände unter der Decke hervor und begann zu essen. Sie war nicht versöhnt und sah auch keine Veranlassung dazu.

Anne rutschte näher zu John, und er legte ihr gedankenverloren den Arm um die Schultern. Sie merkte, dass er mit den Gedanken woanders war. Er saß in seiner Schlafanzughose in der Sofaecke neben ihr, hatte einen Fuß unter den Oberschenkel geschoben, und hielt seine Teetasse mit beiden Händen, um sich zu wärmen. Er war weit fort in seine eigene Welt geglitten. Er musste heute Nacht wieder Albträume gehabt haben. Das war inzwischen lange her. Irgendwann mussten sie einfach ganz verschwinden.

Sie sehnte sich danach, ihn in den Arm zu nehmen. Vorhin im Bett hatten sie ein wenig eigenartig aufgehört. Sie dachte, wenn Miriam nicht da wäre, würde sie ihn hier auf dem Sofa lieben wollen, langsam und genießerisch, danach in seinen Armen einschlafen und alles andere sausen lassen, die Kanzlei und die Mandanten. Nur für einen Tag.

Sie legte ihren Arm um seine Hüfte und zog ihn mit einer tröstenden und beschützenden Geste an sich. Er verscheuchte seine Gedanken und lachte sie ein wenig ertappt an.

Sie stellten ihre Teller in die Küche, und Miriam lief in ihr Zimmer. Sie kehrte mit Joggingschuhen, Jeans und hellgrauer Kapuzenjacke zurück, die Haare zu einem Pferdeschwanz gebunden. Anne suchte sich ein paar weite Hosen aus dicker, olivgrüner Baumwolle heraus, ein weißes Polohemd und ihre winddichte Jacke. In der Diele durchsuchte sie ihr Telefonbuch und notierte eine Telefonnummer auf einen gelben Post-it-Zettel.

John trug seinen Arbeitsanzug und stellte sich neben sie. Wieder stellte sie fest, wie verflucht attraktiv er war.

»Das hier ist der Campingplatz, wo wir am Samstag sind«, sagte sie und reichte ihm den Zettel. »Domarudden. Rufst du dort an? Sicher, dass es okay ist, wenn wir fahren?«

Er nickte und steckte den Zettel in die Tasche seines Sakkos. Sie ging in die Küche, um Proviant zusammenzustellen. Sie vermisste ihn schon jetzt, aber sie war auch erleichtert. Es würde auf jeden Fall schön sein, ein paar lange Tage mit Miriam zu haben. Und sie freute sich darauf, den Landrover fahren zu können.

4

John sah ihr nach und fand die Idee, die Telefone zu Hause zu lassen und jede Verbindung zur Außenwelt auf diese Weise zu unterbrechen, idiotisch. Mit einem vagen schlechten Gewissen holte er ihr Handy aus dem Arbeitszimmer, wickelte es hastig in einen dicken Wollpullover und stopfte ihn in ihre Sporttasche.

Um zwanzig nach sieben luden sie ihr Gepäck in den uralten Aufzug, der viel zu eng war, drängten sich unter Kichern und Lachen selbst hinein, zogen die quietschende Gittertür zu und fuhren zur Garage hinunter. Miriam stand neben ihm. Es war schön, sie so zu sehen, fast wie damals, als sie zehn war, begeistert und sorglos. Der weise Teenagerblick voller Probleme und Fragen war für diesen Moment verschwunden.

In der Garage beluden sie den Landrover. Sie umarmten

sich zum Abschied, und Anne und Miriam stiegen ein. Das Garagentor ging auf, das Auto rollte die leicht geneigte Rampe hinauf und hielt einen Augenblick an, ehe es auf die Straße und in das blendende Sonnenlicht hinausfuhr. Miriam drehte sich um und winkte ihm. Ihr Pferdeschwanz tanzte. Anne trat auf das Gas, der Wagen brummte, überfuhr den Bürgersteig, bog nach links ab und verschwand aus seinem Blick.

Es wurde still. Der Baum auf der anderen Straßenseite wiegte sich träge in der Morgensonne. Er fühlte sich einsam, aber ihm war auch leichter ums Herz. Mit den Autoschlüsseln in der Hand trat er nach draußen.

Als er das Garagentor schloss, drangen laute, aufgeregte Stimmen von der Straßenecke an sein Ohr. Ein kräftiges, durchtrainiertes Mädchen in einem Tanktop, einer graugrünen, selbst gefärbten Jeansjacke und Tarnhosen stand erschüttert und dem Weinen nahe mitten auf der Kreuzung, an einen jungen Kerl im Overall gelehnt, der aus einem Klempnerauto, das unmittelbar neben ihnen stand, herausgesprungen sein musste. Ein paar Schaulustige umringten sie. Ein Fahrrad lag auf der Straße und ein graues Auto, dessen eine Tür offen stand, war halb auf dem Bürgersteig abgestellt worden. Ein ziemlich fettleibiger Kerl hatte sich aggressiv breitbeinig vor dem Mädchen aufgebaut, offenbar der Fahrer. Börsentyp oder Autoverkäufer, dachte John. Er trug einen hellgrauen Anzug, der über dem Rücken spannte, seine Haare waren mit Wasser zurückgekämmt.

»Kannst du verdammt nochmal nicht ordentlich fahren?«

»Ich?«, schrie das Mädchen, und der Klempner schwankte ein wenig, als sie mit ihrem ganzen Körper Schwung nahm, um es ihm mit gleicher Münze heimzuzahlen. »Ich? Glaubst du, die Straße gehört dir allein? Schau dir an, was du mit meinem Fahrrad gemacht hast! Du spinnst doch!«

Der Klempner sah so aus, als wollte er alle beide am

liebsten bitten, sich zum Teufel zu scheren, aber er beherrschte sich. Jemand hob das Fahrrad auf und schob es von der Straße. Das Vorderrad war demoliert. Bei dem Anblick verlor das Mädchen die Fassung und versuchte zu ihrem Fahrrad zu hinken, aber sie schaffte es nicht. Mit schmerzverzerrtem Gesicht umfasste sie ihr Knie. Der hilfsbereite Klempner sah sich um, als hoffe er, dass Gott eingreifen und die Zeit ein wenig zurückdrehen würde, damit er diesem ganzen Spektakel entgehen könnte.

Weiter entfernt wartete John ab, ob seine Hilfe erwünscht war, aber es schien in erster Linie darum zu gehen, sich zu streiten und gegenseitig anzuschreien. Er wurde nicht gebraucht. Immer etwas, wofür man dankbar sein konnte. Er überquerte schmunzelnd die Straße und schloss sein Auto auf, das am Straßenrand parkte.

Plötzlich türmte sich etwas neben ihm auf. Ein großer, weißer Volkswagen war fast lautlos und mit hoher Geschwindigkeit um die gegenüberliegende Ecke gebogen. Hastig trat er einen Schritt zurück, damit der Wagen, der gefährlich nah an ihm vorbeirauschte, ihm nicht über die Füße fuhr.

Der Fahrer musste abrupt gebremst haben, denn der Van blieb nur wenige Meter weiter plötzlich stehen. Während John mit rasendem Herzen mitten auf der Straße stand und den Wagen entgeistert anstarrte, wurde die Seitentür aufgeschoben und drei junge Männer in Schwarz sprangen heraus und kamen direkt auf ihn zu. Der erste lächelte.

Eine verwirrte Sekunde lang versuchte John sich daran zu erinnern, ob er sie schon einmal gesehen hatte. Im nächsten Augenblick hatten sie ihn umstellt. Sie waren alle größer als er. Für ihn unfassbar und unbegreiflich pressten sie seine Arme fest auf den Rücken, rissen ihm die Schlüssel aus der Hand und drängten ihn gegen die Hecktür des Vans.

Der Überfall kam wie ein Blitz aus heiterem Himmel. Johns Kopf war wie leer gefegt. Er spürte, wie seine Füße hilflos über den Asphalt stolperten. Panisch und verzweifelt begann er sich zu wehren und versuchte sich aus dem Griff der Männer zu befreien, aber sie waren zu stark. Alles ging viel zu schnell. Er versuchte seinen Kopf zu drehen, um sich ihre Gesichter einzuprägen, aber es gelang ihm nicht. Sie waren schnell, Furcht einflößend und anonym.

Sie stießen ihn ins Auto. Er landete bäuchlings auf dem Boden des Wagens. Etwas Hartes wurde gegen seine Schläfe gedrückt, dass es schmerzte, und er begriff, dass es eine Pistolenmündung war. Er erhaschte einen kurzen Blick und glaubte fast den säuerlichen Geruch von Metall riechen zu können. Einer der Männer stützte sich mit einer Hand auf dem Boden des Wagens ab. Der Pulloverärmel rutschte hoch und entblößte ein Hakenkreuz auf der Unterseite des Unterarmes.

Johns Blut gefror zu Eis und er verhielt sich still. Sein Hirn schrie ihn an, den Kopf von der Pistolenmündung wegzuziehen, aber er wagte nicht, sich zu rühren. Die Zeit hielt an. Er würde sterben, das nächste Opfer der Mordserie, und er schämte sich. Wie hatte er ein solcher Idiot sein können? Sich so überrumpeln zu lassen?

Der bittere Gedanke, dass er es verdient hatte, durchfuhr ihn. Es war, als hätten die letzten siebzehn Jahre sich aufgelöst und seien in einem einzigen Augenblick verschwunden. Er hatte die Waffen hinter sich gelassen, aber sie hatten ihn eingeholt, und er erinnerte sich, wie qualvoll leicht sie losgingen und betete, betete, dass der vor Adrenalin strotzende Verrückte, der die Pistole hielt, wusste, was er tat.

»Wo ist deine Frau?«, zischte eine Stimme an seinem Ohr. »Oben in der Wohnung?«

Sein Gehirn holte ihn ein.

»Nein, sie ist verreist, wir haben uns gestritten, sie hat nicht gesagt wohin«, improvisierte er wild. Sein Mund war trocken und die Worte kamen stoßweise, als hätte er keine Luft mehr.

»Das Mädchen?«

»Bei Freundinnen, Anne hat sie dorthin gebracht, ich weiß nicht wo. Was –?«

Jemand riss ihm Sakko- und Hemdärmel hoch. Er verstand warum und versuchte panisch, seinen Arm zu befreien, aber der saß so fest wie in einem Schraubstock. Ein stechender Schmerz verriet ihm, dass ihm eine Injektion verabreicht wurde.

HIV, Hepatitis, Gift, dachte er. Seine Gedanken wurden mit einem Mal glasklar und reihten sich in seinem Kopf wie Daten in einem Computer aneinander. Er fragte sich, ob es genauso gewesen war, als die anderen gestorben waren. Plötzlich fühlte er sich Eva Beldon, der er nie begegnet war, sehr nah und er wappnete sich für das, was kommen würde. Finsternis, Schmerz, Konvulsionen. Er durfte nicht zulassen, dass die Angst sich festbiss, durfte sich nicht zu sehr darauf einlassen, er musste alles von sich fern halten, dann würde es bald vorbei sein. Tief in seiner Seele war er dankbar dafür, dass Anne und Miriam entkommen waren. Das bedeutete, dass sie eine Chance hatten. Anne war viel zu misstrauisch, um in eine Falle zu gehen. Wenn seine Leiche gefunden würde, waren sie weit weg und sie würde die Schlagzeilen an irgendeiner Kioskwand lesen und sich und Miriam in Sicherheit bringen.

Sie zogen die Nadel aus seinem Arm. Sein Körper wurde schwer und taub, aber das Bewusstsein verlor er nicht. Sie ließen ihn los. Er blieb allein am Boden des Wagens zurück. Er konnte noch atmen, Curare oder eine Überdosis Heroin hatten sie ihm also nicht verabreicht. Offenbar hatten sie ihn nur mit Diazepam ruhig gestellt, wie einen gewalttätigen Patienten im Sprechzimmer des Arztes.

Hinter sich auf dem Rücksitz hörte er eine Stimme murren, offensichtlich zu jemand anderem:

»Warum können wir das hier nicht einfach machen?«

Sie sind mindestens zu fünft, dachte er automatisch. Drei haben mich gepackt, und zwei waren noch im Auto.

Kein Einzeltäter, wie die Presse glaubte. Kein neuer Laserman. Es war eine ganze Bande. Er fragte sich, ob die Polizei das wusste oder ob er der Einzige auf der Welt war, der über dieses Wissen verfügte. Abgesehen von den Toten.

Durch die halb geöffnete Hecktür sah er, wie sich einer der Täter in sein Auto setzte und damit davonfuhr. Die beiden anderen verschwanden durch die Haustür nach oben in die Wohnung.

Verdammt! Der Zettel mit der Telefonnummer, den Anne ihm gegeben hatte, fiel ihm wieder ein und Panik überkam ihn. Die Notiz steckte noch in der Sakkotasche. Der Gedanke, sie könnten ihn finden und Anne in Domarudden abfangen, trieb ihm das Adrenalin in die Blutbahn, und er versuchte den Oberkörper zu drehen. Schließlich gelang es ihm, die Hand in die Tasche zu schieben und die Finger um den kleinen Papierschnipsel zu schließen. Vorsichtig zwang er seinen Arm in Richtung Hecktür bis die Hand nach draußen ragte, und ließ den Zettel auf den Asphalt fallen. Das Papier segelte hinunter und blieb leuchtend wie ein gelbes Signal auf dem grafitgrauen Asphalt liegen. Er starrte es an und betete, dass es weggeweht werden mochte. Es bewegte sich leicht im Wind wie ein Korken auf einer Welle, ein Tanz, der nichts mit ihm und seiner Welt zu tun hatte, leicht und neckisch, bis es endlich in den Rinnstein getragen wurde und außer Sichtweite verschwand.

Die beiden Männer traten mit zwei großen Tüten aus dem Haus, schleuderten sie wortlos neben ihn und schlugen die Hecktür zu. Annes und sein eigener Rechner ragten aus einer der Taschen hervor, zusammen mit den Ordnern, die sie zu Hause stehen gehabt hatten. Er fragte sich, was sie damit wollten. Die Kerle sprangen durch die Seitentür in den Wagen, der Van machte einen Ruck und fuhr los. Übelkeit überkam ihn bei dieser Bewegung.

Mühsam hob er den Kopf und blickte durch die Scheibe. Aus seiner Froschperspektive sah er Gebäude und Bäume vorüberziehen. Alles schien fremd, als wäre er plötzlich in eine unbekannte Stadt verfrachtet worden. Er hatte das seltsame Gefühl, in Budapest oder Prag zu sein, aber nach einigen Minuten und etlichen Kurven glaubte er, die Bäume des Sveavägs wiederzuerkennen. Dann kam freier Himmel, wieder Baumkronen, das musste bei der Adolf Fredriks Kirche sein. Handelshochschule, Staatsbibliothek.

Sie waren Richtung Nordwest unterwegs. Stadtauswärts.

Der Van rauschte den Sveaväg entlang, bog am Kreisverkehr vor dem Sveagymnasium ab und bremste unmittelbar am Norrtull. Einer der Männer fluchte. Neue Geräusche erreichten Johns Ohr, und er konnte die blinkenden Lichter von Einsatzfahrzeugen sehen. Feuerwehr, Polizei, einen Krankenwagen.

Es musste einen Unfall gegeben haben, und der Verkehr wurde vermutlich von der Polizei an den abgesperrten Fahrspuren vorbeidirigiert. Jetzt konnte er eine Polizistin hören, direkt neben ihm, sie sprach in resolutem Tonfall mit einem gereizten Fahrer. Sie stand nur wenige Meter neben ihm. Es musste noch mehr fast stehende Autos ganz in der Nähe geben.

Seine Hoffnung flammte jäh auf. Er drehte sich auf die Seite und versuchte gegen das Wagenblech zu schlagen, um die Aufmerksamkeit auf den Van zu lenken. Hör doch zum Teufel!, dachte er fiebrig. Schau durch die Scheiben!

Es ging nicht. Es war, als versuchte er in flüssigem Teer die Hand zu heben. Ihm wurde schlecht vor Enttäuschung. Es war unfassbar, dass das normale Leben so dicht neben ihm einfach weiterging, ohne dass er daran teilhaben konnte. Er wollte das Fenster zerschlagen, diese verfluchten Faschisten zermalmen, die vorne saßen. Er sah sich auf dem Boden und unter den Sitzen um, in der verzweifelten

Hoffnung, irgendetwas Hartes zu finden, ganz gleich was – eine leere Bierdose, einen Schraubenschlüssel, eine vergessene Schneeschaufel.

Er entdeckte nur leere Pommes-frites-Schalen und benutzte Papierservietten, eine zerknitterte Wolldecke und nach Öl stinkende Putzwolle. Kein Werkzeugkasten. Nichts, was er gebrauchen konnte.

Der Van rollte am Unglücksort vorbei. Er fuhr am Stallmästaregård auf die Autobahn und beschleunigte. Der Augenblick war vorbei. Zerrissen zwischen Wut und Ohnmacht starrte er an die Decke. Vor den Fenstern weitete sich der Himmel und er konnte die Bäume des Hagaparks erahnen.

Etwas außerhalb der Stadt machten die Männer bei laufendem Motor eine kurze Pause. Als die Seitentür einen Augenblick geöffnet wurde, sah John, dass sie vor dem Laden eines Gebrauchtwagenhändlers standen. Der fünfte Mann sprang in den Van. John begriff, dass sein Auto gerade verkauft worden war. Geld für die Nazis.

Die Tür schlug wieder zu. Der Van scherte rasch aus, beschleunigte und reihte sich in den Verkehr der Autobahn ein.

Der Morgen verging und keiner der Partner tauchte in der Kanzlei auf. Lotten versuchte, Anne und John zu Hause und auf beiden Mobiltelefonen anzurufen, jedoch ohne Erfolg. Zur Sicherheit hatte sie auch ihre E-Mails abgerufen, aber es waren keine Nachrichten gekommen.

Das war seltsam. So etwas war noch nie vorgekommen. Einer von ihnen pflegte immer um halb neun da zu sein, oft auch beide.

Und noch etwas war eigenartig. Ihre Dokumente lagen nicht mehr so, wie sie sie am Vorabend hingelegt hatte. Sie fragte sich, ob jemand eingebrochen war. Aber es fehlte nichts, und sie beschloss, nichts zu sagen.

Gina hatte ein paar Fragen und einige Anliegen zu besprechen, aber offensichtlich würde sie zumindest in den nächsten Stunden gezwungen sein, allein zurechtzukommen. Das irritierte sie ein wenig. Sie blätterte in ihren Akten, setzte eine kompetente Miene auf und empfing den ersten Besuch des Tages. Hinter dem Rücken des Mandanten zuckte Lotten mit den Schultern und machte eine hilflose Geste.

5

Der Himmel war blau, vereinzelt glitten Bäume am Fenster vorüber. Die Sonne schien hinein. Es war warm und er sank in einen halbschlafähnlichen Dämmerzustand. Wirre Traumbilder tauchten auf, die mit Sonne zusammenhingen. Miriam als Baby auf einer Wolldecke auf dem Boden in ihrer ersten kleinen Wohnung, als sie jung gewesen waren und noch kein Geld gehabt hatten. Der Blick auf die Savanne, bevor die Hölle losgebrochen war. Anne, ihm gegenüber in einem Lokal im Djurgården.

Als er wieder zu sich kam, hatte er das Gefühl, dass mehrere Stunden vergangen sein mussten. Sie hatten in einer kleinen Stadt angehalten. Der Motor brummte im Leerlauf. John konnte die Dächer von Zwei- und Dreifamilienhäusern erkennen. Zwei kleine Jungen gingen auf dem Bürgersteig vorbei. Er hörte ihre eifrigen Stimmen.

Jemand kletterte ins Auto, dass es schaukelte. Der fettige Geruch von Hamburgern mit Senf, Ketchup und Pommes drang in seine Nase. Cola schwappte auf den Boden. Wieder wurde ihm übel. Er glitt in die Dunkelheit zurück.

Er fühlte sich machtlos. Diese absurde Situation setzte sich in alle Ewigkeit fort, ohne dass er verstand warum oder wie er ihr wieder entkommen sollte. Er wollte nur noch schlafen. Das Ganze vergessen, sich nicht damit auseinander setzen müssen.

Unwirsche Stimmen und Knüffe. Er wollte nicht aufwachen, aber sie ließen nicht locker.

»Auf! Raus!«

Der Van hatte erneut angehalten. Das Motorengeräusch war verklungen. Es war fast ohrenbetäubend still. Die Droge hatte ihre Wirkung so weit verloren, dass John aufstehen und aus dem Wagen klettern konnte. Ein intensiver, erfrischender Geruch nach Nadelwald, feuchtem Moos und frischer Luft schlug ihm entgegen.

Sie standen im Wald auf einem Schotterweg voller Schlaglöcher. Um sie herum fielen Sonnenstrahlen durch die Bäume. Es war trügerisch schwedisch und normal. Ebenso gut hätte er mit Anne und Miriam hier sein können, um auf einer Lichtung die Decke auszubreiten, zu essen, sich zu unterhalten und die Sonne zu genießen. Aber die Stille war total, und er stand hier mit fünf vollständig wahnsinnigen Nazis. Es war Irrsinn.

»Die Stelle hier ist doch genauso gut wie jede andere!«, sagte einer von ihnen.

Der Typ, der John am nächsten stand, schubste ihn vom Wagen fort, und er stolperte zwischen die Bäume. Hier war also das Ende der Reise. Er fragte sich, wohin sie jetzt wollten. Er stellte sich ein leeres, ausgekühltes Sommerhaus vor, das nach Staub, Fliegen und Rattenkot stank. Er fragte sich, warum er immer noch lebte und ob die Polizei bereits angefangen hatte, ihn zu suchen. Nein, dafür war es sicher noch zu früh. Er konnte sich nicht vorstellen, dass es ihnen gelang, ihn rechtzeitig zu finden. Sie wussten wahrscheinlich nicht einmal, wo sie mit der Suche beginnen sollten.

Er blickte zu Boden. Der Grund war holprig und weich, von Wurzeln und Blaubeerbüschen durchzogen. Soweit

John sehen konnte, gab es keinen Pfad. Die Kidnapper hinter ihm schienen zu zögern. Böse Ahnungen packten ihn und er versuchte sich umzudrehen, aber sofort wurde er brutal zurückgestoßen, sodass er ihnen wieder den Rücken zuwandte.

Sie würden nicht zu irgendeinem Haus gehen. Das hier war die Endstation.

Was sollte er tun? Die Chance ergreifen und rennen? Er wusste sehr gut, dass er vor einer Schusswaffe nicht fliehen konnte, eine Kugel würde ihn mit Leichtigkeit einholen. Wenn er überhaupt etwas tun konnte, dann war es besser, ihnen direkt in die Arme zu laufen. Es war schwieriger, jemanden aus unmittelbarer Nähe zu erschießen, als aus einigen Metern Entfernung. Aber es war schon zu spät für solche Manöver. Die Männer waren ungefähr vier Meter hinter ihm, zu nah, um ihnen zu entkommen, zu weit weg, um sie zu überraschen. Er hätte einen von ihnen anspringen sollen, als sie aus dem Van geklettert waren und nicht damit rechnen konnten.

Sollte er schreien? Wenigstens versuchen, sich einzuprägen, wie sie aussahen? Er hatte noch immer kein klares Bild von ihnen. Ihre Gesichter verschwammen in seiner Vorstellung. Was natürlich an der Droge lag. Verfluchter Kopf, er konnte nicht mehr klar denken. In Afrika hatte er klar denken können. Jedenfalls bis alles, woran er geglaubt hatte, zusammengebrochen war.

Er richtete den Blick auf einen Baum vor sich. Mochte es verdammt noch mal wenigstens schnell gehen.

»Okay. Wasser lassen«, sagte eine Stimme hinter ihm.

Sie lachten.

Er gehorchte. Fummelte an seinem Reißverschluss und fragte sich, ob sie vorhatten, ihn in dieser demütigenden Position zu erschießen. Er stolperte zurück in den Van und bekam die nächste Dosis der Droge verabreicht.

Als er die Augen wieder aufschlug, war es dunkel. Der Van fuhr mit gleichmäßiger Geschwindigkeit in einem hohen Gang. Aus einem CD-Player dröhnte Musik. White-Power-Musik. Die Männer unterhielten sich, ihre Stimmen hoben und senkten sich, ohne dass es ihm gelang, herauszuhören, was sie sagten. Fernlaster überholten. Das Chassis wackelte und klapperte. Im Halbdunkel hinter den Sitzen wurde John dort auf dem harten Boden des Wagens langsam vor und zurück geschaukelt.

Plötzlich packte ihn das gewaltige Gefühl von Leben. In diesem Augenblick lebte er. Sie würden nicht anhalten und ihn töten, nicht in den nächsten Sekunden. Der Duft von Staub und Metall des Bodens kitzelte in seiner Nase. Die Kühle des Wagenbodens gehörte ihm, die schwarze Nacht vor den Fenstern, der Geruch von alten Pommes frites und geflickten Autositzen. Niemand wusste, wo er war. Aber er lebte.

Ein Bild tauchte vor seinem inneren Auge auf und verharrte. Anne, die weinend auf ihrem Sofa saß. Sie hielt ein Fotoalbum in den Händen und betrachtete eine körnige Schwarzweißaufnahme, die eine ganze Seite einnahm. Es zeigte nackte, wartende Frauen im Schnee vor den Gaskammern des Konzentrationslagers in Auschwitz. Einige von ihnen hatten ihre Kinder auf dem Arm.

»Ich will an die denken, von denen es keine Spuren gibt«, hatte sie gesagt. »An die, die dort hineingingen und dachten: Niemand wird jemals wissen, dass es mich gab. Es ist, als sähe ich sie hinter einer vereisten Glasscheibe. Es ist, als könnte ich ihre Gedanken lesen. An sie will ich denken. Ich weiß, dass es sie gab.«

Sie lag neben ihm, hier in der Dunkelheit, ihr Gesicht dem seinen zugewandt. Sie sah ihn unverwandt aus ihren klaren Augen an. Er konnte ihren Atem spüren und lag ganz still, damit die Illusion blieb, so lange wie möglich.

Nach einiger Zeit änderte sich das Motorengeräusch. Der Van fuhr langsamer und bog von der Straße ab. Der Himmel schien heller zu werden, aber es war ein elektrischer, rotgelber Schein.

John hörte gedämpfte Musik und Stimmen. Eine Sekunde lang türmte sich ein schmales, flaches Holzgebäude vor dem Fenster auf. Lärm und Musik, Gelächter und Rufen schallten nach draußen. Dann wurde es wieder dunkel, das Auto fuhr in die hinterste Ecke des Parkplatzes vor einer Diskothek im Wald und hielt. Die Seitentür wurde geöffnet, und John erhaschte einen Blick auf eine Rabatte mit kalter, klumpiger Erde und tristen Büschen, als vier der Männer verschwanden, vermutlich um in dem Lokal etwas zu essen. Der fünfte Mann öffnete die Hecktür, setzte sich neben John auf den Boden und rauchte, die Pistole auf dem Schoß.

John fror. Seine Ohren rauschten, er war durstig und hungrig. Er sah es genau vor sich, wie die anderen drinnen im Licht um einen Tisch saßen und sich gut gelaunt unterhielten. Aus irgendeinem Grund sah er sie nur von der Taille an abwärts, Knie, Hosen und Stiefel, die Unterseite des Tisches, als läge er auch dort auf dem Boden.

Seine Gedanken wurden von einer Bewegung unterbrochen. Zwei leise Stimmen, Keuchen, Rascheln und Schritte. Ein junges Pärchen war aus der Disco gekommen, hatte den Parkplatz überquert und begann, sich im Schatten der Büsche, direkt neben dem Auto zu küssen und zu lieben. Die Wache trat die Zigarette auf dem Boden aus und lauschte angespannt.

John bewegte sich kaum merklich. Die Pistole wurde an seine Schläfe gedrückt.

»Ein Mucks und du bist tot«, zischte ihm die Wache ins Ohr.

Er lag still und hörte, wie sich zwei Menschen in der anderen Dimension außerhalb des Autoblechs liebten. In einer anderen Situation wäre das vielleicht sogar erregend gewesen. Vielleicht erregte das den Typen neben ihm.

Der Gedanke machte John munter. Wenn der Kerl dort im Dunkeln anfangen würde zu masturbieren, wäre er abgelenkt, eine Chance für John, die Kontrolle zu übernehmen. Mach es!, dachte er. Leg los! Er versuchte, Finger und Zehen zu bewegen, die Muskeln in Armen und Beinen anzuspannen, fragte sich, ob er über ausreichend Kraft und Schnelligkeit verfügte, um das zu schaffen.

Die Wache rührte sich nicht. Die Geräusche von draußen verstummten. Das Pärchen war fertig. John konnte nicht anders, er war gerührt über ihre Umarmung. Es waren doch nur zwei junge Menschen. Er war erleichtert. Bald würden sie außerhalb der Gefahrenzone sein. Sie standen auf, gingen am Van vorbei und es klang, als wären sie auf dem Weg zurück in die Diskothek.

Aber dann schien etwas zu geschehen. Die Schritte hielten inne, es war einen Augenblick still, dann tauchte das Gesicht des jungen Mädchens in einer der Scheiben des Vans auf. Sie war dunkelhäutig, mit kurzem, schwarzem, krausem Haar. John konnte ihre nackten, braunen Schultern und die dünnen, weinroten Träger ihres Unterhemds sehen. Die Pistole richtete sich sofort auf ihren Kopf. Das Mädchen war jung, kräftig und gesund, vielleicht um die siebzehn, und sie hatte keine Ahnung, wie verletzlich sie in diesem Moment war. Sie sah ernst aus. Aus irgendeinem Grund hatte das Auto ihr Misstrauen geweckt. Sie fand, etwas daran war seltsam.

Die Intuition der Mädchen. John dachte an Miriam. Bald würde Miriam auch siebzehn sein. Hau verdammt noch mal von hier ab!, schrie er innerlich.

Das Mädchen versuchte, durch die Scheiben zu spähen, und rannte einmal um den ganzen Wagen herum. Der Lauf der Pistole folgte ihr. John war krank vor Angst.

Aber in dem dunklen Fond konnte sie nichts erkennen.

Ihr Gesicht verschwand. Eine Sekunde später hörten sie ihren vergnügten Ausruf, als ihr Freund sie um die Taille fasste und versuchte, sie in die Luft zu heben. Es gelang ihm offenbar nicht, denn es klang, als fielen sie lachend zu Boden und versuchten, wieder aufzustehen.

»Ich friere«, hörten sie ihre helle Stimme. John stellte sich vor, dass der Junge ihr seine Jacke um die Schultern legte. Taten die Jungen das heutzutage noch?

Dann Stille. Die Pistole senkte sich. Und auch John sank dankbar in seine Dunkelheit zurück.

6

Ein alter, klappriger Käfer knatterte durch den späten Stockholmer Verkehr, irrte eine Weile auf Södermalm durch die Straßen zwischen Götgata und der Sofiakirche, während der Fahrer einen Parkplatz suchte und schließlich vor einem bräunlichen, kleinen, heruntergekommenen Haus an der Östgötagata stehen blieb.

Der Mann, der wie ein Junkie aussah, stieg aus. Er nahm zwei Taschen vom Rücksitz – eine große, längliche, grüne Sporttasche und eine etwas kleinere –, steuerte auf einen Parkscheinautomaten zu, bezahlte und ging zu der Tür mit einem alten Messingschild, auf dem ›Pension 4. Stock‹ stand.

Er klingelte an der Gegensprechanlage, drückte die Tür auf, als der Summer ertönte, und stieg in einen dunklen Fahrstuhl. Die Luft, die ihm entgegenschlug, verursachte ihm ein vages Gefühl von Unbehagen. Die unbestimmte Atmosphäre aus menschlichem Hoffen und Verzweifeln eines halben Jahrhunderts, aus seit langem entschlafenen Portiers, dem Rennen der Kinder unten auf der Straße, altem, süßlichen Pfeifenrauch, Kartoffelbrei, Hering und

Bier lag über dem Treppenhaus. Doch wie ein Fingerzeig der Gegenwart und Zukunft standen ein moderner Kinderwagen und ein leichtes, aber kompaktes Mountainbike an der Wand. Beim Anblick dieser Dinge fühlte er sich besser. Die Zeit war nicht stehen geblieben. Er war zwar kein Freund von Veränderungen, aber gewisse Veränderungen begrüßte er.

Er fuhr nach oben, öffnete die Tür mit dem Schild »Lindéns Pension« und gelangte in eine kleine, fensterlose Rezeption, nicht größer als eine Kammer. Dahinter war eine kleine Küche zu erkennen. Schmale Flure mit weiß lackierten Schnitzereien und hellen Blumentapeten zweigten nach links und rechts ab.

Eine Frau um die fünfzig war offenkundig die Wirtin und erwartete ihn. Sie trug schwarze lange Hosen und eine rote Jacke, hatte braune Haare und ein rundes, freundliches Gesicht. Ihr Blick war erfahren und unerschrocken. Sie machte den Eindruck eines Menschen, der schon viel gesehen hat, aber sich durch nichts aus der Ruhe bringen oder unterkriegen ließ. Sie zählte zu den zähen Unbezwingbaren, die er mit allen zu verbinden gelernt hatte, denen das Leben übel mitgespielt hatte.

Er ließ seinen Blick schweifen, aber in dem kleinen Foyer war davon nichts zu spüren. Vielleicht hatte sie einen Ausflug in das Drogen- und Prostitutionsmilieu gemacht, dann diesen Kreisen den Rücken gekehrt und war hier gelandet? Oder gab es einen ganz anderen Kummer in ihrer Vergangenheit?

Sie hieß ihn willkommen, warf ihm einen forschenden Blick zu und fragte, wie lange er bleiben wolle.

»Eine Woche«, antwortete er. Seine Stimme klang nicht sehr Vertrauen erweckend, und er ließ sich einige Sekunden in aller Ruhe von ihr mustern, damit sie sah, dass er nüchtern, so weit gesund und sauber war. Schließlich nickte sie und schob ihm das Gästebuch über den Tresen.

»Kein Problem. Sind Sie so freundlich und tragen Ihren Namen hier ein?«

Sie sah zu, während er »Kent Johansson, Norrtälje« in die Zeile schrieb, schlug das Buch zu und wählte einen Schlüssel. Plastikkarten gab es hier nicht.

»Ich heiße Marie Lindén. Sie bekommen die Nummer vier. Folgen Sie mir hier den Korridor hinunter.«

Sie ging vor, und er schleppte seine Taschen hinterher.

»Wie viele Zimmer haben Sie?«, fragte er.

»Sieben. Wenn man acht Betten oder weniger hat, ist man kein Hotel. Die Familie meines Mannes hat die Pension in den Vierzigern eingerichtet, wir sind also schon eine Weile dabei. Es gibt einen kleinen Gemeinschaftsraum neben der Rezeption mit Fernseher. Dort servieren wir ein Frühstücksbuffet, wenn Sie wollen. Kaffee, Käse und Brötchen, Marmelade, Ei. Keine anderen Mahlzeiten.«

»Das klingt gut. Wie läuft das Geschäft?«, sagte er, während er gleichzeitig dachte: Ihr Mann? Noch am Leben?

Sie steckte den Schlüssel ins Schloss einer alten braunen Holztür mit Spiegeln und warf ihm einen Blick zu.

»Doch, es geht, solange man niemanden anstellt. Ich habe Hilfe beim Reinemachen, sonst arbeite ich meistens allein. Mein Sohn hilft auch mit. Hier, treten Sie ein.«

Sie trat einen Schritt beiseite, und er stellte sein Gepäck auf den Teppich. Das Zimmer war groß und hatte an zwei Seiten Fenster, es musste eines der besten sein. Mit einer hohen Decke und blauen Blümchentapeten, einem großen Bett mit Daunendeckbett und sauberen Laken. Abgenutzt aber sauber.

»Ausgezeichnet«, sagte er.

»Die Dusche ist auf dem Gang, und hier haben Sie noch einen großen Kleiderschrank«, erklärte sie und wies auf eine schmale, weiß lackierte Tür.

»Sehr gut«, sagte er. Sie nickte, ging und schloss die Tür hinter sich.

Sowie sie draußen war, schloss er die längliche grüne Sporttasche mit der Kalaschnikow und dem Fernglas in den Schrank. Aus einer anderen Tasche zerrte er ein paar Kleider und schleuderte sie in eine Kommodenschublade. Dann warf er sich aufs Bett, sah sich lustlos um und griff nach einer alten Wochenzeitung, die auf dem Nachttisch lag.

Er stand erst wieder auf, als ein paar Stunden später die gedämpfte Stimme des Nachrichtensprechers von »Aktuell« aus dem Gemeinschaftsraum in sein Zimmer drang. Er fühlte sich verspannt und müde und streckte sich. Er hatte geschlafen. Er zog seine Jacke über, trat hinaus in den Flur, verriegelte gewissenhaft die Tür hinter sich und stattete der Toilette einen Besuch ab. Sie war alt, aber sauber und ordentlich und roch nach Lavendel. Er pinkelte, wusch sich die Hände, warf einen Blick in den Spiegel und fragte sich, ob er sich vielleicht hätte rasieren sollen.

Er ging an der Rezeption vorbei. Die Wirtin saß im Gemeinschaftsraum. Er betrat den deprimierenden Fahrstuhl und fuhr ins Erdgeschoss.

Sein Magen schrie nach Essen. Mit nüchternem Magen nützte man weder dem Volk, dem Blut noch dem Vaterland, dachte er und verdrückte sich in ein Restaurant auf der anderen Straßenseite. Der Laden war voll, die meisten Gäste trugen Markenklamotten und waren zwischen zwanzig und fünfunddreißig, ausgenommen ein paar überwinternde Endvierziger in Schwarz.

Verdammt, ein Szenelokal. Wo waren heutzutage die normalen Leute? Er passte nicht hierher, aber er hatte keine Lust nach etwas anderem zu suchen.

Beherrscht von dem Gefühl, fehl am Platz zu sein, falsch gekleidet und im falschen Alter, klemmte er sich auf ein Sofa in einer Ecke und glotzte zwei Typen an, die daneben saßen und ihn abschätzig musterten. Eine Kellnerin kam und er wählte etwas von der Karte, wovon er annahm, dass es ein anständiges Stück Fleisch war. Wenigstens konnte er dafür sorgen, satt zu werden. Man wusste nie, wo ein Abend endete. Oder wie.

Das Essen war teuer, aber gut. Der Kaffee wurde in einem großen weißen Becher ohne Henkel serviert, und er verbrannte sich die Finger. Er blieb lange vor seinem Kaffee sitzen und überflog zwei Mal die ausliegenden Abendzeitungen. Nichts Neues über den Mord, aber die Blätter hatten nun die Jagd eröffnet, warfen der Polizei Inkompetenz vor und veröffentlichten ausführliche Analysen über die Psyche einsamer Mörder und Nazis und Artikel über die Verantwortung der Gesellschaft. Schließlich stand er auf, zahlte und trat auf die Straße, um ein paar Blöcke weiter Richtung Hammarbyhafen die erste Kneipe des Abends aufzusuchen.

Dort herrschte eine vollkommen andere Stimmung, als hätte er die unsichtbare Grenze in ein anderes Land überschritten. Das Lokal war dunkel, heruntergekommen und verraucht, der Holzboden von jahrelangem Scheuern gewellt und die Luft für immer und ewig imprägniert mit dem sauren Duft jahrzehntealten Zigarettenrauchs und verschütteten Bieres. Der Tresen war abgenutzt. Kleine Lampen warfen leicht flackernde, gelbe Lichtkegel auf die Kundschaft, die an der Bar stand oder in den Nischen saß, mit altem Mahagoniimitat verkleidet und mit grünen Kunststoffpolstern auf den Bänken. Der Laden war fast voll und der Geräuschpegel entsprechend hoch. Die Gäste waren überwiegend männlich, viele in den Zwanzigern, etliche um die fünfzig.

Er schob sich bis zur Bar durch, bestellte ein Bier, zündete sich eine Zigarette an und ließ den Blick über die Gäste schweifen. Neben ihm saßen zwei Männer in schmutzigen Malerhosen und diskutierten die Scheidung des einen. Weiter entfernt saß ein einsamer, älterer Mann und starrte düster vor sich hin. Er schwankte leicht, seine Augen glänzten fiebrig vom vielen Bier.

Langsam drehte Kent den Kopf. Auf der Bank neben dem schummrigen, gelblichen Fenster entdeckte er ein Mädchen. Sie war muskulös, mit kurz geschnittenem Haar, Tanktop und Tarnhosen und hielt eine Zigarette in der Hand. Neben ihr lag eine zusammengeknüllte kotzgrüne Jeansjacke. Das Mädchen sprach aufgebracht in ihr Handy. Sie sah hohläugig und überarbeitet aus. Liebeskummer, dachte er. Vor ihr standen ein Teller mit einer Tiefkühlquiche und eine Fanta. Die Fanta wunderte ihn. Aber die Tarnhosen sahen vielversprechend aus.

Er hörte ein diskretes Husten hinter sich und das nervöse Gesicht eines Jungen tauchte neben ihm auf. Kent wandte sich um und sah, dass sie zu zweit waren, zwei Skinheads. Etwa achtzehn, sie hätten gar nicht eingelassen werden dürfen. Der eine war blass und hager, der andere korpulenter, er hatte noch etwas Babyspeck. Sie trugen Jeans und Jacken, der Kräftige hatte eine Baseballkappe auf. Sie sahen ihn ungeduldig an, als erwarteten sie, dass er gleich etwas sagen oder tun würde.

»Ja?«, knurrte er sauer.

Sie sahen sich an.

»Können wir kurz mit dir reden?«, sagte der eine schließlich.

»Ja, verdammt. Leg los«, sagte er bereitwillig.

»Wenn du dich einen Moment zu uns setzen würdest«, sagte der Hagere und nickte zu einem Tisch in einer der Nischen.

Kent studierte den Burschen einige Sekunden lang aufmerksam. Dann grinste er plötzlich.

»Warum nicht?«

Er nahm sein Bierglas und ging zu dem Sofa. Die Burschen sahen sich ungläubig an und Zielstrebigkeit trat in ihren Blick. Der Kräftige fegte rasch den Müll von der braunen Resopaltischplatte. Kent ließ sich schwer auf einen Sitz fallen.

»So. Jetzt sitze ich hier. Und wer seid ihr überhaupt?«, fragte er.

»Ich bin Magnus. Das ist Leffe«, sagte der Hagere.

»Und ich heiße Kent. Hallo Jungs.«

Er nickte dem Mädchen mit dem Achselshirt zu.

»Sie sieht aus, als wäre sie in eurem Alter. Ihr kennt sie nicht zufällig?«

Sie warfen einen erstaunten Blick auf das Mädchen und schüttelten den Kopf. Er war enttäuscht. Aber es konnte trotzdem ein lohnender Kontakt entstehen.

»Und worüber wollt ihr mit mir reden?«, fragte er.

Magnus sah ihn fortwährend an. Interessant, dachte Kent. Ein kleiner Lügner.

»Entschuldige, dass wir fragen, aber was für einen Job hast du gerade?«, fragte der Junge.

»Was ich für einen Job habe? Warum wollt ihr das wissen?«

Sie sahen einander an, noch immer unsicher.

»Seid ihr arbeitslos, ihr Typen?«, fuhr er fort. »Ich habe nichts für euch. Bei McDonald's gibt's doch immer ein paar Kröten? Oder geht ihr noch zur Schule?«

Ein beleidigter Schatten zog über die Gesichter der jungen Männer.

»Wir scheißen auf McDonald's. Wir suchen keinen Job. Wir fragen: hast *du* einen Job? Wenn es dir nichts ausmacht, dass wir fragen?«

»Tja, ich war wohl gewissermaßen eine Weile im Umlauf, was gewöhnliche Jobs betrifft«, sagte er und zwinkerte ihnen zu. »Aber früher war ich tatsächlich Polizist. In Göteborg.«

Sie erstarrten. Er grinste.

»Aber jetzt bin ich ja nicht mehr in Göteborg, nicht wahr?«

»Wie lange ist das denn her?«, fragte der Hagere schließlich.

Kent sah zur Decke.

»Tja, wie lange ist das jetzt her? Ein Jahr und sieben Monate, ganz genau gesagt.«

Sie warfen einander vielsagende Blicke zu, und er konnte sehen, wie die Gedanken unter ihrer Schädeldecke rotierten.

»Ein Jahr und sieben Monate hast du gesessen? Das kann ja nicht so schlimm gewesen sein«, meinte der Kräftige prüfend.

»Ne, schlimmer ist das Ganze, was da noch dranhing«, stimmte er zu.

»Dann bist du für Vorschläge offen?«, fragte der Hagere.

»Aber klar doch«, sagte Kent.

Langsam kamen sie damit heraus, dass sie eine fantastische Idee hatten, ein Einbruch in ein Juweliergeschäft, wenn er interessiert wäre. Das war ein ganz neues Ding. Sie hatten wirklich viel darüber nachgedacht, sie wollten ein Team zusammentrommeln. Wenn er denn interessiert wäre.

Das hab' ich jetzt von meiner hübschen Visage, dachte er. Laut sagte er:

»Wirklich, wahrhaftig. Ein Plan. Und was wollt ihr mit der Kohle anfangen?«

Der Hagere starrte ihn an.

»Damit anfangen? Einfach haben! Sofort raushauen.«

»Aha. Und wie viele habt ihr bis jetzt für euer Team zusammenbekommen? Nur euch?«

»Bis jetzt, ja. Irgendwo muss man schließlich anfangen. Und wir haben mit dir angefangen. Meinst du, es war eine schlechte Wahl, mit dir loszulegen? Bist du etwa niemand, oder was?«

Langsam begann die Unsicherheit von ihnen abzufallen.

»Dann seid ihr die Köpfe hinter der ganzen Idee?«

»Gibt's daran was auszusetzen? Bist du nun dabei oder nicht?«

Er schüttelte den Kopf.

»Nix. Kein Interesse.«

Sie glotzten, als hätte er ihnen einen Eimer kaltes Wasser über den Kopf geschüttet.

»Und warum nicht?«, fragte der Hagere streitlustig.

»Weil du und dieser Schandfleck hier zwei pickelige, dämliche Spinner seid, die nicht einmal begreifen, wie himmelschreiend dumm es ist, auf diese Weise Leute anzuheuern. Einen Dreck wisst ihr über mich. Ich könnte pädophil sein oder ein Serienkiller, verdammte Scheiße. Ich könnte mit euch in den Wald verschwinden und euch alle beide erschlagen. Seid ihr total bescheuert?«

»Warum bist du dann zum Reden mitgekommen, he?«, sagte Leffe.

»Weil man nie wissen kann. Ihr hättet ja Laufburschen für einen erfahreneren Typen sein können. Ich mache sowas nur, wenn dahinter eine zweckmäßige Absicht steckt. Ich gebe euch einen guten Rat, Jungs. Vergesst diesen Plan.«

»Du hast ja noch nicht mal gehört, worum es geht«, protestierte Magnus zornig.

»Egal. Der Plan ist hundsmiserabel. Vergiss es.«

Er merkte, dass sie beleidigt und stinksauer waren und ihre Wut sich genussvoll hochschaukelte. Fast wie Quecksilber in einem Thermometer, dachte er, solche Prozesse müsste man eigentlich mit der Stoppuhr messen können. Er verfolgte die Wandlung von eifriger Untertänigkeit in gekränkte Großmäuligkeit. Jetzt hatte ihre Rage den Siedepunkt erreicht.

»Was zur Hölle sollte daran miserabel sein?«, zischte der Hagere.

»Einfach schlecht. Vergiss es.«

Es blieb noch ungefähr eine halbe Sekunde, wenn das Blatt sich nicht wieder wendete. Er hoffte zutiefst, dass die

Stimmung umschlagen würde, gerade jetzt hatte er wirklich keine Zeit, kleine Jungs zu erziehen. Aber die Chance war gering.

Wo er saß, war es ziemlich eng. Er stand auf und schob sich mit dem Bierglas in der Hand am Tisch vorbei in den Gang.

Die Männer sprangen auf. Er hatte ihnen imponiert, als er am Tresen saß, und sie waren stolz gewesen, als er mit ihnen mitgegangen war. Als sie damit Erfolg gehabt hatten, war er in ihren Augen in der Hackordnung ein Stück tiefer gerutscht. Jetzt hatte er sie darüber hinaus noch enttäuscht. Sie hatten schon einiges intus und vertrugen kein Bier, und ein Nein konnten sie jetzt nur schwer akzeptieren. Vermutlich wussten sie nicht einmal, wie man das machte, ein Nein akzeptieren. Ziemlich viele lernten das nie.

»Für wen zum Teufel hältst du dich?«, stieß der Kerl, der Magnus hieß, hervor. »Du bist doch nur ein armseliger, alter Knastbruder!«

Einige der Umsitzenden erhoben sich langsam von ihren Sitzplätzen. Der Hagere blies sich auf, packte mit der einen Hand Kents Jacke und versuchte, ihn zu Boden zu werfen, überzeugt, dass allein die bloße Geste und die Kraft seines Zorns den Mann das Gleichgewicht verlieren lassen würden. Der Kräftige stellte sich sofort hinter ihn, bereit zuzutreten, wenn das Opfer am Boden lag. Dann würden sie schnell von hier verschwinden. Niemand würde eingreifen.

Kent machte in dem schmalen Gang ein paar Schritte rückwärts, um die Balance zu halten, bekam mit der linken Hand das T-Shirt seines Angreifers zu fassen und zog ihn mit sich. Der Junge wehrte sich.

»Lass los, verdammt! «, schrie er.

Kent stieß ihn von sich und der Bursche stürzte unvermittelt, plump und polternd, während er vergeblich versuchte, sich an einer glatten Tischplatte festzuhalten. Hastig rissen die Umsitzenden ihr Bier und die Aschenbecher an sich.

Der Kräftige brauste auf. Noch ehe sein Komplize den Boden erreicht hatte, war Kent auf dem Weg zu ihm, durchbohrte ihn mit seinen Blicken, legte ihm die Hand auf die Brust und drückte ihn aufs Sofa zurück. Er beugte sich über ihn, drehte sich leicht, so dass der Bursche einen Blick auf die Pistole unter seiner Jacke werfen konnte, und knurrte leise:

»Jetzt, Leffe, nimmst du deinen Kumpel und haust hier ab, und zwar ziemlich fix, bevor ich ernsthaft ärgerlich werde. Und dann haltet ihr euch von diesem Blödsinn fern. Ihr seid die Jugend Schwedens, verdammt, ihr sollt die schwedische Fahne verehren und euch aus dieser billigen Kriminalität raushalten. Verstanden?«

Der Junge nickte. Kent ließ von ihm ab und setzte sich auf einen Stuhl. Noch immer hielt er das Bierglas in der rechten Hand und sah dem anderen zu, der sich mühsam aufrappelte. Der Junge warf ihm einen unterwürfigen, aber zornigen Blick zu.

Der Barmann hatte seinen Platz hinter dem Tresen verlassen und drängte sich zwischen den Tischen durch, um den Streit zu schlichten. Er blickte von dem bleichen, eingeschüchterten Typen zu dem, der gequält aufstand, und von ihm weiter zu dem Mann mit dem Bier, unsicher, wen er rausschmeißen sollte. Als er Kents Gesicht und seine gefährliche Ruhe bemerkte, beschloss er hastig, dass diese beiden Lümmel Schuld haben mussten.

»Jetzt reicht's! Raus hier, aber schnell!«, polterte er aufgeplustert und autoritär. Mit einer Hand packte er Magnus, der gerade wieder auf die Füße gekommen war, mit der anderen Leffe und zog die beiden mit sich. Sie folgten ihm widerstandslos. Er schubste sie unnötig hart und knallte die Eingangstür hinter ihnen zu.

Kent stellte sich wieder an den Tresen. Der Barmann glitt an seinen Platz dahinter und musterte sein Gegenüber misstrauisch.

»Worum ging's?«, fragte er.

»Nichts Wichtiges. Nur ein paar Grünschnäbel, die sich prügeln wollten.«

»Ich bestimme, ob es was Wichtiges war. Warum wollten die sich prügeln? Sind sie auf dich losgegangen? Was hast du mit ihnen gemacht?«

»Nichts. Ich habe ihnen gesagt, dass sie damit aufhören sollen, und das haben sie dann auch gemacht«, antwortete Kent. »Vergiss es, sie sind jetzt weg.«

Der Barmann schüttelte den Kopf. Die Gäste setzten sich und nahmen ihre Gespräche wieder auf. Es wurde ruhig.

Kent nippte an seinem Bier, beruhigte sich und beobachtete wachsam den Betrieb im Lokal.

Die Minuten vergingen. Stimmen und Gläserklirren verschwammen zu einem unverständlichen Summen. Was zum Teufel mache ich hier, dachte er. Wenn sie wüsste, wie planlos hier alles verlief, würde sie ziemlich wütend werden.

Durch die schmale Eingangstür kamen und gingen die Gäste. Das Mädchen mit der Tarnhose stand auf. Sie wirkte verärgert und missgelaunt. Sie humpelte leicht, vermutlich hatte sie sich am Bein verletzt. Er überlegte, ob er ihr folgen sollte. Aber sie war zu jung, jedenfalls hatte sie kaum schon die richtigen Kontakte. Sie verschwand nach draußen.

Plötzlich fühlte er sich beobachtet. Das Gefühl überkam ihn, noch bevor er den Kopf drehte, um zu sehen, wer es war. Das Unterbewusstsein war ihm immer einen Schritt voraus.

Ein großer, dürrer Mann mit düsterem Gesicht saß an einem Tisch weiter hinten im Lokal. Er schien schon eine ganze Weile in Kents Richtung geblickt und ihm in den Nacken gestiert zu haben. Ihre Blicke trafen sich. Ein leichtes Lächeln überflog das Gesicht des Langen – ein amüsiertes Lächeln.

In Kent begann eine kleine Glocke zu klingeln. Das Blut floss ein wenig schneller durch seine Adern. Sein Interesse erwachte. Neugierig und aufmerksam musterte er den Mann.

7

Der Lange war etwa fünfunddreißig, vielleicht vierzig und trug zu Kents Überraschung einen braunen Anzug mit einem schwarzen Hemd. Er hatte etwas von einem Verkäufer an sich – einem Seelenverkäufer. Aber da war auch noch etwas anderes. Eine faszinierende Präsenz. Ruhig und Unheil verkündend dominierte sie unterschwellig boshaft den Raum.

Vielleicht war er es. Kent wandte sich an den Barmann.

»Wer ist der Bestattungsunternehmer da?«, fragte er gleichgültig und nickte zu dem Tisch hinüber.

Der Barmann hob den Kopf. Er ließ den Blick von Kent zu dem Langen und wieder zurück wandern. Dann ging er einfach weg, ans andere Ende des Tresens ohne zu antworten.

Es war wie verhext. Sämtliche Alarmglocken in Kent schrillten.

Er rutschte vom Barhocker und schlenderte an den Tisch des Langen. Der Mann war nicht allein, ein großer, dicker Kerl, Anfang zwanzig, der aussah wie sein Leibwächter oder Laufbursche, leistete ihm Gesellschaft. Dass noch eine zweite Person anwesend war überraschte und beunruhigte Kent. Er hatte etwas anderes erwartet. Beide sahen ihn an, der Lange leicht interessiert, der Handlanger mürrisch.

»Störe ich?«, fragte Kent.

Der Mann blickte zu ihm auf.

»Nein. Setz dich einen Moment.«

Er sprach in einem hellen Flüsterton. Kent setzte sich. Der Handlanger bewegte seinen fülligen Körper ein Stück beiseite und schob sein Bier und die Chips zu sich. Kent nickte ihm zu. Der Lange fuhr fort.

»Ich habe das mit den Burschen vorhin gesehen. Das war eine ziemlich elegante Art, mit ihnen fertig zu werden.«

Kent hob die Schultern.

»Manchmal erwacht altes Können zu neuem Leben«, sagte er.

»Wirklich? Was für ein altes Können?«

»Ich bin früher ein bisschen in so was ausgebildet worden«, antwortete Kent ausweichend.

Der Mann fixierte ihn schweigend. Kent schöpfte Hoffnung. Dieser Typ hier war interessiert. Er war sich sicher.

»Bisschen Nahkampf, etwas Waffenkunde«, fuhr er fort.

»Ah, ja? Ja, das konnte man beinahe sehen.«

»So was vergisst man nicht, das sitzt.«

»Wie kommt das? Bist du Küstenjäger oder so?«

»Oder so«, sagte Kent.

Der fette Jüngling kicherte. Der Lange ignorierte ihn.

»Und jetzt hast du für diese alte Ausbildung Verwendung?«, fragte er.

»Kommt vor. Es gibt ja Jobs, für die man so was braucht.«

»So? Gute Jobs?«

»Nicht gut genug«, sagte Kent.

»Nein?«

»Nein. Nicht die richtige Sorte Job. Das kommt jetzt vielleicht ziemlich albern und unerwartet, aber man erreicht einen Punkt im Leben, da will man seinem Land dienen. Dem Schwedischen in diesem Land. Man hat die Kraft und das Wissen und das Bedürfnis und das will man einsetzen, um ein paar Dinge zurechtzurücken.«

»Und was ist falsch gelaufen?«

»Ja, was meinst du? Ist dieses Land noch schwedisch? Ist es das? Überall wimmelt es von Kanaken, auch wenn man sich inzwischen dafür entschuldigen muss, wenn man das sagt, aber so ist es doch. Es sind noch mehr, als die Leute glauben. Man wird wütend, man kriegt ja verdammt nochmal Angst. Haben normale schwedische Arbeiter hier noch Platz? Es gibt nicht mal mehr gewöhnliche Kneipen, wo man ein Butterbrot mit Bierwurst bekommt, wenn du verstehst, was ich meine. Und was macht der Staat? Er lässt die Schweden im Stich! Ihm sind durch fremde Interessen die Hände gebunden.«

»Es lässt sich kaum bestreiten, dass man dieser Meinung sein kann«, sagte der Lange. »Aber was soll man dagegen tun? Das Volk wählt die Parteien, die diese Einwandererpolitik machen. Wir haben doch Demokratie in diesem Land.«

Kent warf ihm einen langen Blick zu.

»Ja, das ist es ja«, sagte er.

Der Lange erwiderte den Blick.

»Wo du dich dafür zu interessieren scheinst, liest du, was die Nationalsozialisten im Internet schreiben?«, fragte er.

Kent zuckte wieder mit den Schultern.

»Ich habe kein Internet. Aber ich habe Neonazis gesehen. Sie wirken verdammt konfus, entschuldige, dass ich das so sage. Nicht besonders.«

»Wahrscheinlich sind ein paar von ihnen doch ganz einfallsreich. So ist es doch überall.«

»Mag sein, aber das reicht mir nicht. Zwanzigjährige Burschen können für die Zukunft Schwedens nicht viel tun. Dazu gehört mehr.«

»Mehr? Was meinst du?«

»Ich für meinen Teil habe keine genaue Vorstellung. Aber ich kann das eine oder andere, wie gesagt, und wenn jemand wirklich Verwendung dafür hat, dann werde ich verdammt noch mal nicht zögern, das kann ich dir versprechen.«

»Nein? Wärst du zum Beispiel bereit, zur Waffe zu greifen?«

Kent beugte sich über den Tisch und senkte die Stimme.

»Wenn ich nur die kleinste verfluchte Chance bekäme, dann gäbe es verdammt wenig Sachen, die ich nicht tun würde, um Schweden und die nordische Rasse zu retten«, sagte er und heftete seinen bohrenden Blick auf den Langen.

Es entstand eine Pause.

»Also, falls du mit mir reden willst, ich wohne in Lindéns Pension«, fuhr er fort.

»Reden, mit dir? Warum denn?«

»Ich will etwas Sinnvolles tun, und jetzt kennst du meine Prinzipien.«

Der Lange schüttelte schwach den Kopf und lächelte bedauernd.

»Da bist du leider an den falschen Mann geraten. Ich habe nichts gegen deine Ansichten, aber ich verkaufe Autos und das ist vermutlich nicht unbedingt das, wonach du suchst. In meiner Branche hat man nicht so viele Möglichkeiten, unmittelbar etwas für die Reinheit der nordischen Rasse zu tun. Ich kann deine Ansprüche kaum erfüllen.«

Er nickte dem Handlanger zu.

»Das hier ist der Sohn meiner Schwester. Ich bin gerade dabei zu versuchen, in der Firma etwas für ihn zu tun, und das ist schwer genug.«

»Ich verstehe«, sagte Kent. »Entschuldige, dass ich gefragt habe.«

»Nein, verdammt, das musstest du schließlich tun, wenn du so denkst. Es ist nicht so, dass ich nicht helfen will. Wenn ich nur wüsste wie. Unter uns, ich schicke den Jungs etwas Kohle.«

»Welchen von ihnen?«

»Verschiedenen Gruppen. Ja, nicht für Waffen und so was, sondern damit sie ihre Informationen verbreiten können. Aber die Firma verschlingt so viel Zeit, das ist einfach so.«

»Okay«, erwiderte Kent.

»Aber wenn du die richtigen Kreise findest, dann halte ich gerne etwas Geld parat. Auf jeden Fall bin ich öfters in der Woche hier, wir können uns also hier treffen. Du hast sicher Verständnis, dass ich dir nicht die Adresse meiner Arbeit geben kann. Es wäre nicht sehr schlau, solche Dinge dort zu besprechen.«

»Okay«, wiederholte Kent.

Der Lange sah ihn aufmerksam an.

»Kenne ich dich nicht irgendwoher?«

»Keine Ahnung. Ich bin schon eine Weile auf der Erde herumgestiefelt, es ist vermutlich unvermeidbar, dass mich einige kennen.«

Der Lange nickte.

»Jedenfalls war es interessant, sich mit dir zu unterhalten. Denk nichts Falsches.«

»Ja, es war nett, dich kennen zu lernen. Und vielleicht sehen wir uns irgendwann mal wieder.«

»Man kann ja hoffen. Viel Glück«, sagte der Lange.

Der Handlanger hob die Augenbrauen zu einer Art Abschiedsgruß. Kent lächelte die beiden an und stand von ihrem Tisch auf.

Es war fast Mitternacht, und er hatte genug. Dieser Kneipenbesitzer glaubte nicht an eingeschränkte Rauchfreiheit, die Luft war inzwischen stickig und verqualmt, das Lokal zum Bersten voll, und der Geräuschpegel stieg. Er kämpfte sich zum Tresen vor, stellte sein Bierglas ab und drängte sich zur Tür. Auf der Straße war es herrlich leer und kalt. Er sog die kalte Nachtluft ein, kehrte enttäuscht zu seinem Hotelzimmer zurück und legte sich mit hämmernden Kopfschmerzen aufs Bett.

Verdammt. War das der richtige Mann? Wenn nicht, wo zum Teufel hielt er sich auf, der Mann, der Eva Beldon und die anderen hingerichtet hatte? Warum war es so schwierig mit ihm in Kontakt zu treten?

Wenn es doch der Lange war, dann hatte er Handlanger, und der Täter war kein einsamer Henker, genau wie Kent es insgeheim schon die ganze Zeit vermutete. Dann waren die Morde vielleicht viel durchdachter und zielgerichteter als nur dieses Töten. Dann mussten auf irgendeine Weise auch Männer rekrutiert werden.

Aber er hatte alle Möglichkeiten ausprobiert – ohne Erfolg. War doch nichts Großes im Gange? Existierte das nur in seiner Fantasie?

Er fühlte sich gehetzt. Er konnte höchstens noch ein paar Tage durchhalten, dann musste etwas passieren. Seine Rastlosigkeit begann ihn innerlich zu zerfressen.

Seine Gedanken kehrten zu dem Langen und seinem Neffen am Tisch zurück. Neffe, sicher. Unvermittelt breitete sich ein Grinsen auf seinem Gesicht aus. Verflixt – und wenn sie von der Polizei waren? Wie nett.

Es klopfte so plötzlich und unerwartet an der Tür, dass er zusammenfuhr. Seine Muskeln spannten sich und er war hellwach. Er sprang aus dem Bett und öffnete.

Die Wirtin stand auf der Schwelle, bewaffnet mit einer Flasche Whisky in der einen und zwei Gläsern in der anderen Hand. Sie fragte, ob sie hereinkommen dürfe.

»Aber nur, wenn ich nicht ungelegen komme«, sagte sie. »Ich habe gesehen, dass noch Licht brennt. Sagen Sie einfach, wenn Sie lieber ins Bett gehen oder allein sein wollen.«

»Kommen Sie rein«, entgegnete Kent mit einer einladenden Geste und fragte sich insgeheim, was sie wohl wollte. Mit ihm schlafen? Und ihn mit Whisky dafür vorbereiten? Das wäre in diesem Fall keine schlechte Idee, obwohl sie im Licht der Lampe gar nicht so alt aussah. Oder war sie misstrauisch? Was sollte er dann tun?

Sie schloss die Tür und hielt die Flasche fragend in die Höhe. Er nickte wieder. Sie füllte die Gläser, gab ihm das eine, stellte die Flasche auf den Nachttisch und setzte sich in den Sessel auf der gegenüberliegenden Seite.

»Das kommt unerwartet«, sagte er. »Ich habe gerade dagelegen und über mein mieses Leben nachgedacht.«

»Wenn Sie finden, ich wäre aufdringlich, sagen Sie es einfach. Ich mache das hier schließlich nicht jeden Tag«, gab sie zurück. »Aber ich hatte eine Eingebung, und auf so was soll man ja hören. Meistens jedenfalls.« Sie machte eine Pause. »Wollen wir uns nicht duzen?«

»Gern.«

»Ich habe ziemlich viele Menschen durch dieses Zimmer gehen sehen in all den Jahren. Menschen aller Art. Auch bekannte Persönlichkeiten haben hier gewohnt.«

»Welche denn?«, fragte er interessiert.

»Au, au! Das kann ich nicht verraten. Aber eins kann ich dir sagen, ich glaube, du bist ein zuverlässiger Mann, vielleicht nicht ganz gesetzestreu – wenn du mir nicht verübelst, dass ich das sage, denn wer lebt schon nach allen Gesetzen gleichermaßen? –, aber zuverlässig, nicht vollständig durchgedreht und ohne jede Selbstkontrolle wie die meisten anderen.«

»Findest du, dass die meisten Menschen keine Selbstbeherrschung haben?«

»Ich rede von denen, die diese besondere Energie und Ausstrahlung haben, so wie du. Von denen gibt es eine ganze Menge, die keine Ahnung haben, was sie eigentlich tun. Die haben irgendeinen Plan, der vielleicht ein paar Monate lang oder sogar nur einige Tage in die Zukunft reicht. Die wissen nicht, was sie wollen, die wissen nur, in welcher Stimmung sie leben wollen. Aber du siehst aus wie einer, der sich für etwas entschieden hat. Oder nicht?«

»Doch«, gab er zu.

»Und was machst du?«

»Ich suche wohl einen Job, könnte man sagen.«

»Dann viel Glück dabei.«

»Danke. Erzähl von dir, was hat dich hierher verschlagen? Lebt dein Mann noch?«

Schlagartig wurde ihr Lächeln wärmer und offener, als gefiele es ihr, an ihren Mann zu denken.

»Oh, nein, er ist vor zehn Jahren gestorben. Es gibt nur noch mich und meinen Sohn und der führt ja sein eigenes Leben. Mein Mann war wunderbar. Er war besonnen und er war liebenswert. Ungefähr einmal im Jahr überlegten wir, das alles hier zu verkaufen und etwas anderes zu tun – reisen, alles hinter uns lassen und einfach abhauen. Vielleicht hätten wir eine Piratenkneipe auf Jamaika aufmachen können. Kannst du dir das vorstellen – ich unter Palmen?«

»Doch«, sagte Kent und bemerkte plötzlich ihre festen Schenkel in den langen Hosen und ihre großen Brüste.

»Ich weiß immer noch nicht, ob es einen Versuch wert gewesen wäre. Vielleicht hätten wir ein fantastisches Leben gehabt oder wir hätten total abgebrannt im Regen unter einem Palmenblatt gesessen und uns elend gefühlt. Jedenfalls ist nichts draus geworden, und es ging uns gut, so wie es war.«

»Es ist nicht gut über so was nachzudenken«, sagte er. »Darüber, was wäre, wenn.«

»Nein, das Wichtigste hatten wir ja«, stimmte sie zu. »Liebe, ein Kind und Arbeit.«

Sie wollte also einfach nur reden. Nun, das war auch nicht das Schlechteste. Sie unterhielten sich und verbrachten auf diese Weise einen überaus angenehmen Abend. Sie versuchte nicht, ihn zu verführen. Schließlich verabschiedete sie sich und er war wieder allein in dem blank gescheuerten, stummen Zimmer.

Er machte das Licht aus, rauchte und hörte dem Verkehr draußen zu.

»Margareta«, sagte er laut in die Dunkelheit.

8

Anne lag in ihrem Schlafsack, blickte durch den schmalen Schlitz im Zelt in die Dunkelheit und lauschte den schwachen, beruhigenden Geräuschen des Waldes. Es roch noch immer nach dem Rauch des Feuers, das sie vor mehreren Stunden gelöscht hatten. Langsam, ganz langsam begannen ihre angespannten Nerven, sich auszustrecken. Ihr war warm, sie war satt und fühlte sich behaglich schläfrig.

Sie und Miriam waren die Einzigen auf dem kleinen Campingplatz. Der Verwalter, ein großer, gelassener Mann mit einem karierten Hemd hatte ihnen eine hübsche Stelle zum Zelten gezeigt, nur zehn Meter vom Strand entfernt unter einem hohen Baum. Als Anne ihm gefolgt war, hatte sie seinen breiten Rücken und seine geschmeidigen Bewegungen bewundert. In ihnen lag Freiheit. Seine Männlichkeit war von der herzlichen und selbstverständlichen Art, die Frauen und Kinder aufblühen und gedeihen lässt, und er wäre sicher nie auf die Idee gekommen, sich zu fragen, ob er ein richtiger Mann war oder nicht. Sie konnte sich nur schwer vorstellen, wie er piepste: »Ich bin noch nicht bereit für eine Beziehung!«

Der Platz, den er ihnen zuwies, war schön und abgelegen. Miriam hatte die Stille genossen und sich über das gemütliche, kleine Zelt gefreut. Sie hatten ihre Füße in den kalten See getaucht und Fleischklößchen mit Soße am Feuer gegessen.

»Warum kann man nicht in der Zeit reisen?«, hatte Miriam gefragt.

»Weil die Zeit kein Ort ist«, sagte Anne. »Zeit ist Veränderung. Wenn sich nichts verändert, vergeht auch keine Zeit. Das Wort Zeit klingt zwar wie ein gewöhnliches Substantiv, aber es ist ein Phänomen, vielleicht wie etwas, das immer im Fluss ist. Man kann nur an einen Ort reisen, nicht in eine Bewegung.«

Miriam sah irritiert aus.

»Das klingt verkehrt«, sagte sie. »Es ist doch klar, dass die Zeit vergeht, auch wenn sich nichts verändert. Wenn ich hier sitze und mich nicht bewege, vergeht trotzdem Zeit.«

»Aber alles verändert sich jede Sekunde, immer«, sagte Anne. »Deine Zellen arbeiten, die Luft bewegt sich, du atmest, kleine Insekten leben und sterben in der Erde unter deinen Füßen.«

Miriam sah auf den nadelbedeckten Boden.

»Aber das weiß ich doch nicht. Ich weiß nichts von all dem und trotzdem fühle ich, dass die Zeit vergeht. Wieso kann ich das fühlen?«

»Ich habe keine Ahnung. Das ist eine andere Frage, wie du geschaffen bist, damit du Veränderungen spüren und sie als Zeit interpretieren kannst«, sagte Anne.

»Wie denn?«

»Ich weiß nicht.«

»Aber wie kannst du das aushalten, dass du das nicht weißt?«, beharrte Miriam. »Wie kannst du jeden Tag herumlaufen und dich damit zufrieden geben, dass du das nicht verstehst? Wirst du nicht wahnsinnig vor Ungeduld?«

Sie sahen sich in die Augen. Miriams Blick war wach, misstrauisch und nachdenklich.

»Unsere Gehirne sind an das Leben auf diesem Planeten hier angepasst«, sagte Anne. »So etwas wie die Krümmung des Weltraums oder die Frage, ob er endlich ist und wo er, wenn es so ist, enden könnte, können wir uns nicht vorstellen. Wir müssen auf das vertrauen, was wir berechnen können.«

»Aber ich will nicht nur auf das vertrauen, was man ausrechnen kann!«, sagte Miriam rebellisch. »Das ist wie blind sein und sich in einem Zimmer vorwärts tasten. Ich will verstehen können!«

Wütend kratzte sie mit einem Zweig in der Erde.

»Okay, okay, dann sag, dass Zeit Veränderung ist«, sagte sie. »Und wenn man sich mehrere Dimensionen vorstellt? Mehrere Wirklichkeiten mit einer Art Haut dazwischen? Wenn man da hindurchgelangen würde …«

»Wenn wir ins Weltall hinausblicken, dann sehen wir seine Vergangenheit«, sagte Anne. »Wenn man schneller als das Licht reisen könnte, also theoretisch, dann müsste man die Erde erreichen können, wie sie vor, sagen wir, einigen tausend Jahren war.«

»Aber das ist doch nur ein Bild!«, sagte Miriam böse. »Wir würden nur das Bild der Erde erreichen, nicht die Erde selbst vor zweitausend Jahren!«

Sie war enttäuscht. Anne fühlte sich erschöpft und den Fragen ihrer Tochter nicht gewachsen.

»Warte«, sagte Miriam. »Angenommen wir verlassen die Erde, um ihr Bild zu erreichen. Angenommen wir reisen schneller als das Licht und überholen es. Wir sehen die Erde vor uns, wie sie in der Vergangenheit war. Wir kommen näher und näher. Dann müssten wir sehen, wie das Bild sich in die Gegenwart verändert, immer schneller, bis wir im Heute angekommen sind. Und dann sind wir tatsächlich da. Wir sind herumgereist und zu der wirklichen Erde zurückgekommen.«

Sie sah verblüfft aus.

»Aber wie soll das gehen? Irgendwo muss ich einen Denkfehler gemacht haben. Habe ich mich geirrt? Wo? Liegt es an der Krümmung des Weltraums?«

»Du hast das Fernglas falsch herum gehalten«, sagte Anne. »Wenn du im Weltraum reist, schaust du nach hinten, auf die Erde, die du verlassen hast, und je schneller du reist, desto schneller siehst du, wie sie sich in der Zeit rückwärts verändert.«

»Aber trotzdem?«, überlegte Miriam.

Schließlich ließ ihre Euphorie etwas nach. Anne und

Miriam legten sich hin, entspannten sich und schliefen ganz ruhig. Eine halbe Stunde verging.

Anne wand sich aus ihrem Schlafsack und trat in die Dunkelheit hinaus. Die Luft war kühl, der See glänzte ruhig hinter den Bäumen. Sie zog den Trainingsanzug aus, ging nackt an den Strand und machte ein paar Schritte ins Wasser. Es war kalt, aber erfrischend und ebenso angenehm war es, die Luft auf der Haut zu spüren.

Sie sehnte sich nach John. Ihn hier zu haben. Ihn zu berühren. Mit ihm lachen. Die warme, zärtliche Liebe zu ihm spüren. Seinen Gesichtszügen vorsichtig mit dem Finger folgen.

Sie erinnerte sich an jedes einzelne Mal, wenn er in der Küche gestanden und gekocht hatte und sie hinter ihn getreten war. Sie hatte sich sanft an seinen warmen Rücken geschmiegt, ihre Hände hatten seinen Bauch mit den festen Muskeln unter der weichen, glatten Haut gestreichelt, gerade bis unter den Hosenbund. Das hatte ihn unmittelbar erregt und die Erregung war im selben Moment auf sie übergesprungen, ein Stoß voller erotischer Lust. Es berührte sie, wenn sie daran dachte.

Sie stieg aus dem Wasser und ging vorsichtig über Baumwurzeln und Tannennadeln zum Zelt zurück, trocknete ihre Füße ab, zog sich fröstelnd den Trainingsanzug über und kroch wieder in den Schlafsack. Miriam drehte sich im Schlaf zu ihr und legte den Kopf auf ihren Arm. Anne zog sie an sich und fühlte eine warme, tiefe Zufriedenheit. Ihre Tochter war bei ihr und sie atmete den Duft ihrer Haut. Eine friedliche Vollkommenheit, die ihr nichts und niemand sonst hatte geben können. Niemand außer John.

Miriam war schwer, aber Anne wollte sich nicht bewegen. Sie lag in ihrer Zeitlosigkeit, von der Erdanziehung fest auf den Boden gedrückt, während der Planet sich langsam um seine Achse drehte. Es war leer ohne John, aber jede Sekunde, die ruhig vorüberzog, so selbstverständlich und bedeutungsvoll. Gerade jetzt brauchte sie nicht zu wissen, wie die Membran zwischen den Zeiten aussah. Mit dem schlafenden Mädchen neben sich war sie im Zentrum der Welt. Sie brauchte nichts. Sie musste nirgendwo anders sein.

Ihre Gedanken begannen in einen Traum überzugehen. Vorsichtig befreite sie ihren Arm von Miriams Kopf, zog den Reißverschluss des Schlafsacks weiter zu, um sich vor der kühlen Nacht zu schützen und fiel sanft und langsam in den Schlaf.

John schwebte. Er hatte keinen Körper und war von flimmerndem Sonnenlicht umgeben. Entfernte Motorengeräusche drangen in sein Bewusstsein. Sie wurden immer lauter, bis sie fast unerträglich wurden und ihn an die Oberfläche zogen. Er wollte nicht aufwachen, kämpfte dagegen an und verlor.

Er hörte Schritte auf dem Asphalt und ihm wurde bewusst, dass es seine eigenen waren. Er lief über einen Flugplatz. Die Luft war diesig, es musste vor Tagesanbruch sein. Das Brüllen war immer noch da. Es stammte von einem Helikopter, einem Bell 407 mit vier Rotorblättern. Sie hielten auf den Helikopter zu. Die Luft war kalt, und er fror in seinem Anzug.

Er befand sich nun an Bord des Helikopters, sie hatten abgehoben. In der Kabine duftete es schwach nach Kaffee. Er blickte durch das Fenster. Unter ihnen erstreckten sich die Berge in einer unendlichen Wildnis. Die Sonne ging über den tiefgrünen Wäldern auf und die ersten Strahlen schienen in die Kabine. Die Entführer tranken Kaffee aus einer Thermoskanne und unterhielten sich. Er konnte keine einzelnen Worte verstehen. Niemand widmete ihm auch nur die geringste Aufmerksamkeit.

Langsam begann sein träges Hirn zu begreifen, was geschah. Jetzt saß er also in einem Hubschrauber. Kein einsamer Mörder. Auch keine fünf Typen in einem Lieferwagen, das war nicht möglich. Wie sollten die an einen Helikopter kommen?

Er war weit weg von zu Hause und weit weg von der Stockholmer Polizei.

Ich schaffe das nicht, dachte er. Es ist zu viel, sie sind zu viele. Ich habe keine Kraft mehr. Ich habe meine Kraft in Afrika verbraucht. Bis das hier vorüber ist, ist irgendetwas in mir zerbrochen. Das hier stehe ich nicht durch.

9

Mittwoch

Die Sonne war aufgegangen. Der Helikopter hing in der klaren Luft wie eine Hummel auf kurzen, kufenähnlichen Skiern und schwebte über einen Bergrücken zu einer Lichtung in der dunkelgrünen Walddecke. Ein schmaler hellgrauer Strich markierte einen Weg, der von dort wegführte.

Der Helikopter senkte sich zu Boden und landete in gebührendem Abstand von einem großen, modernen, braunen Holzhaus. Es stand vor einer steilen, bewaldeten Bergwand am Rand einer weiten, ebenen Grasfläche, die wiederum in den nächsten steilen, baumbedeckten Hang überging. Das Haus passte überhaupt nicht in diese Umgebung. Es hatte eine breite, bungalowähnliche Form und große, viereckige, sprossenlose Fenster, die sich gegen die wuchtigen Holzbalken der Wände verschworen zu haben schienen. Es sah wie eine Hollywoodkopie, ein Erholungsort eines reichen Mannes – oder eines großen Unternehmens – aus, mitten in der Wildnis, meilenweit von Wald und Bergen umgeben.

Die Tür ging auf, und John kletterte hinaus auf den Boden. Es war noch immer kalt. Er konnte vereinzelte Nebengebäude erkennen, aber der Platz wirkte eigentümlich leer, wie der letzte Außenposten der Zivilisation. Irgendwo sang frühlingshaft ein Vogel. Sonst war es erdrückend still.

Zwei der Männer gingen mit ihm zum Haus hinüber, die breite Eingangstreppe hinauf durch die gefirnisste, doppelte Haustür. Neben der Treppe stand eine Eberesche mit kahlen, schwarzen Zweigen und ein paar übrig gebliebenen, vertrockneten Beeren. Die jungen Triebe waren noch nicht ausgeschlagen. Sie durchquerten eine großzügige Eingangshalle, die er nur schemenhaft wahrnahm, und traten durch eine unansehnliche, fast versteckte Tür auf eine grob betonierte Treppe, die hinunter in den Keller führte.

Der Keller war geräumig, und das Tageslicht fiel durch ein schmales Bogenfenster, das in die dicken Mauern eingelassen war. Als John unten angekommen war, konnte er die große Rasenfläche und den Wald auf der anderen Seite erahnen. Zwischen den massiven Deckenbalken waren Lampen installiert. Er wurde vorwärts geschubst, musste einem metergroßen Eingangsloch ausweichen, das direkt in den Berg zu führen schien, und wurde in einen Gitterkäfig gestoßen. Hinter ihm fiel die Tür ins Schloss. Ein Kellerbüro, dachte er, aber es war eine Zelle, eine richtige Zelle mit einer Pritsche an der Wand.

Die Männer verschwanden treppaufwärts. Keiner von ihnen hatte auch nur ein Wort zu ihm gesagt.

Ratlos starrte er auf den Betonboden der Zelle, und es dauerte ein paar Sekunden, ehe er bemerkte, dass er nicht allein war. Ein junger Mann in schwarzem Overall, eine Waffe geschultert, mit Funkgerät, Handschellen, Pistole und Taschenlampe am Gürtel, war im Schatten der Treppe postiert worden und fixierte stur einen Punkt neben dem Käfig. Er war ziemlich groß und schlank und konnte höchstens zweiundzwanzig sein. Sein Gesicht war verschlossen. Er erinnerte ihn an den Jungen aus seinen Albträumen. John sah mit dem Unbehagen des Wiedererkennens, dass er eine Mini-Uzi hatte.

Sein Körper fühlte sich steif und müde an. Nach der langen Reise hatte er noch immer das Gefühl, als schwanke der Boden unter ihm. Seine Angst wollte nicht nachlassen, sie glich einer Ruhelosigkeit, die im Magen brannte. Auch das kannte er aus Afrika und niemals hätte er geglaubt, dass er sie jemals wieder fühlen müsste.

Er wusste nicht, wonach er sich am meisten sehnte. Nach einer Dusche, Essen, einen Liter Wasser zu trinken, auf die Pritsche fallen zu dürfen und zu schlafen. In einen Nebel zu verschwinden, wo ihn niemand erreichen konnte. Er merkte, dass er nach Schweiß roch. Er wollte sich hinlegen, aber er wagte nicht zu schlafen, mit dem stummen, bewaffneten Jungen nur wenige Meter entfernt. Das war vollkommen unmöglich. Er wagte nicht einmal, ihm den Rücken zuzuwenden.

John versuchte, sich zu beruhigen und nachzudenken. Sie mussten irgendwo in Norrland sein. Es wirkte nicht, als wäre er ein Mordopfer wie die anderen, und aus irgendeinem Grund wollten sie Anne. Der Typ an der Treppe trug eine Art Fantasieuniform, aber seine Waffe war echt genug, also hatte jemand mit einer Schwäche für das Militärische diese Unternehmung zu verantworten.

Woher hatten sie das Geld? Bankraub? Ausländische Finanziers? So ein Haus und den Helikopter gab es nicht gratis. Entführer und Wachen mussten bezahlt werden, sie arbeiteten sonst sicher nicht als Bäcker oder Automechaniker.

Was wollten sie? Er kramte in seinem Gedächtnis, aber konnte weder in seinem noch in Annes Leben etwas finden, das eine Entführung erklären konnte. Seine Mandanten? Die Kanzlei hatte sich immer sorgfältig von allem ferngehalten, was sich in den letzten Jahren auch nur in der Nähe von Schwarzgeld, Mafia, Drogen und sogar gewöhnlichen Straftaten bewegt hatte. Ganz zu schweigen von Rechtsextremisten. Wobei er natürlich nicht wusste, was sich im weiteren Umfeld der Finanzen tat.

Er sah sich im Keller um. Grobe Steinwände. Elektrische Leitungen. In der Ecke unter dem Dach eine Überwachungskamera, die ihn zusammenzucken ließ. Eine rote Lampe zeigte an, dass die Kamera lief und für eine Sekunde kam ihm ein neuer Gedanke. War er in eine illegale Operation geraten, die mit dem Heer zu tun hatte? Wirkte es vielleicht militärisch, weil es militärisch war? Hielten sie ihn oder Anne für einen Spion? Wie sollten sie auf eine solche Idee gekommen sein?

Nein. Auch wenn sie es glauben sollten – ein Spion wird auf normale Art und Weise festgenommen und verhört.

Was konnte er außerdem schlussfolgern? Der Kellerraum war groß, aber nach den Dimensionen des Hauses zu urteilen, musste es noch weitere Räume hier unten geben. Es gab vier Türen, davon eine schmalere, die zu einer Toilette zu gehören schien. Zwei andere waren geschlossen, die eine zusätzlich mit einem stabilen Riegel versehen. Er fragte sich, was sich dahinter befand. Die dritte Tür war angelehnt, und er konnte eine Art Wachraum dahinter erkennen.

Äußerst eigentümlich war das Loch im Boden, etwa fünf Meter von ihm entfernt. Die Öffnung im Beton führte senkrecht nach unten, ohne irgendein Geländer oder andere Abgrenzung drum herum, einfach ein Loch mit unregelmäßigem Rand. Wie tief es war, konnte er nicht sehen. Ein alter Brunnen?

Er ging zur Gittertür.

»Wer seid ihr?«, fragte er. »Seid ihr für die Entführung alternder Anwälte zuständig?«

Das erste Mal seit einem Tag redete er wieder und er

merkte, wie heiser er war. Außerdem hörte er sich verdammt lächerlich an. Aus irgendeinem Grund hatte er ungezwungen klingen wollen, aber er wirkte gewollt anmaßend und idiotisch.

Der Wachmann tat, als höre er nichts. John änderte den Tonfall.

»Kann ich etwas Wasser haben?«

Der Junge antwortete noch immer nicht, aber er bewegte sich ein wenig und warf einen Blick auf den Gefangenen, seinen Anzug und die Schuhe, die inzwischen faltig und staubig waren. Das war immerhin eine Reaktion, und John klammerte sich fest an dieses erste kleine Zeichen menschlicher Regung. War der Kerl neugierig? Missgünstig? Was dachte er? Was wusste er?

Die Stille wurde unterbrochen, als sich die Kellertür öffnete und ein junger, muskulöser Mann die Treppe hinunterstieg, der wie ein Bodybuilder aussah. Er war groß und muskulös, sein Kopf kahl rasiert und er trug den gleichen Overall wie die Wache. Während die Uniform an dem schmalen jungen Kerl geradezu herunterhing, saß sie bei ihm eng und straff.

Er ging direkt auf die Zelle zu und starrte John durch das Gitter an. Er war riesig. John wich zurück. Er wollte so viel Luft wie möglich zwischen sich und dem Kerl haben.

Der Wachmann schloss die Gittertür auf. Der Bodybuilder ging ohne einen Blick oder ein Wort an ihm vorbei, kam in die Zelle und baute sich breitbeinig vor John auf, die Hände in den Hosentaschen. Seine Anwesenheit schien den ganzen Keller auszufüllen, seine Augen blitzten höhnisch. Das glatte, fast kindliche Gesicht blickte äußerst beleidigt, als wäre Johns bloße Gegenwart eine Schmach für ihn. Er schwieg.

»Wo ist deine Frau?«, fragte er schließlich mit überraschend heller Stimme.

Es war vermutlich das Beste zu antworten.

Es kam der nächste Schlag. Nicht härter als die anderen. Er warf einen Blick zu der Kamera hinauf. Irgendjemand sieht das hier, jemand, der dem Typen vielleicht die Anweisung gegeben hat sich zurückzuhalten, aber er will sich offenbar nicht zurückhalten. Früher oder später würde er sich zu einer unüberlegten Handlung hinreißen lassen. Wenn es nicht so weit war.

»Die Unterlagen!«, schrie er. »Die der Typ hatte, der gestern im Büro war und deine Frau getroffen hat!«

»Ich habe ihn nicht gesehen«, sagte John.

»Also gibst du zu, dass er da gewesen ist?«

»Nein, aber du sagst doch ...«

»Du gibst doch zu, dass er da war, du verdammter Judenlakai!«, unterbrach ihn der Bodybuilder triumphierend.

John hatte das Gefühl zu ersticken, vor Angst und vor Zorn über die Aussichtslosigkeit zu diesem Koloss von einem Idioten durchzudringen, der ihn in seiner Gewalt hatte. Mittlerweile hatten sie sich durch den kleinen Nebenraum bewegt. Der Bodybuilder war der Aggressive, und der Wachmann unterstützte ihn, indem er sich dicht hinter ihm hielt.

Plötzlich änderten sie ihre Taktik. Der Bodybuilder packte ihn fest am Anzug und stieß ihn auf die Pritsche. John verkrampfte sich in Erwartung einer Serie von Schlägen ins Gesicht, aber der Kerl begnügte sich damit, ihn festzuhalten. Hinter ihm verschwand die Wache aus der Zelle.

John hatte nicht geglaubt, dass es möglich war, noch panischere Angst zu haben, aber mit dem Muskelberg allein zu sein, ließ seine Todesangst jäh ansteigen. Er konnte fast hören, wie seine Nerven mit einem hohen, durchdringenden Ton aufheulten. Er wollte nicht sterben, nicht jetzt. Er wollte weiterleben, wenigstens fünf Minuten. Vielleicht eine ganze Stunde. Den nächsten Tag noch erleben dürfen, ein Ozean von Zeit, ein unerreichbarer Traum.

Er hatte gerade den Mund geöffnet, um zu schreien oder sich eine zusammenfantasierte Geschichte abzuringen, was immer ihm eine kostbare Minute verschaffen könnte, als der Wachmann mit einer aufgezogenen Spritze in der Hand zurückkam. Sie zerrten seinen Ärmel hoch und setzten ihm die Injektion, dieses Mal direkt in die Vene. Sie beeilten sich und es schmerzte. Wieder dachte er an Blutvergiftung, Aids und Hepatitis und ihn packte das Grauen, von derselben Ohnmacht wie zuvor heimgesucht zu werden.

Sie beobachteten ihn und schienen auf etwas zu warten. Er schloss die Augen. Als er sie wieder öffnete, hatte er das Gefühl, nur eine Sekunde wäre vergangen. Zu seiner Überraschung fühlte er, dass seine Wangen tränenüberströmt waren, und er hörte sich selbst reden – flehend, angsterfüllt.

Er verstummte und sah verwirrt auf. Trauer übermannte ihn. Er wusste, dass er gesprochen hatte, erzählt, geweint. Großer Gott, sie hatten ihn mit Narkotika ausgeschaltet und alles gehört, was er im Halbwachzustand aus der Tiefe seines Herzens von sich gegeben hatte. Aber was hatte er gesagt? Er erinnerte sich nur an das Letzte. Er hatte englisch gesprochen und es war um Afrika gegangen. Hatte er nur von Afrika oder auch über Anne und Miriam geredet? Er blickte in die beiden glatten Gesichter über sich.

»Wie lange war er weg?«, sagte der Bodybuilder.

Der Wachmann sah auf die Uhr.

»Viertelstunde.«

»Man versteht gar nichts von dem, was er sagt, dieser Teufel macht sich über uns lustig.«

»Das kann er nicht, er war doch total weg«, erwiderte die Wache ungeduldig.

Enttäuschung auf dem runden, weißen Gesicht, das über ihm tanzte. Johns Handy tauchte in seinem Blickfeld auf.

Es lag in der feisten Hand des Bodybuilders. John versuchte, es zu fixieren und zu verstehen, was das zu bedeuten hatte.

»Vielleicht ruft sie an?«, raunte die Stimme in sein Ohr. »Oder sollen wir sie lieber anrufen?« Die Finger drückten provozierend langsam eine gespeicherte Nummer nach der anderen.

Etwas in Johns Innerem zersprang. Er schrie auf, versuchte sich loszureißen und das Telefon zu zertrümmern. Wenn er nur laut und lange genug schrie, würde die Welt für einen Augenblick stehen bleiben, die Entführer würden nicht auf die Tasten drücken können, das Telefon würde nicht funktionieren, die Signale würden nicht gesendet werden.

»Bring den verfluchten Schreihals zum Schweigen«, knurrte der Bodybuilder.

Der schmächtige Wachmann hielt John auf die Pritsche gedrückt und hielt ihm den Mund zu. Annes Nummer erschien auf dem Display. Der Bodybuilder drückte die Taste. Eine Tonbandstimme teilte mit, dass die Nummer leider vorübergehend nicht zu erreichen sei. Sie hatte ihr Handy noch immer nicht gefunden und eingeschaltet.

John sackte erleichtert zusammen. Der Bodybuilder steckte das Telefon in seine Tasche zurück, verpasste John eine zornige Ohrfeige, die seinen Kopf dröhnen ließ, hob die Spritze vom Boden auf und verschwand. Der Wachmann folgte ihm, schloss die Tür und bezog wieder seinen Posten. Es wurde still.

Eine Weile lag er reglos auf der Pritsche, starrte an die Decke und versuchte sich zu sammeln. Er verspürte noch immer diese Trauer und wusste nicht einmal, woran er sich eigentlich erinnert hatte. Sein Körper schmerzte. Es war lange her, dass ihn jemand geschlagen hatte. Erinnerung nach Erinnerung tauchte vor seinem inneren Auge auf, vermengte sich mit dem Chaos seiner Gedanken und forderte Aufmerksamkeit. Die Anstrengung, sie wieder zurückzudrängen, bereitete ihm Übelkeit.

Aber er hatte nichts über Anne und Miriam verraten. Er hatte von Afrika geredet und englisch und vielleicht Kisuaheli gesprochen. Sie hatten ihn nicht verstanden.

Während die Minuten vergingen, merkte er, dass die Wirkung der Droge langsam nachließ. Das Licht im Keller wurde kälter, grauer. Er wollte schlafen, aber er fror. Und er merkte quälend deutlich, dass er auf die Toilette musste. Er hatte das Gefühl, als würde seine Blase platzen.

Der Harndrang verscheuchte seine wirren Gedanken. John setzte sich mühsam auf und wankte unsicher zur Zellentür. Seine Blase drückte und schmerzte bei jedem Schritt.

»Muss pissen«, sagte er lallend.

Der Wachmann sah an ihm vorbei. John machte einen neuen Anlauf.

»Sonst pinkle ich hier auf den Boden. Dann wird dein Arbeitsplatz bald ziemlich unerträglich.«

Es war nicht sonderlich geschickt zu drohen, aber er hatte nicht die Kraft, sich darüber den Kopf zu zerbrechen. Die Wache zögerte und murmelte etwas in das Funkgerät, öffnete die Tür und zeigte ihm aus sicherer Entfernung die Toilette. John stolperte dankbar hinein. Er zog die Tür hinter sich zu, atmete auf und entspannte sich.

Ihm wurde klar, dass er zum ersten Mal seit der Entführung allein war. Das war eine Wohltat. Er blieb stehen, den Kopf an die Wand gelehnt, und spürte, wie sein geprügeltes und geschundenes Ich versuchte, seine Herrschaftsgebiete zurückzuerobern. Im Halbdunkel betrachtete er sich im Spiegel. Der Anzug hing ausgebeult an ihm herunter, die Krawatte war verschwunden, das Hemd zerrissen. Sein Gesicht war eingefallen und unrasiert, seine Augen tot und wachsam zugleich. Tief in ihnen schwelte ein Feuer. Ich sehe schon wahnsinniger aus als die, dachte er.

John begann an seiner Hose zu nesteln. Die Misshandlungen, das Alter der Entführer und die Tatsache, dass er bisher nur Männer gesehen hatte, hatte ihn ein heruntergekommenes Pissoir erwarten lassen, voll gekritzelt, ein verdrecktes Klo, aber die Toilette war modern und sauber. Militärischer Drill, dachte er wieder. Ordnung muss sein.

Als er fertig war, zog er seine Kleider aus und schüttete sich mit der hohlen Hand Wasser über Körper und Gesicht und kümmerte sich nicht darum, wie demütigend es wäre, wenn jemand die Tür öffnete. Gierig trank er ein paar Schlucke und zog sich wieder an.

Er wollte so lange wie möglich hier bleiben, mit Wänden und einer Tür zwischen sich und dem Wachmann. Vorsichtshalber setzte er sich auf den Boden, für den Fall, dass es dem Jungen plötzlich einfiele, die Toilette durch die geschlossene Tür mit Kugeln zu befeuern.

Wieder versuchte er, seine Gedanken zu sammeln. Inzwischen musste es Mittwoch sein. Anne und Miriam waren vorübergehend in Sicherheit, aber wenn er nicht bis spätestens Samstag von sich hören ließ, würden sie sich Sorgen machen, ihn anrufen und sich damit für andere zu erkennen geben. Bis dahin musste es ihm irgendwie gelingen, hier herauszukommen.

Was war das nur für eine voreilige, idiotische Idee gewesen, das Handy in ihre Sporttasche zu stecken? Wozu sollte das gut sein? Du darfst das Telefon nicht finden, Liebling, dachte er. Du darfst das verdammte Telefon nicht finden.

Diese Vorstellung tat weh, und er schob sie fort.

Der Wachmann schlug gegen die Tür. John stand auf und kehrte in die Zelle zurück. Die Wache ließ das Schloss zuschnappen und nahm ihren Posten ein. Die Blicke trafen sich für den Bruchteil einer Sekunde. John setzte sich auf die Pritsche.

»Weißt du, was ich jetzt gebrauchen könnte?«, sagte er.

»Ein Bier. Ein großes Bier. Oder wenigstens eine Tasse Kaffee. Welches Bier magst du am liebsten? Deutsches, schwedisches, amerikanisches?«

Die Worte fielen wie angeschossene Spatzen auf den Betonboden. Seine Augenlider waren schwer wie Blei. Hunger bohrte in seinem Magen und die Sehnsucht nach Schlaf wurde übermächtig.

Er kämpfte dagegen an. Nur nicht wegsacken!, sagte er sich. Denk darüber nach, wie du aus diesem verfluchten Irrenhaus hier rauskommst. Rede mit der Wache! Versuch dich anzufreunden! Egal, ob er antwortet oder nicht. Vergiss, dass du ihn am liebsten verdreschen würdest, weil er dich hier gefangen hält, obwohl du ihm nie etwas getan hast, vergiss, dass er mitschuldig ist an Mord, Folter und Entführung. Irgendwo in ihm drinnen muss es einen normalen Menschen geben. Pack diesen Menschen. Schaff dir einen Verbündeten! So muss man es angehen. Das hast du schon mal irgendwo gelesen.

Er versuchte, sich an ein paar seiner lustigen Geschichten aus zwölf Jahren Juristendasein zu erinnern, um den Wachmann damit für sich einzunehmen, aber sein Kopf war leer. John richtete den Blick auf das Loch in der Mauer.

Mauern, Schlösser, bewaffnete Wachen und eine Kamera. Natürlich würde er niemals hier rauskommen. Das war nichts als eine lange, ausgedehnte Reise in den Tod. Es konnte nur auf eine Weise enden.

Draußen schien die Sonne über den unendlichen Rasen. Nichts rührte sich. Ohne Aussicht auf Erbarmen merkte er, dass er wieder angefangen hatte zu frieren. Ihm war kalt, kalt bis ins Mark.

10

In einer ländlichen Gegend mitten in Dalarna fuhr ein rotbrauner Ford die Straße entlang und hielt an einer Tankstelle. Zwei junge Männer in Anzügen und mit gekämmten Haaren, die vage nach Polizei aussahen, stiegen aus und sahen sich in der Sonne um.

Sie betraten das Geschäft, zeigten dem gelangweilten Mann hinter dem Tresen hastig ihre Dienstausweise und fragten nach einer brünetten Frau Mitte vierzig und ihrer Tochter und zeigten ihm ein Foto. Er sah es interessiert an und wurde plötzlich neugierig.

»Sicher hab ich sie gesehen!«, antwortete er enthusiastisch, glücklich darüber, nützlich sein zu können. »Sie sind gestern vorbeigekommen. In einem großen Landrover. Ist etwas passiert? Sind sie verschwunden?«

»Dann waren sie also zusammen?«

»Oh, ja! Sie sind reingekommen und …«

»Haben sie gesagt, wohin sie wollten?«, unterbrach ihn der eine Polizist.

Er war dunkelhaarig und gut gebaut. Polizisten trainieren offenbar viel, dachte der Verkäufer und widmete seinem eigenen kleinen Speckbauch einen verschämten Gedanken. Er erfreute sich viel zu oft an Plunderteilchen und Griebenwurst.

»Sie sprachen davon, weiter nach Norden zu reisen. Ich dachte, sie würden Urlaub machen, sie wirkten so fröhlich und entspannt. Was ist denn passiert?«

»Haben sie sonst noch etwas gesagt?«

Er dachte nach.

»Sie sind hier reingekommen. Die Mutter hat das Benzin bezahlt. Das Mädchen hat ein Eis gekauft, glaube ich. Sie machten einen sehr netten Eindruck. Ihnen ist doch nichts zugestoßen?«

Dem Verkäufer lief ein Angstschauer den Rücken hinab, als hätte er falsche Angaben gemacht und stünde kurz davor enttarnt zu werden. Die Beamten sahen ihn unverwandt an. Ihr Gesichtsausdruck war neutral, aber sie verstanden sicher keinen Spaß. Er dachte nach, ganz genau. Er konnte sich an nichts mehr erinnern, außer an dieses Eis.

Er schüttelte den Kopf. Zu seiner Erleichterung nickte der Dunkelhaarige resigniert. Er war nicht zufrieden, aber er hatte ihm geglaubt.

»Also gut. Aber denken Sie daran, dass Sie das hier für sich behalten müssen«, sagte er. »Sie dürfen mit niemandem darüber reden. Das ist Sache der Polizei.«

Der Mann hinter dem Tresen nickte eifrig. Jetzt äußerte sich der andere Polizist, der dünne, rothaarige. Er verzog keine Miene, aber er klang ein bisschen versöhnlicher.

»Wir nehmen noch zwei Kaffee und zwei Zimtschnecken.«

»Sicher, sicher!«, antwortete der Mann erleichtert und empfand eine Welle von Mitgefühl für ihren schweren Job. Er schenkte ihnen den Kaffee ein, gab jedem seine dampfend warme Schnecke in einer Serviette und fragte sich ratlos, ob er sie vielleicht einladen müsste. Oder machte man das nur in amerikanischen Filmen so?

Sie bezahlten, schlenderten über den nach Benzin stinkenden Asphalt und stiegen in ihren Wagen. Er beobachtete, wie sie dasaßen, ihren Kaffee tranken, die Autotüren geöffnet, ihre Gesichter in die Sonne gereckt. Dann warfen sie ihre benutzten Servietten und Pappbecher in den Mülleimer.

»Gute Polizeibeamte«, dachte er. »Die wissen, was Ordnung ist.«

Sie schlugen die Türen zu und fuhren los.

11

Kent wurde von dem Krach vor seiner Tür geweckt. Er öffnete die Augen, blinzelte ärgerlich und schlaftrunken zuerst zum Fenster und dann auf die Uhr. Es war hell, sein Wecker zeigte acht Uhr und von der Rezeption drangen laute Stimmen an sein Ohr. Männerstimmen und dazwischen eine aufgebrachte Frau.

Zur Hölle. Krach zwischen der Wirtin und irgendeinem randalierenden Gast fehlte ihm gerade noch. Die Polizei konnte er schlecht rufen, wenn es etwas Ernstes war, musste er selbst damit fertig werden.

Er zog sich seine Jeans an und stiefelte widerwillig den Flur entlang, um festzustellen, worum es ging. Der lange, finster blickende Autohändler und sein Verwandter – der schon wieder, die waren ja verdammt eng die beiden, war das etwa sein Liebhaber? – standen aufgebracht an der Rezeption. Die Wirtin schien fest entschlossen, sich nicht einschüchtern zu lassen. Als sie Kent kommen hörte, wandte sie sich an ihn.

»Kennst du die beiden hier? Sie wollen mich zwingen, ihnen deine Zimmernummer zu geben«, sagte sie empört.

»Nur die Ruhe, ich kenne sie«, sagte er und lächelte den Besuchern zu, die zornig zurückstarrten.

»Wirklich? Wolltet ihr euch treffen?«

»Ja, auch wenn wir keine Verabredung hatten, deshalb konnte ich dich nicht vorwarnen.«

»Aha. Na dann. Ich erwarte allerdings etwas mehr Benehmen von deinen Gästen. Das kannst du deinen Freunden ausrichten. Und in Zukunft sagst du mir bitte vorher, wenn du jemanden erwartest.«

Kent legte ihr versöhnlich den Arm um die Schulter. Sie entzog sich nicht.

»Entschuldige, aber wir hatten nichts vereinbart«, sagte er. »Ich wusste nichts davon.«

»Nee, nee. Und jetzt wollt ihr natürlich Kaffee, oder?«

Der Lange schüttelte den Kopf.

»Nein danke, das ist nicht nötig«, sagte Kent.

Sie nickte mürrisch und verschwand in ihren privaten Bereich. Kent wartete, bis sie außer Sichtweite war, bevor er etwas sagte.

»Nett euch zu sehen. Sie ist eine normale, hart arbeitende Schwedin. Ihr solltet höflicher zu normalen Leuten sein.«

Der Lange machte eine entschuldigende Handbewegung, mit der er die Einwände wegfegte. »Gestern klang es, als wärst du an einem kleinen Geschäft interessiert«, sagte er. »Gilt das noch oder hast du dir das anders überlegt?«

»Nein, verdammt. Nicht, wenn es das richtige Geschäft ist.«

»Das wäre schon möglich. Wir können darüber reden, wenn du ernsthaft interessiert bist.«

»Natürlich! Hier?«

Der Mann nickte zum Ausgang.

»Du kannst mitkommen. Es dauert vielleicht eine halbe Stunde. Dann werden wir sehen.«

Kent grinste bereitwillig und klopfte dem jungen Büffel freundschaftlich auf den Rücken. Das schien den Burschen tief zu demütigen, was wiederum ihm eine gewisse Befriedigung verschaffte. Die beiden Männer folgten ihm in sein Zimmer, und er ließ sie warten und ungeduldig von einem Bein auf das andere treten, während er duschte, sich anzog, sein Handy in die Tasche und die Beretta in den Gürtel steckte.

Sie reagierten nicht auf die Pistole. Er fragte sich, was sie ausgekocht hatten. Wenn sie nur keine Polizisten waren. Sie durften einfach nicht von der Polizei sein.

Schweigend fuhren sie im Aufzug nach unten. Auf der Straße deutete der Lange mit dem Kopf auf einen roten

Audi. Kent stieg hinten ein und der Büffel zwängte seine Körperfülle neben ihn. Der Lange setzte sich ans Steuer. Der Audi glitt auf die Götgata und fuhr über die Skanstullsbrücke nach Süden.

Kent sah zum Fenster hinaus. Der Jüngere neben ihm nahm beträchtlichen Platz in Anspruch. Weder er noch der Lange sagten etwas. Der morgendliche Berufsverkehr kroch stadteinwärts, doch sie fuhren in die entgegengesetzte Richtung und kamen ohne Schwierigkeiten voran. Auch heute war ein schöner Tag. Sonnig und frisch.

Am Gullmarsplatz bogen sie nach Westen Richtung Gröndal ab. Nachdem sie den Großmarkt in Årsta passiert hatten, eine Weile durch verschiedene Wohnviertel und an einem Sportplatz vorbeigefahren waren, erreichten sie schließlich ein verlassenes Fabrikgelände. Kent kannte es. Es hatte seit den Siebzigern leer gestanden, aber bald sollte es verschwinden und Platz für Wohnhäuser machen, wenn die Behörden die Genehmigung erteilt hatten, die düsteren Ziegelbauten abzureißen und den verunreinigten Grund zu sanieren. Die Genehmigung würde kommen, die Häuser würden gebaut werden, Familien mit Kindern einziehen und der Boden würde natürlich niemals sauber sein, was alle von Anfang an wussten, und in zehn, zwanzig Jahren hatten sie dann den Umweltskandal am Hals.

Aber bis dahin blieben die Gebäude stehen, ein Monument des Arbeitsalltags mehrerer Generationen. Das Auto fuhr durch ein Stahltor auf das Gelände und holperte über den unebenen, ausgedorrten Boden vorwärts, in dem hartnäckig einzelne Grasbüschel wuchsen, Speerspitzen des Versuchs der Natur, sich die Erde zurückzuholen. Während der Lange vor der massiven Ziegelhalle parkte, dachte Kent, dass sowohl dieses Tor als auch die Bruchbude abgeschlossen sein müssten. Jugendliche könnten sich Zutritt verschaffen und sich verletzen. Aber das war typisch. Keine Ordnung, nirgends, keine Verantwortung.

Sie gingen eine Treppe mit schwarzem Eisengeländer hoch, und der Lange schob eine glatte Eisentür auf, die einst ochsenblutrot gestrichen worden war, aber im Laufe der Zeit war die Farbe überall abgeplatzt. Sie betraten eine riesige, leere Halle mit hohen, schmutzigen Fenstern, die auf beiden Seiten oben in den Wänden saßen. Erstaunlich wenige Scheiben waren zerbrochen. Jedwede Maschine, jegliche Spur menschlicher Tätigkeit war verschwunden und der nackte Ziegelboden erstreckte sich vor ihnen. Seltsamerweise gab es keinerlei Anzeichen von Obdachlosen, Prostitution oder jugendlichen Randalierern. An einem solchen Ort, der Bedürftigen ein Dach über dem Kopf und heile Fenster bieten konnte, hatte er Berge von Wellpappe erwartet, zerlumpte Matratzen auf dem Boden und Unrat – Zigarettenkippen, Plastiktüten, alte Schuhe, benutzte Kondome, halb leere Keksschachteln. Ganz zu schweigen von dem Gestank nach Kot und Urin.

Hinten war eine Treppe zu erkennen, die im Dunklen verschwand, daneben Türen, die vermutlich abgeschlossen waren. Ein wackeliger Tisch und zwei Stühle waren aufgestellt worden. Diese beiden Burschen hier mussten das getan haben. Das Arrangement sah schwülstig und ein wenig pathetisch aus. Wie auf einer Bühne. Das Gekünstelte an dieser Situation versetzte Kent einen Hieb in den Magen. Er witterte Gefahr.

»Jacke und Pistole«, sagte der Lange.

Kent zog seine Jacke aus und legte die Pistole ab. Der Jüngere tastete ihn ab und nickte dann in Richtung des einen Stuhls. Er setzte sich. Der Lange nahm hinter dem kleinen Tisch Platz, Pistole und Jacke vor sich auf der Tischplatte.

Kents Augen hatten sich inzwischen an die schwache Beleuchtung gewöhnt, er konnte die dunklen Umrisse am Boden ausmachen, wo einst Maschinen gestanden hatten, und erkannte Krampen in der Decke, wo Rohre und Leitungen verlegt worden waren. Plötzlich erstarrte er. Sein

Blick war bereits zwei Mal über die Stelle geglitten, ohne dass er begriffen hatte, was er dort sah. Jetzt wurde ihm klar, dass das Dunkle auf dem Boden vor der Wand eine große, dunkle Pfütze war und darüber, an der Wand, Spritzer klebten.

Blut. Er war sich sicher. Hier war jemand umgebracht worden. Sein Adrenalinspiegel, der ohnehin schon hoch war, schnellte noch weiter nach oben. Verdammt, er hatte sie gefunden. Er hatte sie tatsächlich gefunden.

Er hatte nicht vor, auch nur die geringste Gefühlsregung zu zeigen. Schließlich suchten sie kein verschrecktes Kaninchen. Er bemühte sich, still und gleichgültig dazusitzen und drehte langsam den Kopf in Richtung des Langen. Er beobachtete ihn. Er folgte Kents Blick und wartete auf seine Reaktion.

Also war das ein Test. Er legte es darauf an, beeindruckt, aber unberührt zu wirken.

»Wie hast du mich gefunden?«, fragte der Lange so leise, dass er kaum zu hören war. »Wie bist du bis zu mir vorgedrungen?«

Kent zuckte mit den Schultern.

»Du hast gehört, was ich gestern im Pub gesagt habe. Ich wusste, dass du irgendwo sein musstest. Die, die umgebracht worden sind – die Journalistin, der Anwalt und die anderen – ich wollte Kontakt mit den Tätern aufnehmen, auch wenn ich das gestern in einem öffentlichen Lokal schlecht sagen konnte. Es konnte nur eine Person hinter dem Ganzen stehen. Die Opfer gehörten zusammen, sie hatten etwas gemeinsam. Ich konnte sie alle nicht ausstehen. Aber sie hatten noch mehr gemeinsam.«

»Was denn?«

»Es gab keine Spur. Keine Gerüchte. Ich habe gewühlt wie ein Maulwurf, aber nirgends auch nur ein Flüstern. Es musste ein ziemlich geschickter Bursche sein. Es musste einfach etwas Großes im Gange sein. Der Anfang des nationalen Kampfes. Also habe ich mich umgehört. Du warst nicht der Erste, mit dem ich gesprochen habe. Aber kein Laut. Dann komme ich in diese Kneipe, wo ihr gewesen seid. In mir meldet sich dieses Gefühl. Etwas Großes. Aber ich hatte natürlich nicht erwartet, dass ihr zu zweit seid«, fuhr er mit einem Blick auf den Kerl hinter sich fort. »Obwohl das sogar noch besser ist. Das war genau das, worauf ich gehofft hatte, auch wenn das sonst keiner glauben wollte. Und wenn es nur ein Mann ist, dachte ich, dann könnte man vielleicht mehrere werden.«

Er merkte, dass er sich in seinem Gedankengang verhedderte und verstummte.

»Warum bist du ausgerechnet zu mir gekommen? Hat dir jemand etwas über mich gesagt?«, fragte der Magere misstrauisch.

»Nein zum Teufel, keiner, sag ich doch! Du hast doch selbst gesehen, dass ich erst mit diesen beiden Kleinkindern geredet habe. Ich dachte, sie würden vielleicht den kennen, nach dem ich suche. Vielleicht will er Männer rekrutieren, dachte ich. Was verdammt nochmal sollten solche Milchbubis mit einem wie mir, der so viel älter ist? Dann habe ich dich gesehen und bin rübergekommen. Ich erkannte das, weil ich danach gesucht habe. Ich habe ziemlich ausgeprägte Instinkte.«

»Eine ziemlich ausgeprägte Neugier, das ist es, was du hast.«

»Du warst es, der mit mir reden wollte«, erinnerte ihn Kent. »Du warst es, der mich angeschaut hat, du hast mich zuerst bemerkt. Ich habe nur nachgehakt. Wenn ich auf der falschen Fährte bin, okay, dann ziehe ich weiter, ich weiß nichts von dir, aber wenn du dich fragst, welchen Nutzen du von mir haben könntest, dann kann ich nur sagen, dass ich noch mehr kann, als irgendwelche Dinge rauszufinden.«

Der Lange warf ihm einen forschenden Blick zu.

»Hast du Kameraden? Familie?«

Kent schüttelte den Kopf. Der Lange zeigte auf die Pistole.

»Magst du sowas wie die hier?«

Kent zuckte mit den Schultern.

»Ich trage sie gern bei mir. Ich weiß, wie man sie benutzt, wenn es das ist, was du wissen willst.«

»Ich mag keine schießwütigen Irren.«

»Nein, das kann ich verstehen. Darauf bin ich auch nicht aus.«

»Du warst bei der Polizei in Göteborg. Warum hast du das Korps verlassen?«

Er hat mit den Jungs aus der Kneipe gesprochen, dachte Kent. Verdammt lässig gemacht. Er zögerte.

»Das hast du also schon rausgefunden?« Er lachte auf. »Tja, die haben wohl kalte Füße bekommen. Ich habe mir weder die Birne weich gesoffen, noch nehme ich Drogen. Ich hab gern einen klaren Kopf. Und ich war ein verflucht guter Polizist. Aber dann gab es ein bisschen zu viel Öffentlichkeit im Hinblick auf gewisse Dinge, über die die Leute besser das Maul gehalten hätten, und sie haben uns irgendein Weibstück vor die Nase gesetzt, das keinen Furz von dem versteht, wie alles funktioniert. Aber irgendwas musste sie ja tun. Also hat sie angefangen, umzuorganisieren und Männer zu versetzen und …«

»Und einige zu feuern? Wie dich?«

»Ja«, gab Kent mit Bitterkeit in der Stimme zu. »Da geht irgendwas ein bisschen schief und die Medien blasen das auf, um eine Sonderausgabe zu drucken, veranstalten einen beschissenen Riesenzirkus und dann soll sich plötzlich alles ändern. Die Verbrecher, die Kollegen, die ganze verdammte Welt. Aber das tut sie ja nicht, sie hätten mich genauso gut meinen Job machen lassen können, oder? Ich hätte wirklich nie geglaubt, dass sie mich rausschmeißen«, setzte er hinzu. »Niemals.«

»Nachdem sie es aber getan haben, muss es dafür auch einen Grund geben. Und sicher nicht nur Falschparken. Du hast gesessen.«

Kent antwortete nicht.

»Dann hast du dich in Luft aufgelöst und niemand hat seitdem von dir gehört. Was hast du gemacht?«

»Freiberufliche Aufträge.«

»Kriminelle Jobs?«

»Nenn es, wie du willst. Aber ich will nicht bis in alle Ewigkeit mit Idioten arbeiten.«

Plötzlich schlug seine Stimme ins Falsett.

»›Ich will in die Spy Bar kommen, ich will Respekt haben, ich will ein groooßes Bier.‹ Verdammte Kindsköpfe.«

»Und du bist clever, im Gegensatz zu denen?«

»Cleverer als die auf jeden Fall«, sagte Kent tonlos.

Der Lange nahm das Magazin aus der Pistole, leerte es bis auf eine Patrone und schraubte einen Schalldämpfer auf den Lauf. Sie hatten einen Schalldämpfer, der auf die Beretta passte, sie waren also vorbereitet. Er fühlte sich, als wäre er in einem Gladiatorenkampf gelandet. Er musste lachen.

»Ich bin zu gut, um verschwendet zu werden«, warnte er.

»Vielleicht wirklich zu gut. Wir brauchen keine Genies in unseren Reihen.«

Kent behielt den Langen im Auge und versuchte gleichzeitig einzuschätzen, wo sich der Kerl schräg hinter ihm befand. Kent rührte sich nicht und war auf alles gefasst.

»Genie? Ich habe sicher nie behauptet, ich wäre ein Genie«, sagte er. »Allenfalls genial auf einem begrenzten Gebiet.«

Der Lange grinste stumm.

»Okay, Okay, du wusstest von Göteborg und von der Beretta«, sagte Kent. »Ich bin ziemlich beeindruckt. Können wir jetzt weitermachen?«

Der Lange stand auf. Kent verlagerte sein Gewicht nach vorn, auf den rechten Fuß, ließ den Linken unter den Stuhl rutschen und saß kerzengerade und unbequem, bereit aufzuspringen. Gleichzeitig zog eine verschlafene Schwere über sein Gesicht. Der Lange blieb vor ihm stehen.

»Zeig, was du mit der hier anstellen kannst.«

Er überließ ihm die Pistole und deutete auf ein Ziel an der Wand, ein vergessener, ausgeblichener Zettel. Der Lange und sein Neffe machten einen Schritt zurück, und es bestand kein Zweifel daran, was sie tun würden, wenn er sich zu ihnen umdrehen würde. Selbstverständlich befand sich jetzt nur noch eine Patrone im Magazin.

Kent war erleichtert. Zielte und schoss. Mitten auf das Ziel. Er fühlte sich richtig stolz. Er warf einen Blick auf den Langen und bemerkte, dass er gemischte Gefühle geweckt hatte. Ein Funken Neid regte sich in den kalten Augen.

»Nicht schlecht«, gab er zu. »Okay, vielleicht hast du einen Job.«

»Schön. Habt ihr einen Plan? Was soll ich tun? Wen machen wir klar?«

Der Lange kehrte zu seinem Platz hinter dem Tisch zurück.

»Klar machen? Ich weiß nicht, wovon du redest. Ich brauche jemanden, der Tontaubenschützen in einem Ferienresort für Führungskräfte ausbildet. Bleib zu Hause, halte dich bereit, besauf dich nicht. Du hörst von mir.«

»Sicher. Sind wir fertig?«

»Für den Augenblick.«

Die schmalen Augen fixierten ihn.

»Ich glaube, wie gesagt, dass ich dich kenne. Habe ich dich irgendwo schon mal gesehen?«

Kent hob die Schultern.

»Nicht, dass ich wüsste. Ich bin noch nie im Fernsehen gewesen oder so. Darf ich fragen, wie du heißt?«

Der Lange zögerte eine Sekunde.

»Martin. Das dort ist Patrik.« Er nickte dem jungen Gorilla zu.

Patrik streckte die Hand aus. Nicht zur Begrüßung. Kent schraubte den Schalldämpfer ab, reichte ihn Patrik und steckte die Pistole in den Gürtel zurück. Die Patronen blieben auf dem Tisch liegen. Die würde er nicht wiederbekommen.

»Wie komme ich in die Stadt zurück?«, fragte er.

»Du findest sicher einen Weg«, sagte Martin.

Kent rührte sich nicht.

»Ich möchte keine Zeit vergeuden. Ich bin nicht auf irgendeinen Job aus. Habt ihr beiden mit Eva Beldon und den anderen Rassenverrätern Schluss gemacht? Ansonsten könnt ihr mich vergessen.«

»Wir haben nicht vor, dich zu vergessen«, sagte Martin.

Kent nahm seine Jacke, nickte ihm zu und folgte Patrik zur Treppe an der Hausseite. Patrik blieb auf dem Treppenabsatz stehen und sah Kent nach, wie er den Hof überquerte und durch das Tor in der Mauer auf die Straße bog. Kent konnte die Blicke im Rücken spüren und entspannte sich erst, als die Mauer zwischen ihm und dem Fabrikgelände lag.

Er lief ein Stück. Nach einer Weile tauchte ein klappriges altes Auto hinter ihm auf. Er tat, als bemerke er es nicht. Es fuhr um einen kleinen Felsvorsprung mit wildem Gestrüpp und bremste ab, damit Kent auf den Beifahrersitz springen konnte.

Tomas saß am Steuer. Sein buschiges rötliches Haar stand in alle Richtungen, seine hellblauen Augen waren voller Neugier.

»Und?«

»Trockener Hals«, sagte Kent.

Tomas reichte ihm eine Wasserflasche.

»Was machen wir? Sollen wir eine Pause machen?«

»Nein. Fahr nach Hause.«

Tomas nickte, zog die Nase hoch und drückte aufs Gas.

»Jetzt erzähl. Wie war er?«

»Bist du erkältet?«, fragte Kent.

»Wird einfach nicht besser. Ich hab es mit Honig und Zitrone versucht, das Rezept meiner Exfrau, und einem großen, starken Schnaps, mein Rezept. Nichts hilft, wie es aussieht. Man muss den Dingen wohl einfach ihren Lauf lassen.«

»Dann atme bitte nicht in meine Richtung!«

»Ja, ja«, erwiderte Tomas gutmütig.

Kent lehnte sich auf dem Beifahrersitz zurück und schloss die Augen.

Tomas fuhr über Hornstull und Västerbro, bog Richtung Fridhemsplan ab, hielt direkt auf den Kronobergspark zu und glitt hinein in die unterirdische Einfahrt, die zur Garage des Polizeipräsidiums führte. Sie fuhren durch den langen Tunnel in die innere, abgesperrte Garage. Sie stiegen aus, schlossen hinter sich ab, traten durch die grüne Tür ins B-Gebäude und stiegen in den Aufzug.

12

Er fühlte sich, als wäre er auf dem Meeresgrund gewandert und hätte dort zu atmen gelernt. Nun kam er wieder an die Wasseroberfläche und blinzelte ins Licht. Sie standen im Korridor vor ihrem Zimmer und warteten darauf, dass die Kommissionssitzung anfing. Sie sagte:

»Schön, dich ein kleines Stück wiederzuhaben, Kent«, und sein Herz schmolz.

Margareta Davidsson war in seinem Alter, zurückhaltend und besonnen, aber entschieden. Irgendwo in ihrem Innersten gab es einen immerwährenden und tiefen, aber abgeklärten Kummer, und sie schien sich nie darüber Gedanken zu machen, was sie anhatte. Heute waren es ein paar alte, graue Hosen und eine weinrote Strickjacke, bei der die obersten Knöpfe offen standen. Sie trug keinen Schmuck. Ihre Wege hatten sich im Laufe der Jahre gelegentlich beruflich gekreuzt, und er hatte nie ernsthaft an eine andere gedacht als an sie, aber es war nicht sicher, ob sie auch nur ahnte, wie viel sie ihm bedeutete. Er hatte sich niemals dazu durchringen können, ihr etwas zu sagen. Oder er hatte nie die Gelegenheit gehabt. Oder irgendetwas hinderte ihn daran.

Seit er aus Göteborg hergekommen war, hatte er bisweilen einen Blick auf ihre Fälle geworfen. Als sie in die Sitzung gingen und er seinen grob zensierten Bericht ablieferte, versuchte er dem Ganzen einen leicht humoristischen Zug zu verleihen, um sie aufzumuntern. Während sie dort saß, zwischen Alberg, der die Ermittlungen leitete und schon auf der Pressekonferenz neben ihr gesessen hatte, und Kalle Jensen, hörte sie ihm schmunzelnd zu. Es war schön, sie lächeln zu sehen. Vor fünf Jahren war ihr Mann gestorben und Kent hatte das Gefühl, dass sie nie darüber hinwegkommen würde.

Sie beugte den Kopf über ihren Notizblock, und ihr Haar fiel ihr ins Gesicht. An der Schläfe waren ein paar weiße dazugekommen. Das rührte ihn.

»Das ändert ja einiges«, stellte sie fest. »Wir haben vermutet, dass es sich um einen einsamen Mörder handelt, aber wenn du ins Schwarze getroffen hast, Kent, dann sind es mindestens zwei. So was in der Art hast du doch von Anfang an geglaubt, ich meine, dass es mehrere sind. Ich frage mich, in welchem Verhältnis sie zueinander stehen. Sie sind altersmäßig zu nah beieinander, um Vater und Sohn, und zu verschieden, um Brüder zu sein, es sei denn, sie wären Halbbrüder. Man kommt ja nicht drum herum, an die beiden Typen zu denken, die im letzten Jahr in den

USA wahllos Leute niedergeschossen haben, sie waren wohl Vater und Stiefsohn. Wir haben die Bilder gesehen. Martins Erscheinung stimmt mit dem überein, was unser Informant Kent beschrieben hat, aber wir haben weder ihn noch diesen Patrik in irgendeinem Register gefunden. Weder Namen noch Aussehen. Sie sind keine bekannten Nazis und sie finden sich in keinen militärischen Karteien.«

Sie schaute auf und sah Kent unverwandt an. Ihr Blick war forschend und ihre Stimme fest und eine Spur ungeduldig.

»Haben sie nichts Brauchbares gesagt?«

»Nichts, was wir weiterspinnen können. Wenn wir sie festnehmen und sie abgebrüht genug sind dichtzuhalten, und das sind sie, dann haben wir eine Chance vertan. Und noch etwas. In dieser Fabrik war Blut auf dem Boden und an der Wand. Dort drinnen ist jemand übel zugerichtet oder getötet worden.«

»Blut?«

»Ich kann es nicht beschwören, aber es sah so aus. Kann auch etwas anderes gewesen sein. Dieser Martin saß da und wartete ab, wie ich darauf reagieren würde.«

»Hat er dazu etwas gesagt?«

»Nein, nur ein Grinsen und ein Blick.«

»Eva Beldon«, sagte Margareta. »Oder einer der anderen.«

Sie dachte nach und schüttelte den Kopf.

»Ich will das Blut sehen, aber die Männer sind noch dort. Wir können nicht einfach reinstürmen, wir müssen warten, bis sie weggefahren sind, und dann alles überprüfen. Auch wenn es menschliches Blut ist, haben wir dennoch nichts in der Hand, was uns sagt, dass sie dafür verantwortlich sind. Es wird interessant werden, wohin sie fahren. Kannst du dir ein Mikrofon anklemmen, wenn sie wieder zurückkommen?«

»Zu gefährlich. Sie werden mich genauso sorgfältig filzen wie dieses Mal. Und das Treffen wird nicht im Hotelzimmer sein. Ich denke, wir werden wieder irgendwohin fahren.«

»Wir müssen abwarten, was Georg sagt. Aber der Gedanke, dass du ohne jede Form von Peilsender einfach mit ihnen ins Blaue hinein verschwindest, gefällt mir nicht.«

»Ich habe doch die Positionierung durch das Handy. Aber das nehmen sie mir vermutlich sofort ab, auch wenn sie es dieses Mal nicht getan haben.«

»Satellitenortung?«

»Wenn wir es schaffen könnten, so ein GPS-Dings am Auto anzubringen, dann wäre das spitze. Aber die Chance ist vermutlich nicht sehr groß.«

»Könntest du das nicht im Absatz verstecken oder so?«

»Wenn es ein gewöhnlicher Radiosender ist, ja. Aber GPS funktioniert über Satellit, der braucht freien Kontakt zum Himmel.

»Es ist nicht gut, wenn er überhaupt etwas bei sich hat«, sagte Tomas. »Wenn sie das finden, ist er erledigt.«

»Aber wenn der Sender klein genug ist, kann ich ihn in der Hand mitnehmen und am Auto befestigen, während ich einsteige. Wenn es kritisch wird, kann ich ihn jederzeit wegwerfen.«

»Das klingt gefährlich.«

»Ich kriege das schon hin. Habt ihr mehr über Eva Beldon herausgefunden?«

»Nein, leider. Sie ist in einem Waldstück nördlich der U-Bahn in Alvik gefunden worden, und niemand hat gesehen, wie sie dort hingeraten ist. Ein Schlag mit einem stumpfen Gegenstand und schließlich ein Schuss, genau wie die anderen. Der Brief mit dem Nazi-Gefasel lag auch da.«

»Derselbe Inhalt wie früher?«

»Derselbe. Eine Verräterin des schwedischen Volkes

wurde hingerichtet, eine die für den Untergang der weißen Rasse kämpfte, Lakai des Zionist Occupational Government und Rassenschänderin, usw. Ich habe eine Kopie davon. Wir haben der Presse gegenüber nach dem ersten Fall nichts mehr von den Briefen erwähnt, wir haben keine Lust, den Tätern noch mehr Publicity zu verschaffen als notwendig.«

»Rassenschänderin?«

»Ihr Mann kommt aus Ungarn. Frag mich nicht, wie sie sich daraus eine Rasse basteln.«

»Kommt er in irgendeiner Form auch mit ins Spiel?«

»Vermutlich nicht. Er ist mit zwei guten Freunden zu Hause gewesen, die zufällig vorbeigekommen waren. Und wir haben keine heimlichen Liebhaber oder Liebhaberinnen im Hintergrund gefunden, jedenfalls noch nicht. Auch keine Fuß- oder Reifenspuren, keine Hautpartikel unter ihren Nägeln, keine Haarsträhnen oder Wimpern.«

»Es scheinen also derselbe oder dieselben Täter gewesen zu sein. Kein Trittbrettfahrer. Keiner, der zu imitieren versucht.«

»So sieht's aus. Jetzt eine andere Sache. Es hat noch einen Mord gegeben. Aber es ist ein völlig unbekanntes Opfer, irgendwo umgebracht und dann gestern Morgen in der Stadt aus dem Auto geworfen worden. Im Rålambshovspark. Ein Mann um die dreißig, anonym, misshandelt, Messerstiche und Einschüsse. Die Mordweise ist dieselbe, abgesehen davon, dass sie ihn zuerst ziemlich zusammengeschlagen haben, aber er passt nicht ins Muster der übrigen. Er war keine bekannte Persönlichkeit, und es gab keinen Brief. Und es waren noch keine sieben Tage seit dem letzten Mord vergangen. Entweder hat der Mörder sein Muster gebrochen und alles ist eskaliert, dann sind wir übel dran, oder der Mann ist aus einem anderen Grund umgebracht worden. Wir haben uns nach verschwundenen Personen umgehört, aber er scheint auch dort nicht hineinzupassen. Wir werden noch mit Bild und Fingerabdruck checken, ob er polizeibekannt war.

»Mit derselben Waffe erschossen?«

»Wir werden sehen. Das Kaliber stimmt.«

»Wenn das Blut aus der Fabrik von diesem Knaben stammt und nicht von Eva Beldon, dann fragt man sich doch, ob diese Typen etwas mit den anderen Morden zu tun haben«, bemerkte Tomas.

»Hast du mit den Insidern gesprochen?«

»Ja. Seit dem Tipp an dich hat keiner der Informanten etwas Neues gewusst.

Margaretas Handy klingelte. Es war Georg, der aus Årsta anrief.

»Der Audi ist noch da, aber die Typen sind aus der Fabrik verschwunden«, berichtete er. »Wir waren es schließlich leid, das Auto anzustarren, und haben vorsichtig von der Seite reingeschaut. Die Fabrik ist leer. Es muss einen anderen Ausgang geben.«

»Macht es Sinn, einen Sender im Auto anzubringen?«

»Vermutlich nicht. Sie haben den Audi offensichtlich endgültig zurückgelassen. Übrigens ist er gestohlen.«

»Wer ist der Besitzer?«

»Ein Blumenhändler im Vorort Midsommarkransen. Soll ich ihn mir mal ansehen?«

»Tu das«, sagte Margareta ohne große Hoffnung. Sie mussten schon im Vorfeld geplant haben, wie sie sich zurückziehen würden, und hatten sich die Örtlichkeit genau eingeprägt. Und trotzdem. Die hatten Glück wie verrückt, auch jetzt wieder.

»Gehen wir rein?«, hörte sie Georgs Stimme.

Sie überlegte. Sie wollte alles über das Blut wissen und sie wollte alle Spuren haben, die sie bekommen konnte. Aber sie hatte Angst, Kents Chancen zu zerstören.

»Noch nicht«, sagte sie. »Kannst du zwei dalassen, die die Fabrik im Auge behalten?«

»Sicher. Ich fahre nach Midsommarkransen«, sagte er und der Kontakt brach ab. Georg war immer gehetzt. Er war froh, wenn er keine Zeit für Diskussionen verschwenden musste.

Außer Spekulationen gab es nicht mehr viel zu berichten. Der Fahndungsleiter übernahm das Wort. Die Theorie lief darauf hinaus, dass das Verbrechen einen rechtsradikalen Hintergrund hatte, aber die meisten fanatischen Nazis der verschiedenen Organisationen hatten seltsamerweise Alibis für die Morde und waren nur verärgert und verwirrt gewesen, wenn man über Umwege die Sache mit ihnen abgehandelt hatte.

»Aber da ist noch etwas anderes«, fügte er hinzu. »Es hat wahrscheinlich nichts mit dieser Sache hier zu tun, aber wir sollten auf jeden Fall darüber nachdenken. Ich habe mit zwei Informanten gesprochen und mit Lennart, der alles über diese Nazitypen weiß, und mit der Säpo und sie sind sich alle einig darüber, dass mehrere Männer aus diesen Kreisen verschwunden sind. Junge Burschen. Nicht richtig verschwunden, sie sind lediglich aus verschiedenen Gründen weg – sie machen Urlaub, besuchen die Familie oder sie haben irgendwo einen Job angenommen und niemand weiß wirklich wo.«

»Wie viele?«, fragte Margareta.

»Zehn, fünfzehn. So viele, dass es auffällt. Wenn Martin nicht der Mörder ist, könnte es einer von ihnen sein. Eine ganze Gang hat sich auf Charterreise begeben, ohne zu sagen wohin. Vier sind Bauarbeiter, die nach Norwegen gereist sind.«

»Bauarbeiter müssen wohl kaum nach Norwegen fahren, um einen Job zu finden, oder?«, sagte Kalle Jensen.

Kent richtete seinen Blick desinteressiert auf das gegenüberliegende Fenster. Kalle war derjenige unter den Ermittlern, mit dem er am wenigsten anfangen konnte. Er war relativ jung, um die dreißig, ungeduldig und arrogant, groß und kräftig gebaut, mit dunklem Haar, das ihm in die Augen hing. Er trug schmal gestreifte Hemden und graue Hosen. Seine Haut war hellbraun, und er hatte starke, dunkelbraune, leicht schräg stehende Augen. Kent hatte immer gedacht, dass er ein Adoptivkind sein musste, vielleicht war seine Mutter Vietnamesin und sein Vater amerikanischer Soldat. Jetzt saß er mit verschränkten Armen zurückgelehnt in seinem Stuhl, die Beine unter dem Tisch ausgestreckt. Es war typisch für ihn, zu protestieren. Er hatte gegen alles Einwände.

»Das ist jedenfalls das, was behauptet wird«, sagte der Ermittlungsleiter geduldig. »Zwei sind nach Deutschland abgehauen, zu Freundinnen, die weder Namen noch Anschriften zu haben scheinen. Der Einzige, den wir überprüfen konnten, ist ein Bursche, der seine Oma besuchen wollte. Andreas Landström. Dort ist er aber nicht. Anscheinend hat er sich seine Lüge selbst ausgedacht – und das nicht besonders gut.«

»Das klingt nicht so, als wären es übermäßig viele.«

»Schlimm genug.«

»Gehören sie zum harten Kern?«

»Nicht richtig. Sie gehören, wenn man so will, eher zum Schwanz. Es sind also nicht die, die man auf Anhieb für einen geplanten Mord im Verdacht hätte. Überhaupt ist es nicht ganz sicher, dass es wirklich Rechte waren, die das hier gemacht haben, wie die Presse glaubt. Trotz der Briefe, die bei den Opfern zurückgelassen wurden, trotz des ganzen schadenfrohen Drecks der auf ihren Webseiten steht. Sie können Bürger verprügeln, sie können Bürger bedrohen, sie können morden, zumindest einige von ihnen, und zwar dann besonders, wenn sie sich persönlich angegriffen fühlen. Aber das hier ist zu sophisticated. Sie würden nicht solche Opfer wählen. Nicht, dass sie sie mögen würden, aber es ist nicht – ja, es ist nicht sexy genug oder ich weiß nicht, wie ich das sagen soll. Diese Typen hier sind in erster Linie stinksauer, sie fühlen einen physischen Hass, sie wollen schnelle physische Erlebnisse. Oder aber sie wollen planen, organisieren und bis in alle Ewigkeiten fantasieren. Oder dastehen und grölen, irgendwas tun, das einen unmittelbaren Gewinn bringt. Antifaschisten auflauern und sie verprügeln. Anrufen und drohen und hinterher in den großen Schlagzeilen darüber lesen. Solche Sachen.«

»Das hat jedenfalls für Schlagzeilen gesorgt«, sagte jemand düster.

»Ja, aber wonach sie sich am meisten sehnen, ist schreien und sich prügeln zu dürfen, zu ihrem eigenen Privatvergnügen zu schießen und zu schlagen. Natürlich ist das hier spektakulär und bringt eine Menge Presse, aber es ist trotzdem zu – zurückhaltend. Zu altmodisch. Zu geplant.«

»Das waren die Autobomben gegen Journalisten auch.«

Der Fahndungsleiter wirkte leicht ungeduldig.

»Schon, aber dennoch. Es fühlt sich nicht wirklich richtig an. Ich sage auch nicht, dass es unmöglich ist, nur dass es keinem von ihnen ähnlich sieht.«

»Was sagen denn deine Experten zu den Verschwundenen?«, fragte Margareta.

»Sie vermuten noch gar nichts. Es können Zufälle sein. Oder sie sind auf ein internationales Treffen gefahren, vielleicht in Deutschland, Frankreich oder den USA. Ein improvisiertes, geheimes Treffen. Das befürchten sie zumindest, denn sie haben im Vorfeld nichts darüber gehört und das war sonst immer der Fall. Sie arbeiten daran, es herauszufinden. Überprüfen den einen oder anderen.«

»Internationale Nationalisten«, sagte Margareta.

»Ja, aber so ist das doch. Die Schwedische Widerstandsbewegung und ihre Nationale Jugend wenden sich den USA zu, die Nationalsozialistische Front Deutschland und die Schwedendemokraten arbeiten mit der Front Nationale in Frankreich und Euro-Nat zusammen. Und neben den normalen Nazis gibt es ein ganzes Netzwerk von Anzug tragenden Kryptonazis, die sich zusammengetan haben, um ein weißes, arisches Europa zu schaffen.«

»Einer von diesen halb anonymen Burschen, die verschwunden sind, könnte es getan haben, für den Fall, dass dieser Martin die falsche Spur ist«, sagte Margareta. »Aber Martins Alter passt besser in unser Täterprofil.«

Kalle Jensen hatte mit skeptischem Gesichtsausdruck zugehört. Er wandte sich mit unverhohlener Missbilligung an Kent.

»Sie werden dich also wieder kontaktieren?«

Kent nickte. Margareta sah ihn ebenfalls an und wartete auf die Fortsetzung.

»Warum?«, fragte Kalle.

»Er denkt ja jetzt, dass wir seine nationalsozialistischen Ansichten teilen«, sagte Kent in neutralem Ton.

»Ja, das habe ich begriffen, aber wenn er nun der Mörder ist, wie du glaubst, warum kontaktiert er dich dann? Was erwartet er von dir?«

»Ich habe keine Ahnung, worüber er mit mir reden will. Er hat es mir nicht verraten. Wir werden es hören.«

»Martin glaubt, dass du ein rechtsradikaler Polizist bist?«

»Ein ehemaliger nationalsozialistischer Polizist. Gefeuert.«

»Und das hat er gefressen? Ziemlich konstruiert. Das hier ist eine kleine Stadt. Nicht gerade New York. Eher Säffle, Südschweden. Ganoven und Bullen kennen sich hier doch.«

»Mich nicht. Ich komme aus Göteborg. Und ich habe auch dort mein Profil flach gehalten.«

Kalle kicherte.

»Ach so, dann bist du also auch in Säffle Gartenstadt gewesen. Das ist natürlich ein Riesenunterschied. Ich finde, du klingst ziemlich unglaubwürdig. Vorsichtig ausgedrückt. Ich finde, du klingst, als wolltest du dich als Auftragskiller einschleichen. Es ist doch eine Sache, sich als Drogendealer auszugeben oder sich eine Sturmmaske aufzusetzen und Antifa-Demonstrant zu spielen. Aber wenn du so tust, als wärst du Rambo, könntest du gezwungen werden, das auch zu beweisen.«

»Was sollte ich denn machen?«, sagte Kent und unterdrückte sein Bedürfnis, Göteborg zu verteidigen, wo er tatsächlich eine ziemlich gute Zeit verbracht hatte. »Gerade als ich ihn entdeckt hatte und vermutete, dass er der Mann ist, nach dem wir suchen, ist er auf mich zugekommen.«

»Obwohl du nur still und ruhig dagesessen bist?«

»Obwohl ich nur still und ruhig dasaß. Aber er hatte beobachtet, wie ich zwei Milchbubis zusammengefaltet habe.«

Margareta griff ein.

»Das ist geschehen, weil wir den Tipp bekommen haben, dass ein Mann mittleren Alters in der Stadt durch ein paar Kneipen zieht und zu versuchen scheint, mit den so genannten rechten Jungs in Kontakt zu treten«, sagte sie. »Kent ist dorthin gegangen, um ihn zu finden, und das ist ihm auch gelungen. Er konnte nicht vorhersehen, dass er sich mit ihm einlassen muss. Es war ein Weitschuss, aber wir mussten schließlich jeden Strohhalm greifen, den wir zu fassen bekamen. Dann konnte Kent schlecht anfangen über Menschenrechte zu predigen. Er musste doch seine Visionen von einer rechten Gemeinschaft darlegen.«

»Das ist mir schon klar. Aber ...«

»Das Morden beherrschen sie schon«, gab der Fahndungsleiter zu bedenken. »Aber wenn sie zurückkommen und Kent abholen, gesetzt den Fall, dass wir so viel Glück haben, dann werden wir viel näher an ihnen dran sein. In der Sekunde, in der sie irgendetwas bemerken, greifen wir mit allen uns zur Verfügung stehenden Mitteln ein. Das hier ist der absolut einzige Hinweis, den einer von uns bekommen hat, der in irgendeine beliebige Richtung führt.

Wir können nur hoffen und beten, dass sie wirklich wieder auftauchen.«

»Das ist sehr dünn«, sagte Kalle unzufrieden.

»Ja, Mann. Sicher ist es das. Aber es ist das Einzige, was wir haben.«

Er hob eine Hand und bog Finger um Finger herunter, während Kalle düster zusah.

»Wir haben rund um die Tatorte nichts gefunden, nichts in der Nähe der Opfer, ihrer Angehörigen und Freunde. Die Spurensuche unter bekannten Mördern und Aktivisten mit und ohne rechtsradikalen Hintergrund hat nirgendwohin geführt. Unsere Informanten haben nichts zu berichten. Meinst du, wir können das hier einfach sausen lassen?«

Kalle war nicht überzeugt. Aber er schwieg.

»So dünn ist das gar nicht«, widersprach Margareta. »Sie haben von Waffen geredet, sie haben über Nazis geredet, sie haben nicht abgestritten, etwas mit den Morden zu tun zu haben, sie haben Kent an einen Ort mitgenommen, an dem möglicherweise ein Mord geschehen ist. Wenn auch sonst nichts dran sein mag, können sie uns vielleicht wenigstens in die richtige Richtung führen.«

»Ansonsten sind wir ganz Ohr, was neue Ideen betrifft«, sagte der Ermittlungsleiter jovial. »Wir sind ja hier um zusammenzuarbeiten.«

Er beugte sich liebenswürdig und aufmerksam lächelnd über den Tisch.

Niemand hatte neue Ideen.

»Okay. Wenn euch was einfällt, dann setzt es auf die Ideentafel. Was immer es sein mag. Die ist nämlich erbärmlich leer.«

Die Sitzung war beendet. Kent und Tomas traten auf den Flur. Der Ermittlungsleiter wandte sich an Margareta.

»Kalle hat Recht«, sagte er mit leiser Stimme. »Kent ist da draußen und balanciert auf einer verdammt schmalen

Klinge. Wenn es hier nicht um ein so verflucht ernstes Verbrechen ginge, würde ich ihn im Augenblick nicht mal mit der Kneifzange anfassen wollen.«

»Er schafft das«, sagte Margareta.

»Ja, das tut er doch immer. Vergiss nicht, dass sich die Leiter der Ermittlung um elf treffen.«

Er drückte hastig ihren Ellenbogen und verschwand. Kalle tauchte plötzlich hinter ihr auf.

»Du merkst doch wohl, dass dieser Kent nicht ganz richtig tickt?«, murmelte er dicht neben ihr. »Er ist der arroganteste, gefährlichste Hund, den ich je gesehen habe. Du musst verdammt gut auf ihn aufpassen!«

Sie musste lächeln.

»Er und arrogant?«, sagte sie. »Du warst es doch, der gespuckt und gezischt hat.«

Er kniff die Lippen zusammen und verschwand. Sie gesellte sich zu Kent und Tomas.

»Iss jetzt erstmal. Wir treffen uns dann mit Georg, bevor ihr zum Hotel zurückkehrt. Gute Arbeit, Kent. Vielleicht war das hier der Durchbruch. Es gibt fast nichts, was mich so wütend macht, wie Nazis. Wir müssen sie kriegen.«

»Was wirst du jetzt tun?«

»Mir die Jungs näher ansehen, die Eva Beldon drangsaliert haben, und auch die, die verschwunden sind. Vielleicht hat einer von denen etwas, das wir übersehen haben.«

Sie ging in ihr Büro.

»Kaffeeküche?«, fragte Tomas.

»Cafeteria«, sagte Kent.

Sie gingen zurück in ihren Trakt, um eine Tasse Kaffee zu trinken und ein Sandwich zu essen. Kent breitete eine abgegriffene Gratiszeitung ordentlich auf einem Stuhl aus, legte seine Füße darauf und entspannte sich. Er grub seine Zähne in ein Butterbrot und schaute träge durch die Glaswand auf das Schwimmbad nebenan, wo ein kahlköpfiger, kleiner runder Mann gemächlich seine Bahnen schwamm. Ein beruhigender Anblick.

Kents Kopf fühlte sich schwer an. Es war anstrengend sich bei Martin und seinesgleichen einzuschmeicheln. Eine innere Kraft trieb ihn weiter, aber ein Teil von ihm sehnte sich danach, nach Hause zu kommen, zu schlafen, ein Bad zu nehmen. Er selbst sein zu dürfen. Was immer das beinhaltete. War er irgendwo er selbst, zu Hause oder hier? Oder irgendwo ganz anders?

Plötzlich sah er Jenny durch die Tür kommen. Sie blickte sich um, entdeckte ihn und kam an seinen Tisch, ohne sich etwas von der Theke mitzunehmen. Sie hatte diesen zielstrebigen Ausdruck im Gesicht, den er in Göteborg so oft bemerkt hatte und der nichts Gutes verhieß. Sie war neu bei der Polizei, erst fünfundzwanzig. Als sie nach Stockholm gekommen war, hatte sie einen Großteil ihrer Zeit in den Kneipen der Innenstadt auf der Suche nach Drogen zubringen müssen und hasste das.

»Wie geht's?«, fragte er. »Wie fühlst du dich?«

»Gut, prima«, antwortete sie. »Du, ich brauche Hilfe bei einer Sache. Ein merkwürdiger Fall von zwei verschwundenen Personen.«

»Nicht meine Baustelle«, antwortete er sofort.

Sie war ungeduldig.

»Ich weiß! Aber jetzt hör zu. Es geht um eine ganze Familie, die wie vom Erdboden verschluckt zu sein scheint. Ein Anwaltsehepaar und ihre Tochter. Schau.«

Sie zeigte ihm das Foto eines nett wirkenden Paares im besten Alter und ihrer jungen Tochter in einer Tageszeitung. Das war keine Hauptmeldung, stand aber auf der Titelseite.

»Sie heißen John und Anne Danielsson und sind Mitte vierzig, ihre Tochter Miriam ist dreizehn. Die Eltern haben eine Anwaltskanzlei, die, so weit wir bis jetzt wissen, gut läuft. Gestern Morgen sind sie einfach nicht zur Arbeit erschienen und das Mädchen war nicht in der Schule. Sie haben zwei Angestellte in ihrer Kanzlei, eine jüngere Anwältin und eine Sekretärin, und die beiden haben sich Sorgen gemacht. Sie haben den Anrufbeantworter überprüft und Mails abgerufen, aber keine Nachricht ihrer Auftraggeber gefunden. Das ist noch nie vorgekommen.«

Sie warf einen Blick auf den einsamen Schwimmer im Becken. Er hatte die Augen geschlossen und sah aus, als praktiziere er Zen-Buddhismus, um sich durch seine Bahnen zu zwingen.

»Offensichtlich gehören sie zu den Workaholics, die morgens gegen acht, neun Uhr im Büro auftauchen. Aber gestern nicht. Gegen elf Uhr vormittags rief die Sekretärin bei ihnen zu Hause an, um sich bei der Haushaltshilfe zu erkundigen, sie heißt Helena. Aber sie wusste von nichts.«

»Hach wie süß, eine Haushaltshilfe haben die auch. Können die ihre Betten nicht selber machen?«, sagte Kent. »Zwei Erwachsene und eine Dreizehnjährige?«

»Red nicht so dummes Zeug. Sie arbeiten wirklich viel.«

»Das tu ich auch. Wohnt sie bei ihnen?«

»Nein, zum Kuckuck. Sie ist zwei Tage die Woche da. Halbtags. Früher war sie das Kindermädchen der Tochter, aber jetzt hat sie eine eigene Firma und arbeitet für fünf verschiedene Familien.«

»Dann kennt sie die Danielssons also gut?«

»Natürlich! Aber sie haben auch ihr keine Nachricht hinterlassen. Sie, die Sekretärin und die jüngere Anwältin haben dann beschlossen, die Polizei anzurufen. Janne bat uns, dorthin zu gehen und uns umzuschauen. Wir haben uns die Wohnung und das Büro angesehen, konnten aber nichts Verdächtiges entdecken. Keine Anzeichen von Gewalt, nichts Auffälliges.«

»Was verschwunden?«, fragte Kent.

Jenny verzog unzufrieden den Mund.

»Doch ja. Campingausrüstung, Freizeitkleidung. Die Notebooks der Eltern«, sagte sie widerwillig.

»Tja, dann werden sie wohl in die Ferien gefahren sein.«

»Das hatten sie jedenfalls geplant. Direkt nach der Schulabschlussfeier wollten sie in den Urlaub aufbrechen.«

Für einen Augenblick wurde es still. Jenny sah ihn an.

»Und?«, sagte er.

»Und jetzt ruht das Ganze, weil ich die Einzige bin, der das alles ziemlich seltsam vorkommt. Bevor ich den Fall zu den Akten lege, wollte ich gern, dass du in die Wohnung mitgehst und dich mal umschaust. Es ist so mystisch, wie Marie Celeste, das Boot, das verschwunden ist. Sie sind einfach weg. Ich will, dass du mitkommst, Kent. Irgendwas ist hier total faul und du warst immer ein Fuchs, wenn es darum ging, den Dingen auf den Grund zu gehen und mit den Leuten zu reden.«

Tomas blickte amüsiert von seinem Brot auf.

»War er das?«, fragte er spöttisch.

Kent schüttelte den Kopf.

»Kein Interesse. Außerdem bin ich jetzt gerade mit etwas anderem beschäftigt. Ich kann mich nirgends mit einer Polizistin blicken lassen.«

»Aber du musst! Ich kann dich in einen Verband wickeln und dich in einen Rollstuhl setzen. Du könntest dich als Schlampe oder sonstwas verkleiden. Setz dir eine Perücke auf! Herrgott nochmal!«

Er feixte.

»Du hast doch deine eigenen Instinkte, mein Schatz? Benutze sie!«

»Was meinst du, was ich hier tue, Herzchen, gerade jetzt sagen mir diese Instinkte nämlich, sprich mit Kent! Ich will deine Erfahrung und nicht, dass du den Fall für mich löst, der übrigens gar kein Fall ist und den überhaupt gar niemand zu knacken versucht, aber komm mit in die Wohnung und sag mir, was du denkst.«

»Was willst du denn mit mir anfangen? Wo ist dein Stolz?«

»Mein Stolz liegt darin, jeden einzelnen, verflixten Zugang, den ich habe, zu nutzen, um Ordnung in diesen verdammten Fall zu bringen!«

Er schüttelte wieder den Kopf und nahm einen großen Schluck Kaffee.

»Ich habe heute Abend anderes zu erledigen, und das ist um einiges wichtiger als das hier. Komm wieder, wenn du ihre Leichen gefunden hast.«

»Dann ist es zu spät. Ich brauche dich jetzt. Hör zu, Kent, wir können durch den Hintereingang eines Geschäfts gehen. Niemand wird uns sehen. Ja, Liebling? Wenn du meiner Intuition wirklich vertraust, dann vertrau mir jetzt!«

Tomas sah vergnügt aus. Kent gab auf. Er schaute auf die Uhr.

»Okay. Du hast eine Stunde.«

Sie war schon auf dem Weg durch die Tür. Er seufzte, stand auf und folgte ihr widerwillig.

13

Eine Viertelstunde später standen sie in der Garage des Mietshauses von 1890, in dem die Anwälte wohnten, und warfen einen Blick auf das Auto, das Anne Danielsson gehörte.

»Das ist nur eine der Sachen, die sonderbar sind. Zwei von drei Autos sind weg, das ist nicht logisch. Wenn sie zusammen mit dem Landrover in den Campingurlaub gefahren sind, warum ist sein Auto dann auch weg?«

»Verliehen, in der Werkstatt, wer weiß. Die haben drei Autos?«, fragte Kent.

»Nicht verliehen, nicht in der Werkstatt, die Hausangestellte hat das überprüft. Und was soll das überhaupt, ob sie drei Autos haben?«

»Ich soll mit der Nase auf dem Boden und dem Arsch im Wind für Leute rumschnüffeln, die drei Autos haben und zu gedankenlos waren, um zu erzählen, wohin sie fahren? Denen die Gefühle der Leute so was von scheißegal sind, dass sie nichts davon sagen, wenn sie einfach so aus einer Laune heraus in irgendeinen gottverdammten Liebesurlaub abhauen?«

»Jetzt vergiss diesen Mist! Erinnere dich, dass das Mädchen erst dreizehn ist. Sie kann nichts dafür, dass sie drei Autos haben. Im Übrigen hat wahrscheinlich auch noch der letzte Bauer auf dem Land drei Autos.«

Sie fuhren mit dem Aufzug nach oben. Jenny klingelte an der Wohnungstür. Die Frau, die Helena hieß, öffnete ihnen, gab ihnen hastig die Hand und trat zur Seite. Aus irgendeinem Grund hatte Kent eine kleine, dicke Tante in Putzkittel, so um die Fünfzig, erwartet, aber Helena war um einiges jünger, als er geglaubt hatte, vielleicht dreißig. Sie trug ein rotes Top und weite weiße Hosen mit einem Kordelzug in der Taille. Das markante Gesicht unter den kurzen, dunklen Haaren war ernst, und er stellte fest, dass sie äußerst besorgt war.

Er hatte geglaubt, dass sie angesichts der Ereignisse vor Nervosität sofort losreden würde. Aber sie schwieg und er las die winzige, aber zähe Hoffnung in ihren Augen, dass ihnen eine gute Idee kommen würde, wenn sie Jenny und ihn nur in Ruhe ließe. Das war klug gedacht und seine Achtung vor ihr schnellte unmittelbar nach oben.

Sie traten ein, er blieb mitten in der Diele stehen und nahm die Atmosphäre in sich auf.

Jenny hatte Recht. Die Wohnung war seltsam leer. Es herrschte eine eigentümliche Stimmung. Irgendetwas war geschehen. Wie immer hatte er das Gefühl, als wollte ihm die Luft etwas erzählen, aber wie immer wusste er auch, dass das nicht eintreffen würde.

Geradeaus war das Wohnzimmer: zwei hohe Fenster,

Sofas, Esstisch, ein offener Kamin. Durch eine angelehnte Tür am Ende des Raumes konnte er ein kleineres Zimmer mit Schreibtisch sehen, offensichtlich ein Arbeitszimmer. Links von der Diele zweigte ein schmaler Flur mit einer offenen Tür ab, hinter der ein Mädchenzimmer zu erkennen war. Rechts von ihm lag die Küche sowie ein weiterer Flur. Vielleicht führte er zum Elternschlafzimmer.

Sie schlenderten durch die Wohnung. Sie war unaufgeräumt, chaotisch und verwohnt, was den Eindruck eines plötzlichen und unerwarteten Aufbruchs nur noch verstärkte. Wie eine Behausung unter der Asche in Pompeji, einen Tag nach der Katastrophe. Alles war wie immer, nur das alles zu Ende war.

Sie inspizierten das Wohnzimmer, das Zimmer des Mädchens, das große Schlafzimmer. Das Bett war zerwühlt und ungemacht. Eine Rauferei oder Liebe? Oder beides?

Die Küche. Auf der Anrichte stand benutztes Geschirr. Drei Teller, drei Gläser, drei Teetassen. Reste von Eigelb klebten an den Tellern. Die Bratpfanne stand im Spülbecken. Was immer geschehen war, die Familie hatte ganz offensichtlich vorher gefrühstückt. Er schaute Helena an.

»Ich habe nichts angefasst«, sagte sie. »Ich dachte, Sie wollen alles genau so sehen, wie es war.«

Er nickte.

Er ging mit Jenny im Schlepptau ins Wohnzimmer zurück. Sie sahen sich Fotos an, ein Album, Bücher. Juristische Fachbücher, Krimis, Biographien. Die meisten sahen gelesen aus. In dem Album steckten gewöhnliche Familienbilder. Nirgends etwas Besonderes. Keine geheimnisvolle Telefonnummer, keine Dokumente, keine versteckten Sachen, die auf gewisse sexuelle Praktiken oder Interessen hinwiesen. Nichts, was auf eine Spur hinwies, warum die Familie verschwunden war.

Helena stand abwartend an den Türpfosten gelehnt in der Diele und blickte sie ernst an. Kent kam auf sie zu.

»Können wir uns ein bisschen unterhalten?«

»Natürlich.«

»Wie lange kennen Sie die Familie?«

»Zwölf Jahre. Ich war zuerst Miriams Kindermädchen, dann habe ich eine eigene Firma gegründet und jetzt erledige ich die Hausarbeit für fünf verschiedene Familien. John und Anne haben einen eigenen kleinen Unternehmerkursus für mich abgehalten und haben mir am Anfang mit dem Papierkram geholfen. Jetzt läuft es gut.«

»Wie oft sind Sie hier?«

»Zweimal die Woche. Ich sauge Staub, mache in der Küche und im Bad sauber, putze zwischendurch Fenster, stelle ein paar Waschmaschinen an. Bestelle Waren im Internet und nehme sie entgegen. Ich mache keine Betten und räume nicht hinter ihnen her.«

»Wie ist Ihr Verhältnis zu Anne Danielsson?«

»Zu Anne? Einfach nur gut.«

»Und John?«

»Auch einfach gut.«

Sie war erstaunt, dass er so genau nach ihren Arbeitgebern fragte. Aber er wollte möglichst genau erfahren, ob eine unterschwellige Eifersucht herrschte oder ob es eine andere Dreiecksdramatik gab. Er bemerkte keine irritierten Reaktionen, keine flackernden Blicke. Auch nicht das Gegenteil, diesen Vertrauen einflößenden Blick direkt in die Augen. Er fuhr fort.

»Entschuldigen Sie, aber ich muss das fragen. Hatten Sie ein Verhältnis mit John?«

»Mit John? Nein«, antwortete sie und lächelte. »Ich halte sehr viel von John, aber – nein.«

»Oder Anne?«

»Nein, auch nicht mit Anne«, sagte sie belustigt.

»Wie geht es der Familie?«

»Anscheinend gut, nichts Besonderes, soweit ich das beurteilen kann. Anne ist ziemlich müde und erschöpft.«

»Gereizt?«

»Nein, nur müde.«

»Hat sie spezielle Probleme mit irgendwelchen Mandanten?«

»Nicht soweit ich gehört habe. Ich glaube nicht.«

»Wie gut kennen Sie sich?«

Sie überlegte kurz, bevor sie antwortete.

»Wir kennen uns ziemlich gut«, sagte sie schließlich.

»Reden Sie miteinander wie Freunde? Die am Küchentisch sitzen und sich unterhalten?«

»Ja«, sagte sie widerwillig. »Mehr als Miriam noch klein war, aber auch jetzt noch.«

»Worüber reden Sie dann?«

»Das Übliche. Über Leute, die wir dumm finden. Solche Sachen, die in der Zeitung stehen. Dinge, über die man sich Sorgen macht. Wie diese Morde in der letzten Zeit. John und Anne engagieren sich für Amnesty und Flüchtlingsfragen, sie sind beunruhigt über diese gesellschaftliche Entwicklung mit klaren Grenzen zwischen Schweden und Einwanderern und das bin ich auch. Andererseits – was macht man mit den kulturellen Unterschieden, die es nun mal gibt? Darüber haben wir uns unterhalten.«

Sie verstummte. Es war dunkel in der Diele, aber er sah die Anspannung in ihrem Gesicht.

»Und wir hatten einige gemeinsame Interessen«, sagte sie. »Filme. Wir reden über Filme. Und Essen.«

»Essen?«

»Als ich mich um Miriam gekümmert habe, hatten wir mehr Zeit. Wir hatten uns vorgenommen, das Brot selbst zu backen und das Essen frisch zu kochen und so weiter. Es ist schade, dass wir das jetzt nicht mehr schaffen.«

»Haben Sie sich auch über private Dinge unterhalten? Wenn Anne Streit mit John hatte zum Beispiel, oder sie sich Sorgen um ihn gemacht hat, konnte sie dann mit Ihnen reden?«

Helena erstarrte, warf ihm einen zornigen Blick zu und war im Begriff, etwas Bissiges zu sagen, überlegte es sich dann aber anders.

»Sie hatten am Anfang ein paar schwere Krisen, sie war sehr traurig und gestresst. Sie weinte. Aber das ist mit der Zeit besser geworden. Gelegentlich merkt man, dass einer sauer auf den anderen ist, aber meistens scheint es zu funktionieren. Sie haben wohl miteinander umzugehen gelernt.«

»Wie ist ihre Beziehung?«

»Sie sind verliebt. So ist es immer gewesen.«

Er nickte langsam.

»Gibt es etwas Besonderes in ihrer Vergangenheit, wovon wir nichts wissen? Etwas, das ihr Leben stark beeinflusst oder beeinflusst hat, etwas, das auch nur im Entferntesten mit ihrem Verschwinden zu tun haben könnte, freiwillig oder unfreiwillig?«

Helena musterte ihn von Kopf bis Fuß. Er sah, wie sie mit sich kämpfte. Es entstand eine Pause, bis sie sich schließlich entschied, ihm zu vertrauen.

»Vielleicht«, sagte sie. »John war nicht immer Jurist. Er war Pilot, als er jünger war.«

»Pilot?«

»Ja. Er hat zunächst Charterflüge hier in Schweden gemacht, dann hat er bei den Ärzten ohne Grenzen und dem Roten Kreuz bei Kriegen und Konflikten in Afrika und anderen Ländern geholfen. Er hat Medikamente und Ausrüstung geflogen.«

Sie verstummte. Kent wartete.

»Das war eigentlich anstrengend genug, aber es wurde noch schlimmer. Genau genommen hat er noch viel mehr getan. Eines Tages wurde ein Flüchtlingslager attackiert, und er ist mitten hineingeraten.«

»Was ist passiert?«

»Ich weiß es nicht genau. Sie wurden von Regierungstruppen überfallen, und es gab Guerillasoldaten im Lager oder so etwas in der Art. Direkt neben ihm wurden Kinder in Fetzen geschossen. Er hat furchtbare Dinge gesehen. Er versuchte zu helfen.«

»Zu helfen? Wie denn? Hat er zur Waffe gegriffen?«

»Was sollte er tun? Er versuchte zu kämpfen – nicht wie ein Söldner, sondern weil er mehr oder weniger hineingestolpert war und es nicht mitansehen konnte, wie wehrlose Zivilisten kaltblütig abgeschlachtet wurden.«

Es wurde still.

»Wie ging es aus?«, fragte er sanft.

»Schlecht.«

»Hat er jemanden getötet?«

»Das weiß ich wirklich nicht. Aber Hilfsorganisationen greifen absolut nie zur Waffe. Sie tobten. Ich glaube, sie betrachteten sein Verhalten als eine Art Nervenzusammenbruch. Er war drei Monate lang verschwunden und als sie ihn wieder fanden, schickten sie ihn nach Hause. Die Welt blieb, wie sie war, und er litt unter nervösen Beschwerden und Albträumen. Er brach regelrecht zusammen. Er änderte sein Leben, hörte auf zu fliegen, wurde Jurist und begegnete Anne.«

»Woher wissen Sie all das?«

»Die ersten Jahre. Deshalb war es so schwierig für die beiden. Es kam vor, dass er im Schlaf schrie. Anne erzählte mir davon, damit ich nicht dachte, sie wären verrückt oder würden sich gegenseitig misshandeln. Ich wohnte schließlich hier, in Miriams Zimmer. Sie hatten damals das Arbeitszimmer und Miriam ihr jetziges Schlafzimmer.«

»Aber über diese ganze Geschichte stand nie etwas in den Zeitungen? Und es gibt kein Foto davon, nichts?«

»Weil er es vergessen wollte. Krieg ist entsetzlich. Ein verdammter Mist. Sie dürfen das alles absolut niemandem erzählen! Wenn es alle wissen, dann kann er es nicht mehr von sich fern halten.«

Kent nickte.

»Entschuldigen Sie, dass ich frage, aber – ist er leicht aufbrausend?«

»Aufbrausend? Nicht mehr als die meisten anderen.«

»Hat er irgendwelche nationalsozialistischen Neigungen?«

Er merkte, dass Jenny reagierte. Helena riss die Augen vor Verwunderung auf und eine Woge von Abscheu und Feindseligkeit strömte ihm entgegen.

»Nazi? John? Absolut nicht! Nichts liegt ihm ferner als das. Wie können Sie so etwas fragen? Wie kommen Sie denn auf so etwas?«

»Gibt es hier in der Wohnung Waffen?«, erwiderte Kent.

»Nein! Sie verabscheuen Waffen!«

Sie hatte ihre Haltung erzwungener Ruhe vollständig verloren. Jenny griff ein.

»Das war nicht als Vorwurf gemeint, es war nur eine Frage. Danke, dass wir zurückkommen durften. Sie melden sich bitte sofort bei der Polizei, falls die Danielssons anrufen oder auftauchen?«

»Das ist klar. Aber ist das hier alles? Werden Sie nichts unternehmen?«

»Wir haben eine Fahndung für das ganze Land ausgegeben, es halten also alle Ausschau«, antwortete Jenny aufmunternd. »Eine ganze Familie ist nicht so schwer zu entdecken. Aber viel mehr können wir nicht tun, denn es gibt ja keine Hinweise darauf, dass hier etwas Verdächtiges vorgefallen ist. Und bisher ist auch erst ein Tag vergangen. Vermutlich sind sie verreist, und jeder glaubt, der andere hätte Sie, die Kanzlei und Miriams Schule benachrichtigt.«

»Aber es kann sie niemand anrufen!«

Jenny fühlte sich hilflos. Sie fand, dass sie wenigstens beruhigen können müsste, selbst wenn sie keine Antworten hatte.

»Es kann doch sein, dass sie ihre Handys ausgeschaltet

haben, weil sie einfach nicht mit Anrufen belästigt werden wollen. Versuchen Sie, ihre Freunde anzurufen, vielleicht haben sie dort von sich hören lassen«, schlug sie vor. »Auch Freunde im Ausland. Vielleicht verschicken sie Postkarten oder E-Mails.«

Helena nickte. Jenny spürte, dass sie an all das bereits gedacht hatte. Sie gaben ihr die Hand und verließen die Wohnung.

Sie fuhren zur Kanzlei und trafen dort die jüngere Anwältin und die Sekretärin an. Die beiden waren verunsichert und hatten das unbestimmte Gefühl, dass die Kanzlei durchsucht worden war, doch es fehlten konkrete Beweise. Gina erzählte, dass Anne und John in ihrer Eigenschaft als Juristen nicht gerade viele Kriminelle kannten. Sie beschäftigten sich nicht mehr mit Straftaten, sondern regelten Verträge, Steuern und ähnliche Dinge. In letzter Zeit hatte es auch keine Probleme mit Mandanten gegeben.

»Allerdings ist am Montag ein Mann bei Anne gewesen, aber er war nicht einmal zehn Minuten drin, und ich kann mich wirklich nicht an seinen Namen erinnern«, sagte Lotten zögerlich. »Es schien sich um einen einmaligen Besucher zu handeln, und ich hatte den Eindruck, dass er nur etwas fragen wollte, deshalb habe ich nicht auf ihn geachtet. Ich glaube, er hieß Bengt oder Per mit Vornamen.«

»Ich habe Annes Terminkalender durchgesehen, aber keine Notizen dazu gefunden«, sagte Gina. »Auch keine Akte.«

»Schien sie ihn zu kennen?«, fragte Kent.

Sie schüttelten den Kopf.

»Was haben Anne und John am Tag vor ihrem Verschwinden gemacht?«

»Anne war mit einem Vertrag beschäftigt, einer Scheidung und ein paar Testamenten. Die Scheidung ist etwas nervenaufreibend, es gibt Streit um das Kind, aber sonst gibt es, soweit ich weiß, keine besonderen Konflikte in den übrigen Fällen. John hat ähnliche Fälle bearbeitet, er hatte gerade einen Streit um ein Plagiat geschlichtet. Es kam zu einem Vergleich, und die Parteien sind im Guten auseinander gegangen. Es ging um dieses Buch hier. Vor nächster Woche wird es nicht in den Läden liegen.«

Gina griff nach einem Buch und zeigte es Kent. Es hieß »Die schwarzen Berge«. Er blätterte und las den Klappentext. Die Autorin, eine füllige Dame in den Sechzigern, mit kurzen, grauen Haaren, zur Feier des Tages frisiert und geschminkt, blickte ihn nervös von dem Foto an. In dem Roman ging es um eine Detektivgeschichte und einen ungelösten Mord, die an einem fiktiven Ort namens Millongård nahe Järvsö spielte. Er überflog rasch den Anfang und die letzten Seiten. Das Buch hatte sicher nichts mit dem Verschwinden zu tun, aber es war das Einzige, was überhaupt etwas mit Verbrechen zu tun hatte, und er fragte, ob er es mitnehmen dürfe.

Die jüngere Anwältin nickte, froh darüber, dass er überhaupt etwas tat, und er steckte das Buch in die Innentasche seiner Jacke.

Sie gingen zum Auto, und Kent setzte sich auf den Rücksitz.

»Was glaubst du?«, fragte Jenny.

»Ja, was soll man glauben? Er könnte depressiv gewesen sein und sich und seine Familie getötet haben. So etwas kommt vor. Dieser Landrover liegt jetzt vielleicht auf dem Grund irgendeines Sees.«

»Aber hier fehlen doch Sachen. Die Rechner, ein Zelt. Und es ging ihnen gut, das sagen alle übereinstimmend. Leute, die sie seit Ewigkeiten kannten.«

»Gerade die Angepassten, die zerbrechen doch daran, wenn die Vergangenheit sie einholt. Denk an das, was er mitgemacht hat. Krieg, Trauma. Wir können nur vermuten, was er gesehen hat. Oder getan, was das angeht. Oder wem oder was er selbst ausgesetzt war. Er hat versucht, etwas zu unternehmen, und es ging schrecklich daneben. Wie war das, als er nach Hause kam? Ist er zu einem Psychiater gegangen oder hat er versucht, sich auf eigene Faust zusammenzuflicken? In dem Fall hat er möglicherweise keine gute Arbeit geleistet. Er ist ein Kriegsversehrter, verdammt.«

Jenny antwortete nicht.

»Er hat alles weggeworfen, was ihn an die Zeit erinnert, er will nicht einmal mehr daran denken, dass er Flieger war. Das kann seitdem in ihm geschlummert und vor sich hin geschwelt haben. Er könnte seine Familie ermordet und die Rechner rausgeschmissen haben, um allein in den Bergen in der Wildnis zu leben. Menschen tun so etwas. Denk an die Vietnamveteranen. Man kompromittiert sich mit etwas, von dem man denkt, es wäre gut oder man müsste es tun, und dann zeigt sich, dass man sich in einen Mörder verwandelt hat und die ganze Tat nichts als Mist war. Dann hat man nichts mehr, an dem man sich festhalten kann.«

»Was meinst du damit, dass er sich kompromittiert hat?«

»Wir wissen doch gar nicht, was er da unten getrieben hat. Ich meine, dass er vielleicht Menschen erschossen hat, weil er glaubte, es gehe um eine gute Sache und am Ende war die Sache gar nicht mehr so gut.«

Sie saßen einen Augenblick schweigend da.

»Oder es geht um Untreue. Was tatsächlich viel wahrscheinlicher ist.«

Jenny schüttelte den Kopf.

»Daran glaube ich nicht die Spur«, sagte sie nachdenklich. »Ich glaube, dass es mit den Nazi-Morden zu tun hat.«

»Schnickschnack«, entgegnete Kent.

»Und warum hast du dann gefragt, ob er Nazi war?«

»Man weiß nie, was in den Köpfen der Leute vorgeht. Wenn er wirklich da rausgegangen ist und Krieg geführt hat, dann muss er doch mit Leib und Seele Kämpfer sein.«

»Das ist wohl kaum sicher. Und er hat schließlich für eine Art Linksguerilla gekämpft, oder?«

»Menschen sind schon früher von links nach rechts gewechselt.«

Jenny sagte nichts mehr. Sie fuhren zum Präsidium zurück und trennten sich im Korridor. Kent redete mit Georg und eine halbe Stunde später fuhr Tomas ihn über die Västerbro zum Zinkensdamm, wo er die U-Bahn zurück zum Hotel nahm. Tomas setzte zusammen mit einem anderen Fahnder den langweiligen Job fort, im Auto zu sitzen und die Hoteltür von der anderen Straßenseite aus zu beobachten.

Kent betrat die Pension. Die Wirtin war nicht zu sehen. Er schloss seine Zimmertür auf. Es überraschte ihn nicht, dass es durchsucht worden war. Schlampig durchsucht. Alles lag wild durcheinander.

Martin und sein seltsamer Neffe, dachte er. Sie hätten ein bisschen diskreter sein können, aber danach zu urteilen, wie unordentlich alles war, waren sie ziemlich sauer gewesen. Er feixte, zündete sich eine Zigarette an und begann aufzuräumen.

Nach einer Weile stand die Wirtin wieder auf seiner Schwelle. Er bat um Entschuldigung für das Chaos. Ohne etwas zu sagen, betrachtete sie die Unordnung, dann seine Zigarette.

»Hier ist rauchen verboten«, sagte sie.

Er ließ den Blick über die abgenutzten Möbel und Leitungsrohre schweifen und lachte misstrauisch.

»Du machst Witze!«

»Ich mache keine Witze. Und ich gedenke nicht zu fragen, warum das Zimmer aussieht, wie es aussieht, aber wenn etwas kaputtgegangen ist, musst du das ersetzen, und Zigarettenrauch kann ich nicht leiden.«

»Nichts ist kaputt«, sagte er nachsichtig, nahm die Zigarette aus dem Mund und drückte sie aus.

Sie nickte mürrisch.

»Vielleicht solltest du darüber nachdenken, was du da eigentlich gerade tust. Ist es das wert? Vielleicht solltest du dir einen anderen Job und neue Bekannte suchen. Sollten diese Herren nochmal hier auftauchen, wirst du umgehend ausziehen und ich werde die Polizei rufen.«

Sie klang, als hätte sie eine ähnliche Rede schon einmal jemand anderem gehalten, zu einem anderen Anlass vor langer Zeit. Das machte ihm die Wirtin irgendwie sympathisch.

»Du, es tut mir Leid, dass es hier so schlimm aussieht«, sagte er. »Das waren vermutlich meine ungehobelten Bekannten. Es ist nett von dir, dass ich bleiben darf und du nicht die Polizei rufst. Ich hatte keine Ahnung, dass sie so ein Chaos veranstalten würden, aber ich verspreche dir, dass sie nicht wiederkommen.«

»Das klingt doch gut«, sagte sie und ging.

Er konnte nicht anders, er musste sie bewundern. Verflucht coole Frau. An dem, was sie gesagt hatte, war etwas Wahres dran, dachte er. Vielleicht sollte er tatsächlich darüber nachdenken, den Job zu wechseln und sich neue Freunde zu suchen. Wenn er den Beruf wechselte, blieben ohnehin nicht viele Freunde übrig. Abgesehen von Arvid und den Jungs, mit denen er zum Angeln rausfuhr, hatte er seine Freunde und Bekannten im Präsidium.

Und den einen oder anderen Feind.

Er legte das Sesselpolster an seinen Platz zurück, hängte den heruntergerissenen Vorhang auf, schob die Schubladen in die Kommode, legte sich aufs Bett und wartete darauf, dass die Unterwelt ihren nächsten Schachzug machen würde.

14

Die beiden jungen Männer im Anzug erreichten Eklidens Campingplatz. Sie parkten den Ford vor dem kleinen Holzhaus, in dem sich der Verwalter des Platzes aufhalten sollte, klingelten an einer Glocke und drehten eine Runde über den Hügel, während sie darauf warteten, dass jemand auftauchte.

Nach einer Weile kam ein großer, dünner Mann in abgetragenen Arbeitshosen, kariertem Hemd und Weste in aller Ruhe angeschlendert und fragte, ob er behilflich sein könne. Sie zeigten ihm das Bild und stellten ihre Fragen.

Er war nicht so leicht zu beeindrucken wie der Mann an der Tankstelle. Er sah sie forschend an und studierte ihre Ausweise genau, ehe er ihnen den Platz zeigte, wo Anne und Miriam die Nacht verbracht hatten. Und er blieb neben ihnen stehen. Mit den Händen in der Tasche sah er zu, wie sie das Gras unter einem großen Baum betrachteten, wo das Zelt gestanden hatte, mit der Hand die Augen vor der Sonne schützten und über den See spähten und in der kalten Glut stocherten. Seine Blicke folgten ihnen, als sie sich unzufrieden umwandten und zu ihrem Auto zurückgingen. Der Rothaarige breitete eine Karte auf der Motorhaube aus – offenbar eine Fotokopie –, während der andere mit seinem Handy telefonierte.

Der Mann mit der Karte wandte sich gereizt an den Verwalter, er mochte es nicht, beobachtet zu werden.

»Haben sie gesagt, wohin sie fahren wollten?«, fragte er.

Der Verwalter schüttelte den Kopf.

»Nein«, erwiderte er ruhig und bestimmt.

»Sind Sie sicher? Haben Sie sich gar nicht mit ihr unterhalten?«

»Nein.«

»Sind Sie sich dessen bewusst, dass das hier eine polizeiliche Ermittlung ist? Es ist Ihre Pflicht als Mitbürger, der Polizei zu helfen.«

Der Verwalter spuckte nachdenklich auf den Boden.

»Was untersuchen Sie denn?«

»Darüber können wir nichts sagen, aber mir gefällt Ihr Verhalten nicht«, sagte der Mann mit der Karte bedrohlich.

»Dann lassen Sie's gut sein«, sagte der Verwalter.

Die Männer warfen ihm zornige Blicke zu. Kommentarlos stiegen sie wieder in ihr Auto und fuhren davon. Sogar das Auto schien beleidigt zu sein, als es über die Schlaglöcher auf dem ramponierten Schotterweg holperte, der vom Campingplatz wegführte. Sie verschwanden zwischen Mülltonnen, Duschen und Hagenbuttengestrüpp.

Der Verwalter sah den Männern nach. Als sie weg waren, schlenderte er zu seinem Haus, zurück zu gebratenen Frikadellen mit Kartoffelbrei und Petersilie.

»Stockholmer Affen«, knurrte er vor sich hin. »Verdammt aufgeblasen. Glauben, dass alle Gewehr bei Fuß für sie stehen.«

Er wünschte, er hätte gewusst, wohin Mutter und Tochter unterwegs waren, dann hätte er die Frau anrufen und vor diesen Typen warnen können. Sie hatte ihm gefallen. Er überlegte, Anders Persson anzurufen, den Polizist der Gemeinde, mit dem er zur Schule gegangen war.

Aber er verzichtete darauf. Er konnte ihm immer noch davon erzählen, wenn sie das nächste Mal zusammen in die Sauna gingen. So wahnsinnig viel hatten sie nicht zu besprechen, dass er verschwenderisch mit Gesprächsthemen sein durfte, dachte er mit einem Lächeln und drehte das Radio lauter.

15

Sie sind zwei Tagen lang gelaufen und die Blase am linken Fuß ist die reinste Tortur. Er hat versucht, den Schmerz zu ignorieren, aber er ist angewachsen und füllt fast sein ganzes Bewusstsein aus. Idiotisch. Eine Blase. Die Fliegen sind auch eine ewige Plage.

Er hat angefangen, sich daran zu gewöhnen, dass ihn der Tod hier überall umgibt. Er kann aus der Luft kommen, aus den Blättern der Bäume, aus Grasbüscheln auf dem vertrockneten Boden. Er trägt seine Kalaschnikow abwechselnd mit der linken und der rechten Hand. Er mag es nicht, sie am Riemen über der Brust hängen zu haben.

Sie marschieren im Gänsemarsch. Der Mann vor ihm trägt eine Tarnuniform, wo immer er sie herhaben mochte. Er selbst hat noch immer seine khakifarbenen Shorts und sein schweißgetränktes T-Shirt an. Der Himmel über ihnen ist unverändert blau und der Rhythmus seiner eigenen Schritte und das Rascheln des Grases an seinen Waden dröhnen in seinem Körper.

Endlich darf er sich hinsetzen. Die Hütte riecht nach trockenem Gras und trockenem Mist. Vorsichtig zieht er sich den Stiefel aus und inspiziert seine Wunde. Die Haut ist abgeschält, das Fleisch leuchtet rosa und wund. Verflucht, die offene Stelle kann sich infizieren, Maden können sich festsetzen. Oder sind Maden nützlich? Sie können Wunden sauber fressen, erinnert er sich. Warum weiß er nicht mehr über Afrika?

Alle Kämpfe sind so wie hier. Improvisiert, albtraumhaft, voller Missverständnisse, Erwartungen, Kleinigkeiten.

Die Frau, der die Hütte gehört, kommt mit einer Schale Essen. Sie stellt sie vor ihm auf den Erdboden. Er nickt ihr zu, hofft, dass sie dafür bezahlt wird, und zieht seine Wasserflasche aus dem Gepäck. Fragt sich, ob es hier wohl eine

Wasserleitung gibt. Der Fluss liegt ein Stückchen entfernt, aber wimmelt von Amöben und Wurmlarven – Bilharziose.

Plötzlich erstarrt die Frau und sieht ihn an. Er erwidert ihren Blick und hört zugleich Schreie, die Geräusche knackender Äste und Schüsse.

Sie holt tief Atem und rennt hinaus, um ihre Kinder zu holen. Er streckt den Arm aus, um sie zurückzuhalten, aber sie ist schon fort. Er wirft sich auf den Bauch, zieht die Waffe an sich und robbt zu der engen Öffnung vor. Der Stiefel und sein blutiger Strumpf liegen noch hinter ihm.

John zuckte zusammen und sah sich hellwach um. Er saß auf der Pritsche, an die kalte Steinwand gelehnt. Er hatte nicht gemerkt, dass er eingenickt war.

Warum versank er die ganze Zeit in diese Passivität? Schuld, lautete die Antwort. Er glaubte, dass er es verdiente. Aber das war Unsinn. Afrika war lange her, diese Entführung hier hatte nichts damit zu tun. Sie hatte nicht einmal mit ihm selbst zu tun. »Los, heb endlich deinen Hintern hoch, verdammt«, sagte er zu sich selbst, er wusste nicht zum wievielten Mal. »Finde heraus, worum es geht, schmiede einen Plan! Troll dich endlich von hier!«

Der Hunger brannte in seinem Magen und plötzlich wurde ihm die Absurdität der Situation bewusst. Ihn überkam die idiotische Lust zu lachen. Vielleicht war es der Irrsinn oder das hellweiße Tageslicht, das sich durch das bogenförmige Fenster ergoss. Oder die Angst und Kälte, die ihn müde und immer wütender auf sich selbst machte.

Er versuchte, sich das Gefühl der brennenden Savannensonne zu bewahren, steckte seine frierenden Hände unter den Hosenbund, um sie am Bauch zu wärmen, und musterte den Wachmann.

»Bist du aus Stockholm?«

Der Bursche antwortete nicht.

»Meine Eltern kommen aus Östergotland, aber dann

sind sie nach Sollentuna gezogen«, sagte John. »Mein Großvater ist mitgegangen. Er war Sprengmeister. Er hat in den sechziger, siebziger Jahren nördlich der Stadt Baugrund für viele Villen gesprengt. Er hat allein gearbeitet, aber nach der Schule bin ich immer zu ihm gegangen. Er…«

Der Wachmann sah auf die Uhr, blickte zur Kamera hinauf, um zu kontrollieren, ob sie eingeschaltet war, und ging zur Treppe.

»Gehst du?«, hörte John sich hinter ihm herrufen. »Schade. Dann wird es einsam hier unten.«

Er merkte zu seiner Verwunderung, dass er das tatsächlich so meinte. Der Bursche hatte ihm nichts getan und er hatte lieber diesen verrückten Pseudosoldaten in seiner Nähe als überhaupt niemanden. John hatte sich daran gewöhnt, dass er drüben an der Treppe stand. Auf jeden Fall war noch ein anderer Mensch da. Jemand, der atmete.

Und es gab noch eine andere Sache, an die er lieber nicht denken wollte. Wenn er allein war und der Bodybuilder herunterkam, konnte er mit ihm machen, was er wollte, ohne dass irgendjemand sah, was er tat, wenn er seinen breiten Rücken der Kamera zudrehte. Er konnte sich jederzeit über irgendetwas aufregen und »zufällig« wütend werden. Ihm »zufällig« einen Finger oder Arm brechen.

Der Junge wandte kurz den Kopf.

»Du wirst eine Weile allein zurechtkommen müssen. Irgendwann muss ich mal futtern.«

Er ging die Treppe hinauf. Oben schlug die Tür hinter ihm zu.

Andreas Landström kam aus dem Keller hoch, durchquerte die Halle und betrat die Wohnung im ersten Stock. Er zog sich in der Diele den Overall aus und schloss ihn zusammen mit der MP und dem Gürtel in den Wandschrank. Dann ging er in sein Zimmer, nahm sich ein Paar Jeans und

Turnschuhe, einen gerippten schwarzen Wollpullover und seine Jeansjacke und fuhr sich vor dem Spiegel mit der Hand durch die kurzen Haare. Stiefel und Bomberjacke waren nicht erlaubt.

Er betrachtete sein Spiegelbild, ärgerte sich darüber, dass er so schmal war, und hoffte, dass er trotzdem gut aussah.

»Tja«, sagte Andreas zu sich selbst und zog eine Augenbraue hoch.

Er rannte die Treppe hinunter und trat auf die Auffahrt. Roffe wartete im Jeep. Er war ungeduldig und schroff wie immer, aber in Zivil sah er seltsam fremd aus. Er trug eine rot karierte Wolljacke, die über seinen dicken, plumpen Oberarmen spannte, und eine Baseballkappe über seinem kahlen Schädel. Er deutete Andreas an, sich neben ihn zu setzen, und ließ die Bremse los, ehe er sich hatte setzen können, machte eine scharfe Wendung und fuhr auf den Schotterweg, der in den Wald führte.

Der Weg war extra angelegt worden, als das Holzhaus vor fünf Jahren gebaut wurde, und zog sich mehrere Kilometer durch die Wildnis, ehe er auf eine breitere Straße stieß. Die Abzweigungen waren ausschließlich alte Holzwege und an der ganzen Strecke gab es keine bewohnten Häuser. Andreas hatte eine vage Ahnung davon, dass einige Kilometer südlich auf der anderen Seite des Berges Leute wohnten, aber er war noch nicht dort gewesen. Die Bewohner des Holzhauses hielten sich an die Wälder im Norden.

Die Männer schwiegen. Roffe machte den CD-Player an. Zigger, Zigger, shoot those fucking niggers. Er nickte in etwa im Takt der Musik mit dem Kopf. Außerhalb des Geländes durften sie keine White-Power-Musik dabeihaben, aber Andreas hatte keine Lust zu protestieren. Er schaute aus dem Fenster und hoffte, dass er um eine Unterhaltung herumkommen würde. Die Stimmung zwischen ihnen war mittlerweile nicht mehr die beste. Langsam war er

Roffe leid. Gerade das, was er vor sechs Monaten noch an ihm geschätzt hatte, seine Standhaftigkeit, sein Gerede, alles was ihm das Gefühl von Vertrautheit vermittelt hatte, ärgerte ihn inzwischen. Es lief ins Leere. Er wünschte sich sehnlichst, dass alles bald vorbei sein würde, dass sie irgendwohin kommen und weitermachen würden.

Es dauerte eine ganze Weile, bis sie in Gransele waren. Als der Jeep endlich in den Ort fuhr, schlief Andreas fast. Er war erleichtert, obwohl sein Nacken schmerzte. Roffe riss das Steuer herum, bog um eine Straßenecke und blieb auf dem Parkplatz des Konsum-Marktes stehen. Er stellte den Motor ab und stieg aus. Andreas reckte sich und stiefelte hinter ihm her. Als sie durch die Glastür gingen, zog er ein paar Einkaufswagen aus der Reihe, mit der rasanten Bewegung, auf die er stolz war, und ging hinter Roffe die Gänge entlang.

Physisch fühlte er sich in Form. Es war schön, einen Körper zu haben, der funktionierte, wie er wollte, und er hatte einen Job, einen geregelten, geordneten Job, er war Teil eines Ganzen und er hatte etwas, worauf er sich freuen konnte. Er hatte die Uzi zu Hause im Schrank. Aber es war auch schön, eine Weile vom Gelände wegzukommen. Er konnte zwar kein Bier trinken gehen, aber er sah wenigstens etwas anderes.

Während Roffe die Liste durchsah und nonchalant Waren in die Wagen warf, betrachtete Andreas die wenigen anderen Kunden, die zwischen Regalen und Kühltheke zu entdecken waren. Einige Mütter mit Kindern, ein Teenagermädchen und ein paar Jungs um die dreizehn, die sich Süßigkeiten aussuchten.

Eine der Mütter drehte sich um, als merke sie, dass sie beobachtet wurde, und warf ihm einen verstohlenen Blick zu. Er verzog keine Miene, erwiderte ihren Blick und bemerkte wieder das Phänomen, das ihn schon öfter verblüfft hatte und das ihn jetzt wieder verblüffte. Jeder, den sie in der Stadt trafen – hier im Konsum oder in der Pizzeria –, schien sich abzuwenden. Es war, als wären sie von einer unsichtbaren, fremden Atmosphäre umgeben, die die Menschen zurückweichen ließ, obwohl sie die Höflichkeitsformen strikt einhielten. Niemals Schwierigkeiten machten, niemals etwas nahmen, ohne zu bezahlen.

Ihm fiel es auf und er hasste es. Nun verzogen sich die Jungen ohne sich umzusehen, als ahnten sie, dass etwas Unbehagliches in der Nähe war. Das Mädchen verschwand aus seinem Blickfeld, die andere Mutter auch. Plötzlich war es, als wäre das ganze Geschäft leer.

Seine Freude darüber, rauszukommen und sich zu bewegen, verschwand, er fühlte sich ungerecht behandelt und gereizt. Was zur Hölle hatte er diesen Menschen hier getan? Er und Roffe hatten als anständige Mitbürger den Supermarkt betreten, kauften ein und bezahlten auch. Sie waren nicht unhöflich, sie waren nicht bedrohlich. Roffe schritt mit einem Herrenmenschenstil die Gänge entlang, der vielleicht dem einen oder anderen nicht gefiel, aber solange er nichts Sträfliches sagte oder tat, fand Andreas, könnten die Leute sich ruhig damit abfinden. Wie viel Geld hatten sie nicht schon hier ausgegeben? Wie viel Geld hatte diese Stadt nicht schon daran verdient, dass im Holzhaus Männer wohnten? Die Einwohner sollten dankbar sein und noch dankbarer für das, von dem sie nichts wussten, dachte er. Andere setzten sich für sie ein, für ihr Blut und ihr Land und sie hatten keine Ahnung davon.

Zornig schob Andreas seine Wagen weiter. Sie füllten sich langsam. Roffe hielt ihn an der Fleischtheke auf, und er blieb mit einem ungeduldigen, demonstrativen Seufzen stehen. Im Gang neben ihnen standen zwei Rentner und diskutierten, ob sie gewöhnliches Pflanzenöl oder Olivenöl kaufen sollten. Sie waren vollkommen in ihr Gespräch vertieft und bemerkten ihn nicht. Er konnte nicht anders, als sie zu beobachten.

Die Frau erinnerte ihn an seine Großmutter. Sie trug einen alten Tweedmantel und ein rosa Kopftuch. Der Mann hatte eine mittelblaue Windjacke über seinem schmalen Oberkörper und den abfallenden Schultern, ein Safarimodell aus den Siebzigern. Er sah gebrechlich und verletzlich aus, aber die ältere Frau redete mit ihm, als wäre er der Mittelpunkt der Welt, und hörte ihm, wenn er antwortete, mit einem kleinen, verliebten Lächeln auf den Lippen zu.

Plötzlich brach eine Erinnerung über Andreas herein, auf die unberechenbare, unbehagliche Weise, die den Erinnerungen des Körpers eigen ist. Erstaunt und beschämt merkte er, dass der Anblick dieses Rentnerpaares in ihm die Sehnsucht nach seinem Geburtstag weckte, nach Saft und Torte, als wäre er ein kleiner Junge. Das Gefühl war so stark, dass er den Geruch von Kaffee und Grönstedts Cognac für die Erwachsenen im Wohnzimmer fast wahrnehmen konnte, als wäre er für eine Sekunde zwölf Jahre in die Vergangenheit gereist, zurück zu den wenigen Stunden Ruhe und Frieden, die immer nur dann herrschten, wenn er ein Jahr älter geworden war, kurz bevor die Älteren kamen, zwischen der Vormittagsgereiztheit der Eltern, wenn alles in Ordnung gebracht werden musste, und ihrem Abendrausch. Es war kein gefährlicher Rausch, sie schlugen ihn nie, aber sie hoben ab und ihr Blick wurde glasig und driftete fort von ihm, und er fühlte sich, als hätten sie ihn in einem Sumpf zurückgelassen.

Die Erinnerung war auf eine gewisse Weise warm und tat dennoch weh, denn er würde nie wieder solche Geburtstage feiern. Gleichzeitig war es beängstigend, Gefühle zu haben, auf die er nicht vorbereitet war, als würde er ohne die geringste Kontrolle von Emotionen umhergeworfen. Mühsam drängte er die Erinnerung zurück.

»Irina kann keine Steaks braten.« Roffes Stimme unmittelbar neben ihm holte ihn in die Wirklichkeit zurück.

»Und, hast du diese verfluchte Liste gesehen? Warum kann sie kein Schwedisch lernen?«

»Jammer doch nicht so, Mann«, sagte er ungehalten, weil er aus seinen Gedanken gerissen wurde.

»Was ist los mit dir?«

»Nichts.«

»Dann halt's Maul«, blaffte Roffe.

Sie redeten nicht laut. Dennoch hatte man sie diskret allein an der Fleischtheke stehen lassen. Die Rentner waren mit ihrem Öl weitergegangen.

Die beiden Männer gingen mit vier vollen Einkaufswagen durch die Kasse. Roffe bezahlte mit Karte. Die Kassiererin, sie war um die vierzig, vermied es sie anzusehen, als sie die Karte durch das Lesegerät zog. Andreas hätte ihr eine knallen können. Das Freiheitsgefühl, das ihn überkommen hatte, als er aus dem Auto gestiegen war, existierte nicht mehr.

Sie beluden den Jeep, hielten an der Pizzeria und fuhren weiter zu der Tankstelle, wo sie ein paar Sachen für die Autos besorgen sollten. Als sie durch die Tür des Tankstellenshops traten und von dem wohl bekannten Duft nach warmen Würstchen, Benzin, Gummi und Metall empfangen wurden, fühlte Andreas sich schon besser. Er holte tief Luft und spürte das nervöse, erwartungsvolle Prickeln in der Magengrube. Die beängstigende Reise in seine Kindheit war vorüber, und er war wieder vollkommen und ganz im Hier und Jetzt.

Aufgeregt sah er zum Tresen. Sie war da. Er konnte kaum glauben, dass es wahr war.

»Wischerblätter«, sagte Roffe.

»Hol sie selber«, sagte Andreas.

»Was zur Hölle?«, sagte Roffe.

Andreas ignorierte ihn. Hinterher konnte von ihm aus kommen, was da wollte, wenn Roffe sich jetzt nur raushielt.

Das Mädchen hinter dem Tresen warf ihnen einen flüchtigen Blick zu und schaute wieder zur Seite. Sie ordnete Limoflaschen aus einem Karton in den Kühlschrank mit der Glastür. Andreas ging zu ihr und grüßte.

»Etwas wärmer heute«, sagte er. »Es ist echt Frühling.«

»Ja«, antwortete sie ernst, ohne ihn anzusehen.

»Arbeitest du jetzt die ganze Woche?«

»Ja, nachmittags.«

»Was meinst du, wie der Sommer wird? Gibt es hier viele Mücken?«

»Genug auf jeden Fall.«

»Mücken sind übel, aber Wespen sind schlimmer. Ich bin allergisch gegen Wespen. Wenn ich von einer Wespe gestochen werde, brauche ich sofort eine Adrenalinspritze.«

»Das ist sicher nicht einfach«, sagte sie.

Sie sah ihn noch immer nicht an. Sie war hartnäckig. Aber er war auch hartnäckig. Irgendwann musste sie schließlich aufschauen, überrascht oder froh über etwas sein, das er sagte.

Er hatte sie bisher fünf Mal gesehen. Jedes Mal, wenn er hierher kam, fragte er sich, ob sie da sein würde. Sie war klein und hatte dunkles Haar, das sich im Nacken kräuselte. Sie trug Jeans, ein weißes Top und eine blaue Strickjacke, und obwohl sie ihm nur knapp bis zur Brust reichte, fühlte er sich ihr gegenüber linkisch und unbeholfen. Er wusste nicht, ob ihn das ärgerte. Er konnte sich nicht entscheiden, ob sie das auf irgendeine geheimnisvolle Weise mit Absicht tat, um gemein zu sein, oder ob sie nett und offen war. Jedes Mal, wenn er sie sah, schwankten seine Gefühle. Er wusste nicht, ob er ihr eine Ohrfeige verpassen und sie anschreien oder sich sofort mit ihr auf den Boden hinter dem Tresen werfen wollte – der Gedanke versetzte ihm einen Stromstoß in den Unterleib –, oder ob er sie zärtlich in den Arm nehmen und ihr vorsichtig das Haar aus der Stirn streichen wollte. Vor allem aber wollte er, dass sie aufblicken und ihm warm und vertrauensvoll ins Gesicht schauen würde. Sich auf ihn verlassen, ihn bewundern und sich über ihn freuen würde. Strahlen, wenn er hereinkam.

Es beunruhigte ihn, dass sie so klein und dunkel war. Er fragte sich, ob sie samisches Blut hatte. Er hatte versucht, sich die Farbe ihrer Augen zu merken. Sie waren blau oder grau. Sie waren in Norrland, wie viele Samen mochte es hier geben? Und was würde das für ihn bedeuten?

»Hier.« Wieder riss Roffe ihn aus seinen Träumen. Die Packung mit den Wischerblättern landete mit einem Knall auf dem Tresen.

»Und dann wollen wir auch noch tanken«, fuhr er fort.

Er stellte sich dicht neben Andreas, stützte die Unterarme auf den Tresen, beugte sich mit einem breiten Grinsen zu dem Mädchen vor, senkte demonstrativ den Blick bis zu ihrer Jeans und kommentierte das, was er sah.

Die Atmosphäre schlug unvermittelt um, von reserviert zu eiskalt. Sie fuhr spürbar zusammen, und für den Bruchteil einer Sekunde konnte Andreas nachvollziehen, wie sie sich fühlte.

»Wenn du hier einkaufen willst, hast du dich zu benehmen«, sagte sie.

Roffes Augenbrauen hoben sich, und er grinste noch breiter. Plötzlich wurde Andreas klar, dass das seine Masche war. Roffe wusste, dass er zu unangenehm wirkte, um bei Mädchen Anklang zu finden, und deshalb drängte er sich mit Worten und Blicken in ihren Luftraum und bedrohte ihre Integrität, fast so, als hätte er sie in eine Ecke geschoben und angefangen, ihre Brust zu begrapschen. Der Effekt war derselbe.

Dieser Hund. Andreas hatte nicht übel Lust, ihm den Ellenbogen in den Magen zu rammen und ihm, wenn er sich krümmte, mit der Faust direkt ins Gesicht zu schlagen und ihm die Scheibenwischer in den Mund zu drücken. Vor einem Jahr hätte er genau das getan.

Aber die Einsicht hielt nur einen kurzen Augenblick, dann löste sie sich auf und das Gefühl, ungerecht behandelt zu werden, kehrte zurück. Zornig stiefelte er hinaus und tankte den Jeep. Durch das Fenster sah er, wie Roffe mit Karte bezahlte und zweifellos eine Menge Mist erzählte. Dann drehte er sich gemächlich um und stapfte aus dem Laden. Er ging leicht zurückgelehnt, die Füße nach außen gestellt und die überdimensionierten Muskeln ließen seine Bewegungen ruckartig aussehen.

Mit zusammengepressten Lippen sprang Andreas in den Jeep. Er und Roffe hatten sich noch weiter voneinander distanziert, aber Roffe ließ das völlig unberührt. Es schien ihm zu gefallen, Missstimmung zu verbreiten, er sog sie in sich auf wie eine Biene den Nektar, es brachte sein Ego in Fahrt, machte ihn lebendig und verschaffte ihm Raum. Jetzt würde er Andreas den ganzen Rückweg lang mit dem Mädchen aufziehen.

Sie fuhren stadtauswärts und machten sich auf den Heimweg. Der Jeep war mit Waren voll geladen. Andreas schaltete innerlich Roffes Stimme und die Musik aus dem CD-Player aus und wünschte, er hätte sich auf den Rücksitz gesetzt, um seine Ruhe zu haben. Er dachte an das Mädchen aus der Tankstelle und hatte fast den ganzen Weg über einen Ständer.

Am Kücheneingang luden sie aus. Andreas trug alles nach drinnen, während Roffe den Jeep parkte. Das Haus wirkte leer. Irina war nicht da. Er räumte die Sachen in Kühlschrank und Speisekammer und ließ Pizzas und Softdrinks auf dem Küchentisch liegen.

Roffe kam nach. Er drehte eine Runde durch das Erdgeschoss, kehrte grinsend zurück, holte die Pizzakartons und Getränkedosen und trug sie ins Wohnzimmer. Andreas folgte ihm widerwillig und stellte sich in den Türrahmen.

»Das hier ist wirklich ziemlich überflüssig«, sagte er. Roffe ließ sich schwer aufs Sofa fallen, breitete sich mit einem zufriedenen Seufzen aus und begann, den Karton aufzureißen.

»Was denn? Wir wollen doch nur was essen. Setz dich.«

Andreas nahm eine Dose, öffnete sie, setzte sich in den Sessel, der am weitesten von Roffe entfernt stand, sank in die Polster und streckte düster seine langen Beine aus. Roffe versetzte dem anderen Karton einen Stoß, dass er über den Couchtisch zu ihm hinüberrutschte.

16

Gina fiel es schwer sich zu konzentrieren. Sie hatte versucht, sich um die dringendsten Anliegen zu kümmern, aber für die meisten Termine hatte sie gemeinsam mit Lotten versucht, neue Termine zu finden, wobei sie den Mandanten, deren Fälle besonders dringlich waren, im Namen der Ehrlichkeit eine faire Chance geben musste, darüber nachzudenken, ob sie sich fürs Erste einen neuen Anwalt suchen wollten. Eine schwierige Gratwanderung – sie wollte nicht riskieren, dass die Kanzlei Klienten verlor.

Die Frage war, wie weit sie die abgesprochenen Termine verlegen sollten. Eine Woche? Einen Monat? Für immer? Am Ende hatten sie sich dafür entschieden, den ganzen Terminkalender um zwei Wochen zu verschieben.

Anschließend ging Lotten zum Mittagessen. Gina blieb noch eine Weile, um den Nachmittag vorzubereiten. Sie war so in ihre Arbeit vertieft, dass sie zusammenfuhr, als das Telefon auf ihrem Schreibtisch läutete. Sie starrte es an, als hätte sie ganz vergessen, dass es existierte.

Sie riss sich zusammen und nahm den Hörer ab.

»Danielsson und Danielsson, Gina Larsson«, sagte sie automatisch.

Ein Journalist von den Abendzeitungen war in der Leitung.

»Ingmar Claesson«, stellte er sich vor. »Ich würde gern mit Ihnen über dieses Verschwinden reden, dass Ihren Arbeitgebern offenbar widerfahren ist. Was halten Sie davon, wenn wir das beim Lunch machen würden? Keine Sensationshascherei, nur eine ruhige, sachliche, zivilisierte Unterhaltung?«

Gina wurde unsicher. Wie sollte sie damit umgehen? Sie hätte Anne gern um Rat gefragt. Aber Anne war nicht da.

»Jetzt gleich?«, fragte sie zweifelnd.

»Ja. Wenn es Ihnen passen würde?«

»Ich weiß nicht. Ich glaube nicht, dass meine Arbeitgeber gerne in die Öffentlichkeit gezerrt werden würden.«

Die Stimmlage des Journalisten senkte sich und wurde wärmer.

»Ich kann gut verstehen, wie Sie sich fühlen. Aber wenn wir vernünftig damit umgehen, kann es der Familie Danielsson doch nur helfen, wenn die Öffentlichkeit mehr Informationen erhält. Ein Bild in der Tageszeitung sagt nicht so viel aus, aber wenn die Leser etwas mehr erfahren, dann speichern sie das Bild vielleicht in ihrem Gedächtnis und halten die Augen offen. So funktionieren die Menschen. Unter den gegenwärtigen Umständen scheint niemand etwas zu wissen. Vielleicht liegt die Familie verletzt in einer Berghütte, wer weiß? Wenn dieser Artikel in der Zeitung steht, erinnert sich vielleicht plötzlich jemand aus einem Café oder Zigarettengeschäft in der nächsten Stadt. Es wird leichter, sie zu finden und ihnen zu helfen, falls sie in einer Notlage sind und sich nicht selbst melden können.«

Er konnte wirklich reden. Vermutlich glaubte er selbst kein einziges seiner Worte, aber es war trotzdem etwas Wahres dran. Gina schaute auf die Uhr. Halb eins.

»Okay. Wenn wir alles auf einer vernünftigen Ebene halten«, sagte sie zögernd. »Und keine Bilder.«

»Prima! Sie werden es nicht bereuen, das verspreche ich. Treffen wir uns im…«

»Ich hole Sie in der Redaktion ab, wenn Sie nichts dagegen haben.«

»Sie wollen mich überprüfen«, sagte er und klang amüsiert. »Sicher, das ist in Ordnung. Ich bin oben in der Redaktion, wenn Sie kommen. Sagen Sie einfach dem Pförtner Bescheid.«

Sie ging sich mit dem Kamm durch die Haare, rief das Taxiunternehmen an, bei dem die Kanzlei ein Konto hatte, bekam sofort ein Auto und ließ sich über die Västerbro nach Kungsholmen bringen. Sie ließ den Chauffeur vor der Zeitung warten. Ingmar Claesson war tatsächlich oben in der Redaktion. Ein Pförtner, der seinen Namen zu kennen schien, rief ihn an, und er kam mit dem Aufzug nach unten.

Ein blonder, energischer junger Mann mit einem charmanten Lächeln kam auf sie zu, fasste sie leicht am Ellenbogen und schob sie regelrecht auf die Straße und ins Taxi hinein. Ohne irgendwelche Äußerungen abzuwarten, bat er den Fahrer zu »Grands Veranda« zu fahren. Dann wandte er sich lächelnd an sie.

»Ich hatte den Tisch schon bestellt, bevor ich angerufen habe. Ist das in Ordnung? Ich habe eine kleine Schwäche für ›Grands Veranda‹! Es ist ein bisschen eng, aber gemütlich dort, und man hat so eine schöne Aussicht. Aber vielleicht wollen Sie lieber im ›Franska Matsalen‹ essen?«

»Veranda ist prima«, sagte Gina. »Ich zahle natürlich selbst. Ich nehme an, das entspricht der Geschäftspolitik Ihrer Zeitung, aber ich wollte es noch einmal ganz klar betonen.«

»Natürlich«, sagte er beruhigend.

Er wirkte angenehm und verständnisvoll. Als sie ihren Platz am Tisch eingenommen hatten, konnte sie ihn eingehender betrachten. Er war eine Spur älter als er klang, vielleicht dreißig, trug ein T-Shirt und einen lässigen Anzug, war aufmerksam und man konnte sich entspannt mit ihm unterhalten. Die Sonne schien durch die Fenster und blitzte in Besteck und Gläsern, und es duftete nach gutem Essen. Die Wellen des Mälaren schwappten gegen den Kai. Der Himmel war blau und wolkenlos, das Schloss türmte sich am anderen Ufer auf. Gina begann ruhiger zu werden und genoss es, nicht an ihren Kummer denken zu müssen.

Sie bestellte gebratenen Hering mit Kartoffelpüree und Salat, dazu ein leichtes Bier, und er wählte dasselbe. Sie lächelte verstohlen. Das machst du nur, um dich mit mir zu verbrüdern, dachte sie. Aber es funktioniert doch, warum sich also beklagen?

Es hielt sein Versprechen. Er bohrte nicht besonders tief, wollte nur allgemeine Dinge über die Familie wissen. Gina hatte sich schon überlegt, was sie ihm zu erzählen bereit war, und sie fand es schön, das auch so tun zu können. Auf gewisse Weise tat es ihr gut zu wissen, dass auch andere sich dafür interessierten, was geschehen war. Es ließ das Ganze etwas weniger unwirklich und albtraumhaft erscheinen, und die friedliche Stimmung mit Sonnenschein und Mittagessen und dem Geplauder der Gäste um sie herum ließ ihre Hoffnung steigen. Was konnte der Familie Danielsson denn schon passiert sein? Vermutlich gar nichts. Alles war ein Missverständnis, und bald würde sie von sich hören lassen.

Ingmar Claesson fragte, welche Schule Miriam besuchte. Gina runzelte die Stirn.

»Wenn Sie dorthin gehen und etwas Schmieriges über ihre beunruhigten Freunde schreiben«, warnte sie.

Er lachte.

»Nein, versprochen. Aber sie ist ein süßes Mädchen«, sagte er und betrachtete nachdenklich das Foto, das in der Zeitung gewesen war.

»Und klug«, sagte Gina.

Der Reporter nickte geistesabwesend. Es entstand eine Pause, und sie dachte, dass es schön war, dass er es nicht so eilig hatte. Er jagte nicht so durch seine Fragen, sondern es schien, als hätte er wirklich verstanden, so gut ein Außenstehender eben verstehen konnte. Außerdem sah er ganz passabel aus, als er so in Gedanken versunken dasaß.

Plötzlich hob er den Kopf und sah ihr direkt ins Gesicht.

»Und Sie?«, fragte er. »Sind Sie verheiratet oder haben Sie einen Freund?«

Gina fühlte sich ertappt, das Blut schoss ihr in die Wangen und sie merkte, dass sie ihre ausdruckslose Anwaltsmiene aufsetzte.

»Nein«, antwortete sie nach kurzem Zögern. Nicht zu bestimmt, nicht zu unsicher. Fast ein wenig bedauernd. In Wahrheit hatte sie Jonas, aber das war geheim, nachdem er mitten in einer unerfreulichen Scheidung steckte und nur ganz wenige wussten, dass sie zusammen waren. Ein Reporter musste davon definitiv nichts wissen.

Sie tranken in aller Ruhe Kaffee, bezahlten ihre Rechnungen und traten auf die Straße. Der Journalist sah sich nach einem Taxi um. Drüben am Taxistand herrschte Leere.

»Ich kann Sie auf dem Weg zur Zeitung bei Ihrer Arbeitsstelle rauslassen, wenn Sie nicht irgendwo anders hinmüssen«, sagte er.

Gina schaute auf ihre Uhr. Das Mittagessen hatte lange gedauert, sie würde es nicht mehr schaffen, einkaufen zu gehen, wie sie eigentlich geplant hatte.

»Das wäre nett«, sagte sie.

Sie warf einen Blick über die Brücke nach Skeppsholmen hinüber mit seinem klotzartigen Bau aus dem 16. Jahrhundert, der früher einmal Königin Kristinas Admiralität gewesen war. Es war ein schöner Tag. Sie wünschte, sie hätte jetzt mit Jonas über die Insel spazieren, am Strand entlangwandeln und all die Boote ansehen können, die entlang des Holzkais vor Anker lagen. Auf der anderen Seite des Strömmen glitzerten Autos über die Skeppsbro in der Sonne und hinter Norrbro lag der Kungsträdgård mit seinem einladenden Grün.

Gina hörte, dass sich ein Auto von hinten näherte, und ein kleiner Teil ihres Gehirns registrierte, dass der Motor mit viel zu hoher Drehzahl lief. Der Fahrer müsste bremsen, wenn er vor dem Haupteingang des Hotels anhalten wollte. Er müsste auf jeden Fall bremsen, denn nur fünfzehn Meter entfernt stand eine rote Ampel, und es war unmöglich, auf andere Weise noch rechtzeitig zum Stehen zu kommen.

Als dieser Gedanke ihr Bewusstsein erreichte und sie im Begriff war, sich umzudrehen, hörte sie den Warnruf des Journalisten. Irgendetwas prallte mit einem gewaltigen Schlag gegen ihre linke Seite, die Beine wurden ihr weggerissen und sie stürzte ungebremst auf die Straße. Panik durchfuhr sie, als sie begriff, dass sie sich nicht mehr abfedern konnte. Sie fiel auf die Seite, ihre Hände schürften schmerzhaft über die Bürgersteigplatten und ein grotesk vergrößerter, erschreckender, weißer Kotflügel tauchte über ihr auf. Hoch über sich sah sie, wie die Windschutzscheibe glänzte, eine blanke Scheibe, in der sich der Himmel spiegelte, als säße niemand am Steuer.

Das Auto hatte den Bürgersteig gestreift. Es prallte wieder auf die Fahrbahn, beschleunigte und verschwand aus ihrem Blickfeld.

Sie blieb am Boden liegen. Sie fühlte eine tiefe, irrationale Scham. Ihre Wangen glühten rot, ihre Hände schwitzten und ihre Hüfte pochte. Der Journalist kniete neben ihr und hielt ihre Hand.

»Wie ist das passiert?«, fragte er ängstlich.

»Keine größeren Schäden«, murmelte sie. »Haben Sie die Autonummer?«

Er schlug sich verärgert die Faust gegen die Stirn.

»Nein, verdammt nochmal! Es kam so unerwartet. Dieser Fahrer war nicht mehr bei Verstand. Der muss sturzbetrunken gewesen sein.«

»Wohin ist er gefahren?«

»Er ist in die Stallgata geschleudert und einfach verschwunden. Jetzt dürfte er schon hinter der Nybrovik sein.«

Der Portier des Grand Hotels flatterte in seiner Uniform in Gold und Schwarz um sie herum und half Gina, sich wieder aufzurichten. Ungelenk und schwerfällig stand sie auf und fühlte sich dabei wie ein Elefant. Der Reporter sah blass aus. Sie hatte einen Schuh verloren, ihre Strumpfhosen waren zerrissen und ihre linke Hüfte schmerzte. Sie würde sicher einen riesigen blauen Fleck davontragen, vielleicht hatte sie auch eine große Schürfwunde. Schlimmer war es nicht, sagte sie sich. Vorsichtig versuchte sie, den Fuß zu belasten. Der Portier reichte ihr den Schuh.

»Geht es?«, fragte er teilnahmsvoll.

»Alles noch ganz«, sagte sie und versuchte, ihn anzulächeln.

Plötzlich begannen die Tränen zu fließen. Sie war überhaupt nicht darauf vorbereitet. Das machte sie rasend und ärgerlich auf den Reporter, auch wenn das nicht logisch war, und sie konnte nichts anderes tun, als ihnen freien Lauf zu lassen. Sie fand, es wäre unter ihrer Würde gewesen, sie zu verbergen.

Zu beiden Seiten des Hoteleingangs und am Kai hatten sich Menschen zu Grüppchen versammelt und starrten sie an. Auf der anderen Straßenseite hatte ein Auto angehalten. Ich hätte getötet werden können, dachte sie.

Es war als hätte die Erde einen Augenblick gebebt, als könnte der sonnige Nachmittag in sich zusammenstürzen wie eine Pappkulisse und ein schwarzes Universum offenbaren.

Aber die Erde war unverändert. Der Portier hatte ein Taschentuch hervorgezogen und half ihr, den Staub aus dem Gesicht zu wischen. Er bot ihr an, sich auf der Damentoilette frisch zu machen, aber sie schüttelte den Kopf und lehnte dankend ab.

»Beschaffen Sie mir dieses Taxi da«, sagte sie mürrisch an den Journalisten gewandt und deutete zum Taxistandplatz. »Ich will jetzt zur Arbeit.«

Er winkte einen Wagen heran und ein paar Minuten später saß sie auf dem Rücksitz und kam langsam wieder zu sich. Keiner von ihnen sagte etwas. Das Taxi brachte sie in die City und Gina fühlte, wie dringend sie sich nach ihrem Schreibtisch sehnte, nach dem Blick aus ihrem Fenster, nach Lotten. Und Anne und John.

Und Jonas.

Plötzlich wünschte sie den Reporter dorthin, wo der Pfeffer wächst. Wäre er nicht gewesen, wäre sie nicht umgefahren worden und hätte er jetzt nicht neben ihr gesessen, hätte sie ihr Handy herausholen und Jonas anrufen können.

Sie schloss die Augen. Wenn sonst nichts half, dann würde ihn das zumindest davon abhalten, noch etwas zu sagen. Sie brauchte jetzt Ruhe.

Er hatte sich getäuscht. Sie hatte dieses Interview bereut.

17

Der Wachmann rannte die Treppe herunter. Er trug jetzt normale Jeans und Turnschuhe und sah wie ein ganz gewöhnlicher schlaksiger, junger Mann aus, wenn man von der Pistole absah, die in seiner linken Hand baumelte und die er sich in aller Hast geschnappt zu haben schien. Er wirkte gehetzt und leicht zornig betreten, wie ein kleiner Junge, dem die Erwachsenen bei einem Unfug auf die Schliche gekommen waren.

Er schloss die Zellentür auf und nickte barsch zur Treppe. John ging wortlos an ihm vorbei nach oben.

Als er in die Halle kam, bemerkte er zuerst die wunderbare Wärme und dann den quälenden Geruch von Essen. Er versuchte, ihn zu verdrängen, und blieb vor der Tür stehen, blinzelte ins Tageslicht und stützte sich einen Augenblick mit den Händen auf den Knien ab, um Atem zu schöpfen. Es war das erste Mal, dass er Gelegenheit hatte, das Erdgeschoss des Hauses zu sehen, und er wollte das Beste daraus machen.

Durch das Fenster neben der Eingangstür entdeckte er eine Überwachungskamera in der Eberesche, die neben der Treppe wuchs. Das Gerät war diskret, klein, schwarz und rohrförmig. Er hatte bei seiner Ankunft keine Kamera gesehen, aber vermutlich gab es noch mehr hier auf dem Gelände, und er fragte sich, wo die Monitore standen. An der Wand Richtung Tür war eine Schalterleiste angebracht, die zeigte, dass das Haus mit einer Alarmanlage ausgerüstet war.

Direkt gegenüber vom Eingang stand die Doppeltür zum Wohnraum offen, daneben war eine Tür angelehnt. Dahinter war ein großes Esszimmer zu erahnen. Am anderen Ende der Halle gab es noch eine weitere halb geöffnete Tür, die in einen kleineren Raum zu führen schien. Ein Arbeitszimmer? Die Zentrale des Ganzen?

Während er zur Tür blickte, kam eine junge Frau mit benutzten Kaffeetassen aus dem Zimmer. Sie war dünn und hatte strähniges blondes Haar, vermutlich gefärbt. Ihr Gesicht mit hohen Wangenknochen war blass und ungeschminkt. Es wirkte etwas slawisch. Sie trug ein viel zu großes Jeanshemd, einen weinroten, langen indischen Rock und Turnschuhe. Schmale, weiße Arme schauten aus den Hemdärmeln hervor, die schlampig bis zur Hälfte des Unterarms aufgekrempelt waren.

Sie schloss sorgfältig die Tür hinter sich, sodass das

Schloss zuschnappte, drehte sich um und bemerkte ihn. Trotz ihrer Schmächtigkeit strahlte sie Zähigkeit aus. Ihr Blick glitt zu seinem Wachmann und wieder zurück zu ihm. Irgendetwas an ihrer Art zu zögern, vermittelte ihm den Eindruck, dass sie nicht aus freien Stücken hier war. Sie verschwand in einem dunklen Flur neben dem Esszimmer und sein Blick folgte ihr.

»Wohnzimmer«, sagte der Junge hinter ihm.

Er richtete sich auf und ging ins Wohnzimmer. Zwei aufgerissene Pizzakartons und Getränkedosen auf dem Couchtisch zogen seine Blicke auf sich wie Magneten und erst dann entdeckte er den Bodybuilder, der daneben stand. Er trug Jeans, die ihm fast von den Hüften rutschten, Stiefel und ein stramm sitzendes T-Shirt. Es sah aus, als hätten die Burschen angefangen zu essen und wären dann unterbrochen worden.

Der Raum war groß, steril möbliert, mit einem überdimensionalen weißen Sofa vor einem offenen Kamin, einem schwarzen Fernseher und ein paar klobigen Sesseln, als hätte alles genau so im Schaufenster eines Möbelhauses gestanden. Die Wache nickte zum Sofa. John setzte sich. Plötzlich fiel ihm auf, dass der Wachmann auf der Treppe hinter ihm gegangen war, ohne dass er Angst hatte, während sich sein Magen sofort verkrampfte, wenn er den Bodybuilder erblickte.

Der Bodybuilder grinste schadenfroh und machte den Fernseher an.

»Pass jetzt genau auf. Das hier ist eine knappe halbe Stunde her.«

Er schob eine Kassette in den Videorekorder. Die Aufnahme war verwackelt, offenbar mit einer Digitalkamera gemacht, in komprimierter Form hierher gemailt und auf das Band kopiert. Warum? Weil sie nicht so großen Eindruck machen würde, wenn man sie nur auf einem kleinen Computerbildschirm anschaute?

John starrte auf den Bildschirm. Er kannte sich wieder aus. Der Mann mit der Kamera schien in Stockholm, am Kai von Blasieholm gegenüber vom Grand Hotel, gestanden zu haben – oder er hatte im Auto gesessen, denn der Winkel war ziemlich flach. Im Vordergrund waren ein paar parkende Autos zu sehen. Der Taxistand war leer. Quer über die Straße war der Haupteingang des Hotels mit seinen Glasdrehtüren und seinem betressten Portier zu sehen. Das eine oder andere Auto, Fahrräder und Fußgänger kamen vorbei.

Plötzlich sah er Gina zusammen mit einem fremden Mann aus dem Haupteingang kommen. Sie blieben unentschlossen an der frischen Luft stehen, wie man es tut, wenn man aus einem Restaurant oder Hotel kommt. Eine Liebesgeschichte?, überlegte er kurz, bevor ihm einfiel, dass sie allein wohnte und für so etwas kein Hotel benötigte. Und sie hatte einen Freund. Wie hieß er noch gleich? Jonas?

Gina und der Mann unterhielten sich. Sie lächelte und blickte sich vergnügt um. Der Mann schien nach einem Taxi Ausschau zu halten. Ein Stoß der Erleichterung durchfuhr John. Er sehnte sich nach seinem normalen Leben, nach der Stadt, nach Alltag. Und er empfand Zärtlichkeit für Gina. Sie sah nicht wirklich froh aus, aber sie verbreitete eine Aura von Lebenslust und Optimismus um ihre rundliche, aktive Figur.

Zu seiner Enttäuschung zoomte der Unbekannte mit der Kamera ruckartig weg von Gina nach rechts zur Skeppsholmbro. Er fing einen weißen Van ein, der in entgegengesetzter Richtung am Nationalmuseum vorbeifuhr. Johns Magen verkrampfte sich, als er ihn wiedererkannte. Der Fahrer trat das Gaspedal durch. Das Auto beschleunigte, raste an dem düsteren, stuckverzierten Gebäude des KAK-Automobilclubs vorbei, holperte schwerfällig auf den Bürgersteig vor dem Hoteleingang und schleuderte Gina zu Boden.

John hielt die Luft an. Das Auto schlug wieder auf die Straße und verschwand aus dem Bild. Gina, die auf dem Bürgersteig lag, wurde sichtbar. Ängstlich suchte er mit den Augen nach dem Blut, das er um sie herum befürchtete.

Er konnte nichts sehen. Zu seiner Erleichterung bewegte sie sich. Sie lebte. Der Portier und ihr Begleiter rannten zu ihr und halfen ihr auf. Sie stand langsam und ungelenk auf und sah sich um. Das Lächeln war verschwunden. Sogar noch auf diesem schlechten Bild konnte er erkennen, wie erschüttert, ängstlich und dem Weinen nahe sie war. Mit einer hilflosen Geste blickte sie an sich herunter, strich ihren Rock glatt, als könnte sie wegwischen, was eben geschehen war.

John sprang reflexartig aus dem Sofa, machte zwei Schritte auf den Bodybuilder zu und verpasste ihm einen Faustschlag direkt ins Gesicht. In letzter Sekunde änderte er die Richtung des Schlages, der eigentlich auf den Kehlkopf gerichtet war. Seine Augen glühten, als ströme eine physische Kraft aus ihnen heraus, und sein Herz war ein kalter, harter Klumpen in der Brust.

Den Burschen traf der Schlag völlig unvorbereitet und er wankte zurück. Sein riesiger Körper, der ihm ein erbärmliches Gleichgewicht verschaffte, war ihm keine große Hilfe. John schlug ihm mit der rechten Hand auf den Hals, und ließ sein Knie nach oben in den Schritt des Hünen schnellen. Der Bodybuilder stöhnte auf und sackte zusammen.

John faltete die Hände und wollte sie ihm gerade auf den Nacken sausen lassen, als seine Arme von dem Wachmann nach hinten gedreht wurden, der endlich reagierte. John stemmte seine Füße in den Teppich, um sich loszureißen, aber es war zu spät. Er spürte einen Schlag in der Magengrube und sank auf die Knie. Ein anderer, vielleicht einer der Kidnapper, war plötzlich aufgetaucht.

Es entstand eine verwirrende Pause. Der Bodybuilder krümmte sich vor Schmerz und stöhnte. John wandt sich auf dem Boden und schnappte nach Luft. Er drehte den Kopf um festzustellen, wo die beiden anderen Männer waren. Der Wachmann stand direkt neben ihm, der Kidnapper ein Stück entfernt. Beide sahen geschockt aus, als könnten sie kaum richtig fassen, was gerade passiert war. Dieser Zwischenfall hatte alles andere in ihren Köpfen ausgelöscht, und sie blickten unsicher auf John hinunter.

Plötzlich sah er, dass eine weitere Person reglos hinter ihnen in der Tür zum Essraum stand und die Szene beobachtete, ohne Anstalten zu machen einzugreifen. Jemand, den John noch nie gesehen hatte. Er vergaß die anderen, starrte fasziniert zu dem Fremden und versuchte, sich jedes Detail einzuprägen.

Es war ein knochendürrer älterer Mann. Er konnte in den Siebzigern sein, aufrecht im Rücken, bekleidet mit einem steifen Jeansanzug. Unter seiner Jacke trug er ein schwarzes Poloshirt und das dünne, aschblonde Haar war kurz geschnitten. Seine Haut war sonnengebräunt und wettergegerbt. Er sah wie ein alter Soldat oder Landwehrmann oder wie ein Büroangestellter aus, der ein Jahr in der Wildnis ausgesetzt worden war und das überlebt hatte, wenngleich ihn diese Zeit für sein Leben zeichnete. Er hatte einen gekränkte Miene aufgesetzt und wirkte selbstgefällig.

Der Chef? Es gab nichts an ihm, was besonders auffällig gewesen wäre, nichts, außer dem Unbehagen, das er weckte. Wenn er sich eine Position verschafft hatte, dann eher durch Pedanterie und Engstirnigkeit als durch Charisma. Die Spinne im Netz? Er sah wirklich wie eine Spinne aus.

Der Bodybuilder war wieder zu sich gekommen. Weiß vor Schmerz und außer Stande zu sprechen, zerrte er John vom Boden hoch, schleifte ihn an den Haaren gepackt aus der Halle, riss die Kellertür auf und schubste ihn zur Treppe.

John wusste, dass es zu spät sein würde, wenn sie erst unten angekommen waren. Sie würden ihn grün und blau prügeln. Er musste ihnen zuvorkommen.

Die Treppe war steil und schien im Nichts zu verschwinden. Er entspannte sich, beugte die Knie, hob die Arme zum Kopf und ließ sich fallen. Wie ein Kartoffelsack rollte er nach unten und spürte, wie die Stufen ihm in die Rippen und Lenden schlugen, bis er unbeweglich auf dem Betonboden lag.

Die Wache lief an ihm vorbei. Der Bodybuilder stand auf dem Treppenabsatz und brüllte über ihn hinweg. John stand auf und versuchte zu gehen. Sein rechtes Bein gab unter ihm nach. Er stolperte ein paar Meter vorwärts, drehte sich zur Treppe und hoffte, dass diese Buße reichte.

»Andreas, schließ diesen verdammten Scheißkerl ein!«, schrie der Bodybuilder und hielt sich eine Hand über sein geschwollenes Auge. Die andere Hand hatte sich zum Schritt vorgetastet und er humpelte leicht. Er gab dem Wachmann zornig ein Zeichen, hinkte zur Tür und knallte sie hinter sich zu.

18

Dieses Mal schien sein Bewacher sich reichlich Zeit zu lassen. Er hatte die Arme verschränkt und betrachtete den Gefangenen. Sein Blick glitt an Johns Körper hinunter.

»Teufel, bist du dreckig«, sagte er.

Er warf einen Blick zur Kamera hinauf. Die rote Lampe leuchtete. Er zuckte mit den Schultern, packte Johns Arm und zog ihn mit sich, als wäre er eine Stoffpuppe. Nicht zur Zelle, sondern zu einer der Türen. Er öffnete sie und John humpelte hinein.

Die Tür führte zu einem großen Waschraum mit Holzrosten auf dem Boden. Es gab drei Waschbecken, eine Holzbank und mehrere Duschkabinen. Der Raum musste benutzt worden sein, kurz bevor er selbst aufgetaucht war und die Zelle im Keller okkupiert hatte, denn die Luft roch schwach nach Putzmittel. Hinten fiel schattiges Tageslicht durch eine Tür mit Glasscheibe. Er begriff, dass sie an der Seite des Hauses ins Freie führen musste. Draußen bewegten sich die Baumkronen sanft im Wind und warfen ein diffuses Muster auf die Fensterscheibe.

Ein Weg nach draußen.

Der Wachmann machte das Licht an, das in den weißen Kacheln glänzte.

»Du stinkst. Wasch dich«, befahl er und trat ein paar Schritte zurück.

John zog sich ungelenk sein Sakko aus und begann an den Hemdknöpfen herumzufummeln, während er zu verstehen versuchte, woher dieser Einfall kam. Es war die Idee des Jungen. Aber warum?

Plötzlich begriff er. Es ging natürlich um den Bodybuilder. Der Bodybuilder, der an dem Wachmann mit hochgereckter Nase vorbeizurauschen pflegte, ohne sich um ihn zu kümmern, hatte ein blaues Augen bekommen und dagegen hatte Johns Bewacher nichts einzuwenden. Die Dusche war ein Dankeschön für das Veilchen. Ein Geschenk.

Das Gesicht des Burschen war zu einer undurchdringlichen Maske erstarrt. Er presste die Lippen zusammen und sah ungeduldig aus, eine Attitüde, die eventuelle Fragen und Dankesworte ausschließen sollte. John zog sich ohne Umschweife den Rest seiner Kleider aus und stand nackt auf dem Holzgitter. Der Geruch von Schweiß und Angst schien um ihn herum aufzusteigen. Er war erstaunt über seine Wunden und blauen Flecken. Die Wache warf ihm ein Stück Seife zu, er fing es und humpelte in eine Duschkabine.

Die Stimmung hatte sich kaum merklich verändert. Durch dieses Angebot war eine seltsame, unsichere Verbindung zwischen den Männern entstanden. Vielleicht auch schon vorher. Vielleicht hätten sie sich gut verstanden, wenn sie sich unter anderen Umständen begegnet wären. Und zugleich stand dieser Junge zwischen John und allem, was er liebte und schätzte. Begriff er überhaupt, dass er das Leben eines Kindes bedrohte? Dass er dafür mitverantwortlich war, dass andere von diesem Planeten ausgelöscht worden waren und dass daran nichts mehr zu ändern war?

Von dort, wo er jetzt stand, war der Junge nur teilweise zu sehen. Noch einmal erlebte John dieses fantastische Gefühl von Privatheit. Es war ein eigentümliches Gefühl, auf die Weise mit sich selbst zusammen zu sein, als träfe er jemanden, von dem er eine Weile getrennt gewesen war. Er drehte das kalte Wasser auf. Der Wasserstrahl schoss auf den Boden und brannte auf seinen Füßen. Er trank aus der hohlen Hand. Dann seifte er sich ein, drehte das warme Wasser auf und ließ es auf seinen Körper prasseln. Die Hitze war eine unfassbare Wohltat.

Er sah sich um. Die Kabine war kahl bis auf die Wasserrohre, die aus der Wand und durch die Abtrennung zur nächsten Kabine führten. Er bückte sich und prüfte, wie fest sie in der Wand saßen. Eines konnte man vielleicht mit etwas Zeit lösen.

»Was ist da oben eigentlich passiert?«, fragte sein Bewacher durch die Kabinentür. »Wie zum Teufel hast du es geschafft, Roffe ein blaues Auge zu verpassen? Du siehst nicht so aus, als würdest du dich normalerweise prügeln. Du sitzt doch meistens im Büro, oder? Hat der Film vielleicht deinen Kampfinstinkt geweckt, oder was?«

»Ich weiß nicht. Es war nichts Besonderes«, sagte John.

»Nichts Besonderes? Jedenfalls sah er hinterher ziemlich besonders aus.«

»Ja, schöner ist er kaum geworden.«

»Aber wie hast du es fertig gebracht, ihn niederzuschlagen? Trainierst du?«

»Nein, nicht mehr. Früher bin ich öfter gelaufen.«

Einen Augenblick blieb es still.

»Ich habe übrigens gehört, dass du ein ziemlich brauchbares Auto hattest«, sagte der Wachmann, als suche er nach einem neuen Gesprächsthema.

»Ja, ich mochte es. Wo ist es? Haben sie es hergebracht?«

»Nein. Sie haben es verkauft. Dieser Landrover, was ist das für einer?«

»Discovery«, sagte John und fragte sich, woher der Typ wusste, dass er einen Landrover hatte. Hatte das in der Zeitung gestanden?

»Und deine Frau?«

»Was meine Frau für ein Modell ist?«

»Nein, Mann. Vermutlich dasselbe Baujahr wie du. Was fährt sie für ein Auto?«

»Volvo.«

Der Wachmann grunzte.

»Jeder von uns fährt ein gewöhnliches, sicheres Auto und dann haben wir noch den Landrover. Früher hatte ich mal einen dunkelgrünen Ferrari«, sagte John mit dem Gefühl, sich rehabilitieren zu müssen. »Der gefiel ihr nicht. Zu schnell. Sie fährt selbst gern schnell, aber sie kann es nicht leiden, wenn ich das tue.«

»Sie hat wohl Angst um ihren Kerl. Komm jetzt da raus.«

John stellte das Wasser ab und trat aus der Dusche. Der Junge warf ihm ein blaues Handtuch zu, er setzte sich auf die Holzbank und begann sich abzutrocknen.

»Hast du eine Freundin?«

Der Wachmann zögerte.

»Kaum. Es gibt schließlich nicht sehr viele Bräute hier.«

»Du wirst ja wohl nicht den Rest deines Lebens hier verbringen?«

»Das habe ich nicht vor.«

»Was willst du danach machen?«

Er gab keine Antwort. John nickte in Richtung Pistole.

»Dieses Ding da macht mir eine Scheißangst.«

»Alles andere wäre auch ziemlich seltsam. Kennst du dich mit Waffen aus?«

»Ich versuche, mich von ihnen fern zu halten.«

Er lehnte sich an die harte Wand, das Handtuch in den Händen, schloss die Augen und ruhte sich einen Moment aus. Der Bursche schien keine Eile zu haben.

»Ich wusste nicht, dass es hier eine Pizzeria gibt«, sagte John.

»Kjelles. Die beste in Gransele. Es gibt noch eine in der Björkgata, aber wir fahren immer zu Kjelles.«

»Meinst du, ich könnte etwas essen? Ich habe schon eine Weile nichts mehr zwischen die Zähne bekommen.«

»Ich habe hier nichts zu bestimmen.«

Wieder wurde es still.

»Der da oben heißt also Roffe. Und du heißt Andreas. Wie heißt der ältere Mann? Euer Chef?«

Andreas zögerte.

»Malmberg.«

»Malmberg. Und hier unten hocken wir. Das ist schon komisch. Ist es nicht ziemlich trist, hier eingesperrt zu sein?«

Andreas zuckte mit den Schultern.

»Es ist okay. Es ist wie beim Barras, fressen und arbeiten.«

»Ich habe oben diesem Roffe eine verpasst. Hast du keine Angst, dass ich auf dich losgehe?«

»Das wirst du nicht tun.«

»Warum nicht?«

»Ich bin nicht wie er.«

»Wie ›nicht wie er‹?«

Der Typ hob die Schultern. Er hatte noch nicht darüber nachgedacht.

Andreas. Irgendjemand hatte diesen Burschen hier mal Andreas getauft. Groß, schlaksig und jung hinter der grimmigen Entschlossenheit. Er wirkte zerstreut, die Hände auf den schmalen Hüften, in der einen baumelte die Pistole. Sein Nacken war schmal und verletzlich. Wieder musste John an Miriam denken. Ich könnte der Vater dieses Jungen sein, dachte er.

Wie mochte es in seinem Kopf aussehen? Was hatte er davon, mit einer beschissenen Uzi in einem Keller herumzustehen und einen immer derangierteren Anwalt aus Stockholm zu bewachen.

»Dir ist doch klar, dass das alles hier ein gewaltiger Fehler ist, oder?«, hörte John sich selbst sagen.

Andreas sah überrascht aus.

»Wenn das Land auf dem Weg in den Untergang ist, dann muss man zu drastischen Mitteln greifen«, sagte er. »Man hat keine Wahl. Man muss den Knoten mit einem Schlag lösen.«

»Dann endet man damit, dass alles zerschlagen ist. Du auch.«

»Wenn es so ist, okay! Dann muss ich mich wohl opfern. Man muss bereit sein, sich für Schweden zu opfern.«

»Du wirst nur von Leuten ausgenutzt, die nicht wissen, was das Leben bereithält. Was machst du hier unten? Wozu sitzen wir hier? Du hast doch ein Leben zu leben. Es gibt eine ganze Welt da draußen. Dein Schweden will so was hier nicht haben. Begreifst du das nicht?«

Langsam stieg Farbe in die Wangen des Jungen.

»Du bist es doch, der nichts begreift!«, entgegnete er aufgebracht. »Das hier ist ein heiliger Rassenkrieg. Die weiße Rasse stirbt, und das macht mich sauer, und es gibt keinen, der etwas dagegen tut, außer reden.«

»Es gibt keine Rassen«, sagte John.

»Du kannst jetzt aufhören«, sagte Andreas.

»Es gibt keine Rassen. Du lebst in einer Traumwelt, Andreas. Das hier ist nicht die Wirklichkeit. Du lebst in einem Buch.«

John verstand nicht einmal selbst, warum er es versuchte. Bei einem Typen, der so tief in dieser Welt verstrickt war, wie Andreas, konnte das selbstverständlich nirgendwohin führen. Fast erwartete er einen Wutanfall als Antwort, aber Andreas kniff nur den Mund zusammen und seufzte genervt, als hätte er all das schon oft genug gehört. Er nickte ungeduldig zur Tür.

Die Audienz war beendet. Es hatte keinen Sinn mehr, weiter zu reden. Die Stimmung zwischen ihnen war wieder umgeschlagen.

John war enttäuscht. Er zog sich an, hinkte in die Zelle zurück und ließ sich ohne Widerstand einschließen.

»Wenn du über irgendetwas reden willst, dann weißt du ja, wo du mich findest«, sagte er.

Der Junge ließ gereizt das Schloss zuschnappen, ohne ihn noch eines Blickes zu würdigen, und ging zur Treppe.

»Warte einen Moment«, rief John ihm nach. »Dieses Loch im Boden. Was ist das?«

Andreas hielt inne. Er bückte sich, hob mit der freien Hand einen Zementklumpen auf und warf ihn hinunter. Kurz darauf ertönte ein leises Platschen in der Tiefe.

»Da unten ist Wasser. Ein natürlicher Brunnen.«

»Wie tief ist er?«

»Keine Ahnung. Aber es wäre besser, du passt auf, dass du nicht hineinfällst.«

Er verschwand nach oben. John legte sich auf die Pritsche, die Hände hinter dem Kopf verschränkt, und schob alle Gedanken über den Burschen beiseite. Zum ersten Mal seit der Helikopter gelandet war, war ihm warm. Und er war frisch geduscht. Das wollte er genießen.

Er war also nicht weit von einem Ort entfernt, der Gransele hieß. Wo zur Hölle war das?

Er wandte den Kopf und blickte hinaus. Er kannte den

Keller vor seiner Zelle jetzt in- und auswendig. Es war eine Art von Folter, ihn in einem begrenzten Raum festzuhalten, wo er immer nur dasselbe sah. Keller, Treppe, Luke, Loch im Boden, Kamera.

Er fokussierte das Gitternetz. Es war aus dickem Stahldraht gemacht und zwischen kräftige Metallstangen gespannt, die in Wände und Decke geschlagen worden waren. An der Wand bis zum Balken, an dem es befestigt war, und zum Boden hinunter.

Auf halbem Weg, neben der Pritsche, hatte es sich leicht gelöst. Etwa fünf Zentimeter. Ein paar grobe Stahldrähte standen starr und scharf ab. John musterte sie interessiert.

19

Kents Telefon auf dem Bettüberwurf neben ihm klingelte. Er riss es an sich, warf einen Blick auf das Display und fluchte leise. Es war Carina. Seit einem Monat hatte er nichts mehr von ihr gehört und dann rief sie ausgerechnet jetzt an. Er hätte ein anderes Handy mitnehmen sollen. Immer gab es etwas, woran man nicht gedacht hatte.

Er sollte nicht drangehen, aber er tat es trotzdem. Ihre dunkle Stimme klang durch den Lautsprecher.

»Hej, mein Kleiner!«

»Hej. Wie geht's dir? Bist du gerade aufgewacht?«, fragte er.

»Du machst wohl Witze! Klar bin ich gerade wach geworden und wo bist *du*?«

»Das geht dich nichts an, Schatzi.«

»Du wartest auf eine geschäftliche Besprechung?«

»Genau das.«

Ein paar Sekunden war es still. Sie hätte nicht fragen brauchen, sie ahnte immer, wenn er arbeitete.

Carina war etwa vierzig, er kannte sie seit elf Jahren. Sie waren sich in Stockholm begegnet. Als er in Göteborg gewesen war, hatte sie in Uddevalla gewohnt. Schließlich war sie ein halbes Jahr vor ihm nach Stockholm zurückgekommen. Manchmal rief sie jede Woche an, manchmal vergingen ein paar Monate. Ihre Stimme am Telefon und ihre Gestalt ihm gegenüber an einem Kaffeetisch waren Bestandteil seiner Vorstellungswelt.

Oft hatte er in ihrer Küche gesessen und zugesehen, wie sie Kaffee oder Spaghetti gekocht hatte, und sich dabei über die zarte Würde ihrer Bewegungen gewundert. Das Leben war nicht eben zimperlich mit ihr umgesprungen, aber sie selbst behandelte die Dinge vorsichtig, als wären Kaffeemaschine und Hefekranz seltene und kostbare Gegenstände. Häufig hatte er mit ihr über alles Mögliche zwischen Himmel und Erde diskutiert und gemerkt, wie ihr viel schnellerer Intellekt seine Argumente stets entkräftete. Er war sich völlig darüber im Klaren, dass sie intelligenter war als er. Jedes Mal, wenn sie ihn in die Enge getrieben hatte, lächelte sie ihn neckisch an.

Er hatte nichts dagegen. Er freute sich immer, von ihr zu hören, aber sie rührte auch an einem empfindlichen Punkt tief in seinem Innern. Seiner Scham.

Er hatte nicht bezahlt. Ermittlung und Gerichtsverfahren waren abgeschlossen, er hatte nichts gegen sie in der Hand gehabt. Er hatte sie nicht unter Druck gesetzt. Er hatte sich unangemessen verhalten, aber er hatte weder gegen das alte noch das neue Prostitutionsgesetz verstoßen. Er hatte ihr den Hof gemacht und so hatte sie es auch aufgefasst. Aber letztendlich hatte er sie ausgenutzt, als er mit ihr schlief. Er wusste das, und obwohl das inzwischen viele Jahre her war, blieb sie standhaft und er blieb ebenso standhaft. Er hatte eine Grenze überschritten.

Darüber hatte er niemals mit anderen Männern sprechen können. Viele würden sagen, dass eine Frau, die mit Männern schlief – falsch, sie schlief nicht mit ihnen, sie ließ sich von ihnen beschlafen –, für eine Frau, die ihren Körper an Hundertschaften von Männern vermietet hatte, einer mehr oder weniger kaum eine Rolle spielen dürfte. Kent wusste es besser. Gerade für sie war es noch wichtiger, die Trennlinie aufrechtzuerhalten. Sie hatte nicht immer die psychische Kraft, die ihr den Luxus einer solchen Möglichkeit einräumte, aber sie hatte das Bedürfnis.

Sie hatte ihm nie Vorwürfe gemacht. Sie hatte Schlimmeres erlebt, und er war immer höflich und warmherzig gewesen. Jeder Mann, der sich nicht gerade wie ein großer Haufen Dreck benahm, war wertvoll in ihren Augen. Und nach einigen wenigen Malen hatte er sich zusammengerissen und ihr Verhältnis in andere Bahnen gelenkt. Da war es in gewisser Hinsicht schon zu spät. Sie hatten in Djurgården gepicknickt, waren im Museum und im Kino gewesen und sie hatte ihn ein ums andere Mal herausgefordert und fast zwanghaft versucht, ihn wieder ins Bett zu locken, weil es die einzige Art war, die sie kannte, um jemandem nahe zu kommen. Sie war seit ihrer Kindheit missbraucht worden und eine enge Beziehung zu einem anderen Menschen zu haben, ohne dass sie sexuell verfügbar war, machte sie nervös und unruhig. Dieses Muster war tief in ihrem Innern verankert, es war Teil ihrer Identität.

Die Prostitution war ein Schritt auf diesem Weg gewesen, ein Schritt nach oben. Als Prostituierte konnte sie wenigstens manchmal Nein sagen.

Als sie sich den Dreißigern näherte, war sie sich zwar darüber im Klaren, wie es funktionierte, aber es dauerte trotzdem noch mehrere Jahre bis sie das, was sie selbst ausmachte, ihr inneres Ich, von dem Zwang trennen konnte, die erotischen Wünsche der Männer zu orten und ihnen zu Diensten zu sein. Sie war überzeugt davon, dass Kent verschwinden würde, wenn er keinen Sex bekam, ganz gleich, was er selbst sagte, und um die Illusion zu bewahren, dass Sex zwischen ihnen Carinas eigene freie Wahl war, versuchte sie, ihm zuvorzukommen und die Initiative zu ergreifen. Etwas anderes wagte sie nicht.

Ihre Verführungsversuche waren allmählich in eine Art erotischen Jargon übergegangen und seitdem zu einem flirtenden Geplänkel abgeflacht. Da er betonte, ihr Freund und nicht ihr Liebhaber zu sein, entspannte sie sich und begriff, dass er dennoch bleiben würde. Aber bisweilen bekam er den Zorn zu spüren, der tief in ihr brodelte und der wie eine Lanzenspitze hervorschießen und sich wieder zurückziehen konnte. Carina würde für den Rest seines Lebens da sein.

»Musst du verreisen?«, fragte sie.

»Kann sein«, sagte er.

»Ist das Geschäft wichtiger als ich?«

Sie wusste, dass er arbeitete, sie wusste, dass er vielleicht abgehört wurde. Sie würde ihre Zunge zügeln, aber sie war auch in der überlegenen Situation.

»Du wirst für immer einen Platz in meinem Herzen haben, das weißt du«, sagte er.

»Du kommst doch zurück?«

»Ja, verdammt, natürlich tu ich das.«

»Denkst du auch an mich?«

»Ja, verdammt, natürlich tu ich das«, rief er aus.

»Ich denke an dich. Besonders nachts«, sagte sie kess. »Du hast die entzückendsten kleinen Falten neben den Ohren, die ich kenne, weißt du das?«

»Ja, ja«, sagte er abwehrend, mit einem Gefühl, als hinge sie an seinem Hals.

»Pass auf dich auf. Du sollst auf dich aufpassen, du verdammter Idiot!«, brach es plötzlich aus ihr heraus, und er merkte, dass sie besorgt war.

»Ich weiß, ich weiß«, sagte er und lächelte. »Achte auf dich.«

Sie legte endlich auf. Kent ließ das Handy aus der Hand gleiten.

Es klingelte wieder. Dieses Mal war es Martin.

Zehn Minuten später hatte er in Übereinstimmung mit Martins knappen Anweisungen sein Gepäck aus dem Schrank gezogen, seine Rechnung bezahlt, den neuen Krimi, den er fast fertig gelesen hatte, der Wirtin überlassen und stand mit seinen beiden Taschen draußen und wartete an der Ecke zwischen Götgata und Ringväg, gegenüber von Åhléns, dem Kaufhaus mit der kugelrunden Uhr auf dem Dach.

Um ihn herum rauschte der Verkehr. Vor ihm erstreckte sich die Götgata bis zum Medborgplats, wo sie schmaler wurde, den Hügel hinaufführte und steil bis zur Mündung der Hornsgata abfiel. Hinter ihm erhob sich die Johanneshovsbro in einem langen, fast unnatürlich flachen Bogen, mit der riesigen Sporthalle, der Globe Arena, im Hintergrund. Seinerzeit galt die Globe Arena auf Grund ihrer sphärischen Form als weiblich, aber Kent hatte sich immer gefragt, was an einem Metallklotz weiblich sein sollte. Ihn erinnerte der Bau eher an eine Kanonenkugel.

Es herrschte Rushhour. Kent war angespannt und konzentriert, kam sich zugleich wie ein Idiot vor. Der GPS-Sender brannte wie Feuer in seiner schweißnassen Hand. Er sah wie eine kleine runde Dose aus, mit einem flachen Falz rundherum und einem starken Magneten an der Rückseite, wie eine Schnupftabaksdose in Miniatur. Nachdem sie keine sichere Methode gefunden hatten, den Sender am Körper zu verstecken, hatte er ganz einfach entschieden, ihn in der Hand zu behalten. Im Notfall brauchte er ihn nur fallen zu lassen.

Tomas saß in einem der postierten Autos. Margareta mit Georg zusammen in einem anderen. Sie hätte eigentlich im Polizeipräsidium bleiben sollen, aber sie hatte darauf bestanden mitzukommen. Sie waren bereit, Kent mit Satellitennavigation und Handypositionierung aufzuspüren, ganz gleich wohin die Reise ging. Es war Margareta gewesen, die insistiert hatte, beides bereitzuhalten. Typisch Frau, dachte er. Hätte Georg bestimmen dürfen, hätten sie sich mit dem GPS-Ding begnügt, und wenn es in den Wald ging, hätten sie sich etwas einfallen lassen müssen.

Hoffentlich hatten sie verdammt nochmal genügend Batterien für ihre Notebooks, dachte er. Großartige Expeditionen pflegten an solchen Dingen wie Reifenpannen, Darmgrippen, Reißnägeln im Daumen, Schlangen bei McDonald's und vergessenen Batterien zu scheitern.

Ein Taxi hielt neben ihm. Der Fahrer, ein kräftiger, dunkelhaariger Mann, der aussah, als wäre er Türke, rutschte auf den Beifahrersitz, drückte die Tür auf und sah ihn erwartungsvoll an. Er wirkte freundlich.

»Kent Johansson?«, fragte er mit starkem Akzent.

»Ja?«, sagte Kent.

»Einsteigen. Springe Sie rein«, forderte der Fahrer ihn eifrig auf und rutschte auf seinen Platz zurück.

Kent blickte misstrauisch in das Auto. Abgesehen vom Fahrer war es leer.

Nun, der Mann schien eine harmlose Seele zu sein. Und er hatte seinen Namen genannt. Dann konnte er ebenso gut mitspielen. Er überlegte, was er mit dem Sender machen sollte. In der Hand behalten? Das konnte funktionieren, wenn sie an einen bestimmten Ort fahren würden, wo Martin wartete. Aber wenn er und Martin irgendwo entlang der Route zu ihm ins Auto zusteigen würden und ihn filzten, war die Sache gelaufen.

Kent drückte den Sender diskret unten ans Chassis, während er sich mit seinen Taschen auf den Rücksitz manövrierte. Im Zweifel dem Plan folgen. Diesen verflixten Kühlschrankmagneten am Auto zu befestigen, war genau das, was sie vereinbart hatten, und es war ein gutes Gefühl, ihn loszuwerden.

Er rückte das Gepäck neben sich zurecht und setzte sich, den Arm nonchalant ans Fenster gelehnt. Der Fahrer drehte sich mit einem konspirativen Lächeln um. Er zerging förmlich vor Freundlichkeit und Sympathie.

»Wie geht's Ihnen?«, fragte er.

»Danke, gut«, erwiderte Kent abwartend. »Und selbst?«

»Sehr gut, sehr gut. Wird das spannend, oder?«

Was war das für eine idiotische Unterhaltung? Kent musste plötzlich an Susi und Strolch denken. »Okay. Er hat dir gesagt: Du bist der Boss. Mamma mia, mia, mia!« Er war in einem Zeichentrickfilm gelandet.

Das Taxi hatte gewendet und fuhr über die Brücke zum Gullmarsplatz.

»Wohin fahren wir?«, fragte er.

Der Fahrer schüttelte den Kopf und lächelte in den Rückspiegel.

»Ich sage nicht.« Jetzt drehte er sich auch noch um. »Sie haben feine Freunde, sie haben Sie sehr gern, ich sage nicht!«, sagte er enthusiastisch und wedelte mit einem Arm.

»Schauen Sie nach vorne, Mann, der Verkehr!«

Herrgott, jetzt klang er schon wie ein Verkehrspolizist. Der Fahrer warf gelassen einen Blick nach vorn und schlängelte sich elegant zwischen einen Bus und einen Mercedes.

»Habe gedacht, Sie freuen sich mehr«, sagte er vorwurfsvoll. »Aber Sie freuen sich, oder? Sind nur aufgeregt? Ich wäre sehr aufgeregt. Aber ist doch ein froher Tag.«

Was faselte er da? Kent begann zu glauben, dass der Typ den falschen Mann aufgegabelt hatte. Aber wie viele mittelalte Kent Johanssons standen wohl heute in Stockholm auf der Straße und warteten darauf, dass sie abgeholt wurden?

Er stützte den Kopf in die Hand. Jetzt wendete dieser

verfluchte Fahrer schon wieder und fuhr übers Wasser zurück in die Stadt, in Richtung Söderledstunnel.

Ein gutes Stück hinter ihnen verfolgte Georg die roten Signale auf der Karte seines Laptops. Ein Signal wurde von der Einheit übermittelt, die in diesem Moment am Auto befestigt worden sein sollte, das zweite zeigte die Position des Handys an.

Das Taxi führte sich vollkommen wahnsinnig auf. Jetzt fuhr es wieder nach Norden. Sie selbst lagen etwa zehn Autos dahinter und Georg dirigierte ein Auto an die Stelle, wo der Tunnel auf die Hornsgata stieß und ein anderes in die Nähe von Tegelbacke. Tomas saß in einem Wagen in Norr.

Der Fahrer schien durch Kents Verhalten einen kleinen Dämpfer bekommen zu haben. Er schwieg. Sie rauschten in den Tunnel Richtung Söderleden. Die Sonne verschwand und das Geräusch hunderter rasender Autos um sie herum änderte seinen Klang und wurde laut und intensiv.

Zurück in die City. Diesmal wollten sie also nicht in die Fabrik. Vielleicht ein Ort nördlich der Stadt?

Mitten im Tunnel bremste der Fahrer plötzlich ab und begann zu schleichen. Irritierte Autofahrer um ihn herum hupten, aber er kümmerte sich nicht um sie.

»Was machen Sie?«, fragte Kent.

Ein heller, braungrauer Volvo tauchte neben ihnen auf.

»Wechseln Sie Auto«, sagte der Fahrer. Jetzt hatte er wieder dieses innige Lächeln.

»Was? Hier?«, sagte Kent. »Wollen Sie mich umbringen? Fahren Sie weiter, zum Henker!«

»Wechseln Sie Auto, schnell!«, erwiderte der Fahrer. »Das da! Und viel Glück!«

Die Hecktür des Volvos öffnete sich. Die anderen Fahrer hupten wie verrückt. Kent fragte sich, wie viele jetzt wohl das Telefon zückten und die Polizei riefen, einen Blutsturz oder Herzinfarkt erlitten oder schrien und auf ihr Armaturenbrett schlugen. Das war keine gute Idee. Er fluchte, befolgte aber die Aufforderung. Er zog seine Taschen mit sich und es gelang ihm, sich auf den Rücksitz des Volvos hinüberzuretten, ohne dabei zu sterben.

Patrik hielt eine Pistole in der Hand und grinste. Martin saß am Steuer.

»Mach die Tür zu«, befahl Patrik.

Der Taxifahrer streckte die Hand zum Seitenfenster hinaus. Martin gab ihm einen Tausender. Wie durch ein Wunder hatten sie die ganze Operation vollbracht, ohne eine Massenkarambolage oder eine andere Katastrophe zu verursachen.

Das Taxi brauste davon. Da klebt er, der GPS-Sender, dachte Kent.

»Die Pistole«, sagte Patrik.

Kent gab sie ihm.

»Runter mit den Schuhen.«

Kent beugte sich in den engen Fußraum und zog sie aus. Patrik untersuchte sie sorgfältig nacheinander, suchte entlang der Nähte, begutachtete die Absätze. Dann tastete er Kent überall ab, befühlte seine Jackentaschen.

»Dein Gepäck.«

»Bisschen eng hier für solche Übungen. Ihr hättet einen Van mieten sollen«, sagte Kent.

Patrik durchsuchte ruhig und methodisch beide Taschen. In der einen waren Kleider, in der anderen die Kalaschnikow. Kent saß wie auf Kohlen. Es gefiel ihm nicht, die Waffe in den Händen dieses Kerls zu sehen. Patrik kontrollierte sie akribisch.

»Alles in Ordnung«, sagte er schließlich zu Martin.

Die Mündung des Tunnels lag vor ihnen und sie fuhren in die Sonne, auf die rauschende Centralbro hinaus.

Kent blinzelte. Ein Zug donnerte an ihnen vorbei. Zu

ihrer Linken lag der Riddarfjord, auf der anderen Seite des Wassers das Rathaus. Ein schöner Ausblick. Sicherlich konnte man ihn ein paar Sekunden lang genießen, aber für die, die mit dem Zug von Süden her in die Stadt fuhren, war der Anblick wie eine Offenbarung, wenn sie aus dem Tunnel im Söderberg herausfuhren. Eigentlich sollten alle, die nach Stockholm reisten, genau das zuallererst sehen und nicht den Flughafen Stockholm-Arlanda, dachte er.

Georg warnte die Autos, die in Norr warteten. Margareta verfolgte die Blinksignale beider Schirme. Sie hatten jetzt den Tunnel verlassen.

»Sie trennen sich«, sagte sie.

»Was?«, fragte Georg.

»Die Signale. Sie fahren in verschiedene Richtungen.«

Er starrte ungläubig auf die beiden Karten. Auf der einen bewegte sich das rote Spielzeugauto beständig die Herkulesgata aufwärts, auf dem Weg zum Klaratunnel. Auf dem anderen Schirm, der die Signale des Handys empfing, hatte die blinkende Markierung den Weg ostwärts entlang der Fredsgata eingeschlagen.

»Sie haben im Tunnel getauscht«, sagte sie.

»Ja, und wo ist Kent jetzt?«, entgegnete Georg.

»Wenn sie drei Autos haben, vielleicht in keinem der beiden.«

»Das Einzige, was wir tun können, ist, beiden zu folgen«, sagte Georg. »Aber der Magnet sitzt am Taxi, wenn er das Auto gewechselt hat, dann gilt das Handy. Das hat er bei sich.«

Nur, wenn sie das nicht in das andere Auto geworfen haben, dachte Margareta. Aber es lohnte nicht, sich darüber zu streiten.

Sie fuhren die Fredsgata hinunter. Das unbekannte Auto, das sich vor ihnen befand, hatte den Gustav-Adolfs-Platz beim Außenministerium in Richtung Osten überquert und fuhr nun den Kai entlang, geradewegs auf das Schloss zu. Jetzt bog es über die Strömbro ab. Es war wieder auf dem Weg nach Süden.

»Verdammt, sie drehen die nächste Runde. Was haben die vor?«, sagte Georg.

Er teilte die Wagen auf, die nördlich der Brücke warteten, und informierte die, die auf Söder zurückgeblieben waren, darüber, dass aus dem einen Objekt zwei geworden waren und das eines davon auf dem Rückweg war.

»Und wir?«, fragte er Margareta.

»Ich glaube, du hast Recht. Er hat das Handy noch. Wir folgen diesem Auto.«

Sie fuhren weiter zur Skeppsbro.

Mit einem Blick auf die Karten gab Georg seinem Fahrer Order. Er fühlte sich unwohl, besonders jetzt, wo es kompliziert wurde. Er wünschte sich innigst, dass Margareta auf ihrem Hintern im Präsidium sitzen geblieben wäre. Es war anstrengend, sie dabeizuhaben. Er war es gewohnt, alles auf seine Weise zu tun, wenn er arbeitete, seine gewohnte Sprache zu verwenden. Er hatte seine eigenen Ausdrücke und seine eigene Körpersprache, er benötigte Platz um sich herum. Jemanden neben sich im Auto zu haben, und ganz besonders eine Frau, fühlte sich an, als hätte man ihn in einen zu engen Anzug gezwängt. Obwohl sie vernünftig und gutmütig war, und obwohl er Margareta mochte und wusste, dass sie ihn nahm, wie er war, und nicht unnötig redete oder versuchte, sich auf Kosten der Arbeit zu profilieren, so schränkte sie doch auf irgendeine Art seine Bewegungsfreiheit ein.

Andererseits traf sie wichtige Entscheidungen, sie hörte auf ihn und er entging der Mühe, ihr die ganze Zeit die Situation am Telefon erklären zu müssen.

»Wir wissen nicht, wie dieses verfluchte Auto aussieht«, sagte er.

»Das Taxi weiß es«, sagte Margareta.

Georg warf ihr einen Blick zu. Natürlich. Er wechselte die Frequenz und kontaktierte Tomas.

»Kämpf dich zum Ersten durch, wenn er auf dem Sveaväg auftaucht, und check, ob er immer noch drinsitzt«, gab er über Funk durch.

Es vergingen ein paar Minuten. Das Handysignal bewegte sich an der Skeppsbro entlang südwärts. Das Taxi hatte den Tunnel verlassen und war auf dem Weg in die Vasastad.

»Ich bin direkt hintendran. Nur der Fahrer sitzt drin«, teilte Tomas kurz mit.

»Stopp ihn. Halt ihn an und frag ihn, wie das andere Auto aussieht. Sei vorsichtig. Was hast du für einen Eindruck?«

»Normaler Typ. Dunkel.«

»Dann versuch's.«

»Wird gemacht«, sagte Tomas.

Er holte das Taxi ein, das gerade die Kungsgata überquert hatte, hielt seine Polizeimarke ins Fenster und bedeutete dem Fahrer, am Straßenrand anzuhalten. Der Mann sah erstaunt aus, scherte aber gehorsam in die Parkbucht vor Berghs Designschule. Er blieb mit beiden Händen am Steuer im Auto sitzen, während Tomas aus dem Wagen sprang und zu ihm ging.

»Sind Sie von der Polizei?«, fragte der Mann eine Spur misstrauisch.

»Richtig. Ich habe die Meldung bekommen, dass ein Auto im Söderledstunnel angehalten hat. Ein Taxi. Waren Sie das?«

»Ja, ich sollte Mann in Söder abholen und sollte er Auto wechseln im Tunnel. Ist was passiert?« Er drehte sich um, als erwarte er, hinter sich etwas zu sehen. »Hat es Unfall gegeben?«

»Wie hieß er, dieser Mann?«

»Kent Johansson.«

»Und wo ist er jetzt?«

Der Fahrer sah reumütig und beschämt aus.

»Ich weiß, ist nicht klug, aber er hat im Tunnel Auto gewechselt. Es war nicht seine Schuld, seine Freunde haben das bestellt. Er soll doch heiraten. Sie haben zu mir gesagt, das war Polterabend, das war der Clou daran – ich weiß, das war ein bisschen gefährlich, aber es war doch nur Spaß, ist nichts passiert, niemand ist verletzt oder so. Haben wir den Verkehr sehr angehalten?«

»Das Auto, das ihn aufgenommen hat. Wie sah es aus?«

»Hellgrauer Volvo V70«, sagte der Fahrer sofort. »Ein bisschen bräunlich. Fast wie metallic. Sie wissen.«

»Haben Sie das Kennzeichen gesehen?«

Der Fahrer schüttelte den Kopf. Tomas nahm das Funkgerät.

»Graubrauner Volvo V70, polizeiliches Kennzeichen unbekannt.«

»Wer mietet?«, fragte Georg.

»Wer hat die Fahrt bestellt?«, gab Tomas die Frage an den Fahrer weiter, der eifrig zuhörte.

»Kam über die Zentrale. Sie müssen die fragen, wer angerufen hat. Haben mir nur gesagt, dass ich ihn abholen soll, seinen Namen, wie er aussieht. Sie sagten, dass es eine Überraschung sein soll, er würde heiraten. Polterabend.«

»Konnten Sie sehen, wer im Volvo saß?«

Der Fahrer dachte nach.

»Einer, der fuhr, und einer hinten«, antwortete er schließlich.

»Nationalität?«

»Schweden, glaube ich. Der, der gefahren ist, war schmal, langes Gesicht. Brauner Mantel. Streckte die Hand aus dem Fenster und gab mir einen Tausender.«

Tomas rapportierte über Funk.

»Lass ihn als Zeugen vernehmen, komm dann her«, sagte Georg.

Tomas drehte sich wieder zu dem Fahrer, der nervös auf die Fortsetzung wartete.

»Was ist passiert?«, fragte der Mann wieder. »Sie machen mich unruhig. Soll er nicht heiraten? Was war denn? Lebt er? Wenn ich gewusst hätte …«

»Wir brauchen Sie als Zeugen«, sagte Tomas.

»Für das hier? Sicher, ist klar«, sagte der Fahrer.

»Habe ihm gerade gesagt, dass er froh sein soll«, sagte der Fahrer. »Aber er war nicht froh. War er?«

Tomas antwortete nicht. Er umrundete langsam das Auto und inspizierte es. Dann beugte er sich hinunter und entfernte diskret die kleine runde Dose, die am Chassis unterhalb der Hecktüre festsaß.

Der Volvo fuhr in den Kreiseltunnel an der U-Bahn-Station Slussen. Mit einigen Sekunden Verzögerung zeigte sich das Signal auf der Karte des Laptops und schien sich ruckartig um sich selbst zu drehen.

»Verdammt«, sagte Georg. »Sie sind auf dem Weg zum Stadsgård. Das ist ein einziges verdammtes Durcheinander hier. Erst die Autobahn, dann der Fährenterminal am Kai und dann das Chaos am anderen Ende. Die Folkungagata beginnt da, der Masthafen, Massen von Autos und Lastern, ein Parkhaus und der Teufel und seine Großmutter. Wohin zur Hölle wollen die?«

Er griff nach dem Funkgerät und setzte zwei Wagen am Londonviadukt darauf an, Ausschau nach einem braungrauen Auto zu halten, das vielleicht gleich zwischen tausend anderen vorbeirauschen würde.

20

Der Volvo fuhr aus dem Tunnelkreisel ins Freie, und Kent betrachtete das offene Wasser.

Eine Djurgårdsfähre legte gerade von der Skeppsbro ab. Auf der anderen Seite lagen Skeppsholmen und Kastellholmen und die beiden Türme der Attraktionen von Gröna Lund ragten hinter ihnen in die Höhe. Rechts von ihm trotzte der hässliche Gebäudekomplex der Konsumgenossenschaft und weiter entfernt die steilen, schwarzen Söderberge mit dem Katarinaväg, der sich nach Söder hinaufschlängelte. Weiter vorn am Kai befand sich der Birkaterminal und am östlichen Ende des großen Åsees, fast eineinhalb Kilometer von ihnen entfernt, der heruntergekommene Vikingterminal und der verblüffende, viereckige, steile Felsen, auf dessen Kuppe ganz oben stolz der kleine Park Fåfängen thronte.

Der Verkehr donnerte den Stadsgårdsled entlang auf den Berg zu. Martin folgte ihm nicht. Stattdessen bremste er, bog auf den Kai und folgte der alten Lastkranspur. Für eine Sekunde quälte sich Kent mit der wilden Idee, dass beide Männer von akutem Wahnsinn gepackt worden waren und beabsichtigten, geradewegs mit ihm ins Wasser zu fahren. Sie passierten den Birkaterminal und gelangten hinter die alte Lagerhalle, die zum Stockholmer Hafen gehörte.

Sofort waren die Geräusche des Verkehrs und der Stadt gedämpft. Das Lagerhaus war aus Backstein errichtet, und man hatte es auf der Seeseite mit einer Glocke versehen, die in einer Einfassung aus grünem Kupfer aufgehängt war. Es war unerwartet still hier, und man konnte die Möwen hören, die unermüdlich über dem Strömmen kreisten und die riesigen Finnlandboote erwarteten. Der flache Backsteinbau, vergessenes Zeugnis eines anderen Jahrhunderts, hatte an der Seite einige Ladekais mit leeren Paletten. An der Wand parkten einige Autos, unter anderem ein rostiger alter Lieferwagen, ein Fiat, dem die Seitenfenster fehlten. Hinter der Halle standen Müllcontainer, mehrere Fernlaster und reihenweise Pkws, die am anderen Terminal auf das Ablegen der nächsten Fähre warteten. Gelegentlich wurden sie von einem Auto überholt, das auf dem Weg in die Schlange war.

Der Volvo hielt direkt an der Kaimauer vor einer Öffnung in dem einfachen, rostigen Eisengitter an. Martin drehte sich um.

Kent zog sein Handy aus der Jackentasche und warf es ohne Protest aus dem Fenster. Es wirbelte durch die Luft, landete mit einem leisen Platschen im Wasser und versank. Im selben Augenblick, das wusste er, erstarb der rote Punkt auf der Karte. Mit dem Handy verschwand seine einzige Möglichkeit zu kommunizieren. Es war, als verlöre er einen seiner Sinne, als wäre sein Gehör plötzlich zerstört und alle Geräusche von außen würden leiser und verschwänden langsam. Er blickte auf die Ringe auf dem öligen Wasser, die größer wurden, ausliefen und verschwanden. Er fragte sich, wie tief es hier sein mochte und was wohl sonst noch unten auf dem Grund zu finden war.

»Laster«, sagte Martin kurz. »Verdammt schnell jetzt.«

Patrik reichte ihm beide Pistolen, seine eigene und Kents. Kent nahm seine Taschen. Seine Kontakte mit der Außenwelt wurden nacheinander abgeschnitten. Sie stiegen aus dem Auto und gingen eilig die wenigen Schritte zu dem alten Lieferwagen hinüber. Patrik sprang auf den Fahrersitz, Martin und Kent stiegen hinten ein.

Patrik schälte sich aus seiner Jacke. Darunter trug er einen blauen Overall. Er setzte sich eine Baseballkappe auf, ließ den Motor an, fuhr denselben Weg zurück, den sie gekommen waren, wartete einen Moment an der Auffahrt und fädelte sich mühelos in den Verkehr Richtung Slussen ein.

Das Verfolgerauto hatte vor der Mündung des Tunnels gehalten. Weder Margareta noch Georg bemerkten den alten weißen Fiat. Margareta runzelte die Stirn und starrte auf die Karte. Das Signal des Handys hatte konstant geblinkt und angezeigt, dass der Volvo den Stadsgårdskai entlanggefahren war, aber jetzt war es verschwunden.

Sie blickte in Richtung des Kais, woher das Signal zuletzt gekommen war. Der Birkaterminal und dieses alte Backsteingebäude blockierten die Sicht.

»Sie haben das Handy ausgemacht«, knurrte Georg. »Das war ja zu erwarten. Seltsam, dass sie es nicht gleich abgeschaltet haben.«

»Vielleicht steckt mehr dahinter als nur das. Ich habe ein ungutes Gefühl. Fahr hin und sieh nach«, sagte Margareta.

»Wir haben zwei Wagen auf der anderen Seite des Kais. Es ist besser, wenn einer von ihnen das macht.«

»Okay«, stimmte Margareta widerwillig zu. »Ich will wissen, ob das Auto dort steht und ob sie ausgestiegen sind.«

»Der Volvo parkt genau an der Kaimauer«, erwiderte eine Stimme etwa eine halbe Minute später. »Wenn es das richtige Auto ist. Es ist leer.«

Georg und Margareta sahen sich an.

»Scheiße. Was ist, wenn sie ihn an Bord eines Finnlandbootes verfrachtet haben? Nach diesem ganzen Autozirkus hier?«, sagte Georg. »Sind die so dämlich? Dann haben wir sie doch?«

Über Funk sagte er:

»Überprüf den Kai, siehst du sie?«

Es vergingen einige Sekunden.

»Sie sind nicht auf dem Kai und auch nicht in einem der Autos, die vor der Fähre warten«, sagte die Stimme im Funkgerät. »Und sie hätten es nicht geschafft weiterzugehen. Aber es hätte sie natürlich jemand mit einem anderen Auto auflesen können.«

»Und Kent?«, fragte Margareta.

»Er ist bei ihnen«, sagte Georg.

»Oder sie haben ihn ins Wasser geschmissen.«

Wieder sahen sie sich an.

»Bist du am Auto?«, fragte Georg ins Funkgerät.

»Ja. Zu Fuß. Wir stehen in der Warteschlange.«

»Wie sieht das Wasser aus?«

»An der Oberfläche alles ruhig. Da kräuselt sich nichts.«

»Er kann im See liegen«, sagte Margareta. »Kann sein, dass er da unten liegt.«

»Es kann auch ein Test sein«, sagte Georg. »Vielleicht überwachen sie das Auto. Ich will meinen Mann am liebsten so schnell wie möglich komplett da weghaben.«

»Er könnte unten im Wasser sein«, sagte Margareta.

»Ich glaube, hier hat jemand Öl verschüttet«, sagte die Stimme im Funkgerät ruhig. »Es ist verflucht rutschig. Man kann hier verdammt nochmal reinfallen.«

Der Zivilpolizist am Kai holte tief Luft, wandte sich von dem Volvo ab, um zur Schlange zurückzugehen, glitt plötzlich aus, verlor den Halt und fiel mit einem Schrei in das schmutzige Wasser. Georg hörte den Schlag als das Funkgerät auf den Asphalt prallte, dann das Platschen.

Er erschrak. Dann feixte er und schüttelte den Kopf.

»Dieser schlaue Fuchs«, knurrte er.

Das Wasser war fast schwarz. Der Polizist fluchte innerlich, überzeugt davon, dass es vermutlich lebensgefährlich war, mit dieser Brühe in Kontakt zu kommen. Er machte einige kräftige Schwimmzüge in die Tiefe und tastete um sich. Außer der glitschigen Kaimauer war nichts zu fühlen.

Er kam wieder an die Oberfläche, und seine Kollegin und herbeigeeilte Finnlandreisende halfen ihm heraus, ohne dass er eine Spur von Kent gesehen oder gefühlt hatte.

»Ich glaube, es ist jemand reingesprungen!«, prustete er laut in die Luft. »Einer aus dem Auto, das da steht. Es ist leer. Ich dachte, ich hätte gesehen, wie jemand reingesprungen ist!«

»Wir müssen die Polizei rufen!«, sagte eine Frau. »Die müssen Taucher oder so herschicken!«

»Wie lange steht das Auto schon da? Wie lange ist er schon drin?«, fragte ein Mann finster und schaute in die schwarze Tiefe.

»So ein Mist«, sagte die Frau ungeduldig. »Wenn das Wasser kalt ist, braucht das Hirn weniger Sauerstoff, dann können sie es vielleicht schaffen.«

Drei Personen hinter ihr hatten schon über die Notrufleitung ihrer Handys Alarm geschlagen.

Das Verfolgerauto blieb, wo es war. Eine Minute später kam ein Streifenwagen mit heulenden Sirenen. Fünf Minuten später waren die Taucher da. Acht Minuten später ein Journalist.

Georg ließ das Auto an der Lagerhalle vorbeirollen und blieb auf der anderen Seite stehen, in diskretem Abstand zum Kai, hinter den Autoreihen, die auf die Fähre warteten. Alles was er sah, waren die Rücken der Schaulustigen, die sich vor der Absperrung versammelt hatten, um den Tauchern und der Polizei zuzusehen. Die Taucher verschwanden wie glänzende Monster im Wasser. Der durchnässte Polizist stand noch innerhalb der Absperrung, offiziell als Zeuge. Jemand hatte ihm eine Decke gegeben, seine Kollegin hatte zärtlich den Arm um ihn gelegt und spielte die besorgte Gattin, während er Georg über Funk auf dem Laufenden hielt.

Endlich kam einer der Taucher wieder nach oben.

»Keiner da«, rapportierte er.

»Keiner da«, leitete der Polizist an Georg weiter.

»Ich hab's gehört«, sagte Georg.

»Der andere kommt jetzt hoch«, teilte der Beamte mit.

Der zweite Taucher kletterte über die Mauer. Eifrig reckten die Umstehenden die Hälse. Er hielt ein kleines schwarzes Handy an der Antenne hoch. Die Schaulustigen, der Journalist und die Polizeibeamten neben ihrem blinkenden Auto starrten es enttäuscht an. Der Taucher nahm das Mundstück heraus.

»Tut mir Leid. Ich glaube, es ist tot«, sagte er ernst.

Der Journalist schnaubte.

»Und dafür dieser ganze Zirkus? Wäre es nicht billiger gewesen, einfach ein neues zu kaufen?«

»Davon habe ich auch schon gehört«, sagte Georg. »Sieh zu, dass es in eine Tüte gesteckt wird und zu uns kommt.«

Er vermied es, Margareta anzusehen. Alles hatte sich in Nichts aufgelöst. Alles war beim Teufel. Alles, was ihnen noch blieb, waren eventuelle Zeugen unter den Fährpassagieren. Aber in die setzte Georg keine große Hoffnung.

Eine Stunde nachdem das Handy gefunden worden war, saß Margareta im Polizeipräsidium, eingezwängt zwischen den übrigen Ausschussmitgliedern, im Zimmer des Fahndungsleiters.

Ein riesiger, professioneller und diskreter Suchapparat war in Gang gesetzt worden. Telefongespräche waren in alle denkbaren Richtungen geführt worden, es wurden detaillierte Fragen zu den Männern gestellt, die aus dem Volvo verschwunden waren, und nach langem Zögern hatten die Techniker das Okay bekommen, in der leeren Fabrikhalle, wo Tisch und Stühle noch immer herumstanden, alles an Blutspuren und Fingerabdrücken zu sammeln, was sie kriegen konnten.

Man war zu Lindéns Pension gefahren, wo sich die loyale Wirtin weigerte, auch nur ein einziges Wort über ihre Gäste zu sagen. Jenny wurde in die Kneipe geschickt, wo Kent Martin getroffen hatte. Sie tat so, als wäre sie auf der Jagd nach ihrem entflohenen Liebhaber, und ließ sich mit dem Barmann auf ein Gespräch ein. Er konnte sich an Kent erinnern. Überaus wortreich berichtete er, warum er die ganze Zeit gedacht hatte, dass dieser Typ ziemlich zwielichtig aussah. Und gewalttätig. Nichts für sie, versicherte er ihr. Über Martin wusste er nichts.

Kent und seine Entführer waren wie vom Erdboden verschluckt.

»Und was machen wir jetzt?«, fragte Margareta.

»Das ist eine heikle Situation«, stellte der Fahndungsleiter fest. »Was schlägst du vor?«

Sie dachte nach. Sie hielt nichts davon, viel zu reden, aber er zwang sie jedes Mal, ihre Gedanken zu sammeln und in Worte zu kleiden.

»Ich glaube, sie halten sich irgendwo versteckt und planen weitere Morde«, sagte sie. »Man könnte auch eine landesweite Großfahndung einleiten und alles tun, um ihn zu finden. Wenn Kents Identität noch immer sicher ist, dann wäre es eine Katastrophe für ihn, wenn sie merken, dass sie gejagt werden. Sie sind misstrauisch, sie haben mindestens zwei Mal das Fahrzeug gewechselt und haben sein Telefon vernichtet. Vermutlich haben sie ihn bis auf die Knochen gefilzt und haben ihn unter Kontrolle.«

»Ja, man könnte sich auch fragen, warum sie sich so viel Mühe machen«, warf Kalle ein.

»Ich glaube, wir können darauf hoffen, dass sie nicht begriffen haben, dass er Polizist ist. Sonst würden sie ihn sicher fallen lassen wie eine heiße Kartoffel. Oder sich im schlimmsten Fall unmittelbar rächen.«

Alle dachten, dass sich dafür auch später noch eine Gelegenheit bot. Oder dass das an irgendeinem verborgenen Platz bereits geschehen war.

»Also, was meinst du?«, beharrte der Fahndungsleiter.

»Ich glaube, es ist das Beste, wenn wir uns ruhig verhalten und darauf vertrauen, dass er die Situation bis auf weiteres im Griff hat. Vielleicht erfährt er, was sie vorhaben, und findet eine Möglichkeit, uns zu kontaktieren. Währenddessen versuchen wir, bis zu ihm vorzudringen.«

Er dachte eine ganze Minute darüber nach.

»Ich bin einverstanden«, sagte er schließlich.

»Und wenn ich komplett auf dem Holzweg bin? Wenn er enttarnt ist und sie gerade dabei sind, ihn in irgendeinem Keller in kleine Stücke zu reißen?«

»Das können wir nicht ausschließen, aber es ist nicht wahrscheinlich. Alle Nazitreffs, die wir kennen, werden schon bewacht. Sollten sie versuchen, ihn dorthin zu bringen, werden wir es erfahren.«

»Aber dort sind sie doch gar nicht, das wissen wir schon«, sagte Kalle. »Die agieren separat.«

»Wir sind müde, wir fangen an, uns im Kreis zu drehen. Wir machen jetzt eine Pause und schauen, ob die Ideen dann wieder fließen. Versammlung in einer Stunde. Margareta, geh und leg dich hin, schlaf eine Runde.«

Margareta nickte zustimmend, kümmerte sich nicht um seinen Rat und ging in ihr Büro zurück. Sie setzte sich vor den Computer, kritzelte sinnlose Figuren auf ein Blatt Papier und sah sich verschiedene rechtsradikale Webseiten an, die sie alle schon mehr als satt hatte. Außerdem saßen sicher sowohl der KUT und die Säpo als auch Heerscharen von Journalisten, der Teufel und seine Großmutter davor und analysierten alles, um die böswilligen und hämischen Reaktionen auf die Morde und den Einsatz der Polizei zu überprüfen und um zu sehen, ob sie eine Spur finden konnten.

Margareta zog einen bekritzelten Block aus der Akte über den Fall und ging noch einmal alles von vorn bis hinten durch. Die Mordopfer, ihre Angehörigen, Obduktionsberichte, Fotografien, Verhöre mit verschiedenen Neonazis, die die Opfer bedroht hatten, Hinweise.

Lange betrachtete sie das Bild von Eva Beldons Mantel. Er war rot mit schwarzen Paspeln gewesen. Jetzt war er blutig und schmutzig vom Staub des Bodens. Die Scheinwerfer des Polizeifotografen beleuchteten ihn mit ihrem unbarmherzigen, entlarvenden Licht. Was hatte Eva Beldon in ihren letzten Sekunden gedacht, als sie diesen Mantel trug? Wen hatte sie gesehen?

Wo würden sie das nächste Mal zuschlagen? Wer war das nächste Opfer? Es war nicht vorhersehbar. Bislang waren sie allein zurechtgekommen, warum wollten sie jetzt Kent dabeihaben?

Und wo waren sie? Vielleicht nur ein paar Kilometer entfernt, in irgendeiner Dreizimmerwohnung in Vällingby oder Bagarmossen oder direkt auf Kungsholmen, ein paar Blöcke von ihr entfernt?

Sie dachte an Kent. Sie hatte ihn immer gemocht, wenn auch unter gewissen Vorbehalten. Er war ein farbintensiver Teil in ihrem Leben. Er war da gewesen, verschwunden und zurückgekommen, ohne dass sie genauer darüber nachgedacht hatte. Er war immer nett gewesen und hatte nie das Bedürfnis gehabt, sich gegen sie durchzusetzen, etwas, das sie manchmal erstaunte, da er von einer ausgeprägten Machoaura umgeben war. Über ihn waren keine speziellen Gerüchte in Umlauf. Er legte sich nur selten mit jemandem an. Er sagte, was er dachte, oder schwieg, entschied sich für etwas und blieb dabei.

Sie war sich bewusst, dass zwischen ihnen ein dünnes Band bestand. Mehrmals war es vorgekommen, dass eine erotische Spannung zwischen ihnen entstanden war. Ein Mal hatten sie irgendwo auf einer Treppe gestanden und auf etwas gewartet, er hatte eine Stufe unter ihr gestanden und geraucht. Sie hatten sich nicht angesehen. Ein anderes Mal waren sie bei einer Besprechung nebeneinander auf einem Sofa gelandet. Er hatte konzentriert zugehört, vorgebeugt, die Arme auf die Knie gestützt, jederzeit bereit aufzuspringen. In der Ruhe liegt die Kraft. Für einige Sekunden hatte sie wieder die Hitze zwischen ihnen gespürt und war sich seiner Ausstrahlung sehr bewusst. Hätten sie sich in diesem Moment angesehen, hätte es bedeutet, dass schon etwas zwischen ihnen passiert war, auch wenn sie sonst nichts getan hätten. Aber keiner von ihnen hatte den Kopf gedreht.

Gleichzeitig gab es etwas, das sie abstieß, ein undefinierbares Etwas, das sie bremste. Oder ihn. Sie war sich nicht sicher. Hielt sie sich von ihm fern oder er sich von ihr? Sie wusste es nicht. Und trotz allem war es nie so wichtig geworden, dass eine Klärung notwendig gewesen war. Erst hatte sie ihren Mann gehabt, den sie liebte. Dann hatte sie ihre Trauer gehabt. Und alle fühlten sich schließlich gelegentlich im Leben zufällig von anderen Menschen angezogen, ohne dass sie danach handelten.

Was tat er jetzt? Das war eine Frage, die sie sich noch nie zuvor gestellt hatte. Hielt er die Stellung? Lebte er? Sie glaubte, dass er lebte, sie konnte sich nichts anderes vorstellen. Andererseits konnte sie sich auch nicht richtig vorstellen, dass ihr Mann tot war.

Spät am Abend war noch immer nichts geschehen. Sie sah ein, dass es idiotisch war, keine Pause zu machen und ging runter in die Kantine.

Es war fast niemand da, das Schwimmbecken war leer. Tomas saß an einem Fenstertisch und sah bedrückt aus. Margareta holte sich einen Kaffee und ein trockenes, übrig gebliebenes Käsebrot und setzte sich ihm gegenüber. Er sah sie abwartend an. Sie tranken nicht gerade oft miteinander Kaffee. Aber gerade jetzt schien es genau das Richtige zu sein. Sie dachten an dieselbe Sache.

»Hej«, sagte sie.

»Hej. Glaubst du, er ist erledigt?«

»Das wissen wir nicht. Es muss nicht so sein. Und wenn es nicht so ist, dann wird er sie erledigen. Er wird einen fantastischen Job machen.«

»Warum sind sie so umständlich mit ihm abgehauen? Wozu brauchen sie ihn?«

Margareta zuckte mit den Schultern.

»Ihn rekrutieren«, sagte Tomas. »Was ist, wenn sie ihn dazu bringen wollen, jemanden umzulegen? Was zum Teufel soll er dann machen?«

»Warum sollten sie das versuchen? Was hat er ihnen eigentlich in der Fabrik erzählt?«

»Ich weiß auch nicht mehr über die Geschichte in der Fabrik als das, was er berichtet hat. Ich war nicht dabei. Ich saß draußen im Wagen.«

»Aber du warst der Erste, mit dem er geredet hat, als er rauskam. Ihr kennt euch so gut. Unter vier Augen, Tomas – weißt du mehr, als du bislang gesagt hast? Wenn, dann sag es jetzt.«

»Aber ich weiß nicht mehr als du!«, sagte Tomas verärgert. »Und du kennst ihn übrigens auch ganz gut«, setzte er hinzu.

Margareta antwortete nicht. Tomas beugte sich zu ihr vor.

»Du sitzt doch auch in dieser Führungsgruppe. Landespolizei und Säpo. Was glauben die denn?«

»Die kratzen sich am Kopf.«

Gereizt ließ er sich in den Stuhl zurückfallen.

»Die können sich am Arsch kratzen, wenn sie so weitermachen«, knurrte er. »Die sollten verdammt nochmal Experten in Sachen Bedrohung der inneren Sicherheit sein, und du sagst, die sitzen da und kratzen sich den Schädel! Haben wir denn überhaupt keine verfluchte Spur?«

Margareta schüttelte den Kopf, er schnaubte und schaute weg.

Sie betrachtete seine roten Haare, die im Licht der Lampe leuchteten. Er sah rastlos und aufgebracht aus. Er war ein paar Jahre jünger als Kent, und sie kannte ihn seit mindestens zehn Jahren, aber sie kannte ihn eigentlich genauso wenig wie Kent. Ihre Erscheinung, ihre Art sich zu bewegen, zu reden, zu arbeiten und Witze zu machen kannte sie in- und auswendig. Aber sie hatte keine Ahnung, was in ihren Köpfen vorging.

Sie ballte ihre rechte Hand und presste sie an ihre Brust, während sie auf etwas zu lauschen oder zu warten schien. Sie runzelte die Stirn und ihre Miene verdunkelte sich.

»Was ist?«, fragte Tomas.

»Nichts«, antwortete sie und begann, ihr Brot zu kauen.

Er nickte abwesend. Der Kaffee wurde kalt, während sie schweigend auf die Bergsgata hinausblickten.

21

Die Nacht hatte sich über das Holzhaus gesenkt. John saß zusammengekauert auf der Pritsche im Dunkeln. Die Wärme der Dusche war schon lange verschwunden, und er fror wieder, aber im Augenblick dachte er nicht daran. Er betrachtete den Brunnen im Boden, zog die Augenbrauen hoch und lauschte angespannt.

Während der Abend verging, war die Sonne aus der Schlucht gekrochen, von der Wiese verschwunden und hatte eine graue Dämmerung zurückgelassen, während sie noch über den Bergspitzen und Baumwipfeln leuchtete. Schließlich kam die Nacht, und drinnen war es schnell finster geworden. Es war sehr still. Vor einer Stunde hatte Andreas John wieder auf die Toilette gehen lassen, dann war er in seine Zelle getreten, hatte seine linke Hand mit einer Handschelle an das Gitter der Zelle gefesselt, das in der Wand verankert war. Er hatte ihm einen Blick zugeworfen, aber nichts gesagt, hatte das Licht ausgemacht und war die Treppe nach oben verschwunden. Die Kellertür schlug zu. John war allein.

Unverwandt sah er zu dem Loch im Boden. Ein kaum hörbarer Laut, ein Murmeln oder Surren, schien aus dem verschwommenen dunklen Fleck aufzusteigen. Es war eher zu fühlen als zu hören. Er versuchte angestrengt, es von dem permanenten, leisen Rauschen zu trennen, das ununterbrochen in seinem Kopf herrschte. War es wirklich oder war sein Gehör von der Isolierung hier unten geschädigt? Wurde er allmählich verrückt?

Warum war dieses Loch überhaupt da? Ein bescheidener, aber bedrohlicher Eingang zur Unterwelt. Ein tiefer Brunnen ins Nichts. Eine Möglichkeit, um aufsässige Gefangene loszuwerden? Runterstoßen und weg waren sie? Was gab es dort unten? Stehendes Wasser oder einen unterirdischen Strom, der alles mit sich riss, das hinunterfiel?

John warf einen Blick auf die Kamera und überlegte, ob sie etwas aufzeichnen konnte. Die Lampe leuchtete im Dunkeln wie Zigarettenglut. Er stellte sich vor, dass Malmberg irgendwo dort oben im Haus saß, genauso allein in der Stille wie er, und ihm zusah. Eine Spinne, die Probleme hat und nicht schlafen kann, dachte er.

Seine Fingerkuppen pochten. Er legte sich wieder hin, drehte sich zur Wand, um sein Vorhaben zu verbergen, und fuhr fort, die losen Stahldrähte zu bearbeiten. Sie waren starr und unnachgiebig, und er rutschte mit seinen ungelenken, verfrorenen Fingern ab. Es war ihm gelungen, die linke Hand in der Handschelle umzudrehen, aber die Haltung war trotzdem unbequem, und er konnte die Hand nicht benutzen, um die Drähte zu entwirren.

Später hörte John, wie die Kellertür geöffnet wurde. Er drehte sich auf den Rücken und wartete, bis das Licht angehen würde, aber die beiden Männer, die die Treppe herunterkamen, schlossen die Zellentür auf und näherten sich ihm im Dunkeln. Über ihm wurde die Nacht dichter und schwärzer, als würde die Luft immer weniger und als stürzten die Wände auf ihn nieder. Er konnte sie atmen hören und ihren Geruch wahrnehmen, aber sie sagten nichts. Sie waren furchteinflößender als alles andere bisher. Er hoffte, dass Andreas nicht dabei war.

Jemand presste John gegen das Gitter, und einer der Stahldrähte bohrte sich tief in seinen Arm. Er wagte nicht, eine Reaktion zu zeigen. Der Unbekannte drückte ihn mit seinem ganzen Gewicht nach unten. Rücken und Hinterkopf wurden hart auf die Pritsche gepresst. Das Gefühl gefesselt zu sein, löste Panik in ihm aus, aber er unternahm trotzdem keinen Versuch sich loszureißen. Alle Muskeln blockierten, sein Hirn rauschte eingesperrt im Schädel. Bewegte er sich, würden sie den Druck erhöhen und er würde die Kontrolle über sich verlieren, bis die Angst ihn zerriss und er keine Luft mehr bekam. Das würde sie anstacheln, und sie würden ihn töten.

Plötzlich erinnerte er sich an einen Fall, bei dem er einem vergewaltigten Mädchen vor Gericht beistehen sollte. Ein Strafverteidiger, der gern mit versteckten Andeutungen arbeitete und einen der beiden angeklagten Scheißkerle vertrat, hatte sie lächelnd unter Druck gesetzt und gefragt, warum sie sich nicht losgerissen oder Widerstand geleistet hatte. Warum hatte sie keine blauen Flecken? Sie hatte versucht, die Angst zu erklären, die einen beherrschte, wenn man von einem enormen Gewicht in einen engen Autositz gedrückt wird, so dass man sich nicht rühren, nichts sagen konnte. Es war für alle, den Verteidiger, den Richter und den Komplizen des Drecksacks eingeschlossen, der im Saal saß und grinste und sie anbrüllte, glasklar gewesen, dass sie auf den Rücken gezwungen, ihre Beine mit Gewalt auseinander gedrückt und sie vergewaltigt worden war, aber die Kerle wurden dennoch nur zu einer Bewährungsstrafe wegen Missbrauchs verurteilt, weil das Mädchen nicht nach ihnen geschlagen hatte.

Ohne wirklich zu verstehen, was sie meinte, war John damals trotzdem der Meinung gewesen, dass man ihre Aussage respektieren musste und dass der physische Zwang als Vergewaltigung zu betrachten war, unabhängig davon, ob die Täter sie zusammengeschlagen hatten oder nicht. Er hatte keinen Erfolg gehabt. Der Verteidiger hatte gewonnen. Die Schöffen saßen wie eine Sammlung toter Steine da. Das Mädchen hatte den Gerichtssaal verlassen und hatte geweint, ein weiteres Mal gekränkt von einem Rechtssystem, das sich vor der Wirklichkeit scheute. Das von dem dumpfen Verdacht getrieben wurde, dass es, wenn alle Frauen Recht bekämen, mit Fällen überschwemmt und die Gesellschaft sich von Grund auf ändern würde, in eine Richtung über die es keine Kontrolle hatte.

Jetzt verstand er. Das Gewicht des Muskelberges über ihm war wie ein Hundertkilosack Sand auf seiner Brust. Hätten sie ihn vergewaltigen wollen, während er dort lag, gegen das Gitter gepresst, er hätte ihnen nichts entgegenzusetzen gehabt. Es wäre kein Schlag nötig gewesen. Wollten sie ihn töten, es wäre in wenigen Sekunden erledigt gewesen.

Der Druck ließ ein wenig nach. Der Mann stützte sein Knie auf die Pritsche, und der erste Schlag fiel. Dieses Mal waren sie nicht gekommen, um Fragen zu stellen. Er krümmte sich so gut er konnte zusammen, hielt die freie Hand schützend vor den Kopf und versuchte, sein Bewusstsein abzuschalten. Dumpfe Schläge prasselten auf ihn nieder und betäubten ihn, als würden aus allen Richtungen schwere Fußbälle auf ihn geschossen.

Madame Sans-souci, rief er innerlich. Madame Sanssouci. Es war nur ein Name, er bedeutete ihm nichts, außer dass die Buchstabenfolge mit der Umkehrung in der Mitte ihm half, sich von dem Schmerz zu distanzieren. Er hatte das schon früher innerlich abgespult. Das oder andere unverständliche Silben, die unverständliche Worte bildeten. Madame Sanssouci.

Endlich wurde es ruhig. Er konnte wieder leichter atmen, die Schläge hatten aufgehört.

Der Keller war leer. Die Dunkelmänner waren verschwunden. Er lag reglos auf seiner Pritsche, darauf vorbereitet, dass es eine Finte war und dass sie gleich zurückkommen würden. Hatte er die Tür hinter ihnen zuschlagen hören? Er wusste es nicht.

Niemand kam. Die Stille blieb. Schließlich drehte er sich langsam und vorsichtig auf den Rücken. Er streckte sich und bewegte Füße, Arme, Knie. Sein Körper pochte und schmerzte überall, aber es war nichts gebrochen und sie hatten ihm nicht den Kopf eingeschlagen. Er schob die Hand unter das Hemd und betastete die Wunde, die der Stahldraht hinterlassen hatte, und versuchte, ein wenig Blut herauszupressen, um sie zu reinigen. Wenn er Wundstarrkrampf oder eine Blutvergiftung bekam, war er hilflos und unbrauchbar.

Er redete sich ein, dass es ihm gut ging und dass er immer noch er selbst war. Er ruhte mit offenen Augen und den Blick geradeaus in die Dunkelheit auf die Gittertür gerichtet. Das Metall glänzte schwach in dem grauen, kaum wahrnehmbaren Licht, das durch die Öffnung in der Mauer fiel. Ein Schatten verdichtete sich vor dem Netz.

Er musterte ihn gespannt. Sein Blut fing plötzlich an zu rauschen, als ihm klar wurde, dass dort ein Mensch stand. Eine Frau. Anne.

Sie war in der Zelle, sie war dort in der Dunkelheit, nur ein paar Meter entfernt, schwach vom Mondlicht beschienen. Sie sah ihn an.

Er hielt die Luft an. Wie war sie hierher gekommen? War er mehrere Tage bewusstlos gewesen, ohne zu wissen oder zu merken, dass sie gekommen war? Wie lange stand sie schon da und sah ihn an? Und wo war Miriam?, dachte er und seine Hoffnung sank. Wenn sie alle gefangen waren, wie sollte er ihnen dann helfen?

»Anne?«, flüsterte er.

Sie antwortete nicht. Er versuchte klar zu denken. Sie konnte nicht hier sein. Das war unmöglich, es musste eine Halluzination sein. Anne würde nicht einfach nur dastehen wie ein Fabelwesen, und er würde sie deutlicher sehen. Sie würde reden. Sie würde zu ihm rennen. Sie würde schreien und toben und verlangen zu erfahren, wo ihre Tochter steckte. Er hätte gehört, wie sie sich den ganzen Weg durch die Halle bis hier unten gewehrt hätte.

Aber die helle Erscheinung ihres Gesichtes war immer noch da. Der pochende Schmerz in seinem Körper schien sich zu verflüchtigen, und er merkte, wie er schläfrig wurde.

Sie kam auf ihn zu. Sie trug ihren weißen Morgenmantel. Sie war ganz dicht bei ihm, er konnte ihren Duft riechen. Eine Weile kämpfte er dagegen an. Es gab Menschen, die zwanzig Jahre lang auf diese Weise eingesperrt und vergessen waren, und gingen doch in seelischem Gleichgewicht, bereit, das Leben fortzusetzen, aus dieser Tortur hervor. Er brach schon nach wenigen Tagen zusammen.

Sie lächelte ihn an und knöpfte sein Hemd auf, vorsichtig, um ihm nicht wehzutun, ihre Hände tasteten sich tröstend über seine Brust und seinen Bauch. Er streckte seinen freien Arm aus und legte ihn um ihre Schulter. Er leistete keinen Widerstand mehr. Er glitt zu ihr in einen warmen, verzweifelten, heftigen erotischen Traum. Sie war hier bei ihm, und er hielt sie ohne Hoffnung fest an sich gedrückt.

In weiter Ferne hörte er das Geräusch des Helikopters. Eine Weile lauschte er, dann beachtete er es nicht mehr und es verschwand im Nebel.

22

Donnerstag

Der Helikopter landete. Kent sprang heraus und blinzelte in die frühe Morgensonne. Er hatte einen kräftigen Kater und fühlte sich etwas wacklig auf den Beinen. Martin hatte ihm einen Schluck aus seinem Flachmann angeboten, was ihn fast sofort in eine tiefe Bewusstlosigkeit geschickt und ein Gefühl verursacht hatte, als würde sein Körper sich auflösen. In seinem Kopf schlugen grobe Steine und scharfe Metallplatten aneinander, sowie er sich bewegte. Während des Fluges hatte er eine Tasse Kaffee und eine Plunderschnecke bekommen, die sich zu einer dicken, filzartigen Masse vereinigten, seine Mundhöhle verklebten und sauer schmeckten.

»Was zur Hölle ist das da?«, knurrte er, kramte in seiner Tasche nach Zigaretten und blickte grantig auf das große Holzhaus, das völlig verloren mitten in der Wildnis stand. »Ist mein Mann da drin? Ich gehe einfach rein und erledige ihn? Teufel, wie sophisticated.«

Er steckte sich mit zitternden Fingern eine Zigarette an. Das hier passte überhaupt nicht zu dem, was er gedacht hatte. Er hatte die Entführer für normale Mittelschweden gehalten, die ein bisschen zu weit nach rechts gedriftet waren. Er zwang sich umzudenken, und sie sich stattdessen als Jungs von reichen Papas vorzustellen, aber das traf ebensowenig zu.

»Rauchen kannst du später«, sagte Martin und machte eine Geste, als wolle er ihn ins Haus ziehen.

Kent hob eine Hand.

»Einen Augenblick.« Er torkelte in die andere Richtung, an einem offenen Schuppen vorbei und pinkelte auf einen Busch am Waldrand. Er hatte das Gefühl, dass sich nie zuvor so viel Flüssigkeit in ihm angestaut hatte. Auf dem Rückweg warf er einen Blick in den Schuppen und entdeckte drei Jeeps und ein paar große Tanks mit Flugbenzin. Das war doch ziemlich vernünftig, dass sie diesen Vorrat vom Haus entfernt aufbewahrten, dachte er träge und schüttelte den Kopf, in dem Versuch, das bisschen Vernunft zu sammeln, dem es aufzuwachen gelungen war.

Der Pilot war verschwunden. Patrik und Martin traten ungeduldig von einem Bein auf das andere. Martin trieb ihn zur Eile an. Sie gingen ins Haus. Über die Schulter sah Kent zu seinem Ärger, dass Patrik seine Taschen genommen und sich mit ihnen an einen unbekannten Ort verzogen hatte.

»Er klaut mein Werkzeug!«, klagte er. Er fühlte eine schier unbezwingbare Lust zu reden, als könnte der Klang seiner Stimme eine schützende Wand zwischen ihm und der Gefahr errichten.

Martin schob ihn schräg durch die Eingangshalle, durch eine Seitentür und in einen Keller. Das Erste, was er dort unten erblickte, war ein bewaffneter junger Mann im schwarzen Overall, dann einen Käfig in der Ecke mit einer Pritsche, auf der ein Mann mit dem Rücken zur Tür lag, erstaunlicherweise trug er einen Anzug. Er rührte sich nicht, seine Kleider waren staubig und verknittert und blutig.

Kent war plötzlich hellwach, als hätte man ihm einen Schlag ins Gesicht verpasst, und blieb abrupt stehen. Ein Gefangener. Sie hatten wirklich jemanden hier. Das war kein dummes Geschwätz gewesen.

Sein Hirn begann zu arbeiten, und seine Gedanken wirbelten in rasender Geschwindigkeit durcheinander. Hatten sie sich vorgestellt, dass er diesen Mann in einer Art Initiationsritus erschießen sollte? Er konnte nicht einfach auf Befehl Menschen hinrichten, das war ausgeschlossen. Oder wo lagen die Prioritäten? Eine organisierte Mörderbande war eine Sache, ein Staatsstreich eine andere. War das hier ein Staatsstreich? Wie groß waren die Ausmaße wirklich? Plötzlich wirkte es ziemlich groß. Oder war es eine optische Täuschung, war es in Wirklichkeit nur eine kleine Ansammlung Irrer, die an ein und demselben Ort zusammengekommen waren? Wo lag seine Verantwortung, seine übergreifende Verantwortung?

Und wer war der Typ mit der Mini-Uzi? Gab es noch mehr von der Sorte? Und wenn, wo? Oben im Haus?

Verdammt, konnte er nichts tun, um das Ganze sofort zu beenden? Er konnte Martin direkt anspringen, der Mann stand zwei Treppenstufen unter ihm, er konnte ihn zwischen sich und den Kerl mit der Uzi bringen. Wenn die Waffe losging, würden die Kugeln geradewegs sein menschliches Schutzschild durchschlagen, aber er konnte vielleicht, beide gegen die Wand drücken und irgendwie die Waffe an sich reißen, bevor das geschah. Sie würden überrascht werden, und der Bursche würde nicht unmittelbar registrieren, was geschah, und er würde sicher nicht auf Martin schießen wollen.

Kent maß den Abstand mit den Augen. Die Burschen waren ahnungslos. Aber das war Jacke wie Hose, wenn ihm die Aktion nicht gelang, bevor der Junge reagierte. Und was passierte, wenn er es schaffte? Ein Feuergefecht im Keller? Wollte er das?

»Das hier ist der Auftrag?«, flüsterte er höhnisch. »Einen Typen in einer Zelle erschießen? Gewinnt man einen Teddybären, wenn er von der Pritsche fällt? Was zum Teufel soll das hier?«

»Wir wollen, dass du ihn zum Reden bringst«, antwortete Martin ungeduldig.

Kent blieb stehen.

»Reden? Über was? Börsenkurse? Wer ist das? Wie lange habt ihr ihn schon hier?«

»Vierundzwanzig Stunden.«

»Vierundzwanzig Stunden? Herrgott nochmal. Ist noch

was von ihm übrig? Wo ist das Problem? Es gibt doch wohl keinen, der vierundzwanzig Stunden das Maul halten kann!«

»Wir haben ihn für dich auf Sparflamme gekocht, verdammt. Er versteckt irgendwo seine Frau, und sie hat Informationen, die wir haben wollen. Ihre Tochter ist bei ihr, also kneift er. Sagt, sie hätten sich gestritten und sie wäre vor zwei Tagen abgehauen und er wüsste nicht wohin.«

»Und warum habt ihr die Frau und die Tochter noch nicht?«

»Eine Minute bevor wir gekommen sind, ist sie ab. Wir haben ihre Rechner hergebracht, aber da ist nichts zu finden.«

Kent hatte sein Gleichgewicht wiedergefunden. Langsam stieg er die letzten Stufen hinunter.

»Was habt ihr bis jetzt mit ihm gemacht?«, fragte er.

»Drohungen und Prügel. Und wir haben ihn mit Narkosemittel voll gespritzt, damit er beim Aufwachen redet.«

»Davon hat er nicht den Mund aufgemacht?«

»Natürlich hat er den verdammten Mund aufgemacht. Aber es kam nichts, was wir gebrauchen konnten. Man konnte kaum verstehen, was er sagt.«

Kent bedeutete dem Typen, den Käfig aufzuschließen, ging hinein und lehnte sich mit verschränkten Armen gegen das Gitter. Beim Geräusch des Schlosses wachte der Unbekannte auf, langsam und gequält. Kent fragte sich, wie viele Schläge er schon hatte einstecken müssen. War er überhaupt ansprechbar? Und wie sollte er ihn von hier wegbekommen? Bis jetzt hatte sein Auftrag gelautet, Informationen und Beweise zu beschaffen, in einer Stockholmer Wohnung, dann so schnell wie möglich abhauen und die Einsatzkräfte dorthin schaffen. Jetzt sah es anders aus. Er war weit weg von zu Hause und hatte keine Ahnung mehr, wie viele er gegen sich hatte. Und er hatte einen Passagier bekommen, von dem er nicht wusste, was er mit ihm anstellen sollte.

Ein bisschen Lachgas für Martin und den Uzi-Kerl und zwei Minuten allein mit einem Telefon wären jetzt nicht schlecht. Na ja, wenigstens hatten sie nicht verlangt, dass er eine Art Hinrichtung vornahm.

Kent zuckte zusammen, als er den Mann erkannte. Es war der verschwundene Anwalt, Danielsson. Jenny hatte Recht gehabt.

John Danielsson. Der Mann, der Pilot gewesen war. Der Mann, der im Krieg gewesen war. In einem richtigen Krieg. Herrgott! Wusste Martin, dass er einen Tiger in diesen Käfig hier gesperrt hatte?

Kent betrachtete den Gefangenen mit neuem Interesse. Er war etwa vierzig, fünfundvierzig Jahre alt. Schlank, nicht besonders groß. Er versuchte sich vorzustellen, wie John ein Flugzeug flog. Oder wie er mit einer Gruppe linker Guerilleros bewaffnet durch Afrika zog. Das erschien unmöglich. Aber warum nicht? Es waren immer die gewöhnlichen Menschen, die es traf, die es übel erwischte und die hinterher die ganze Welt rodeten – Gemüsehändler, Bäcker, Büroangestellte. So wie er hier. Es war immer zu einem großen Teil Zufall, der bestimmte, wo man landete.

Dass es ausgerechnet John Danielsson war, der hier lag, änderte hoffentlich alles radikal. Der Anwalt würde vermutlich nicht bloß ein passiver Passagier sein, vielleicht konnten sie zusammenarbeiten. Wenn Kent ihm nur verständlich machen konnte, wer er war. Und wenn John kein Kriegsversehrter war, kein nervöses Wrack.

Er ging zu ihm und hockte sich vor die Pritsche.

»Wie geht's«, fragte er.

Der Mann schaute ihn an.

»Und wer bist du?«, murmelte er. »Gestapo?«

»Noch nicht. Du weißt nicht mal, welche Tageszeit wir

haben, oder? Es ist sieben Uhr morgens, es ist Donnerstag, die Temperatur beträgt ungefähr acht Grad plus, schwacher Wind. Tatsächlich richtig schön und warm. Da draußen steht Martin, ich bin Kent. Entspann dich. Ich werde dir nicht die Zehennägel rausreißen. Ich habe ein Hirn im Schädel, verstehst du?«

Ein Funkeln trat in die müden Augen.

»Ach ja? Gratuliere!«

Sein Gesicht war blass, und der Mann fror. Aus einem schmalen Riss im Anzugärmel rann Blut. Woher kam das? Ein Messer? Nein, dafür war das Loch zu klein. Kent ließ den Blick über die Pritsche und das Gitter gleiten und entdeckte die losen Drähte. Was hatte das zu bedeuten? Plante der Kerl, sie als Waffe einzusetzen?

Er lächelte.

»Danke. Jetzt wollen wir uns ein wenig unterhalten. Soweit ich verstanden habe, haben du, deine Frau und eure Tochter die Wohnung früh verlassen. Ich habe ein Bild von dir in der Zeitung gesehen. Die Polizei glaubt, dass du erst sie und dann dich selbst getötet hast. Dass es Mord und Selbstmord war. Eine Familientragödie.«

Der Anwalt schüttelte langsam den Kopf.

»Nein, sie ist viel zu nett. Ziemlich kleine Frau, aber reines Dynamit«, fuhr Kent fort. »Hat sie nicht irgendwelche Rückenprobleme?«, fügte er mit bedauernder Miene hinzu. »Jedenfalls kann sie nicht besonders stark sein. Aber ein Nachbar hat euch im Keller gesehen – und das hat er bezeugt –, und er sagt, dass du sie alles tragen lässt – Zelt, Schlafsäcke, einfach alles.«

»Es ist doch klar, dass ich das nicht getan habe.«

»Nicht? Nein, selbstredend, du hast das meiste geschleppt. Denn ihr habt euch gar nicht gestritten, oder? Du warst da, du hast ihnen in der Garage mit der Ausrüstung geholfen. Ihr ward froh und glücklich. Ihr ward nicht zerstritten, es gab gar kein Problem. Sie sind einfach nur in

Urlaub gefahren. Deshalb weißt du auch, wo sie sind, nicht wahr?«

Es entstand eine Pause, und die Männer sahen einander an. Der Anwalt begriff offenbar, dass er schon überlistet worden war, aber er ließ sich nichts anmerken.

»Dass wir gestritten haben, bedeutet doch nicht, dass ich ihr nicht helfe«, entgegnete er.

Das Reden fiel ihm schwer, er hatte in den letzten Tagen viel zu wenig getrunken. Wenn das so weiterging, würde ihm auch das Denken zunehmend schwer fallen.

»Nein, natürlich nicht. Aber du siehst, wie leicht es ist«, sagte Kent. »Denk daran.«

Er drehte ihm den Rücken zu und verließ den Käfig. Der Wachmann verriegelte die Tür. Kent blickte in seine hellen grauen Augen.

»Gib ihm Wasser«, sagte er bestimmt. »Wenn er nichts zu trinken bekommt, wird er in ein paar Stunden gar nicht mehr reden können. Wie zur Hölle soll ich so arbeiten?«

Der Wachmann schaute zu Martin hinüber und bekam ein widerwilliges Nicken zur Antwort. Kent ging die Kellertreppe hoch, Martin folgte in seinem Kielwasser.

»Essen und eine Kopfschmerztablette, danke«, sagte Kent. »Dann will ich mit dem Chef hier reden.«

»Du wirst dich mit mir begnügen müssen«, sagte Martin.

Also gibt es einen anderen Chef außer dir, dachte Kent und sagte:

»Das reicht nicht.«

»Du bekommst oben ein Zimmer, und wenn du etwas zu essen haben willst, dann komm später mit mir auf den Rasen. Andernfalls schließen wir dich eine Stunde ein, damit du dich ausnüchtern und später mit dem Anwalt weitermachen kannst. Es ist nämlich dringend. Was ist dir lieber?«

»Essen ist prima«, sagte Kent.

Martin verschwand durch eine Tür. Patrik stand in der

Halle. Er bedeutete Kent, ihm zu folgen, und ging die Treppe hinauf. In Kent wuchs das Gefühl, sich in einem pervertierten Ferienlager zu befinden.

Sie betraten eine geräumige Wohnung, die wiederum aus einer Diele bestand, von der zwei Korridore abzweigten, mit Zimmern zu beiden Seiten. Große schräge Fenster ließen das Sonnenlicht herein und boten eine fantastische Aussicht über den weitläufigen Rasen und die steile Bergwand gegenüber. Doch die Stille war überwältigend und das ganze Haus vermittelte den Eindruck seltsamer Trostlosigkeit.

»Schnuckelige Hütte«, sagte Kent. »Aber so leer. Wo sind die anderen?«

Patrik schwieg. Er ging bis zum letzten Zimmer, hinten rechts, einem spartanischen Raum, der frisch gescheuert aussah und den unbestimmten Eindruck hinterließ, dass hier noch bis vor kurzem jemand gewohnt haben musste. Kent nahm eine Zigarette aus seiner Schachtel und steckte sie an.

»Wir rauchen hier im Haus nicht«, sagte Patrik.

»Du machst Witze!«, sagte Kent und musste daran denken, dass er exakt dieselben Worte zu seiner Pensionswirtin gesagt hatte. Die Absurdität der ganzen Situation holte ihn plötzlich mit voller Wucht ein, und er musste lachen. Gesundheitsbewusste Mörder!

Patrik schlug ihm die Zigarette aus der Hand. Gehorsam hob er sie auf, drückte die Zigarettenschachtel zusammen und stopfte sie in die Tasche zurück. Sie gingen wieder hinunter ins Erdgeschoss, und Patrik verschwand. Kent trat ins Freie, wo mitten auf dem Rasen eine Sitzgruppe aus weißen Gartenmöbeln stand, ohne Veranda oder irgendeine andere Abgrenzung. Martin saß auf der Bank, und Kent ließ sich auf einen der Lehnstühle nieder. Die Kälte biss in Gesicht und Hände, die Luft war frisch und klar.

Martin schlug die Beine übereinander, faltete die Hände

über dem Knie und ein kleines selbstbewusstes Lächeln, das seine Mundwinkel nach unten zog, offenbarte sich auf seinem Gesicht. Er schob eine Kopfschmerztablette über den Tisch.

»Nun, jetzt hast du ihn gesehen«, sagte er.

»Das ist dieser Anwalt«, erwiderte Kent. »Ich hab davon in der Zeitung gelesen.«

»Genau der. Also was glaubst du? Hat er Informationen, die wertvoll für uns sind?«

»Auf jeden Fall weiß er, wo seine Frau ist.«

»Wirklich? Dann ist er es wert, ihn noch eine Weile hier zu behalten?«

»Ihn hier behalten? Absolut. Aber es wäre hilfreich, wenn ich etwas mehr wüsste. Dann kann ich geschickter vorgehen, wenn seine Selbstkontrolle nachlässt und er anfängt, sich zu verplappern.«

»Du warst doch Polizist. Da weiß man doch auch nicht alles, wenn man mit dem Verhör beginnt?«

»Nein, aber je mehr man im Vorfeld weiß, desto besser ist die Position, die man später hat.«

Martin zögerte ein wenig, während das Lächeln noch immer seine Lippen umspielte.

»Ach so. Okay. Also, es ist so, dass vor drei Tagen ein feiger Überläufer namens Bertil Evertsson in Anne Danielssons Büro gestiefelt ist.«

»Ein Typ, der aussteigen wollte?«

»Ganz genau. Wir vertrauten ihm, und er bekam die Gelegenheit sich Unterlagen mit allen Informationen über unsere Organisation zu beschaffen. Sämtliche Kontakte, finanzielle Quellen. Diese Basis hier. Und was noch schlimmer ist, alles über ein wichtiges Ereignis, das in zehn Tagen eintreffen wird und sich in einem sensiblen Stadium der Planung und Vorbereitung befindet. Er stopfte alles in ein Kuvert und machte sich davon.«

Kent wurde neugierig.

»Was wird in zehn Tagen passieren?«

»Das ist konfidentiell«, antwortete Martin selbstgefällig.

Kent nickte und wartete aufmerksam auf das nächste kluge Wort. Martin machte eine Pause. Sein Gesichtsausdruck veränderte sich.

»Das hier könnte das perfekte Land sein, aber alles wird einfach vergeudet!«, sagte er. »Es gibt keine schwedische Führung mehr, niemanden mit Rückgrat. Wir werden von Zombies regiert, die einer Gehirnwäsche unterzogen worden sind, die uns in den Untergang steuern, angeführt von der heimlichen zionistischen Besatzungsmacht. Das ist ein bewusster Plan, die weiße Rasse zu kreuzen, und keiner sieht das! Nichts funktioniert, die Schweden sterben in Krankenhauskorridoren, Einwanderer überschwemmen alles, reine, weiße Jugendliche treiben sich auf der Straße rum und prügeln sich, weil sie nicht wissen, wohin mit ihrer Kraft, so wie die, die du in der Kneipe runtergeputzt hast. Jemand muss übernehmen, die Verantwortung übernehmen und in den Kampf ziehen. Verdammt, sie lassen Schwuchteln heiraten und Kinder adoptieren, um die Fortpflanzung der Rasse aufzuhalten! Sie lassen weiße Mädchen von Negern und Arabern vergewaltigen, um unser Blut zu beschmutzen.«

Er schwieg angestrengt.

»Ja, es ist zum Kotzen. Wie viele sind wir?«, fragte Kent.

»Lass es mich so sagen: Wir sind verdammt gut platziert«, antwortete Martin.

Es war offensichtlich, dass er mit der Anzahl nicht zufrieden war.

»Es werden mehr. Das geht ja gar nicht anders«, sagte Kent ernst.

Martin warf ihm einen gefährlichen Blick zu.

»He, ich meinte das nicht ironisch!«, fügte Kent erschrocken hinzu. »Mann, ich meine, was ich sage. Das alles hier ist doch fantastisch. Eine Riesensache. Ich bin verflucht beeindruckt, ich dachte doch, ihr wärt nur zu zweit. Und dabei gibt es hier alles, wovon ich die ganze Zeit nur geträumt habe. Eine Eliteeinheit. Oder ist der Bursche da unten etwa der Einzige? Oder erwartet ihr von mir, dass ich eine Eliteeinheit rekrutiere und ausbilde? Ist es das, wofür ihr mich eigentlich wollt?«

Es wurde quälend still. Martin betrachtete ihn, als versuche er, herauszufinden, was in seinem Kopf vorging. Kent konnte nichts anderes tun, als den Blick zu erwidern.

»Um auf das Kuvert zurückzukommen«, sagte Martin. »Dieser verdammte Verräter hat es aus der Hand gegeben, als Versicherung, die im Falle seines Todes geöffnet werden sollte. Aber diese Sorte Versicherung funktioniert nicht immer und schon gar nicht mit uns. Es dauerte trotzdem bis Dienstagmorgen, bis er uns Anne Danielssons Namen nennen wollte. Und danach waren wir natürlich gezwungen, ihn zu eliminieren.«

Kent nickte verständnisvoll.

»Aber wir konnten das Kuvert nicht finden. Es war nicht im Büro. Nicht in der Wohnung.«

»Glaubst du, sie hat es geöffnet?«

»Warum sollte sie – andererseits, warum ist sie sonst so plötzlich mit dem Kind aus der Stadt verschwunden?«, sagte Martin in klagendem Ton, als hätte Anne auf seine Gefühle Rücksicht nehmen sollen. »Vielleicht hält sie sich irgendwo versteckt. Aber wie auch immer, wir brauchen das Kuvert. Alles muss wasserdicht sein, und das war es auch – bis jetzt. Du verstehst den Ernst der Lage. Schaffst du das?«

»Zweifellos. Aber für mich stellt sich die Frage, was dann passiert. Ihr werdet mich für die folgenden Operationen brauchen. Ich bin bereit. Deshalb bin ich hier. Du hast nicht den Hauch einer Ahnung, wie lange ich auf diese Gelegenheit gewartet habe.«

Martin wedelte abwehrend mit der Hand.

»Mach erst mal das, dann sehen wir weiter. Wir haben übrigens selbst zwei Männer draußen, die nach Anne Danielsson suchen.«

»Habt ihr? Mit Erfolg?«

»Teilweise. Ich gebe dir einen guten Rat. Es wäre am besten, wenn du mit der Sache schnell fertig wirst. Es eilt, du hast zwei Tage. Dann ist es gelaufen. Verstanden?«

Kent nickte. Er beugte sich vor.

»Verstanden. Aber eine andere Sache. Heute ist Donnerstag, Martin. Letzten Sonntag war es diese Journalistin. Wer ist nächsten Sonntag dran?«

Martin sah zufrieden aus, aber er antwortete nicht.

»Entschuldige, dass ich das sage, aber diese vier Toten waren vielleicht nicht besonders klug ausgewählt«, sagte Kent. »Freie Meinungsbildung und so. Die Leute werden ärgerlich. Wenn Kinder, Polizisten und solche wie Eva Beldon getötet werden, bringen sie ihre Bullen auf Trab. Glaub mir, ich weiß es. Wer, Martin?«

Martin hob den Blick zum Himmel und grinste.

»Soll ich es sagen?«

»Ja!«

»Okay. Diese Schnüfflerin«, sagte er. »Die, die ihre Nase überall reinsteckt. Margareta Davidsson.«

Patrik lungerte vor der großen Küche des Holzhauses herum, in der die Russin das Essen vorbereitete. Sie bewegte sich in der Küche, als wäre er nicht da, ging von dem großen Kühlschrank zur Arbeitsplatte aus rostfreiem Stahl und dem enormen Ofen an ihm vorbei, als gehörte er zum Inventar.

»Du bist verdammt hübsch, Irina«, sagte er.

Sie tat, als hörte sie ihn nicht.

»Patrik, ich heiße Patrik. Das kannst du doch wohl sagen, auch wenn du sonst nichts verstehst?«, unternahm er einen neuen Anlauf.

Sie nahm das Tablett, auf dem zwei Teller mit Würstchen, Kartoffeln, eingelegter roter Beete und Salat und zwei Gläser Apfelsaft standen, und ging aus dem Haus. Er folgte ihr nicht. Sie überquerte den trostlosen Rasen und stellte das Tablett auf den weiß gestrichenen Tisch.

Die Sonne war inzwischen verschwunden. Kent warf der Frau einen prüfenden Blick zu, den sie nicht erwiderte. Er bemerkte, dass sie auch Martin nicht ansah. Sie verschwand wortlos, und die Männer begannen zu essen.

Das Essen war fantasielos, aber ordentlich – zubereitet unter Protest, dachte Kent. Sie tut, was sie muss, aber kein bisschen darüber hinaus.

Dunkle Wolken hingen über ihnen, Regen lag in der Luft. Kent ließ die Tablette ins Glas fallen. Er hätte gern mehr gewusst, aber er stellte keine weiteren Fragen. Mehr würde Martin jetzt ohnehin nicht sagen.

23

»Lennartsbergs Zoo«, las Miriam auf einem Schild. »Können wir nicht dahin fahren? Das ist die nächste Ausfahrt.« Sie klang begeistert.

Anne schaute auf die Uhr. Es war zwölf. Der Himmel war bewölkt, aber es sah nicht nach Regen aus.

»Ja, machen wir. Das klingt toll«, sagte sie.

Sie fuhren durch den kleinen Ort bis zum Zoo. Trotz der Wolken am Himmel waren einige Besucher gekommen, um sich die Tiere anzusehen, mit den Kindern auf den Spielplatz zu gehen oder sie auf einem Pony reiten zu lassen oder an der gemütlichen kleinen, rot gestrichenen Bude mit ausklappbarem Holztresen, die zwischen großen Kiefern stand, heiße Schokolade und Kaffee zu trinken. Die Stimmung war friedlich und entspannt.

Sie stellten den Landrover auf einem großen asphaltierten Parkplatz ab, bezahlten und gingen hinein. Ein appetitanregender Duft von Kaffee und frisch gebackenen Waffeln lag über dem ganzen Gelände. Anne blieb stehen, um ein paar zu kaufen, während Miriam weiterlief, um sich die Affen in einem großen Gehege anzusehen.

Sie stellte sich vor die Gitterstäbe und versuchte, den Blick eines kleinen Affen einzufangen, der darin herumtollte. Er bewegte sich mit blitzartiger Geschwindigkeit durch den Käfig, kletterte einen Baumstamm hinauf und wieder hinunter, sprang einen steilen Felsblock hoch und setzte sich hin, um hochkonzentriert mit seinen kleinen, sensiblen Fingern ein Stück Banane zu schälen. Einen Augenblick sah er sie an, dann kontrollierte er, wo die anderen Affen waren, bevor er sich wieder der Banane widmete.

Miriam bekam Lust, ihn auf den Arm zu nehmen und den kleinen Körper zu streicheln. Schade, dass du nicht mehr draußen in der Natur sein darfst, dachte sie.

Plötzlich wollte sie ihre beste Freundin anrufen, Julia. Sie hatten seit zwei Tagen nicht mehr miteinander geredet und langsam wuchs das Bedürfnis, ihre Stimme zu hören. Möglicherweise war es doch keine so gute Idee gewesen, kein Telefon mitzunehmen. Aber vielleicht gab es hier eine Telefonzelle?

Sie fühlte sich beobachtet und drehte sich um. Zwei Meter entfernt stand ein dunkelhaariger Mann im Anzug an das Gitter gelehnt, die Hände in den Hosentaschen. Er war etwa fünfundzwanzig und sah sie mit einem vielsagenden Lächeln an.

Sie wandte den Blick ab. Ihr war unbehaglich zu Mute, und sie ging ein Stück in die andere Richtung. Aber auf der Seite war auch ein Mann aufgetaucht, rothaarig, ebenfalls im Anzug. Er hatte die Arme verschränkt und beobachtete sie.

Ihr Herz begann angsterfüllt zu pochen. Dieses unterschwellig drohende Lächeln war so widerwärtig, dass ihr übel wurde. Hass lag darin. Und tief in ihr weckte es noch ein anderes Gefühl. Vielleicht Trauer.

Miriam wusste nicht, was sie tun sollte. Sie warf einen schnellen Blick hinter sich. Ein paar Besucher waren fast zwanzig Meter entfernt, aber sie hätten genauso gut auf einem anderen Planeten sein können. Eine albtraumhafte Angst, dass sie sich nur verständnislos abwenden und gehen würden, wenn sie sie um Hilfe bat, überkam sie.

»Was macht so ein süßes Mädchen wie du hier mitten am hellen Vormittag?«, fragte der Dunkelhaarige. »Solltest du nicht in der Schule sein?«

»Das geht Sie nichts an«, sagte Miriam wie gelähmt.

Der Rothaarige lachte. Eine Woge unbestimmter Scham durchfuhr sie. Als würden die gefährlichen, unberechenbaren Gedanken, die die Männer zu haben schienen, auf sie abfärben. Sie hatte Angst, aber sie schämte sich auch für diesen quälenden Annäherungsversuch der Männer. Sie wollte um Hilfe rufen, aber sie fühlte sich dumm und verloren und ihre Füße waren wie angewurzelt.

Sie hielt ihren Blick unverwandt auf den Affen gerichtet. Er hatte die Banane aufgefressen und probierte einen zerbröselten Keks. Zwischendurch sah er sie aus seinen kleinen, lebhaften braunen Augen an. Miriam hoffte, dass die Männer verschwinden würden, wenn sie sie ignorierte, aber zu ihrem Entsetzen kamen sie langsam näher, bis sie ganz dicht neben ihr standen. Sie rochen unangenehm und fremd und mit jeder Faser ihres Körpers wünschte sie sich fort.

»Wie heißt du?«, fragte der Dunkelhaarige.

»Haut ab«, sagte sie.

»Nicht bevor du mir nicht gesagt hast, wie du heißt. Wie heißt du?«

»Haut ab!«, wiederholte sie verzweifelt.

»Lasst sie in Ruhe!«, hörte sie Annes barsche Stimme hinter sich.

Miriam drehte sich erleichtert um. Anne hielt die Waffeln in der Hand und blickte zornig von einem Mann zum anderen. Sie musste sich sehr beherrschen, um ihnen die Waffeln nicht ins Gesicht zu schleudern.

»Weg von meiner Tochter. Jetzt. Sofort!«, fauchte sie.

Miriam kam endlich von dem Gitter los, als wäre ein Stromkreis unterbrochen, und rannte zu ihrer Mutter. Der Dunkelhaarige lächelte immer noch!

»Das ist also die schöne Mutter von der schönen Tochter. Seid ihr aus Stockholm? Schon im Urlaub?«

»Verschwindet von hier«, entgegnete Anne.

Sie gab Miriam ihre Waffel und legte den Arm um sie. Sie begannen in die andere Richtung zu gehen. Die Männer sahen sich an und zögerten eine Sekunde. Dann nahmen sie Mutter und Tochter in ihre Mitte.

»Du solltest das alles hier nicht falsch verstehen«, sagte der Dunkelhaarige mit einer Mischung aus Befehl und Versöhnlichkeit in der Stimme. »Es ist ja nichts passiert. Wir wollen nur reden.«

»Unter reden verstehe ich aber etwas anderes«, sagte Anne trocken.

»Ich weiß ja nicht, was für eine schmutzige Fantasie du hast, aber so ist es jedenfalls«, erwiderte der Dunkelhaarige ungeduldig und hob seine Stimme, als könne er keinen Widerspruch vertragen. »Begreifst du nicht, wie mies wir uns fühlen, wenn du uns mit solchen Anschuldigungen kommst? Aber wir wollen euch trotzdem gerne auf einen Kaffee einladen und dann vergisst du das hier. Okay?«

»Wir sind nicht interessiert«, sagte Anne. »Verstehst du nicht, was ich sage? Wie könnt ihr es wagen, ein dreizehnjähriges Mädchen zu belästigen? Verschwindet und lasst uns in Frieden. Sonst rufen wir die Polizei. Ist das jetzt angekommen?«

Er holte Luft, um ihr eine entrüstete Antwort entgegenzuschleudern, aber Anne starrte ihn zornig an und er schwieg.

Sie ging mit Miriam weiter, während sie ihre knusprigen Waffeln mit Erdbeermarmelade und Sahne aßen. Die Männer fielen ein paar Meter zurück. Sie wechselten einen Blick.

Anne und Miriam gingen zu einem Teich mit Vögeln. Die Männer hefteten sich an ihre Fersen, blieben ein Stück entfernt stehen, die Hände in den Hosentaschen und warfen ihnen gelegentlich vielsagende Blicke zu. Es war schwer, sie zu ignorieren. Sie waren wie Kletten, die sich unerbittlich aufdrängten.

Sie mussten einfach bald abhauen. Was sollten sie sonst tun? Sie glaubten wohl, dass sie ihre männliche Macht demonstrierten, wenn sie extra noch länger blieben. Warum machen Männer so was?, dachte Anne. Hat es, außer im Film, jemals in der Weltgeschichte eine Frau gegeben, die es sich plötzlich anders überlegt und einen aufdringlichen, unangenehmen Kerl in ihr Herz schließt? Aber die Männer verfolgten ganz andere Absichten. Sie fühlten sich groß und stark, wenn sie junge Mädchen belästigten und erschreckten. Es war erbärmlich.

Es war unbequem im Gehen zu essen. Sie steuerten eine Kiefer mit einer Bank um den Stamm an und setzten sich.

»Sind sie noch da?«, murmelte Miriam.

Sie war unruhig und angespannt. Die Männer waren verdächtig.

»Ja, sie lungern da drüben rum. Kümmere dich nicht um sie.«

»Was sollen wir tun?«

»In aller Ruhe aufessen. Dann reden wir mit einem Wachmann.«

»Glaubst du, dass sie Frauen haben? Wie kann man mit so einem Schleimbeutel verheiratet sein?«

»Du sagst es. Ihre Frauen wissen sicher nicht, wie sie wirklich sind.«

»Das kann doch gar nicht sein. Sie müssen doch genauso eklig gegrinst haben, als sie ihre Frauen angemacht haben.«

»Vermutlich. Ich konnte das auch nie verstehen. Vielleicht versuchen die Frauen, sich selbst einzureden, dass alles gut ist. Oder aber sie haben gar keine Frauen, sie finden keine, die sie haben wollen, und darum machen sie anderen Frauen das Leben schwer. Sind sie immer noch da?«, fragte Anne und wischte sich Marmelade und Sahne mit einer Papierserviette, die sich schon fast aufgelöst hatte, von den klebrigen Fingern.

»Ja, sie stehen da drüben.«

»Dann suchen wir einen Wachmann. Das hätte ich von Anfang an tun sollen. Sie dürfen uns nicht belästigen. Die sollen sich zum Kuckuck scheren.«

Miriam war erleichtert. Sie gingen zum Eingang zurück. Die Männer hielten sich zehn Meter hinter ihnen. Am Eingang war ein junger Polizist in Uniform aufgetaucht, der darauf zu warten schien, dass sein Kollege vom Kaffeeholen zurückkam. Ihr Wagen stand schräg auf dem Bürgersteig, damit die Fußgänger noch vorbeikamen. Sie hatten offensichtlich vor, bei offener Tür im Auto zu sitzen, Pause zu machen und gleichzeitig die Natur zu genießen.

Anne ging zu dem Beamten, erklärte die Situation und er nickte verständnisvoll. Sie und Miriam liefen an ihm vorbei auf den Parkplatz, während er auf die beiden Männer zuging, um sie aufzuhalten.

Er war nicht sonderlich engagiert. Er erwartete zwei gedankenlose Strohwitwer auf der Pirsch oder Anzugträger, die ein paar Stunden freihatten und die Zeit für ein zufälliges Abenteuer nutzen wollten, und er nahm an, dass die Mutter die Hauptattraktion gewesen war. Aber als er direkt vor ihnen stand, spürte er eine Schwingung in der Luft, die ihm nicht gefiel. Ihre Blicke gefielen ihm überhaupt nicht.

Pädophile, dachte er. Sie waren sicher hinter dem Mädchen her. Er musste sie aufhalten und ihre Personalien notieren, dann konnte er sie im Register überprüfen.

»Sind Sie mit dem Auto hier?«, erkundigte er sich. Die Frage war rein rhetorisch, denn der einzige Bus, der hier fuhr, war ein Schulbus, der viermal am Tag vorbeikam.

»Ja, selbstverständlich«, sagte der eine Mann.

»Wir haben ein kleines Verkehrsproblem gehabt. Welches Auto gehört Ihnen?«

»Mit welchem Auto haben Sie denn Probleme gehabt?«, fragte der Mann listig und blickte über den Parkplatz, wo ungefähr zehn Autos großzügig nebeneinander geparkt waren.

»Welches gehört Ihnen?«, beharrte der junge Polizist unerschütterlich.

Der Mann zeigte verärgert auf einen großen rotbraunen Ford. Zusammen gingen sie hinüber. Der Beamte musterte ihn. Er schien weder Dellen noch defekte Scheinwerfer zu haben. Er schrieb die Autonummer auf. Er wollte den Ford Stoßdämpfer für Stoßdämpfer überprüfen.

»Kann ich die Führerscheine sehen?«, sagte er und sah aus den Augenwinkeln, dass die Frau mit der Tochter ihren Landrover erreicht hatte. Sie drehte sich um, bevor sie ins Auto stieg, und lächelte ihm zu.

»Führerschein? Warum? Haben wir etwas getan?«

»Führerscheine, danke.«

Der Landrover brummte an ihnen vorbei. Widerwillig zogen die beiden Männer ihre Führerscheine aus ihren Brieftaschen und zeigten sie ihm. Sie schienen in Ordnung zu sein.

Als er den Kopf wieder hob, sah er etwas in ihren Augen, das ihn mit Angst erfüllte. Er tastete nach seiner Pistole, aber ein Faustschlag traf ihn wie aus dem Nichts ins Gesicht. Vor seinen Augen blitzte es auf. Er war erstaunt, dass er keinen Schmerz spürte, und stürzte auf den Asphalt.

Die Männer blickten sich an und sahen sich rasch um. Der Landrover war inzwischen weg, und außer ihnen befand sich niemand auf diesem Teil des Parkplatzes. Stimmen und Musik klangen aus dem Zoo zu ihnen herüber, aber der Eingang wurde von einem großen Gebüsch verdeckt und der Wald begann jenseits des Dickichts, das den Asphalt des Parkplatzes säumte.

Der Polizist stöhnte und krümmte sich zu ihren Füßen. Sie zogen ihn hinter das Auto und ließen Schläge auf ihn niederprasseln, bis er sich nicht mehr rührte. Sie rollten ihr Opfer ins Dickicht, nahmen seinen Notizblock an sich, sprangen in den Wagen und preschten mit quietschenden Reifen auf die große Straße.

»Ein blaues Schwein weniger auf der Welt«, sagte der Dunkelhaarige.

Der Landrover war verschwunden. Der Dunkelhaarige am Steuer fluchte, dachte eine Sekunde nach und entschied sich, nach Norden abzubiegen. Der andere griff nach seinem Handy.

Die Kollegin des Polizisten kehrte vom Imbiss aus dem Zoo zurück, eine junge Frau mit geflochtenem Zopf, der ihr über den Rücken fiel. Sie trug ein Tablett mit zwei Bechern Kaffee, Zimtschnecken und Leberwurstbroten. Sie blieb am Streifenwagen stehen und sah sich um.

»Mats?«, rief sie.

24

John saß an die Wand gelehnt auf der Pritsche. Der Mann, der gerade gekommen war, der Mann mit dem drohenden Blick und der sarkastischen Freundlichkeit, saß ihm direkt gegenüber auf einem Stuhl, den Andreas aus dem kleinen Zimmer nebenan geholt hatte.

Dieser Neue hier war anders als Roffe, Andreas und die Entführer. Älter und erfahrener. Sein Gefühl sagte ihm, dass dieser hier Polizist war. Er war nicht ganz sicher warum. Vielleicht war es die Atmosphäre, die ihn umgab, eine Atmosphäre von Ordnung und einem langen Leben in einem anstrengenden Job, in dem er viel gesehen und vieles erlebt hatte. Dennoch war er nichts anderes als ein Schurke und noch dazu einer, der verflucht gefährlich aussah. Sein Aussehen musste ihm in seinem Beruf oft genug von Nutzen gewesen sein.

Er hatte sich zurückgelehnt, die Hände in den Hosentaschen. Wie alt mochte er sein – fünfundvierzig? Genauso alt wie John. Er hatte viele Jahre Zeit gehabt, in seine Ideen hineinzuwachsen. John fragte sich, wie er mit Malmberg auskam. Er sah einzelgängerisch aus, es war schwer, sie sich zusammen vorzustellen. Dumm war er auch nicht. Es war unmöglich, sich im Voraus eine Strategie gegen ihn zurechtzulegen.

Er hatte jetzt seit einer Viertelstunde auf eine seltsam zerstreute Art über eine Menge alltäglicher Themen geredet. Er hatte sich ganz anders unter Kontrolle als Roffe, aber unter seiner Ruhe war eine Kälte zu spüren, ein schlummernder Zorn, der jederzeit losbrechen konnte. Die Gewalt, die John bisher begegnet war, war an sich schon schlimm genug, aber das hier würde auf ganz eigene Weise noch schlimmer werden, weil es so unvorhersehbar war.

Er musterte John geistesabwesend und abschätzend. Er sprach von Ferien und Autos und was bei Landrovern kaputtgehen konnte. John antwortete nicht. Der Polizist verstummte und drehte einen Augenblick den Kopf. John überfiel plötzlich die Angst, Missfallen in ihm zu wecken.

»Ich begreife einfach nicht, wozu man in diesem Land einen Jeep braucht«, sagte der Polizist. »Nur damit man so tun kann, als wäre man in Kanada oder irgendwo in der Wüste?«

John schwieg.

»In einem Entwicklungsland, da kann man einen Jeep gebrauchen. Was auch immer man da zu schaffen hat. Ferien sind die eine Sache, wenn man Aids haben oder schwarzen Affen zuschauen will, die mit Trommeln tanzen, aber was zur Hölle macht Schweden da? Als Land? Warum sollen wir dahin und irgendwelchen Negern helfen, die sich nicht selbst helfen können? Die ganzen verdammten Organisationen, wie sie auch heißen, Rotes Kreuz, Ärzte ohne Grenzen. Ärzte ohne Grenzen! Auch so ein beschissen pathetischer Name.«

»Médecins sans frontières«, sagte John.

Der Polizist schnaubte.

»Ja! Das klingt nobel, aber es ist doch derselbe Dreck. Leute einfliegen und Malaria und anderen Mist riskieren, Medizin von hier nach da fliegen, obwohl es richtige Schweden gibt, die kaum genug Kohle für ihr Insulin haben.«

Es entstand eine Pause. Der Polizist schien seinen Gedanken nachzuhängen. Das Thema berührte Johns Leben unangenehm nah, und er fragte sich, wie es aufgekommen war.

»Interessierst du dich für Entwicklungsländer?«, fragte John.

»Früher. Vor siebzehn Jahren.«

»Was ist dann passiert?«

»Dann hatte ich nachts Albträume.«

Der Polizist blickte zur Kamera, ohne den Kopf zu bewegen.

»Albträume, wie die weiße Rasse zur Ader gelassen wurde«, setzte er hinzu.

John schwieg. Der Polizist beugte sich vor, die Arme auf die Knie gestützt, als wolle er eine Karte ausspielen. Oder sein Vertrauen gewinnen.

»Du sollst wissen, dass wir Männer haben, die nach

Anne und Miriam suchen. Gestern Nacht waren sie auf Eklidens Campingplatz. Gerade erst wurden sie im Zoo von Lennartsberg gesehen. Sie haben sich Tiere angeschaut und Waffeln mit Marmelade gegessen. Das ist erst eine Stunde her.«

John richtete seinen Blick starr auf einen Punkt neben ihm, um zu verbergen, wie tief der Schock saß. Sie hatten Miriam gesehen, es war ihnen gelungen, das Auto aufzuspüren. Der Teufel sollte sie holen! Aber offenbar hatten sie sie noch nicht in ihrer Gewalt. Er fragte sich, ob Anne sie hatte austricksen können.

»Die Kleine trägt eine Kapuzenjacke. Wir sind ihnen auf den Fersen. Verstehst du? Also, wohin wollen sie?«

John richtete seinen Blick auf die Wand vor dem Gitter und versuchte, an etwas anderes zu denken. Essen. Warmes Wasser, ein weiches Bett mit Kopfkissen und Decke. Warmer Sand an einem sonnigen Strand. Er hatte mehrere Tage gefroren, Hände und Füße waren eiskalt und sein Körper unter den Kleidern auch.

»Du bist scharfsinnig, du denkst, dass wir früher oder später sowieso mit dir Schluss machen«, fuhr Kent fast freundlich fort. »Es ist nicht sicher, aber selbst wenn es so sein sollte, dann solltest du dich fragen, wie. Wenn du uns jetzt antwortest, können wir sie vielleicht laufen lassen, aber wenn unsere Jungs sie zuerst finden, überlassen wir sie Martin und seinen Freunden. Hier im Keller. Verstehst du, was ich sage?«

Die leidenschaftslose Stimme machte die ganze Situation noch absurder. Sein Blick bohrte sich in ihn, als versuche er zu erraten, was in seinem Kopf vorging. John versuchte unbeteiligt auszusehen, seine Kiefer schmerzten vor Anstrengung und er zitterte. Er konnte die Kälte nicht länger zurückhalten.

Der Polizist betrachtete seine Hände und redete weiter. Er klang bedauernd, als versuche er, ihm eine Chance zu geben und wäre traurig darüber, dass er sie nicht ergriff. Bad cop, good cop in einer Person.

»Ich habe eine Idee, wohin sie unterwegs sein könnten. In der Zeitung stand, dass ihr gerne in Hälsingland Urlaub macht. Ihr mietet euch immer in einem Gasthaus ein, um von der Großstadt abzuschalten. Ihr seid schon früher dort gewesen. War es nicht der Millongård außerhalb von Järvsö? Dort hat es mal einen Mordfall gegeben. Jemand ist in einem Holzschuppen in kleine Stücke zerlegt worden. Der Mörder hat die Leiche in einen BMW gelegt. Aber jetzt ist es dort nett und schmuck. Dorthin wollen sie. Ist es nicht so?«

John verlor einen Teil seiner Konzentration. Das hier war die Intrige in Harriets Krimi. Entwicklungsländer, Hilfsorganisationen, und jetzt das hier. Aber der Polizist konnte das doch nicht wissen? Oder das Buch gelesen haben?

Oder konnte er doch?

Für eine schwindelnde Sekunde erwachte eine Sehnsucht nach Befreiung in John, als wäre ein Fenster geöffnet worden und frische Luft hereingeströmt. Wenn Kent unter falschen Vorzeichen hier war, wenn er in Wirklichkeit von außen kam und sich im Herzen von Malmbergs Organisation eingenistet hatte, dann war er ein Verbündeter. Das war nicht unmöglich. Es gab immer noch eine Welt außerhalb des Holzhauses. Das Leben musste dort weitergegangen sein. Die Polizei musste fieberhaft versucht haben, den Mörder zu finden, nachdem auch er verschwunden war.

Das wäre eine unglaubliche Erleichterung. Sie würden diesen ganzen Mist zu zweit durchstehen. Vielleicht war nur wenige Kilometer von hier entfernt der ganze Wald voller Polizisten. Und Kent war psychisch stark. Abnorm stark.

»Eine Leiche in einem BMW?«, fragte er um Zeit zu gewinnen.

»Ja. Sag nicht, dass du davon noch nie gehört hast. Darüber könnte glatt jemand einen Krimi schreiben.«

Der Polizist saß auf seinem Stuhl, sah John an und wartete. Die Sekunden vergingen.

Johns Sensoren arbeiteten auf Hochtouren und versuchten ihn zu erspüren. Aber seine Suche fand nichts, er fand keinen Weg hinein. Sie hatten nichts gemeinsam.

Die Tür schlug wieder zu. Es war unglaublich. Fast wäre er in die Falle getappt und hätte den Nazi vor sich in einem anderen Licht gesehen, hätte gesehen, wie er sich in einen Freund verwandelte. Tatsächlich war er immer noch allein. Seine Enttäuschung verwandelte sich in eine ironische Grimasse.

»Und wer war der Mörder? Warst es vielleicht sogar du?«, sagte er und lächelte.

Er wusste sofort, dass das Lächeln ein Fehlgriff war. Der Effekt war explosiv. Der Polizist sprang aus seinem Stuhl, zerrte ihn von der Pritsche und drückte ihn an die Wand. Er war unglaublich schnell.

»Verdammter Oberklassenscheißer!«, schrie er.

Es klang, als hätte er das schon eine ganze Weile loswerden wollen. Er war John jetzt ganz nah, aber statt weiter zu schreien, wechselte er unerwartet die Stimmlage und atmete kaum hörbar in sein Ohr.

»Weißt du, wer hier der Chef ist?«

John schüttelte den Kopf, geschockt, wie schnell dieser Mann zwischen Raserei und Berechnung wechseln konnte. Das Flüstern erklang wieder, bedrohlich.

»Sag es! Weißt du, wer hier der Chef ist?«

»Nein!«

Kent schlug ihn. Er traf die Schulter, aber er schien eher zu markieren. John packte Kents Arm, um zu versuchen sich die Atemwege freizuhalten, falls sich der Anzug um seinen Hals zuziehen sollte. Erneutes Flüstern.

»Versuch nicht, dir irgendeinen Scheiß auszudenken.

Ich bin Polizist, ich gehöre nicht zu denen hier. Wir haben zwei Tage, dann ist alles gelaufen. Wir müssen hier weg. Du musst mit mir zusammenarbeiten. Verstehst du? In zehn Tagen soll hier etwas passieren. Weißt du, was das ist?«

John gelang es endlich, sich zu sammeln. Er riss sich los, drehte sich weg und konnte einen Blick tiefster Verachtung nicht unterdrücken. Er sah, dass Kent frustriert genug war, um ihm ernsthaft eine zu verpassen, doch er holte tief Luft und drehte eine Runde durch die Zelle, um sich zu beruhigen. John stand an der Wand und hielt in Erwartung des nächsten Manövers die Augen auf Kent gerichtet. Sein Körper zitterte, und er konnte nichts dagegen tun. Er wünschte intensiv, der Mann würde aus dem Keller verschwinden. Sofort.

Der Polizist blieb vor ihm stehen.

»Zeit, John, ist etwas, das du nicht hast«, sagte er schroff. »Wir bräuchten mehr davon. Aber du hast keine. Also reiß dich zusammen und kooperiere!«

Endlich verließ er die Zelle, und Andreas schloss die Tür hinter ihm.

Wütend rannte Kent in die Halle. Martin trat aus dem Arbeitszimmer, wo er offensichtlich gesessen und die Szene am Monitor verfolgt hatte, und holte ihn ein.

»Millongård, was ist das? Dieser Mord, hast du …«

»Ich hab nur was versucht«, sagte Kent. »Aber es könnte sein, dass sie verabredet hatten, sich dort in ein paar Tagen zu treffen. Könnte sein, dass es sich lohnt, das zu checken. Und gebt ihm eine Decke, bevor er erfriert, verdammt.«

Martin kehrte ins Arbeitszimmer zurück. Du darfst gern eine Weile Gespenster jagen, dachte Kent. Er ging auf den Hof, zog eine Zigarette aus der zerknitterten Packung, die er gerettet hatte, und steckte sie an. Patrik kam nach und setzte sich auf die Treppe.

Kent sog den Rauch tief in die Lunge und dachte an John. Er wurde nicht klug aus ihm. Entweder war er in bewundernswert guter Balance oder aber er zog sich langsam in einen katatonischen Nebel zurück. War noch etwas von dem Kampfgeist übrig, den er zumindest während der Zeit in Afrika gehabt haben musste? Dieser reiche Teufel war starrköpfig und überzeugt davon, dass er alles aushalten und alle überlisten konnte. Diese gleichermaßen sichere und bescheidene Attitüde, die er an den Tag legte, war enorm provozierend.

Er dachte an den verächtlichen Blick, als John sich losgerissen hatte. Er hatte die Andeutungen verstanden, sie aber abgefertigt wie eine Falle. Wenn er wenigstens nicht so verflucht zäh gewesen wäre. Das macht es nur schwerer für ihn. Schwerer für sie beide.

Was sollte er jetzt tun?

Martin erschien auf der Treppe. Er hatte die Hände in die Hosentaschen vergraben und wirkte grimmig.

»Es gibt überhaupt keinen verdammten Millongård auf Järvsö!«, schrie er über den Rasen.

Kent nahm die Zigarette aus dem Mund.

»Bist du sicher?«

»Ja, zum Teufel! Ich habe die Touristeninformation in Järvsö angerufen und gefragt!«

Kent sah nachdenklich aus.

»Vielleicht haben sie den Namen geändert«, schlug er vor. »Vielleicht wollen sie nicht mit diesem Mord in Zusammenhang gebracht werden.«

Martin ging gereizt auf ihn zu.

»Glaubst du etwa, danach hätte ich nicht gefragt? Es hat dort niemals so einen Hof gegeben. Und eine zerstückelte Leiche in einem BMW auch nicht.«

»Ich habe alles genau vor mir gesehen«, sagte Kent wahrheitsgemäß.

Martin stemmte die Hände in die Hüften.

»Mach ihm Dampf. Geh wieder rein und erledige deinen Job.«

Kent hob stumm die Zigarette in die Luft, um zu zeigen, dass er jetzt Raucherpause hatte. Martin sah in an und lachte plötzlich los.

»Ich weiß, wer du bist. Ich weiß, wo du stehst«, sagte er. »Vergiss das nicht.«

»It takes one to know one«, sagte Kent.

Martin verschwand nach drinnen. Kent qualmte weiter und betrachtete den jungen Gorilla, der zurückschaute, von der Auseinandersetzung erheitert. Schweigend rauchte er zu Ende.

»Brauche was zu trinken«, murrte er schließlich und trat die Kippe auf dem Boden aus.

Mit Patrik hinter sich ging er ins Haus und steuerte den Flur an, von dem er hoffte, dass er in die Küche führe. Er wollte ein paar Worte mit dieser Köchin wechseln. Niemand versuchte, ihn aufzuhalten, aber sein Schatten blieb hartnäckig an ihm kleben.

Die Köchin räumte die Spülmaschine ein und stellte sie an. Als Kent sich ein kleines Stück von ihr entfernt an die Spüle lehnte und versuchte, eine zwanglose Unterhaltung in Gang zu bringen, wurde ihm klar, warum niemand ihn gestoppt hatte. Sie verstand kein Schwedisch. Und sie vermied es fortwährend, ihn anzusehen. Patrik stand noch immer im dunklen Flur und feixte, während Kent vergeblich versuchte, sich verständlich zu machen.

Es hatte keinen Zweck stehen zu bleiben. Er öffnete den Kühlschrank und griff nach dem Saft. Es gab kein Bier. Die Gesundheitsfanatiker hielten ein flaches Alkoholprofil. Auf dem Weg nach draußen legte er der Köchin im Vorübergehen die Hand auf die Schulter. Sie erstarrte, als hätte er sie geschlagen, und er begriff, dass es so war, wie er vermutet hatte. Möge der Teufel euch jedes verdammte Mal holen, dachte er.

»Kein Glück, was?«, grinste Patrik, als er an ihm vorbeiging und den Karton aufriss.

»Lass sie in Frieden.«

»Ich? Wie? Warum glaubst du, dass ich ihr was getan habe?«

»Ich hab Augen im Kopf. Wenn sie Essen machen soll, soll sie Essen machen, und du sollst sie in Frieden lassen.«

»Weißt du, woher sie kommt? Das hier ist der reinste Urlaub für sie, im Vergleich zu dem, wie es ihr vorher ergangen ist, das kann ich dir sagen. Russische Nutten!«

»Zum Teufel mit allen, die andere Leute Nutte nennen.«

»Aber sie …«

»Es spielt keine Rolle, ob sie sich verkauft hat, seit sie zwölf ist. Man nennt niemanden Nutte. Und Pfoten weg von ihr.«

»Nur weil sie dich nicht leiden kann und dich nicht mal mit der Zange anfassen würde …«, hob Patrik an.

Er verstummte, als Martin den Kopf aus dem Arbeitszimmer steckte.

»Wo warst du? Geh runter in den Keller und arbeite. Und tu verdammt nochmal so, als wärst du gefährlich.«

»Ich muss nicht so tun als ob«, erwiderte Kent.

25

Margareta konnte auf der Sitzung vorbringen, dass das Blut aus der Fabrik von einem Menschen stammte und außerdem dieselbe Blutgruppe aufwies wie das des Mordopfers, das am Dienstagmorgen im Rålambshovspark aufgefunden worden war. Ein DNA-Test würde zeigen, ob es identisch war, aber die Fingerabdrücke des Mannes waren in der Kartei gefunden worden. Jetzt hatte man einen Namen und ein Vorstrafenregister dazu, das war immerhin etwas.

Darüber hinaus gab es nichts zu berichten. Der Audibesitzer in Midsommarkransen war natürlich völlig unschuldig. Niemand hatte Kent oder die beiden, die sich Martin und Patrik nannten, gesehen. Sie waren wie vom Erdboden verschluckt.

Nach dem Treffen setzte Margareta sich an ihren Rechner, um weitere Informationen über den Toten zu recherchieren. Es passte nicht ins Konzept, dass er auf diese Weise aufgetaucht war. Erst waren sie – möglicherweise mit Ausnahme von Kent – davon ausgegangen, dass es sich bei den Morden um einen Einzeltäter handelte, nachdem es keine Spuren gab und auch in den rechten Kreisen niemand etwas über die Morde zu wissen schien. Alles deutete auf einen neuen Laserman-Fall hin. Dann hatte sich herausgestellt, dass sie zu zweit waren und offensichtlich zusammenarbeiteten. Und es gab plötzlich ein Mordopfer, das nicht zu den anderen passte. Waren es anfangs drei gewesen, die sich dann aber zerstritten hatten? Dann töteten Martin und Patrik ungeplant diesen Mann und versuchten nun, ihn durch Kent zu ersetzen?

Sie wollte gerade zum gerichtsmedizinischen Institut nach Solna aufbrechen, um sich ein genaueres Bild von dem Opfer zu verschaffen, als Jenny vorsichtig an ihre halb offene Tür klopfte. Sie nickte. Jenny kam herein und setzte sich fahrig auf einen Stuhl.

»Georg ist draußen, aber er hat gesagt, ich kann mit dir reden«, sagte sie. »Wegen Kents Verschwinden.«

»Ja?«, sagte Margareta.

»Eigentlich ist er in einem Auftrag unterwegs, nicht wahr?«

Margareta antwortete nicht. Jenny gehörte nicht zu denen, die über alles informiert werden mussten, und es gefiel ihr nicht, wenn das Mädchen hierher kam und versuchte sie auszuhorchen.

»Er ist mit diesen Nazimorden beschäftigt, oder?«, fuhr

Jenny fort. »Was mich betrifft, ich habe mir das Verschwinden dieser Anwälte näher angesehen.«

»Ich dachte, das wird gegenwärtig nicht aktiv untersucht?«

»Das wird es auch nicht, aber wenn es mit dem hier zusammenhängt, dann sollte man sich das doch mal ansehen.«

Margareta lehnte sich in ihrem Stuhl zurück und sah sie an, ohne etwas zu sagen. Jenny errötete.

»Ich habe mir Folgendes gedacht: Wir haben vier Morde und die sehen so aus, als wären sie von einem seltsamen, rechtsradikalen Serienmörder begangen worden, von dem noch kein Mensch bisher gehört hat.«

Jenny redete sich in Fahrt.

»Dann wird ein unbekannter Mann im Rålambshovspark umgebracht. Oder jedenfalls dort abgelegt. Dann verschwinden ruckzuck zwei Anwälte und ihre Tochter. Kent arbeitet auf irgendeine Art und Weise daran. Er will nicht mit Polizisten gesehen werden, und jetzt ist er verschwunden. Ich glaube, die Morde und das Verschwinden der Familie hängen zusammen.«

»Hast du mit Kent gesprochen?«

»Er hat keinen Ton gesagt. Absolut nichts. Aber er ist mit mir in die Wohnung der Anwälte gegangen und wir haben uns umgesehen. Er war mit mir einer Meinung, dass an dem Ganzen etwas faul ist. Diese Familie hat sich auch gegen Rassisten ausgesprochen.«

»Hat euch jemand gesehen?«

»Nein, zum Kuckuck! Er hat sich auf den Rücksitz im Auto gelegt. Die Einzige, die ihn gesehen hat, war Helena, das Mädchen, das bei ihnen arbeitet. Und die Mitarbeiterinnen in der Kanzlei …«

Jenny verstummte und biss sich auf die Lippe. Margareta hob die Augenbrauen, aber sie sagte nichts.

»Aber ich bin ganz sicher, dass sie okay sind«, fuhr Jenny

besänftigend fort. »Ich habe darüber nachgedacht. Nehmen wir diese Morde. Ich bin ja nicht bei den Ermittlungen dabei, aber wenn du mir die Bemerkung erlaubst, dann glaube ich, dass ihr keine Spur habt. Teilweise, weil ihr einfach Pech hattet, aber teilweise beruht das vielleicht auch darauf, dass der Täter nicht aus der Stadt ist.«

Margareta hörte zu. Jenny nahm einen neuen Anlauf.

»Stell dir vor, es wären mehrere Mörder? Ich meine viel mehr. Die amerikanischen Nazis arbeiten mit Armeehochburgen und Festungen oben in den Bergen, besonders im Nordwesten. Die Polizei hat mehrere davon geschlossen. Ein Teil der schwedischen Nazis bewundert die Amerikaner und ahmt sie nach. Wir haben schon Motorrad-Gangs mit eigenen Domizilen, die in schwedischen Städten Leute terrorisieren. Davon wissen wir. Und von diesen deutschen Nazis in Småland. Und Legion Wasa oder wie auch immer das heißen mag. Aber stell dir vor, wenn ein neuer Mann ein eigenes kleines Nazilager irgendwo an einem unbekannten Ort gegründet hat? Ein abgelegener Ort. Eine Insel. Oder oben in Norrland.«

Margareta war schon in Kontakt mit der Säpo und den Bezirkspolizeichefs in Norrland getreten. Sie verzog keine Miene.

»Es gibt mehrere, die das hierzulande schon versucht haben«, sagte sie. »Wir wissen von ihnen. Du meinst also, dass es einer ganz neuen Gruppe gelungen ist, ein Lager aufzubauen, ohne auf sich aufmerksam zu machen?«

»Ich weiß, es ist nicht gerade typisch für sie, dass man sie nicht bemerkt, aber wenn doch?«

»Eine Nazi-Gruppierung, die niemand gesehen hat? Und wie sollen die sich der lokalen Bevölkerung gegenüber darstellen?«

»Ganz Norrland ist voll von verlassenen Höfen und Geisterstädten, seit die Einwohner von dort wegziehen. Es kann nicht so schwierig sein, etwas zu mieten. Sie können so tun, als wären sie ein ganz normaler Jagdverein. Das würde erklären, warum es knallt, wenn sie draußen sind und Manöver haben. Oder sie tun so, als wären sie Ornithologen oder als würden sie einen Rückzugsort für ausgebrannte Führungspersönlichkeiten aufbauen oder für Abenteuerreisende oder was auch immer. Die Leute in den umliegenden Städten wären vermutlich einfach nur froh darüber, dass sie in ihren Supermärkten und Tankstellen einkaufen.«

Margareta versuchte sich vorzustellen, wie eine Horde aggressiver, wild paddelnder, kletternder und exerzierender rechtsradikaler Zwanzigjähriger, viele mit kriminellem Hintergrund, sich den Norrländern als ausgebrannte Manager oder normale Schweden auf Abenteuerurlaub präsentierte. Wen würden sie damit hereinlegen? Kaum die ortsansässigen Polizisten, wie klein ihre Zahl auch sein mochte. Und ganz sicher nicht die Lokalzeitungen.

Gleichzeitig dachte sie über verschwundene junge Nazis nach.

»Das klingt nicht sehr wahrscheinlich«, meinte sie.

»Ich weiß, es sind nur lose Spekulationen«, gab Jenny widerwillig zu.

»Und wenn du Recht hast, was bedeutet das für unsere Ermittlungen?«

»Kent könnte dort sein. Und die Anwälte.«

»Warum die Anwälte?«

Jenny beugte sich erwartungsvoll vor.

»Weil sie vielleicht rekrutiert worden sind. Wenigstens John. Als Kent oben in der Wohnung war, erzählte die Haushaltshilfe etwas Neues. John Danielsson ist Pilot. Er ist fürs Rote Kreuz und solche Organisationen in Entwicklungsländer geflogen. Und er war wahrscheinlich im Krieg. Auf jeden Fall hat er den Krieg gesehen. In Afrika.«

Margareta sah skeptisch aus.

»Ich habe das gecheckt«, sagte Jenny eifrig. »Ich habe

rumtelefoniert, Rotes Kreuz, Ärzte ohne Grenzen. Keiner wollte reden, aber schließlich habe ich eine coole alte Dame gefunden, die vor siebzehn Jahren dabei war. Sie hat zuerst auch dichtgemacht, aber als ich ihr die Geschichte erzählt habe, sagte sie, dass sie nicht vorhabe, dem zu widersprechen. Dann sagte sie, dass John im Zusammenhang mit einem Angriff auf ein Flüchtlingslager verschwand. Sie haben ihn drei Monate später auf einem Bett in einer verlassenen Stadt gefunden. Festgebunden und halb tot. Sie haben ihn nach Hause geschickt.«

»Und?«, fragte Margareta. »Das war sicher schlimm für ihn, drei Monate in Afrika entführt zu sein, aber so etwas stößt Helfern manchmal zu. Was hat das mit uns zu tun?«

»Es gab nie eine Lösegeldzahlung. Was ist, wenn das gar keine Entführung war? Wenn er sich der Guerilla angeschlossen hatte? Die Haushaltshilfe hat gesagt, dass es so war. In diesem Fall kann er kämpfen. Er ist in einem richtigen Krieg gewesen. Und deshalb wollen sie ihn dabeihaben.«

Margareta sah Jenny eine ganze Weile an.

»Das ist eine ziemlich weit hergeholte Idee. Meinst du, er ist ein Nazi? Wie passt das zusammen?«

»Sie könnten es geglaubt haben. Oder …«

»Oder?«

»Oder dieser Krieg da unten war so entsetzlich, dass er zum Rassisten geworden ist. Oder sie haben etwas gegen ihn in der Hand. Seine Frau und sein Kind zum Beispiel.«

Sie schwieg.

»Jenny, das ist keine Polizeiarbeit, was du da machst«, sagte Margareta. »Du hast eine vage Idee im Kopf und jetzt versuchst du, irgendetwas zu finden, das diese Idee stützt, ganz egal was. Wir müssen von dem ausgehen, was wir haben.«

»Aber es gibt mehr! Am Tag, bevor die Anwälte verschwunden sind, hatten sie Besuch von einem unbekannten Mann. Also die eine, Anne Danielsson. Sie haben seinen Namen nicht, er steht in keinem Terminkalender. Und die Sekretärin glaubt, dass Unterlagen und Dinge verschoben worden sind, als wäre die Kanzlei in der Nacht durchsucht worden.«

Margareta wurde nachdenklich. Ein unbekannter Mann in der Anwaltskanzlei?

»Es gibt da etwas, das wir nicht ganz verstehen«, sagte sie. »Du musst das aber für dich behalten. Kent war in einem Fabrikgebäude, wo wir später Blut gefunden haben. Es stammt von dem Mann, der ermordet im Rålambshovspark gefunden wurde. Wir können den Zusammenhang nicht erkennen.«

Jenny fuhr zusammen. Sie öffnete den Mund, als wollte sie »was habe ich gerade gesagt« sagen, besann sich aber.

»Ich wollte gerade nach Solna«, sagte Margareta. »Du kannst mitkommen, wenn du willst.«

»Gerne. Was hoffst du zu finden?«

»Nichts. Ich will nur ein Gefühl für ihn bekommen.«

Sie fuhren zusammen zur Gerichtsmedizin und sahen sich den jungen Mann und seine Kleider an. Jenny ging vorsichtig um ihn herum, die Hände auf dem Rücken. Gesicht und Körper waren übel zugerichtet, und sein Anblick war deprimierend. Er war erst der dritte Tote, den sie sah, seit sie bei der Polizei angefangen hatte, und eine Weile war sie von der Nähe der Angst und des Todes wie gelähmt. Aber sie war viel zu sehr in Fahrt und voller Zuversicht, aufzuklären und Gerechtigkeit herzustellen, als dass sie sich hätte erschüttern lassen.

»Woran ist er gestorben?«, fragte sie.

»Messerstich in den Rücken und Schuss in den Kopf. Da war er vermutlich schon bewusstlos.«

»Wie die anderen.«

»Gleiche Vorgehensweise. Nur dass deren Gesichter nicht so schwer misshandelt waren wie das dieses Opfers.

Und ein paar andere Unterschiede«, sagte Margareta und verzichtete darauf, die Nazibriefe zu erwähnen.

»Sie wollten also, dass die bekannten Opfer direkt erkannt würden, er jedoch nicht. Wissen wir, wer er ist?«

»Ja, in der Tat. Er hat ein Vorstrafenregister, deshalb konnten wir ihn über seinen Fingerabdruck finden. Sein Name ist Bertil Evertsson, er ist achtundzwanzig Jahre alt und aus Arvika.«

»Arvika?«

»Nicht vermisst gemeldet. Diebstähle, Körperverletzung, allgemeine Streitlust, bewegte sich am Rand der Motorrad-Gang. Definitiv kein Mordopfer, das den anderen ähnelt. Außer der Todesart. Wir haben seine Familie in Arvika ausfindig gemacht. Er wohnte bei seinem alkoholisierten Vater. Sie stritten oft. Schließlich ist Bertil nach einem Riesenstreit von zu Hause abgehauen und muss irgendwohin gezogen sein. Keiner weiß wohin.«

»Offenbar hierher. Um seine kriminelle Laufbahn fortzusetzen.«

»Zieh keine voreiligen Schlüsse. Wir wissen nicht, wohin er gegangen ist.«

Jenny verstummte. Sie setzte sich auf einen Stuhl an der Wand. Margareta blieb neben dem Körper stehen und musterte das zerschlagene Gesicht.«

»Wo bist du da rein geraten, Bertil?«, murmelte sie leise. »Was tust du hier?«

Er war mittelgroß, bleich und von Natur aus etwas füllig, aber durchaus muskulös. Es sah aus, als hätte er bis vor kurzem Krafttraining betrieben. Sie sah sich seine Hände an. Die Nägel waren abgekaut. Er war nervös gewesen. Seinen Gesichtsausdruck konnte sie nicht sehen, aber der Körper unter seinen Muskeln strahlte eine Art Schutzlosigkeit, Bedrohtheit aus. Er hatte sich einen Panzer zugelegt, doch das hatte nicht geholfen. Er vermittelte ihr das Gefühl, gejagt worden zu sein und verloren zu haben. Zum Verlieren verurteilt. Auf der Flucht, dachte sie. Auf der Flucht von irgendwo weg. Von der Kindheit zu Streit, Alkohol und Kleinkriminalität. Von der Entwurzelung zur Motorrad-Gang. Von der Motorrad-Gang – wohin? Jetzt war er hier. Wo kam er her, und wohin hatte er zu gehen gehofft?

»Hatte er eine Freundin?«, fragte Jenny, als sie wieder im Auto saßen.

»Ja, aus Karlstad. Eva Mellkvist. Dreiundzwanzig. Sie haben wir hier aufgespürt. Sie arbeitet in einem Fahrradladen. Ich wollte jetzt mit ihr reden.«

»Ich würde gerne mehr für die Ermittlungen tun, ginge das?«

»Was hast du denn anzubieten?«

»Eine Menge Ideen! Und ich kenne Kent. Wir waren im selben Bezirk in Göteborg. Kann ich nicht mitkommen und mit dieser Freundin reden? Dann würde ich gerne mit einem Bild von Bertil in die Kanzlei gehen. Wenn er an diesem Montag dort gewesen ist, könnte er Kents Verschwinden mit dem der Advokaten in Zusammenhang bringen. Das wäre doch auf jeden Fall wert, überprüft zu werden?«

»Ich kann Georg nicht vorschreiben, wen er zu welchem Einsatz schickt.«

»Es spricht doch nichts dagegen, dass ich das mache, schließlich war ich vorher auch schon dort.«

Margareta überlegte.

»Okay. Du kannst zu den Anwälten gehen und mich danach zu der Freundin begleiten.«

Georg hatte keine Einwände. Er verkuppelte Jenny mit dem jammernden Tomas, der immer noch Schnupfen und Kopfschmerzen hatte. Sie nahm zwei Fotos mit in die Kanzlei, eines von dem toten Bertil Evertsson und ein Passbild, das zeigte, wie er ausgesehen hatte, als er noch lebte. Während Tomas sich im Hintergrund hielt, betrachteten Gina und Lotten sorgfältig das fünf Jahre alte Passbild, das jeden x-beliebigen schwedischen Burschen zeigen konnte und das misshandelte Gesicht auf dem anderen Bild.

»Armer Teufel«, sagte Gina langsam und schüttelte den Kopf. »Aber ich kann nicht sagen, ob das der Mann war, der hier war. Er ist viel zu böse zugerichtet.«

»Können Sie ausschließen, dass er es war?«

Sie schauten noch einmal.

»Die Haarfarbe stimmt«, sagte Lotten. »Oder sie ist zumindest nicht so anders, dass es einem auffallen würde. Aber sie waren sicher nicht so zurückgekämmt.«

»Sie sehen nur so aus, weil sie nass sind«, sagte Jenny. »Sie haben den Körper abgeduscht. Was ist mit den Kleidern?«

Sie zeigte ein Bild, auf dem Hose, Jacke und Pullover zu erkennen waren, die ausgebreitet auf einem Tisch lagen.

»Es ist unmöglich zu sagen, was er anhatte«, sagte Gina resigniert. »Seine Sachen hatten ungefähr dieselben Farben wie die hier. Ich meine, er hatte weder ein zitronengelbes Sakko an, noch knallrote Hosen. Aber blau und grau – das ist doch so ungefähr das, was alle Männer anhaben. Wenn es nicht braun und grau ist. Oder schwarz.«

»Denken Sie noch einmal nach. Eins nach dem anderen. Stellen Sie ihn sich von oben bis unten vor. Mütze?«

Anwältin und Sekretärin schlossen die Augen.

»Nein«, sagte Lotten.

»Jacke, Mantel oder nur ein Pullover?«

»Jacke«, sagte Gina. »Er trug ganz sicher ein dunkles Kleidungsstück darüber und das war nicht lang.«

»Hosen?«

Sie schwiegen.

»Denken Sie nach, welchen Eindruck er insgesamt auf Sie gemacht hat«, sagte Jenny. »War er ein Anwalt? Ein Hip-Hopper? Jeanstyp?«

»Jeanstyp in Sonntagskleidern«, sagte Lotten einer plötzlichen Eingebung folgend.

»Ganz genau«, sagte Gina. »Man hatte den Eindruck, dass er es normalerweise gewohnt war, Jeans zu tragen, aber gerade jetzt keine anhatte.«

»Es war also ein besonderer Anlass für ihn?«

Sie nickten.

»Dann könnte er also solche gewöhnlichen grauen Hosen angehabt haben?«

Sie nickten wieder.

»Hat er etwas zu sich genommen, während er hier war?«

»Eine Tasse Kaffee«, sagte Gina sofort. Dann fügte sie hinzu, als die Erinnerungen vor ihr aufstiegen:

»Er hatte Angst. Ich habe ihm eine Tasse Kaffee gebracht und als er zu mir aufblickte, konnte ich sehen, dass er Angst hatte.«

»Ist die benutzte Kaffeetasse noch da?«

Sie schüttelten den Kopf. Jenny dankte ihnen.

»Eine Sache noch, wo Sie gerade da sind«, sagte Gina zögernd. »Ich bin gestern beinahe überfahren worden.«

»Auf der Straße?«

»Nein, ich stand auf dem Bürgersteig vor dem Grand. Ich bin mit einem Journalisten essen gewesen, der mich interviewt hat, und plötzlich fuhr mich ein weißer Lieferwagen von hinten um. Ein Van. Vielleicht war es auch ein Pick-up. Ich war zu panisch, um es richtig zu erkennen. Jedenfalls war er groß.«

»Er ist auf den Bürgersteig gefahren?«, fragte Jenny.

»Ja, sicher. Direkt auf mich zu. Es war schrecklich. Er kam immer näher und der Himmel spiegelte sich in der Windschutzscheibe, deshalb sah es für mich so aus, als säße niemand am Steuer. Ich bin gestürzt und habe eine tiefe Schürfwunde davongetragen. Es war gruselig.«

»Was ist dann passiert?«

»Er verschwand um die Ecke. Niemand konnte rechtzeitig die Autonummer aufschreiben.«

»Leider ist es jetzt ein bisschen spät, um etwas zu unternehmen«, sagte Jenny. »Oder haben Sie ein gute Beschreibung des Wagens und des Fahrers?«

»Ich habe ihn nicht gesehen. Und der Journalist und der Portier auch nicht.«

»Haben Sie Feinde?«

Gina schüttelte den Kopf.

»Vermutlich war das ein einmaliges Ereignis. Er war betrunken und hat sich nicht getraut anzuhalten, als er Sie umgefahren hatte.«

»Ja, sicher«, stimmte Gina zögerlich zu. »Aber wenn es einen Zusammenhang mit dem Verschwinden gibt?«

»Das ist schwer zu sagen.«

»Ja, ich denke jedenfalls, ich werde ein bisschen vorsichtiger sein.«

Jenny nahm die Bilder und ging.

»Wow, warst du auf Draht«, sagte sie sarkastisch zu Tomas, der hinter ihr auf die Straße schlurfte. »Du hast kein einziges Wort gesagt. Was ist los mit dir?«

»Warum sollte ich auf Draht sein? Du redest doch für zwei. Außerdem sterbe ich gerade an Lungenentzündung.«

»Und warum bleibst du dann nicht zu Hause?«

»Wenn diese verrückte Idee von dir uns zu Kent führen könnte, dann will ich dabei sein, das wirst du wohl begreifen. Außerdem sollte ein Anfänger wie du nicht versuchen, einem alten Hund das Sitzen beizubringen. Mach du deinen Kram, dann ist alles gut. Okay?«

Sie antwortete nicht und ließ sich grantig auf den Beifahrersitz fallen, er startete das Auto und fuhr, ohne etwas zu sagen, los.

Sie holten Margareta ab, berichteten das wenige, was sie herausgefunden hatten, und fuhren weiter zu dem Fahrradladen, wo die Freundin des Toten arbeitete. Der Besitzer des Ladens beäugte sie misstrauisch und schüttelte den Kopf.

»Eva ist heute nicht da. Sie ist mit Erkältung zu Hause. Worum geht's?«

»Ich will mich nur mit ihr unterhalten«, sagte Margareta beruhigend. »Arbeitet sie schon lange hier?«

»Ein halbes Jahr.«

»Macht sie ihre Arbeit gut?«

»Wenn sie hier ist schon«, sagte der Besitzer. »Sie kann gut verkaufen und reparieren. Sie ist ziemlich dominant, die Kunden hören auf sie. Aber sie ist oft weg, deshalb weiß ich nicht, ob ich sie behalten kann. Worum geht es hier? Sagen Sie nicht, sie ist eine Diebin oder so was!«

»Nicht, soviel wir wissen, ich möchte nur Antworten auf ein paar Fragen«, sagte Margareta. »Es geht um einen Unfall.«

Der Gesichtsausdruck des Besitzers veränderte sich.

»O nein. Das darf doch nicht wahr sein. Dann ist sie deshalb zu Hause? Sie hat mir nichts gesagt. Armes Mädchen. Ich gebe Ihnen ihre Adresse. Sie sind doch nett zu ihr, nicht wahr?«

Das Mädchen wohnte zur Untermiete in einer kleinen Einzimmerwohnung in Lilla Essingen. Sie öffnete ihnen im Schlafanzug, mit rot geweinten Augen und blass. Sie war ziemlich kräftig und verbrachte offenbar viel Zeit im Fitnessstudio. Ihre Schultern und Arme waren breit und die Oberschenkel so muskulös, dass sie ihren Gang beeinträchtigten. Als sie Margareta, Jenny und Tomas mit ihren Ausweisen in der Tür stehen sah, schluchzte sie ein wenig.

»Bullen?«, fragte sie tonlos.

»Ja. Dürfen wir reinkommen?«

Sie zuckte mit den Schultern und ging vor ihnen in das Zimmer zurück. Jenny hatte das Gefühl, dass sie normalerweise nicht so schnell nachgegeben hätte, aber jetzt war es ihr egal.

Das Zimmer war klein und eng, möbliert mit einem hart gepolsterten Sofa aus grünem Plüsch, einem Mahagoni-Bücherregal fast ohne Bücher, dafür mit einer Reihe Dekorationsgegenstände aus weißem Porzellan, einem schmalen Bett in der Ecke und einem winzigen Tisch mit Resopalplatte. Ein Durchgang ohne Tür führte in eine kleine Kochnische. Das Bett war nicht gemacht und lag voll mit Büchern, Zeitschriften, CDs und anderen Sachen. Das Bett schien ihre Welt zu sein, die übrigen Möbel schienen nicht dazuzugehören.

Sie setzte sich auf das Sofa und wartete, was die Polizisten zu sagen hatten. Margareta setzte sich neben sie. Tomas und Jenny blieben stehen. Tomas wollte sich weiterhin im Hintergrund halten.

»Wir scheinen zu einem ungünstigen Zeitpunkt gekommen zu sein«, begann Margareta. »Ist etwas passiert?«

Eva schüttelte den Kopf.

»Nein. Nur Frühlingsdepression. Was wollen Sie?«

»Ich habe leider eine sehr traurige Nachricht für Sie. Ich fürchte, ihr früherer Freund ist ermordet worden.«

Das Mädchen starrte sie an.

»Wer?«

»Bertil.«

Erst wurde sie blass, dann flammend rot.

»Ermordet? Wie, ermordet?«

»Erstochen und erschossen. Er wurde im Rålambshovspark gefunden.«

Das Mädchen war kurz davor, in Ohnmacht zu fallen. Margareta legte den Arm um sie. Es wurde totenstill in der kleinen Wohnung.

»Er war nicht mehr mein Freund. Wir haben Schluss gemacht«, murmelte Eva schließlich und blickte zu Boden.

»Es kann Sie ja dennoch traurig machen.«

»Ja, ist schon klar. Jemand, den man gemocht hat – ist doch verdammt nochmal klar, wie man sich da fühlt. Das ist ja auch nicht zu glauben. Sind Sie sicher?«

Margareta nickte.

»Fingerabdrücke und Bluttest.«

Das Mädchen sah ihr in die Augen, erschrocken und fasziniert zugleich.

»Blut? War es viel Blut?«

»Ja. Eva, haben Sie irgendeine Ahnung, wer das getan haben könnte?«

»Ich? Ich hab keine Ahnung. Wir sind seit Ewigkeiten nicht mehr zusammen gewesen. Ich wollte weg aus Karlstad und der Clique da und dann habe ich einen Job in Stockholm gefunden, und er ist irgendwo anders hingefahren.«

»Wohin?«

»Ich hab keine Ahnung! Er wollte ja nicht sagen wohin!«

»Dann sind Sie also mit ihm in Kontakt gewesen und haben ihn gefragt, wo er war, und er hat sich geweigert, darauf zu antworten?«

»Verdrehen Sie doch nicht alles, was ich sage!«, entgegnete das Mädchen und fing wieder zu weinen an.

»Wissen Sie, warum er hier in Stockholm war? Haben Sie miteinander gesprochen, als er hier war?«

»Nein!«

»Es ist wichtig, Eva. Wir wissen, dass er mit einer Motorrad-Gang in Karlstad zu tun hatte. Hatte er dort Feinde? Ist er deshalb hierher gezogen?«

»Nein!«, wiederholte Eva. »Und wir sind auch nicht gleichzeitig umgezogen, hab ich doch gesagt!«

Jenny warf Tomas einen Blick zu. Er guckte unbeteiligt aus der Wäsche und sah aus, als wollte er so schnell wie möglich von hier wegkommen.

»Nur noch eine Frage«, sagte Margareta. »Hatte Bertil Kontakt zu Rechtsradikalen? War er rechtsradikal?«

»Nein, war er nicht! Er ist Nationalist. Ist das verboten?«, schluchzte das Mädchen.

Margareta betrachtete sie. Bertil war also Nationalist gewesen. Sein Blut in der Fabrik war die einzige Verbindung, die sie zu Kents Nazis hatten, und dieses Mädchen war die einzige Verbindung zu Bertil, abgesehen von dem Vater, der noch in Värmland wohnte, aber hierher kommen würde. Es war beinahe unwiderstehlich verlockend, ihr Bilder von Martin und Patrik zu zeigen und sie zu fragen, ob sie sie kannte. Aber zu gefährlich. Das Mädchen konnte sie warnen, falls es mit ihnen in Verbindung stand, und sie hatten immer noch Kent.

»Ich weiß, wie schwer Ihnen das im Augenblick fällt«, sagte sie. »Gibt es etwas, das ich für Sie tun kann? Als Polizistin oder einfach ganz allgemein?«

Eva schüttelte ihren Arm ab.

»Machen Sie sich keine Umstände«, sagte sie. »Und es ist wirklich total in Ordnung, wenn Sie jetzt gehen.«

Tomas sah aus, als wäre er schon unterwegs. Eva stand auf und schnäuzte sich in ein Stück Küchenkrepp aus der Kochnische. Margareta erhob sich. Tomas ging ungeduldig in den kleinen Flur hinaus, und Jenny folgte ihm. Margareta wandte sich ein letztes Mal an Eva, fing ihren Blick auf und gab ihr wortlos ihre Karte.

Als sie zum Polizeipräsidium zurückkamen, sah Tomas richtig schlecht aus. Georg schickte ihn nach Hause, damit er sich um seine Erkältung kümmern konnte, aber vor allem, damit er nicht noch mehr Gelegenheit hatte, andere anzustecken. Tomas protestierte, aber nicht sehr energisch.

»Meldet euch sofort, wenn ihr was hört«, sagte er. »Ruft auf der Stelle an!«

»Ja, ja«, sagte Georg. »Geh schon. Komm morgen wieder, wenn es dir besser geht.«

»Verdammter Mist, ich darf jetzt nicht krank werden! Nicht ausgerechnet jetzt!«

»Hau ab und leg dich hin, Tomas. Wir kümmern uns hier um alles.«

Tomas nickte düster, stiefelte den Korridor entlang und verschwand im Aufzug.

In der riesigen Tiefgarage war es beinahe menschenleer. Er stieg in sein Auto und sammelte sich einen Moment, ehe er den Motor anließ. Kollegen kamen und gingen, Autos rollten an ihm vorbei, starteten und parkten.

Er drehte den Zündschlüssel und fuhr langsam durch die Garage. An der Einfahrt des Untersuchungsgefängnisses und der Kriminaltechnik vorbei, wo man ein ganzes Auto hineinverfrachten konnte, manchmal sogar inklusive Mordopfer auf dem Vordersitz oder im Kofferraum. Vorbei an Streifenwagen und den zivilen Einsatzfahrzeugen, den langen, abschüssigen Tunnel hinauf und hinaus auf den ruhigen Fridhemsplan.

Oben im Haus tauchte Kalle auf Margaretas Türschwelle auf.

»Wollte nur sagen, dass in Dalarna ein Polizist ermordet worden ist«, sagte er.

Sie drehte sich in ihrem Stuhl um.

»In Dalarna? Was ist passiert?«

»Keiner weiß es. Der Arme ist erschlagen auf dem Parkplatz vor einem kleinen Zoo gefunden worden. Lennartsberg heißt das Nest. Seine Kollegin war nur weg, um Kaffee zu holen, und zehn Minuten später war er tot. Es war brutal. Keiner versteht das. Keiner hat was gesehen.«

»Könnte es mit unserer Sache zusammenhängen?«

»Das kann ich mir kaum vorstellen. Ich wollte es dir nur sagen.«

»Das ist schlimm. Armer Kerl.«

»Ja. Aber es wird uns eine Weile den Druck nehmen«, sagte er teilnahmslos. »Von den Medien.«

»Okay.«

Er nickte und verschwand.

26

Um Mitternacht kam Kent erschöpft und mitgenommen aus dem Keller hoch. Er war nicht mehr mit John in Kontakt gekommen und hatte nichts erreicht. Martin versuchte, ihn aufzuhalten, aber er schüttelte nur den Kopf und stapfte die Treppe hinauf in den ersten Stock. Irritiert bemerkte er, dass Martin ihm folgte, und sowie er sein Zimmer betreten hatte, hörte er, wie die Tür von draußen abgeschlossen wurde. Er drehte sich blitzartig um und schlug dagegen.

»Lass den Scheiß, verdammt!«, schrie er.

»Noch einen Tag, dann erledigen wir dich und den Kerl da unten, wenn du keinen Erfolg hast«, sagte Martin durch die Tür. »Ein Tag. Ist das klar?«

»Wenn mich jemand erledigt, dann ganz sicher nicht du!«, gab Kent zurück.

Alles, was er vom Korridor noch hörte, war, wie jemand pfeifend die Treppe hinunterging. Er ließ sich aufs Bett fallen und versuchte zu denken.

Es war nicht geschickt, sich mit Martin anzulegen. Wie war es so weit gekommen? Wo auf dem Weg von der Kneipe bis hierher waren sie Feinde geworden? Er konnte sich nicht genau erinnern. Vielleicht hatte es schon in der Pension angefangen, als er die Wirtin verteidigt hatte. Es gab nur einen Ausweg von hier und das war Martin. Es war Kent nicht gerade gelungen, ihn im Sturm zu erobern. Im Gegenteil, er wurde weiterhin wie reines Gift behandelt. In kleinen Dosen nützlich, aber gut verschlossen aufzubewahren.

Dann war da noch diese Sache mit Martin, der schon ein paar Mal behauptet hatte, ihn zu kennen. Kent hatte nachgedacht, aber es fiel ihm nicht ein, wo Martin ihn schon früher gesehen haben könnte. Die Unwissenheit verursachte ein eisiges Gefühl in seiner Magengegend, aber er wollte dem nicht zu viel Beachtung schenken. Er selbst erkannte Martin jedenfalls nicht. Ihm war klar, dass er auf irgendeine Art einen Konkurrenten für Martins Position darstellte, und die Andeutungen mit dem Wiedererkennen klangen wie eine verdeckte Drohung wie etwa »Ich weiß wo du wohnst«. Mit der Absicht, Angst zu schüren und ihn klein zu halten.

Ahnte Martin, dass er in Wirklichkeit Polizist im Dienst war, und drohte ihm, ihn zu enttarnen, wenn er sich nicht ruhig verhielt? Aber warum ließ er ihn dann nicht sofort auffliegen? Um selbst Nutzen daraus zu ziehen?

Kent fühlte sich isoliert. Er war in der Höhle des Löwen, aber er hatte nicht den geringsten Spielraum und wusste einen Dreck darüber, wie die Männer organisiert waren oder was sie als Nächstes planten. Seine eigene Aggressivität hatte dazu geführt, dass sie ihm keinerlei Vertrauen entgegenbrachten. Das war unklug und kurzsichtig von ihm.

Er fragte sich, wie weit Margareta in Stockholm gekommen sein mochte. Er nahm nicht an, dass sie irgendwelche Anhaltspunkte hatte, die hierher wiesen. Gott sei Dank hatten sie keine Großfahndung ausgelöst, um ihn zu finden.

Ein neues Geräusch drang an sein Ohr. Die Stille hatte einen dumpfen Unterton bekommen, im tiefen Bereich. Er lauschte. Es klang wie das ferne, leise Grollen eines Fahrzeugs auf dem Weg zum Haus.

Kent stand auf und versuchte, aus dem Fenster zu sehen. Die Dunkelheit war nicht sehr dicht, er konnte die gegenüberliegende Bergwand erkennen, aber er entdeckte keinen Lichtschein, der ein herannahendes Auto verriet. Es musste die Scheinwerfer ausgemacht haben. Er starrte in die Auffahrt und wartete. Alles blieb leer. Wer auch immer angefahren kam, er kam nicht zum Haus.

Wo zur Hölle waren alle Menschen hier? Es musste mehr geben als die, denen er begegnet war. Er hatte Martin gesehen und Patrik, den Wachmann im Keller und die Köchin. Er musste wissen, wer hier das Sagen hatte, wie dieser Mann dachte. Vielleicht war er nicht einmal hier im Haus. Er musste wissen, was in zehn Tagen passieren sollte, wenn überhaupt, und ob das alles nur Träume waren oder ob es hinter dem Ganzen so etwas wie eine Kompetenz gab. Ob es da draußen jemanden gab, der dazugehörte, und wer das, gesetzt den Fall, war. Und zu guter Letzt musste er irgendwie von hier wegkommen. Am besten mit John.

Er tastete das Fenster ab. Es ließ sich nicht öffnen. Er konnte es einschlagen und hinausklettern, aber das machte Lärm, und herumzuschnüffeln würde ihn keineswegs in ein besseres Licht rücken. Er konnte natürlich versuchen abzuhauen, aber nachdem er nicht wusste, wo er sich befand, würde es vermutlich zu lange dauern, bis er ein bewohntes Haus gefunden hatte, dass sie die Basis geräumt hatten, ehe die Verstärkung eintraf.

Was würde dann aus dem Gefangenen und seiner Familie werden? Und wieder, wie wichtig war das im Vergleich zu allem anderen?

Es war ihm nicht gelungen, Johns Vertrauen zu gewinnen. Auch wenn er ihn nicht dazu bringen konnte, freiwillig mit ihm zusammenzuarbeiten, musste er sich dennoch einen Plan ausdenken. Für sie beide. Und er musste spätestens Samstag von hier verschwunden sein. Am besten vorher noch eine Nachricht an Margareta auf den Weg bringen, damit der Fahndungsleiter sie an einen sicheren Ort bringen konnte.

Er setzte sich auf die Bettkante, den Kopf in die Hände gestützt. Es ärgerte ihn, dass es ihm nicht gelang, sich Akzeptanz zu verschaffen. Ihn beschlich die Gewissheit, dass das hier auf irgendeine Weise machbar sein musste, Lärm hin oder her. Also, was war mit ihm los? Warum konnte er keine Entscheidung treffen?

John machte eine Pause, horchte in die Dunkelheit und wartete, bis das dumpfe Geräusch verklungen war, ehe er sich wieder den Stahldrähten zuwandte, noch immer völlig in die Decke gehüllt.

Plötzlich gab der Widerstand nach und zwei der Drähte brachen endlich ab. Er fing sie nervös auf, ehe sie in die Ritze zwischen Pritsche und Gitter fielen, legte sich zurecht und griff mit der gefesselten Hand nach der Handschelle, die am Zellrahmen festsaß, damit sie nicht verrutschte. Dann nahm er einen Stahldraht in die rechte Hand, verbog ihn über einem Glied der Kette zwischen den Eisenhaken und steckte ihn vorsichtig in das Schloss der Handschelle.

Es war ein einfaches Schloss, aber die Feder wurde auch dann unter Spannung gehalten, wenn aufgeschlossen war. Man musste sie mit dem Schlüssel zurückhalten, während die Fessel geöffnet wurde. Der lange Stahlbügel mit seinen verschiedenen Kerben zur Regulierung der Größe konnte leicht zurückrutschen, auch so, dass die Handschelle noch enger wurde als vorher. Wenn das passierte und das Schloss zuschnappte, war es unmöglich, es wieder aufzubekommen.

Eigentlich war es ganz einfach, er hatte das schon tausendmal gemacht, aber diesmal dauerte es unerwartet lange. Seine Finger waren geschwollen und ungeschickt, der Stahldraht rutschte um die hochstehende Zacke herum, die in die Öffnung des Schlüssels passte, und es war schwierig, die Handschelle ruhig zu halten. Mit geschlossenen Augen tastete er nach dem Widerstand, und wagte nicht zu drücken, ehe er spürte, dass er an der richtigen Stelle war.

Endlich glitt das Ende des Drahtes in die Einkerbung. John hielt die Luft an und drückte behutsam. Dieses Mal rutschte der Draht nicht heraus. Er drehte, langsam und gleichmäßig, und schob den Stahlbügel gleichzeitig mit dem Daumen der linken Hand hinaus. Endlich war die Handschelle offen.

Möge gerade jetzt um Himmels willen keiner auf den Monitor sehen, dachte er.

Seine Hände zitterten vor Anspannung. Er fädelte die lose Handschelle aus dem Käfigrahmen und entspannte sich ein paar lange Sekunden. Eine Quelle wahrhaftiger Freude sprudelte in ihm, stärker als er sie sich hatte vorstellen können, und er zwang sich, eine Weile still zu liegen, um sich nicht von dem plötzlichen Adrenalinkick verleiten zu lassen, etwas Übereiltes zu tun.

Eine Erinnerung zog vorbei. Das Jahr nach Afrika, vor Anne, als er von einer Krankheit nach der anderen heimgesucht worden war, eine Reaktion auf den Albtraum dort unten. Einmal hatte sein Rücken in höllischen Schmerzen blockiert. Er hatte dagestanden und sich an einer Kommode festgeklammert. Er war sich vollkommen bewusst gewesen, dass er sich keinen Millimeter hätte rühren können, wenn es genau in diesem Moment zu brennen angefangen hätte. Dann war er auf die Idee gekommen, dass er sich auf den Boden niederlassen könnte. Langsam und vorsichtig hatte er sich nach unten vorgetastet, bis er auf allen vieren war, und eine Sekunde lang hatte dieselbe intensive Freude seine ganze Seele durchströmt. Er würde zur Tür kriechen können! Normalerweise eine unbedeutende Fähigkeit, aber in dem Moment war das ein unerhörter Fortschritt gewesen.

Er stand auf, schlug widerwillig die Decke zurück und machte sich an das Schloss der Zellentür, während die Handschelle an seiner linken Hand baumelte.

Andreas konnte nicht schlafen. Roffe war sofort außer Sichtweite verschwunden, als der Neue gekommen war, und er vermisste ihn nicht. Aber die Veränderung brachte die Routine durcheinander, und das machte ihn rastlos. Er hatte nichts mit diesen Stockholmern am Hut, obwohl er selbst aus einem Stockholmer Vorort stammte. Gleichzeitig kam es ihm auf eine seltsame Weise vor, als hätte sich ein Fenster geöffnet und als warteten irgendwo um die Ecke ungeahnte neue Möglichkeiten. Er wusste nur nicht, welche das sein sollten und wie er sie zu fassen bekommen konnte oder ob er sie überhaupt haben wollte.

Er zog sich eine Tarnhose über die Unterhose, nahm die dunkle Treppe mit ein paar schnellen Sprüngen ins Erdgeschoss. Die Luft fühlte sich zwar unangenehm kalt auf seinem nackten Oberkörper an, aber es war ein wohltuendes Unbehagen. Ungefähr so wie das befreiende Gefühl, Streit zu suchen, wenn die innere Anspannung zu groß wurde. Oder das Krafttraining, wenn die Rastlosigkeit drohte, ihn wahnsinnig zu machen.

Er blieb in der Halle stehen und lauschte. Aufgebrachte, undeutliche Stimmen drangen aus dem großen Esszimmer. Martin und Malmberg stritten sich, und das nicht zum ersten Mal. Es machte ihn rasend. Sie hatten ein großes Ziel, sie würden ein neues Schweden errichten, ein Europa als Heimat der weißen Rasse. Darauf kam es an, warum wurde Malmberg diesen verdammten Martin dann nicht ganz einfach los, wenn er nicht die Schnauze halten konnte? Ordnung und Gehorsam sollten herrschen, kein Alkohol und keine Streitereien, und Andreas hatte die Order befolgt. Aber was hatte das für einen Sinn, wenn der Führer nicht führte? Das machte ihn ärgerlich und ungeduldig, aber es beunruhigte ihn auch. Er bewunderte Malmberg und sah zu ihm auf. Dieser Zug von Schwäche gefiel ihm nicht.

Eine flüchtige Lust abzuhauen, durchfuhr ihn. Für den Bruchteil einer Sekunde stellte er sich vor, wie er den Jeep nahm und einfach davonfuhr. Mit quietschenden Reifen. Der Gedanke war beängstigend und verlockend zugleich.

Planlos ging er durch den Flur in die große, leere Küche und öffnete die Kühlschranktür. Der weiße Schein der Lampe fiel auf ihn. Der Kühlschrank war mit Lebensmitteln gefüllt, genug für eine kurzfristige Belagerung. Im Vorratsschrank daneben lagen Vorräte für mehrere Monate. Angespannt riss er sich ein Stück kalte Pizza ab, schlug die Tür wieder zu, lehnte sich im Dunkeln an die Spüle und begann zu kauen.

Sie schmeckte nicht besonders gut. Die Tomatensoße war zu einer Haut getrocknet, und der Käse war hart. Am liebsten wäre er raus in die Nacht und eine Meile gerannt. Die Ruhelosigkeit zuckte in allen Muskeln. Aber alle Alarmanlagen waren angeschaltet und ohne Erlaubnis durfte er nicht weg.

Er hatte Lust, runter zu dem Anwalt zu gehen. Ein bisschen mit ihm plaudern. Idiotengeschwätz, von wegen Rassen gäbe es nicht, reizte ihn, aber eigentlich machte er sich nicht viel aus dem, was John sagte. Er war nur gern in seiner Nähe. So fühlte es sich nicht so sinnlos an, da unten zu stehen. Auch wenn sie nicht miteinander redeten, gab es ihm etwas, im selben Raum wie er zu sein.

Er hatte das Gefühl, dass John gelebt, dass er etwas durchgemacht hatte und sich auskannte. Er wollte daran teilhaben und er wusste, dass ihm das nicht gelingen würde, indem er ihn zu Boden drückte oder ihn verprügelte. Eine Atmosphäre von Ruhe umgab ihn, etwas Stabiles, Fertiges, das man zerstören, aber nicht ändern konnte. Ihn zu erschießen wäre in einer Sekunde erledigt und trotzdem war es unmöglich, ihm das Genick zu brechen.

Außerdem würde John ihm zuhören. Er würde sogar jemandem zuhören, der aus seiner Sicht nichts als ein großer Dreckskerl war. Er würde ihm bestimmt erklären können, warum das Mädchen von der Tankstelle sich nichts aus ihm machte.

Er nahm sich Saft aus dem Kühlschrank und plötzlich tauchte eine neue Vorstellung vor seinem inneren Auge auf. Er sah, wie er selbst die Handschellen aufschloss und John im Jeep von hier fortbrachte. Malmberg hatte keine

Hunde, sie konnten sich also im Wald verstecken, ohne gefunden zu werden. Er wusste sogar wo. Weiter östlich gab es eine tiefe Schlucht, durch die ein kleiner Bach lief. Sie konnten die Wege meiden und dem Wasserlauf folgen, vermutlich mündete er weiter unten in den schmalen Fluss, der durch Gransele floss. Eine Weile malte er sich aus, den auffälligen Jeep zurückzulassen, sich in die Stadt durchzuschlagen, ein anonymes Auto zu klauen, abzuhauen.

Der Gedanke belebte ihn. Die Bilder liefen wie ein Film in seinem Kopf ab. Die beste Sequenz war die Sekunde des Einvernehmens zwischen ihnen, als John klar wurde, dass sein Bewacher ihn befreien statt töten wollte. Er verbesserte die Geschichte: Er konnte John die Pistole an den Kopf halten, sie dann wieder sinken lassen und stattdessen die Handschellen aufschließen.

Die Pizza war aufgegessen. Er schaute in den Kühlschrank. Auf jeden Fall konnte er zu John gehen und ihm etwas zu essen bringen. Er teilte noch ein Stück Pizza ab, verbarg es in der Hand, ging durch den Flur und die dunkle Halle zur Kellertür und warf einen Blick Richtung Esszimmer. Der Streit dort drinnen war noch immer in vollem Gange.

Er legte die Hand auf die Klinke der Kellertür. Dort hielt er voller zwiespältiger Gefühle inne. Was war er gerade im Begriff zu tun?

Schließlich entschied er sich. Er ließ den Türgriff los und ging die Treppe hoch.

Es dauerte mehrere Minuten, das Schloss zu öffnen. Niemand kam und hielt ihn auf, als die Gittertür endlich aufglitt. Entweder war keiner da, der aufpasste, oder aber die Kamera konnte die Dunkelheit nicht ausreichend durchdringen und sie verließen sich auf die Handschellen. John betrat den Keller, schloss die Tür hinter sich und warf einen Blick auf den Rasen. Niemand zu sehen. Wenn er sich vorbeugte, konnte er ein Stück entfernt die dunklen Nebengebäude und den Helikopter erkennen.

Er ging in den Duschraum, um die Seitentür zu untersuchen, die ins Freie führte. Aus einigen Dezimetern Abstand, genau darauf bedacht, ihr nicht zu nahe zu kommen, musterte er sie von der Schwelle bis zur Oberkante. Wie er vermutet hatte, war sie abgeschlossen und ein dünner Metalldraht verriet, dass sie an eine Alarmanlage gekoppelt war.

Durch die Glasscheibe im oberen Teil der Tür sah er, dass davor ein schmaler Platz lag. Auf der einen Seite begrenzt durch den Berg, der dunkel neben dem Haus emporragte, auf der anderen durch einen steilen, geschotterten Hügel, der zur Auffahrt und der Vorderseite des Hauses hinaufführte. Büsche und Fichten wuchsen dort, und das schwache Licht, das sich hierher verirrte, verlor sich in der Dunkelheit und in den Zweigen.

John wog seine Chancen ab. Er konnte die Wasserleitung aus der Dusche brechen, die Scheibe zerschlagen und in den Wald verschwinden. Das ganze Haus würde natürlich davon wach werden, aber sie würden ihn nicht finden, bevor ihn die Nacht verschluckt hatte. Es gab die vage Möglichkeit, dass er sich bis zum Morgen zu einem bewohnten Haus durchschlagen konnte, zu einem Haus mit normalen Menschen und einem Telefon.

Statt einen Versuch zu wagen, ging er in den Keller zurück und die Treppe hinauf. Die Tür war nicht verschlossen. Er lauschte lange, ehe er sie vorsichtig aufschob. Die große Halle war dunkel und schien leer zu sein. Er machte einen Schritt über die Schwelle und ließ die Kellertür langsam hinter sich zugleiten.

27

Es drang Licht unter der Tür des Esszimmers hindurch. Die gedämpften Stimmen zweier Männer, die hitzig diskutierten, drangen in die Halle. John hatte den Eindruck, als hätten sie sich nach einem späten Abendessen zurückgezogen und würden sich um einen Träger Flaschen zanken. Die eine Stimme gehörte Martin. Die andere war trocken und eine Spur tonlos. Das musste die Spinne sein.

Er schlich quer durch die Halle, stellte sich in den Schatten der Treppe und lauschte. Nur Bruchstücke des Streites drangen zu ihm vor. Zuerst hörte er eine lange, aufgebrachte Rede von Martin. John konnte kaum etwas verstehen, aber es klang, als versuche er etwas voranzutreiben.

»... als gleichzeitig!«, schloss er wie eine gellende Fanfare. »Das verwirrt sie!«

»... bringt gleichzeitig eine Schockwirkung«, widersprach die trockene Stimme voller Zorn.

»Die Zeit, die ...«, unterbrach der Lange.

»Aber die Meister ...«

»Ach verdammt ...!«

Sie verstummten, und John fürchtete, dass sie hinauskommen würden, aber die Unterredung wurde wieder aufgegriffen, jetzt so leise, dass er überhaupt nichts mehr verstehen konnte.

Die Meister? Das war kein Wort, das er hier zu hören erwartet hatte. Er fragte sich, was das zu bedeuten hatte.

John blendete das Surren der Stimmen aus, ging zum Arbeitszimmer und versuchte vorsichtig, die Tür zu öffnen. Sie war abgeschlossen. Er klopfte diskret an und trat zurück. Niemand antwortete oder kam heraus, um nachzusehen, wer angeklopft hatte. Er wartete einige Sekunden, bis er wieder zurückging und seine Werkzeuge einsetzte. Dieses Schloss war komplizierter, er benötigte beide Drähte. Als die Tür endlich nachgab, war John schweißgebadet, die Muskeln seiner Arme und Beine schmerzten vor Anspannung.

Der Raum war dunkel. Er schlich hinein, schloss leise die Tür hinter sich, lehnte sich an die Wand und verschnaufte.

Er war zwar nicht vertraut damit, aber nach seinem Verständnis gab es gegenwärtig zwei Sorten von Nazis in Europa. Die eher unorganisierten, die als Sturmtruppen agieren wollten und sich auf den Straßen prügelten, und die Nassgekämmten in schicken Anzügen, die versuchten, sich im politischen Leben einzunisten, indem sie sich zu allem wählen ließen, wozu man sich wählen lassen konnte. Vom Kirchengemeinderat zum Gewerkschafter, vom Elternvertreter in der Schule bis in den Kulturausschuss der Gemeinde und ins Parlament, um schließlich ein reinweißes, autoritär geführtes Europa zu schaffen.

Damit befasste sich die Front Nationale in Frankreich, das war das Ziel ihrer Freunde, der Sverigedemokrater. Die Front Nationale hatte in den Städten, in denen es ihnen gelungen war, die Mehrheit zu bekommen, bereits Bibliotheksbestände und Zeitungen zensiert, ein Denunziantensystem geschaffen und versucht, großen Gruppen französischer Mitbürger ihre Bürgerrechte abzuerkennen, basierend auf Aussehen und ethnischem Ursprung. Die Sverigedemokrater und ihr Ableger, die Nationaldemokraten, eiferten ihnen nach, stellten sich zur Wahl und versuchten, die Allgemeinheit zu verwirren, indem sie sich vom Rassismus distanzierten und stattdessen von Kultur sprachen. Auch bekennende Nazis hatten begonnen, Parteien zu gründen.

Jetzt, aus dem Nichts, war die Spinne aufgetaucht. Wie passte er in dieses Bild? Nachdem ihn offenbar bis jetzt weder Polizei noch Sicherheitspolizei aufgespürt hatten, musste er sich im Verborgenen gehalten haben, außerhalb der bekannten Gruppierungen. Nun war er plötzlich zum Leben erwacht wie ein trockener Keim im Wasser. Er hatte begonnen zu agieren, vielleicht nach Jahren stiller Frustration bei der Landwehr oder in der Armee, nach Jahrzehnten bitterer Diskussionen mit Gleichgesinnten, die er in kleinen rechtslastigen Vereinen gefunden hatte. Vor Johns innerem Auge entstand das Schattenbild eines schweigenden, verbitterten Mannes, der sich von der grölenden Jugend fern hielt, sie jedoch ausreichend beobachtet hatte, um rekrutieren zu können.

Warum gerade jetzt? Die Ursache für die plötzliche, gespenstische Ankunft der Spinne auf der Bühne musste Geld sein. Von irgendwoher konnte er auf einen Schlag über die ökonomischen Ressourcen verfügen und seine Träume verwirklichen. Er musste den parlamentarischen Weg mit Verachtung betrachtet haben, zu lange schon hatte er sich nach Blut, Rache und Vorherrschaft gesehnt, um sich jetzt noch ändern zu können. Und er war nicht mehr jung, er konnte nicht warten. Also hatte er sich einen eigenen Adlerhorst in der Wildnis gebaut oder gekauft und unbemerkt die Masse von Skinheads, Randalierern und Rassisten durchkämmt, bis er seine eigene Sturmtruppe beisammen hatte. Er musste mindestens zehn, fünfzehn Mann gefunden haben. Oder mehr. Er hatte Roffe, Martin und seinen Trabanten gefunden. Den Polizisten, der gestern aufgetaucht war. Er hatte Andreas gefunden.

John erwachte aus seinen Gedanken und sah sich um. Am anderen Ende des Zimmers schimmerten schwach zwei graue Rechtecke, Fenster. Sie mussten an der Längsseite des Hauses hinausgehen. Er tastete sich im Dunkeln vor und fuhr mit den Händen über die Fensterrahmen. Vor den Scheiben waren Jalousien heruntergelassen worden und an den Seiten hingen dicke Vorhänge. Er zog sie zu, stellte eine kleine Lampe unter einen Schreibtisch, damit sie abgeschirmt war, und knipste sie an.

Jetzt sah er, dass er sich in einem großen Raum befand. Es gab zwei Schreibtische mit jeweils einem Computer, einer davon war ganz neu. Die Tischflächen waren klinisch rein, auf einer lagen ein leerer Block und eine Reihe pedantisch geordneter Stifte. An einer Wand hing eine große Hakenkreuzfahne neben der schwedischen, auf der gegenüberliegenden Seite eine detaillierte Karte des ganzen Landes mit Stecknadeln, die offensichtlich verschiedene Plätze markierten. Es gab außerdem einen kleineren Aktenschrank aus Stahl und ein Bücherregal mit nazistischer Literatur. Auf dem Schrank lag Johns Handy, daneben eine alte, abgegriffene Brieftasche, achtlos hingeworfen, als hätte es jemand eilig gehabt und die Sachen einfach an der erstbesten Stelle abgelegt.

Er rührte sein Handy nicht an, ging wieder zum Schreibtisch, nahm den Hörer vom Telefon, drückte die Wahlwiederholung und eine fröhliche Tonbandstimme drang an sein Ohr.

»Hier ist Fjäll-Kjelles Pizza. Wir haben von zwölf bis zehn geöffnet, ihr ruft an, wir kommen. Die beste Pizza in ganz Norrland!«, ertönte eine dunkle Stimme mit gemütlichem norrländischem Dialekt.

Wo in Norrland? Dass der Mann nicht so freundlich war, sich ein bisschen präziser auszudrücken, dachte er und wählte Annes Nummer. Sie ging noch immer nicht ans Telefon, und er war kurz davor, den Hörer aufzuknallen. Wo waren sie? Warum hatte sie das Telefon noch nicht gefunden?

Er überlegte, ihr etwas auf die Mailbox zu sprechen. Der Gedanke war verlockend. Aber dann riskierte er, dass der Suchtrupp die Nachricht abhörte, wenn sie Anne fanden. Dann würden sie wissen, dass er ausgebrochen war. Das war zu gefährlich.

Er musste sich konzentrieren. Er stand auf, ging zu der großen Karte und versuchte Gransele zu finden. Es gab keine Stecknadel in Norrland. Er las eine ganze Reihe von Ortsnamen, die auf -sel oder -sele endeten – Lycksele, Björksele, Almsele. Bjursele. Sorsele. Vind-Gransel. Endlich Gransele. Der Ort lag im Wald zwischen den dichter besiedelten, tiefer liegenden Gegenden und dem Fjäll. Das Holzhaus konnte nicht allzu weit davon entfernt sein.

Die Stecknadeln waren lückenhaft über Mittel- und Südschweden verteilt. Östersund und Sundsvall waren mit schwarz markiert. Es gab auch schwarze Nadeln in Stockholm, Göteborg, zwei anderen Orten in Westschweden, sowie mehrere an verschiedenen Stellen in Dalarna und Blekinge. Wenn Schwarz die Farbe war, mit der Malmberg seinen Nazismus assoziierte, dann würden die bezeichneten Plätze vermutlich für Gruppen von Sympathisanten stehen. Oder vielleicht nur für einen einzigen Anhänger in jedem Ort. Er versuchte, sich die Orte einzuprägen, wozu auch immer das gut sein würde. Eine Nadel in Östersund sagte schließlich nichts darüber aus, wem oder welcher Institution sie galt. Es konnte genauso gut vereinzelte Sympathisanten an anderen Stellen geben. Außerdem waren Menschen beweglich.

Gelbe Nadeln in Stockholm. Vier Stück. Für vier Morde?

Am häufigsten waren die roten Nadeln. Zehn Stück. Sie konzentrierten sich in den großen Städten. Fünf in Stockholm. John überlegte, was sie wohl markierten. Es gab zwei dunkelblaue Nadeln, eine in Stockholm und eine in Dalarna. Eine ganze Weile starrte er sie an. Er konnte keine Erklärung finden.

Neben dieser Karte hing eine kleinere an der Wand. Es war seine eigene. Zuletzt hatte er sie in Annes Händen zu Hause in ihrer Wohnung gesehen. Jemand hatte sie genommen, sie hier aufgehängt und einen dicken gelben Strich in die Nähe der Stelle gezogen, wo er sie jetzt vermutete. Kurz vor dem Punkt verwandelte sich die Linie in Punkte und teilte sich in zwei Richtungen. Der Suchtrupp berechnet die Wege der kommenden Tage, dachte er. Irgendwo zwischen diesen beiden gestrichelten Linien mussten Anne und Miriam sich jetzt befinden. Domarudden war nicht markiert, aber es lag gefährlich dicht an einer der Linien.

Es war absurd, hier in diesem fremden und feindlichen Raum eine ihrer Sachen vor sich zu haben. Er schaute auf die Karte mit Annes schwachen Bleistiftmarkierungen, als wäre dort ein wirklicher Wald. Irgendwo dort waren sie jetzt schlafend im Zelt.

Er kehrte zum Telefon zurück und probierte die programmierten Kurzwahlnummern. Bei den meisten sprang der Anrufbeantworter an. Zwei waren offizielle Nummern, eine davon führte zu einem militärischen Verband in Östersund und die andere zum Verteidigungshauptquartier in Stockholm. Die Stimme erstattete ausführlich Bericht, in welcher Zentrale er gelandet und wann geöffnet war. Alles andere waren private Nummern und überall antworteten männliche Stimmen, die sich ohne Namen meldeten. Er sah auf das Display, aber es zeigte keine Nummern oder Namen an, nur anscheinend sinnlose Buchstabencodes. Offenbar reichten die Tentakel der Spinne weit gestreut in die Gesellschaft hinein.

Auf jeden Fall gab es eine Sache, die John jetzt tun konnte. Nachdem er in die Halle hinausgehorcht hatte, rief er die Auskunft an und fragte flüsternd nach der Nummer eines gewissen Jonas Lamstedt in Stockholm. Er hatte anfänglich Schwierigkeiten, sich an den Nachnamen zu erinnern. Als er die Nummer gewählt hatte, vergingen vier Freizeichen, dann sprang ein Anrufbeantworter an. Er löschte die Lampe und hörte zu.

»Jonas hier, sag was!«, lautete die kurze Ansage einer ungeduldigen, jungen Männerstimme. Dann ein Piep.

»Gina!«, flüsterte John in den Hörer. »Gina, geh ran!«

Es blieb still, dann nahm jemand am anderen Ende den

Hörer ab und die müde und grantige Version der Ansagenstimme knurrte ihm ins Ohr.

»Hallo? Wer zum Teufel ist da?«

»Lass mich mit Gina reden«, flüsterte John. »Es ist wichtig.«

»Was? Welche Gina?«

»Wer ist das?«, klang eine verschlafene Frauenstimme im Hintergrund.

»Irgendein Typ, der ins Telefon schnauft und dich sucht.«

John hörte Schritte.

»Gib mir den Hörer!«, ertönte Ginas Stimme, jetzt nah am Telefon, und es wurde unruhig, als zankten sie sich um das Telefon. John legte die Hand über das Mikrofon und wünschte, sie würden etwas leiser reden.

»Gib mir den Hörer, Jonas!«

»Hast du jemandem gesagt, dass wir zusammen sind? Wir dürfen es noch keinem sagen«, zischte die männliche Stimme wütend.

»Das erkläre ich dir später. Gib mir den Hörer. Geh und leg dich ins Bett.«

Der Mann entfernte sich und seine murrende Stimme verebbte. John sah vor sich, wie er ins Bett zurückschlurfte, barfuß über den kalten Boden.

»John?«, fragte Gina hoffnungsvoll.

»Ja, ich bin's. Alles okay mit dir?«

»Großer Gott, John! Du lebst! Wo seid ihr? Was ist passiert?«

»Liebe Gina, hör einfach zu. Das hier ist eine Entführung, ich bin in Südlappland in einem großen Haus, irgendwo im Wald. Eine Nazigruppe hat die Morde begangen. Anne und Miriam sind nicht hier, sie machen auf eigene Faust Urlaub, aber sie werden von derselben Gruppe gejagt, wegen irgendeines Kuverts, das sie von einem Aussteiger bekommen haben muss. Weißt du etwas davon?«

»Nein, aber die Polizei hat nach einem Mann gefragt, der

hier gewesen ist. Wo zur Hölle bist du? Eine Gruppe? Sind es viele? Was haben sie getan?«

»Hat sie sich gemeldet?«

»Nein. John …!«

»Wenn sie sich meldet, dann sag ihr, dass sie sich versteckt halten soll. In der Gruppe sind auch Polizisten, aber ich weiß nicht, welche das sind. Du musst vorsichtig sein. Ich habe ein Videoband gesehen, als du vor dem Grand umgefahren worden bist. Das war arrangiert, um mich zu warnen.«

»Dieser verfluchte Journalist!«, entfuhr es ihr. »Da war ein Journalist, der mit mir über euch reden wollte. Er hat mich in eine Falle gelockt. Bei dem weiß ich jedenfalls, wer es ist! Verfluchtes Schwein! Ich gehe zu …«

»Nein, tu das nicht. Wir wissen nichts. Geh nicht zur Polizei.«

»Was soll ich dann machen? Kannst du entkommen?«

»Du und Lotten, ihr nehmt Urlaub und verreist. Das ist wichtig. Ihr dürft morgen nicht ins Büro kommen.«

»Aber …«, setzte sie an.

»Sag alle Termine von Jonas aus ab. Dann sei so nett, geh zu verschiedenen Telefonzellen und versuch in unregelmäßigen Abständen Anne auf dem Handy anzurufen. Sie hat es dabei, aber sie weiß nichts davon. Wenn sie drangeht, dann bitte sie, sich versteckt zu halten, bis sie von mir hört. Pass auf, dass dich niemand sieht. Tu sonst gar nichts. Es ist gefährlich. Vertrau dich niemandem an. Weiß jemand von Jonas?«

»Nein, aber was wirst du tun? Was haben sie mit dir gemacht?«

»Ich bin okay. Ich glaube, ich bin in der Nähe von Gransele. Großes Holzhaus draußen im Busch, in einer Schlucht. Schreib das nirgendwo auf. Es muss dort eine Björkgata und Fjäll-Kjells Pizzeria geben.«

Sie lachte auf, nervös.

»Fjäll-Kjell …? Herrgott, John!«

»Ruf Lotten an, sowie ich aufgelegt habe.«

Er machte eine Pause, um ihr die Chance zu geben, zu begreifen, was er gesagt hatte.

»Wiederhole, was du tun sollst.«

»Auf der Stelle Lotten anrufen. Nicht zur Arbeit gehen, von zu Hause aus absagen und in Urlaub fahren. Ihr seid aber auch fürchterliche Chefs. John, es muss noch etwas anderes geben, was ich tun kann. Ich kann das Auto nehmen und rauffahren …«

»Urlaub?«, war die männliche Stimme im Hintergrund zu hören. »Aber ich hab keine Zeit …«

»Ich melde mich«, sagte John. »Sei vorsichtig, ich will dich wiedersehen, wenn ich nach Hause komme.«

Er legte auf, machte Licht und rief wieder die Pizzeria an, um zu verbergen, dass das Telefon benutzt worden war. Er stand auf, sein Rücken schmerzte. Noch immer war kein Laut aus der Halle zu hören.

Er schaltete den Computer ein. Wie erwartet war ein Passwort nötig, um das Programm zu öffnen. Er zerbrach sich sein Hirn, um Begriffe mit nazistischer Bedeutung zu finden. Er hatte keine Ahnung, wie die Spinne dachte, oder wie er die Organisation nannte. Er hatte noch dunkel die Erinnerung an einen Zeitungsartikel im Hinterkopf, in dem behauptet worden war, 88 und 18 hätten eine Bedeutung. Er versuchte es mit beiden Ziffern und Buchstaben, er probierte Hitler, Quisling, Reines Schweden, Arischer Kampf. Er bekam keinen Zugang und sah ein, dass er nicht die Zeit hatte, um den Code zu knacken. Er gab auf und schaltete den Computer aus.

Aber die Stifte und der Block deuteten darauf hin, dass jemand gern Notizen machte. Vermutlich die Spinne. Er war ein älterer Mann und nicht mit Computern aufgewachsen, vielleicht dachte er, dass nur das, was geschrieben stand, wirklich existierte.

John versuchte es mit den Schubladen des größeren Schreibtisches. Die oberste glitt auf, aber darin war nichts außer noch mehr Papier, Kuverts und Büroklammern. Was auch immer die Spinne zu Papier gebracht hatte, er hatte es garantiert im Schrank eingeschlossen.

Das Wort Meister fiel ihm wieder ein. Das war eine merkwürdige Bezeichnung aus dem Mund eines Nazis. Was bedeutete es? Wer wurde Meister genannt? Hitler und die anderen Nazikoryphäen nicht. Künstler wurden Meister genannt. Rembrandt und Goya. Handwerkermeister. Östliche Philosophie? Ein zenbuddhistischer Meister? Meister der Kriegskunst?

Plötzlich, durch eine lange Assoziationskette, derer er sich nicht bewusst gewesen war, entstand ein ganz neues Bild in seinem Kopf. Vor sich sah John ein altes Foto vom Brunkebergs Platz in Stockholm, das in der ersten Hälfte des 19. Jahrhunderts entstanden war. Vielleicht in den Zwanzigern. Pferdekutschen standen unten auf dem Platz und die schmale Malmskillnadsgata verschwand zwischen den alten Häusern. Oberhalb des Hausdaches stach ein seltsames Gebäude hervor, ein plumper, viereckiger Turm, der aussah wie ein Baugerüst aus Stahl. Vom Turm hing ein Wirrwarr schwerer elektrischer Leitungen herunter, die in alle Richtungen führten. Der Telefonturm, aus der Zeit bevor die Telefonleitungen so zahlreich wurden, dass man schließlich gezwungen war, sie unter den Straßen zu verlegen.

Keine Meister. Masten. Fernsehmasten. Funkmasten. Masten für das Handynetz.

Das war es, was in zehn Tagen passieren sollte. Die Masten und vermutlich wichtige Gebäude sollten gesprengt werden. Die Morde waren nur die Vorbereitung gewesen. Es sollten mehrere Anschläge an verschiedenen Orten des Landes verübt werden, und Martin und Malmberg hatte darüber gestritten, wie sie durchgeführt werden sollten. Alle auf einmal oder in Etappen. Die roten Nadeln markierten keine zukünftigen Morde, sondern Attentate auf Gebäude und die allgemeine Kommunikation. Zehn Stück. Die meisten in Stockholm.

Und nach den Attentaten? Ein Staatsstreich? War die Spinne wirklich so durchgeknallt zu glauben, dass das funktionieren würde? Er würde doch keine Chance haben. Es würde ein Operettencoup werden, so wie damals, als ein frustrierter Oberst, unmittelbar nachdem das Francoregime durch eine Demokratie ersetzt worden war, ins Parlament eingedrungen war, in die Decke geschossen und erklärte hatte, er würde das Land retten. Wie lange hatte dieser Staatsstreich gedauert? Eine Stunde?

Aber wie weit auch immer Malmberg sich von der Wirklichkeit entfernt hatte, er musste wohl Verstand genug haben, um zu verschwinden, wenn der Boden unter seinen Füßen zu brennen begann. Wenn es dem Gefangenen gelang von hier zu fliehen, würde er diese Basis verlassen und seine Angriffe vielleicht dennoch durchführen. Und niemand würde dem Suchtrupp einen Gegenbefehl erteilen. Im Gegenteil.

Dasselbe galt, wenn John hier und jetzt die Polizei anrief. Keine der Alternativen würde Anne und Miriam helfen. Oder ihm selbst. Früher oder später würden sie alle drei Malmberg und seinen Leuten zum Opfer fallen.

Er konnte nicht einfach von hier abhauen. Er hatte das die ganze Zeit gewusst. Er schaltete sein Handy aus und steckte es ein. Die Brieftasche enthielt fünfzig Kronen. Er ließ sie liegen und nahm nur das Geld mit.

Wieder blieb er vor der Karte stehen und betrachtete die beiden blauen Nadeln. Sie passten nicht ins Muster.

Markierten sie auch Tote? Gelbe Morde und blaue Morde, dachte er. Verschiedene Farben. Warum verschiedene? Was gibt es für verschiedene Arten von Mord? Geplante und ungeplante vielleicht?

Vier beabsichtigte Opfer. Und zwei, die ein Strich durch die Rechnung waren, verzweifelte und unvorhergesehene Morde. Menschen, die ihnen in die Quere gekommen waren, die ihnen Knüppel zwischen die Beine geworfen hatten. Die Saat für Malmbergs Misslingen.

John machte das Licht aus, lauschte an der Tür, schlich in die Halle und schloss leise die Tür hinter sich. Im Esszimmer scharrten Stühle. Er schaffte es gerade noch in den dunkeln Flur zu huschen, als die Männer herauskamen. Wären sie aufmerksam gewesen, hätten sie ihn gesehen, aber sie waren zu sehr mit sich selbst beschäftigt. Der ältere Mann ging vorne weg, und der Lange schlug zornig die Tür zum Esszimmer hinter sich zu. Dann verschwanden beide feindselig schweigend nach oben.

John wartete, bis die Schritte verklungen waren. Er wollte gerade die Halle durchqueren und in den Keller zurückkehren, als er spürte, dass jemand in seiner Nähe war. Er fuhr herum.

Die junge, bleiche Köchin stand reglos und schweigend in der Dunkelheit des Flurs, kaum drei Meter von ihm entfernt und sah ihn an. Sie musste heruntergekommen sein, während er im Arbeitszimmer gewesen war, und dann eine ganze Weile allein in der dunklen Küche gesessen haben. Er hatte sie nicht kommen hören.

Ein kurzer Impuls sie unschädlich zu machen durchfuhr ihn, aber er rührte sich nicht. Sie sahen sich eine kleine Ewigkeit lang an. Dann ging sie rasch an ihm vorbei, die Treppe hinauf und war verschwunden. Sie ließ einen schwachen Duft von Eau de Cologne mit Maiglöckchen zurück. Ihr pathetischer Versuch, sich hier eine Art Weiblichkeit und Normalität zu bewahren, schnitt ihm ins Herz.

Zugleich schlugen mehrere Signale auf einmal in ihm Alarm. Hätte er sie aufhalten müssen? Sollte er trotz allem jetzt sofort zum Handy greifen und 110 anrufen?

Er tat nichts von alledem. Das ausgeprägte Gefühl, dass sie auf seiner Seite war, war immer noch da, und er glaubte, dass sie dichthielt. Er konnte nicht anders. Er musste auf irgendetwas vertrauen.

John ging wieder in den Keller. Als er vor der Zelle stand, fühlte er eine wilde Sehnsucht, die Seitentür einzutreten und Hals über Kopf zu fliehen. Aber er hatte immer noch keine Idee, wie er Beweise gegen Malmberg sichern oder seiner Organisation Steine in den Weg legen sollte. Oder ihn dazu bringen, den Suchtrupp zurückzupfeifen.

Gib dem Ganzen noch einen Tag, dachte er. Einen Tag halte ich noch durch. Er war sich nicht sicher, ob das stimmte. Noch ein Tag mit dem Polizisten?

Er versteckte Handy und Geld auf einem Dachbalken draußen im Keller, zwang sich, zurück in die Zelle zu gehen, die Handschelle noch immer am Handgelenk baumelnd, und ließ das Schloss hinter sich zuschnappen.

Er bog sein Werkzeug gerade und passte es in eine Spalte zwischen den Brettern der Pritsche ein. Er versuchte, die lose Seite der Handschelle an der Metallstange festzuschließen, aber das Schloss war beschädigt worden und rastete nicht mehr ein. Es gelang ihm nicht mehr, sich darum zu kümmern. Seine Kraft war aufgebraucht. Er legte sich auf die Pritsche, zog die Decke unters Kinn und sank in einen tiefen, traumlosen Schlaf.

28

Freitag

Als er wieder aufwachte, hatte er das Gefühl, als wären nur wenige Minuten vergangen. Andreas stand in der Zelle und starrte die lose Handschelle an. Kent tauchte hinter ihm auf. Frühes Morgenlicht sickerte durch die Luke.

»Was zum Teufel soll das hier?«, knurrte der Polizist.

John setzte sich auf. Ein Fieberschauer durchfuhr ihn. Die Stimme des Polizisten klang eigentümlich gedämpft, als wäre die Zelle mit Baumwolle gefüttert.

»Ich konnte nicht schlafen mit diesem Ding«, sagte John. »Ich habe das Gitter abgemacht und es rausgezogen.« Er zeigte auf das kaputte Gitter.

»Ich hatte sie an der Stange festgemacht!«, erwiderte Andreas indigniert.

Kent richtete seinen Blick auf ihn. »Das behauptest du. Und warum hat keiner auf den Monitor geschaut, als es passiert ist?«

»Wir können wohl kaum den ganzen Tag da rumsitzen. Und ich habe sie wirklich an der Stange festgemacht!«

»Gib das her«, sagte Kent.

Zu Johns Erstaunen streckte er sich vor und zog ohne lange zu fackeln die Taschenlampe aus Andreas Gürtel. Der Junge kam nicht einmal dazu zu protestieren. Er wich zurück, als erwarte er einen Schlag, und John war im Begriff, von der Pritsche aufzuspringen, dem instinktiven Bedürfnis folgend, ihn zu verteidigen. Aber der Polizist machte auf dem Absatz kehrt, marschierte aus der Zelle, schleuderte die schwere Lampe in hohem Bogen gegen die Kamera und zertrümmerte die Linse.

Andreas war völlig geschockt. Er versuchte etwas zu sagen, aber er wurde von einem schrillen Piepen zurückgehalten, das aus dem Nichts zu kommen schien und die Kellerluft durchschnitt. Es klang wie Brandalarm.

John rannte zur Zellentür. Andreas riss sein Funkgerät aus dem Gürtel. Kent schlug ihm auf den Arm.

»Was ist das? Brennt es?«

»Es ist jemand auf dem Gelände«, murmelte Andreas angespannt und riss sich los. Der Lärm verstummte. Martin und Patrik kamen die Treppe heruntergerannt. Martin verschwand im Wachraum, während Patrik wortlos in die Zelle stürzte, John packte, ihn in den Keller schubste und neben dem Brunnen auf den Boden drückte.

Das kam völlig unerwartet. John begann sich mit aller Kraft gegen das tiefe schwarze Loch zu sträuben, viel zu spät. Es pochte in seinem Kopf, und es dauerte einige Sekunden, ehe er begriff, dass er nicht sofort heruntergestoßen werden sollte.

Er verhielt sich still. Hinter ihm keuchte der Gorilla angestrengt. Seine Taschen, die er nicht mehr gesehen hatte, seit er auf dem Boden des Volkswagens gelegen hatte, tauchten neben ihm auf. Kents Stimme war von irgendwoher zu hören, und die Taschenlampe kam in sein Blickfeld, noch immer in Kents Hand.

»Was zum Teufel macht ihr da? Was ist hier los?«

»Bleib hier stehen und kein verdammtes Wort«, sagte Martin. »Andreas, pass auf sie auf!«

Er verschwand nach oben ins Erdgeschoss. Andreas postierte sich einige Schritte entfernt, vermutlich die Uzi im Anschlag. Wohin war der Polizist verschwunden? John drehte den Kopf so weit wie möglich nach links. Kent hatte sich zurückgezogen, stand am Fenster und sah hinaus. Er schien ratlos.

Es war still im Keller. Alle warteten. John fragte sich, ob er sich befreien konnte. Die Chance war nicht sehr groß. Er hatte viel zu langsam reagiert und befand sich gefährlich weit über der Brunnenöffnung. Er blickte in das dunkle

Loch hinunter, um sich auszurechnen, was er tun konnte, wenn sie ihn wirklich dort hineinstießen.

Unter ihm sah es ungemütlich tief aus. Der steile Schacht führte geradewegs in den Berg hinein, eine Laune der Natur, nichts von Menschenhand Geschaffenes. Statt ihn abzudecken und den Boden des Kellers zu erhöhen hatte man, als das Haus errichtet wurde, den Brunnen einfach gelassen, wie er war. Vielleicht als zusätzliches Wasserreservoir.

Er konnte die Wasseroberfläche erkennen, die ungefähr sechs Meter unter ihm schimmerte. Die Schachtöffnung hatte knapp einen Meter Durchmesser und raue Felswände mit Furchen und Rissen. Ein paar Meter tiefer ragte ein großer, unebener Felsvorsprung aus der Wand. Zu seiner Verwunderung spürte John einen schwachen, kühlen Luftzug in seinem Gesicht. Die Luft von dort hätte rau und feucht sein müssen, aber sie führte einen schwachen Duft von trockenem Sand mit sich.

Jedenfalls roch sie nicht nach Tod und Verwesung. Noch war niemand dort hineingeworfen worden.

29

Bert Magnusson blickte nach oben. Es war früher Morgen und der Himmel war blau und wolkenlos. Alle, die sich an der Suche beteiligten, waren bereit, seine Frau Karin eingeschlossen. Sie hatte eine blaue Wollmütze über ihren grauen Haaren in die Stirn gezogen und sah entschlossen aus. Eine Woge von Zärtlichkeit durchfuhr ihn, als sein Blick an ihr hängen blieb. In der Ferne war das dumpfe Brummen des Helikopters mit der Wärmekamera zu hören. Sonst war alles still.

Er war heute Morgen in aller Herrgottsfrühe aus dem

Bett gejagt worden, nachdem Birgitta drüben in ihrem Haus in das Zimmer ihrer fünfjährigen Tochter gegangen war und bemerkt hatte, dass die Kleine nicht da war. Sie hatte das Kind nirgends finden können, weder im Haus, noch im Keller oder im Nebengebäude. Sie und ihr Mann hatten sich die Parkas über die Schlafanzüge geworfen, das Auto geholt und waren den Weg abgefahren, aber als sie sie im Umkreis von zehn Kilometern nicht hatten finden können, gaben sie auf und riefen die Polizei.

»Vielleicht ist sie auf dem Weg zu ihrem Großvater!«, rief Birgitta verzweifelt ins Telefon. »Wir fahren normalerweise mit dem Auto dorthin, aber Richard ist im April mit ihr auf Skiern durch den Wald zu ihm. Vielleicht hat sie den Weg genommen, um ihn zu überraschen. Mein Vater und seine Frau haben aus ihrer Richtung angefangen zu suchen. Aber das sind mehrere Kilometer, Bert! Sie kann nicht in ihrer Nähe sein, es sei denn, jemand hätte sie mitgenommen. Und wer hätte das tun sollen? Mitten in der Nacht?«

»War sie angezogen?«, fragte Bert.

»Ja, sie hat sich angezogen. Sie hat den Steppanorak an, eine Jeans, die bunten Stiefel und ihre rote Mütze. Sie ist nicht im Nachthemd draußen. Aber wir wissen ja nicht, wie lange sie schon weg ist. Was ist, wenn sie jemand geholt hat?«

»Wenn sie sich allein angezogen hat, hat sie sich bestimmt auch allein auf den Weg gemacht«, sagte Bert. »Ich glaube nicht, dass sie im Wald jemanden getroffen hat. Es ist gut, dass die Mütze rot ist, dann kann man sie besser sehen. Welche Farbe hat die Jacke?«

»Dunkelgrün.«

Er hatte es trotzdem noch geschafft, eine Tasse Kaffee und eine trockene Zimtschnecke zu sich zu nehmen, bevor er Olle abgeholt hatte und mit ihm zu Birgitta und Richard gefahren war, die mehrere Kilometer außerhalb der Stadt wohnten.

Bert war in Gransele geboren. Er war ein großer, sehniger Mann mit einem sehr hageren, faltigen Gesicht, das ziemlich grimmig aussah, aber er hatte eine große Portion ironischen Humor, war gewissenhaft und rechtschaffen. Er war im Großen und Ganzen nicht mehr aus Norrland herausgekommen, seit er auf der Polizeischule gewesen war. Seitdem war er ein paar Mal in Stockholm gewesen, um Kurse zu besuchen oder um selbst Vorträge vor den Polizeidienstanwärtern zu halten, außerdem hatten Karin und er ein paar Mal Urlaub auf den Kanarischen Inseln gemacht. Manchmal fuhren sie auch nach Norwegen. Das war eigentlich alles, und es war auch lustig gewesen, aber hier fühlte er sich wohl und konnte abschalten, hier wollte er leben.

Birgitta stand jetzt vor ihm. Sie war fünfundzwanzig Jahre jünger als er, er war mit ihrer Mutter zur Schule gegangen und kannte sie gut. Sie schaute besorgt zu ihm auf. Sie kannte Bert ebenfalls gut. Er liebte die Natur und kannte die Gegend in- und auswendig, er würde nicht aufgeben.

»Mach dir nicht so viele Sorgen«, sagte er. »Heute Nacht war es nicht so kalt. Sie friert sicher und ist hungrig, aber sie wird bestimmt mit dem Schrecken davonkommen.«

»Sie ist erst fünf«, sagte Birgitta.

Er legte den Arm um sie und drückte sie einen Augenblick an sich.

»Ich verlasse mich auf dich, Bert«, sagte sie und reihte sich in die Kette der Suchenden ein, die mit ihren langen Stöcken aufbrachen. Bert stieg in den Streifenwagen, in dem Olle am Steuer saß.

»Wir fahren zu diesem Ferienresort oder wie auch immer die das nennen«, sagte er.

Olle sah erstaunt aus.

»Warum das denn? Das ist ziemlich weit von hier. Sie wird wohl kaum so weit gekommen sein?«

»Das kann man nie wissen. Irgendwas an dem Haus da ist seltsam, das habe ich schon die ganze Zeit gedacht.«

»Wieso seltsam?«

»Ich weiß nicht, wie ich das sagen soll. Ein Haus nur mit Männern?«

Olle ließ den Motor an und bog vom Versammlungsplatz auf die Straße ab.

»Vielleicht sind es Männer, die sich mögen?«, schlug er vor.

»Ja, in dem Fall wäre das ja ihre Sache, aber gestern waren zwei von den Typen ziemlich unverschämt zu Agneta, als sie in der Tankstelle gearbeitet hat. Richtig unverschämt. Ihr war ganz schlecht hinterher, dass sie fast nach Hause gehen musste. Was sind das für Leute, die so was tun?«

»Das ist doch so eine Abenteuercamp«, sagte Olle. »Sonntagsjäger. Sie bringen Leute für viel Geld mit dem Helikopter aus Stockholm hierher, lassen sie hier herumpromenieren, ein bisschen jagen und sich im Scharfschießen üben, damit sie sich mal wie richtige Männer fühlen. Dann fahren sie wieder nach Hause. Das ist doch kein Grund, sich so aufzuregen.«

»Sicher. Und was jagen sie? Vielleicht beschäftigen sie sich ja auch mit so was hier. Kleine Kinder rauben und weiß Gott, was sie dann mit ihnen machen.«

Olle hob die Schultern.

»Ja, dann fahren wir wohl mal dahin und überprüfen das«, sagte er ruhig. »Es kann nicht schaden, mal einen Blick darauf zu werfen.«

Schweigend fuhren sie weiter.

Das Funkgerät in Martins Hand erwachte zum Leben. Er stand im Arbeitszimmer, Malmberg neben sich, und blickte auf die Auffahrt hinaus. Er hatte noch nicht gefrühstückt und war hungrig und gereizt. Malmberg schwieg, die Hände auf dem Rücken verschränkt.

»Ich hab hier ein Kind im Visier«, klang eine Stimme

über Funk. »Ein Mädchen. Vier, fünf Jahre. Sie könnte den Alarm ausgelöst haben.«

»Hat sie dich gesehen?«

»Nein, ich halte mich ein Stück von ihr entfernt. Aber sie ist auf dem Weg zu A2.«

»Und die Eltern?«

»Scheint, als wäre sie allein. Sie sieht aus, als hätte sie heute Nacht draußen geschlafen. Sie stolpert herum und heult.«

Martin fluchte. Konnten die Eltern nicht auf ihre Kinder aufpassen?

»Dann bring sie her! Die Leute sind sicher draußen und suchen nach ihr. Wir können hier keine Menschenhorde gebrauchen, die auf dem Gelände rumschnüffelt.«

»Ich habe doch Waffen und ein Funkgerät«, protestierte die Stimme. »Sie könnte das später weitererzählen.«

»Okay, okay, wir schicken Irina. Ich nehme sie im Jeep mit und lasse sie das Mädchen herbringen. Sie soll sie mit in die Küche nehmen und ihr heiße Schokolade oder irgendwas geben. Dann wird sie nur sagen, dass eine nette Tante sie gefunden hat.«

»Sie ist auf dem Weg nach A2«, sagte der Wachmann unbeirrt. »Ich hab sie im Visier.«

»Tu etwas, verdammt! Bring sie dazu, die Richtung zu ändern!«

Eine andere Stimme unterbrach sie.

»Polizeiauto auf dem Weg hierher.«

»Hierher? Suchen die nach dem Mädchen?«

»Dafür fahren sie zu schnell. Sie sind auf dem Weg zum Haus.«

Martin war schon auf dem Weg zur Tür. In letzter Sekunde erinnerte er sich der Rangordnung und warf Malmberg einen erwartungsvollen Blick zu.

»Ist gut«, sagte Malmberg gnädig. »Ich nehme sie an der Treppe in Empfang. Bringt das Kind her.«

Martin nickte und rannte zur Küche. Früher hatte er gedacht, dass Clarences steife Art ein Zeichen von Würde war. Jetzt fand er, dass sie ein Zeichen bröckelnder Intelligenz war, dass er nicht mehr mithalten konnte, wenn es brenzlig wurde. Hoffentlich vergisst der Alte nicht, die Tür abzuschließen, dachte er.

Irina kochte gerade Kaffee. Heute trug sie Jeans und einen scheußlichen Pullover aus Acryl mit Streifen in dunkelbraun, schwarz und orange. Die Haare hatte sie zu einem unordentlichen Knoten aufgesteckt. Sie hatte den Alarm gehört, reagierte aber gleichgültig wie immer. Sie sollte Frühstück machen und das gedachte sie zu tun, bis ihr jemand befahl damit aufzuhören oder etwas anderes geschah.

Martin griff sie ohne viel Aufhebens am Arm und zog sie mit sich. Zuerst war sie erstaunt, dann protestierte sie ärgerlich und riss sich los, schnaubte über seine Nachlässigkeit, machte den Herd aus und zog Töpfe und Bratpfannen von den heißen Platten herunter. Er wartete ungeduldig, packte sie wieder, schleppte sie nach draußen und setzte sie auf den Vordersitz des Jeeps.

Sie hatte keine Jacke mitgenommen. Während der Jeep in voller Fahrt auf den Schotterweg bog, steckte sie die Hände in die Pulloverärmel und sah Martin forschend an. Sie fragte, was los sei, aber er schwieg, und es war ihm völlig egal, was sie glaubte und dachte.

Ein Stück vom Haus entfernt lenkte er den Wagen auf einen Pfad, der direkt in den Wald führte. Der Jeep holperte über den unebenen Boden, auf dem sich dicke Wurzeln ringelten wie gestaute Adern. Irina sagte irgendetwas. Im Rückspiegel sah Martin kurz ein Polizeiauto auftauchen, das hinter zwei dicken Fichtenstämmen vorbeifuhr, bevor es in Richtung Holzhaus verschwand. Er fragte sich, ob die Polizisten sie gesehen hatten, bremste ab und beobachtete durch den Rückspiegel, ob noch mehr kamen, aber es schien nur ein Wagen gewesen zu sein.

Martin manövrierte sich bis zu dem Kind vor. Er wusste genau, wo das Mädchen war, aber es war dennoch überraschend schwierig, es zu finden. Als der Jeep endlich an dem Platz hielt, verstand Irina sofort. Das kleine Mädchen stolperte durch die Blaubeerbüsche und fünfzehn Meter von ihr entfernt hinter einem Felsblock stand ein junger Mann im schwarzen Overall, die Pistole mit der einen Hand auf das Kind gerichtet, in der anderen das Funkgerät.

Irina stürzte aus dem Auto, noch bevor es ganz zum Stehen gekommen war, rannte zu dem Mädchen und nahm sie auf den Arm, fort von der Gefahr.

Das Mädchen sah überrascht und ängstlich aus, aber sie war viel zu müde und durchgefroren, um zu protestieren. Irina schrie dem Wachmann rasend vor Zorn etwas auf Russisch zu, rannte zum Jeep zurück und sprang mit dem Mädchen im Arm auf den Vordersitz. Sie fauchte Martin an, und er verstand ohne Schwierigkeiten, was sie meinte. Noch nie hatte er sie so viele Sätze in Folge sagen hören.

»Beruhig dich erst mal, wir haben das Kind nicht im Wald ausgesetzt«, murrte er, aber er konnte sehen, dass sie nicht überzeugt war.

Es war unmöglich, den Jeep zu wenden, also setzte er rückwärts auf den Weg zurück. Irina hielt das Mädchen fest und versuchte, die Hände des Kindes mit ihren eigenen zu wärmen. Jedes Mal, wenn der Wagen sich schief legte und die Kleine dabei durchgerüttelt wurde, warf sie Martin wütende Blicke zu. Das Mädchen war völlig unterkühlt und entkräftet, ihr blasses, kleines Gesicht war tränenüberströmt. Sie trug Jeans, eine Steppjacke und kleine bunte Stiefel, alles war durchnässt und ihre Hände waren kalt wie Eis. Sie wusste offensichtlich nicht, ob sie vor der wütenden fremden Frau Angst haben sollte, aber immerhin hatte sie endlich jemand gefunden und sie in den Arm genommen. Es war weich und warm. Sie schluchzte kaum hörbar. Irina drückte sie an sich.

Martin fuhr zur Rückseite des Hauses. Er entdeckte als Erstes das Polizeiauto in der Auffahrt. Irina sah es auch und war schon im Begriff dorthin zu eilen, um das Mädchen zu übergeben, aber Martin packte sie fest am Arm, legte ihr den Zeigefinger auf die Lippen und gab ihr mit einem Blick zu verstehen, dass sie gut daran tat, stillzuhalten. Sie presste die Lippen zusammen und gehorchte.

Er ließ sie durch die Hintertür in die Küche. Widerwillig ging sie mit dem Mädchen im Arm hinein und verfolgte ihn feindselig mit den Augen. Er nahm Milch aus dem Kühlschrank und zeigte auf einen Topf.

»Schokolade«, sagte er so deutlich er konnte. »Mach ihr warme Schokolade!«

Irina verstand. Ihre Augen funkelten ihn böse an, sie zeigte auf ihn und erteilte ihm offensichtlich die Order, die Schokolade selbst zu kochen. Dann kehrte sie ihm den Rücken zu, setzte das Mädchen auf eine Bank, zog ihr die nassen Kleider aus und fing an, ihre Füße zu massieren, während sie sie anlächelte und mit weicher Stimme tröstende Worte sagte. Eine Stimme, die er vorher noch nie gehört hatte.

Das war nicht die Situation, um Streit anzufangen. Obwohl die Tür geschlossen war, wäre es draußen in der Halle zu hören gewesen. Verärgert schüttete Martin Milch in den Topf, stellte ihn auf den Herd und begann, nach Kakao und Zucker zu suchen.

Olle war vor dem Haus vorgefahren und an der Treppe stehen geblieben. Der ältere Mann, der immer im Haus zu sein schien, erwartete sie schon, die Hände vor dem Bauch verschränkt. Er musste sie auf der Auffahrt gesehen haben. Trotz der frühen Stunden war er gekämmt und angezogen. Er trug braune Hosen und einen unauffälligen grünen Blazer, darunter ein senfgelbes Hemd mit Fliege.

Bert stieg aus und ging, dicht gefolgt von Olle, zu ihm

und begrüßte ihn. Er hatte Malmberg schon ein paar Mal gesehen und hielt herzlich wenig von ihm. Es lag etwas Schmieriges und zugleich Überhebliches über dieser dürren Gestalt. Er kannte diesen Typ und diese Attitüde, die zu sagen schien: »Ich bin gerissener als du, ich hab dich reingelegt, du dummer Bulle, und du kannst mir gar nichts«, aber er kam einfach nicht dahinter, was für krumme Dinger dieser Kerl hier drehte und noch viel weniger wurde er aus diesen dämlichen Firmen schlau, die ihn offenbar beauftragten, damit er sich hier draußen in der Wildnis ihrer prominenten Gäste annahm. Einmal war er zufällig auf eine Gruppe von ihnen gestoßen. Es waren vier junge Burschen in Jeans, Stiefeln und Fleecejacken gewesen, die Luftgewehre bei sich hatten. Vier Grünschnäbel, die Malmberg ihm als Leiter verschiedener IT-Unternehmen präsentiert hatte.

Er erklärte kurz sein Anliegen und bat darum, sich im Haus umsehen zu dürfen. Er hatte keine Befugnis hineinzugehen, aber wenn Malmberg kein totaler Idiot war, konnte er kaum ablehnen. Das hätte Misstrauen geweckt. Dennoch würde er es natürlich nicht lassen können, sich aufzuplustern und zu protestieren, nur um ihm das Leben schwer zu machen.

»Das ist ja schrecklich mit dem Mädchen, aber ich verstehe nicht, warum Sie gerade hierher kommen«, sagte er. »Warum sollte sie hier sein?«

Bert seufzte innerlich, aber er verzog keine Miene.

»Wenn sie in diese Richtung gelaufen ist und ein Haus entdeckt hat, hat sie sicher versucht, hineinzukommen. Sie war eine ganze Nacht allein draußen, ohne Essen. Sie muss sofort nach Hause zu ihrer Mutter, das verstehen Sie doch sicher. Vielleicht muss sie auch ins Krankenhaus. Eine ganze Nacht draußen kann für so ein kleines Kind gefährlich sein. Können wir eintreten?«

Es machte den Eindruck, als wolle Malmberg das Ganze

noch ein wenig hinauszögern. Aber Berts Gesichtsausdruck schien ihn ein wenig abgekühlt zu haben. Er begriff, dass diese Person nicht so leicht zu beeindrucken oder beeinflussen war, und wenn er ein Nein zur Antwort bekam, würde er nur noch hartnäckiger darauf bestehen, bis er sich schließlich doch Zutritt verschafft hatte. Und er würde noch feindseliger werden, als er jetzt schon war.

Malmberg trat zur Seite. Bert bedeutete Olle, am Auto zu bleiben, und Olle ging sofort wieder die Treppe hinunter. Bert trat durch die Eingangstür.

Er sah sich in den Räumen des ersten Stocks um, einen ungehaltenen Malmberg im Schlepptau. Es gab nichts, was irgendwelche Hinweise lieferte, nur eine Reihe uninteressanter Schlafzimmer. Er ging hinunter ins Erdgeschoss und sah sich Wohn- und Esszimmer an. Konventionelle Möblierung mit einem Hauch von Luxus. Eine etwas unpersönliche Hotelatmosphäre. Genau das, was man von einem Ort wie diesem erwartete.

Er stand wieder in der Halle und betrachtete misstrauisch die drei Türen, die er noch nicht untersucht hatte. Eine musste in den Keller führen, eine in die Küche und eine in einen Raum, der vielleicht ein Arbeitszimmer sein konnte.

Malmberg sagte nichts. Er hielt die Hände auf dem Rücken und wippte leicht auf den Fußsohlen vor und zurück. Eine undefinierbare Spannung lag in der Luft. Bert wählte die Tür zum Arbeitszimmer. Er drückte die Klinke herunter und stellte fest, dass abgeschlossen war.

Gerade als er den Mund öffnete, um nach dem Schlüssel zu fragen, kam eine Frau den Flur entlang, das Mädchen im Arm, eingewickelt in eine Wolldecke. Hinter ihnen ein großer, hagerer Mann. Er lächelte.

»Ist das hier das kleine Mädchen, nach dem Sie suchen?«, fragte er. »Unsere Köchin hat sie entdeckt, als wir mit dem Auto unterwegs waren. Wir haben ihr etwas heiße

Schokolade gegeben. Sie war ganz durchgefroren, die Arme. Hat sie sich verlaufen?«

Bert sah ihn mit durchdringendem Blick an. Das Mädchen erkannte ihn, strampelte sich aus der Decke frei und rannte nackt in seine Arme. Er ging in die Hocke und zog sie mit seiner großen Hand vorsichtig an sich, während er diskret ihren kleinen Körper musterte. Sie war erst fünf Jahre alt, aber er wollte nicht, dass sie das Gefühl hatte, er starre sie an. Er konnte keine blauen Flecken oder Anzeichen von Gewalt erkennen, und sie schien keine Angst zu haben.

»Hej, kleines Fräulein. Wo bist du denn gewesen?«, fragte er sanft, während er sich nach der Decke streckte und sie vorsichtig wieder um das Kind legte.

»In der Küche«, antwortete sie.

Bert nickte ernsthaft.

»Nur dort?«

»Ja, wir haben Schokolade getrunken.«

»Schokolade, da ist ja toll«, sagte er. »Hast du auch etwas anderes hier in dem Haus gesehen? Ein Zimmer? Oder den Keller?«

Sie schüttelte den Kopf. Es schien ihr gut zu gehen. Sie steckte den Daumen in den Mund und die Augenlider wurden ihr sichtlich schwer. Sie lehnte den Kopf an seine Schulter. Ihr dünnes, blondes Haar kringelte sich zu feuchten Locken. Es roch nach Moos und nassem Laub.

Bert war noch nicht überzeugt. Es war still in der Halle, und Malmberg, der Lange und die Köchin blickten zu ihnen herunter. Aber es gab nichts mehr, was er noch tun konnte. Er hob das Mädchen hoch, stand auf und nickte den Umstehenden bedächtig zu. Die Köchin reichte ihm die nassen Kleider und Stiefel. Sie sah ihn an. Er konnte nicht erkennen, was dieser Blick ihm sagen wollte. War er feindselig? Oder wollte sie, dass er noch einmal wiederkam?

Er selbst jedenfalls verspürte keinen Drang, hierher zurückzukommen. Mit dem Kind auf dem Arm trat er ins Freie und verabschiedete sich.

Sie hatten keinen Kindersitz im Auto, deshalb stieg er mit dem Mädchen auf den Rücksitz. Sie rollte sich auf seinem Schoß zusammen und schlief sofort ein, das Gesicht gerötet von der plötzlichen Zimmerwärme nach der Nacht im Freien. Er nickte Olle kurz zu, der Motor fing an zu brummen, das Polizeiauto wendete in der Auffahrt und fuhr auf den Schotterweg.

Während sie das Holzhaus hinter sich ließen, nahm er mit seiner freien Hand das Funkgerät und gab an den Helikopter und den Leiter der Suchkette durch, dass er das Kind gefunden hatte und ihre Mutter auf dem Weg ins Krankenhaus abholen würde. Er betrachtete die kleine, schlafende Gestalt, warm und geborgen und am Leben, und dachte an die Zeit, als seine Tochter in diesem Alter war. Olle kurbelte das Fenster zu und drehte die Heizung auf.

»Es gibt übrigens eine Frau in dem Haus. Eine Köchin«, sagte Bert.

»Na, dann ist ja gut.«

»Ja, aber sie kam mir auch komisch vor.«

»Ach, du immer«, sagte Olle.

Und der Wagen rollte nach Gransele zurück.

30

Das Motorengeräusch verklang in der Ferne. Patrik zerrte John vom Boden hoch und schloss ihn wieder in die Zelle, wo er unter die Decke kroch und dem Keller den Rücken zukehrte. Aus dem Funkgerät klangen zornige Worte. Andreas antwortete und sah Kent an.

»Der Chef will dich sehen. Im Arbeitszimmer«, sagte er schmollend.

»Wer?«, fragte Kent misstrauisch. »Meinst du Martin?«

»Nein, den Chef. Malmberg.«

»Was für ein verdammter Malmberg?«

»Der Chef, sag ich doch. Jetzt verschwinde.«

Kent rannte nach oben, ungläubig und erstaunt. Er hatte sich mit ihnen angelegt, um den Chef zu treffen, und sie hatten sich widersetzt. Jetzt sollte er plötzlich ohne Vorwarnung zu ihm. Das ergab keinen Sinn.

Die Tür stand sperrangelweit offen und drinnen im Arbeitszimmer sprach Martin mit einem unbekannten Mann. Kent querte die Halle, blieb auf der Schwelle stehen und versuchte, sich den Raum einzuprägen, bevor er hineinging. Er sah wie ein ganz gewöhnliches Arbeitszimmer aus, abgesehen von der Flagge an der Wand. Schreibtisch, Computer, Karten. Und warum war er nicht schon viel früher darauf gekommen, sich hier umzusehen?

Schließlich richtete er seine Aufmerksamkeit auf Malmberg. Der Mann war älter als er gedacht hatte und etwas kleiner als Martin, der neben ihm stand. Er trug zivile Kleidung und sein faltiges Gesicht, das normalerweise sonnengebräunt zu sein schien, war blass, als hätte er einen Schock erlitten.

Das hier war also der Kopf hinter den Morden. Der Mann, der sie so viel Plackerei gekostet und in Stockholm zum Narren gehalten hatte. Kent blickte ihm neugierig in die Augen und suchte einen Funken von Genie, von Geschick, etwas, das all das hier aufgebaut, Pläne erstellt und in die Tat umgesetzt hatte, ohne dabei Spuren zu hinterlassen. Jemand, der Martin, Patrik, den Wachmann und andere, die er noch nicht kannte, für sich eingenommen und sich ihre Loyalität gesichert hatte.

Aber in den starren Augen und dem zusammengekniffenen Mund schien es nichts anderes zu geben als Schlauheit und Hysterie. Starrsinn, dachte Kent. Den hat er. Das ist alles.

Kent war gewaltig enttäuscht. Das also war alles. Das war der Gegner. Er ertappte sich bei dem Gedanken, dass Malmberg das nicht verdiente, als der alte Mann Luft holte und zu brüllen begann.

»Versteht ihr nicht, wie nah sie waren?«, schrie er, schäumend vor Wut. »Was wäre gewesen, wenn wir diese beiden Polizisten hätten verschwinden lassen müssen? Zwei tote Polizisten, das hätte uns gezwungen, die ganze Basis zu verlegen und hätte die Aufmerksamkeit auf Norrland gerichtet! Dieser verdammte Anwalt bringt uns nur Unglück, er muss weg, auf der Stelle.«

»Und die Mutter mit dem Kind?«, erwiderte Martin.

Malmberg schnaubte.

»Die können wir auch selbst finden. Alles hat geklappt, bis wir diesen Kerl hierher geholt haben. Das war deine Idee, Martin. Begreifst du nicht, wie knapp das eben war? Eine Sekunde mehr und er wäre auf dem Weg hier rein gewesen. Hier rein! Und was zur Hölle, soll das hier?«, schrie er und drehte sich zu Kent.

Wütend zeigte er auf einen geöffneten Schrank mit Monitoren verschiedener Überwachungskameras. Kent musterte sie. Sie zeigten verschiedene uninteressante Ausschnitte des Waldes, den Schotterweg und die Auffahrt vor dem Haus. Einer der Schirme flimmerte. Er sollte die Zelle im Keller zeigen.

Das alles hier zeigen sie mir ohne weiteres, dachte Kent. Ein einziger Rückschlag und sie lassen alle Vorsicht fallen.

»Was verdammt nochmal hast du mit der Kamera gemacht?«, schrie Malmberg ihm direkt ins Gesicht. »Weißt du, was so was kostet?«

Kent wich nicht zurück. Das Gesicht des Alten war ganz dicht vor ihm.

»Die Kamera gehört zu meinem Plan«, sagte er.

»Was? Zu welchem verfluchten Plan?«

»Er redet Unsinn«, sagte Martin.

»Was für ein Plan?«, wiederholte Malmberg stur.

Die Köchin brachte Kaffee, zwei Teller mit Ei und Würstchen und dicken Käsebrötchen. Sie stellte sie auf einem runden Tisch neben dem Archivschrank ab und warf Kent einen fragenden Blick zu, um zu klären, ob sie noch ein Gedeck mehr holen sollte. Er schüttelte den Kopf. Martin schickte sie mit einer ungeduldigen Handbewegung hinaus.

»Lasst ihn einfach laufen«, sagte Kent. »Lasst ihn abhauen. Er wird auf direktem Weg zu seiner Frau laufen und das Einzige, was wir dann noch tun müssen, ist, ihn im Auge zu behalten.«

Malmberg lachte giftig.

»Was du nicht sagst! Laufen lassen? Er wird doch Himmel und Hölle in Bewegung setzen!«

»Das wird er sich nicht trauen. Er weiß, dass wir überall da draußen unsere Leute haben. Nicht viele, aber woher sollte er wissen, wer dazugehört? Lasst ihn laufen! Was macht er hier eigentlich?«

Malmberg sah ihn misstrauisch an. Kent fragte sich, ob überhaupt etwas von dem, was er sagte, angekommen war. Er nahm einen neuen Anlauf.

»Er hat seine Handschellen schon einmal aufgemacht. Wir haben es gesehen, als wir eben runterkamen. Sie hingen lose an seinem Handgelenk. Er sagt, er hätte sich losgerissen, aber ich glaube, er hat es geschafft, sich Werkzeuge zu machen.«

»Werkzeug? Er? Wie denn?«

»Irgendwelche schlampigen Idioten haben ein Loch im Gitter gelassen, und er hat anscheinend einen der Stahldrähte gelöst. Er ist geschickt. Er kann vermutlich auch das Türschloss öffnen. Gebt ihm die Chance, das zu tun. Lasst ihn in einem der Jeeps fliehen und lasst ihn glauben, er hätte das aus eigener Kraft bewerkstelligt. Alles, was wir dann tun müssen, ist, ihm zu seiner Frau und dem Kind zu folgen. Das Erste, was er tun wird, ist, sie in Sicherheit zu bringen.«

Malmberg sagte noch immer nichts.

»Vielleicht haben deine Leute Erfolg. Vielleicht auch nicht«, fuhr Kent fort. »Bislang haben sie jämmerlich versagt, obwohl sie eigentlich nur die Hand auszustrecken brauchten. Sie waren zu aufgeblasen und zu fein dafür, vermute ich. Er hätte Erfolg, denn er weiß, wo sie sind. Und sie werden nicht versuchen vor ihm zu fliehen.«

Malmberg sah mit zusammengekniffenen Mund hinüber zu Martin.

Martin wollte etwas sagen, aber er wurde vom Klingeln seines Handys unterbrochen.

»Das ist wohl nicht mehr aktuell«, sagte er mit einem schadenfrohen Blick auf Kent, nachdem er das Gespräch beendet hatte. »Sie haben den Landrover wieder. Sie liegen etwa eine Viertelstunde hinter ihm.«

»Wirklich?«, fragte Malmberg.

Er lachte auf und wippte vor und zurück.

»Sieh mal einer an. Sieh mal einer an.«

Er sammelte sich.

»Sag ihnen, sie sollen diesmal Abstand halten. Warten, bis sie sie irgendwo alleine zu fassen kriegen.«

Martin nickte und sagte etwas ins Telefon. Malmberg sah Kent an.

»Ich war wohl etwas voreilig. Die Lage ist doch nicht so schlimm, wie es schien. Sowie wir sie hier haben, können wir sie gegeneinander ausspielen, verstehst du? Haben wir erst die Tochter, knickt die Mutter ein.«

»Und was ist mit mir?«, fragte Kent.

»Du hast noch einen Job. Bis auf weiteres.«

Malmberg drückte seinen Rücken durch und verschränkte die Hände.

»Abtreten«, sagte er schroff.

»Frühstück?«, erwiderte Kent.

»Kannst du in der Küche einnehmen.«

Malmberg wedelte mit der Hand Richtung Tür. Martin blieb an dem kleinen Tisch stehen und begann, sich und seinem Chef Kaffee einzuschenken.

Kent ging in die Küche. Die Köchin war nicht da. Er blickte sich suchend um, fand kalte Schokolade in einem Topf, wärmte sie auf, nahm sich Brot und Käse, schmierte sich ein paar Scheiben und setzte sich an den Tisch.

Seine Gedanken waren bei John. Er machte ihm Sorgen. Er war ausgezehrt und angespannt wie eine Bogensehne, der Anzug hing an ihm herunter, und die Augen glänzten in seinem eingefallenen Gesicht. Er konzentrierte sich so stark darauf, die Stellung zu halten, dass er sich nicht darüber im Klaren zu sein schien, dass er jederzeit zusammenbrechen konnte. Vermutlich hatte er auch Fieber.

Die Köchin kam und begann, auf der Arbeitsplatte Gemüse zu schneiden. Sie sah ihn nicht an. Kent blieb sitzen und betrachtete ihren Rücken, während er aß. Der Anblick war ihm seltsam vertraut. Wie zu Hause bei Carina, dachte er.

Plötzlich fiel ihm ein, dass er vergessen hatte, Carina nach ihrem neuen Job zu fragen. Sie hatte sich auf acht Stellen beworben und endlich eine bekommen, war voller Enthusiasmus und Vorfreude gewesen und dann hatte er vergessen zu fragen. Verdammt.

Er aß das letzte Stück Brot auf, spülte Tasse und Untertasse ab und räumte sie in die Spülmaschine. Das Mädchen warf ihm einen flüchtigen Blick zu, bevor sie ihre Aufmerksamkeit wieder auf das Gemüse richtete. Mohrrüben, Paprika und Zwiebeln. Eintopf zu Mittag?, dachte er.

Wieder legte er ihr leicht die Hand auf die Schulter,

schnell und ohne zu verweilen, ein Zeichen der Sympathie, aber ohne sich aufzudrängen. Dann ging er wieder in den Keller hinunter.

31

Margareta fiel auf, dass sie seit dem Frühstück nichts mehr gegessen hatte. Es war schon Nachmittag, und Bertil Evertssons Vater war aus Arvika gekommen, um die Leiche seines Sohnes zu holen und mit den Ermittlern zu sprechen. Nun saß er ihr in dem kleinen Verhörzimmer genau gegenüber, als sie plötzlich schrecklich hungrig wurde.

Sie breitete die Fotografien vor sich aus und wählte zwei davon aus.

»Kennen Sie die hier?«

Er beugte sich über den Tisch. Er war ziemlich klein, um die fünfzig, mit hängenden Schultern und knochigen Fingern, sein Gesicht war grobschlächtig, gezeichnet von jahrelangem Alkoholmissbrauch, und seine Willensstärke erfüllte den ganzen Raum. Er trug schmierige Jeans, die um seine dürren Beine schlackerten, und eine braune Jacke mit Reißverschluss.

Es war schwer auszumachen, was angesichts des Todes seines Sohnes in ihm vorging. Er begegnete ihm mit gewissem Zorn, als wäre er der Meinung, dass man selbst Schuld hatte, wenn man so unfassbar dumm war, aber gelegentlich drang irgendwo aus der Tiefe seiner Seele ein Gefühl von Verlust nach außen.

»Wer ist das?«, fragte er.

»Erkennen Sie sie?«

»Hören Sie nicht, ich habe was gefragt!«

»Ich auch. Erkennen Sie sie?«

Murrend sah er sich die Bilder noch einmal an. Er war

es gewohnt, seinen Willen durch reine Übellaunigkeit zu bekommen, und es gefiel ihm gar nicht, einem Polizisten nachzugeben, und noch dazu, wenn es sich um eine Frau handelte.

»Diesen fetten Mistkerl links kenne ich. Er ist mal eine Weile ums Haus geschlichen. Das ist einer von diesen Motorrad-Typen. Ziemlich bedrohlich. Ich hab zu Bertil gesagt, er soll diesen Scheiß lassen, aber er wollte ja nicht auf mich hören.«

»Und der andere?«

Er warf einen Blick auf das Bild von Martin und Patrik auf dem Weg vom Hotel zum Audi. Sie hatte Kent abgeschnitten. Janne Evertsson schüttelte den Kopf, schob das Kinn vor und zog die Lippen zu einem zornigen Druckknopf zusammen.

»Nie gesehen. Sind das die Typen, die ihn umgebracht haben? Warum sollten sie das getan haben? Er hat sicher alles gemacht, was sie ihm gesagt haben, wie dämlich es auch gewesen sein mag. So war er. Ein Schwächling.«

»Wir haben nicht gesagt, dass sie ihn getötet haben. Wir wissen nicht, wer es war. Wissen Sie, wohin er gegangen ist, nachdem er Karlstad verlassen hatte?«

»Keine Ahnung. Doch wohl hierher, oder?«

»Und seine Freundin?«

»Freundin? Davon hat er mir nichts gesagt. Wer war das denn?«

»Sie heißt Eva Mellkvist.«

Der Mann schüttelte den Kopf und zuckte mit den Schultern.

»Haben Sie zu Hause über Politik gesprochen?«, fragte Margareta.

»Politik? Warum wollen Sie das wissen? Gehören Sie zu einer Art Gewissenspolizei? Darf man jetzt nicht mal mehr denken, was man will?«

»Ich meine, haben Sie mitbekommen, ob er sich mit nordischer Mythologie, Rassen und solchen Dingen beschäftigt hat?«

Der Mann starrte sie an, als traute er seinen Ohren nicht, und sein Zorn schwappte ihr in einer großen Welle über den Tisch entgegen.

»Rassen? Warum zur Hölle fragen Sie das? Wollen Sie etwa behaupten, er wäre losgezogen und Nazi geworden?«

Margareta schwieg.

»Hören Sie, haben Sie auch nur eine einzige Sache, die dafür spricht, dass er ein Nazi war? Ich bin ein alter Sozi und ich habe verdammt nochmal keinen Faschisten großgezogen! Ich saufe vielleicht, aber ich bin doch nicht weich in der Birne. Habt ihr einen einzigen Beweis, dass er Nazi war? War er ein Skinhead? Hatte er Hakenkreuze und so was? Gibt es jemanden, der behauptet, er wäre einer?«

»Nein«, sagte Margareta.

»Was erlauben Sie sich dann, mit solchen Anschuldigungen zu kommen? Muss ich hier sitzen und mir so einen Mist anhören?«

»Jemand hat ausgesagt, er wäre Nationalist.«

»Nationalist? Was soll das denn sein?«

»Hat er mit Ihnen darüber gesprochen?«

»Nein, das sage ich doch!«

»Wann haben Sie das letzte Mal von ihm gehört?«

»Vor einem Jahr. Wie ich schon sagte. Er hat ein paar Mal aus Karlstad angerufen, aber dann hat er damit aufgehört. Warum zur Hölle haben die ihn umgebracht?«

»Wir wissen es nicht.«

»Wissen Sie überhaupt irgendwas? Sind Sie überhaupt sicher, dass er das ist, der da liegt?«

»Ja, leider. Wir haben seine Fingerabdrücke. Sie können ihn natürlich auch identifizieren.«

»Ne, ne. Er sieht zu scheußlich aus.«

Margareta antwortete nicht. Es entstand eine Pause.

»Mit wem hatte er Umgang?«, fragte sie.

»Niemand besonderes. Er hatte ein paar Kumpel.«

»Können Sie mir die Namen seiner Freunde aufschreiben?«

Er sah ungeduldig aus, griff nach Zettel und Stift, die sie ihm über den Tisch schob, und kritzelte mit großen, eckigen Buchstaben ein paar Namen darauf. Er schrieb abgehackt und unleserlich.

»Hier. Sie wissen ja wirklich verdammt nochmal gar nichts! Wo hat er gewohnt? Was hat er gemacht? Sie haben ihn doch am Dienstag gefunden und trotzdem wissen Sie einen Dreck über ihn! Was tun Sie hier eigentlich? Hinter dieser gottverdammten Ermittlung ist doch überhaupt kein Dampf!«

Margareta fragte nicht: Und warum wissen Sie selbst nichts? Sie sind sein Vater.

»Können Sie mir mehr darüber erzählen, wie Bertil war?«, fragte sie stattdessen unerschütterlich.

Einen Moment glaubte sie, er würde sie gleich anspucken.

»Das habe ich doch schon gesagt! An Ihnen bleibt nichts haften, oder? Was für eine verfluchte Eiskönigin Sie sind! Verfluchte, gefühllose Schlampe!«

Sie erwiderte nichts. Er riss sich unter großer Kraftanstrengung zusammen.

»Ich habe doch gesagt, wie er war. Kein eigener Wille. Kein Schneid. Träumte in der Gegend herum und konnte nicht widersprechen. Übermäßig clever auch nicht gerade.«

»Hat er sich für Waffen interessiert?«

Er schnaubte verächtlich.

»Sie geben nicht auf, was?«

Wieder schwieg sie. Er schien nachzudenken.

»Nicht so speziell. Er war eine Weile in der Landwehr und hatte so eine Art MP zu Hause – nicht sehr klug, dass die den jungen Kerlen erlauben, sowas mit heimzunehmen. Es wäre verdammt noch mal besser gewesen, sie zu Hauswirtschaftslehrerinnen und Bibliothekaren zu schicken. Die haben wenigstens noch ein bisschen Verantwortungsgefühl. Aber dann haben sie ihn rausgeschmissen und die Waffe eingezogen. Dann sollte er mit seinem Onkel, also meinem Bruder, zum Jagen, aber daraus ist sicher auch nichts geworden. Sie sind ein paar Mal losgezogen.«

Er verstummte, starrte auf die Tischplatte und atmete schwer, als wäre er gerannt.

»Vielleicht wäre es das Beste, wenn ich ihn mir doch einmal ansehe. Zur Sicherheit.«

Er sah widerwillig zu ihr auf.

»Was muss man tun?«

»Ich regle das.«

»Sind Sie fertig mit ihm? Kann ich ihn dann mit nach Hause nehmen?«

Margareta nickte. Sie standen auf und gingen zur Tür.

»Was muss man tun, um ihn mitnehmen zu können?«

»Am besten sprechen Sie mit einem Bestattungsunternehmen.«

Er reichte ihr bis zur Schulter.

»Es tut mir Leid«, sagte sie.

»Vergessen Sie's. Es ist ja nicht Ihre Schuld. Wahrscheinlich sehen Sie so viele ermordete Menschen, dass Sie sich einfach nicht um jeden kümmern können. Aber es ist gut, dass seine Mutter weg ist.«

Margareta kopierte seine Liste und gab sie Kalle, rief in Solna an, besorgte ein Auto für ihn, nahm ihren Mantel und ging mit Evertsson hinaus.

»Das müssen Sie nicht«, sagte er.

»Oft tut es gut, jemanden dabeizuhaben.«

Er protestierte nicht. Schweigend saßen sie im Auto und sie spürte, wie nervös er war. Sie hielt ein paar Schritte Abstand, als er seinen Sohn im Schauraum betrachtete, und er nahm ihre Hand, als sie wieder hinausgingen. Seine Hand war heiß und rau, und er hielt die ihre so fest, als klammere er sich an sein Leben. Er sagte nichts. Fast wünschte sie, er würde anfangen zu weinen, aber der Schock war wohl noch zu groß.

»Wohin soll ich Sie bringen?«, fragte sie auf dem Weg in die Stadt.

»Ist nicht nötig«, murmelte er.

»Es macht mir nichts aus. Ich habe jetzt ohnehin Mittagspause.«

»Jetzt?«

»Wir hatten viel zu tun. Haben Sie ein Hotel?«

Er schüttelte den Kopf. Sie hielt an einem Kiosk an, suchte eine Pension, die billig zu sein schien, aus dem Telefonbuch und fuhr ihn dorthin. Sie drückte seine Hand ein letztes Mal tröstend, setzte ihn vor dem Eingang ab und fuhr zurück ins Präsidium.

Kurz darauf stand Margareta ratlos in der Bergsgata und sah sich um.

Sie wollte nicht im Präsidium essen, sie wollte ihre Ruhe haben und nachdenken. Die Frage war, wo. Sie konnte einen Spaziergang zu Åhléns am Fridhelmsplan machen, da war es anonym und nett, oder die U-Bahn in die City nehmen. Der Mittagsansturm war schon so lange vorüber, dass die Restaurants im Zentrum sicher recht leer waren. Aber sie hatte keine Zeit, durch die Gegend zu gondeln. Sie wollte irgendwas in den Magen bekommen und schnell zurückeilen können, falls sich etwas tat.

Schließlich entschied sie sich für das Café Fix in der St. Eriksgata und bestellte Tee, ein großes Baguette mit Parmaschinken, Mozzarella und sonnengetrockneten Tomaten und ein Stück Kuchen. Auf dem Bürgersteig saßen die Gäste bei Wind im Schatten, aber sie bevorzugte einen Tisch im Warmen. Sie hatte keine Zeit, sich wie Tomas eine Erkältung zu leisten.

Sie setzte sich hinten auf ein Sofa, neben eine Clique rauchender vierzehnjähriger Mädchen. Margareta hatte erst zweimal von ihrem riesigen Brötchen abbeißen können, als zu ihrer Überraschung plötzlich Eva Mellkvist an ihr vorüberhastete, in der Hand einen Schlüssel, der an einem abgegriffenen Holzstück befestigt war, die Toilettentür in der Ecke aufschloss, sich schnell umschaute und ihr ungeduldig zuwinkte.

32

Sie stand verwundert auf. Das Mädchen zerrte sie hastig auf die Toilette und schloss die Tür ab. Ihr Blick war gehetzt und zornig.

»Sie stehen nicht im Telefonbuch«, sagte sie vorwurfsvoll und musste ihre ganze Kraft aufwenden, um sich zu mäßigen, damit sie nicht im Lokal zu hören war.

»Ich habe Ihnen doch meine Karte gegeben«, sagte Margareta. »Warum haben Sie nicht angerufen, wenn Sie mich treffen wollten?«

»Ja, was glauben Sie?«

»Ich glaube gar nichts. Sie müssen es mir schon erzählen. Woher wussten Sie, dass ich hier bin?«

»Das wusste ich nicht. Ich habe seit zwölf Uhr vor dem Präsidium auf Sie gewartet! Machen Sie nie Mittagspause? Haben Sie eine Ahnung, wie dringend ich pissen muss? Sie werden also entschuldigen müssen.«

Sie zog ihre Hosen herunter und setzte sich hinter der Trennwand auf die Toilette. Die Tür fehlte.

»Dann sind Sie mir hierher gefolgt?«, fragte Margareta. »Und wenn ich überhaupt nicht vor die Tür gegangen wäre?«

»Irgendwann mussten Sie schließlich rauskommen.«

Margareta schüttelte den Kopf.

»Vergessen Sie's. Was wollen Sie von mir?«

»Sind Sie ganz sicher, dass der Tote Bertil ist?«

»Ja. So ist es leider.«

»Und er wurde ermordet? Es war kein Herzanfall oder so was?«

»Absolut nicht.«

»Was haben die getan? Hat er gelitten?«

Das Mädchen schaute ihr direkt ins Gesicht. Margareta zögerte. Normalerweise hätte sie eine solche Frage rücksichtsvoll beantwortet, aber dieses Mal entschied sie sich anders.

»Er hat Quetschungen am ganzen Oberkörper. Das Gesicht ist derart geschwollen, dass man ihn nicht erkennen kann. Wir konnten ihn nur über seine Fingerabdrücke identifizieren. Beide Arme sind gebrochen, und er hat Stichwunden von einem Messer in Brust und Bauch. Als er am Boden lag, haben sie ihm auf den Kopf getreten und ihn zuletzt in den Nacken geschossen.«

Sie konnte sich selbst nicht leiden. In Evas Gesicht zerbrach etwas.

»Das ist verdammt noch mal nicht normal. Völlig verrückt. So ein riesengroßer Mist! Die haben doch nicht alle Tassen im Schrank!«

»Wer die?«

»Die, die ihn umgebracht haben!«

»Und wer ist das?«

Sie schwieg, zog die Hose hoch und spülte. Margareta wurde von Ungeduld ergriffen.

»Sie haben mehrere Stunden auf mich gewartet, das kann nur bedeuten, dass Sie etwas Wichtiges auf dem Herzen haben«, sagte sie bestimmt. »Also zieren Sie sich nicht so. Raus damit!«

»Nur die Ruhe, verdammt! Seien Sie doch nicht so verflucht streng! Ich habe eben einen echten Schock bekommen. Ich bin doch auch nur ein Mensch und kein … Beweislieferapparat.«

Ihr Gesicht verriet Zorn und Verzweiflung. Margareta beruhigte sich.

»Entschuldigung. Danke, es ist gut, dass Sie mich daran erinnert haben. Irgendwann ist man so in einer Sache drin, dass man ganz vergisst, dass man es mit Menschen zu tun hat. Aber was Ihrem Freund passiert ist, ist so unglaublich – man will den, der das getan hat, um jeden Preis festnehmen.«

Eva lehnte sich ans Waschbecken. Sie wusch sich die Hände, trocknete sie sich mit einem Papierhandtuch ab und begann, es in kleine Fetzen zu reißen.

»Es *ist* schrecklich«, sagte sie leise. »Ich habe die ganze Nacht nicht geschlafen. In meinem Kopf dreht sich alles. Ich kann nicht glauben, dass er einfach weg ist.«

Margareta wartete schweigend und blickte sie unverwandt an.

»Ich habe eine Telefonnummer. Er hat vor ein paar Wochen angerufen«, fuhr Eva schließlich fort.

»Bertil? Von wo hat er angerufen?«

»Einem Trainingslager.«

»Ein Trainingslager? Warten Sie«, sagte Margareta. »Das können wir nicht hier besprechen. Wir müssen ins Präsidium zurück.«

»Nein, das habe ich doch gesagt!«, unterbrach Eva sie. »Wenn Sie etwas wissen wollen, dann bleiben wir hier. Okay?«

»Warum?«

»Darum, weil man nie weiß, wer dazugehört, okay?«

»Meinen Sie, dass Polizeibeamte daran beteiligt sind?«

»Ich sage nur, dass man nie wissen kann! Okay?«

»Gut, können wir mit dem Okay aufhören und nochmal von vorne anfangen? Bertil und Sie standen also in Kontakt miteinander. Hat er auch hier in Stockholm gewohnt?«

»Am Anfang schon. Wir sind im Oktober zusammen hierher gekommen.«

»Haben Sie damals zusammen gewohnt?«

»Ja, wir haben die Wohnung in Essingen gemietet, die Sie gesehen haben. Wir haben sie für ein Jahr bekommen, sie gehört einer alten Schachtel, die ihre Tochter in Amerika besucht. Ich habe den Job im Fahrradgeschäft gefunden, und er hat bei McDonald's gearbeitet. Obwohl das Judenbesitz ist.«

Das rutschte ihr so heraus, ehe sie sich beherrschen konnte. Sie biss sich auf die Lippen. Margareta warf ihr einen kurzen Blick zu.

»Warten Sie, ich muss mir das aufschreiben«, sagte sie.

Sie wühlte in ihrer Tasche, aber sie fand nichts zum Schreiben. Dieses eine Mal hatte sie ihren Notizblock im Büro vergessen und ein Diktiergerät hatte sie auch nicht dabei.

Sie öffnete die Toilettentür und eilte zum Tresen. Das Mädchen mit dem Pferdeschwanz tauchte hinter einer Schüssel Monstermuffins auf.

»Haben Sie einen Zettel und einen Stift?«, fragte sie hastig, sie fürchtete, Eva könnte es sich in der Zwischenzeit anders überlegen. Das Mädchen lächelte, gab ihr einen grellrosa Post-it-Block, der neben der Kasse lag, und einen Kugelschreiber. Margareta dankte ihr und kehrte zur Toilette zurück, gefolgt von den verwunderten Blicken der anderen Mädchen am Tisch.

»In welchem McDonald's hat er gearbeitet?«

»In dem an der Kungsgata. Beschissen bezahlt. Dann trafen wir jemanden, der ihm gesagt hat, er könne in einem Lager arbeiten. Ein älterer Typ.«

Martin, dachte Margareta.

»Was sollten sie dort trainieren? Militärische Übungen?«

»Grüßen und Führen und so was«, antwortete Eva unwillig.

»Wer war der Typ, der ihm von dem Lager erzählt hat? Jemand von der Arbeit?«

»Kaum. Er kam ins Fitnessstudio.«

»Welches Fitnessstudio?«

»Das in der Tunnelgata.«

»Und wer war das?«

»Das sage ich nicht. Die würden sofort wissen, dass ich es war.«

»Warum sind Sie nicht auch zu diesem Lager gefahren?«

»Sie nehmen keine Mädchen. Ich war stinksauer und Bertil versuchte, sie zu überreden, aber da war nichts zu machen. Es sollte vielleicht später noch eine Mädchengruppe entstehen. Wenn man sich qualifizierte.«

»Er ist also in dieses Lager gefahren. Wann war das?«

»Im März. Am fünfzehnten März.«

»Wo ist dieses Lager?«

»Weiß nicht. Aber es ist weit weg.«

»Aber Sie haben ihn dazu bringen können, Ihnen zu sagen, wo es ist?«, fragte Margareta und dachte an die Aussage des Vaters, der Bertil als willensschwach und beeinflussbar beschrieben hatte.

»Sie haben es ihm auch nicht gesagt«, erwiderte Eva gereizt. »Er war wie ausgewechselt, als ob er bekehrt worden wäre. Er hat nicht mehr auf mich gehört. Es war so, als wäre er ein anderer Mann.«

»Wirkte er erwartungsvoll?«

»Ja, und wie, verdammt. Ich konnte nicht begreifen, warum sie nur ihn genommen haben. Was ist verkehrt daran, Mädchen dabeizuhaben? Das ist doch bescheuert. Erst die nordischen Sagen, von wegen Walküren mit Schwert und Schild, und dann kriegt man zu hören, dass man zu Hause bleiben, in der Küche stehen und Kinder kriegen soll. Das passt doch nicht zusammen. Ich boxe, verdammt! Auf jedem verfluchten Wikingerschiff waren Frauen dabei! Und ich, die …«

Eva verstummte wütend und widmete sich dem nächsten Papierhandtuch. Dann schien sie sich zu erinnern, dass Bertil nicht mehr am Leben war und ihre Wut verschwand.

»Wir reden hier über Neonazis, nicht wahr?«, sagte Margareta. »Welche Organisation?«

»Keine Nazis. Nationalsozialisten. Und Sie haben kein Recht, danach zu fragen.«

Es entstand eine Pause. Margareta wandte sich ab. Sie holte ein paar Mal tief Luft. Eva runzelte die Stirn.

»Was ist mit Ihnen? Sind Sie sauer?«

»Nein, ich habe nur einen Augenblick nachgedacht. Was ist das für eine Telefonnummer, die Sie mir geben wollten?«

Eva zog einen Zettel aus der Tasche und reichte ihn ihr.

»Wie sind Sie an die Nummer gekommen?«

»Er sollte eigentlich nicht anrufen. Aber er hat es trotzdem getan, und ich habe die Nummer auf dem Handydisplay gesehen.«

»Haben Sie versucht zurückzurufen?«

»Nicht sofort. Erst als Sie gesagt haben, dass er tot ist. Es ist die Nummer von irgendeiner Tankstelle irgendwo. Ein Mädchen ist rangegangen. Ich hab einfach aufgelegt.«

»Was wollte er?«

»Nur ein bisschen reden. Fragen, wie es mir geht. Aber wenn er Dienstagmorgen tot gefunden worden ist, dann muss er am Montag in Stockholm gewesen sein, ohne mich anzurufen! Warum?«

»Das wissen wir nicht. Aber es ist richtig, dass Sie damit zu mir gekommen sind.«

Es klopfte an die Tür.

»Bleibt ihr noch lange da drinnen?«, erklang eine Frauenstimme. »Ist alles in Ordnung? Ist jemand krank?«

»Alles bestens!«, sagte Margareta fröhlich. »Nur ein Gespräch unter Frauen! Wir kommen gleich raus!«

Sie wandte sich an Eva.

»Das ist gut, aber es reicht nicht. Nicht weit. Ich will wissen, was für eine Organisation das ist, wie Sie da reingekommen sind und wer Bertil geworben hat. Und ich will wissen, warum Sie geweint haben, als wir bei Ihnen waren, und welche Rolle Sie in dem Ganzen spielen.«

»Das kann ich auf keinen Fall sagen«, entgegnete das Mädchen starrsinnig. »Das müssen Sie selbst herausfinden. Sie haben jetzt diese Nummer, darüber können die mich auch nicht aufspüren, und ich finde, das mit Bertil ist einfach schrecklich. So etwas darf man einfach nicht machen. Die müssen total durchgeknallt sein.«

»Aber sie könnten das wieder tun. Und sie haben es schon früher gemacht, oder nicht? Nicht nur Bertil und Sie sind für die gefährlich, es gibt noch andere. Wieso sind Sie loyal gegenüber Menschen, vor denen Sie Angst haben?«

»Ich habe keine Angst vor denen«, widersprach Eva und warf ihr einen gespenstischen Blick voller Furcht zu. »Die können zur Hölle fahren. Und jetzt müssen wir hier raus. Sonst glauben die noch, wir wären Lesben.«

Margareta wog ihre Möglichkeiten ab. Sollte sie das Mädchen zwingen, sie sofort aufs Präsidium zu begleiten und dort die Wahrheit aus ihr herauszwingen? Sie wollte ihr schnellstmöglich das Bild von Martin zeigen, aber wenn Martins Gruppe davon erfuhr, würden sie gewarnt sein. Wenn Eva sich auf die Hinterbeine stellte, und Margareta zweifelte nicht im Geringsten daran, dass sie störrisch wie ein Esel war, würden sie ohnehin keine Informationen aus ihr herausbekommen.

Wenn sie andererseits jetzt wegging, wie lange würde sie noch leben? Dass sie boxen konnte, würde ihr nicht viel helfen.

»Vielleicht wäre es das Beste, wenn wir zu Ihnen gehen. Sie können hier warten, während ich anrufe. In ein paar Minuten ist ein Auto da, mit einem Mädchen am Steuer, das

Ihre Freundin sein könnte. Niemand wird misstrauisch, wenn sie gemeinsam wegfahren.«

»Und dann?«

»Dann finden wir einen Ort, wo Sie wohnen können, bis das hier vorbei ist.«

Eva sah sie lange an.

»Nein«, sagte sie schließlich.

»Wenn Sie in etwas reingeraten sind, aus dem sie rauswollen, können wir Ihnen dabei helfen«, sagte Margareta.

»Ich bestimme selbst über mein Leben.«

Sie blieben einen Augenblick schweigend stehen.

»Dann bleiben wir fürs Erste dabei«, entschied Margareta. »Aber Sie haben noch mehr zu erzählen. Zum Beispiel, wie Sie versucht haben, sich zu qualifizieren, damit die einen Mädchenbund gründen, denn ich glaube, dass Sie das getan haben. Rufen Sie mich so bald wie möglich unter einer der Nummern auf der Karte an. Im Präsidium oder auf meinem Handy. Ganz egal wann. Und seien Sie vorsichtig.«

»Ich gehe zuerst«, sagte Eva.

Sie legte den Schlüssel ins Waschbecken und knallte die Tür hinter sich zu.

Margareta wartete eine Sekunde, nahm das Holzstück mit dem Schlüssel und eilte ihr nach. Die Mädchenclique sah ihr neugierig hinterher, aber sie schwiegen. Margareta legte hastig Geld und Schlüssel auf den Tisch und trat auf die Straße.

Eva war verschwunden. Sie konnte in ein Geschäft gegangen oder in eine Nebenstraße gebogen sein. Wie auch immer, sie war außer Sicht, und es war sinnlos, nach ihr zu suchen.

Margareta ging zu ihrem Tisch zurück, schenkte sich im Stehen den kalten Tee ein, steckte sich den Kuchen in die Tasche und nahm ihr Baguette mit auf die Straße. Während sie auf dem Weg zum Präsidium in Richtung Park eilte, aß sie es so hastig auf, dass es ihr fast im Hals stecken blieb.

Sowie sie den Park erreicht hatte, rief sie den Fahndungsleiter an. Fünf Minuten später hatte sie Kalle auf die Telefonnummer und das Fitnessstudio Loke angesetzt und saß selbst im Zimmer ihres Vorgesetzten.

»Georg hat Pelle und Maria beauftragt, Eva zu finden und sie im Auge zu behalten«, berichtete er. »Nicht, weil sie jetzt jemanden treffen könnte, sondern weil sie vielleicht Schutz braucht.«

»Die Frage ist, was wir mit ihr machen«, überlegte Margareta. »Wenn sie wenigstens etwas mehr gesagt hätte.«

»Sie hat doch schon eine ganze Menge gesagt. A, Bertil war Nazi. B, sie hatten Kontakt zu einem namentlich bekannten Fitnessstudio. C, die Nummer. D, es existiert irgendwo ein Trainingslager, das vermutlich zugleich Martins und Patriks Basis ist, wahrscheinlich in der Nähe der Tankstelle, wenn wir Glück haben. Das bedeutet, es ist gut möglich, dass die Täter die Stadt verlassen und Kent dorthin gebracht haben. Das wiederum bedeutet, dass wir es mit einer Organisation zu tun haben.«

»Es gehören Polizisten dazu. Mindestens einer.«

»Glaubt sie. Oder versucht sie, dich glauben zu lassen.«

Polizisten, dachte Margareta. Jenny, die darum bettelte, in die Ermittlungen einbezogen zu werden. Kalle, der versuchte, Kent zu behindern. Tomas, der krank war. Der Fahndungsleiter, dem der Gedanke nicht gefiel, dass Polizeibeamte in die Sache verwickelt waren. Und was hatte Eva selbst Fragwürdiges getan?

Sie zuckte zusammen und merkte, dass er längst weiterredete.

»Ich kann mir nicht vorstellen, dass diese Anwälte auch nur irgendwas damit zu tun haben«, sagte er. »Ich weiß nicht, wie Jenny auf diese Idee verfallen ist. Sie hat nichts entdeckt, wir können das nicht weiterverfolgen.«

»Und der mystische Besucher in der Kanzlei? Und dass die beiden Frauen glauben, es wäre eingebrochen worden? Und dass die Jüngere – Gina Larsson – von einem Auto angefahren wurde?«

»Merkwürdig, aber zu vage. Und sie lebt. Warum sollten sie erst eine Anwaltsfamilie ermorden und sich dann viel später mit ihrer Angestellten befassen?«

»Rache?«

»Wofür? Wenn überhaupt, dann hatte der Typ eine Affäre mit ihr. Sie hat Schluss gemacht, und seine Frau hat gedroht, ihn zu verlassen. Er ist durchgedreht, hat seine Frau und seine Tochter umgebracht und jetzt ist er hinter seiner Geliebten her.«

»Wenn wir das glauben, sollten wir wohl eine Großfahndung nach ihm starten, ehe es ihm gelingt.«

»Das glauben wir doch gar nicht, es war nur eine Hypothese.«

Bevor Margareta antworten konnte, betrat Kalle den Raum.

»Janne Evertssons Liste: keiner von Bertils alten Freunden in Arvika hat irgendwelche Naziconnections, außer diesem Motorrad-Typen, aber den hat er über ein Jahr nicht mehr gesehen. Die Telefonnummer: gehört zur Statoil-Tankstelle, Enoksväg 18 in Gransele. Inhaber: Erik Granlund, keine Vorstrafen, und die Säpo hat noch nie von ihm gehört. Sagen sie jedenfalls, und das stimmt wahrscheinlich auch. Lokes Fitnessstudio: Inhaber Cecilia und Mikael Wetterman, auch keine bekannten Nazis oder Nationalisten, aber es gibt eine Gruppe Halbnazis, die regelmäßig dorthin gehen. Dunkelhäutige kommen nicht rein. Sie geloben zeitweise Buße und Besserung, was diesen Punkt angeht, aber es ändert sich nie etwas.«

»Wenn Bertil Evertsson dort rekrutiert worden ist, dann müssen wir sie ganz eisern jagen«, stellte der Fahndungsleiter fest. »Das hier ist verflucht gut, der erste richtige

Durchbruch. Oder der zweite, nach Kent. Sie rechnen niemals damit, dass das Mädchen redet. Du musst dort ein bisschen herumschnüffeln, zeig ihnen die Bilder von Martin und Patrik.«

»Das könnte heißen, dass wir Kent alles verbauen«, gab Margareta widerwillig zu bedenken.

»Kent ist seit Mittwoch verschwunden«, sagte der Fahndungsleiter. »Heute ist Freitag. Die Zeitungen bekommen langsam Wind davon. Wir können nicht länger so weitermachen, wir können nicht arbeiten, wenn uns die Hände gebunden sind. Und im Übrigen haben sie ihn vielleicht längst enttarnt, und er braucht unsere Hilfe, hast du daran schon mal gedacht?«

»Okay«, stimmte Margareta zögerlich zu. »Aber ich fahre lieber rauf nach Gransele und verfolge diese Spur.«

»Es gibt sogar eine Polizeiwache in Gransele«, sagte Kalle. »Bert Magnusson. Jemand hier, der ihn kennt?«

Sie schüttelten den Kopf.

»Bert können wir nicht anrufen«, sagte der Fahndungsleiter. »Dass ihre Basis in Gransele liegt, könnte damit zusammenhängen, dass er dazugehört.«

»Wenn Eva etwas von Polizisten andeutet, glaube ich kaum, dass sie jemanden in Norrland meint, den sie noch nie gesehen hat«, argumentierte Margareta.

»Warum sollte sie ihn nicht getroffen haben? Vielleicht hat er mal einen Abstecher hierher gemacht?«

»Aber es war immerhin dieses Präsidium hier, vor dem sie Angst hatte. Wie auch immer es sich mit Magnusson verhalten mag, ich will nach Gransele fahren und die Tankstelle überprüfen. Gransele passt hervorragend zu Jennys Idee von einer Basis in irgendeinem entlegenen Teil des Landes.«

Er sah sie an.

»Lass mich eine Stunde darüber nachdenken.«

»Sag ja! Es ist die einzige Spur, die wir haben. Vielleicht findet sich die Lösung oben in Gransele. Und Kent.«

»Eine Stunde.«

Margareta nickte und kehrte in ihr Büro zurück. Sie hatte gerade den Atlas aus ihrem Regal gezogen, als ihr Handy klingelte. Es war Bertils Vater.

»Ich kann nicht aufhören daran zu denken, wie er aussah. Verdammt. Verdammt.«

»Es tut mir Leid, Herr Evertsson.«

»Diese verfluchten Dreckschweine! Wie ist es möglich, dass es solche Leute gibt? Wie?«

Sie wusste keine Antwort. Sie schwiegen einige Sekunden. Er atmete schwer, und sie hörte, wie er die Nase hochzog.

»Aber ich habe über eine Sache nachgedacht«, fuhr er mit erstickter Stimme fort. »Ich habe über eine Sache nachgedacht. Wenn sie ihn umgebracht haben, dann doch nur, weil er sich gegen sie aufgelehnt hat, oder nicht? Er hat sich gegen sie aufgelehnt. Das hat er. Er wusste zu viel, ist getürmt und die haben ihn aufgespürt und umgebracht. Er wusste etwas, was gefährlich für sie war, deshalb haben sie ihn gequält, aber er hat nichts gesagt. Deswegen ist er so übel zugerichtet worden. Er wusste etwas, das sie aus ihm rausbekommen wollten. Finden Sie raus, was das war, verdammt, dann finden Sie auch die Kerle.«

»Danke, Herr Evertsson, das werde ich«, sagte Margareta. »Danke für die Hilfe.«

»Sie denken an das, was ich Ihnen gesagt habe?«

»Ja, darauf können Sie sich verlassen. Was werden Sie jetzt tun?«

»Jetzt?« Er klang desorientiert, und sie sah ihn plötzlich vor sich, wie er in der Pension stand und sich fragte, auf welchem Planeten er hier gelandet war. »Jetzt? Ich weiß nicht. Vor morgen können sie ihn nicht nach Hause schicken.«

Er zögerte.

»Ich kenne hier niemanden in der Stadt. Haben Sie Zeit,

heute Abend mit mir ein Bier trinken zu gehen? Oder einen Kaffee morgen? Nur auf eine schnelle Tasse? Wir können irgendwo in der Nähe ihrer Arbeit hingehen?«

»Jetzt geht es nicht, und ich weiß noch nicht, ob ich morgen da bin«, antwortete Margareta.

»Nein, nein, na ja, das war ja zu erwarten.«

»Aber wenn ich hier bin, trinke ich gerne eine Tasse Kaffee mit Ihnen. Ich kann nichts versprechen, aber rufen Sie mich gegen neun Uhr an. Wenn ich da bin, dann treffen wir uns.«

»Versprochen?«

»Ja, versprochen.«

»Gut.«

Er legte abrupt auf.

Wissen. Bertil hatte nicht nur die Frechheit besessen auszusteigen, er hatte etwas gewusst. Wohin war er damit gegangen? Nicht zur Polizei und nicht zur Presse. Er war zu einem Anwalt gegangen. Dann war er ermordet worden. Und der Anwalt war verschwunden.

Was hatte er gewusst? Nicht nur die Identität des Mörders. Wusste er, welche Opfer noch auf der Liste standen? Oder was nach den Morden kommen würde?

Was dachten diese Menschen? Die weiße Rasse ist bedroht und wird betrogen. Betrogen, weil niemand erkennt, dass sie kurz vor der Ausrottung steht. Antifaschisten sind entweder einer Gehirnwäsche unterzogen oder Lakaien des internationalen Judentums. Wie also die Rasse retten? Gemäß Martin und Konsorten durch einen gewaltsamen Umsturz, der der unwissenden Masse aufgezwungen werden muss. Schritt eins, unbequeme Personen wie Eva Beldon aus dem Weg räumen. Schritt zwei, in der Gesellschaft Unruhe durch Terrorismus schaffen. Schritt drei, als starker Führer in Erscheinung treten, den das Volk unbewusst schon immer haben wollte. Das Volk jubelt, der Staatsstreich ist eine Tatsache und das Land kann sein ethnische

Säuberung durchlaufen. Weg mit allen Schwarzhaarigen und Dunkelhäutigen, weg mit allen, die außereuropäische Sprachen sprechen, weg mit allen, die anders denken. Weg mit allen, die denken.

Und das Resultat? Wenn Margareta versuchte, sich vorzustellen, was diese Leute erreichen wollten, dann sah sie eine Art Teletubbiewelt vor sich. Ein krankhaft blauer Himmel über Plastikblumen, die in einem unnatürlich grünen Rasen stecken, wo sich unnatürlich blonde Menschen mit gespenstischem, roboterartigem Lächeln zwischen sorgfältig polierten roten Häuschen bewegten. Nichts Unerwartetes, nichts Unkontrolliertes, keine Fantasie. Eine unwirkliche Welt.

Und hinter dem Hügel der Teletubbies ein Schlachthaus.

Alle Versuche der ethnischen Säuberung hatten in Albträumen geendet. In Deutschland wie in Jugoslawien. Das schwedische Volk würde sich nicht zu tausenden auf Plätzen versammeln und Sieg Heil schreien. Die Schweden betrachteten Nazis als gewalttätige Spinner ohne Mitgefühl. Ein Staatstreich wäre nach ein paar Stunden vorbei, höchstens. Was hatten sie sich gedacht? Dass Martin im Lokalfernsehen auftreten und Schweden zur arischen Zone erklären würde?

Aber fünf Menschen waren bereits tot. Der Oklahomabomber war eine einzelne Person mit ein paar übergeschnappten Komplizen gewesen, ein amerikanischer Nazi mit Verfolgungswahn. Er hatte trotzdem eine Katastrophe ausgelöst. Genau wie Al-Qaida, die mit einem ähnlichen Wahn ins World Trade Center flogen.

Hatte Bertil von Schritt zwei gewusst? Von Angriffen oder Sprengungen? Hatte er den Anwälten derartige Informationen übergeben? Dann waren sie jetzt vermutlich tot. Warum waren sie dann nicht als neue spektakuläre Mordopfer aufgetaucht, als abschreckendes Beispiel?

Und Kent? Aus dem Weg geräumt oder rekrutiert? Sie

hatten in der Gruppe vermutlich Bedarf an erfahrenen Anführern mittleren Alters, und ein unfreiwillig suspendierter Polizist mit ausgesprochenen Nazisympathien und Interesse an Waffen musste für sie Gold wert sein.

Ein Gedanke streifte sie. Die meisten Nazis waren junge Burschen zwischen zwanzig und fünfundzwanzig. Möglicherweise würden sie selbst ihren Bedarf an älteren Führungspersonen gar nicht einsehen. Der Einzige, der das tun würde, musste ein Mann sein, der selbst um die fünfzig oder älter war und über eine gewisse militärische Erfahrung verfügte. Martin nicht, ihn hatten sie weder im Register der Polizei, noch der Bundeswehr oder dem der Landwehr gefunden. Ein anderer.

Margareta suchte Gransele auf ihrer Karte. Es war ein kleiner Ort, unmittelbar östlich der Fjällkette umgeben von Wald gelegen. Ein Fluss führte durch die Gemeinde. Sie fragte sich, wie viele Stunden die Woche die Polizeiwache wohl besetzt war.

Eine Weile starrte sie wie verhext den Punkt auf der Karte an, umgeben von dunkelgrün, ehe sie begann, etwas in den Computer zu tippen.

33

Sie hatten in einem Wirtshaus zu Mittag gegessen, ein kleines Handwerksmuseum besucht und waren auf dem Weg nach Domarudden, um dort die Nacht zu verbringen und am nächsten Morgen John abzuholen. Die späte Abendsonne war warm, aber die Luft war drückend. Miriam gähnte und sah in den Rückspiegel.

Ein Stück hinter ihnen fuhr ein Auto, das ihr bekannt vorkam. Ein rotbrauner Ford, so einer, zu dem die aufdringlichen Männer aus dem Zoo gegangen waren.

»Schau mal, hinter uns«, sagte sie zu Anne. »Das Auto von den Kotzbrocken.«

»Das darf doch nicht wahr sein. Ist das wirklich ihr Auto?«

»Auf jeden Fall sieht es aus wie ihres. Glaubst du, sie sind uns gefolgt?«

»Wieso sollten sie das getan haben? Wenn sie es wirklich sind, dann haben wir wirklich Pech.«

»Wir könnten die Spur wechseln und sehen, ob sie uns folgen«, schlug Miriam vor.

Anne wechselte die Spur. Der Ford tat dasselbe. Er folgte ihnen mühelos, fast höhnisch. Anne blickte wieder in den Rückspiegel.

»Ich hätte mir ihr Nummernschild merken sollen, als wir am Zoo an ihnen vorbeigefahren sind«, sagte sie. »Aber ich habe nicht damit gerechnet, dass wir denen nochmal begegnen. Bist du dir wirklich sicher?«

»Wenn sie es sind, haben sie unser Auto ganz sicher wiedererkannt«, sagte Miriam. »Sie versuchen, uns Angst zu machen. Die wollen sich rächen, weil wir sie abgeschüttelt und ihnen die Polizei auf den Hals gehetzt haben.«

»Vielleicht gab es Scherereien mit ihren Führerscheinen und sie haben Punkte oder ein Bußgeld bekommen«, meinte Anne. »Das würde mich nicht wundern. Haben diese Idioten keinen Job oder sonst nichts zu tun? Wieso geben sie nicht auf?«

Miriam behielt den Ford im Blick. Er lag vier Autos hinter ihnen und hielt konstant die Geschwindigkeit, als wäre ein unsichtbares Seil zwischen ihm und dem Landrover gespannt.

»Wenn wir sie jetzt nicht loswerden, dann haben sie uns, sobald wir das nächste Mal anhalten«, gab sie zu bedenken.

Anne schüttelte den Kopf.

»Darauf haben wir nicht die geringste Lust. Die sollen

bleiben, wo der Pfeffer wächst. Wir fahren von der Autobahn ab und suchen uns kleinere Straßen. Das kann nicht so schwer sein, wir sind schließlich mitten im Wald. Schau mal auf der Karte, wo wir sind.«

Miriam schlug die Autokarte auf. Anne beschleunigte auf der mittleren Spur. Ein Fernlaster tauchte rechts hinter ihnen auf. Er fuhr zwischen sie und den Ford.

»Kommt bald eine Abfahrt?«, fragte Anne.

»In ungefähr drei Kilometern, glaube ich«, antwortete Miriam.

Anne ging leicht vom Gas und behielt den Laster im Auge. Unmittelbar vor der Abfahrt wechselte sie die Spur knapp vor seinem Kühler. Praktisch ohne zu bremsen fuhr sie von der Autobahn ab, bog unter eine Brücke, machte einen U-Turn und wartete.

Kein Ford kam von der Straße herunter. Der Fahrer schien ihr Manöver nicht bemerkt zu haben. So einfach war das, dachte sie. Und wahrscheinlich waren sie es am Ende gar nicht gewesen.

Miriam fiel ein Stein vom Herzen. Sie hatte noch immer Angst, nach dem was im Zoo passiert war. Irgendetwas stimmte mit diesen Männern nicht – warum machten sie Frauen und Kindern das Leben schwer? Was ging in solchen Köpfen vor?

Für eine Sekunde wünschte sie, eine Waffe zu haben. Sie schob den Gedanken von sich fort.

»Wohin fahren wir jetzt?«, fragte Miriam.

»Wir fahren hier weiter. Ganz egal warum, es ist auf jeden Fall schön, nicht mehr auf der Autobahn zu sein. Kannst du sehen, wo wir sind?«

Miriam nickte.

»Dieser Weg macht einen Bogen und führt wieder auf die Autobahn. Der rechte geht direkt in den Wald. Da kommt über mehrere Kilometer kein einziges Haus, nur ein paar kleine Sträßchen und Holzwege.«

Anne sah genau auf die Karte.

»Wir können fast den ganzen Weg zum Campingplatz durch den Wald fahren. Und es gibt hier eine Menge hübscher kleiner Seen.«

»Vielleicht sind das keine hübschen kleinen Seen, sondern faulige kleine Tümpel.«

»Wir werden sehen.«

Sie ließ den Motor an, und der Landrover rollte langsam durch den Wald. Miriam kurbelte das Fenster herunter. Der Geruch von Kiefern und Moos strömte ins Auto.

»Bestimmt gibt es hier Bären«, überlegte Miriam plötzlich.

»Ja, die gibt es hier wohl.«

»Stell dir vor, wir würden einen sehen. Können die ein Auto angreifen?«

»Davon habe ich noch nie gehört. Ich habe auch noch nie gehört, dass sie Menschen anfallen.«

»Und wenn doch?«, beharrte Miriam. »Jetzt, wo ich angefangen habe, über Bären nachzudenken, bin ich mir nicht mehr sicher, ob ich mich traue, heute Nacht im Zelt zu schlafen. In den USA haben sie jedenfalls schon Menschen angegriffen, die in ihren Schlafsäcken lagen.«

»In Amerika leben Grizzlybären«, sagte Anne. »Die sind viel gefährlicher als schwedische Braunbären.«

»Schau«, sagte Miriam neben ihr.

Vor ihnen ging der Wald plötzlich in einen zugewucherten Acker über. Mitten auf dem Feld stand ein Elch. Anne bremste ab, und sie rollten langsam an der Lichtung vorbei.

»Schau ihn dir an«, sagte sie.

Der Elch kaute ruhig. Er war imposant, mit braungrauem Fell und flachen Schaufeln. Es war erstaunlich schwer, ihn von dem Wald zu unterscheiden. Er nahm keine Notiz von ihnen.

Sie fuhren schweigend weiter, kamen an zwei Häusern

vorbei, die zu einem verlassenen Hof zu gehören schienen. Ein Stück entfernt schimmerte eine kleine Scheune durch das Gehölz, das Dach zur Hälfte eingestürzt. Dann führte der Weg um einen Felsblock und stieg an. Der Wald wurde wieder dichter. Als sie über die Kuppe fuhren, sahen sie den Ford. Er stand quer auf dem Schotterweg, knapp hundert Meter vor ihnen.

34

Anne hielt an und starrte ungläubig auf das Auto.

»Die müssen komplett verrückt sein«, entfuhr es ihr.

Anne legte den Rückwärtsgang ein und trat das Gaspedal durch, den Blick auf den Weg hinter sich gerichtet. Der Landrover schoss in voller Fahrt rückwärts. Der Ford fuhr mit dem Heck in die Büsche und wendete.

»Sie kommen uns nach«, rief Miriam.

»Halt dich fest«, sagte Anne grimmig.

Ohne zu bremsen raste sie rückwärts in den kleinen Weg, der zu dem verlassenen Hof führte, nahm den Fuß vom Gas, schaltete, riss das Steuer herum, gab Vollgas und steuerte zurück auf den Weg.

Der Ford war hinter ihnen. Er kam näher.

»Hab keine Angst, sie können nicht an unser Auto kommen, ganz egal, was passiert«, beruhigte sie Miriam. »Bist du ordentlich angeschnallt?«

Miriam nickte. Sie fuhren denselben Weg, den sie gekommen waren, und Anne versuchte, sich die Strecke zu vergegenwärtigen. Der Ford holperte hinter ihnen her, aber er hielt Abstand.

Gleich kommt rechts ein Waldweg, dachte sie. Hoffentlich sind keine Kiefern zwischen den Reifenspuren gewachsen, seit die Karte zuletzt aktualisiert wurde.

Sie bog ab und hörte die kreischenden Bremsen des Fords hinter sich. Sie hoffte, dass er mit dem Heck in einen Baumstamm schleudern würde, aber er war immer noch hinter ihnen.

Der Forstweg war uneben, dicke Baumwurzeln schlängelten sich kreuz und quer über den Boden.

»Was tun wir, wenn der Weg aufhört?«, rief Miriam.

Anne merkte, dass sie die Situation nicht mehr im Griff hatte. Es war ein Fehler gewesen, hier hineinzufahren. Wenn sie anhalten musste, konnten die Verfolger machen, was sie wollten. Sie konnten die Scheiben mit dem Wagenheber oder einem Stein einschlagen. Was wollten sie?

Miriam, natürlich. Oder vielleicht sie beide. Steckte noch etwas anderes dahinter? War das die Rache für etwas, das sie vergessen hatte? Bei diesem Gedanken wurde ihr eiskalt.

»Das Werkzeug«, fiel Miriam ein.

»Meißel und Schraubenschlüssel«, sagte Anne. »Leg mir das Werkzeug unter mein Bein.«

Miriam zog die Werkzeugtasche hervor, nahm das Werkzeug heraus und schob sie unter Annes rechtes Bein.

Der Weg teilte sich vor einem großen Holzstapel, Anne fuhr nach links. Das musste die richtige Richtung sein, zurück zur Autobahn. Der Ford hinter ihnen schleuderte und kam ihnen nach.

Miriam schaute nach hinten und konnte in den Innenraum des Fords sehen. Sie erkannte die Männer auf den Vordersitzen. Der Mann auf dem Beifahrersitz hielt etwas in der Hand, lehnte sich aus dem Fenster und streckte den Arm aus.

Miriam schrie auf. Anne trat auf die Bremse.

»Runter!«, schrie sie, und Miriam wurde nach vorn geschleudert. Der Landrover bremste scharf. Anne legte ruckartig den Rückwärtsgang ein und gab Gas. Der Motor heulte auf, das Auto schoss rückwärts und rammte den Kühler des Fords. Autoblech wurde eingedrückt, die Scheinwerfer zerbrachen.

Miriam hielt sich die Ohren zu.

»Halt nicht an! Fahr hier weg!«, schrie sie. »Fahr hier weg!«

Der Ford stand mit demoliertem Kühler einige Meter hinter ihnen. Anne fokussierte die beiden Männer. Der Mann auf dem Beifahrersitz starrte zurück. Sein Gesicht war weiß vor Schreck und Wut. Er schien sich die Schulter am Türrahmen geprellt zu haben.

Nur Sekunden waren seit dem Aufprall vergangen. Sie riss das Werkzeug an sich, sprang aus dem Wagen und stürmte auf den Ford zu. Die Männer hatten sich noch nicht erholt und reagierten instinktiv, als sie sahen, dass sie angegriffen wurden – sie drückten sich in ihre Sitze und hielten die Türen zu. Anne schlug den Schraubenschlüssel in die Windschutzscheibe, die tausend undurchsichtige Sprünge bekam. Den Meißel rammte sie in den Vorderreifen. Luft zischte heraus. Dann rannte sie zum Landrover zurück, schlug die Tür hinter sich zu und trat aufs Gas.

»Was hast du gemacht? Leben sie?«, fragte Miriam.

»Ja«, gab Anne verbissen zurück. »Wir fahren jetzt.«

Der Landrover war ohne größere Schäden davongekommen. Während sie den Forstweg entlangfuhren, versuchten die Männer vergeblich, den Wagen zu starten. Anne legte den Arm um Miriam und zog sie an sich.

»Wie geht es dir? Hast du dir irgendwo wehgetan, als ich gebremst habe?«

Miriam schüttelte den Kopf.

»Hatte der Mann eine Pistole in der Hand? Hast du die Pistole gesehen?«

»Es sah so aus.«

»Die sind doch nicht ganz dicht! Wir könnten schon tot sein! Es ist meine Schuld, dass wir das Handy nicht dabeihaben. Wenn wir es dabei hätten, hätten wir jemanden zu Hilfe rufen können!«

»Niemand hätte so schnell bei uns sein können«, sagte Anne. »Jetzt fahren wir jedenfalls zur Polizei.«

Der stille und unberührte Wald glitt draußen vor den Fenstern vorbei und Miriam fragte sich, wo der Elch jetzt sein mochte.

»Vielleicht sollten wir in die Stadt zurückfahren«, überlegte Anne. »Willst du nach Hause, Miriam?«

Miriam schüttelte den Kopf.

»Wir wollten doch mit Papa Urlaub machen. Ich will ihn treffen.«

Anne nickte, griff nach der Karte und schlug sie auf. Nach einer Weile sahen sie die Autobahn vor sich. Ein blauer Simca nahm gerade die Ausfahrt und Anne signalisierte ihm anzuhalten.

Der Wagen blieb stehen, sie stieg aus und redete mit dem Fahrer, einem jungen Mann um die zwanzig. Er lieh ihr sein Handy, damit sie die Polizei verständigen konnte. Anne bedankte sich, stieg in ihr Auto und fuhr auf die Autobahn.

»Hast du die Polizei angerufen? Was haben sie gesagt?«, fragte Miriam.

»Die einzige Polizeiwache, die es hier irgendwo in der Nähe gibt, ist zu am Freitagabend. Wir müssen zur nächsten fahren, wo es nur einen Mann gibt. Sie haben kein Auto, das sie uns schicken können, deshalb müssen wir dort mit ihm reden. Danach muss ich auch noch Papa anrufen.«

Es dauerte eine Stunde, bis sie bei der Polizei waren. Anne ging mit Miriam hinein. Der Dienst habende Polizist war ein gemächlicher Mann mittleren Alters und stellte sich als Värnström vor. Er nahm ihre Anzeige gewissenhaft auf. Anne konnte eine ausführliche Beschreibung der Männer abgeben.

»Die sind vollkommen verrückt. Kennen Sie die beiden? Haben Sie schon öfter Beschwerden über sie erhalten?«, fragte sie.

Er schüttelte den Kopf.

»Nein, es sieht nicht so aus, als wären sie von hier. Haben sie den örtlichen Dialekt gesprochen?«

Anne verneinte.

»Jetzt, wo sie das sagen, bin ich ganz sicher. Sie sind eher aus Stockholm, glaube ich. Können Sie nicht mit dem Beamten Kontakt aufnehmen, der uns im Zoo geholfen hat?«

Der Beamte nickte. Er notierte sich alles mit der Hand, und das irritierend langsam.

»Entschuldigen Sie, aber sollten Sie das nicht in den Computer eingeben?«, fragte Anne.

»Doch, natürlich, das werde ich auch tun, aber es dauert dreißig Minuten, bis man in dem Programm drin ist, deshalb dachte ich, dass es so schneller geht«, antwortete der Polizist.

Schließlich hatte er seine Buchstaben fertig gemalt und sah zu ihnen auf.

»Es wird wohl das Beste sein, wenn Sie jetzt ins Hotel fahren«, sagte er. »Dann können Sie sich in aller Ruhe entspannen und einen Happen essen. Wenn ich Ihnen etwas empfehlen darf, dann fahren Sie ins Hotel Bergliden. Es liegt eine Meile nördlich von der Stadt. Es ist sehr anständig. Richtig nett und gemütlich.«

»Das klingt gut«, sagte Anne. »Und was werden Sie jetzt unternehmen? Vielleicht irren die immer noch in der Gegend herum?«

Der Polizist blickte gelassen auf die Wanduhr.

»Ich habe leider gerade kein Auto, denn es hat einen Mord gegeben und in den letzten Jahren haben wir derart einsparen müssen, dass es nur eines gibt. Vermutlich haben die Männer einen Abschleppdienst angerufen. Ich werde die Autowerkstätten der Gegend kontaktieren und nachfragen, ob bei einer von ihnen das Auto zur Reparatur steht, dann können wir heute Abend oder morgen früh einen Blick darauf werfen.«

Herrgott, dachte Anne.

»Morgen früh sind sie dreihundert Kilometer weit weg von hier«, sagte sie barsch. »Und sie haben eine Pistole! Sie wollen mir doch nicht weismachen, dass wir nichts unternehmen, während die beiden da draußen frei rumlaufen?«

»Doch, doch. Wenn die Pistole überhaupt echt war. Und sie können schließlich nicht mit einem fliegenden Teppich von dort verschwinden.«

»Sie könnten mit einem Taxi verschwinden!«

»In diesem Fall kriegen wir das Taxi«, erwiderte der Polizist unerschütterlich. »Fahren Sie ins Hotel und ruhen Sie sich aus. Sie wirken ein wenig aufgeregt, und das ist ja auch kein Wunder. Sie hören von mir.«

Anne unterdrückte eine wütende Antwort und verließ mit Miriam im Schlepptau die Polizeiwache. Sie gingen zu einer Telefonzelle, um John anzurufen. Anne wählte die Nummer der Wohnung und hörte verwundert, wie der Anrufbeantworter ansprang. John war nicht da.

Sie versuchte es auf dem Handy. Es war ausgeschaltet.

»Wo zum Kuckuck ist er?«, murrte sie und rief im Büro an. Keiner da. Sie schaute auf die Uhr. Natürlich, Freitagabend. Sie hinterließ keine Nachricht. Langsam wurde sie wütend auf John. Sie brauchte ihn, und er war nicht einmal zu Hause. Vermutlich war er irgendwo in aller Ruhe beim Essen. Sie rief noch einmal in der Wohnung an, um eine Nachricht zu hinterlassen, aber während sie das Piepsen hörte, legte sie auf.

»Warum sagst du nichts?«, fragte Miriam.

»Ich will ihn nicht beunruhigen. Wir sehen uns ja ohnehin morgen. Heute Nacht können wir ihn in Ruhe schlafen lassen und ihm morgen alles erzählen.«

»Können wir dieses Hotel nicht sein lassen und direkt nach Domarudden fahren?«

Anne dachte nach. Die Männer im Ford hatten ihre Spur verloren und ihr Auto war vermutlich nicht fahrtüchtig. Sie hatten keine Ahnung, wohin sie und Miriam unterwegs waren. Wenn sie schlau waren, dann konnten sie sich leicht ausrechnen, dass sie hierher fahren würden, da es hier eine – wenigstens beinahe – funktionierende Polizeiwache gab. Dann würde ihnen natürlich schlagartig klar werden, dass ihre Opfer in einem Hotel irgendwo in der Nähe abgestiegen sein mussten, um sich sicher zu fühlen. Der Gedanke an ein vermutlich fast leeres Hotel war nicht sehr verlockend.

»Wir verzichten auf das Hotel«, sagte sie. »Es ist ja nicht mehr so weit.«

Neben dem Parkplatz, wo sie den Wagen abgestellt hatte, war ein Zeitungskiosk. Anne warf einen flüchtigen Blick auf die Schlagzeilen der Abendzeitungen. Beide hatten große schwarze Überschriften über einen Polizistenmord. Das war vermutlich die Erklärung dafür, dass der Polizist so zerstreut gewirkt hatte und keine Leute hatte, um die Männer im Ford zu überprüfen. Vermutlich würde nicht sehr viel aus ihrer Anzeige werden.

Sie fuhren wieder auf die Autobahn. Es herrschte nicht viel Verkehr, und es war kühler geworden. Miriam fror und kramte ihren Pullover aus der Sporttasche. Dabei fiel ein Handy heraus.

Sie sahen einander an und begannen zu lachen.

»Das ist dein Telefon. Papa muss es reingepackt haben. Er hat geschummelt«, sagte sie, aber sie schien sehr glücklich über diesen unerwarteten Fund.

»Jetzt ist es leider ein bisschen zu spät, um aus dem Pullover zu hüpfen«, lachte Anne.

Seine Fürsorge rührte sie. Anne überprüfte die Anrufe in Abwesenheit. Vier Nummern, die sie nicht kannte. Eine, die ihr sehr vertraut war, die einzige, aus der sie sich etwas machte.

»Er hat versucht, von seinem Handy aus anzurufen«, sagte sie.

Sie waren erleichtert. Miriam rief ihn erneut an. Sein Handy war noch immer abgeschaltet, aber es fühlte sich trotzdem an, als wäre er ihnen jetzt näher.

»Vielleicht war es so, wie der Polizist gesagt hat«, meinte Miriam. »Vielleicht war die Pistole gar nicht echt. Es könnte eine Luftdruckpistole gewesen sein. Die sehen ziemlich echt aus.«

»Wir überlassen das der Polizei«, sagte Anne. »Und wir vergessen diese Spinner, bis wir vor Gericht gegen sie aussagen müssen. Wenn es überhaupt so weit kommt.«

Sie fragte sich, warum sie nicht auf den Anrufbeantworter gesprochen hatte. Aber es gab wohl irgendeinen Grund.

Der Polizeibeamte sah die Frau und das Mädchen in den Landrover steigen, das Auto starten, vom Bürgersteig fahren und verschwinden.

Er war allein auf der Wache. Er zerknüllte Annes Anzeige, ging in die Kochnische, legte den Zettel ins Spülbecken und zündete ihn an. Als er heruntergebrannt war, ließ er ein wenig Spülmittel auf den dunklen Fleck im Becken tropfen, etwas heißes Wasser einlaufen und bearbeitete ihn mit einem alten Küchenschwamm.

Eineinhalb Stunden später hielt sein privates Auto ein Stück entfernt vom Hotelparkplatz. Er ging an die Rezeption und fragte nach Anne. Die Empfangsdame, die als koreanisches Adoptivkind nach Schweden gekommen war, ihn gut kannte und noch nie hatte leiden können, schüttelte den Kopf.

Värnström lächelte misstrauisch.

»Bist du sicher? Anne Danielsson mit Tochter?«

»Hier hat sich niemand mit diesem Namen einlogiert.«

»Aber sie sagte, sie wollte hierher kommen«, beharrte der Polizist griesgrämig.

»Du hörst doch, was ich sage.«

»Ihr sollt ja so verdammt clever sein, ihr Asiaten«, grunzte er, als hätte das etwas mit der Sache zu tun. »Behauptet ihr das nicht immer von euch? Dass ihr so verdammt clever seid?«

»Sicher. Aber hier sind sie jedenfalls nicht. Hör zu, Värnström, du solltest jetzt keinen Streit vom Zaun brechen«, sagte sie und dachte an seine späten, alkoholgetränkten Winterabende an der Hotelbar.

»Und du solltest besser aufpassen, dass du nicht unverschämt wirst«, antwortete er in warnendem Ton.

»Wenn du nicht mit mir sprechen willst, kannst du dich ja mit Tobias unterhalten. Soll ich ihn anrufen?«

Tobias war der Hotelbesitzer. Värnström blickte zur Decke.

»Nein, vergiss es. Übrigens vergisst du am besten alles.«

»Wir pflegen keine privaten Auskünfte über unsere Gäste zu geben«, sagte sie trocken. »War das privat?«, schob sie in vernichtend unpersönlichem Ton hinterher. Sie wusste sehr gut, dass er verheiratet war.

Er beugte sich über den Tresen.

»Das war eine polizeiliche Angelegenheit und das solltest du ebenfalls niemandem stecken«, zischte er. Verwirrt schlurfte er wieder hinaus.

35

Es war halb neun Uhr abends. Margareta saß noch immer in ihrem Büro. Sie hatte nicht vor, heute Nacht nach Hause zu gehen. Der Ermittlungschef hatte bis auf weiteres Nein zu Gransele gesagt. Es ging kein Flugzeug mehr und die nächste Maschine startete erst morgen um eins. Der Nachtzug, die andere Alternative, würde den Hauptbahnhof in zwanzig Minuten verlassen. Sie fühlte sich fehl am Platz an ihrem Schreibtisch.

Das Funkgerät war eingeschaltet. Die Karte von Gransele lag in einer Ecke auf dem Boden. Margaretas Computerbildschirm zeigte Flugaufnahmen, die sie über das ganze fragliche Gebiet mit einem Radius von hundert Kilometern angefordert hatte. Sie hatte nichts darauf gefunden, was aussah, als ließe es sich in eine private Militärbasis umwandeln. Die Bebauung war sehr lückenhaft, lauter kleine Hütten. Keine großen Häuser. Wobei es sich nicht unbedingt um ein großes Haus handeln musste.

Margareta überprüfte noch einmal im Computer die Männer, die Eva Beldon und die anderen bedroht hatten, sowie einige der verschwundenen Neonazis, über die Lennart Informationen eingeholt hatte. Ihre Lebensläufe ähnelten sich. Kleinkriminalität, Körperverletzung, Hetze gegen Volksgruppen. Therapie, soziale Betreuung, in einigen Fällen Gefängnis. Manche stammten aus asozialen Verhältnissen, die meisten hatten einen ganz gewöhnlichen Hintergrund.

Margareta versuchte herauszufinden, was sie gemeinsam hatten. Sie seufzte, versuchte den Spieß umzudrehen und zu sehen, was sie von anderen in derselben Situation unterschied. Schließlich kam sie darauf. Keiner war in den letzten Jahren wegen Trunkenheit dran gewesen.

Sie ging eine Runde durchs Zimmer und streckte sich, setzte sich wieder, klickte zurück zu der Liste über die Landwehrgebiete, die in den letzten Jahren von Waffendiebstählen betroffen gewesen waren, und hob den Telefonhörer für das achtzehnte Gespräch an diesem Abend.

»Gustavsson«, antwortete eine männliche Stimme. Im Hintergrund war Stimmengewirr von einem Fest zu hören.

»Es tut mir wirklich Leid, dass ich Sie Freitagabend um diese Zeit noch stören muss«, sagte sie. »Es geht um Männer der Landwehr, die im Zusammenhang mit Waffendiebstählen ausgeschieden sind. Das ist zwar bereits alles untersucht worden, aber ich muss mein Gedächtnis auffrischen.«

»Ach ja, Sie fragen wegen der verschwundenen Waffen, das ist wieder ins Gespräch gekommen, habe ich in der Zeitung gelesen. Hier hat es einen gewissen Schwund gegeben, das muss ich einräumen, aber das ist immerhin schon fünf Jahre her«, erklärte Gustavsson eine Spur gekränkt. »Jetzt haben wir die Sicherheit effektiv verbessert und alles perfekt unter Kontrolle. Sie können herkommen und sich umsehen, wenn Sie mir nicht glauben. Wir spielen mit offenen Karten.«

»Sicher. Daran habe ich überhaupt keinen Zweifel. Wie ist es mit der Hintertür? Es war ja niemand, der eingebrochen hat, sondern alles verschwand durch die Hintertür, richtig?«

»Wir haben auch dort die Sicherheit verbessert«, entgegnete Gustavsson misstrauisch. »Die Armee ist hier gewesen und hat alles inspiziert und …«

»Ich glaube Ihnen. Ich wollte Ihnen ein paar Fragen stellen über diesen Offizier, der ausgeschieden ist, als die Diebstähle aufhörten«, sagte Margareta und blätterte in den Seiten, die sie sich gerade ausgedruckt hatte. »Clarence Malmberg?«

»Was ist mit ihm?«

»Was hat er danach gemacht? Stehen Sie mit ihm in Kontakt?«

»Ach, Clarence, er hat sich pensionieren lassen und ist auf die Kanarischen Inseln abgehauen. Anfangs haben wir ab und zu Karten von ihm bekommen. Ich habe nie daran geglaubt, dass er etwas mit dem Schwund zu tun hatte, und es konnte auch nie jemand etwas beweisen. Was sollte er da unten auf den Kanaren mit einer Masse AK 4er?«

»Und Sprengstoff. Es verschwanden auch Sprengmittel.«

»Ja. Was hätte er damit anfangen sollen?«

»Er könnte alles verkauft haben. Geld ist gut für die Kanaren.«

»Aber das hatte er doch gar nicht nötig!«, sagte Gustavsson, ungeduldig und triumphierend zugleich. »Er hat doch einen Haufen Geld von einem Freund geerbt!«

»Woher wissen Sie, dass er geerbt hat?«

»Er hat mir das Testament gezeigt. Mannomann, das war eine ganze Menge. Und der Anwalt, der damit zu tun hatte, ist mit meiner Cousine verheiratet, also das war alles in Ordnung. Aber das wissen Sie alles schon, das hat doch schon die erste Ermittlung ergeben.«

»Ich muss trotzdem alles noch einmal überprüfen«, erwiderte Margareta, die es nicht geschafft hatte, die ganze erste Ermittlungsakte durchzuarbeiten.

Sie dachte einen Augenblick nach.

»Wie alt ist er?«

»Jetzt? Ungefähr siebzig.«

Das war recht alt. Aber nicht unmöglich.

»Ist er verheiratet?«

»Nein, nie gewesen. Ich glaube nicht, dass er so vernarrt in die Damen ist.«

»Etwa in Herren?«

»Nein, also bitte. Jedenfalls nicht so weit ich das überblickt habe. Er ist am liebsten verreist.«

»Dann kann er doch auf seinen Reisen Partner getroffen haben.«

»Ja, das ist schon möglich, aber warum sollte das jetzt so wichtig sein?«

»Von wem hat er geerbt?«

»Ein Kamerad aus der Armee, ein Hauptmann. Er war kinderlos, und sie kannten sich offenbar seit dem Wehrdienst. Ich habe ihn nie getroffen. Und ich habe keine Ahnung, ob sie zusammen waren, wenn es das ist, was Sie fragen wollen. Und selbst wenn, was würde das für eine Rolle spielen?«

»Keine. Das Einzige, was er mit dem Geld gemacht hat, war in den Süden zu ziehen?«

»Nein, er wollte auch ein Unternehmen gründen. Eine Art Gesundheitsinstitut oder so was.«

Margareta sprang auf. Sie bemühte sich, die Stimme ruhig zu halten.

»Ein Gesundheitsinstitut? Wo?«

»In Norrland. Frische Luft und so.«

»Wo in Norrland?«

»Keine Ahnung. Ich mache mir nichts aus diesen Dingen. Mir reicht es, eine Prise Schnupftabak zu kaufen. Als ich jünger war ...«

»Könnte es Gransele gewesen sein?«

»Keine Ahnung, wie gesagt.«

»Haben Sie von dort denn keine Karte bekommen? Könnten Sie auf den Poststempel sehen?«

Gustavsson seufzte.

»Hören Sie, ich habe keine Karte bekommen, ich weiß nicht einmal, ob aus diesen Plänen etwas geworden ist. Er ist schließlich kein junger Hüpfer mehr. Es war nur eine Idee, von der er mal gesprochen hat.«

»Okay. Erzählen Sie mir von ihm.«

»Tja. Hagerer Mann, meistens braun gebrannt. Ziemlich gut, was Administration und solche Sachen angeht. Sorgfältig. Eher rechtslastig, wenn man so sagen will. Hält nichts von Einwanderern. Da konnte man nicht richtig mit ihm reden. Wir haben so einen Kebabtypen dabei, der ist seit dreißig Jahren in Schweden und an dem ist nichts auszusetzen, das merkt man ja nach einer Weile, wenn man sich an ihn gewöhnt hat. Aber Malmberg musste immer die Nase hochrecken, wenn er dabei war. Sonst war er in Ordnung.«

»Wissen Sie, wie man ihn erreichen kann? Oder kennen Sie jemanden, der es weiß?«

»Nein, ich glaube, er hatte genug von dieser Einöde. Vielleicht lebt er nicht einmal mehr.«

»Dann danke ich Ihnen für die Hilfe. Ich wäre Ihnen ebenso dankbar, wenn Sie über dieses Gespräch Stillschweigen bewahren.«

»Sicher, sicher«, versprach Gustavsson jovial, froh und entspannt, nachdem er das Examen ohne Tadel bestanden hatte. »Übrigens, wollen Sie nicht auf einen Drink rüberkommen? Hier sind eine Menge anständiger und netter Kerle!«

»Danke, das ist nett, aber der Weg ist vielleicht doch ein bisschen weit. Ein andermal.«

»Rufen Sie einfach an, wenn Sie Lust haben!«, sagte er generös.

Sie legte auf. Malmberg wirkte ein wenig schwach für die Rolle als Naziführer, möglicherweise war er der Financier, aber er war ausreichend interessant, um in seinem Tun und Lassen weiter nachzuforschen. Was hatte er mit seinem Geld gemacht? Gesundheitsinstitut? Unglaubwürdig als Basis für Nazis. Eher eine vergleichbare Investition. Margareta würde sich die Unternehmensgründungen und Baugenehmigungen der letzten fünf Jahre ansehen müssen.

Das Wort Gesundheitsinstitut brachte sie auf eine Idee. Martin konnte kaum so viele Männer rekrutiert haben, indem er in Lokes Fitnessstudio saß oder durch Kneipen und zu Versammlungen gezogen war, dann wäre er in Nazikreisen bekannter gewesen. In Wirklichkeit kannte Margareta aber nur vier, die ihn als Nazi identifiziert hatten: Der Informant, der ihnen den ersten Tipp in seine Richtung gegeben hatte, Kent, Eva und der tote Bertil, vorausgesetzt, Eva sagte die Wahrheit. Von diesen hatten nur Kent und Eva ihn als Anwerber identifiziert, und was Eva betraf, war das eine unsichere Sache, da sie ihn nur beschrieben, aber nicht auf einem Bild erkannt hatte.

Wenn er also, oder einer wie dieser Malmberg, einen ganz anderen Weg gegangen war?

Sie klickte zu der Liste mit den verschwundenen Männern zurück und ging ihre Akten durch. Fünf von ihnen hatten sich zwischen sechzehn und neunzehn eine Weile in einer Therapieeinrichtung aufgehalten. Derselbe Ort. Solhems Therapiezentrum. Sundsvall. Privatbesitz.

Sundsvall. Das lag auf jeden Fall im Norden. Sie fühlte, dass sie auf eine Spur gestoßen war, und ihr Herz schlug schneller. Das perfekte Milieu um Burschen für eine nazistische Bewegung zu rekrutieren. Therapieeinrichtungen hatten oft einen schlechten Ruf, und die Aufsicht war notorisch miserabel. Entweder gab es zu wenig Personal, oder die Leute waren schlecht ausgebildet, verfügten über ein mangelhaftes Verantwortungsgefühl oder setzten sich in gewissen Fällen aus nicht vollkommen resozialisierten Kriminellen zusammen. Wenn die Aufsicht tatsächlich stattfand, führte das in den meisten Fällen zu lahmen Rügen und Fristen, um die Fehler wieder gutzumachen. Ein Jahr konnte vergehen, ohne dass etwas unternommen wurde, obwohl das Personal klagte.

Aber in diesem Heim ging es nicht um die Frage, ob die Jungs ohne Aufsicht sich selbst überlassen oder Sauforgien gebilligt wurden, ob sie sich prostituierten oder durch die Stadt zogen und Einbrüche begingen. Zumindest nach außen hin sollte eine perfekte Ordnung mit heilsamen Aktivitäten herrschen. Es musste anständig zugehen, und die Jungen sollten zu ihren Führern aufsehen. Wenn sich einer von ihnen beschwerte, konnte er mit einiger Wahrscheinlichkeit nicht damit rechnen, große Aufmerksamkeit auf sich zu ziehen. Die Behörden würden sicher nicht gerne eine solche Illusion zerstören.

Margareta fand die Website von Solhems Therapiezentrum. Sie ahnte sofort, dass sie richtig liegen konnte.

Die Seite strahlte eine traumartige, gekünstelte Idylle aus, unter der etwas Bedrohliches schlummerte. Sie wurde von flatternden blaugelben Fahnen geziert, die das Bild eines großen, gelb gestrichenen Holzgebäudes umgaben. Ein Text über Schwedens Jugend als Schwedens Zukunft stand in der Mitte, daneben Fotos von blonden Jungen, die mit einer Art überdimensionierter Pfadfinderuniform bekleidet waren. Sie gingen auf mehrtägige Rucksackwanderungen, machten Essen vor dem Zelt, spielten Fußball oder versammelten sich in fast makabrer Harmonie in einem Aufenthaltsraum und hörten hingerissen jemandem zu, der Ziehharmonika spielte.

Die Fotos erinnerten sie auf gespenstische Weise an einen deutschen Propagandafilm aus den frühen Vierzigern, einen Film über ein Lager für jüdische Mädchen. Die Mädchen, hübsch und adrett gekleidet, saßen in Zimmern und lasen, spielten Klavier oder stickten. Aber in Wirklichkeit war das Lager eine Kulisse, eine gefälschte Konstruktion. Sowie der Film fertig gestellt worden war, waren die Mädchen nach Auschwitz verschickt worden.

Diese Jungen hier lebten dagegen vermutlich alle noch. Sie sollten nicht in ein Vernichtungslager geschickt werden, eher im Gegenteil. Aber wo waren sie?

Obwohl Solhem höchst offiziell war, war der Programmierer der Seite unwillig gewesen, eine Adresse zu hinterlassen. Es gab nur eine Postfachanschrift und zwei Telefonnummern.

Das hier sind wir, stand auf einem Link. Margareta klickte die Rubrik an.

Porträts von fünf Angestellten wurden gezeigt. Es waren alles Männer. Das sechste Porträt stellte den Eigentümer vor. Ein älterer Mann, die Haare exakt gescheitelt, Safarijacke und Hemd mit Fliege, blickte in die Kamera. Darunter stand sein Name. Clarence Malmberg.

Das war er.

Siebzig Jahre. Das bedeutete, dass er im zweiten Weltkrieg zwölf, dreizehn gewesen sein musste. Fünfzehn bei Kriegsende. Das perfekte Alter, um einer destruktiven Schwärmerei anheim zu fallen, die vielleicht schon bei seinen Eltern begonnen hatte und die für den Rest seines Lebens andauern würde. Er hatte Zeitungen gelesen, die Wochenschau gesehen, Radiosendungen gehört. Vermutlich hatte er auch die Fliege damals schon gehabt. Mit weißem Hemd und Fliege um den dünnen Hals hatte er auf einem Stuhl vor dem Radio gesessen, den Kriegsberichten und Hitlers Reden gelauscht.

Wer wäre er, wenn er 1980 geboren worden wäre? Ein Computerfreak? Vielleicht hatte er eine Art Computerfraktion gebildet. Kein Wunder, dass es keine Spuren gab, dass niemand von ihm gehört hatte. In aller Stille hatte er seine administrative Begabung einsetzen können, um die Träume seiner Kindheit und seine abscheulichen Herrenmenschengedanken zu verbreiten und daran zu arbeiten, sein unersättliches Bedürfnis zu befriedigen, das Leben anderer Menschen zu kontrollieren. Margareta führte noch ein Telefonat, druckte eine Seite aus, ging zum Fahndungsleiter und legte es auf seinen Tisch.

»Clarence Malmberg. Älterer Landwehrmann, Offizier, siebzig, schied vor fünf Jahren aus, als eine große Anzahl Waffen aus seinem Arsenal verschwand. Als Verdächtiger abgeschrieben, nachdem sich keine Spuren bei ihm fanden und er gerade Millionen von einem Kameraden bei der Armee geerbt hatte, weshalb er kein ökonomisches Motiv hatte. Rechtslastig, laut seines Nachfolgers. Verabscheute Einwanderer. Setzte sich auf die Kanarischen Inseln ab und verschwand von der Bildfläche. Keine Vorstrafen. Sprach davon, ein Gesundheitsinstitut in Norrland aufzubauen. Besitzt das Therapiezentrum Solhem außerhalb von Sundsvall, wo sich fünf der verschwundenen Nazitypen länger aufhielten. Einer von ihnen wurde verurteilt, weil er Eva Beldon drangsaliert hatte.«

Der Ermittlungschef sprang nicht auf und schrie Hurra, wie Margareta erwartet hatte.

»Sundsvall?«, sagte er nachdenklich. »Das ist doch ziemlich weit südlich von Gransele. Ist er ein bekannter Nazisympathisant?«

»Nur bei denen, die mit ihm gearbeitet haben. Leffe kannte ihn nicht. Ich habe Bild und Unterlagen an die Säpo geschickt, aber vor morgen ist von denen keine Antwort zu erwarten.«

»Da wirst du wohl warten müssen. Dann sehen wir uns dieses Solhem näher an. Wir können uns einen der Burschen greifen, die dort gewesen sind, und alles auf einmal aus ihm herausholen.«

»Nur wenn wir das unbemerkt tun und ihn ein paar Tage behalten können, damit er niemanden warnen kann. Das wird schwierig. Und es dauert zu lange, nur auf Solhem zu setzen. Dort sind sie nicht. Lass Kalle das machen. Ich will nach Gransele fahren und dort suchen.«

Der Ermittlungschef schnaufte ungeduldig.

»Vielleicht sind sie einfach nur durch Gransele durchgefahren, und Bertil hat telefoniert, während sie getankt haben. Falls sie ihm sein Handy stibitzt haben«, sagte er. »Sie können sich sonst wo nördlich von dieser Tanke aufhalten. Du verschwendest nur Zeit.«

»Wenn sie sonst wo nördlich von Gransele sind, dann bin ich auf jeden Fall näher dran, als wenn ich hier bleibe«, entgegnete Margareta störrisch.

Er stand auf, um sich einen Kaffee zu holen. Margareta folgte ihm.

»Pelle und Maria haben dein Mädchen gefunden«, sagte er. »Sie versteckt sich in ihrer Wohnung, niemand hat Kontakt mit ihr aufgenommen. Das Paar, dem das Fitnessstudio gehört, hat Martin auf dem Bild erkannt, aber sie wissen nichts über ihn. Er hat einen netten Eindruck gemacht, fanden sie. Trainierte nicht so viel, aber redete mit den Leuten. Sie haben ihn schon eine Weile nicht mehr gesehen. Willst du Zucker?«

»Nein, nur Milch. Gransele«, sagte Margareta.

Er wühlte in einer Schachtel mit Vanilleplätzchen, trabte wieder in sein Büro und setzte sich. Margareta baute sich vor seinem Schreibtisch auf. Er hielt den Kaffeebecher in der einen, einen Keks in der anderen Hand und seufzte.

»Okay, Gransele«, sagte er. »Wir ermitteln in Richtung Solhem, warten aber damit, uns dort offen zu zeigen. Ziemlich seltsame Methode, etwas anzugehen, aber gut. Du kannst morgen früh fahren. Nimm Kalle mit.«

Sie sah nicht sehr begeistert aus.

»Hättest du damit nicht etwas früher herausrücken können? Alle Flüge nach Norden sind weg und der erste morgen hebt erst um ein Uhr mittags ab. Ich will jetzt los. Wir nehmen sofort ein Auto.«

»Auto? Es sind 750 Kilometer da rauf!«

»Dann ist es wohl das Beste, wenn wir sofort aufbrechen.«

»Nicht so hastig! Wir müssen erst noch darüber reden, wie ihr da oben vorgehen sollt.«

»In Ordnung, wir reden, dann fahre ich.«

Plötzlich trat ein breites Lächeln auf sein Gesicht.

»Nicht nötig. Ihr könnt per Anhalter mit dem Helikopter fliegen, der heute Nacht um zwei ohnehin nach Östersund soll, dann seid ihr morgen da. Er macht einen Schlenker über Storuman, dann könnt ihr von dort mit dem Auto weiter.«

Sie schaute ihn grimmig an.

»Ich hatte die ganze Zeit vor, dich fahren zu lassen. Ich wollte dir nur ein bisschen Feuer machen und sehen, wie hartnäckig du bist«, sagte er und legte verschmitzt den Kopf zur Seite.

»Eines schönen Tages wird dir noch jemand den Hals

umdrehen, wenn du nicht aufhörst, andere auf die Schippe zu nehmen«, sagte sie.

»Und du solltest nicht immer so ernst aussehen«, gab er zurück. »Denk daran, dass es nur ein Job ist. Vergiss das nicht. Und das hier ist ziemlich gut, Margareta. Ziemlich gut. Bald kann ich beruhigt in Rente gehen und alles dir überlassen.«

»Schwätzer«, sagte sie und ging, um Kalle zu holen.

36

Andreas kam aus dem Arbeitszimmer. Er hatte erwartet, die kaputte Kamera im Keller auszutauschen, hatte aber stattdessen ganz andere Instruktionen erhalten. Die Absicht dahinter war ihm nicht ganz klar, aber es gefiel ihm nicht.

Er ging in die Küche, Irina gab ihm ein Tablett mit belegten Broten. Er hatte nie versucht, sich ihr zu nähern. Für ihn war sie anonym. Es irritierte ihn, dass Malmberg und Martin sie auf diese schmuddelige Weise ausnutzten.

Er trug das Tablett in den Keller und stellte es in die Zelle. John musterte ihn.

»Was habt ihr vor?«, fragte er. »Ist das die Henkersmahlzeit?«

»Willst du dich beschweren?«, erwiderte Andreas. »Dann nehme ich es wieder mit, wenn dir das nicht passt. Du wolltest etwas essen, hier bekommst du Essen.«

Gereizt trat Andreas in den Wachraum und zog verschiedene Kleider aus einer Sporttasche. Unterwäsche, Trainingshose, Trainingsjacke, Anorak. Joggingschuhe und Wanderstiefel. Er überlegte, wählte die Stiefel und rollte alles zu einem Bündel zusammen, das er auf das Sofa legte.

Er gab dem Gefangenen ein paar Minuten zum Essen und

blätterte unterdessen in einer Abendzeitung, die auf dem Couchtisch vor dem Fernseher lag. Heute Abend kam Fußball auf Eurosport. Er würde sich das Spiel ansehen. Über das Verschwinden des Anwalts gab es nichts mehr zu lesen, die letzte Meldung war vor zwei Tagen gewesen. Die Journalisten hatten offensichtlich das Interesse verloren, nachdem sich nichts tat.

Er kehrte mit den Kleidern in den Keller zurück, schloss auf und nickte Richtung Duschraum.

»Was ist los?«, fragte John wieder. »Fahren wir irgendwohin?«

»Red nicht so viel«, sagte Andreas. »Nimm die Kleider, geh duschen und zieh dich um.«

John nahm das Bündel und verschwand im Duschraum. Als Andreas hörte, dass auf der anderen Seite der Wand das Wasser lief, holte er das Tablett aus der Zelle. Teller und Kaffeetasse waren leer.

Es dauerte eine Weile, bis John zurückkam. Er hatte den Trainingsanzug an. Verbissen nickte Andreas in Richtung Zelle und schloss die Tür hinter dem Gefangenen.

»Du willst nicht mehr mit mir reden«, sagte John. Andreas antwortete nicht. In Johns Nähe zu sein, weckte ein diffuses, schlechtes Gefühl in seiner Magengegend. Er öffnete den kleinen Kühlschrank an der Wand, nahm eine Cola heraus, sank ins Sofa und machte den Fernseher an.

Es dauerte noch eine halbe Stunde bis zum Spiel, jetzt kam Sumo-Ringen. Ungeduldig sah Andreas den japanischen Kolossen zu, wie sie in den kleinen Ring stiegen, eine Prise Sand in die Luft warfen, mit beiden Füßen aufstampften und aufeinander prallten, dass die Fettpolster vibrierten.

Andreas schaute auf die Uhr, grub in seiner Tasche nach einer Tüte Erdnüsse und öffnete die Cola. Ihm kam der Gedanke, dass Roffe aus reiner Boshaftigkeit die Flasche präpariert haben könnte. Er konnte sein Grinsen regelrecht vor sich sehen.

Nein, verflucht, er würde sich das nicht trauen. Nicht in dieser Situation.

Die Minuten verrannen. Der nordische Frühlingsabend ging in die wenigen Stunden der dämmerungsähnlichen Nacht über. Endlich begann das Spiel, und Andreas saß konzentriert vor dem Bildschirm, seine Hände ruhten auf den Schenkeln. Es ging auf Mitternacht zu. Er fühlte sich entspannt und ruhig, fast schläfrig.

Plötzlich wurde er unsanft an den Haaren gepackt und ein harter Schlag traf ihn seitlich am Kopf. Erschrocken sah er John hinter sich.

John hielt seinen linken Arm fest umklammert und schlug wieder zu. Andreas wurde schwarz vor Augen und er versank in eine kalte Dunkelheit.

Der schmale Körper in dem Overall wurde schlaff. John ließ ihn langsam auf die Sofakissen gleiten.

Andreas war bewusstlos. Er atmete leise schnarchend mit offenem Mund. Sein Gesicht war entspannt und sah wie das eines Sechzehnjährigen aus. John ließ ihn los, ließ den Siphon fallen, den er von einem der Waschbecken im Duschraum abgeschraubt hatte, und übergab sich in einer Ecke.

Irgendetwas stimmte mit dem Jungen nicht. Johns Blick wanderte zu der Colaflasche auf dem Tisch. Er roch daran. Er bemerkte nichts, aber er war überzeugt, der Bursche war unter Drogen gesetzt worden.

John nahm ihm den Gürtel mit Pistole, Taschenlampe und Funkgerät ab und schnallte ihn um. Er durchsuchte die Taschen des Overalls, fand ein Feuerzeug und ein Taschenmesser. Er überprüfte die Pistole. Sie war geladen. Dann zog er Andreas das T-Shirt aus, zerriss es mit Hilfe der Stahldrähte und seiner Zähne, fesselte dem Jungen Hände und Füße und legte ihn auf die Seite. Er verzichtete auf einen Knebel. Das Risiko, dass er erstickte, war zu groß. Wenn die Luftwege durch die Nase nicht ganz frei waren oder er sich übergeben musste, dann war es aus. Dann würde er sterben.

John lauschte. Noch immer war außer dem Fernseher nichts zu hören. Er legte zwei Finger auf Andreas Hals. Der Puls ging gleichmäßig.

Er nahm sein Handy und den Inhalt der Brieftasche vom Dachbalken, steckte alles in seine Taschen und ging hinüber in den Duschraum. Wieder blieb er ein Stück von der Seitentür stehen und musterte sie.

Durch das mit einem Fliegengitter versehene Fenster in der Tür sah er, dass ein Auto vor der Tür stand. Es war ein schwarzer Cherokee Jeep. Aber es war zu dunkel, um zu erkennen, ob jemand darin saß.

Eine ganze Weile starrte John den Wagen an. Nichts geschah. Er musste leer sein.

Er warf einen Blick auf die dünnen Metalldrähte der Alarmanlage. Es war nicht auszumachen, ob die Anlage ausgeschaltet war, aber mit einem Mal war er sich hundertprozentig sicher, dass es sich so verhielt. Er würde ausbrechen können, ohne dass der Alarm losging, sich ins Auto setzen und in der Dunkelheit davonfahren.

Wohin? Zu Anne und Miriam, natürlich. In einem Auto mit freundlichen Grüßen von der Gestapo. Wahrscheinlich standen die anderen Autos schon bereit, um ihm zu folgen. Eine hübsche Falle.

Es konnte nur dieser Polizist dahinter stecken. Er war der Einzige, der genug Fantasie für so etwas hatte. Die zerstörte Kamera, das Essen, die Kleider – das alles gehörte zu der Inszenierung dazu.

Hatte Andreas gewusst, dass er für diese Scharade geopfert werden sollte? Es musste ihnen klar gewesen sein, dass ein Ausbruchversuch, auf jede erdenkliche Weise enden konnte. Er hätte den Burschen auch erschlagen können. Oder durch eines der Sofakissen hindurch erschießen.

John fragte sich, wie viel Zeit sie ihm geben würden. Er kehrte der Tür den Rücken, ging in den Keller zurück und untersuchte die einzige Tür, die er nie geöffnet gesehen hatte. Es war unmöglich, sie rasch zu öffnen um zu schauen, was dahinter war, aber er hatte eine andere Idee.

Er hockte sich an den Brunnenrand und leuchtete mit Andreas Taschenlampe hinunter.

Die raue Felswand hatte Ausbuchtungen, und es schien, als müsste es möglich sein, hinunterzuklettern. Er fragte sich, ob sich schon jemand die Mühe gemacht hatte, es zu versuchen. Wieder war der Polizist vermutlich der Einzige, der überhaupt auf so eine Idee kommen würde, aber John hatte den Eindruck, dass er genauso neu im Holzhaus war wie er selbst. In diesem Fall hätte er dazu noch keine Gelegenheit gehabt.

Er steckte sich die Taschenlampe in den Mund, setzte sich auf den Rand, drehte sich um, hielt sich mit den Händen an der Kante fest und ließ sich vorsichtig hinunter, bis sein rechter Fuß Halt fand, der linke stemmte sich gegen die gegenüberliegende Wand.

John verharrte einige Sekunden und konzentrierte sich darauf, alle Muskeln zu entspannen, die er nicht brauchte. Dann lockerte er vorsichtig den Griff der linken Hand. Als er einen Halt gefunden hatte, ließ er den linken Fuß die Felswand hinuntergleiten, bis er den Stiefel in einer Spalte verkeilen konnte. Dann wiederholte er die Prozedur umständlich mit rechts.

Er war nicht in Form. Er musste die Position der Hand wechseln, solange das Gewicht auf dem Fuß ruhte. Die Position des rechten Fußes wechseln, solange das Gewicht auf dem linken war.

Zentimeter für Zentimeter arbeitete er sich abwärts. Jetzt war die Wasseroberfläche nur noch wenige Meter von ihm entfernt.

Plötzlich begannen seine Arme zu zittern. Er ließ mit

einer Hand los und drückte sie gegen den Felsvorsprung über sich. Dann löste er langsam einen Fuß und tastete auf der anderen Seite nach Halt. Er konnte nichts sehen, aber er fühlte, wie sein Fuß auf einem kleinen Sims landete. Ein kalter Windhauch fuhr über sein Bein.

Jetzt stand er relativ stabil quer über dem Schacht und konnte die Arme entspannen. Der Griff der Taschenlampe hinterließ einen unangenehmen Metallgeschmack im Mund. Er leuchtete unter den Vorsprung. Erleichtert sah er, dass der Wind aus einem Spalt kam, der unter der Ausbuchtung in den Berg führte, groß genug, dass er sich hineinzwängen konnte.

Der Luftzug bedeutete, dass es irgendwo am anderen Ende ebenfalls eine Öffnung geben musste, eine Öffnung, durch die er hinausgelangen konnte. Wenn der Gang breit genug für ihn war. Wenn er ihn finden konnte. Wenn es auf dem Weg dorthin keine unüberwindbaren Hindernisse gab.

John tastete nach einem Halt, verlagerte sein Gewicht auf den linken Fuß und zog die andere Hand und den anderen Fuß nach. Zitternd ging er in die Hocke und schob sich in den Spalt, suchte nach einer Griffmulde im Felsen und zog sich hinein.

Keuchend lag er auf dem Rücken, die Taschenlampe neben sich auf dem sandigen Boden eines engen Ganges mit unebenen Wänden. Seine Arme hatten keine Kraft mehr. Er holte ein paar Mal tief Luft und tastete mit zitternden Fingern nach dem Feuerzeug.

Die Flamme flackerte und neigte sich Richtung Brunnen. Die Decke war nur einen halben Meter über ihm. Der Gang führte weiter in die Dunkelheit. Entfernt war ein surrendes Geräusch eher zu spüren als zu hören. Während er lauschte, verebbte es.

Dafür knackte das Funkgerät an seinem Gürtel.

»Andreas kommen«, klang eine flüsternde Stimme.

Er kannte sie nicht. Das war nicht der Polizist. Vielleicht war es Malmberg selbst, irgendwo versteckt, seine Aufmerksamkeit auf die Seitentür gerichtet. Er machte das Feuerzeug aus und antwortete.

»Andreas hier«, flüsterte er.

»Lage? Kommen.«

»Noch in der Zelle. Er fängt an sich zu bewegen.«

»Gut. Unternimm nichts. Ende.«

Jetzt war er sicher. Das war eine Falle, und er war noch nicht entdeckt worden. Er fragte sich, ob Andreas inzwischen wieder zu sich gekommen war.

John robbte auf den Unterarmen vorwärts. Hoffnungsvoll schob er sich immer tiefer in den Berg.

Er hatte das Gefühl, seit einer Ewigkeit vorwärts gerutscht und gekrabbelt zu sein, als sich der Tunnel vor ihm plötzlich teilte. Der linke Weg bog steil nach unten ab, der rechte führte in einer leichten Steigung weiter geradeaus. Er zündete das Feuerzeug an und betrachtete die Flamme. Die Luft war aus beiden Richtungen gleich stark und sein Widerwillen, in einem unbekannten tiefen Gewässer zu verschwinden, siegte. Er wollte nach oben und aus dem Berg hinaus, nicht nach unten unter die Erde.

Optimistisch zog er sich im rechten Gang weiter. Er wurde rasch enger.

Nach zehn Metern ging nichts mehr. Bäuchlings richtete John den Strahl der Taschenlampe nach vorn und sein Mut sank, als er das Licht auf einer glatten Wand tanzen sah. Der Windzug, nach dem er navigiert hatte, kam aus einem schmalen Spalt daneben, knapp zwanzig Zentimeter breit.

Er hatte fast zehn kostbare Minuten an eine Sackgasse verschwendet. Er musste zurück. Doch er konnte sich hier nicht umdrehen. Dafür war kein Platz.

Die Panik, die er so lange ignoriert hatte, überrollte ihn plötzlich mit einer gigantischen Welle. Der Berg schien lebendig zu werden, er wölbte sich bösartig gegen seinen Rücken, und die Luft fühlte sich dick und komprimiert wie Öl an. Er öffnete den Mund und keuchte wie ein Ertrinkender, und obwohl er wusste, dass es unmöglich war, versuchte er verzweifelt auf die Knie zu kommen. Er strampelte wild, fluchte und schrie, aber der Berg presste ihn auf den eiskalten Boden und hielt seine Arme wie eine erbarmungslose Riesenhand gefangen.

Ihm schwindelte. John zwang sich, jeden einzelnen Muskel zu entspannen. Er hatte die Arme vor sich ausgestreckt, die Augen geschlossen und holte langsam Luft, bis er sicher war, dass die Steinmassen um ihn herum nicht näher kamen.

Vorsichtig bewegte er die Hände. Langsam hob er die Taschenlampe wieder auf, stützte die Handballen auf den Boden, hob den Unterleib ein wenig an und schob sich rückwärts.

Er holte erneut tief Luft und wiederholte die Prozedur. Es funktionierte. Er hatte die Situation wieder unter Kontrolle, fand einen Rhythmus und kroch langsam rückwärts, immer einen halben Meter weiter.

Endlich war er wieder an der Weggabelung angelangt. Er setzte sich auf und lehnte sich an die Wand. Der Berg hatte seine Feindlichkeit verloren.

Er leuchtete in den anderen Gang hinein und ließ sich fast blindlings den steilen Hang hinunterrutschen. Sand und kleine Steine wurden mitgerissen, und er hoffte, dass der Hügel nicht in einem unterirdischen See oder Wasserlauf enden würde. Aber schließlich wurde der Tunnel wieder eben, und John konnte auf den Knien weiterkriechen. Seine Hoffnung stieg wieder.

Plötzlich veränderte sich das Geräusch seines Atems und wurde zu einem hohlen Echo. John begriff, dass er in eine unterirdische Grotte gelangt war.

Die Grotte war riesig. Der Boden war uneben und rissig.

Stalaktiten und Stalagmiten hingen von der Decke oder ragten in Form von schmutzigen, milchweißen Zapfen aus dem Boden wie Kerzen, an denen das Wachs heruntergelaufen und erstarrt war. Irgendwo sickerte Wasser hervor. Die Luft war feucht.

John ließ das Licht auf der Jagd nach einem Ausgang über die Wände wandern. Hie und da gab es schwarze Risse. Einige waren nur kleine Spalten, andere setzten sich in einem Labyrinth von Gängen in den Berg hinein fort. Aber in einem der Gänge war das Geräusch stärker zu hören. Er schaltete die Lampe auf schwächeres Licht und zwängte sich seitlich hinein. Die Luft war hier trockener. Das entfernte, diffuse Geräusch wurde stärker und wieder schwächer.

Er schob sich Meter für Meter vorwärts, die Taschenlampe senkrecht auf den Boden gerichtet. Die Deckenhöhe nahm ab und der Gang verbreiterte sich. John ging in die Knie, schaltete die Taschenlampe aus und hielt inne.

Das Geräusch wurde deutlicher. Er hörte Stimmen junger Männer. Und Musik.

Die Elitetruppe der Spinne, dachte er. Er hat sie im Berg versteckt. Er hat ein Armeelager im Berg.

Im Dunkeln kroch er weiter. Ein Schwall warmer Luft berührte sein Gesicht. Der Gang machte eine Kurve, ein schwaches Licht drang zu ihm, und die Stimmen wurden stärker.

John folgte einer scharfen Biegung. Der Tunnel führte steil nach oben. Unten in der Bergwand, kurz vor der engen Kurve, konnte er deutlich eine schmale Öffnung erkennen, durch die graues Licht schimmerte.

Er legte sich auf den Bauch, kroch vorwärts und spähte hinein.

37

Männerstimmen, gedämpfte, aber dröhnende Rockmusik und die angenehme Wärme einer menschlichen Behausung trafen ihn mit unerwarteter Wucht. Die Laute drangen nicht aus dem Raum, der sich unmittelbar unter ihm befand, sondern aus einer anderen Öffnung im Felsen, etwa zehn Meter entfernt.

Die Höhle, in die John hinunterblickte, lag im Halbdunkel. Sie war in den Berg gesprengt worden und hatte unregelmäßige Wände, in denen die Bohrlöcher noch zu erkennen waren.

Diese Höhle wurde offenbar als Lager genutzt. Pappkartons und Holzkisten waren an der Wand gestapelt, daneben standen alte, abgenutzte Möbel. Ein dunkler Tunnel führte tiefer in den Berg. Ein Haufen Sporttaschen lag in der Ecke.

John lauschte eine Weile dem Lärm und beobachtete die Schatten, die sich hinter der Türöffnung bewegten. Er hangelte sich bäuchlings durch den schmalen Spalt und ließ sich hinter dem Kistenstapel fallen. Niemand bemerkte ihn.

Er schob eine der Kisten an die Wand, um schneller wieder hochklettern zu können, falls das nötig werden sollte. Die einzige Lichtquelle war eine Glühbirne, die an einem Kabel von der Decke hing. John schraubte die Birne aus der Fassung.

Die Kisten und Kästen machten ihn neugierig. Er zog sein Messer heraus, ging zu einer Pappkiste und schnitt das Klebeband auf. In der Kiste lagen lauter kleine Stäbe, eingewickelt in weißes Papier ohne Markenlogo, aber mit einer weinroten Aufschrift. 125 Gramm Sprengstoff. Er öffnete ein Päckchen. Der Inhalt sah aus wie weißgelbe Kinderknete oder wie Marzipan.

Plastiksprengstoff wie ihn die Bundeswehr benutzte. Er war nicht nur in einer Unterkunft und Lagerhalle gelandet. Er befand sich auch in einem Arsenal.

Er öffnete zwei weitere Kästen, die ebenfalls Sprengstoff enthielten. Es gab Sprengkapseln mit grünen und grauen Poldrähten, Zündmechanismen, Zündschnüre, Rollen mit schwarzer Pulverzündschnur und diverse zivile Sprengstoffe in unterschiedlichen Formen, verpackt in rotem und orangefarbenem Plastik. Er fand sogar einige Papiersäcke mit Phosphatpellets. Gab man Dieselöl hinzu, war der Sprengstoff fertig.

Er bog eine Holzkiste gerade so weit auf, dass er hineinsehen konnte, und erspähte Schnellfeuergewehre, Ak 5er und Ak 4er. Es gab mindestens zehn Kisten und Kartons mit Munition. Er öffnete noch eine und stieß auf einen Vorrat an Pistolen. Offenbar lagen in den verschiedenen Kisten verschiedene Waffenarten.

John lehnte sich an die Steinwand. Hier im Berg befand sich also alles. Die Männer der Spinne und die Waffen der Spinne. Die Ausrüstung stammte aus verschiedenen Orten und verschiedenen Zeiten. Er hatte das Gefühl, nicht nur in ein Waffenlager zu schauen, sondern in eine archäologische Ausgrabung, das Ergebnis des jahrzehntelangen emsigen Hortens der Spinne, der mit diesem Material seine braunen Träume zu erfüllen plante. Material, das er über lange Zeit bei der Bundeswehr oder in der Landwehr veruntreut hatte, Kiste für Kiste. Auf dem Schwarzmarkt gekauft, von Gesinnungsgenossen gestiftet.

John stellte sich einen engstirnigen Mann vor, der seine antiquierten Ideen über diese lange Zeit am Leben hatte halten können, weil in seinem Hirn nichts anderes Platz fand. Keine Entwicklung, keine Veränderung, kein Reifeprozess oder Verständnis, mit dem das Leben und die Erfahrung einen Menschen normalerweise versehen. Eine Einseitigkeit, die Roffe, Andreas, Martin und den Polizisten lockte und faszinierte – genau wie all die anderen im Nebenraum. Weil sie Sicherheit und Stabilität verhieß und gleichzeitig Spannung und Gewalt versprach. Eine Gewalt, die sie endlich von ihrer Rastlosigkeit befreien würde, von ihrer Angst und ihrem Zorn. Jemand würde sie für einen höheren Zweck einsetzen.

Geh mit Malmberg und nichts Unerwartetes wird dich mehr aus der Bahn werfen, dachte er. Du musst nichts in Frage stellen, und du wirst deine ganze Energie und Streitlust ausleben können. Ohne ganz zu verstehen warum, wirst du außerdem von der Gesellschaft gewöhnlicher Menschen getrennt werden. Du wirst in einem Traum leben, bis die Wirklichkeit auf dich niederstürzt wie ein fallender Felsblock.

Johns Blick fiel auf eine längliche, grüne Sporttasche, die nicht bei den anderen, sondern neben dem Sprengstoff und den Waffen stand. Er öffnete den Reißverschluss. In der Tasche befand sich eine Waffe, ebenfalls ein Maschinengewehr. Beim Anblick der zusammengelegten Kalaschnikow wurde John von seinen Erinnerungen eingeholt.

Sie war abgenutzt, aber gut erhalten. Ein Zielfernrohr war aufgeschraubt, das leere Magazin lag daneben. Zehn kleine, braune Pappschachteln mit Patronen, ein Stab und Reinigungsmittel waren außerdem vorhanden.

John nahm die Waffe heraus, prüfte mit dem rechten Daumen den Abzugshahn. Sie war gesichert, im Lauf steckte keine Patrone. Er stieß sich die Hand am Hebel, als er das tat, wie es ihm anfangs in Afrika passiert war.

Er legte die Waffe wieder ab. Die Kalaschnikow passte nicht dazu. Sie gehörte jemandem persönlich. Jemand, der sorgfältig, erfahren und vorsichtig war. Dem Polizisten, dachte John. Vielleicht, weil er zu Malmberg und Martin gehörte und doch so offensichtlich außen vor war. Ein einsamer Wolf. Unabhängig.

Er ließ die grüne Tasche offen hinter sich stehen und zögerte. Eigentlich wollte er diesen Raum wieder verlassen, aber er konnte nicht wieder in den Tunnel verschwinden, ohne in den Mannschaftsraum gesehen zu haben.

Geduckt, Andreas' Pistole schussbereit, schlich er an der Wand entlang zur Tür, legte sich auf den Boden und streckte vorsichtig den Kopf vor.

Der Raum war groß. An den Wänden standen Etagenbetten, Kleiderschränke und offene Waffenschränke. Fünfzehn junge Männer in schwarzen Overalls lachten, unterhielten sich oder stritten. Ein Fernseher mit einem White-Power-Video lärmte in einer Ecke. Auf dem gegenüberliegenden Bett saß eine Gruppe und spielte Karten. Einer von ihnen war der Bodybuilder Roffe. An der Felswand hingen Fotos, eine Hakenkreuzfahne und mehrere kleinere Flaggen mit Runenzeichen. Ein rothaariger Mann mittleren Alters, ebenfalls im schwarzen Overall, lehnte mit dem Rücken am Bettpfosten und hielt ein Funkgerät in der Hand.

John unterdrückte den Impuls aufzuspringen und wegzurennen, tiefer in die Dunkelheit der Gruben hinein, oder sich eines der Maschinengewehre aus dem Lager zu nehmen und die Männer panisch niederzuschießen, aus purer Angst, von ihnen entdeckt zu werden. Allein der Gedanke, ihnen den Rücken zuzuwenden, um durch einen Spalt oben in der Wand zu kriechen, schien unmöglich.

Was taten die Männer hier? Jetzt hielten sie sich wahrscheinlich bereit, um einzugreifen, falls seine Flucht fehlschlagen sollte.

Er kroch in den Schatten des Waffenarsenals zurück, in die relative Sicherheit der Dunkelheit und legte sich auf den Boden.

Was sollte er allein hier ausrichten?

Er konnte natürlich den ganzen Berg sprengen, inklusive der Männer und sich selbst. Das würde diese ganze

Operation hier stoppen. Bis irgendein anderer destruktiver Idiot eine Idee hatte, die Angst und Tod über die Menschen brachte.

John sah an die dunkle Decke hinauf und fragte sich, wann wohl der letzte Grubenarbeiter hier gewesen war. Der Lärm aus dem anderen Raum verebbte. Die Zeit stand still. Er schloss die Augen.

Die Stille liegt wie ein dünner Schleier über der Landschaft, dringt durch die Akazien und das dürre Gras, weht über den gleißend hellen, weiten Horizont, zieht über den Gestank, der von der Erde aufsteigt. Überall liegen tote Körper. In den Zelten. Dazwischen. Aufgedunsen, stinkend. Eingewickelt in verfärbte, zerrissene Kleiderfetzen. Die Körper verwesen langsam und bald werden sie verschwunden sein, als hätte es sie nie gegeben. Als hätten sie nie gelebt.

Entfernt sind flache Gräber in der trockenen, hellbraunen Erde. Georgie läuft zwischen ihnen herum, eine Zigarette im Mund. Plötzlich musste er breit grinsen und schwenkte seine Kalaschnikow in der Luft wie ein Siegeszeichen.

John bewegt sich langsam auf ihn zu. Wie lange sind sie unterwegs gewesen? Drei Monate? Er will in die andere Richtung gehen, aber er kommt langsam auf ihn zu. Er riecht nach Tabak und Schweiß.

Dafür ist er nicht hierher gekommen. Er hat sich im Kreis gedreht. Gräber, woher er kam, Gräber, wo er ist. Er hebt seine Kalaschnikow, aber nicht um zu jubeln. Er dreht sich schwungvoll um, und der Kolben triff Georgie am Hals.

Es sind Leute hinter ihm, und er wartet und wartet, aber es dauert eine Ewigkeit, bevor alles schwarz wird. Es ist eine Erleichterung, als das Gras über ihm zusammenschlägt. Er glaubt nicht, dass er je wieder aufstehen wird.

»Wie sieht's aus, kommen.«

Die leise Stimme aus dem Funkgerät holte John wieder in die Gegenwart zurück. Die Spinne nahm Kontakt auf. Er schirmte das Funkgerät mit der Hand ab.

»Auf dem Weg raus. Gebt ihm fünf Minuten«, flüsterte er.

»Verstanden. Halt dich raus«, klang die brennende Stimme der Spinne.

»Wird gemacht.«

Die Unterbrechung ließ ihn wieder klar denken. Er nahm acht Sprengstoffstäbe aus einer Kiste. Mit dem Messer schnitt er zwei Stücke Pulverzündschnur ab, das eine etwa 60 Zentimeter, das andere anderthalb Meter lang, und gut drei Meter der Zündschnur. Er entschied sich für ein paar Sprengkapseln und suchte vergeblich nach Stahldraht, fand aber eine Rolle Klebeband. Er packte alles in die Sporttasche, hielt inne und überlegte.

Es musste die Kalaschnikow sein. Es spielte keine Rolle, ob eine Ak 5 besser war, er kannte die Kalaschnikow in- und auswendig. Das würde ihm kostbare Sekunden sparen. Außerdem gehörte die Waffe jemandem, was bedeutete, dass das Fernrohr funktionieren würde. Er überprüfte sie zur Sicherheit noch einmal, zog den Reißverschluss der Tasche zu, kletterte auf die Kiste an der Wand und warf die Tasche hoch.

Als er die Hände ausstreckte, um sich wieder in den Tunnel hochzuziehen, kamen zwei der Jungen in das Lager. Er hörte sie hinter sich. Ihre Schritte hallten auf dem Steinboden. John erstarrte, mit dem Gesicht zur Wand, und wagte nicht, den Kopf zu drehen.

Plötzlich war es still. Sie mussten stehen geblieben sein. Sein Herz klopfte. Langsam drehte er den Kopf und erwartete, sie vor der gegenüberliegenden Wand stehen zu sehen. Aber der Raum war leer. Sie mussten in den Grubenschacht verschwunden sein. Wahrscheinlich hatte die

Spinne dort eine Latrine und einen Waschraum eingerichtet. Jederzeit hätte einer der Männer auf dem Weg zur Toilette hereinkommen können, während er hier gewesen war.

John zog sich in den Tunnel hoch. Er konnte nur darauf hoffen, dass niemand in den nächsten Stunden die verräterische Kiste entdeckte.

Er entschied sich für den rechten Tunnel, der vom Holzhaus fortführte. Der Gang schlängelte sich steil aufwärts, und John robbte mühsam vorwärts, die Tasche vor sich her schiebend. Wenn der Gang plötzlich endete, musste er sich eine andere Strategie einfallen lassen, aber er kämpfte sich verbissen voran. Irgendwo musste der Berg schließlich ein Ende haben.

Waldgeruch drang ihm in die Nase. Er blickt auf und sah einen schmalen Streifen Nachthimmel über sich. Er war am Ende des Ganges angelangt. Er stieß die Tasche hinaus, zwängte sich hinterher und hatte frisches Gras unter sich.

John war oben auf der Bergseite herausgekommen. Es war ruhig und windstill. Er war allein mit dem Himmel, den Sternen und dem Wald.

Die Kiefernwipfel zeichneten sich schwarz vor dem Himmel ab, und weit unter ihm waren die dunklen Konturen der Festung der Spinne zu sehen, der weite Rasen, der den Boden der flachen Schlucht zwischen diesem Bergrücken und dem nächsten bedeckte, das Nebengebäude und der Helikopter, der einsam auf dem Landeplatz stand, die dunkle Masse des Holzhauses vor dem Felsen und ein undeutlicher Schatten, das Auto, das neben dem Haus geparkt worden war.

Ein fantastisches Gefühl von Freiheit überkam John. Er lebte wieder, er konnte etwas tun und planen, er wusste, wie er mit seiner Situation umgehen würde.

Er nahm die Kalaschnikow aus der Tasche und betrachtete die Umgebung durch das Zielfernrohr. Eine sanfte Ausbuchtung direkt unter ihm musste den Eingang zur Grube kennzeichnen. Wo die Auffahrt in den Wald führte, konnte er weder Menschen noch Autos ausmachen. Vermutlich warteten sie weiter entfernt am Weg oder hinter dem Haus.

Er steckte vierzig Patronen ins Magazin, ließ es einrasten und legte den Hebel auf Sicherung. Dann schnitt er einen langen Streifen Klebeband ab und drehte daraus einen provisorischen Riemen für die Tasche, hängte sie sich über den Rücken und die Waffe schräg über die Brust und begann, hinunterzuklettern.

Andreas Blick ging ins Leere. Er hatte eine Gehirnerschütterung und seine rücklings gefesselten Arme schmerzten. Er schaute halbwegs verständnislos zu den vier Männern auf, die im Wachraum standen.

»Er hat mich k.o. geschlagen«, murmelte er.

»Glaubst du, das interessiert uns?«, fauchte Martin mit zusammengebissenen Zähnen. »Wo ist er zum Teufel!«

Er packte Andreas grob im Nacken. Ein brennender Schmerz breitete sich vom Haaransatz über die Schultern aus, als er vom Sofa hochgerissen wurde und merkte, wie sich sein Magen umdrehte. Ein säuerlicher Brei stieg ihm in den Mund, und er erbrach sich. Martin ließ ihn angewidert und rasend vor Zorn los.

»Er hat mich k.o. geschlagen«, wiederholte Andreas.

»Was zur Hölle hast du denn geglaubt, was er tun würde?«, fragte Kent. »Das ist ganz allein deine Schuld. Gibt es hier irgendwo ein Messer?«

Widerwillig reichte Martin ihm ein Taschenmesser und Kent durchtrennte die Stofffetzen, mit denen Andreas gefesselt war.

»Geh hoch, wasch dich und leg dich ins Bett«, sagte er ruhig, während er das Messer in die Tasche steckte.

»Verdammt! Zuerst soll er reden!«, zischte Martin.

»Er war k.o., er hat nichts zu erzählen«, erwiderte Kent. »Hau ab, Junge.«

Andreas sah sich ratlos um.

»Ich scheiß auf deinen Befehl«, sagte er lallend.

Die anderen sahen ihn verächtlich an. Unsicher wankte er aus dem Wachraum und stapfte die Treppe hoch. Hinter ihm schlug die Kellertür zu.

Er stand frierend in der Halle und überlegte, wohin er jetzt gehen sollte.

Ohne Licht zu machen, entschied er sich für den ersten Stock und bog statt nach rechts nach links. Zu Malmbergs Zimmer, in dem er noch nie zuvor gewesen war. Er öffnete die Tür und blickte in das Dämmerlicht.

Er ging hinüber zu dem großen Bett, schlug umständlich die Decke zurück, rollte sich auf der Matratze zusammen, die Hände unter dem Kopf, und driftete weg.

Im Keller wandte sich Malmberg vorwurfsvoll an Martin.

»Wo ist er?«

»Da hilft wohl nur logisch zu denken«, entgegnete Martin bissig.

Malmberg blickte nachdenklich in den Schacht.

»Da? Warum sollte er sich da verstecken?«

»Was weiß denn ich!«

»Du gehst runter und siehst nach. Das muss getan werden.«

»Lass ihn das machen«, schlug Martin vor und nickte ärgerlich in Kents Richtung. »Es war sein verdammter Plan.«

»Er hat Andreas' Pistole«, erwiderte Kent.

»Das Risiko musst du eingehen, es war wie gesagt dein Plan«, sagte Malmberg. »Und im Übrigen hat er nur eine scharfe Patrone. Der Rest sind Platzpatronen.«

Was für ein Trost. Aber Kent protestierte nicht. Je schneller er aus diesem Keller kam, desto besser.

»Leuchte mal da runter«, sagte er zu Patrik.

Er setzte sich auf die Kante, ließ sich in das Loch hinunterrutschen und stemmte die Füße gegen die Wände. Malmberg wird langsam zu alt für so was, dachte er. Während

Patrik leuchtete, kletterte er weiter, an der Ausbuchtung vorbei und fand den Tunneleingang darunter. Er befürchtete jeden Augenblick eine Kugel in den Schritt oder Bauch zu bekommen. So wie er mit gespreizten Händen und Beinen dastand, war er ausgeliefert und hatte nicht die geringste Chance, die Hände herunterzunehmen, um sich zu verteidigen, wenn jemandem dort drinnen die Idee kam, ihn dorthin zu schlagen, wo es wirklich wehtat.

»Hier ist ein Tunnel, der in den Berg führt«, berichtete Kent. »Da drinnen ist es dunkel. Man sieht nichts.«

»Groß genug, um reinzukriechen?«, fragte Malmberg.

»Ja.«

»Und wie zur Hölle sollen wir ihn da rauskriegen?«

»Wirf eine Handgranate rein«, schlug Martin vor.

»Die Sache ist die, dass er auf diesem Weg vielleicht irgendwo rausgekommen ist«, sagte er. »Das hier ist ein Tunnel, und er könnte irgendwo im Wald aufhören. Er ist auf eigene Faust abgehauen. Versteht ihr?«

Er begann wieder hochzuklettern. Sie mussten begriffen haben, was er gesagt hatte, denn Malmberg sprach weiter hinten im Keller aufgebracht in sein Funkgerät. Martin musterte ihn höhnisch.

»Toller Plan«, bemerkte er.

Kent zog sich hoch, ohne zu antworten. Malmberg war nervös und bewegte sich mit einer Ruckartigkeit, als spiele er in einem alten Film. Er richtete den Blick auf Kent.

»Du bleibst hier. Patrik, du passt auf ihn auf.«

»Aber du brauchst Leute zum Suchen«, sagte Kent.

Malmberg antwortete nicht. Er verschwand mit Martin nach oben. Kent sah zu Patrik. Der fette Kerl stand drei Meter entfernt mit der Pistole in der Hand an die Wand gelehnt und sah wichtigtuerisch aus. Es war unmöglich, ihn mit dem Messer zu überwältigen, das er noch in der Tasche hatte. Kent starrte ihn mit durchdringendem Blick an, als wollte er ihn damit an der Steinwand festnageln.

»Du inkompetenter Vollidiot«, brüllte er plötzlich. »Du verdammtes Stück Dreck!«

Patrik fuhr zusammen, lächelte unbeirrt weiter, aber spannte unfreiwillig die Muskulatur an. Kent ließ eine Flut von Beleidigungen und Drohungen auf ihn niederregnen, während er aufgebracht im Kreis lief.

»Das ist verdammt noch mal mein Gefangener! Ich bin es, der ihn finden muss, du verfluchter Mistkerl!«

Mitten im Satz rollte er plötzlich kopfüber auf den Boden, als wäre er gestolpert. Der Lauf der Pistole folgte ihm unsicher. Ohne ihm Zeit zum Denken zu geben, packte Kent blitzschnell von unten die Waffe und drehte den Lauf von sich weg, während er wieder auf die Füße sprang. Er zog Patrik an der Pistole zu sich heran. Er konnte die Waffe jetzt nicht mehr fallen lassen, sondern hielt sie in einem unnatürlichen, schmerzhaften Winkel, und versetzte ihm einen Kopfstoß.

Patrik ging in die Knie, seine rechte Hand hielt kraftlos die Waffe. Er hatte Nasenbluten und sein Gesicht zuckte vor Angst. Kent wand ihm die Pistole aus der Hand.

»Gürtel!«, bellte er.

Ungeschickt öffnete Patrik seinen Gürtel und gab ihn ihm. Kent schubste ihn in die Zelle, ließ das Schloss zuschnappen, legte sich den Gürtel mit der Ausrüstung um und rannte in den Duschraum. Er trat die Seitentür ein und stürmte in die Nacht. Der Alarm war ausgeschaltet und würde ihn nicht verraten.

Der Jeep stand nicht mehr da. Er hatte nicht gehört, wie er gestartet worden war. Er hastete den Abhang hinunter, hielt sich dicht am Waldrand und rannte zum Nebenhaus. Hinter sich sah er starke Suchscheinwerfer aufblitzen. Es waren Männer im Wald, viele Männer, und er konnte sich nicht erklären, woher sie plötzlich gekommen waren.

Er befand sich auf einer Höhe mit dem Helikopter und sah dessen dunklen Schatten auf dem Rasen und die Rotorblätter gegen den Himmel. Kein Mensch war in der Nähe. Kent rannte quer über die Auffahrt und den Rasen, darauf vorbereitet, jede Sekunde entdeckt, vom Licht gefangen und auf der Stelle erschossen zu werden.

Nichts geschah. Als er den Helikopter erreichte, sah er, dass die Tür auf der dem Pilotenplatz gegenüberliegenden Seite offen stand. In dem Moment stieß er mit John zusammen, der reglos im Schatten wartete und etwas in der Hand hielt. Irgendetwas schlug ihm die Pistole aus der Hand, die John mit der linken Hand aufhob. In der rechten Hand hielt er eine Kalaschnikow mit Zielfernrohr. Kents.

Kent glaubte, vor Zorn zu ersticken.

»Nicht schießen!«, zischte er.

John antwortete nicht. Er stieg in den Helikopter. Kent wollte ihm folgen, doch der Gewehrlauf zielte wieder auf ihn, er wich einen halben Meter zurück und reckte beide Hände in die Luft.

»Du kannst nicht mit«, sagte John.

»Aber ich habe das alles eingefädelt. Ich habe dafür gesorgt, dass du dich befreien kannst, weil ich wusste, dass du den Helikopter nehmen würdest. Helena hat von Afrika erzählt. Ich hab doch gesagt, dass ich Polizist bin!«

John setzte sich auf den Pilotenplatz und drehte den Knopf für die Benzinpumpe herum. Er hielt die Pistole immer noch auf ihn gerichtet.

»Woher weiß ich, dass ihr nicht alle miteinander Polizisten seid?«

Es war unmöglich, mit ihm zu reden. Kent riss Patriks Handschelle vom Gürtel, kletterte in den Hubschrauber und kettete sich an den Passagiersitz, ohne auf die Pistole, die auf ihn zeigte, zu achten.

»Jetzt heb ab und hör zu«, sagte er. »Wir müssen Tomas Ronaldsson oder Margareta Davidsson in Stockholm kontaktieren. Verstehst du? Funktioniert dieses Funkgerät?«

»Ich kann dich nicht auf diesem Sitz hier festgekettet gebrauchen«, beharrte John.

»Und was willst du dagegen tun? Mich töten?«

»Ich schieße dir ins Bein, wenn du nicht rauskletterst.«

»Verdammt Mann, dann mach das!«, fauchte Kent. »Aber wenn du das Ding hier in die Luft kriegen kannst, dann beeil dich. Jetzt!«

John richtete die Pistolenmündung auf die Kette zwischen den Handschellenringen und drückte ab. Kent schrie auf. John versetzte ihm einen Tritt, sodass er auf den Boden stürzte, und startete den Motor.

Kent prallte mit einem harten Schlag auf, rollte zur Seite und hörte sich selbst etwas über das Knattern des Motors hinweg brüllen. Der Mann mit dem gehetzten Gesichtsausdruck warf ihm einen letzten Blick zu, die Rotorblätter drehten sich pfeifend, der Helikopter hob ab und schoss direkt über dem Wald in die Höhe.

Kent stand auf. Er merkte, dass er vor Wut völlig idiotisch mit den Armen fuchtelte. Hinter sich hörte er das Geräusch der Jeeps, die aus dem Nichts angefahren kamen, um den Helikopter zu verfolgen. Ohne sich umzudrehen blieb er stehen und starrte in den Himmel, folgte dem Helikopter mit dem Blick, bis er hinter dem Bergrücken verschwunden war.

Als Kent sich schließlich umdrehte, schien das ganze Gelände voller Männer zu sein. Dunkle Schatten zeichneten sich auf dem Rasen ab. Malmberg und ein stämmiger Bodybuilder, den er noch nie gesehen hatte, standen dicht neben ihm. Er hatte sie nicht kommen hören.

Verdammt, verdammt, dachte er. Das ist ja eine ganze verdammte Armee.

Die Atmosphäre, die ihn umgab, war unbehaglich. Er fragte sich, wo Martin war. Vermutlich in einem der Jeeps, die dem Hubschrauber folgten. Er ergriff eine letzte Chance und grinste unberührt.

»Ach ja, der Chef«, bemerkte er leichthin. »Der Junge sitzt im falschen Bus, aber er ist auf dem Weg.«

Sie sahen ihn feindselig an. Kent konnte ihren Hass fast greifen. Er begriff, dass er verloren hatte – nicht wie es geschehen war, aber dass es geschehen war.

Er nickte, drängte sich zwischen Malmberg und dem Bodybuilder hindurch und begann, zurück zum Haus zu gehen. Nach ein paar Schritten traf ihn ein harter Stoß in den Rücken. Er wusste, dass es der Bodybuilder war und dass die Stunde der Vergeltung geschlagen hatte.

38

Margareta fuhr zusammen. War sie eingeschlafen? Schlecht gelaunt schaute sie zu der Leuchtstoffröhre an der Decke ihres Arbeitszimmers und blinzelte.

Draußen war es dunkel. In einer solchen Nacht war Eva Beldon nur eine U-Bahn-Station vom Polizeipräsidium entfernt ermordet worden, auf der anderen Seite der Tranebergsbro. Das hier war die sechste Nacht nach ihrem Tod. Es lag eine Entscheidung in der Luft. Eine Gefahr oder ein Aufbruch. Sie war sich nicht sicher.

In ihrem Hinterkopf lauerten die Kopfschmerzen, aber sie hielt sie mit purem Willen in Schach.

Es dauerte noch eine Stunde, bis sie aufbrechen konnten. Die Büroräume waren wie ein Gefängnis, dem sie so schnell wie möglich entfliehen wollte. Die Nacht lag dunkel über der Stadt, und Margareta sehnte sich dort hinaus. Gleich danach sehnte sie sich nach einem Drink.

Sie verließ den blinkenden Bildschirm auf ihrem Schreibtisch und ging in den Korridor hinaus. Kalles Tür stand offen. Einem Impuls folgend schaute sie in sein Büro rein. Er saß am Computer.

»Musst du noch nach Hause, um etwas zu holen?«, fragte sie.

»Nein, ich habe ein T-Shirt in der Schublade. Unterhosen kann ich mir notfalls da oben kaufen. Ich will das hier erst noch fertig machen.«

»Was machst du?«

»Arbeite auf gut Glück. Ich bin im Netz und versuche noch andere Seiten zu finden, die Malmberg oder Solhem nennen oder etwas über die anderen Leiter dort.«

»Kaffee?«, fragte sie.

»Ja, das hier führt sowieso zu nichts«, sagte er, machte den Rechner aus und stand auf.

Sie gingen in die Kaffeeküche. Er war einen Kopf größer als sie und sah beim Gehen zu Boden, als denke er über etwas nach. Sie merkte, dass sie sich beide ein wenig unbeholfen und bemüht fühlten, als hätten sie sich gerade erst kennen gelernt und suchten vergebens nach einem Thema, das die quälende Stille durchbrechen konnte.

Sie ging zur Kaffeemaschine, und er zögerte kurz, bevor er einen Stuhl unter dem runden Tisch herauszog, sich setzte und ihr das Ganze überließ.

»Zucker?«, fragte sie.

»Ja. Ist etwas zu essen da?«

Sie sah nach. Drei Vanillekekse und eine Unmenge Krümel waren in der Schachtel auf dem Tisch. Er nahm einen Keks und fing zerstreut an zu kauen. Sie ging im Zimmer auf und ab, während sie ihren Kaffee trank.

»Besorgt um Kent?«

Sie lächelte und schüttelte den Kopf. Ihr Magen zog sich zusammen.

»Dir ist doch klar, dass er nicht ganz bei Trost ist?«, fragte Kalle. »Er ist ein ziemlich seltsamer Typ. Er denkt so eckig, als wäre er aus Klötzen gemacht.«

Er klang nicht aggressiv und lächelte Margareta kurz an,

bevor er wieder zu Boden starrte. Er sah müde aus, nicht so euphorisch und ungeduldig wie sonst.

Margareta wurde neugierig. Sie trat an den Tisch und blieb einen Augenblick vor Kalle stehen. Sie hatte das Gefühl, plötzlich in ein Kraftfeld getreten zu sein. Sie fühlte sich geborgen und gut aufgehoben, war aber zugleich verwundert. Sie hatte nie darüber nachgedacht, dass Kalle auch rein physisch existierte.

Er hob den Kopf und warf ihr einen hastigen Blick zu. In dem Augenblick spürte sie einen heißen Stich im Magen, eine starke, wollüstige Heftigkeit, Feuer und Honig in Gebärmutter und Eierstöcken, eine Woge des Begehrens, ihn umarmen zu wollen. Sie hatte schon lange nicht mehr so gefühlt. Impulsiv streckte sie die Hand aus und legte sie in seinen Nacken. Er war warm. Kalle saß still. Das Atmen schien ihm schwer zu fallen.

Sie war überrascht. Hatte er schon länger daran gedacht? Für sie war er nur eine diffuse Anwesenheit an einem Tisch gewesen, arrogant, manchmal irritierend. Nichts an ihm hatte jemals irgendein Gefühl von Wiedererkennen in ihr geweckt. Weder seine Kleidung, seine Stimme, noch seine Art zu reden oder sich zu bewegen. Oder zu denken.

Sie fuhr ihm mit festem Griff durch sein Haar.

Sie ließ ihn los und verließ sein Büro. Kalle folgte ihr. Sie gingen den Korridor hinunter. Als sie vor der Toilette standen, drehte sie sich zu ihm um, legte ihre Hände auf seine Hüften und drückte ihn sanft, aber bestimmt gegen die Wand. Er warf einen schnellen Blick in beide Richtungen. Niemand war zu sehen. Sie stolperten in die Toilette, und Margareta schloss ab.

Zum ersten Mal sahen sie einander in die Augen. Er sah ernst aus, sein Gesicht war verschlossen und offen zugleich. Sie zog sein Hemd aus dem Hosenbund und ließ die Hände über seinen Bauch und seine Brust gleiten und hielt bei den Brustwarzen inne. Er zuckte zusammen, als sie sie berührte, und machte ihre Hose auf, schob eine Hand hinein und drückte sie gegen ihren Slip. Sie konnte ein Stöhnen nicht unterdrücken.

Er fühlte sich nah und fremd zugleich an, und sie fragte sich, warum sie sich so stark von ihm angezogen fühlte. Wie erregt sie auch sein mochte, es gab schließlich keine Chance, dass sie sich jemals auf einer tieferen Ebene verstehen würden.

Als sie etwas über Verhütung sagen wollte, zog er ein Kondom aus der Tasche. In dem unromantischen Licht stand er mit aufgeknöpftem Hemd und offener Hose da und streifte es über, schnell und ungeduldig. Dann fühlte sie seinen Mund auf ihren Brustwarzen und den intensiven Genuss, der ihre Gebärmutter dazu brachte, sich zu einem herrlichen Krampf zusammenzuziehen. Sie spürte, wie ihre Klitoris sich spannte und sehnte. Eine warme Welle der Zärtlichkeit durchfuhr sie.

»Du hast junge Brüste«, murmelte er.

Für eine Zehntelsekunde war sie kurz davor über das aufrichtige Erstaunen in seiner Stimme zu lachen. Er drückte sie an die Wand und versuchte, in sie einzudringen, aber das war zu unbequem. Sie zog ihn mit sich auf den Boden und vergaß alles andere.

39

John blickte auf das Instrumentenbord, den Horizont entlang und auf die Landschaft unter sich. Endlich war er draußen, endlich hatte er es geschafft, die Freiheit war wie ein Rausch.

Es war lange her, dass er in der Luft gewesen war, und er hatte auch wenig Lust verspürt, in einer rabenschwarzen Nacht wie dieser wieder mit dem Fliegen anzufangen. Aber nach den ersten drei unsicheren Sekunden war es, als hätte er nie damit aufgehört.

Er hielt sich auf hundert Metern Höhe, flog einen weiten Bogen, um sich zu orientieren. Unten vor dem Holzhaus sah er Lichter, die sich wie ferne Sonnen bewegten, die um ein unsichtbares, schwarzes Loch kreisten. Das mussten die Männer aus der Grube sein, die auf dem Rückweg waren, nachdem sie ihn im Wald gesucht hatten. Zwei der Lichter lösten sich und folgten einander auf dem schmalen, grauen Draht, dem Weg, der vom Haus wegführte. Jeeps versuchten, ihm zu folgen.

Der Treibstofftank war fast voll, der Pilot musste also getankt haben, ehe er den Helikopter verlassen hatte. Vermutlich hatte er vorgehabt, gleich in der Frühe wegzufliegen, vielleicht mit einem Teil der Waffen, um sie im Land zu deponieren. Das würde erklären, warum es keinen Notsender gab. Wenn der Helikopter in der Nähe der Basis abstürzte, hätte die Spinne eine Chance, ihn als Erster zu finden, um zu verbergen, was er transportiert hatte. Oder wenigstens die Ankunft der Polizei und des Rettungswagens zu verzögern.

John blickte wieder hinunter. Der Boden hob sich schwarz gegen den dämmrigen Nachthimmel ab. Hie und da leuchtete ein einzeln stehendes Haus, in dem noch jemand wach war. Er stieg ein wenig, stand in der Luft und suchte den Horizont ab. Weiter östlich verdichteten sich die Lichter, es musste sich um eine größere Ortschaft handeln. Wahrscheinlich war das Gransele.

Er ging wieder tiefer und steuerte ostwärts. Die Lichter der Jeeps am Boden waren ein gutes Stück zurückgefallen. Zur Sicherheit verringerte er seine Geschwindigkeit ein wenig. Er wollte nicht, dass sie ihn verloren.

Als er sich dem Ort näherte, flog er nach Süden und kreuzte ein Waldgebiet, sodass die Jeeps ihn aus der Sicht verloren. Fünf Kilometer von einem Wohngebiet entfernt ging er fast bis auf Baumhöhe hinunter, hielt die Höhe und studierte den Boden unter sich. Er wollte einen guten Landeplatz finden und sicherstellen, dass es in der Nähe Häuser, Autos oder Menschen gab.

Nach einer Weile entdeckte er eine Schlucht in der Nähe einer Straße. Sie bildete eine tiefe Kluft an einem steilen Hang mit lichter Bewaldung, als hätte jemand versucht, den Berg mit einem Axthieb zu spalten. Unten glitzerte ein kleiner Fluss wie ein Silberdraht. Das war perfekt.

John hielt sich dicht über dem Bergkamm, schaltete die Scheinwerfer ein und leuchtete auf den Untergrund. Die Schlucht war etwa fünfzehn Meter breit und fünfundzwanzig Meter tief. Die Bergwände fielen zu beiden Seiten steil und schroff ab. Auf einer Seite neigte sich der Boden leicht, ehe der Steilhang abfiel. Das lange Gras des Vorjahrs wurde zur Kante hin dünn, und er konnte den felsigen Grund sehen. Hier konnte er landen.

Vorsichtig sank er zwischen den Kiefern tiefer, bis er die Kante im Blick hatte, und achtete auf die Neigung des Helikopters. Wenn es mehr als fünf Grad wurden, musste er noch einmal ansetzen.

Beide Kufen berührten den Boden. Der Hubschrauber stand still. John löschte das Licht, machte den Motor aus, warf die Tasche hinaus, sprang hinterher und verschaffte sich einen Überblick über die Lage. Der Helikopter stand perfekt, mit der Seite leicht zum Abhang geneigt.

Er sah sich um. Die Straße musste direkt unterhalb des Hügels verlaufen und wenn er ihr folgte, müsste er Granseles Wohngebiet in zwanzig Minuten erreichen. Die Jeeps hatten ihn jetzt verloren, aber sie konnten nicht allzu weit weg sein.

Er öffnete die Tasche, leerte den Inhalt auf den Boden und schleuderte sie in den Hubschrauber zurück. Die längere, straff zusammengerollte Zündschnur klebte er sich um seine Taille. Die Kalaschnikow hängte er sich über den

Rücken. Er klebte die Patronenschachteln zusammen und steckte sie in eine seiner Taschen, eine Sprengkapsel und vier der Sprengstoffstäbe in die andere.

Den Rest des Plastiksprengstoffs klebte er an die Kufe, die zum Abgrund zeigte, zwei Stäbe an jede Stange dicht unter der Kabine. Er hätte versuchen können, sie festzukneten, aber er war nicht sicher, ob sie an dem schmutzigen Metall haften würden. Er verband die Sprengstoffpakete mit der Zündschnur, steckte eine der Sprengkapseln mit dem anderen Stück Pulverzündschnur in einen der Stäbe, zündete das Ganze mit Andreas' Feuerzeug, rannte fünfzig Meter den Bergrücken entlang und duckte sich hinter einen Felsblock.

Die Ladungen gingen gleichzeitig mit einer überraschend lauten Explosion hoch und erhellten die Umgebung mit einem intensiven, hellroten Schein. Das Gestell brach entzwei, der Helikopter stürzte auf die Schlucht zu, kippte um, rutschte und fiel. Die Rotorblätter wurden zur Seite geschleudert und zerbarsten an den Felswänden, ehe der Flugkörper unten aufschlug und in Flammen aufging. Eine hohe Feuersäule und dicke, schwarze Rauchwolken stiegen zum Himmel auf.

John lief zurück und sah hinunter. Bis zum Abhang hatten Büsche und Bäume Feuer gefangen.

Er hastete den Hügel hinab, warf einen Blick zum Himmel um sicherzugehen, dass die Richtung stimmte und begann nach Nordosten in Richtung Ortskern zu laufen. Der schmale, zugewucherte Weg war verlassen. Das Einzige, was er in der Dunkelheit hörte, war das Geräusch seiner Schritte auf dem Schotter und sein keuchender Atem.

Bert stand splitternackt im Schlafzimmer. Alle Lampen waren gelöscht bis auf eine mit rosafarbenem Schirm, die auf dem Nachttisch stand. Er näherte sich vorsichtig seiner

Frau, die schon im Bett lag, legte die Hände in den Nacken und wackelte mit den Hüften.

Sie lächelte amüsiert, er legte sich auf sie und sie schlang die Arme um ihn.

Mit Karin fühlte er sich wie ein anderer Mensch. Nicht wie ein rauer Polizist, sondern wie der ausgelassene und frohe Fisch im Wasser, der er mit einundzwanzig gewesen war, als sie geheiratet hatten, und der er in seinem Innern immer geblieben war.

Er umarmte seine Frau mit Armen und Beinen. Sie drehten sich schwungvoll auf dem großen Bett um, so dass sie auf ihm saß. Er legte die Hände auf die breiten Hüften unter ihrem Nachthemd. Sie zog es aus, und er blickte an ihr hoch. Es war ein fantastischer Anblick, wie sich diese ganze Weiblichkeit vor ihm erhob. Er hatte sie durch alle Wendungen des Lebens begleitet, vom molligen Teenager zur werdenden Mutter, von der erwachsenen Frau zur Frau in den besten Jahren, er hatte sie glücklich gesehen, ausgelassen, meditativ, außer sich vor Zorn und voller Liebe. Jetzt war sie all diese Frauen zugleich für ihn, jung und reif, unbekannt und vertraut.

Sie lächelte neckisch, beugte sich zu ihm hinunter, legte ihre Wange an seine und wollte etwas sagen. Dann hob sie den Blick zum Fenster und ihr Gesichtsausdruck veränderte sich.

»Bert«, sagte sie mit anderer Stimme und sprang aus dem Bett. »Bert, im Wald brennt es.«

Er drehte sich hastig um und sah den flackernden Lichtschein gegen den dunklen Himmel.

Da war der Brand, keine Flammen, die zum Horizont hinauf reichten, sondern ein unregelmäßig pulsierender, lodernder Schein, ein Stück außerhalb der Stadt.

»Verdammt!«, fluchte er.

Er versuchte sich vorzustellen, was in dieser Richtung lag und möglicherweise brennen könnte, aber das Feuer schien zu weit draußen zu sein, als dass es ein Haus sein könnte. Es sah aus wie ein Waldbrand.

»Da drüben gibt es doch keine Häuser, oder?«, fragte Karin wie ein Echo auf seine Gedanken.

»Nicht soweit ich weiß. Verflucht!«

Bert stürzte ans Telefon, rief den Zugführer der Feuerwehr an und informierte Olle, ehe er in die Kleider fuhr und versuchte sich auszurechnen, welchen Weg sie mit dem Auto nehmen konnten. Es würde nicht einfach werden, den Brandherd zu finden, wenn sie erst im Wald waren, aber die Feuerwehr konnte vielleicht ein Flugzeug schicken, dann konnten sie sich über Funk dirigieren lassen.

Jedenfalls brannte es nicht an einer Stelle, an der einfach so, ganz plötzlich ein Brand ausbrach. Waren es Camper, die neben ihrem Feuer oder dem Gaskocher eingeschlafen waren? In diesem Fall war die Stelle vielleicht nicht so weit von einer Straße entfernt. Wo gab es in der Nähe Wasser für den Löschwagen? Bis zum Fluss war es weit, aber unten in der Schlucht strömte der Bach, dachte er. Aber das war Jockes Problem, er war der Zugführer und Chef an der Brandstelle.

Als Bert nach draußen eilte, war er gedanklich schon weit von Karin entfernt. Es war dunkel, und es war kalt. Bis zu Olle musste er nur ein paar Kilometer fahren, und Olle stand bereits draußen und gähnte, ausgestattet mit einer Thermoskanne Kaffee in der einen und einer Plastiktüte mit Gebäck frisch aus dem Tiefkühlschrank in der anderen.

»Mia glaubt, dass es länger dauern könnte.«

Er zwängte sich ins Auto, und sie fuhren auf den Wald zu. Solange sie sich noch im Ort befanden, war es einfach, dem Lichtschein am Himmel zu folgen, aber als sie die Fichten erreicht hatten, wurde es schnell dunkel.

»Das Feuer scheint sich noch nicht weit ausgebreitet zu haben«, sagte Olle. »Vielleicht können wir bald wieder heim. Niemand hat die 112 gewählt und das Feuer gemeldet?«

»Nicht bei mir. Karin hat es rein zufällig entdeckt.«

»Wie gut, dass ihr noch wach ward.«

»Ja, da hatten wir alle wirklich Riesenglück«, pflichtete Bert ihm bei.

In der Ferne hörten sie die Sirenen der Feuerwehr. Als der Wagen der Einsatzleitung im Rückspiegel auftauchte, knackte das Funkgerät.

»Glaubst du, das Feuer ist groß?«, fragte Bert über Funk.

»Es ist offenbar begrenzt«, erklang Jockes Stimme. »Es brennt sicher ganz ordentlich, aber es hat sich bislang nicht ausgebreitet. Ich glaube, das Feuer ist in der Schlucht. Fahr weiter wie bisher und nimm den zweiten Waldweg ungefähr drei Kilometer nördlich von hier.«

»Aber was zum Teufel brennt da?«

»Wäre es näher an der Straße, hätte ich gesagt, es ist ein Truck oder ein Pick-up, der über die Kante gestürzt ist. Aber da kommt doch kein Fahrzeug hin?«

»Ein Jeep?«, schlug Bert vor.

»Tja.«

Der Rauch des Feuers wurde dichter. Er drang ins Wageninnere, und Bert bemerkte den Geruch von Petroleum. Die Männer sahen sich an.

»Verdammt, das ist Flugbenzin«, sagte Olle.

Bert nahm das Funkgerät.

»Jocke, hier riecht es nach Flugbenzin. Es muss ein Flugzeug sein, das abgestürzt ist. Vielleicht eine kleine Privatmaschine.«

Eine Sekunde herrschte skeptische Stille, dann antwortete er.

»Ja, ich rieche es auch. Warte, ich muss hören, ob das Flugzeug ein Signal von irgendeinem ELT empfangen hat. Wenn ein Flugzeug abgestürzt ist, dann wäre der Sender aktiviert worden.«

Eine Weile blieb es still, dann meldete er sich wieder.

»In dieser Gegend dürfte überhaupt niemand in der Luft sein.«

»In diesem Ferienresort gibt es einen Hubschrauber«, sagte Bert.

»Schon, aber der sollte sich am Boden befinden.«

»Wir müssen wohl hinfahren und uns Klarheit verschaffen.«

»Ja. Ich kann das Feuer jetzt sehen. Wir sind nicht mehr weit weg.«

Der Lichtschein war durch die Bäume zu erkennen, die Luft wurde wärmer und das knisternde Geräusch von brennenden Bäumen und Büschen drang ins Auto. Bert fuhr an die Seite, stellte die Sirene aus und ließ die Tank- und Löschfahrzeuge vorbei. Jocke schickte ein paar seiner Männer mit Ausrüstung in die Schlucht hinunter und fuhr mit den anderen den Hügel hinauf. Bert sperrte zusammen mit Olle die Straße ab, ließ ihn unten am Wagen zurück und folgte den anderen.

Die Wipfel der Kiefern brannten, und jede Windböe ließ die Flammen höher schlagen. Er beugte sich über den Abgrund. Es sah aus, als hätte jemand Benzin verschüttet. Grasbüschel und Sträucher, die sich auf Vorsprüngen und in Felsspalten festklammerten, brannten und unten in der Schlucht war der Brandherd. Das zerborstene Wrack eines Helikopters.

Er betrachtete ihn argwöhnisch. Er hatte einen klaffenden Riss auf der Unterseite und gebrochene Rotorblätter. Eine Kufe war verbogen, die andere fehlte. Er lehnte sich ein Stück weiter vor und entdeckte sie etwas weiter entfernt, wohin sie beim Absturz geschleudert worden sein musste.

Bert stieg der Rauch in Nase und Atemwege. Während er versuchte, den Husten zu unterdrücken, hörte er Jocke über Funk.

»Es ist ein Helikopter!«

»Kannst du erkennen, was für einer?«

»Unmöglich. Es ist ja fast nichts mehr davon übrig.«

»Brauchst du noch mehr Männer?«

»Tärnaby ist zur Sicherheit noch auf dem Weg hierher, aber es ist Gott sei Dank nicht so windig, da haben wir das hier auch ziemlich schnell allein im Griff.«

»Soll ich die Gegend absuchen?«

»Tu das.«

Neben ihm begannen Wasser und Schaum aus den Löschschläuchen vom Bergrücken hinunter in die Klamm zu spritzen. Er ging den Feuerwehrmännern aus der Bahn und begann, so dicht am Feuer wie möglich das Terrain zu durchsuchen, auf der Jagd nach eventuellen Gegenständen oder nach Menschen, die versucht hatten abzuspringen oder bei der Havarie herausgeschleudert worden waren. Doch er fand nichts und ging hinüber zum Zugführer.

»Keine Überlebenden und keine Toten. Habt ihr dort unten Verletzte und Tote entdeckt?«

Jocke schüttelte den Kopf.

»Nichts. Er hat es offenbar nicht mehr rausgeschafft. So wie es aussieht, sitzt der arme Teufel immer noch im Wrack.«

»Hoffen wir, dass es nur einer ist. Wie kann das passiert sein?«

»Schwierig das jetzt schon zu sagen. Er hatte keinen Grund, hier abzustürzen, es gibt hier keine Hochspannungsleitungen und der Treibstofftank war offensichtlich noch voll. Es muss etwas schief gelaufen sein, und es muss plötzlich und schnell gegangen sein. Vermutlich ist er ziemlich tief geflogen und dann mehr oder weniger senkrecht abgestürzt. Es gibt keine abgebrochenen Baumwipfel. Er ist zuerst auf die Kante gestürzt, deshalb brennt es auch hier oben.«

»Könnte er versucht haben, auf der Kante zu landen und hat es nicht geschafft?«

»Warum sollte jemand hier landen wollen? Es sei denn, es wäre eine versuchte Notlandung gewesen.«

»Für mich sieht es nach einer Explosion aus«, sagte Bert. »Der Bauch der Maschine ist aufgerissen und eine Kufe fehlt, als hätte sie jemand auf beiden Seiten durchgeschweißt.«

»Darauf würde ich mich nicht festlegen wollen. Schließlich ist der Tank in die Luft geflogen.«

»Ich finde jedenfalls, es sieht seltsam aus. Wir schicken die Techniker her, sowie ihr den Brand gelöscht habt.«

Sein Hals fühlte sich trocken an und seine Augen tränten. Er ging den Hügel hinunter, in die wohltuende Kühle des Waldes. Olle kam ihm entgegen und fasste ihn am Arm.

»Bert. Da ist jemand, der unbedingt mit dir sprechen will.«

Er sah ihn vielsagend an. Bert drehte sich um und erblickte den langen, hageren Mann, den er am selben Morgen im Holzhaus gesehen hatte, den Mann, der mit dem blassen Mädchen und Birgittas Tochter aus dem Flur in die Halle gekommen war. Unten am Weg hinter der Absperrung lehnte ein fremder, dicklicher junger Kerl in Jeans und Jeansjacke an einem Jeep, der aus der anderen Richtung gekommen war. Nicht aus Gransele. Er hatte ein Pflaster auf der Nase.

Der Typ war also wieder draußen unterwegs. Er schien von der vernichtenden Kraft des Feuers fasziniert zu sein, und sein neugieriger Blick glitt von Berts Gesicht zu den Flammen und wieder zurück.

»Ja?«, sagte Bert abwartend.

»Ich frage mich, ob das nicht vielleicht ein Hubschrauber ist, der dort havariert ist.«

»Warum glauben Sie das?«

»Wir … Unser Pilot sollte runter nach Sundsvall fliegen,

und wir hatten noch etwas über Funk zu besprechen, als er schon in der Luft war, dann ist die Verbindung plötzlich abgebrochen. Wir haben nichts verstanden, also bin ich ihm hinterher gefahren, und dann haben wir den Feuerschein gesehen. Ist das ein Helikopter da unten?«

Etwas spät, erst zu fragen, nachdem man das schon behauptet hat, dachte Bert. Mit makabrer Neugier beugte der Hagere sich vor, um besser zu sehen. Bert zog seinen Notizblock hervor.

»Es wird schon ein Helikopter sein. Aber erstmal eins nach dem anderen. Wie heißen Sie?«

»Martin Barfors.«

»Martin Barfors. Und Sie arbeiten drüben im Resort?«

»Ja. Clarence Malmberg ist mein Chef.«

»Und Ihr Pilot sollte zu dieser Tageszeit den Helikopter nach Sundsvall fliegen?«

»Ja, es ist ein bisschen spät geworden.«

»War er allein in der Kabine.«

»Ja.«

»Sind Sie sicher? Haben Sie gesehen, wie er eingestiegen ist, die Türe geschlossen und den Motor gestartet hat?«

Barfors zögerte mit der Antwort.

»Ich glaube schon. Doch, wir sind mit ihm hinausgegangen.«

»Warum war sein ELT nicht eingeschaltet?«

»ELT? Was ist das?«

»Das ist ein Gerät, das ein Signal sendet, wenn der Helikopter abstürzt. Er hatte ihn nicht an oder er hatte überhaupt keinen an Bord. Und warum hat er nicht mitgeteilt, dass er in die Luft gehen würde?«

Barfors sah irritiert aus.

»Woher zur Hölle soll ich das wissen? Ich bin kein Pilot. Er ist geflogen und hat sich um alles gekümmert. Dafür ist er bezahlt worden.«

»Und jetzt kann er tot sein«, sagte Bert.

Der Blick des Mannes fing an, leicht zu flackern.

»Sind Sie sicher?«

»So sicher wie wir sein können, es sei denn, hier fliegen noch mehr Helikopter heimlich in der Gegend herum. Wir haben keine Leiche gefunden, also scheint er noch drinnen zu sein. Wir werden ihn vermutlich finden, wenn das Feuer gelöscht ist. Sind Sie sicher, dass es nur ein Mann war?«

Barfors nickte. Bert blätterte den Block um.

»Wir werden ihn wohl anhand seines Gebisses identifizieren müssen. Ich brauche seinen Namen, seine Adresse und die exakte Zeit, wann er abgehoben hat. Dann benötigen wir Informationen über seine Familie. Ob er Frau und Kinder hat.«

Barfors zögerte.

»Ich habe alle Angaben bei uns im Haus. Ich nehme an, dass wir uns noch ausführlicher über das alles hier unterhalten müssen. Was halten Sie davon, wenn ich mit allem, was Sie wissen wollen, morgen nach Gransele komme?«

Bert nickte, den Blick weiter auf das gerichtet, was er schrieb.

»Das geht in Ordnung. Aber Sie müssen früh kommen. Gegen halb acht. Ist das klar?«

Ein Funke von Misstrauen huschte über das Gesicht des Hageren.

»Dann halten wir das fest? Und ich kann jetzt los und meinen Chef unterrichten?«

»Tun Sie das.«

»Das ist verflucht tragisch, das hier«, sagte Barfors. »Man mag kaum glauben, dass so etwas geschieht. In solchen Augenblicken begreift man, wie kostbar das Leben ist.«

Bert nickte und drehte ihm den Rücken zu. Er hörte, wie der Mann über Steine und Wurzeln zurück zum Jeep eilte. Der Motor brummte auf, und das Auto verschwand nach Westen. Olle sah ihn mit hochgezogenen Augenbrauen an.

»Morgen?«

»Im Leben nicht. In einer Stunde fahren wir dahin. Das klang ja verflucht nochmal so, als hätte er gerne, dass der Pilot tot ist. Als würde es ihn beunruhigen, dass er vielleicht noch leben könnte. Wir brauchen mehr Männer. Das schaffen wir nicht zu zweit. Ich schwöre dir, dieser Helikopter ist gesprengt oder sabotiert worden, und in diesem Fall wäre das Mord. Wir müssen so schnell wie möglich diese Hütte und alles drum herum durchsuchen.«

»Basierend worauf? Wie willst du an einen Durchsuchungsbefehl kommen, ehe wir etwas wissen?«

»Gefahr im Verzug«, knurrte Bert. »Ich weiß nicht, was die vorhaben oder warum sie den Piloten getötet haben, aber irgendwas stimmt da nicht. Wir können nicht riskieren, dass sie alle Beweise vernichten und abhauen.«

»Ja, hier dürfte es jedenfalls schwer werden, etwas zu finden, so wie jeder hier herumgetrampelt ist«, sagte Olle und leuchtete resigniert mit der Taschenlampe auf den verbrannten und zertretenen Boden.

»Das muss auch irgendwie gehen«, murmelte Bert, trat zur Seite und rief in Vilhelmina an.

40

John stand am Waldrand, die Hände auf die Knie gestützt, schnappte nach Luft und lauschte in die Stille. Seine Lunge brannte wie Feuer und seine Beinmuskeln fühlten sich wie zerfetztes, trockenes Pergament an. Sein Trainingsanzug war durchgeschwitzt.

Vor ihm lag ein alter, verlassener Fußballplatz, nur noch mit einem Tor und einem verlassenen Schuppen aus braun lasiertem Holz bestückt. Es wirkte so, als wäre er seit den Siebzigern nicht mehr benutzt worden. Auf der anderen Straßenseite lag eine Häuserreihe aus demselben Jahrzehnt aus weißen Kalksandsteinziegeln, die in dem Halbdunkel der Nacht leuchteten.

Er ging über das ungepflegte Gras des Platzes, blieb neben einem Gestrüpp in einer der Ecken stehen, ließ sich auf den Rücken fallen und holte tief Luft. Als sein klopfendes Herz sich beruhigt hatte, setzte er sich auf, lehnte sich an die Schuppenwand und wählte Annes Nummer. Wenn das Handy keinen Empfang hatte, wäre er absolut bereit gewesen, an einer Haustür zu klingeln und um ein Telefon zu bitten, falls nötig unter Androhung von Waffengewalt.

Dieses Mal meldete Anne sich. Er wagte kaum zu glauben, dass sie es wirklich war. Sie klang verschlafen, aber froh, ihn zu sprechen, und sowie er ihre Stimme hörte, war es, als hätte die Zeit ihren normalen Takt wiedergefunden. Malmbergs blutige, paranoide Pseudowelt kollidierte mit der Wirklichkeit und starb hier und jetzt auf dem dunklen Fußballfeld. Alles, was John wollte, war zu seiner Familie fahren und alles andere zu vergessen. Dort an sein Dasein anknüpfen, wo es an dem Morgen seiner Entführung unterbrochen worden war. Urlaub haben. Ein normales Leben leben.

»Wie geht es euch?«, fragte er.

»Gut! Miriam liegt hier und schläft neben mir. Wo bist du? Warum rufst du so spät an? Kommst du morgen?«

»Ich liebe dich!«

»Ich liebe dich auch. Was ist los? Wo bist du?«

»Anne, Liebling, hab jetzt keine Angst. Hör zu. Kurz nachdem ihr weggefahren seid, bin ich von den Neonazis entführt worden, die Eva Beldon und die anderen umgebracht haben. Es ist eine Organisation, kein einsamer Irrer. Sie haben mich in einem Haus irgendwo in Norrland festgehalten, mehrere Kilometer von einem Ort namens Gransele entfernt. Ich bin entkommen. Gerade jetzt sitze ich auf einem alten Fußballplatz.«

Er zwang sich, eine Pause zu machen, damit sie begreifen konnte, was er gesagt hatte.

»Entführt?«, wiederholte sie schließlich und versuchte, das Zittern in ihrer Stimme zu verbergen. »Bist du okay?«

»Ich bin nicht in Gefahr.«

»Bist du sicher? Was haben sie mit dir gemacht? Geht es dir gut?«

»Ja, ich schwöre.«

Es entstand wieder eine Pause. Ihm war klar, dass sie sich fragen musste, ob er in eine Fantasiewelt abgedriftet war, ob nach all den Jahren doch die Kriegspsychose ausgebrochen war. Vielleicht war er gar nicht in Norrland? Für einen Augenblick war er selbst nicht mehr sicher, welcher fragile Draht ihn noch in der physischen Wirklichkeit hielt. Aber es waren nicht seine alten Erinnerungen, die ihn jetzt von ihr trennten. Es war der knochendürre Mann im Holzhaus.

»Hast du die Polizei angerufen?«, fragte sie. Sie klang, als versuche sie, die Tränen zurückzuhalten.

»Nein, es …«

»John! John, das hier ist eine Sache für die Polizei. Ruf sofort die 112 an. Ich mache von hier aus dasselbe. Wir werden später über das reden, was passiert ist, wir müssen dich zuerst von dort wegbekommen. Warum kann ich nicht da sein und dich in den Arm nehmen und sehen, ob es dir wirklich gut geht! Gibt es ein Haus in der Nähe, wohin du gehen kannst? Kannst du zu uns runterkommen? Oder sollen wir rauffahren und dich holen?«

»Anne, ihr dürft auf gar keinen Fall hierher kommen. Und die Polizei können wir nicht anrufen. Polizeibeamte sind in die Sache verwickelt.«

»Jeder einzelne Polizist in ganz Schweden?«, fragte sie skeptisch.

»Nur ein paar, aber wir wissen nicht welche. Ich weiß nicht, ob es eine Polizeiwache in diesem Ort gibt und wenn ja, ob die Beamten mit dieser Truppe zusammenarbeiten.«

Der Stress schüttete eine Woge von Adrenalin in ihrem Blut aus, meilenweit von John entfernt, ohne eingreifen zu können, und plötzlich klang sie ärgerlich.

»Dann rufen wir eben einen ganzen Pulk an!«, platzte sie heraus. »Wir müssen dich doch von dort wegbekommen. Säpo, Bezirkskriminalamt, Landeskriminalamt! Meinst du etwa, das sind alle miteinander korrupte Nazis?«

»Es reicht schon, wenn es nur ein Einziger ist, der sie warnen kann. Dann schaffen sie es vielleicht abzuhauen oder zumindest alle Beweise zu vernichten, und wir werden nie herausfinden, wer die anderen draußen im Land sind.«

»Das ist mir egal! Wirklich, ich mache mir Sorgen um dich!«

»Aber dann geht alles von vorne los. Es gibt mindestens einen Polizisten im Holzhaus, und ich weiß nicht, ob er der Einzige ist. Erinnerst du dich an ein Kuvert, das du bekommen haben sollst?«

Sie dachte einen Augenblick nach.

»Kuvert? Vage. Es war ein junger Mann da und hat mir eines gegeben, einen Tag bevor wir weggefahren sind. Er wirkte nervös. Ich habe es oben auf den Aktenschrank gelegt, aber was dann daraus geworden ist, daran kann ich mich nicht erinnern. Ich war so müde und erschöpft, ich habe vermutlich vergessen, es einzuschließen. Aber reden wir jetzt nicht davon, John! Hör zu ...«

»Es gibt noch etwas, das wichtiger ist. Sie haben Männer, die hinter dir und Miriam her sind, weil sie das Kuvert haben wollen. Ihr müsst sofort zusammenpacken und verschwinden. Versteckt euch im Wald.«

Es gab eine kurze Pause.

»Ja, daher kommen sie also. Wir haben sie gesehen. Wir haben geglaubt, sie wollten Miriam belästigen. Zwei Typen in einem Ford. Widerlich. Wir haben sie abgeschüttelt.«

»Wie hast du das geschafft? Wie hat Miriam das aufgenommen?«

»Sie hatte Angst, aber jetzt geht es ihr gut. Wir haben versucht, dich anzurufen, aber dann dachte ich, wir könnten genauso gut warten, bis du hier bist.«

»Warst du bei der Polizei?«

»Ja, aber ich habe nichts mehr von ihnen gehört.«

»Was haben Sie dir gesagt?«

»Dass ich in ein bestimmtes Hotel fahren soll. Aber wir haben uns nicht weiter darum gekümmert, sondern sind weitergefahren. John, Liebling! Bleib, wo du bist, dann kommen wir und holen dich. Oder kannst du dich zu uns auf den Weg machen?«

Er zögerte. »Noch nicht«, sagte er.

Ihr Zorn schoss wie ein Blitz durch das Telefon.

»Nein! Du wirst nicht dorthin zurückgehen und irgendwas unternehmen. Du warst gefangen, Liebling. Das hier ist nicht Afrika. Die Polizei kann Einsatzkräfte hinschicken oder den Antiterrorschutz oder wen auch immer und diese Bande aushungern. Wahrscheinlich müssen sie dafür nicht einmal einen einzigen Schuss abgeben. Herrgott, ich kann nicht glauben, dass ich wirklich darüber rede. John!«

»Denk an die Morde. Und die, die hinter euch her sind. Jemand hat mir gesagt, dass ihr in einem Zoo wart. Wart ihr dort?«

»Wir waren im Zoo. Dann sind sie im Wald hinter uns aufgetaucht. Sie hatten eine Pistole. Ich habe versucht, mir einzureden, dass das nicht stimmte. Dass es eine Luftdruckpistole war und sie uns nur erschrecken wollten. Ich habe ihr Auto zur Sicherheit mit dem Landrover gerammt. Ich wollte dir das eigentlich erst erzählen, wenn wir uns sehen.«

Er blickte zum Himmel und lachte auf.

»Ihr Auto gerammt? Das ist nicht wahr!«

»Doch, ist es«, sagte sie ungeduldig.

»Du bist verrückt! Du bist so wunderbar. Du bist so verdammt streitlustig.«

»*Ich* bin verrückt? Wenn ich so etwas mache, bin ich verrückt, und wenn du es tust, bist du vernünftig? Ich hatte keine Wahl, aber du hast eine. Du kannst ihnen entkommen!«

»Sie haben eine Kopie deiner Karte. Sie werden Domarudden finden.«

Anne verstummte.

»Gut. Wir machen es so, wie du gesagt hast«, entschied sie schließlich. »Wir packen still und leise zusammen und verschwinden von hier. Wir fahren nicht zur Polizei und wir rufen niemanden an. Wir fahren irgendwo in den Wald und verhalten uns ruhig, bis du von dir hören lässt. Wie lange dauert das?«

»Wahrscheinlich nur ein paar Stunden, aber höchstens bis morgen Abend. Wenn du bis dahin nichts gehört hast, fahr über Nacht nach Stockholm zurück, auf dem direkten Weg zum Polizeipräsidium und erzähl die Geschichte so vielen Polizisten wie möglich. Säpo, Landespolizei, Bezirkspolizei. Jeder einzelnen Seele. Und der Presse.«

»Aber das kann ich doch auch jetzt tun! Ich kann sie anrufen. Du kannst sie anrufen! Ich mache das. Hörst du, was ich sage, ich rufe sie an!«

»Und wenn du den falschen Polizisten anrufst und sie schon auf mich warten, wenn ich zurückkomme?«

»Ja, dann wirst du wohl darauf verzichten müssen, dahin zurückzugehen! Das liegt ganz bei dir!«

»Dann tu doch, was du willst!«, schrie er und unterbrach die Verbindung.

Die Wut holte ihn in die Wirklichkeit zurück. Zur Hölle! Er hatte etwas Liebevolles sagen wollen, etwas Großes, das ihr helfen würde, falls er nicht zurückkommen sollte, und jetzt hatten sie sich wie zänkische Kinder benommen.

Die Sehnsucht nach Anne und Miriam nagte an ihm wie

Hunger. Er versuchte das zu ignorieren. Er kontrollierte, ob die Kalaschnikow gesichert war, riss mit einer heftigen Bewegung das Magazin heraus und versteckte beide Teile auf dem Dach der Hütte, für den Fall, dass er nicht zurückkehrte. Er begann, sich entlang der leeren Wohnstraßen umzusehen.

In einer Auffahrt entdeckte er einen dunkelgrünen, staubigen Pick-up. Die Tür war nicht abgeschlossen und der Reserveschlüssel klemmte hinter der Sonnenblende. Hier wohnte eine nette, freundliche Person, die in einer Welt lebte, in der man seinen Mitmenschen trauen konnte. Fast wurde ihm warm ums Herz.

Auf dem Beifahrersitz lag ein schmutziger, blauer Arbeitsoverall und eine halb gegessene Packung »Marie«-Kekse. Der Tank war fast voll. Mit einer leisen Entschuldigung an den Besitzer des Overalls, der am nächsten Morgen sein Auto nicht vorfinden würde, startete er den Motor, setzte auf die Straße zurück, holte die Kalaschnikow vom Fußballplatz und fuhr auf den Waldweg zurück.

Nach wenigen Kilometern bemerkte er den Rauchgeruch und mehrere hundert Meter neben dem Brandherd sah er die gelbroten Lichter der Feuerwehrfahrzeuge und die blauen eines Streifenwagens blinken. Privatautos standen den Schotterweg entlang geparkt, zwischen ihm und den Einsatzwagen. Er entdeckte eine Menschentraube vor der Absperrung.

Also gab es in Gransele eine Polizeiwache. In einem kleinen Ort wie diesem würden sie den Pick-up natürlich erkennen und sofort merken, dass er gestohlen war, wenn er versuchte vorbeizufahren. Er machte die Scheinwerfer aus, bog auf einen kleineren Seitenweg ab und fuhr an der Brandstelle vorbei durch den Wald, immer in Sorge, dass das Klappern des alten Autos auch entfernt noch zu hören war, wenn er auf die Straße zurückkehrte und wieder zum Holzhaus fuhr.

Hinter ihm verschwand das Feuer. Er fuhr Kilometer um Kilometer durch Dunkelheit und Stille. Er war der Einzige auf der Straße. Kein Auto war in entgegengesetzter Richtung unterwegs.

Fünfhundert Meter vor dem Holzhaus bog er in den Wald hinauf, machte den Motor aus und lauschte. Alles war still. Er zog sich den Overall über und räumte die Sachen um, die er in den Taschen hatte, nahm das Maschinengewehr und schlich zwischen den Bäumen den Berg oberhalb des Benzinvorrats hinauf. Dort legte er sich auf den Boden und spähte über den Rasen.

Die breite Schlucht und der Waldrand waren menschenleer. Aus der Halle und dem Kellerfenster des Holzhauses schimmerte ein schwaches Licht, aber draußen rührte sich nichts. Es schien, als hätte Malmberg die Männer zur Sicherheit wieder in den Berg beordert, für den Fall, dass sie Besuch bekamen.

Die Nazis waren im Berg. Er konnte die ganze Sache ein für alle Mal beenden. Er konnte alle auf einen Schlag auslöschen. Eine Sprengladung vor dem Grubeneingang und das ganze Arsenal würde in die Luft fliegen und alle töten, die sich in der Nähe aufhielten. Dann konnte er zum Haus zurückrennen, durch die Seitentür, wo der Alarm vermutlich immer noch abgestellt war, in den Duschraum gelangen, Malmberg die Kalaschnikow auf die Brust setzen und ihn dazu bringen, das Suchkommando zurückzurufen. Und anschließend auch das Haus in die Luft sprengen. Die Männer mitsamt ihren Waffen einfach vernichten.

Irgendetwas in ihm wollte das. Den ganzen Ort dem Erdboden gleichmachen. In ihm gab es keine Gefühle, die das verhindert hätten.

Nichts außer seiner Vernunft. Nichts außer seinem Respekt vor dem Leben und seiner Rechtsauffassung. Jetzt war sie es, die ihn steuern musste, jetzt, wo er voller Bitterkeit und Hass war und alles Gefühl dafür verloren hatte, dass diese Kerle auch Menschen waren.

Er stand auf und eilte den Hügel hinunter bis an die Rückseite des Treibstoffvorrates, robbte bäuchlings in den Schuppen, setzte sich im Dunklen auf und versah die vier verbliebenen Sprengstoffstäbe mit der restlichen Zündschnur. Er schob die Ladung zwischen die Tanks, zündete sie mit dem Feuerzeug an und rannte aus dem Schuppen, quer über die Auffahrt und den gegenüberliegenden Hügel hinauf.

Die Lunte brannte drei Minuten. Er hatte den Spalt im Berg noch nicht erreicht, als er die Explosion hörte.

41

Martin war zurück. Er war zu Kent in die Zelle gekommen. Seine Augen leuchteten vor Rachlust, der Bodybuilder begleitete ihn. Malmberg und Patrik standen vor dem Gitter. Im Licht war zu erkennen, dass der Bodybuilder ein blaues Auge hatte.

Kent hatte keine große Angst. Er wusste, dass es gelaufen war. Der Anwalt war mit dem verdammten Helikopter abgestürzt, mit dem er eigentlich hätte fertig werden müssen, und er selbst hatte sich auch nicht mit Ruhm bekleckert. Er war enttäuscht. Auch die Dummheit dieser Männer reizte ihn, die ihre Zeit auf billige Rache verschwendeten, obwohl sie sich in einer Krise befanden, die sie ihre gesamte Existenz kosten konnte, obwohl sie eigentlich so schnell wie möglich die Basis verlassen sollten. Irgendein Polizeieinsatz war nach dem Helikopterbrand mit Sicherheit auf dem Weg hierher. Und die Kollegen würden auch noch rechtzeitig eintreffen, weil diese Typen solche Idioten waren und nicht einfach abhauten, sondern ihre Zeit auf ihn verschwendeten.

Ihm war völlig klar, dass es Martins aufgestaute Wut auf diesen älteren Mann war, die jetzt an ihm ausgelassen werden sollte. Aber als er von Martin zu Malmberg blickte, sah er, dass die Unstimmigkeit zwischen den beiden schon so groß war, dass allein das ohnehin das Ende der Organisation bedeutete, ob sie das nun begriffen oder nicht.

Plötzlich wurde der Alarm aktiviert. Martin und Malmberg sahen sich durch das Gitter an. Die Wachen von draußen waren zur Sicherheit reingerufen worden.

»Das muss die Polizei sein«, sagte Martin. »Dieser Hund hat mich reingelegt! Er sagte, er würde bis morgen warten. Der ahnt etwas!«

»Wir werden ihnen wohl aufmachen müssen. Aber sie werden nichts finden«, sagte Malmberg.

»Der Pilot ist doch hier, Clarence! Und alles andere auch!«

»Ja und? Sie werden das Haus nicht durchsuchen«, behauptete Malmberg selbstsicher. »So schnell hat niemand einen Durchsuchungsbefehl in der Hand, nur wegen eines Hubschrauberunglücks. Du hast ihnen ganz offen gesagt, dass es unserer war. Nichts, weswegen man misstrauisch werden würde. Wir haben mehrere Tage Zeit, bis sie herausgefunden haben, wer der Tote im Helikopter ist.«

»Begreifst du nicht, dass wir gezwungen sein werden, sie zu erschießen?«, schrie Martin.

Seine Worte hingen noch in der Luft, als die Explosion knallte. Sie war ebenso unerwartet wie ohrenbetäubend und ein heller Feuerschein leuchtete durch die Luke. Etwas prasselte wie Regen gegen die Glasscheibe. Malmberg stürzte an die Luke und starrte in das Feuermeer, das sich wie ein gigantisches Signal zum Himmel wölbte, nur hundert Meter vom Haus entfernt.

»Wer zur …?«

Er nahm das Funkgerät.

»Löschen! Alle Mann raus und löschen, bevor die ganze

verdammte Welt hierher kommt!«, schrie er, den Mund so dicht am Mikrofon, dass er kaum zu verstehen war.

Kent musste lachen. Plötzlich wusste er, wer diese Explosion ausgelöst hatte. Martin rannte in den Keller und vergaß, die Zellentür zu schließen. Patrik stand ein Stück von Kent entfernt und hielt sich seine schmerzende Nase. Der Bodybuilder trat an die Luke, sah lächelnd hinaus und rührte sich nicht. Er war fasziniert.

»Was in drei Teufels Namen …«, begann Olle.

Sie standen auf dem Hügel, warteten auf die Verstärkung und blickten über den Horizont, als plötzlich im Westen ein neuer, flackernder Lichtschein wie eine glühende Säule aufschoss. Ein Federbusch aus schwarzem Rauch stieg wie eine unheilvolle Wolke in den Himmel.

Sie sahen sich an. Bert warf den Kaffeebecher weg und rannte den Hügel hinunter. Olle heftete sich an seine Fersen. In dem Moment klang das lang gezogene, kaum hörbare Grollen über den Bergrücken.

Jocke überließ dem Einsatzleiter das Löschfahrzeug. Er würde sich mit dem behelfen, was er hatte, bis Tärnaby eintraf. Sie liefen mit vier freiwilligen Feuerwehrmännern zum Weg, sprangen in das Polizeiauto und fuhren mit heulenden Sirenen zu dem neuen Brandherd. Das Löschfahrzeug folgte ihnen. Dieses Mal wusste Bert mit Sicherheit, dass es sich um eine Explosion handelte.

»Ruf nochmal in Vilhelmina an«, sagte er zu Olle.

»Glaubst du, es ist das Holzhaus?«

»Es muss dort sein. Die haben ein Treibstofflager, das ist das Einzige, was da draußen in die Luft fliegen kann.«

»Was zur Hölle treiben die da? Erst der Absturz und jetzt das. Ist das ein Bandenkrieg? Und wenn ja, wer gegen wen? Russen? Was soll das?«

»Wie lange dauert es, einen Polizeihelikopter herzubekommen?«

»Anderthalb Stunden von Boden, wenn er nicht gerade woanders unterwegs ist.«

»Wir müssen ihn herbekommen. Wir müssen wissen, was da passiert ist«, sagte Bert.

John kroch in den Tunnel hinunter. Er näherte sich vorsichtig dem Arsenal. Die Stille der Grube schlug ihm entgegen. Entfernt hörte er das Donnern des Feuers und die Rufe der Männer, die versuchten mit dem zu löschen, was sie hatten, aber die Feuerlöscher aus dem Mannschaftslager und dem Haus konnten nicht viel ausrichten.

Er inspizierte die Grube und den Mannschaftsraum. Niemand war zurückgeblieben. Er war allein in den beiden großen Räumen.

Er ging in den breiten, niedrigen Gang, der zum Ausgang führte. Zwei große Stahltüren waren vor dem Ausgang montiert worden. Sie standen weit offen. Er schob sie zu, verriegelte sie und lief ins Arsenal zurück.

John suchte die Zündschnur hervor, schnitt ein langes Stück davon ab, teilte es in mehrere kurze Stücke und knotete sie wiederum an ein langes Stück an. Er verknotete die Enden miteinander und knetete den Plastiksprengstoff darüber. Er legte die Zündschnur zwischen die Kisten und Kästen, verband sie mit einer Sprengkapsel und fünfeinhalb Metern Pulverzündschnur. Er legte die Lunte in Richtung Grube, zündete sie an und stemmte sich zurück in den Tunnel.

Als er oben auf dem Berg angekommen war, schätzte er, dass etwa drei Minuten vergangen sein mussten. Mit der Kalaschnikow im Anschlag rannte er den Hügel hinunter, kreuzte den Weg ein gutes Stück hinter den Männern und dem Feuer im Wald und lief den gegenüberliegenden Berghang hoch. Sechs Minuten. Er suchte hinter einem Kiefernstamm Deckung, legte das Zielfernrohr an seine Wange und suchte das Gelände ab.

Er nahm das Feuer und die Männer darum herum ins Visier. Der rothaarige Mann, den er im Mannschaftsquartier gesehen hatte, war auch dabei. Immer wieder blickte er in Richtung Grube, als wäre er nicht sicher, ob es richtig war, dass sie sich alle draußen aufhielten. Er sprach ununterbrochen in sein Funkgerät. Offenbar war Malmberg noch im Haus.

Einer der jungen Männer hatte den Overall bis zum Bauch heruntergekrempelt. Der Schweiß glänzte auf seiner Haut und sein Gesicht war rußgeschwärzt. Er zuckte zusammen und sah auf seinen Unterarm, als hätte er Schmerzen. Zu Johns Entsetzen begann er zurück zum Mannschaftsraum zu eilen, den verletzten Arm an die Brust gedrückt.

John zog das Schloss zurück, stellte den Schalter auf Einzelschuss und zielte auf einen Baumstamm ein gutes Stück von dem Burschen entfernt. Für eine Zehntelsekunde fürchtete er, die unbekannte Waffe könnte neben seinem Kopf explodieren, dann drückte er ab. Bei dem Geräusch fuhr er zusammen. Er hatte vergessen, wie laut ein Schuss war.

Der Mann blieb abrupt stehen, als die Kugel an ihm vorbeipfiff und sah erstaunt den Baum an, in den sie eingeschlagen war. Er drehte sich um und betrachtete begriffsstutzig die gegenüberliegende Bergseite. John schoss wieder. Plötzlich duckte er sich und rannte erschrocken in die andere Richtung.

Zehn Minuten. John ließ die Kalaschnikow fallen, drückte das Gesicht auf den Boden und bedeckte den Kopf mit den Armen. Dann detonierten die Sprengsätze im Berg, der gesamte Waffenvorrat ging in die Luft und brachte den Boden zum Beben.

42

Die Stahltüren wurden aufgedrückt und in den Wald geschleudert. Sie fällten einige dünnere Kiefernstämme und schleuderten Kronen, Zweige und große scharfe Metallstücke über die Auffahrt. Die Felswand zerbarst, eine Feuersäule schoss wie eine gigantische Schweißflamme nach oben und schleuderte Gegenstände aus dem Quartier hoch in die Luft und verteilte sie über Wald und Rasen.

Die Explosion erreichte die Männer am Feuer. Sie drehten sich um und schrien, betäubt von dem Lärm und der Druckwelle, während ein Regen aus Erde auf sie niederging. Die Welle erreichte den Keller des Holzhauses, wo Putz und Balken von der Decke fielen. Staub und Hitze, die die Grube gefüllt hatten, rauschten durch die Tunnels und stiegen in dem Schacht auf. Kent wurde umgeworfen, und er zog sich sein T-Shirt über Mund und Nase. Die Luft war voller Staub und Ruß und seine Augen tränten. Die Scheibe in der Fensterluke war zersprungen. Malmberg stand mit aufgerissenen Augen an der Treppe, Martin kroch unter einem Balken hervor und hielt sich das Bein. Der Bodybuilder war verschwunden. Patrik schrie hysterisch.

»Es kann anfangen zu brennen! Es kann hier drinnen anfangen zu brennen!«

Die Druckwelle erreichte Andreas, der an Malmbergs Fenster gestanden und ratlos auf den Brand gestarrt hatte und jetzt rückwärts zurück ins Bett taumelte, sein Gesicht mit den Armen schützend. Sie erreichte Bert in seinem Streifenwagen und das Feuerwehrauto auf dem Schotterweg im Wald, sie schlingerten seitwärts in die Böschung und blieben stehen.

Bert sprang aus dem Auto und riss sein Handy aus der Tasche. Einer der Feuerwehrmänner kletterte aus dem Wagen.

»Was zur Hölle war das? Sollen wir weiterfahren oder nicht?«, fragte er. »Hat es vor der Explosion Schüsse gegeben? Schießen die?«

»Bleib stehen, wo du bist!«, brüllte Bert ihm zu.

Der Feuerwehrmann hielt mitten in der Bewegung inne.

»Ich könnte auf den Bergrücken klettern und nachsehen«, sagte er.

»Das ist zu gefährlich. Geh wieder in den Wagen«, rief Bert. »Wir müssen vielleicht wenden.«

»Was ist denn jetzt in die Luft geflogen?«, fragte Olle. »Den Benzinvorrat haben sie doch schon angezündet?«

»Was machen wir jetzt?«, beharrte der Feuerwehrmann.

Bert telefonierte und blickte in den Wald hinein, bevor er zum Rettungswagen rannte, das Handy immer noch am Ohr.

»Es waren zwei Schüsse«, sagte er. »Sie haben ihren Benzinvorrat in die Luft gesprengt, und es sind Schüsse gefallen. Wir bleiben bis auf weiteres hier. Ein Helikopter mit vier Mann ist auf dem Weg, aber das reicht nicht. Wir müssen die Einsatztruppe hierher beordern.«

Der Feuerwehrmann nickte und stieg wieder ins Auto. Olle stand daneben, die Arme auf seine geöffnete Tür gestützt, und wartete.

Bert tigerte wütend darüber, hier festzusitzen, ohne etwas zu wissen oder tun zu können, auf und ab.

John betrachtete die Verwirrung durch das Fernrohr. Rauch quoll aus dem eingestürzten Eingang des Bergwerks. Das Nebengebäude war dem Erdboden gleichgemacht, der Brand ließ langsam nach. Durch den Rauch und die flimmernde Luft sah er, wie die jungen Männer orientierungslos über das Gerümpel stolperten. Einer schien ein gebrochenes Bein zu haben, ein anderer war offenbar bewusstlos. Andere versuchten, ihnen zu helfen.

Eine Bewegung am Rand des Blickfeldes brachte ihn

dazu, das Fernrohr zu drehen. Er sah das magere, blonde Mädchen aus der Küchentür treten. Sie trug eine schwarze Daunenjacke, ihre Füße steckten in viel zu großen Stiefeln. Unsicher ging sie die Treppe hinunter. Ein dünnes Nachthemd flatterte bei jedem Schritt um ihre Beine.

»Herrgott, was hast du denn vor?«, murmelte John.

Sie ging den Weg hinter dem Haus entlang. Er hoffte, dass sie in den Wald verschwinden würde, aber sie schien das Gelände nicht verlassen zu wollen.

Sie war etwa zehn Meter weit gegangen, als die Männer sie bemerkten. Einige bewegten sich auf sie zu. Sie hielt etwas fest umschlossen in einer Hand und ließ die Männer nicht aus den Augen.

John stellte den Hebel eine Position weiter und gab eine kurze Maschinengewehrsalve in die Luft ab, um ihre Flucht zu decken. Während er die Position wechselte, donnerten die Schüsse über den Rasen und hallten gegen die Felswand. Die Männer fielen eher auf den Boden, als dass sie sich duckten, und krabbelten panisch in Deckung. Das Mädchen zuckte zusammen und hielt sich die Arme vor das Gesicht. Sie schaute in die Richtung, aus der der Schuss gekommen war. Es sah aus, als blicke sie John direkt an. Dann kletterte sie über Metallstücke, Autoteile und verbrannte Gegenstände und rannte in ihren großen Stiefeln zwischen die Bäume.

Sie weiß, dass ich es bin, dachte John.

Er rannte ein Stück den Hang entlang und warf sich auf den Boden.

Jetzt lag er genau gegenüber vom Haupteingang des Hauses. Er richtete das Zielfernrohr auf das Fenster neben der Tür. Drinnen war ein schwacher Lichtschein zu erkennen, vielleicht aus dem Esszimmer, und er konnte die Kellertür ausmachen. Jemand öffnete die Tür, um vorsichtig in die Halle zu spähen. John wartete.

Langsam wurde die Tür aufgeschoben. Jemand bewegte sich am Boden. Ein Arm kam zum Vorschein, dann ein Kopf. Jemand kroch auf dem Bauch die Treppe hinauf, um von außen ins Haus zu gelangen. Er erkannte die langen Extremitäten. Es musste Martin sein. Um eine Waffe zu holen oder um die Beweise im Arbeitszimmer zu vernichten.

John schoss direkt auf die Tür. Das Fenster zersprang, und wo die Kugel eingeschlagen hatte, flogen Splitter aus dem Türstock. John stand auf und rannte den Hügel hinunter, zur Rückseite des Hauses.

Plötzlich pfiff eine Kugel über seinen Kopf hinweg. Ohne zu denken warf er sich zu Boden, um sofort wieder aufzustehen und auf das Haus zuzustürmen. Eine Kugel schoss an ihm vorbei und schlug fünfzehn Meter neben ihm in den Boden. Er konnte nicht stehen bleiben. Mit dem Mut der Verzweiflung rannte er weiter, den Blick starr auf die Hauswand gerichtet, jederzeit darauf vorbereitet, getroffen zu werden.

Er erreichte unbeschadet die Rückseite des Hauses. Keuchend vor Anstrengung und Furcht blieb er stehen. Anne hatte Recht, das hier war Wahnsinn. Er setzte sein Leben aufs Spiel und konnte sich nicht vorstellen, dass sie ihm das verzieh, nicht einmal, wenn er überlebte.

Er blickte an sich hinunter, um zu sehen, ob er in seinem Adrenalinrausch getroffen worden war, ohne es zu merken. Doch er konnte kein Blut entdecken.

Er drückte sich an die Wand und warf einen Blick die Nordwestseite des Holzhauses hinauf. Die Fenster waren geschlossen. Der Boden fiel steil ab, und es roch leicht nach Schimmel und Moos.

Der Kerl mit der Waffe befand sich auf der anderen Seite des Hauses, John hatte keine Chance mehr, zu der Tür zu gelangen, die in den Duschraum führte. Aber es war so, wie er vermutet hatte. Neben ihm befand sich eine Doppeltür, die in die Kellermauer eingelassen war. Das entsprach der verriegelten Tür, die er drinnen im Keller gesehen hatte.

Er prüfte die Klinke. Es war abgeschlossen. Er nahm Andreas' Pistole, zerschoss das Schloss und wartete, ob eine nervöse Reaktion aus der Dunkelheit kam. Als nichts geschah, steckte er die Pistole ins Holster und schlüpfte durch die Tür, die Kalaschnikow schussbereit.

Der Raum war groß und hatte einen Betonboden. Von irgendwoher hörte er gedämpften Streit. Vor ihm stand ein schwerer, abgedeckter Jeep. Malmbergs Fluchtfahrzeug. Das einzige, das noch funktionierte. Er überlegte, die Reifen mit dem Messer zu zerstechen, aber dann entschied er sich dagegen. Vielleicht würde er den Wagen selbst noch brauchen.

Vorsichtig zog er die Tür hinter sich zu und schlich näher an den geschlossenen Kellereingang heran. Der Streit war wieder zu hören, jetzt lauter und zorniger.

Ein anderes Geräusch ließ ihn innehalten. Von der anderen Seite der Tür wurde der Riegel aufgeschoben und jemand stocherte nervös mit einem Schlüssel im Schloss. Ein paar Mal wurde der Schlüssel herumgedreht, dann ging das Schloss auf, und die Tür wurde geöffnet. John erstarrte in seiner Haltung, den Lauf der Waffe auf die Tür gerichtet.

Malmberg kam herein. Er wirkte angespannt und nervös. Er war allein und ging direkt auf John zu, um zur Fahrerseite zu gelangen. Er war nur einen Meter von dem Maschinengewehr entfernt, das auf ihn gerichtet war, als er es bemerkte.

Wie vom Blitz getroffen blieb er stehen und fixierte die Waffe, als könne er sich nicht vorstellen, dass sie wirklich da war, obwohl er den Schusswechsel draußen genauso gehört haben musste wie den Schuss auf das Türschloss. Er hob den Blick und starrte genau in Johns Augen. Auf seiner Stirn standen Schweißperlen und sein pergamentartiges Gesicht zuckte. Er bewegte sich langsam rückwärts, und die Hand mit den Autoschlüsseln schoss zu seiner Hosentasche, als wäre es wichtig, sie aus der Hand zu legen. Er besann sich und hob zögerlich beide Hände ein Stück in die Luft.

»Ruf den Suchtrupp an und pfeif sie zurück«, flüsterte John. Sein Hals war so trocken, dass seine Stimme nur ein heiseres Kratzen war.

Malmberg schien nicht zu verstehen.

»Ruf den Suchtrupp an, verdammt!«, wiederholte John und ging auf ihn zu. »Ruf sie zurück. Gib ihnen den Befehl, die Suche nach meiner Frau und meiner Tochter einzustellen! Verstehst du?«

Malmberg zog sich zurück. Er öffnete den Mund, aber das Bewusstsein, vor einer geladenen Waffe zu stehen, schien ihn zu lähmen. John war sich darüber im Klaren, dass seine Geduld nur noch wenige Sekunden ausreichen würde. Die Situation war unerträglich. Er schlug den Gewehrkolben gegen den Wagen. Malmberg zuckte zusammen.

»Du hast ein Handy. Nimm es jetzt.«

Eine Hand tastete in die Innentasche des Sakkos. Ein schwarzes Handy kam zum Vorschein. Da trat ein listiger Glanz in Malmbergs Augen.

»Das geht nicht. Es ist kaputt. Ich bin damit gestürzt«, sagte er und leckte sich die Lippen.

43

John riss das Telefon an sich und drückte auf die Tasten. Nichts tat sich.

»Nimm meins«, sagte er.

»Ich weiß die Nummer nicht!«, erwiderte Malmberg. »Sie war in dem hier gespeichert. Martin kennt sie!«

John unterdrückte den Impuls, ihn mit dem Kolben zu Boden zu schlagen.

»Dann suchen wir jetzt Martin«, entschied er.

Er drängte Malmberg in den Kellerraum. Die Deckenlampe brannte noch, aber ein Balken war heruntergestürzt und der Boden war dick mit Staub bedeckt. Die Tür zum Duschraum hing nur noch an einem Scharnier. In der Zelle bewegte sich jemand. Der Polizist. Ein Auge war zugeschwollen, Jeans und T-Shirt waren schmutzig und staubig.

»Lass mich hier raus, zum Teufel!«, schrie er und rüttelte an der Gittertür.

Er nahm Anlauf und trat dagegen. Sie wackelte aber hielt seinem Tritt stand.

John warf ihm einen flüchtigen Blick zu und schob Malmberg weiter Richtung Treppe. Plötzlich gab die Gittertür mit einem Krachen nach, und Kent sprang wutentbrannt aus der Zelle.

Malmberg stand zwischen ihnen. John trat einen schnellen Schritt zur Seite, aber der Polizist war schon auf den alten Mann zugeschossen, hatte ihm die Jacke aufgerissen und eine Pistole aus seinem Schulterholster gezerrt.

»Die hier hast du vergessen«, sagte er.

John antwortete nicht. Er wartete. Wenn jetzt alles beim Teufel war, dann hatte er wenigstens das Waffenarsenal da draußen gesprengt. Der Polizist warf ihm einen durchdringenden Blick zu.

»Warst du das, die Explosionen da draußen? Was ist passiert?«

»Sie hatten ihr Waffenlager im Berg. Sie wollten an fünf Orten im Land sprengen«, antwortete John. »Sie haben Kontakte zur Polizei und zu anderen Leuten in allen möglichen Positionen. Können wir jetzt raufgehen?«

»Woher weißt du das?«

»Arbeitszimmer. Ich habe das Schloss geknackt. Die

Karten. Die Polizei aus Gransele muss auch unterwegs sein. Sie sind zum Helikopter gefahren, nachdem ich ihn die Schlucht hinuntergeschickt habe.«

»Du hast ihn mit Absicht abstürzen lassen?«, fragte der Polizist überrascht.

»Kannst du jetzt aufhören zu quatschen?«, schrie John ihn an.

Kent nickte. Er griff Malmberg am Kragen und begann ihn die Treppe hinaufzuziehen. Der Mann stolperte mit und versuchte nach dem Geländer zu greifen.

John folgte ihnen.

Sie blieben geduckt vor der halb offenen Kellertür stehen. Kent schob mit der Pistole die Kellertür auf. Die Männer lauschten.

Vor der Tür hörten sie zwei von Malmbergs Männern lautstark darüber streiten, was sie tun sollten – abhauen oder ins Haus gehen. Die Tür zum Arbeitszimmer stand sperrangelweit offen. Sie konnten Martin darin umherhinken sehen, als könne er sich nicht entschließen, ob er das Kommando über die Männer draußen übernehmen und sie zur Ordnung rufen sollte, oder ob es besser war zu fliehen und das Archiv zu zerstören. Er hielt Andreas' Mini-Uzi in der einen Hand und es schien, als wage er nicht, sie so lange loszulassen, um etwas zu erledigen.

Plötzlich drehte er sich um, als fühlte er sich beobachtet. Pistole und Kalaschnikow richteten sich in der Tür auf ihn. Er entdeckte sie und zögerte, nervös und gehetzt. John merkte, wie sich die Muskeln in Kents Schulter spannten.

»Nein!«, sagte er scharf.

Martin hob die Uzi, aber Kents Pistole ging los, bevor er den Abzug hatte berühren können.

Der Schuss donnerte, und auf dem Hofplatz wurde es totenstill. Martin zuckte zusammen und starrte sie an. Noch immer hielt er die Waffe in der Hand. Wieder löste sich ein Schuss, und er fiel rückwärts zu Boden.

Der Polizist hatte ein zweites Mal geschossen. John traute seinen Augen nicht,

»Verdammt!«, schrie er.

John querte die Halle und ging ins Arbeitszimmer. Martin lag auf dem Rücken. Der Schuss hatte die Brust durchschlagen und unter ihm hatte sich eine Blutlache gebildet. Als John sich neben ihn kniete, blickte er mit einem letzten angsterfüllten Blick hoch, stöhnte auf und sackte zusammen.

John drehte sich zornig um. Der Polizist stieß Malmberg gegen die Wand, nahm die Uzi, zog die Tür zu und stieß einen der Schreibtische um.

»Du verfluchter Idiot! Er hatte die Telefonnummer vom Suchtrupp!«, schrie John.

»Und die hier?«, entgegnete Kent und hob die Uzi in die Luft.

»Wir hätten uns verdammt nochmal auf die Treppe zurückziehen können!«

»Es hätte Querschläger gegen die Kellerwand geben können, wenn er geschossen hätte, das weißt du. Ich habe dir gerade das Leben gerettet. Beweg dich! Du kannst nichts mehr tun, er ist weg. Setz dich unter das Fenster!«

John stand auf und schlug ihm mit dem Handrücken ins Gesicht. Kent parierte den Schlag nicht. John stolperte hinüber zur Wand und ließ sich neben Malmberg auf den Boden sinken.

Kent zog den Schreibtisch zum Schutz gegen Attacken aus der Halle vor sie und sank neben dem alten Mann auf den Boden. John protestierte nicht. Er hatte ohnehin nicht vor, sich auch nur einen Millimeter von hier wegzubewegen. Jetzt war dieser Raum die einzig denkbare Verbindung zum Suchtrupp. Die einzige Chance sie zu stoppen bestand darin, dass der hier anrief und dass Malmberg ihm sagte, was John ihm befohlen hatte. Seine Gedanken kreisten nur um zwei Dinge, dass Anne sich mit Miriam an einem sicheren Ort versteckte und dass der Suchtrupp sie nicht finden und hier anrufen würde.

Von draußen richtete jemand eine Maschinengewehrsalve direkt auf die Scheibe. Die Kugeln trafen die Tür, die Wand und die Decke. John drückte sein Gesicht auf die Knie und verschränkte die Arme über dem Kopf. Glassplitter prasselten auf sie herunter und flogen in den Raum.

Der Polizist drehte sich um. Hielt die Uzi hoch, ohne den Kopf in der Fensteröffnung zu zeigen, und zielte nach draußen. Die Schusssalve hallte. Dann war es still.

Bert hörte das Maschinengewehrfeuer in der Ferne. Er hatte die Sig Sauer aus dem Holster gezogen und dafür gesorgt, dass alle Scheinwerfer ausgeschaltet waren. Rastlos lief er den Weg auf und ab. Er musste sich entscheiden. Am liebsten wäre er näher herangefahren, um zu sehen, was dort vor sich ging, und um zu versuchen, dem ein Ende zu bereiten. Der Gedanke an Verletzte mit Schusswunden, die vielleicht Hilfe brauchten, quälte ihn. Aber das war gegen die Anweisung, und es war zu riskant. Außerdem konnte er die Feuerwehrmänner nicht ohne Schutz zurücklassen.

Als er zum hundertsten Mal in die Dunkelheit starrte, als warte er auf eine Offenbarung, eine Erklärung, flüchtende Menschen oder ein Auto, sah er, dass jemand auf ihn zulief. Er warf sich hinter die offene Tür des Polizeiautos, winkte den Feuerwehrmännern und Olle eine Warnung zu und richtete die Pistole auf die einsame Gestalt. Eine Zehntelsekunde verwandte er darauf, einen schnellen Blick um sich zu werfen, um zu sehen, ob noch jemand auf sie zukam, aber am Waldrand rührte sich nichts.

Er hatte eine Kugel im Lauf, aber er hielt den Finger fern vom Abzug. In seinem ganzen Leben hatte er auf niemanden geschossen und ihm war bewusst, wie leicht die Sig Sauer in so einer Lage losgehen konnte. Er hatte keine Ahnung, was ihm bevorstand. Die Erinnerung an das Drama von Malexander kam ihm vor Augen, das Bild des Polizisten, der in einem Dickicht beschossen wurde und außer sich vor Todesangst die Waffe gegen einen Zeitungsfotografen gerichtet hatte, der ohne sich der Gefahr bewusst zu sein, seine Arbeit machte – fotografieren. Er dachte an den dürren älteren Mann im Holzhaus, sein unehrliches Gesicht und die ganze eigentümliche Atmosphäre, die über diesem Ort lag. Im Wald um ihn herum konnte es jetzt sehr wohl Männer geben, die jederzeit bereit waren, zwei Polizisten und vier Feuerwehrmänner zu erschießen. Er fühlte sich wehrlos, wie er in der Dunkelheit auf dem Schotterweg hockte, von vorn nur durch ein dünnes Türblech geschützt und von hinten durch gar nichts. Er hatte das Gefühl, genauso gut einen Spot auf seinen Kopf richten zu können, dazu ein Schild mit der Aufforderung »bitte hierher schießen«.

Die Gestalt kam näher. Er sah, dass es eine Frau war, und er erkannte die Köchin, die ihm am Morgen im Holzhaus begegnet war. Sie stolperte müde den Weg entlang, in zu großen Schuhen, die jemand anderem gehören mussten. Er wollte auf sie zurennen und ihr helfen, aber er wartete.

»Behalt du den Wald im Auge, dann kümmer ich mich um sie«, murmelte er Olle zu.

Sie kam näher. Sie erreichte den Kühler des Wagens und sah ihm direkt ins Gesicht. Er rührte sich nicht. Unsicher hob sie die Hände in die Luft. Die eine Hand war zur Faust gekrümmt.

Er winkte sie zu sich, und sie kam auf ihn zu. Sie war blass und ein paar blonde Strähnen waren aus dem Gummi gerutscht, das die Haare zu einem Pferdeschwanz zusammenhielt. Ihr Gesicht war ungeschminkt, markant traten die Wangenknochen hervor. Er versuchte, ihren Blick zu deuten, aber er sah nichts als einen verletzten, verwirrten Menschen mit einem einzigen Ziel. Überleben.

Wie alt mochte sie sein? Siebenundzwanzig, Achtundzwanzig?

Er streckte seine Hand aus, und sie gab ihm, was sie festhielt. Es war ein Mörserstößel aus Marmor. Eine Waffe, die sie an sich gerissen hatte, ehe sie das Holzhaus verließ. Er fasste den Mörser vorsichtig in der Mitte an und betrachtete ihn, ehe er ihn ungeschickt mit einer Hand in die leere Zimtschneckentüte gleiten ließ. Das war das Beste, was er hier und jetzt tun konnte. Er hatte kein Blut daran entdecken können.

Er legte seine Pistole unten in den Wagen, durchsuchte ihre Jackentaschen, tastete hastig ihren Bauch und Rücken ab und fuhr an ihren dünnen Beinen entlang. Es war ihm unangenehm, fast hatte er das Gefühl, ein Kind zu betatschen. Ihre Schenkel waren erschreckend dünn.

Wenigstens war sie nicht physisch verletzt. Er nickte ihr zu, und sie ließ die Hände sinken. Plötzlich veränderte sich ihr Gesichtsausdruck, als wäre der Schatten einer Wolke darüber gezogen. Sie begann mit den Zähnen zu klappern. Sie griff nach seiner Jacke, schmiegte sich dicht an ihn und klammerte sich an ihm fest, die Arme um seine Taille geschlungen, ihr Gesicht an seine Brust gedrückt. Tränen liefen ihr die Wangen herunter, und sie schluchzte abgehackt, als hingen Weinen und Tränen nicht richtig zusammen. Er legte die Hände um ihren Kopf.

»Du frierst«, sagte er. »Komm, dann sehen wir, was wir tun können.«

Er befreite sich vorsichtig aus ihrem Griff. Als er um das Auto herumging, folgte sie ihm, ihre schmale Hand an seinem Gürtel. Er öffnete den Kofferraum, zog eine Decke heraus und legte sie ihr um. In dem dunklen Wald sah sie wie ein einsamer kleiner Troll aus. Warum mussten diese Verrückten auch noch Frauen in den Mist hineinziehen? Was sollte er jetzt mit ihr tun?

»Siehst du was?«, fragte er Olle.

»Nein.«

Erneut fiel ein Schuss. Bert riskierte es, mit der Frau den Weg zu überqueren, ging zum Feuerwehrauto und öffnete die Tür.

»Kann sie bei euch bleiben? Das ist sicherer«, flüsterte er.

Sie zögerte, als sie die Männer sah, und warf ihm einen fragenden Blick zu. Er nickte. Sie kletterte in den Wagen, freundliche Hände halfen ihr hinein. Sie setzte sich zusammengekrümmt unter der Decke an die Seite, und der Feuerwehrmann machte ihr Platz. Vorsichtig schloss Bert die Tür hinter ihr. Er ging zum Polizeiauto zurück und fühlte die ganze Zeit ihren erwartungsvollen Blick auf sich ruhen.

44

Aus Verzweiflung und Ohnmacht schlug Anne mit der Hand auf das Lenkrad.

»Der Teufel soll ihn holen!«, schimpfte sie.

Sie hatten das Zelt abgebaut und leise ins Auto geladen. In Domarudden schliefen die Feriengäste in ihren Zelten und Wohnwagen, ältere Leute und eine Familie mit kleinen Kindern. In einem der Wagen hatte man sich schon mit einem kleinen weißen Zaun, Beeten und einem kleinen Brunnen für den Sommer eingerichtet. Niemand wachte auf, als der Landrover ohne Licht von der Wiese rollte.

»Du hast doch nicht etwa vor, heimlich die Polizei anzurufen, ohne mir etwas zu sagen?«, fragte Miriam misstrauisch.

»Nein«, sagte Anne. »Ich bin nur für einen Moment aus dem Konzept geraten. Entschuldige. Ich verspreche es.«

»Wohin fahren wir jetzt?«

Ratlos hob Anne eine Hand. Sie war erschüttert über das Gespräch mit John, erschüttert darüber, dass Miriam sich so schnell damit abgefunden hatte, und sie hatte keine Ahnung, wohin sie fahren sollten. Die große Straße war einen Kilometer entfernt, aber sie wollte dort nicht fahren, wenn sie nicht absolut dazu gezwungen war.

Sie fuhren langsam durch die Dunkelheit. Nach ungefähr siebenhundert Metern entdeckte sie einen schmalen Pfad, der nach rechts führte. Anne bog ab. Der Weg säumte einen Acker, bevor er sich einen steinigen Hügel hinauf in den Wald schlängelte.

Miriam saß schweigend neben ihr und schaute aufmerksam durch die Windschutzscheibe. Nach einigen Kilometern auf dem holprigen Pfad fuhr Anne in den Wald, manövrierte um Steine und umgestürzte Bäume herum und versuchte, die Richtung im Gedächtnis zu behalten. Sie war nach Osten gefahren und dann wieder nach Süden.

Sie hielten am Rand einer sumpfigen Lichtung. Anne sah sich um. Die Lichtung lag zwischen zwei steilen Felsen, die zu beiden Seiten in die Höhe ragten. Sie gab wieder Gas, wendete das Auto und fuhr rückwärts zwischen die Fichten. Sie zog die Handbremse an und stellte den Motor aus. Es wurde still.

»Was machen wir jetzt?«, flüsterte Miriam.

»Wir warten, wie wir besprochen haben. Bist du hungrig?«

»Nein.«

»Kletter nach hinten und schlaf ein bisschen auf dem Rücksitz. Dann vergeht die Zeit schneller.«

»Und du?«

»Ich bin nicht müde. Ich passe hier auf und hüte das Telefon.«

»Aber ich werde auf keinen Fall schlafen.«

»Du kannst es doch wenigstens versuchen?«

»Und wenn sie hierher kommen?«

»Ich glaube nicht, dass sie uns hier finden können. Wenn sie den Campingplatz erreichen und sehen, dass wir nicht da sind, werden sie glauben, dass wir uns zur Sicherheit ein Hotel gesucht haben. Oder zurück nach Stockholm gefahren sind.«

Miriam fand die Antwort einleuchtend und kletterte auf den Rücksitz, legte sich hin und zog den Schlafsack wie eine Decke über sich. Anne beugte sich nach hinten und strich ihr über die Wange. Ein paar Minuten später war Miriam eingeschlafen. Das heißt, dass sie mir vertraut, dachte Anne bedrückt. Sie sah in die Dunkelheit hinaus. Das Seitenfenster war offen. Es war kühl, aber nicht mehr wirklich kalt. Die Luft in dieser Nacht führte eine erste richtige Ahnung von Sommer mit sich.

Das, was sie gerade getan hatte, war vollkommen schwachsinnig. Sie versuchte, die Wirklichkeit nicht aus dem Blick zu verlieren und sich einzureden, dass es auch unter normalen Umständen logisch gewesen wäre, so zu handeln. Rein praktisch tat sie schließlich nichts anderes, als mit ihrer Tochter im Wald zu übernachten. Es bedeutete nicht, dass sie sich von einer plötzlichen Psychose mitreißen ließ, die bei John vielleicht ausgebrochen war. Fünf Stunden hier waren keine revolutionäre Handlung, das verbrannte keine Brücken zurück in die Welt der Vernunft.

Sie griff nach der Thermoskanne und trank etwas Kaffee mit Milch, den sie an diesem Abend gekocht hatten. Er war nur noch lauwarm, aber sie wollte es nicht riskieren, den Spirituskocher anzumachen, falls die Verfolger ihnen auf den Fersen waren.

War das das Beste, was sie tun konnten? Wäre Miriam in einem Hotel mit anderen Gästen sicherer? Das Problem lag darin, dorthin zu kommen. Annes Gedanken waren lange gekreist und jedes Mal an diesem Punkt stehen geblieben. Dass die Männer im Ford Wirklichkeit waren, wusste sie. Sie wollte sie nicht noch einmal in Miriams Nähe sehen.

Ihre Gedanken wanderten nach Norrland zu John. Dass er schutzlos gewissenlosen Mördern ausgeliefert gewesen war und sich noch immer dort aufhielt, beunruhigte sie zutiefst. Sie versuchte, sich die Männer vorzustellen, aber sie blieben undeutliche Schatten vor ihrem inneren Auge.

Sie verspürte die Sehnsucht nach John heftiger. Sie war hier in einem Wald gefangen, und er brauchte sie. Sie wollte aufbrechen und ihm helfen, aber es war unmöglich, Miriam allein zurückzulassen.

Irgendwo stimmte ein einsamer Vogel sein Lied an und riss sie aus ihren Gedanken. Anne zog die Jacke enger um sich und sah auf die Uhr. Halb zwei. Leise öffnete sie die Tür, lauschte lange, um sicher zu sein, dass sie allein war, und stieg aus. Ein schwacher Wind wehte.

Der Hügel neben dem Landrover ragte bedrohlich empor, und in der Dunkelheit sah sie die schwarzen Schatten von Bäumen und Windbruch. Ein Gefühl von Einsamkeit überkam sie. Und warum leben wir in diesem seltsam dunklen Land mit unendlichen, finsteren Wäldern? Warum macht uns die schwedische Nacht so traurig? Was macht John? Was tun wir hier?

Der Duft von Fichten, Tannen und Moos war fast berauschend stark und mischte sich mit dem Geruch der Gummireifen. Sie ging in die Hocke und urinierte ganz dicht an den Felsen. Das Papier deckte sie mit trockenen Nadeln ab.

Zitternd stieg sie wieder ins Auto und zog die Tür hinter sich zu. Sie schloss sich mit einem leisen Schnappen. Anne warf einen Blick auf den Rücksitz. Miriam schlief ruhig und selbstsicher unter dem Schlafsack, das braune Haar war ihr ins Gesicht gefallen. Anne fühlte, dass sich all ihre Kraft zu einem Schutzschild für Miriam sammelte.

Ein paar Minuten später glitt ein grüner Chevrolet zwischen den Bäumen auf den Campingplatz. Die Männer auf den Vordersitzen waren gereizt. Sie hatten keine Gelegenheit mehr gehabt, die Nummernschilder an diesem gestohlenen Wagen auszutauschen, nachdem sie niemals damit gerechnet hatten, dass sie den legal gekauften Ford zurücklassen und ein neues Transportmittel würden klauen müssen. Das war ein grober Strich durch ihre Rechnung gewesen.

Als der Abschleppdienst endlich zu ihrem verunglückten Wagen im Wald vorgedrungen war und sie in die Stadt gefahren waren, um Värnström zu fragen, wo Mutter und Tochter abgeblieben waren, hatte der sein Handy ausgeschaltet und war verschwunden. Er hatte die Anwältin und das Mädchen verloren und wagte nicht sich zu zeigen. Weder Malmberg noch Martin hatten seither von sich hören lassen. Das war zwar an und für sich kein Verlust, da sie noch keine neue Spur von dem Landrover hatten, aber irgendetwas stimmte nicht. Und die Zeit lief ihnen davon.

Der Dunkelhaarige hielt mit laufendem Motor unter einem Baum. Sie stiegen aus, holten ihre Polizeimarken heraus und gingen zum nächstgelegenen Zelt. Der Dunkelhaarige zog ohne zu zögern den Reißverschluss vom Zelt hoch, machte seine Taschenlampe an und leuchtete hinein. Es schien sinnlos, sich noch an irgendwelche Anstandsregeln zu halten.

»Polizei!«, schrie er.

Ein älteres Paar blinzelte erschrocken aus seinen Schlafsäcken ins Licht. Die Frau versuchte, den Lichtschein mit ihren Armen abzuschirmen, um besser zu sehen. Sie trug eine dunkelblaue Collegejacke mit langen Ärmeln. Der Mann beugte sich vor und packte sie an ihrer Jacke unter dem Kinn.

»Die Frau und das Mädchen im Landrover! Wo sind sie?«

Sie sah ihn unsicher an. Sie war so überrascht und eingeschüchtert, dass sie kaum verstand, was er sagte, und das machte ihn nur noch ärgerlicher.

»Die Frau und das Mädchen im Landrover!«, rief er.

»Aber sie sind doch hier nebenan. Die schlafen doch in …«

»Sie sind weggefahren«, fiel ihr der Rothaarige ins Wort. »Wissen Sie, wo sie sind? Haben sie gesagt, wohin sie wollen?«

Die Frau schüttelte den Kopf.

»Sie wollte bleiben und auf ihren Mann warten«, sagte der Mann unerwartet. »Er kommt morgen. Aber wenn sie nicht mehr da sind, dann wird er wohl schon …«

Die Männer zogen sich aus dem Zelt zurück und sahen, dass auch andere Urlauber wach geworden und sich ein Stück entfernt versammelt hatten. Der Dunkelhaarige ging auf sie zu und hob drohend seine Polizeimarke. Die Menschentraube wich ein paar Schritte zurück und blickte ihn abwartend an. Ungeduldig steckte er die Marke zurück in seine Innentasche.

»Es ist wichtig, dass wir den Landrover finden, der hier gestanden hat«, sagte er laut. »Die Frau, die ihn fährt, hat ihre Tochter entführt. Sie ist kriminell. Es besteht die Gefahr, dass sie sich und dem Kind etwas antut. Verstehen Sie das? Sie können selbst sehen, dass sie mitten in der Nacht Hals über Kopf aufgebrochen ist. Ist das normal? Weiß jemand, wohin sie wollen? Jemand, der sie gesehen hat?«

Sie schüttelten stumm die Köpfe.

»Okay, dann wissen wir, woran wir sind«, sagte er und ging zum Auto zurück.

»Müssen Sie die Leute so anschreien?«, hörte er eine Stimme hinter sich.

Er drehte auf dem Absatz um und starrte die Urlauber an.

»Kommt man nicht weiter, wenn man unschuldige Menschen nicht anschreit?«, sagte der junge Mann.

Seine Stimme war leise, aber resolut. Der Dunkelhaarige

ging ohne zu zögern auf ihn zu und versetzte ihm einen harten, feindseligen Stoß. Der Mann hob ungeschickt einen Arm, um sich zu verteidigen, und seine Frau schnappte vor Schreck nach Luft.

»Lassen Sie ihn in Ruhe!«, rief sie.

Sie legte beruhigend die Hand auf den Arm des Dunkelhaarigen. Er schüttelte sie ab und versetzte ihrem Mann noch einen Stoß.

»Lass gut sein«, hörte er die Stimme des Rothaarigen hinter sich.

Er warf dem Mann einen letzten, zornigen Blick zu und ging zum Auto. Sie setzten sich unter drückendem Schweigen. Der Rothaarige gab Gas und schaute in den Rückspiegel.

»Die Tante holt ihr Handy. Wahrscheinlich wird sie die Polizei anrufen und sich über uns beschweren«, sagte er.

»Wirklich?«, der Dunkelhaarige drehte sich auf dem Beifahrersitz um. »Verdammter Mist! Halt an!«

»Um was zu tun? Bist du noch zu retten? Das sind mindestens acht oder zehn Leute!«

»Und was zur Hölle meinst du sollen wir sonst tun? Die haben uns doch gesehen?«

»Sie in Ruhe lassen und von hier abhauen. Genau das, was wir gerade machen.«

»Wohin denn? Wohin fährst du jetzt? Das hier ist nicht der Rückweg. Du fährst ja direkt in den Wald!«

»Wir dürfen nicht oben auf der Straße sein, wenn die Bullen kommen. Wir fahren ein bisschen herum, verhalten uns eine Weile ruhig und fahren weiter vorn wieder auf die Straße. Dann können wir die Karre tauschen.«

Das Auto holperte im Dunkeln schwerfällig den schmalen Weg entlang.

»Das geht nicht«, sagte der Dunkelhaarige. »Das wird nichts. Was ist, wenn sie das Nummernschild aufgeschrieben haben?«

»Ich sag doch, dann müssen wir eben tauschen.«

»Schon wieder? Da ist doch was faul an diesem verdammten Campingplatz. Warum ist sie hergekommen und einfach wieder abgefahren, mitten in der Nacht?«

»Ist doch egal warum. Wahrscheinlich hat sie kalte Füße bekommen.«

Der Dunkelhaarige sah ihn eine Weile grimmig an.

»Nein«, sagte er starrsinnig. »Irgendwas ist passiert. Da stimmt was nicht. Irgendwas ist schief gegangen. Ich fühle das.«

Der Rothaarige zuckte mit den Schultern. Das Auto holperte an Felsblöcken und Hügeln vorbei. Der Dunkle sah aus dem Fenster. Er hatte schon lange die Orientierung verloren, aber er hatte auch keinen Vorschlag, was sie stattdessen tun sollten. Unter den Rädern erklang ein schmatzendes Geräusch. Sie waren direkt in einen sumpfigen Grund gefahren.

»Du bist vom Weg abgekommen. Halt das Auto an!«, befahl er schroff.

Der Rothaarige hielt an, stellte den Motor aus und öffnete die Tür auf seiner Seite. Die Stille war ohrenbetäubend. Der Dunkelhaarige nahm sein Handy und wählte eine Nummer. Er kam nicht durch. Ungläubig wählte er eine andere Nummer.

Im Arbeitszimmer des Holzhauses klingelte das Telefon. John kroch zu dem Schreibtisch hinüber, zog das Telefon zu sich heran auf den Boden und versuchte, Leben in Malmberg zu schütteln.

»Wenn das hier der Suchtrupp ist, dann rufst du sie nach Hause«, zischte er. »Verstehst du? Ihr Auftrag ist beendet. Du holst sie hierher!«

Er hob den Hörer ab, drückte ihn an Malmbergs Ohr und lauschte.

»Chef?«, erklang eine Stimme am anderen Ende.

»Wie geht es?«, fragte Malmberg.

Das war das Erste, was er sagte, seit sie im Keller gewesen waren. Er klang heiser. Es entstand eine kurze Pause, ehe die andere Stimme antwortete.

»Negativ. Wie sieht es bei euch oben aus?«

»Hier? Gut! Dann brecht ab und kommt zurück.«

»Zurückkommen?«, wiederholte die Stimme misstrauisch.

»Ja. Das ist ein Befehl.«

»Ganz sicher? Wir können ...«

»Ich sagte, das ist ein Befehl!«, schrie Malmberg hysterisch.

Wieder entstand eine Pause.

»Verstanden«, sagte die Stimme und die Verbindung brach ab.

Der Dunkelhaarige legte auf und wandte sich an seinen Partner.

»Sie müssen dorthin gefahren sein. Malmberg steckt fest. Das Spiel ist aus.«

Der Rothaarige warf ihm einen skeptischen Blick zu.

»Wieso aus? Wieso bist du dir so sicher?«

»Ich habe das gehört. Und sein Handy funktioniert nicht. Er klang anders als sonst. Er hatte eine ganz andere Stimme und hat gar nichts gefragt. Ich verwette meinen Hintern darauf, dass Bullen im Zimmer waren, als er geredet hat. Die warten auf uns. Die Sache ist geplatzt. Merkst du das nicht? Wenn du das nicht durchschaust, dann hast du hier nichts zu suchen.«

»Woher willst du wissen, dass Bullen im Haus sind?«

»Hast du Lust hinzufahren und nachzusehen? Ich für meinen Teil habe nicht vor, das zu tun. Hast du keinen Kampfinstinkt? Ohne mich wärst du ihnen wahrscheinlich direkt in die Arme gefahren. Du bist ja eine Gefahr für alle.«

»Ja, sicher. Also, was machen wir jetzt? Fangen wir nochmal von vorne an?«

Der Dunkelhaarige steckte das Handy in die Innentasche und nickte. Er zögerte und sah zum Himmel hinauf, der heller zu werden begann. Der Rothaarige hob angewidert einen Fuß. Jeder Schritt sank in den sumpfigen Boden ein.

»Verdammt, ist das nass hier.«

»Ja, eine richtig beschissene Stelle«, fluchte der Dunkelhaarige.

Er zog seine Pistole heraus, hielt sie an den Kopf seines Partners und drückte ab.

Unmittelbar danach fuhr er alleine im Auto weg, drehte eine Kurve über die Lichtung und verschwand in der Nacht.

In dem dunklen Landrover elf Meter entfernt fuhr Miriam zusammen, als der Schuss fiel. Der Knall war unbeschreiblich laut, niemals hätte sie sich vorstellen können, dass ein Pistolenschuss so ohrenbetäubend sein konnte.

Sie hatte nichts, womit sie sich verteidigen konnte. Außer Anne gab es nichts zwischen dem Schuss und ihr. Sie fühlte sich wehrlos.

Sie lag zwischen den Sitzen auf dem Boden, wo sie hingerollt war, als sie den Chevrolet vor sich auf die Wiese fahren hörten. Ihre Mutter saß halb rückwärtsgewandt auf dem Fahrersitz und hielt ihre Hand fest. Der Automotor dort draußen wurde angelassen. Das Brummen des Motors schien sich zuerst zu nähern, doch dann verschwand es. Es war wieder still. Anne drückte ihre Hand.

»Er ist weg«, flüsterte sie.

»Warum haben die geschossen?«, fragte Miriam.

»Der eine von ihnen hat den anderen erschossen.«

»Warum denn? Ist er tot? Ist er da draußen?«

»Er liegt noch im Gras. Er rührt sich nicht. Ich werde nachsehen, ob ich ihm helfen kann. Bleib liegen«, flüsterte Anne.

»Geh nicht dahin! Vielleicht ist das eine Falle. Geh nicht!«, bat Miriam.

Sie klammerte sich an Annes Hand fest. Ihre Hand war kalt und nass geschwitzt. Anne blieb sitzen, und das gab Miriam das Gefühl unendlicher Geborgenheit. Es gab keinen Grund zur Eile, denn der, auf den geschossen worden war, war vermutlich tot.

Schließlich ließ Miriam ihre Hand los. Anne nahm den Erste-Hilfe-Koffer und stieg aus. Die Tür schlug zu. Miriam kletterte auf den Rücksitz zurück und sah ihr durch die Scheibe nach.

Anne blieb einen Augenblick stehen, lauschte und blickte zu dem dunklen Schatten im Gras. Er rührte sich nicht. Sie hatte gesehen, wohin die Kugel gerichtet war, und sie wusste, dass er kaum mehr am Leben sein konnte.

Sie ging durch das nasse Gras zu ihm und kniete sich neben ihn. Sie war zum ersten Mal in der Nähe eines toten Menschen. Sie spürte ganz deutlich, dass das, was sie vor sich hatte, nichts anderes mehr als ein Stück Fleisch und Knochen in einem Anzug war. Der Anblick löste eine gewaltige Übelkeit in ihr aus.

Er lag halb auf dem Rücken, halb auf der Seite. Sie zwang sich, sein Handgelenk zu nehmen und nach dem Puls zu fühlen. Es gab keinen. Seine Hand war noch warm. Haut, Nägel, ein Ring, die Linien in seiner Handfläche. Das alles hatte einen Sinn gehabt und jetzt bedeutet es nichts mehr. Außer dem Ring würde alles bald aufhören zu existieren.

Seine Augen waren offen. Auf der linken Seite des Kopfes klebte Blut im Haar, wo die Kugel eingedrungen war. Sie konnte kein Austrittsloch sehen, aber ihr war klar, dass der Kopf auf dieser Seite völlig zerfetzt sein musste. Er war kein Nazi mehr, er war kein Mensch mehr. Er war nur noch ein toter junger Mann, den sie nicht kannte.

Sie verspürte einen ungeheuren Zorn auf den, der das

angerichtet hatte. Jeder Mensch war einzigartig und unersetzbar. Auch dieser Bursche hier. Er hatte sie bedroht, aber das spielte keine Rolle. Jeder einzelne Mord war ein brutales und gewaltsames Verbrechen gegen die Natur, er zerstörte etwas Zerbrechliches und Wertvolles, etwas, das nie zurückkommen würde.

Widerwillig steckte Anne ihre Hand in seine Jacke. Er hatte eine Pistole im Schulterholster. Sie nahm sie heraus. Die Waffe war überraschend schwer. Noch nie zuvor hatte sie eine Pistole in den Händen gehalten.

Irgendwo im Wald war der Dunkelhaarige allein unterwegs, nachdem seine Angst und sein Misstrauen ihr unausweichliches Opfer gefordert hatten. Sie konnte nicht wissen, in welche Richtung er gefahren war. Vielleicht irrte er mit dem Auto im Wald herum, fuhr im Kreis und würde wieder hierher zurückkommen. Nichts war mehr sicher. Es hatte keinen Sinn, länger hier zu bleiben.

Der einzige Weg, den sie kannte, war der nach Domarudden. Sie ging zurück zum Auto und schob schnell die Pistole ins Handschuhfach. Miriam sah die Waffe an und dann sie, mit Augen, die in der Dunkelheit unnatürlich groß schienen. Ihr Blick traf sie ins Herz. Sie nahm ihr Gesicht in beide Hände.

»Miriam, es tut mir Leid«, sagte sie. »Das alles hier tut mir Leid. Ich schäme mich so für alle Erwachsenen.«

»Es ist nicht deine Schuld«, sagte Miriam tröstend.

Anne konnte nicht antworten. Sie schüttelte hilflos den Kopf, stieg in den Wagen, ließ den Motor an und fuhr los.

Sie hatte Angst, der Landrover könnte durch den ganzen Wald zu hören sein, aber wenn der Motor des anderen Autos auch lief, würde der Fahrer sie nicht hören.

Anne ließ ihren Blick durch die Heckscheibe über die Lichtung schweifen, über die Baumstämme, über das lange, feuchte Gras, das den toten Körper umgab. Das Bild ätzte sich in ihr Hirn und verdrängte alles andere. Es fühlte sich an, als lege sich eine schwarze Schicht über ihre Gefühle und ihr Ich, wie die glatte Lehmschicht in Erdablagerungen, die die Jahrhunderte markierte, in denen nichts auf der Erde geschehen war und in denen es kein Leben gegeben hatte.

Aus der Entfernung sahen sie Lichter in Domarudden. Anne bog nicht ab, sondern fuhr weiter auf die große Straße zu. Nach ein paar Minuten begegnete ihnen ein Polizeiauto, das in die entgegengesetzte Richtung fuhr. Das Handy griffbereit neben sich auf dem Sitz, beschleunigte sie und fuhr nach Süden in Richtung Stockholm.

Fünf junge Kerle aus der Grube standen fünfzehn Kilometer südlich vom Holzhaus entfernt am Waldrand und musterten ein kleines weiß gestrichenes Wohnhaus. Es schien keine anderen Nachbarn in der Nähe zu geben. Unsicher näherten sie sich über einen alten zugewucherten Acker dem Haus. Schwaches Licht drang aus einem Fenster, aber drinnen schien sich nichts zu rühren.

Einer der Männer klingelte an der Tür, während die anderen ein paar Meter entfernt warteten. Er stand frierend auf dem Treppenabsatz, in der Hand hielt er einen spitzen Stein, die einzige Waffe, die er bei sich hatte.

Nach einer Weile öffnete eine ältere Frau. Sie hatte graue Haare, wirkte schwach und gebrechlich und trug lange Hosen und eine Strickjacke. Die Explosionen und Schüsse hatten sie natürlich geweckt. Und sie hatte die Polizei gerufen. Aber sie war hier und öffnete und seine Hoffnung wuchs.

Er drängte sich an ihr vorbei. Bargeld und ein Auto, dachte er. Die alte Schachtel musste irgendein altes Auto haben, wenn sie so abgelegen wohnte.

Sie machte Platz ohne Protest oder Fragen zu stellen. Erstaunt trat er in die kleine Diele und drehte sich um. Hinter ihr in der Türöffnung, die in die kleine Küche führte, stand ihr gleichaltriger Mann mit der Elchbüchse im Anschlag. Der Lauf war direkt auf ihn gerichtet.

Er kam nicht dazu, etwas zu sagen. Der Mann gab ihm ein Zeichen, sich auf einen Stuhl im Eingang zu setzen. Er ließ den Stein auf den Flickenteppich fallen und gehorchte. Die Frau schob die Tür wieder ein Stück auf.

»Haut ab! Verschwindet von hier!«, rief sie den anderen zu.

Die Männer tauschten Blicke und zogen sich langsam zwischen die Bäume zurück. Sie ging ins Haus zurück und griff zum Telefonhörer.

»Am besten ich rufe alle an und sage ihnen, dass die hier herumstreunen«, sagte sie zu ihrem Mann. »Man kann nicht wissen, wohin sie gehen. Ich warne Birgitta und Richard.«

Ihr Mann nickte. Er setzte sich auf einen Stuhl und fixierte den Jungen vor sich. Den kurz geschorenen Kopf, den schwarzen Overall und die Hakenkreuztätowierung am Unterarm.

»Das war es also, womit ihr euch da oben im Haus beschäftigt habt. Habe ich's doch geahnt«, sagte er. »Und was ist jetzt passiert? Habt ihr miteinander den Krieg angefangen?«

Der Junge wollte nicht antworten. Der Mann zeigte auf die Tätowierung.

»Das da, Junge, das ist das Zeichen eines Vaterlandsverräters. Es gab mal einen Vaterlandsverräter namens Quisling in Norwegen. Er versuchte im Zweiten Weltkrieg, den Norwegern den Nazismus aufzuzwingen. Ihn haben sie auf der Akershus Festung erschossen. Ich habe den Schuss im Radio gehört.«

Er machte eine Pause.

»Und solche wie ihr wollen die Macht in Schweden übernehmen?«

»Um das Land zu retten«, murrte der Junge.

»Und wenn wir darauf keine Lust haben?«

»Das Volk weiß nicht von allein, was das Beste ist. Das sind alles willenlose Zombies, die ausländische Interessen verfolgen.«

Der Mann hob seine Augenbrauen.

»Au weh. Das klingt nicht, als hättest du eine sonderlich hohe Meinung von deinem Volk«, sagte er. »Man könnte sich ja direkt fragen, warum du so besorgt um uns bist, wo wir doch solche Idioten sind.«

Er war nicht erbost. Einen Augenblick sah er ihn schweigend an.

»Du musst ja völlig fertig sein. Willst du einen Kaffee?«

Er nickte in Richtung Küche. Der Junge antwortete nicht. Starrsinnig biss er die Zähne zusammen. Was für eine Verschwendung, dachte der Alte traurig.

45

Samstag

John warf einen Blick durch die kaputten Fenster und sah, dass die Nacht der grauen Morgendämmerung wich. Es war gespenstisch still.

Er hielt die Kalaschnikow des Polizisten in der Hand, den Lauf an die Schulter gelehnt. Der Polizist hatte nicht darum gebeten, sie zurückzubekommen. Malmberg saß zwischen ihnen. Er war in eine Art schwebenden Zustand übergegangen, als schliefe er mit offenen Augen. Er war nicht mehr ansprechbar. Vielleicht war es der Schock, vielleicht Flüssigkeitsmangel oder ein schwaches Herz. Martins Körper lag noch immer zur Hälfte unter dem anderen Schreibtisch, so nah, dass er ihn mit dem Fuß berühren konnte.

Es war nur noch ein weiterer Schuss gefallen, und das war vor einer Stunde gewesen. Er wusste nicht, ob noch mehr Männer da waren. Falls ja, verhielten sie sich ruhig, aber der Kerl mit dem Maschinengewehr konnte noch dort draußen sein, bereit auf alles zu zielen, was sich rührte. Vielleicht hatten sie begriffen, dass die Polizei unterwegs sein musste. Vielleicht waren sie in den Wald geflüchtet. Wie auch immer, es war nicht sicher genug, um rauszugehen oder zu versuchen, mit dem Jeep von hier zu fliehen. Das Einzige, was ihnen blieb, war auszuhalten und das Arbeitszimmer mit den Rechnern und dem Archivschrank zu bewachen, bis die Polizei kam.

Er fragte sich, ob der Helikopterbrand inzwischen gelöscht war und wo sich Polizei und Feuerwehr mittlerweile befanden. Er hoffte, dass sie nicht so dumm waren, hierher zu fahren, ehe ihre Verstärkung eingetroffen war.

War der Kampf vorbei? Es gab keinen Startschuss und keine Schlussfanfare. Es gab nur diese Stille vor dem Haus. Eine Stunde ging in die nächste über, das Geschehen verdichtete sich und löste sich auf, ohne dass er wusste wie.

Kent drehte den Kopf.

»Alles okay?«, fragte er leise.

John nickte. Der Polizist sah ihn neugierig an.

»Stört es dich, wenn ich dich etwas frage? Warum hast du nicht einfach den Eingang zur Grube gesprengt? Dann hättest du die ganze Bande in der Falle gehabt.«

»Es gab einen Innenraum, der mit Sprengstoff und Munition gefüllt war. Die Druckwelle hätte alles in die Luft fliegen lassen. Das wäre ein Massaker geworden.«

»Ah«, sagte der Polizist und nickte.

Für ein paar Sekunden war es still, dann fuhr er fort.

»Kannst du mir noch eine Sache sagen? Was ist damals in Afrika passiert?«

John schwieg, und Kent unternahm einen neuen Versuch.

»Es dringt nicht weiter als in diese vier Wände. Wie war

das dort unten? Es muss die Hölle gewesen sein, aber war es auch abenteuerlich? Hast du nicht auf eine ganz besondere Weise gespürt, dass du lebst? Auf eine Weise, die man anders nie erfährt?«

John schüttelte den Kopf. Kent schien zu verstehen, dass er zu weit gegangen war, und es wurde wieder still.

Eine Weile später hörten sie Schritte auf dem Kies in der Auffahrt. Ein Mann kam den Hügel herunter, rutschte ein wenig und blieb vor der Schmalseite des Hauses stehen. Sie wechselten einen raschen Blick. John wartete angespannt, bereit für eine neue Schusssalve. Der Mann schrie heiser durch die zerschossenen Fenster, zornig und unfähig zu begreifen, dass seine Träume in Trümmer zerschlagen waren.

»Kent«, brüllte er und seine Stimme überschlug sich.

Er reagierte nicht. Der Mann begann von neuem.

»Kent!«

Ein Kiesregen prasselte auf das, was von den Glasscheiben im Fensterrahmen noch übrig war und blieb vor Johns Füßen liegen.

»Der clevere Polizist!«, fuhr die Stimme fort. »Der eigensinnige Bulle! Der einsame Wolf! Hast du nicht begriffen, wozu du hier warst? Wir haben dich hierher gebracht, um den Anwalt zu verhören. Du solltest doch so verdammt gut darin sein, hat Jenny gesagt, ein wahres Genie, aber nicht mal das hast du geschafft. Ich, ich habe dich hierher gebracht. Du warst keine Sekunde getarnt! Von Anfang bis Ende reingelegt!«

Der Mann erwartete eine Antwort. Als sie ausblieb, lief er zornig den Hügel wieder hinauf und seine Schritte verhallten.

John sah Kent an. Er saß an die Wand gelehnt, die Uzi auf den Knien und hielt die Pistole mit beiden Händen auf die Decke gerichtet. Sein Gesicht war wie versteinert. Er sah aus, als hätte er nichts gehört.

»Hat er dich gemeint?«, fragte John.

Kent beugte kaum merklich den Kopf.

»Kennst du ihn? Weißt du, wer er ist?«

»Aber ja. Er heißt Tomas Ronaldsson. Er ist ein Kollege.«

»Ein Polizist? Mittelalt, rothaarig?«, fragte John einer plötzlichen Eingebung folgend. »Ich habe ihn drinnen im Berg gesehen. Wusstest du, dass er hier war?«

Einen Moment blieb es still.

»Nein«, sagte Kent.

Er schnaubte, lächelte und schüttelte trübsinnig den Kopf.

»Nein, das wusste ich wirklich nicht.«

Seit zwanzig Minuten hatte Bert keine Schüsse mehr gehört. Er konnte nicht länger warten.

»Wir können uns genauso gut aufteilen. Geh rüber und setz dich zu den Feuerwehrleuten und dem Mädchen«, sagte er zu Olle.

Olle nickte, stieg aus dem Wagen, umrundete das Heck und rannte zum Löschfahrzeug hinüber. Bert behielt ihn im Auge. Als er sah, dass die Tür des Feuerwehrautos wieder geschlossen war, ließ er den Motor an, gab Gas und rollte langsam vorwärts. Während er lenkte, hielt er unverändert die Sig Sauer in der rechten Hand.

Er kuppelte aus und rollte lautlos den Berg hinunter. Die Stille war absolut. In ihm stieg Unbehagen auf, und sein Blick flackerte unaufhörlich den Wald hinauf und in den Rückspiegel. Falls Menschen in seiner Nähe waren, gaben sie sich nicht zu erkennen.

Plötzlich fing das Auto an zu vibrieren. Er ignorierte das Geräusch. Er konnte die Konzentration nicht einmal für eine Sekunde auf etwas anderes richten.

Er stoppte zweihundert Meter vor dem Haus, ließ den Motor laufen und blickte durch die Windschutzscheibe. Die Umgebung sah aus wie ein Kriegsgebiet. Der Boden war mit Steinen, Ruß, Laub, Scherben und leeren Feuerlöschern bedeckt. Das Nebengebäude war abgebrannt, und in der Ruine standen die Wracks von drei ausgebrannten Jeeps. Das Feuer war gelöscht worden, aber von den schwarzen Haufen verbrannter Bretter stieg Rauch auf. Er konnte keine einzige Menschenseele entdecken.

Ein Teil der Felswand zu seiner Rechten war eingestürzt. In dem Haufen aus Steinen und Gerümpel sah er Schrankteile und verbrannte Reste von Betten und Gegenständen, die bizarr in die Luft ragten. Rauch drang aus der verschütteten Grube und stieg über dem Fichtenwald auf.

Er sah zum Holzhaus. Die Seitenwand zeigte Spuren von Maschinengewehrsalven. Zwei Fenster waren vollständig zerschossen.

Eine paramilitärische Gruppe, dachte er. Vermutlich Nazis. Dass er das nicht sofort durchschaut hatte. Dass er es nicht untersucht hatte, bevor es so weit kommen musste.

Er beugte sich vor und versuchte, an dem Felsen hinaufzuschauen. Nichts rührte sich. Er trat wieder auf das Gas und rollte langsam bis an die Rasenfläche. Noch immer war es totenstill. Hatten sich alle gegenseitig umgebracht? Wo waren sie? Drinnen im Haus?

In einer halben Stunde würde der Helikopter kommen. Bert blieb stehen, öffnete die Autotür und stieg aus, die Waffe schussbereit. Der Boden war schwarz verkohlt, und es stank nach Rauch. Schritt für Schritt tastete er sich vorwärts, während er das Gelände unablässig mit den Augen absuchte.

Neben dem Brandhaufen, der das Lager gewesen war, bewegte sich etwas. Er strengte die Augen an.

Da war sie wieder. Jetzt sah er, dass es ein Arm war, der schwach winkte, und er machte einen Menschen aus, der auf dem Rücken lag. Fünf Meter weiter lag ein zweiter. Augen und Ohren unter Hochspannung trat er zu der Gestalt und blickte in das rußige Gesicht. Es war ein junger

Mann, vielleicht fünfundzwanzig, bekleidet mit einem zerrissenen schwarzen Overall. Sein Bein war gebrochen, sein Blick war leer, und Bert war sich nicht sicher, ob er bei vollem Bewusstsein war.

Er kontrollierte seinen Puls. Er ging ein wenig zu schnell, aber regelmäßig. Er hatte eine Beule an der Schläfe, aber offenbar keine Schusswunde. Wahrscheinlich hatten ihn bei der Explosion im Berg herumfliegende Teile getroffen.

»Keine Angst, bald kommt ein Krankenwagen«, murmelte Bert.

Er stand auf und ging zu dem anderen. Ihm ging es schlechter, er hatte sich übergeben und bekam kaum noch Luft. Bert legte ihn auf die Seite, zog ein Taschentuch aus der Jacke, steckte dem Jungen die Hand in den Mund und versuchte, die Atemwege freizubekommen.

Als er Richtung Berg blickte, entdeckte er Männer dort, die sich zwischen den Bäumen bewegten. Sie schienen unter Schock zu stehen.

Der junge Mann atmete leichter. Bert stand auf, warf das Taschentuch weg und näherte sich dem Haus. Als er auf der Eingangstreppe stand, die Hand auf der Türklinke, sah er jemanden ums Haus schleichen, eine Ak 5a schussbereit in der Hand.

Ihre Blicke trafen sich. Die Augen des Mannes waren aufgerissen, die Lippen aufeinander gepresst.

»Zwanzig Jahre Gefängnis, wenn du jetzt schießt«, sagte er schroff.

Der Bursche zögerte eine schier endlose Sekunde. Dann zog er sich wieder hinter seine Ecke zurück. Bert riss die Tür auf, wartete einen Moment und trat ins Haus.

Nichts rührte sich. Quer durch die Halle sah er die zerschossene Tür des Arbeitszimmers. Er eilte hinüber, drückte sich daneben an die Wand und stieß sie auf.

Nichts geschah. Schnell betrat er den Raum. Es dauerte eine Weile, bis sich seine Augen an die Dunkelheit gewöhnt hatten. Dann sah er den toten Barfors auf dem Boden und die drei Männer, die zusammengesunken auf dem Boden hockten, überall Glassplitter, Karten an den Wänden und umgestoßene Computer. Es roch nach Pulverdampf und Schweiß. Eine Uzi und eine Kalaschnikow zeigten auf ihn, aber sie sanken sofort wieder herab.

Die Männer waren völlig erschöpft und schwiegen. Der Mann mit der Uzi stand langsam auf.

46

Um sieben Uhr morgens leuchtete eine warme Sonne über das Gelände. Bert war müde und verwundert darüber, dass tatsächlich ein neuer Tag angebrochen war. Die Welt drehte sich weiter. Die Helikopter waren gelandet, sowohl der mit der Einsatztruppe als auch der mit den Ermittlern der Mordkommission aus Stockholm. Die Frau, die ausstieg, war erschöpft, aber erleichtert. Sie sagte, sie habe versucht, ihn über sein Handy zu erreichen, um ihn davor zu warnen, zu dem Haus zu gehen, nachdem der Pilot erfahren hatte, dass dort Schüsse gefallen waren.

Auf dem Rasen standen mit Overalls bekleidete, verschmutzte junge Männer. Viele von denen, die in den Wald geflohen waren, hatten sich ergeben. Einige wenige hatten in gestohlenen Autos fliehen können. Wieder andere hatten weder Transportmittel noch Freunde in der Gegend, zu denen sie hätten gehen können. Sie waren isoliert von den Menschen, über die sie die Macht hatten übernehmen wollen, um sie zu retten.

Malmberg saß allein in dem weißen Gartenmöbel, aufrecht wie eine Vogelscheuche. Jemand hatte ihm eine Decke gegeben. Roffe war verschwunden, ebenso wie der Hubschrauberpilot. Martins Leiche lag noch im Haus. Das

Löschfahrzeug und zwei Krankenwagen waren eingetroffen, und die Sanitäter trugen die beiden Verletzten auf Bahren in die Autos.

Bert hatte sich um die Waffen gekümmert, sowohl um die im Arbeitszimmer als auch um die, die sich noch vor dem Haus befanden. Er hatte sich systematisch in allen Räumen umgesehen, ehe die Einsatztruppe gekommen war, hatte in den Keller geschaut und auf eigene Initiative das Haus in Erwartung der Spurensicherung abgesperrt. Der Mann, der im ersten Stock im Bett gelegen hatte, durfte seinen stinkenden Overall gegen saubere Kleider wechseln und setzte sich auf die Treppe. John verließ das Haus und ging die Auffahrt hinauf.

Bert fühlte sich erschöpft und sehnte sich danach, Karin anzurufen. Der Anblick dieser Zerstörung deprimierte ihn, und er war unzufrieden mit sich selbst. Er war Risiken eingegangen. Aber das hatte dem Jungen mit der Gehirnerschütterung das Leben gerettet.

Er dachte, dass es eine ganze Weile dauern würde, bis er all das verarbeiten und der Vergangenheit zuordnen könnte. Hier gab es viel zu tun und aufzuräumen. Wer würde das Haus übernehmen, wenn Malmberg fort war? Wenn er zu Schadenersatz verurteilt wurde, würde es natürlich verkauft, und dann hätte diese Nazigeschichte in Gransele für alle Zeiten ein Ende. Er freute sich darauf. Er wappnete sich für ein paar Wochen Stress mit den Ermittlern, der Presse, dem Fernsehen und den internen Ermittlungen über die Schüsse im Haus. Auf der anderen Seite hatte er sein gewöhnliches Leben.

Es war nicht sicher, wer in diesem Fall den Befehl innehatte, aber während er darauf wartete, dass das geklärt wurde, hatte er getan, was er konnte. Jetzt stand er mit dem Chef des Einsatzkommandos auf der Treppe und diskutierte die Sache in vernünftigen, aber deutlichen Worten, während er den Bezirkspolizeichef in Umeå am Handy hatte. Als Polizist, der sonst in gewöhnlichen Verbrechen ermittelte, wollte er keine Wichtigtuer in den Beweisen umhertrampeln sehen, die Schuhspuren und Fingerabdrücke im ganzen Haus und auf dem Gelände verteilten. Ein Tatort war ein Tatort. Er hatte nicht vor, jetzt klein beizugeben. Er bemerkte, dass der Einsatzleiter verwirrt und beleidigt war, weil er in Frage gestellt wurde, aber das war Bert gleichgültig.

Kent war es egal, wie die Ermittlung gehandhabt wurde. Er und John waren auf den Hügel südlich des Hauses gegangen. John hatte sich unter eine Kiefer gelegt, und Kent hielt die eintreffenden Beamten von ihm fern.

»Lasst ihn eine Weile in Frieden«, hatte er geknurrt und sich eine Zigarette angesteckt. Widerwillig hatten sie sich zurückgezogen.

Die Sonne schimmerte durch die Zweige. Er sah zu, wie der Rauch seiner Zigarette langsam in die Baumkronen und den blauen Himmel aufstieg. Wegen Martin würde es sicher noch Probleme geben. Er konnte selbst nicht richtig glauben, dass er wirklich geschossen hatte. Er fühlte nichts. Er hatte keine Wahl gehabt. Martin hatte die Sache für ihn entschieden.

John wurde unruhig.

»Wie viel Uhr ist es?«, fragte er.

»Halb acht. Willst du deine Frau anrufen?«

»Ich traue mich nicht. Die Männer, die sie jagen, sind ja noch nicht gefasst. Das hier kann jederzeit durch die Medien gehen und was machen sie dann?«

Kent blickte zu dem Feuerwehrauto, das in der Auffahrt stand. Die blonde Köchin mit den slawischen Gesichtszügen saß oben in der Fahrerkabine an der offenen Tür. Vielleicht fühlte sie sich dort sicherer. Jetzt drehte sie den Kopf, sah ihn an und lächelte. Er lächelte zurück.

Jemand musste mit ihr reden, sie musste hier durch die Hölle gegangen sein. Aber er hatte keine Kraft mehr. Er war müde und hungrig, und dieser ehrenwerte norrländische Polizist, der vor ein paar Stunden wie ein Retter in der Not in das Arbeitszimmer gestürzt war, wollte ihn nicht in die Küche gehen lassen, um für sich und John etwas zu essen zu holen. Und für das Mädchen dort. Die Küche lag nur zwanzig Meter hinter ihm, mit einem Kühlschrank voller Lebensmittel, wahrscheinlich gab es sogar russischen Kaviar und Champagner, aber Bert hatte ihnen mit Mühe und Not ein wenig Wasser zugestanden. Er behandelte das verflixte Haus, als wäre es radioaktiv. Das war natürlich völlig korrekt, aber hier waren Menschen im Begriff zu verhungern.

Er sank neben John auf den Rücken, verschränkte die Hände über der Brust und schaute hinauf zu den weißen Wolken, die dort oben über dem Wald vorüberzogen.

Margareta war hier. Sie war auf dem Weg hierher gewesen, während er in dem dunklen Arbeitszimmer gesessen hatte, er konnte kaum glauben, dass sie schließlich wirklich eine Spur zu diesem Haus gefunden hatte. Ihm standen noch einige unangenehme Stunden mit ihr bevor, in denen er gegrillt und verhört werden würde. Dann die internen Ermittlungen, erst hier, später in Stockholm. Sie würde ihn nicht so schnell in Ruhe lassen. Sie würde Minute für Minute durchgehen, seit dem Augenblick, in dem sie den Kontakt auf dem Stadsgårdsled verloren hatten. Sie war durch und durch ehrlich und integer, und sie hatte gesagt, dass sie Nazis mehr hasste als alles andere. Sie würde nicht lockerlassen.

Aber sie war hier.

Erst am späten Nachmittag durften sie nach Hause zurückfliegen. Gegen elf hatte John sich endlich getraut, Anne anzurufen, und erfahren, dass sie mit Miriam in einem Hotel in Stockholm war. Sie hatten es noch nicht riskieren wollen, nach Hause zu fahren. Sie berichtete, was geschehen war, und er hatte sofort nach Hause fliegen wollen, aber er war gezwungen gewesen, mehrere Stunden mit der Ermittlerin das Gelände abzugehen und ihr alles zu zeigen. Anschließend hatte er seine Aussage auf dem kleinen Polizeirevier in Gransele machen müssen, bis Margareta endlich hatte, was sie brauchte, jedenfalls für den Moment.

Sie war eine hartnäckige Frau, blass und mit dunklen Ringen unter den Augen von dem Mangel an Schlaf, aber unerschütterlich. Sie hatte aufmerksam und ohne Misstrauen seine Geschichte angehört, aufmerksam und wohlwollend.

»Heldentat nach Heldentat«, sagte sie nachdenklich.

»Entschuldigung?«, fragte er überrascht.

»Ich sagte, dass es eine Heldentat war, mit all dem hier fertig zu werden. Der Kampf in Afrika. Jetzt hier. Durch die Grotten zu kriechen. Nach siebzehn Jahren wieder zu fliegen. Das Lager und den Berg zu sprengen. Ins Haus zurückzukehren.«

Er starrte sie an.

»Aber das ist doch alles Quatsch. Das war keine Heldentat«, sagte er ungeduldig. »Ich bin nicht nach Afrika gegangen, um zu kämpfen, ich habe Cholerakranken Mehlsäcke und Nährlösung gebracht. Als gewöhnlicher Lastwagenfahrer. Und ich habe mich nicht in einen heroischen Heerzug gegen Nazis gestürzt. Ich saß auf meinem Hintern, hatte es gut in Stockholm und hatte nicht vor, auch nur einen Finger zu krümmen. Es ist einfach passiert.«

Sie nickte langsam, ohne den Blick von ihm abzuwenden, und er war ärgerlich auf sie geworden, weil sie alles missverstand und aus allem eine Riesensache machte. Ihn in die Heldenschablone presste und versuchte, sein Weltbild zu ändern.

Jetzt saß sie mit ihren Kollegen hinter ihm im Flugzeug. Sie unterhielten sich leise.

John hatte nicht ins Krankenhaus fahren wollen, aber ein

Arzt hatte ihn untersucht, ihm Antibiotika gegeben, und er hatte eine Jacke und eine Decke bekommen. Die traurigen, nach Schweiß stinkenden Stofffetzen, die einmal ein schickes weißes Hemd und ein Anzug gewesen waren, lagen zusammengeknüllt in einer Plastiktüte unter dem Sitz. Schließlich hatte noch jemand Butterbrote mit Käse und einen Becher mit scheußlich schmeckendem, aber herrlich warmem Kaffee aufgetrieben. Er biss in sein Brot, und es ergriff ihn fast Rührung, als er den Geschmack von Västerbottenkäse zusammen mit einem echt schwedischen, kleinen, dünnen Streifchen roter Paprika schmeckte.

Der Gedanke an Andreas auf der Treppe durchfuhr ihn. Dass er den Jungen nicht vergessen konnte. Er verdrängte das Bild, wie er es schon etliche Male an diesem Tag getan hatte.

Vor ihm saß der Mann, der ihn im Keller verhört hatte, der also wirklich legitimierter Polizist war, genau, wie er gesagt hatte. Er saß zurückgelehnt, das eine Bein in den Mittelgang gestreckt und schien zu schlafen. Sie durften nicht miteinander reden. John war sich seiner physischen Nähe ebenso bewusst wie in der Zelle. Zwischen ihnen bestand eine Art Vertrautheit, die in den Stunden der Dunkelheit im Arbeitszimmer gewachsen war, aber zugleich wurde er wachsam, sowie Kent sich bewegte. Dieser Mann hatte ihn bedroht und misshandelt und Martin scheinbar kaltblütig erschossen.

Kent hatte Martin erschossen. War das notwendig gewesen? John zweifelte. Aber hatte er Recht gehabt? Er war sich nicht mehr sicher. Hatte Kent eine Grenze überschritten, die er nicht hätte überschreiten dürfen? Wäre er ein zu großes Risiko eingegangen, wenn er nur einen Warnschuss abgegeben hätte, obwohl Martin mit der Uzi dastand? Vermutlich.

Er fragte sich, ob sie mal zusammen ein Bier trinken gehen würden. Wahrscheinlich nicht. Daraus wurde nie etwas. Außerdem war er immer noch davon überzeugt, dass Kents Missbilligung bei den Verhören in der Zelle echt gewesen war und keineswegs nur gespielt, um die Spinne zu überzeugen. Sie würden niemals Freunde werden.

Das Motorengeräusch des Flugzeugs war einschläfernd, aber er konnte sich nicht entspannen. Er war noch immer ruhelos. Er versuchte, das Gefühl zu verscheuchen und der Freude darüber Platz zu machen, dass alles vorbei war und er Anne und Miriam bald auf dem Flughafen in Arlanda treffen würde.

Miriam fühlte sich, als brenne eine Lampe in ihrem Kopf, die sich nicht ausschalten ließ, oder als wäre das Hotelzimmer von einem weißen Licht erfüllt.

Gegen halb zwölf an diesem Vormittag hatten Zivilpolizisten mit ihr und Anne geredet. Dann hatten sie auf ihrem Zimmer zu Mittag gegessen, und danach hatte sie erfolglos zu schlafen versucht.

Als es an der Tür klopfte, fuhr sie zusammen und bildete sich ein, dass draußen jemand war, der ins Zimmer schießen wollte. Sie saß senkrecht im Bett und starrte auf die zugezogenen Gardinen. Vielleicht konnten sie die Fenster öffnen und über die Fassade des Hauses fliehen? Sie befanden sich im dritten Stock, und bei dem Gedanken, an der Fassade hinabzuklettern, wurde ihr schwindelig.

Anne stand auf und tätschelte ihr beruhigend den Arm. Anne öffnete. Zwei uniformierte Polizisten betraten den Raum, grüßten und traten ans Bett. Ihre Ausstrahlung war genauso beklemmend und aufdringlich wie die der beiden Männer im Zoo, und sie versuchte, an ihren Mienen abzulesen, was sie dachten.

»Wollen wir deinen Papa in Arlanda abholen?«, fragte der eine von ihnen freundlich.

Miriam stand auf und nahm ihre Jacke. Ihr Gepäck lag

noch im Landrover, den sie in einer Garage mehrere Blocks vom Hotel entfernt geparkt hatten. Anne legte den Arm um sie, und sie gingen zum Fahrstuhl. Die Polizisten warteten.

»Da draußen sind doch hoffentlich keine Zeitungs- und Fernsehleute?«, fragte Anne.

»Nein, ich glaube nicht, dass sie oben in Norrland schon irgendwas rausgeben. Die Presse wird sicher frühestens zu den Hauptnachrichten informiert«, antwortete einer der Polizisten. »Es gibt vorher noch viel zu klären.«

Miriam gefiel nicht, dass sie miteinander redeten. Sie fühlte sich nicht sicher bei ihnen. Auf der Straße schlüpfte sie auf den Rücksitz des Polizeiautos und rückte ans Fenster. Anne setzte sich neben sie.

Der Himmel war bedeckt. Auf der Fahrt zum Flughafen starrte Miriam verschlossen in die diesige Landschaft hinaus, die hässlichen Industriegebiete, den dichten Verkehr. Sie hatte das Gefühl, als würde ihr alles fremd. Die Autobahn, die brutal die Landschaft durchschnitt, die Lastwagen, die vorbeidonnerten, die Polizisten und ihre Ausrüstung, die dürren Büsche, die sich zwischen Straßenkreuzungen und außerhalb der Stahlgitter rund um die trostlosen Höfe der Industrieanlagen durch die Erde kämpften.

Zum ersten Mal fühlte sie, dass die Welt nicht ihr gehörte. Sie gehörte nicht hierher. Sie war eine Fremde, ein Gast. Andere hatten die Erde in Besitz genommen und ließen sie nicht mehr hinein.

Sie hatte nie gewollt, dass es so werden sollte. Aber sie wusste nicht, was sie dem entgegensetzen sollte.

»Ich habe gerade gehört, dass sie fast alle dort oben erwischt haben«, sagte der Polizist zu Anne.

»Ja, es ist gut, dass es endlich vorbei ist«, antwortete sie.

Miriam wollte sagen: »Aber es ist doch gar nicht vorbei! Könnt ihr nicht sehen, dass sie noch überall sitzen?« Aber sie fand keine Worte. Sie fühlte sich einsam.

Sie hielten nicht vor den normalen Terminals in Arlanda, sondern gingen in einen speziellen Raum. Schon nach wenigen Minuten kamen durch die Tür am anderen Ende die ersten Reisenden. Ein großer, dunkler junger Mann, dem eine Haarlocke in die Stirn fiel, eine Frau um die vierzig in langen Hosen und ein weiterer Mann, der sie nervös machte. Er hatte ein zerfurchtes, gefährliches Gesicht, trug schmutzige, zerschlissene Jeans und ein staubiges T-Shirt unter seiner Jacke. Als er an ihr vorbeiging, sah er ihr für den Bruchteil einer Sekunde direkt in die Augen, als überlege er, wer sie war. Plötzlich wurde sie verlegen.

John war auch unter ihnen. Sie erkannte ihn, und er war ihr zugleich unbekannt. Er trug einen Trainingsanzug und eine fremde Jacke, im Gesicht und an der Hand, in der er eine Plastiktüte trug, hatte er blaue Flecken.

Ein gewaltiges Gefühl von Erleichterung und Freude brach aus ihr heraus. Sie stürmte auf ihn zu. Jetzt stand er vor ihr, er war hier und er war ihr Papa.

Er war erschöpft, aber gefasst, und seine Augen blickten ernst. Er schlang die Arme um sie, nahm vorsichtig ihr Gesicht in seine Hände und blickte ihr in die Augen, fragend und zärtlich, und sie merkte, dass ihm das, was er sah, wehtat. Seine Hände glühten. Er lächelte sie an, und es überkam sie das Gefühl, dass alles in ihm zu einem dünnen Stock aus Willensstärke zusammengeschrumpft war. Zerbrechlich an der Grenze zum Zersplittern.

»Du hast Fieber«, sagte sie.

»Es ist nur eine Erkältung. Wir werden später über alles reden«, sagte er.

Sie wollte tausend Fragen stellen, aber sie nickte tapfer. Unsicher legte sie die Hand um seine Taille. Er fühlte sich an wie immer. Er roch nach Ruß, Seife und Papa. Eine leise Hoffnung begann endlich in ihr zu keimen und sich durch die dunkle Schicht von Schock und Trauer nach oben zu drängen, die sich seit dem Schuss im Wald über sie gelegt hatte.

Er streckte über ihrem Kopf seinen Arm nach Anne aus. Auf der Rückfahrt saßen sie auf dem Rücksitz und hielten einander an den Händen. Sie mussten auf der Treppe warten, während die Polizisten durch die Wohnung gingen, ehe sie selbst hineindurften. Jemand hatte das Auto geholt, und die Polizisten halfen ihnen mit dem Gepäck. Sie ließen einfach alles auf dem Boden in der Diele liegen, gingen in das große Schlafzimmer und sanken erschöpft aufs Bett. Miriam kroch ganz dicht an John und Anne legte sich neben sie.

»Du fühlst dich seltsam jetzt, Miriam, aber alles wird wieder normal werden«, flüsterte Anne ihr leise ins Ohr. »All das Schreckliche wird verblassen und vorübergehen. Jetzt schlafen wir ein wenig.«

Sie glaubte fast daran und gab einen schwachen zustimmenden Laut von sich.

Dennoch wusste sie, dass nichts vorbei war. Mit der Wange an Johns Schulter lag sie lange wach und betrachtete das gedämpfte Licht hinter den halb vorgezogenen Vorhängen. Ihre Eltern waren bei ihr, und sie liebte sie, aber zum ersten Mal fühlte sie sich von ihnen getrennt. Sie war nicht länger ein Teil von ihnen. Sie war ein eigener Mensch. Das war erschreckend und abenteuerlich. Und zugleich machte es sie auf eine Weise wehmütig, die sie noch nie zuvor erlebt hatte.

Schließlich waren Miriam und Anne eingeschlafen. John gelang es nicht.

Er blickte zur Decke. Malmbergs Welt oben in Gransele war geschrumpft wie eine explodierende Supernova und hatte sich zu einem unbedeutenden Punkt zusammengezogen. Sie war schon ein Teil der Vergangenheit. Trotzdem konnte er nicht loslassen.

Vorsichtig löste er seine Hand aus Annes Griff, zog seinen Arm unter Miriams Kopf hervor und rutschte auf den Boden. Er schüttelte die Stiefel von den Füßen und fing an, durch die Wohnung zu laufen, als hätte er sie nie zuvor gesehen oder als müsse er sie zurückerobern. Er ging von der Küche in die Diele und weiter ins Wohnzimmer. Hob Sachen hoch. Schaute in Miriams Zimmer.

Im Bad zog er die Kleider aus, die Andreas ihm gegeben hatte, stellte sich in die Dusche und stellte das Wasser an, so heiß, dass er es gerade noch aushalten konnte. Er fragte sich, ob er nach dem Keller im Holzhaus je wieder aufhören würde zu frieren. Im Spiegel musterte er sein Gesicht. Seine Augen waren immer noch wachsam. Derselbe geschlagene Blick, den Miriam in Arlanda gehabt hatte. Er runzelte die Stirn. Er wollte normal aussehen. Er wollte gesund und froh aussehen, für Miriam und Anne, er wollte nicht diese gequälten Augen haben.

Wieder dachte er an Andreas. Warum konnte er den Burschen nicht vergessen? Er schob den Gedanken beiseite.

Er kehrte ins Schlafzimmer zurück und zog sich an – saubere Unterwäsche, einen warmen Trainingsanzug und einen dicken Pullover. Schließlich kroch er neben Anne ins Bett und zog die Tagesdecke über sich. Sie drehte sich im Halbschlaf zu ihm um und legte den Arm um ihn.

Er begann zu begreifen, dass er wirklich zu Hause war. Und dass er es geschafft hatte. Er hatte das nicht geglaubt, als er vor vier Tagen im Helikopter auf dem Weg zum Holzhaus gewesen war, aber er hatte es wirklich geschafft.

So war es. Er hatte gekämpft und sein Bestes gegeben, und dieses Mal war kein Unschuldiger seinetwegen gestorben, er hatte gewusst, was er tat. Malmbergs Organisation war zerschlagen, und Anne und Miriam lagen neben ihm. Sein Körper und seine Seele waren nicht geschont worden, aber es gab nichts, wofür er sich schämen musste.

Nichts zu bereuen. Alles, was er in Afrika falsch und verkehrt gemacht hatte, war ihm jetzt von Nutzen gewesen und war richtig geworden.

Er hatte sich so an seine Schuld gewöhnt, dass die Einsicht ihn überraschte. Es war, als öffnete sich eine neue Welt für ihn. Ich bin richtig, dachte er erstaunt. Ich bin gut. Es ist gut ausgegangen.

Plötzlich wurde ihm bewusst, dass er in einer Wohnung war, in der es keine Waffen gab. Vielleicht gab es im ganzen Haus keine. Die Leute unten auf der Straße hatten keine Waffen. Er musste sich nicht mehr damit auseinander setzen.

Er fühlte sich unendlich erleichtert. Anne öffnete halb die Augen und sah ihn an. Sie war immer noch erschöpft, aber sie lächelte. Sie schmiegte sich an ihn, legte ihm die Hand auf die Wange und machte die Augen wieder zu.

»Gute Nacht, Querido«, flüsterte sie.

Endlich entspannten seine Muskeln und Nerven. Sofort übermannte ihn die Müdigkeit wie eine lange, herrliche Welle. Er nahm Annes Hand und schlief ein.

»Willst du zu dir nach Hause?«, fragte Margareta.

Sie standen im Wind vor dem Terminal in Arlanda. Sie trug lange Hosen und eine blaue Wolljacke, eine große Tasche mit Schulterriemen quer über die Brust und in der Hand hielt sie einen bunten Ordner. Hinter ihr stand Kalle Jensen und wartete, die Hände in die Seite gestemmt. Irgendetwas an ihm war anders, eine neue Rastlosigkeit, und sein Blick blieb immer wieder an Kent hängen, halb auffordernd, halb gereizt. Kent hatte den Kerl noch nie so richtig leiden können.

»Noch nicht«, sagte er.

Sie protestierte nicht, sondern nickte und ging zum Auto. Margareta machte nie viel Aufhebens um etwas.

Sie setzte sich neben ihn auf den Rücksitz. Er wusste,

dass er vom Außendienst suspendiert war, bis Martins Tod geklärt war. Morgen würden weitere interne Ermittlungen folgen. Aber er wollte trotzdem aufs Präsidium, irgendwelchen Papierkram gab es immer zu tun. Er döste bis in die Stadt hinein auf dem Rücksitz vor sich hin, sah aus dem Fenster und versuchte, Kalle zu verdrängen, der neben dem Fahrer saß. Es war ein schmutzig grauer, kühler Tag, Regen lag in der Luft. Das gefiel ihm. Und es war schön, Margareta neben sich zu haben. Er hatte jetzt nicht das Bedürfnis, mit ihr zu reden. Es reichte, dass sie da saß.

Sie drehte sich zu ihm um, fast wie in Trance, als wäre sie tief in Gedanken versunken, als wäre sie sich seiner Gegenwart gar nicht wirklich bewusst, und warf ihm einen schwer deutbaren, abwesenden Blick zu.

Ihm wurde am ganzen Körper kalt. Eine Kluft öffnete sich zwischen ihnen, breiter als er es jemals empfunden hatte. Ein eisiger Wind stieg von dort auf. Es erschreckte ihn und machte ihn zugleich furchtbar wütend auf sie.

Der Augenblick zog vorbei. Es trat wieder Leben in ihre Augen.

»Warum heiratest du Carina nicht?«, fragte sie plötzlich mit leiser Stimme, damit die beiden vorn es nicht hörten.

Er traute seinen Ohren nicht.

»Was hast du gesagt?«

»Warum heiratest du Carina nicht? Ihr seid jetzt seit so vielen Jahren immer wieder zusammen gewesen.«

Er starrte sie an. Sie erwiderte seinen Blick.

»Woher zum Teufel weißt du das?«

»Ich bin nicht dumm, Kent.«

»Aber was zur Hölle geht dich das an?«

»Gar nichts. Aber wir kennen uns jetzt so lange. Ich frage vermutlich aus Fürsorge.«

Er lachte auf und sah wieder auf die Straße hinaus.

»Das geht nicht.«

»Warum nicht? Ist sie nicht gut genug für dich?«

»Verdammt nochmal, natürlich ist sie gut genug für mich. Ich weiß nicht, ob ich gut genug für sie bin. Auf jeden Fall geht es nicht.«

»Warum nicht?«

Er sah sie an und wandte sich wieder ab.

»Weil es eine andere gibt.«

»Wo ist sie denn?«

»Außer Reichweite.«

»Bist du sicher?«

Er sah sie wieder an. Ihr Blick wich ihm noch immer nicht aus. Was zur Hölle meinte sie?

»Ja, da bin ich verflucht sicher«, entgegnete er.

Es wurde still. Das Auto rauschte auf die Stadt zu. Ein Flughafenbus überholte sie. Sie bogen in das Wohngebiet von Vasastad ab, fuhren in Richtung St. Eriksplan und weiter über die Brücke nach Kungsholmen.

»Ich komme mit rauf und trinke noch eine Tasse Kaffee, wenn das okay für dich ist«, sagte Margareta.

»Das ist absolut in Ordnung«, erwiderte Kent.

Sie fuhren in die Garage und nahmen den Aufzug nach oben, noch immer schweigend. Kalle Jensen verschwand Gott sei Dank in eine andere Richtung. Georg war bei einem Einsatz, aber zwei Typen vom Nachrichtendienst, dem KUT, waren da und leisteten ihnen Gesellschaft. Einer von ihnen fand eine halbe Torte im Kühlschrank und sie setzten sich an einen Tisch.

»Willkommen zu Hause«, sagte der eine vom KUT.

»Danke.«

»Traurig das mit Tomas. Was ist aus ihm geworden?«

»Er kommt mit den anderen in einem anderen Flugzeug und wird direkt ins Untersuchungsgefängnis überstellt«, sagte Margareta und nickte in Richtung Kronobergsgefängnis.

»Ein Jammer. Er war doch gut. Ich wusste nicht, dass

er solche Seiten hatte. Das merkt man doch sonst ganz schnell.«

Eine hungrige Seele kam herein, stellte die Mikrowelle an, setzte sich allein an einen Tisch und machte sich über einen Teller mit Würstchen und Kartoffelbrei her.

Keiner hatte etwas Besonderes zu sagen. Die kleine Gruppe löste sich langsam auf, wie solche Gruppen es zu tun pflegen. Die KUT-Jungs und Margareta gingen. Der Unwissende kaute seine Wurst. Alles war schon Vergangenheit.

Kent blieb noch eine Weile sitzen und starrte in den Hof hinunter. Er war nicht gerade hübsch, sondern groß, eben, asphaltiert und voller Fahrzeuge vor den Toren und Schilderhäusern. Auf der gegenüberliegenden Seite thronte das alte Gebäude, in dem die Ermittler saßen. Denkmalgeschützt. Er konnte Margaretas Fenster nicht sehen, es ging zur anderen Seite hinaus.

Er stand auf und schlenderte planlos in sein Büro. Der Geruch von Regen zog in den Raum und ließ ihn ein wenig klarer denken. Er setzte sich an seinen Schreibtisch, lehnte sich zurück, schaute auf Tomas leeren Stuhl am Fenster und vermisste ihn. Es war seltsam, dass er nicht hier war.

Er dachte an den Burschen, der im Keller Wache gestanden hatte. Andreas. Er erinnerte sich an seinen enttäuschten und verwirrten Blick. Der Junge war auf dem Weg gewesen, weg aus Malmbergs Griff, dachte er. Er war auf dem Weg gewesen, alles hinter sich zu lassen, aber er hatte es selbst nicht rechtzeitig begriffen, und jetzt war es zu spät. Aber vielleicht war es auch nie zu spät.

Er war müde, aber gleichzeitig verspürte er das gewaltige Bedürfnis, etwas zu tun. Entweder fiel er in eine Art lange Krisen- und Trauerperiode, um über das, was in Norrland passiert war, hinwegzukommen, oder aber er stürzte sich direkt in den nächsten Fall. Der Gedanke an Arbeit gab ihm ein Gefühl von Freiheit und Erlösung. Arbeiten.

Alles geht weiter – man braucht nicht innehalten und nachspüren, man kann einfach weitermachen. Danach stirbt man, aber was macht das?

Plötzlich bekam er Lust, Carina anzurufen. Über ihren neuen Job zu reden. Ihr in die Arme zu fallen und getröstet zu werden. Aber er wusste, dass sie sich sehr schnell gegenseitig ins Bett manipulieren würden. Sie waren beide alte Hasen. Und der Kampf und die Freundschaft zwischen ihnen würde sich nur weiter verkomplizieren.

Er trommelte mit den Fingern auf die Schreibtischplatte, schlug die Gelben Seiten unter L auf und suchte nach Lindéns Pension. Vielleicht war es das, was er jetzt brauchte, einen Whiskey in der Pension mit einer Frau, die ihn mochte, aber keinen Deut von dem wusste, was er machte, jedenfalls nicht bis morgen die Zeitungen herauskamen. Vielleicht Bett. Er musste sich nicht von ihr fern halten, sie würde sicher nicht als Zeugin für irgendetwas geladen werden müssen.

Er wählte, und das Freizeichen erklang. Der Hörer wurde abgenommen, und er hörte ihre Stimme. Da steckte Georg den Kopf durch die Tür und reichte ihm eine Mappe.

»Hoteldiebstähle«, sagte er kurz. »Die fangen verdammt früh an dieses Jahr. Die Südamerikaner können es nicht sein. Ich muss weg. Kannst du dich um den Papierkram hier kümmern, dann machen wir die Einsatznachbesprechung über Norrland später. Ist das okay? Oder willst du aussetzen?«

Kent verneinte, murmelte eine kurze Entschuldigung in den Hörer und legte auf.

47

Natürlich war nie Zeit für eine Einsatznachbesprechung. Der Nachmittag verging einfach. Spät am Abend öffnete er endlich die Tür zu seiner eigenen Wohnung, zwei Zimmer in Fredhäll. Er hatte das Gefühl, als wäre es eine Ewigkeit her, dass er hier gewesen war. Und trotzdem war – er dachte nach – knapp eine Woche vergangen. Weniger als eine normale Charterwoche auf Mallorca. Er überlegte zerstreut, ob er dieses Jahr vielleicht dort Ferien machen sollte.

Niemand war hier gewesen, um die Blumen zu gießen, zu lüften oder die Zeitungen reinzulegen. Das machte nichts. Mit Rücksicht auf seinen Job hatte er keine Blumen. Er hatte es mit Kakteen versucht, aber auch die waren nicht damit zurechtgekommen. Carina hatte behauptet, sie würden sterben, weil sie keine Liebe und Zärtlichkeit bekamen, aber wer gab den Kakteen in der Wüste Liebe und Zärtlichkeit?, fragte er. Die schafften das auch ohne. Wer redete mit wilden Pelargonien und Kiefern? Niemand!

Ungeduldig stapelte er die Zeitungen zu einem beachtlichen Haufen und legte sie auf den Tisch in der Diele. Die Wohnung war in perfektem Zustand und perfekt geputzt, das Bett war gemacht und in der Küche war kein Abwasch, nur eine leichte Staubschicht hatte sich auf alles gelegt. Er ging ins Wohnzimmer, blieb in der Tür stehen und lehnte sich an den Türrahmen, die Arme verschränkt.

Also hatte Margareta etwas begriffen. Es hatte noch nicht ihr Bewusstsein erreicht, aber sie hatte etwas begriffen. Irgendwo tief in ihr war eine Einsicht erwacht und war dabei, sich an die Oberfläche durchzuarbeiten. Das hatte ihn erschreckt und ihn fünf Sekunden lang wütend auf sie gemacht. Dann war die Wut verflogen. So ist die Liebe, dachte er. Man kann nicht lange böse sein.

Sogar jetzt wurde ihm warm ums Herz, wenn er an sie dachte. Sie war nicht die schönste Frau, die er je gesehen hatte. Es gab tausende von Frauen auf der Welt die jünger waren, anziehender, begabter. Genau wie es tausende attraktivere Männer als ihn gab. Aber das spielte keine Rolle. Sie war diejenige, an die er dachte. Sie war es immer gewesen.

Das würde ihm jedoch nicht helfen.

Er querte das Zimmer, nahm die ordentlich zusammengefaltete Hakenkreuzflagge aus dem Schrank unter dem Bücherregal und breitete sie auf dem Boden aus. Sie war alt, und es weckte eine Menge gegensätzlicher Erinnerungen, sie anzusehen. Gefühle und Stimmen aus der Vergangenheit schienen aus ihr aufzusteigen. Er öffnete den Waffenschrank und fragte sich, wie viel er loswerden musste. Vielleicht alles. Es gab eine Menge Polizisten mit Waffensammlung, aber er hatte keine Lust, das zusätzliche Misstrauen auf sich zu ziehen, das eine Leidenschaft für Waffen mit sich bringen konnte, jedenfalls was Margareta anging. Er legte die Waffen auf die Flagge. Smith & Wesson, Walther, die beiden AK 5er, Munition. Die Beretta behielt er. Von der wusste sie schon.

Der Rechner. Es würde nicht reichen, die Festplatte zu bereinigen. Er musste sie zerstören und wegwerfen.

Er sammelte fast alles, was er an Unterlagen, Büchern und Broschüren mit rechtem Inhalt hatte, und legte es zu den Waffen. Einiges behielt er, es würde merkwürdig aussehen, wenn alles fehlte, wo er vorgeben musste, sich in den Nationalsozialismus eingelesen zu haben. Dann knotete er die Flagge zusammen, holte einen schwarzen Müllsack und stopfte alles hinein.

Der Sack war schwer. Außerdem sah er verdächtig aus, als wollte er eine Leiche darin fortschleppen. Er überlegte, ein paar Plastiktüten zu holen und die kleineren Gegenstände darauf zu verteilen. Aber die Säcke waren weiß und würden leuchten wie Lampen. Außerdem war es besser einen riskanten Ausflug zu unternehmen als zwei oder drei.

Schließlich war die Wohnung gesäubert. Er glaubte nicht, dass sie Fahnder auf ihn angesetzt hatten, und vielleicht würden sie es auch nie tun, aber es konnte gefährlich sein, länger mit dem Aufräumen zu zögern. Er konnte es genauso gut gleich tun.

Er löschte das Licht in der Wohnung, zog die Gardinen zurück und studierte sorgfältig das Haus gegenüber. Alle Fenster waren erleuchtet, es gab keinen schwarzen Raum, in dem sich ein Fahndungsteam verstecken konnte. Er nahm das Nachtsichtgerät und überprüfte die schmale Straße. Er konnte nichts Ungewöhnliches entdecken. Du bist paranoid, sagte ein Teil seines Hirns. Aber er wagte nicht, gegen seine Instinkte zu handeln.

Bevor er zur Tat schritt, macht er einen kleinen Spaziergang durchs Viertel. Er traf einen Mann, der mit seinem Hund draußen war, ein paar Kinder auf Fahrrädern. Der 62er stand leer an der Haltestelle drüben am Kiosk. Sonst war es ruhig und menschenleer zwischen den eckigen Wohnhäusern, die oben auf Kungsholmens südwestlichem Hügel thronten. Kein Observierungsauto, keine Schatten unterhalb der Treppen, die zu dem unteren Teil von Fredhäll führten.

Er ging zurück und blieb an der langen Mauer stehen, die die leere Straße mit ihren Reihen parkender Autos von dem steilen Felshang, der zum Wasser abfiel, trennte. Es wehte ein leichter Wind und dunkle Wolken bedeckten den Himmel. Nachdem Kent sich umgesehen hatte, trat er durch die kleine Öffnung in der Mauer und stieg zwischen Grasbüscheln und kleinen Holzhaufen die schmale Treppe hinunter, die aus grob behauenen Steinen und einem dünnen, schwarz gestrichenen Geländer bestand. Am liebsten hätte er seinen Sack von hier oben hinuntergeworfen, aber ausgerechnet dieser Winkel war vom Haus aus einsehbar. Er musste weiter hinunter.

Ganz unten gab es eine kleine Brücke mit einer Parkbank und einem Rettungsring. Links von ihm stand dicht am Felsen eine Gruppe halbhoher Espen mit den Wurzeln im Wasser. Hier gab es keine Straßenlaternen.

Er kletterte schräg zu den Espen hinunter. Alte Zeitungen, Kippen und Zigarettenschachteln waren auf den schmalen Felsvorsprüngen zwischen einer dünnen Schicht Erde und Gras zu erkennen. Offenbar pflegte hier eine Gruppe Obdachloser zu schlafen, aber die, die diesen Winkel unter dem steilen Felsenhang als ihr Heim betrachteten, waren heute Nacht nicht da.

Kent kehrte um, schaute Fernsehen und wartete bis zwei Uhr nachts. Dann ging er erneut den Berg hinunter. Er sah niemanden. Zuletzt trug er den zerschlagenen Rechner hinunter. Er schleuderte ihn ins Wasser, stand auf dem Fels in der Dunkelheit und blickte über das Wasser, dorthin, wo er verschwunden war.

Natürlich hatte Martin ihn wiedererkannt. Auch wenn er sich selbst nicht an Martin erinnert hatte, bis zu dem Augenblick, in dem er seinen verzückten, triumphierenden Gesichtsausdruck in der Zelle gesehen hatte, kurz nachdem John mit dem Helikopter abgehoben hatte und sie auf ihn losgehen wollten. Das war das Gesicht, das er vor zehn Jahren auf dem nationalsozialistischen Treffen in Deutschland gesehen hatte. Vielleicht hatte er damals genauso ausgesehen. Martin hatte ihn schon im Pub vage wiedererkannt, oben im Holzhaus hatte er sich erinnert, sein Wissen gehütet und es Kent wie eine ungesicherte Handgranate vorgehalten. Wir sind gleich, du und ich, und ich kann dich enttarnen, wenn ich will, und deine falsche Identität auffliegen lassen.

Gleich? Zum Teufel damit. Martin war rachsüchtig, kleinlich und inkompetent.

Kent kletterte den Berg wieder hinauf. Als er oben in seiner Wohnung war, konnte er nicht schlafen. Sein Heim fühlte sich leer an, sauber und jungfräulich.

Er hatte all das Dunkle in sich ruhen lassen. Malmberg war zu engstirnig gewesen, um ihn ernst zu nehmen, aber wenn er anders gewesen wäre – was wäre geschehen? Was hätte er selbst getan? Glaubte er wirklich noch an den Nationalsozialismus? Er war sich nicht sicher. Seine Vernunft sagte ihm, dass das kein gangbarer Weg, sondern destruktiv und dumm war, aber die dunklen Erinnerungen und das heiße Sehnen seiner Kindheit strömten wie ein glühender Lavastrom direkt unter der Oberfläche seines Bewusstseins. Pulsierend und nicht richtig lebendig, aber ein Teil seiner Identität, genau wie die Prostitution ein Teil von Carina und der Kampf vielleicht ein Teil von John Danielsson geworden waren, auch wenn John versuchte, das zu leugnen.

»Die meisten Nazis ändern sich, wenn sie wie Menschen reifen«, hatte Margareta gesagt. »Der Zorn legt sich, und das Leben zeigt ihnen, dass sie sich geirrt haben. Sie begegnen Menschen anderer Kulturen und entdecken, dass die Menschen gleich sind, sie verlieben sich und erkennen, dass das Leben einen anderen Sinn hat. Sie entdecken, dass sie die Kontrolle über andere aufgeben können und dass es schön ist, das zu tun. Es sind nur die wirklich Schwierigen, die auch nach fünfundzwanzig noch Nazis bleiben.«

Er fragte sich, ob Margareta ihn, ohne etwas davon zu ahnen, zurückgehalten hatte. Sie arbeiteten, sie redeten nicht. So wollte er es. Aber sie war der Nabel, um den sein Leben sich drehte. Was würde passieren, wenn sie nicht mehr wäre? Wenn er in Gransele getötet worden wäre, wäre sie hier in die Wohnung gekommen und hätte gesehen und verstanden. Der Gedanke gefiel ihm nicht.

Er fragte sich, ob sie am Ende gewinnen würde. Sie

wusste nicht einmal, dass sie miteinander kämpften. Er fragte sich, ob er wünschte, davon träumte, wollte, dass sie ihn enttarnen und am Ende gewinnen würde. Vielleicht würde ihn das endlich von dieser Sehnsucht befreien, von dieser Faszination, die ihn manchmal einfach nur müde und kraftlos machte.

Oder sollte er etwas anderes tun? Sollte er hier aus seiner Anonymität heraus operieren können? Wollte er, glaubte er daran? Er wusste es nicht. Aber er konnte immer mit dem Gedanken spielen. Niemand auf Erden wusste, was sich in seinem Kopf abspielte, jetzt, da Martin tot war.

Er setzte Kaffee auf, nahm die Zeitungen mit in die Küche und begann zu lesen. Da stand eine ganze Menge über Malmberg und Norrland und ihn selbst und John. Sein Kopf schmerzte vor Müdigkeit. Um ihn herum war alles still.

48

Margareta lag in ihrem Bett. Sie konnte nicht schlafen.

Acht Menschen waren tot. Tragisch fort für immer. Sie hatte ihre Fotos an der Wand in ihrem Büro hängen, und sie fielen ihr alle wieder ein. Ihre Blicke, ihre Gesichtszüge, ihre Geschichten.

Die vier ersten einschließlich Eva Beldon. Bertil, der ausgestiegen war und versucht hatte, den Strom von Morden, Hass und Attacken aufzuhalten. Der unschuldige Polizist, der versucht hatte, Anne und Miriam auf dem Parkplatz in Lennartsberg zu helfen. Martin im Holzhaus. Der achte Mord war geschehen, als der Rothaarige aus dem Suchtrupp im Wald gestorben war, als die Paranoia zum Schluss übermächtig wurde und Nazi sich gegen Nazi wandte. Die meisten hatten Angehörige, die sie vermissten. Wie sich herausgestellt hatte, hatte sogar Martin eine geschiedene Frau und einen vierzehnjährigen Sohn. An die anderen dachte zumindest Margareta.

Sie hatten zehn der Burschen aus der Armee gefunden. Ein paar hatten geredet. Der Bursche, der im Keller Wache gestanden hatte, wollte nur mit dem Anwalt sprechen. Der hatte aber bislang abgelehnt. Fünf der Männer plus der Dunkelhaarige, der seinen Kumpan ermordet hatte, waren noch auf freiem Fuß und wurden unter massivem Einsatz im ganzen Land gejagt. Irina kämpfte dafür, in Schweden bleiben zu dürfen. Solhem war im Begriff, unter Donnern und Krachen und massenmedialem Wirbel in Stücke gerissen zu werden. Margareta hätte gerne noch ein paar Tage in aller Ruhe ohne all diese Aufmerksamkeit weiter gearbeitet, aber viel zu viele Menschen in der Gegend um das Holzhaus hatten die Explosionen gesehen und die Schüsse gehört, als dass man die Medien hätte fern halten können.

Sie hatte Tomas verhört, der nur mit verschränkten Armen dasaß, lächelte und nichts sagen wollte. Sie hatte mit Anne und Miriam über den Mord im Wald geredet. Sie hatte noch einmal ohne Erfolg Eva Mellkvist verhört. Sie war sicher, dass Eva auf irgendeine Weise beteiligt gewesen war, aber es würde schwer werden, herauszufinden wie. Sie überlegte, wie es für sie wohl in Zukunft weitergehen würde.

Mit Kent konnte sie nicht mehr sprechen, denn er war für befangen erklärt worden. Das Fitnessstudio Loke in der Tunnelgata war in der Presse zu einem Skandal geworden. Der Journalist, der Gina zum Mittagessen gelockt hatte, war gefeuert. Der Archivschrank aus dem Holzhaus war geöffnet worden, und die Passwörter der Computer konnten verhältnismäßig einfach geknackt werden und hatten die Namen von Kontakten und Finanziers preisgegeben. Die Betroffenen mussten aus ihren Positionen entlassen werden, aber sie ahnte, dass das nicht einfach werden würde. Es würden sich eine ganze Reihe Kameraden finden, die sich um sie kümmern und ihnen den Rücken freihalten würden.

Der norrländische Polizist hatte ihr gefallen, Bert. Er war ruhig, gewissenhaft und ernst gewesen. Er hatte die Pressekonferenz hervorragend gemeistert. Es hatte den Eindruck gemacht, als wäre er seinen fünfzehn Minuten Rampenlicht lieber aus dem Weg gegangen, aber er hatte alles professionell über die Bühne gebracht.

Die Anwältin hatte Bertils Kuvert hinter einem Aktenschrank gefunden, hinter den er gerutscht war, und sein Inhalt hatte alles bestätigt, was sie in den Computern gefunden hatten. Sie hatte nie den Kaffee mit Bertils Vater getrunken. Sie bekam ein schlechtes Gewissen, wenn sie daran dachte. So viele wichtige Dinge, die man nie schaffte. Natürlich war es eine große Sache, solche Schurken festzunehmen. Aber mit Janne Kaffee zu trinken wäre auch wichtig gewesen.

Den Computern und Bertils Brief zufolge hatte dieselbe Bande die vier ersten Morde begangen: Martin, Patrik und einer aus der Gruppe, die John entführt hatte. Sie hatte erwartet, dass es Roffe war, aber er war außen vor gehalten worden. Der dritte Mörder war vielmehr ein stiller junger Kerl, den niemand hätte verdächtigen können.

Die Gedanken an das, was im Holzhaus geschehen war, wurden undeutlicher und verschwanden. Margareta blickte in die Dunkelheit hinaus.

Wie so oft dachte sie, ihr Mann läge neben ihr. Sie glaubte nicht an ein Leben nach dem Tod, aber es war trotzdem tröstlich, seine Nähe zu spüren, und sie leistete keinen Widerstand gegen die Sehnsucht ihres Körpers und ihrer Seele. Besonders in den ersten Jahren war das Gefühl, dass er bei ihr war, intensiv gewesen, und sie hatte es dankbar angenommen und jede Nacht von ihm geträumt. Es waren Träume die in nichts den Träumen ähnelten, die sie bis dahin gekannt hatte. Sie waren wie Besuche, wirklich.

Sie hatte geträumt, dass er Urlaub vom Tod bekam. Sie hatte geträumt, dass sie in der Zeit zu ihm zurückgehen konnte, dass er fragte: »Hast du mich wirklich geliebt?«, und sie hatte geantwortet: »Ja!« Sie hatte geträumt, dass er vor ihr lag und sie ihn anschrie aufzuwachen. Schließlich war es ihr mit reiner Willenskraft gelungen, ihn zu wecken, und er hatte die Augen geöffnet und ihr unsicher zugezwinkert und sie angelächelt, und sie hatte gesagt: »Was für ein Glück, dass du aufgewacht bist. Wir hätten dich ja aus Versehen einäschern lassen können.« Dann war sie richtig wach geworden, und er war tot und eingeäschert.

Sie tat sich nicht Leid, und sie kümmerte sich nicht um ihre Trauer. Sie wusste, dass er, wenn so etwas möglich war, viel schneller über seinen eigenen Tod hinweggekommen wäre als sie. Er hatte nicht sterben wollen, aber er klammerte sich an nichts, was er nicht haben konnte. Er akzeptierte. Das war ein Trost und eine Sicherheit, denn es erlaubte auch ihr, weiterzuleben und nach vorn zu blicken. Er saß nicht verbittert und rückwärtsgewandt neben ihr. Er saß neben ihr und fragte neugierig und voller Eifer: Was passiert? Was wirst du jetzt tun?

Sie setzte sich auf die Bettkante, zog sich einen alten Kaftan über und ging in die dunkle Diele. Arbeit gab es immer. Das hatte ihr geholfen. Tief im Innern war ihr seit dem Tod ihres Mannes eigentlich alles gleichgültig geworden. Der Sinn des Lebens war in Rauch aufgegangen, aber es war trotzdem interessant, mit Problemen konfrontiert zu werden und zu versuchen, sie zu lösen. So funktionierte sie. Wenn sie ein Problem hatte, musste sie es lösen. Und mit ihren Arbeitskollegen war es auch nett.

Auf halbem Weg in die Diele überraschte es sie wieder. Jedes Mal reagierte sie aufs Neue gleichermaßen erstaunt. Sie blieb stehen und drückte die Hand gegen die Brust. Ihr Herz bewegte sich angestrengt und unregelmäßig unter der

Handfläche und beinahe hörte sie das schabende Geräusch, als würde ein großer, eckiger Gegenstand durch die Kammern gepresst. Mühsam zog sich ihr Herz zusammen, zögerte einen Augenblick, zog sich wieder zusammen. Jedes Mal, wenn es zögerte, spürte sie, wie schnell der Blutdruck abfiel. Sie wusste, wenn er nicht wieder in Gang kam, war sie weg.

Dieses Mal dauerte es eine ganze Minute, ehe der Klotz ihr Herz passiert hatte, und es wieder in seinen gewöhnlichen Takt fiel. Es hatte ein krampfartiges, gerädertes Gefühl in der Brust zurückgelassen. Sie ging in die Küche, holte eine Flasche Cointreau aus dem Kühlschrank und nahm einen ordentlichen Schluck. Starke Sachen halfen. Nicht dass sie besonders beunruhigt gewesen wäre. Sterben musste sie ohnehin irgendwann, und es gab schlimmere Arten, als dass das Herz einfach stehen blieb.

Sie ging mit der Flasche ins Wohnzimmer und vergaß ihren Herzschlag.

Das mit dem Rassismus war seltsam. Der einzige Grund, warum sie selbst blass und hellhaarig war, war doch, dass ihre schwarzen Vorfahren, dieselben Vorfahren, die sie mit allen Menschen teilte, die heute auf dieser Erde lebten, irgendwann aus dem östlichen Afrika ausgewandert waren. Mit der Zeit hatten ihre Nachkommen den Farbstoff der Haut zurückgebildet, nachdem sie immer weiter in den Norden gelangt waren und das dunkle Pigment die Bildung des D-Vitamins durch die Sonne verhinderte.

Das war alles. Es war dank des D-Vitamins ganz einfach unpraktisch, im sonnenarmen Norden schwarz zu sein. Die Leute waren nur auf Grund des Wetters weiß geworden. So viel Leid über Jahrhunderte, so viel Böses und so viel Angst für etwas, das mit dem Wetter zusammenhing.

Was die Rassisten in ihrer Sehnsucht nach einer erstarrten Welt nicht in ihre Schädel bekommen, ist, dass Menschen nicht Teil eines Puzzles sind, in dem jedes Teil an seinem Platz liegen muss, sondern dass wir vielmehr wie Splitter eines Kristalls sind, dachte sie. Gleichartige, vielseitige Stücke, die alle alles beinhalten, was auch der große Kristall beinhaltet. Man kann jede beliebige Eigenschaft bei jedem beliebigen Menschen finden. Der nächste Einstein oder Entdecker eines Impfstoffes gegen Krebs (oder warum nicht der, der den Wohlfahrtsstaat in Schweden wieder einführt?) könnte ein kleines, schwarzes, fünfjähriges Mädchen aus Gambia sein, das sich in diesem Augenblick in einem Keller vor der Ausländerbehörde versteckt hielt. Oder die Tochter, die sie eines Tages mit einem rothaarigen, schwedischen Automechaniker bekommen würde.

Sie versank in Träume und blieb mit der Flasche in der Hand mitten im Zimmer stehen. Ihre Gedanken verflüchtigten sich wieder, und ihr wurde bewusst, wie still und ruhig es war, während sie hier in der Dunkelheit stand.

Irgendetwas nagte in ihr. Etwas Ungelöstes, etwas, das sie nicht zufrieden stellte. Etwas, das überhaupt nicht stimmte. Dieser Augenblick mit Kent im Auto. Ein Abgrund, der sich geöffnet und wieder geschlossen hatte, etwa wie ein Mund, der zum Reden geöffnet wurde und dann wieder zuging.

Warum war Martin tot? Weil sie einen halben Tag zu spät gekommen war? Sie hatte auf der Treppe zum Holzhaus gestanden und gesehen, wie er in einem dicken schwarzen Plastiksack mit Reißverschluss hinausgetragen worden war. Ein Mann, den sie nie lebend gesehen hatte. Ein Mann, der nie mehr reden würde.

Sie setzte sich an den Schreibtisch, machte den Computer an und sah auf den Bildschirm. Er leuchtete in der Dunkelheit.

KENT, schrieb sie. Nach einer Weile fügte sie hinzu: WER IST KENT?

Sie sah sich den Namen lange an.

Draußen vor dem Fenster begannen in der Dunkelheit Regentropfen zu fallen. Bald wurden sie dichter.

Bald war Juni.

Dank der Autorin

Keine der einzelnen Personen oder Organisationen im Buch basiert auf realen Vorbildern, alles ist Fiktion. Auch sämtliche Orte in Norrland sind meine eigene Erfindung.

Dennoch haben mir zahlreiche Menschen mit Fakten und auf andere Weise bei der Entstehung dieses Buches geholfen. Ich danke:

Bo Wide, Fahndungsleiter im Ermittlungsdezernat des Bezirkes City in Stockholm, Per-Uno Hågestam, Ermittlungsleiter im Fahndungsdezernat im Bezirk City und Greger Casselborg, Einsatzleiter im Fahndungsdezernat im Bezirk City, die sich für lange Gespräche zur Verfügung stellten. Bengt Aspegren, Chef der Sprengstoffeinheit der kriminaltechnischen Abteilung der Bezirkspolizei, der mir erklärte, wie die Explosionen im Buch vonstatten gehen können. Sonny Björk, Kriminaltechniker und Waffenexperte beim Landeskriminalamt, der mir Waffen gezeigt hat und mich im Keller des Polizeipräsidiums mit einer russischen Kalaschnikow schießen ließ. Håkan Andersson, Polizeipilot, der mir vieles über Helikopter beibrachte. Polizei und Feuerwehr in Sorsele.

Safesat erklärte mir GPS. Securitas ließ mich Überwachungsschirme sehen. Stieg Larsson, unter anderem Verfasser des Buches »Sverigedemokraterna« (Die Schwedendemokraten) und für die Stiftung Expo tätig, die den Rechtsextremismus in Schweden erforscht, beantwortete mir viele Fragen über den Nazismus und lieferte zahlreiche wertvolle Ideen, die ich aufgegriffen habe. Mikael Ekman, ebenfalls Expo, las Teile des Buchs und gab mir wichtige Hinweise. Fakten über den Rechtsextremismus in Frankreich stammen aus Bim Clinells fantastischem Buch »De hunsades revansch« (Die Rache der Schikanierten).

Die Familie Bäckström-Dahlborg – Bi, Anders, Ina und Love – stand mir in vielen Fällen mit Unterstützung, Meinungen und Computerhilfe zur Seite. Danke an Julia Ürünveren und Inger Gogstad für freundschaftliche Aufmunterung und an Roland Sterner und Lennart Dunér, die das Ursprungskonzept zu dieser Geschichte gelesen haben und denen es gefiel.

Dieses Buch widme ich der Erinnerung an meinen Mann KG (der es sehr komisch gefunden hätte, auf so feierliche Weise präsentiert zu werden) und meiner geliebten norwegischen Großmutter, die die deutsch-nazistische Okkupation im Zweiten Weltkrieg erlebte, und meinem Vater, der dagegen kämpfte und zur Flucht nach Schweden gezwungen wurde. Außerdem Björn Eriksson, meinem lieben Gesprächspartner über das Leben und die Gesellschaft. Sie alle haben uns verlassen.

Dank nicht zuletzt meiner Verlegerin Eva Halldinger und meinem Redakteur Christian Manfred.

Stockholm, April 2003
Annika Bryn